Dieter Conrads

Datenkommunikation

Verfahren – Netze – Dienste

Moderne Kommunikationstechnik

Herausgegeben von
Prof. Dr.-Ing. Firoz Kaderali, Hagen

Datenkommunikation
von Dieter Conrads

Digitale Kommunikationstechnik I
von Firoz Kaderali

Digitale Kommunikationstechnik II
von Firoz Kaderali

Dieter Conrads

Datenkommunikation

Verfahren – Netze – Dienste

2., überarbeitete und erweiterte Auflage

Mit 142 Abbildungen und 9 Tabellen

Die Deutsche Bibliothek – CIP-Einheitsaufnahme

Conrads, Dieter:
Datenkommunikation: Verfahren, Netze, Dienste;
mit 9 Tabellen / Dieter Conrads. – 2., überarb. und
erw. Aufl. – Braunschweig; Wiesbaden: Vieweg,
1993
   (Moderne Kommunikationstechnik)
   ISBN 978-3-528-14589-7   ISBN 978-3-322-85478-0 (eBook)
   DOI 10.1007/978-3-322-85478-0

1. Auflage 1989
2., überarbeitete und erweiterte Auflage 1993
   korrigierter Nachdruck 1994

Der Verlag Vieweg ist ein Unternehmen der Verlagsgruppe Bertelsmann International.

Satz: Vieweg, Braunschweig

Gedruckt auf säurefreiem Papier

ISBN 978-3-528-14589-7

Vorwort

Die Datenkommunikation hat in den vergangenen Jahren zunehmend an Bedeutung gewonnen, und zwar nicht nur für die Insider in den Rechenzentren und Kommunikationszentralen, sondern auch für viele Mitarbeiter, deren Arbeitsumfeld und Arbeitsinhalte durch die Möglichkeiten der Datenkommunikation verändert werden, und für Entscheidungsträger, die in diesem Bereich Entscheidungen von weitreichender Bedeutung für die Inhalte und Ausgestaltung von Arbeitsplätzen zu treffen haben, sowie für interessierte Laien, die zur Kenntnis nehmen, daß die Auswirkungen der neuen Entwicklungen der Datenkommunikation bis in den privaten Bereich hineinreichen.

Das vorliegende Buch ist thematisch breit angelegt, was notwendigerweise eine beschränkte Darstellungstiefe zur Folge hat. Trotz der angestrebten thematischen Breite konnten nicht alle Aspekte der Datenkommunikation behandelt werden. So werden zwar Aspekte des 'Managements von Datennetzen' und der 'Sicherheit in Datennetzen' in anderen Zusammenhängen häufig erwähnt, diese Themenstellungen aber nicht in geschlossener Form in eigenständigen Kapiteln behandelt. Beide Themen sind noch nicht sehr lange aktuell, und für beide gilt, daß viele Fragestellungen noch kontrovers diskutiert werden und ein allgemeiner Konsenz bezüglich der Ziele und Lösungen noch nicht existiert.
Das Buch hat einführenden Charakter. Ziel ist es, ohne in großem Umfang Vorkenntnisse vorauszusetzen, in leicht verständlicher Darstellung einen Überblick über das weite Feld der Datenkommunikation zu geben und einen Einblick in die Zusammenhänge zu vermitteln. Es wird deshalb zugunsten eines — evtl. etwas oberflächlichen — Verständnisses bewußt weitgehend darauf verzichtet, die teilweise nichtelementaren mathematisch/physikalischen Grundlagen vieler Aspekte der Datenkommunikation darzustellen.
Ein zweites Ziel ist die Einführung in die durchweg englischsprachig geprägte Begriffswelt der Datenkommunikation. Es werden deshalb jeweils die englischen und die deutschen Fachausdrücke gebracht und teilweise wechselnd benutzt. Dadurch soll denjenigen Lesern, die ihr Wissen in speziellen Bereichen vertiefen wollen, der Zugang zur Originalliteratur erleichtert werden.

Gemäß den Zielsetzungen ist das Buch als Einstiegs- und Übersichtswerk für Studenten der einschlägigen Fachrichtungen geeignet. Darüberhinaus sollen solche Personen angesprochen werden, die als Nutzer oder in anderer Weise von den Entwicklungen in der Datenkommunikation Betroffene sich einiges an Hintergrundinformation aneignen möchten.

Danken möchte ich an dieser Stelle den Herren Prof. Dr. F. Hoßfeld und Dr. B. Mertens vom Zentralinstitut für Angewandte Mathematik der KFA-Jülich für die fortwährende Unterstützung dieses Projektes, Frau Dr. C. Görg von der RWTH Aachen für die kritische Durchsicht des Manuskriptes und meiner Frau für unermüdliches Korrekturlesen.

Jülich, im Oktober 1988   *Dieter Conrads*

Vorwort zur 2. Auflage

Anläßlich des Erscheinens der 2. Auflage dieses Buches möchte ich allen danken, die bislang durch Kommentare, Verbesserungsvorschläge, aber auch Hinweise auf Fehler durchweg positive Kritik geübt haben. Anregungen nach thematischer Ausweitung bzw. vertiefter Darstellung bestimmter Themenkomplexe konnte nur teilweise gefolgt werden. Die Tatsache, daß von verschiedenen Seiten sehr unterschiedliche Vorschläge gemacht wurden, zeigt — und dies gilt natürlich auch für den Autor selbst —, daß Themenauswahl und Darstellungstiefe durch die jeweiligen Interessengebiete mitbestimmt und somit teilweise subjektiv sind.

Es bestand Übereinstimmung mit dem Verlag, daß der Charakter des Buches als einführendes Übersichtswerk erhalten bleiben und auch der Umfang nicht signifikant zunehmen sollte. Infolge dieser Randbedingungen wurden nur drei größere zusätzliche Kapitel aufgenommen, und zwar — den allgemeinen Entwicklungen folgend — über die TCP/IP-Protokolle, die ATM-Technik und DQDB. Darüberhinaus wurde eine Reihe von kleineren Ergänzungen vorgenommen, und es waren zahlreiche Aktualisierungen notwendig, die zeigen, wie rasant die technische Entwicklung in Teilbereichen der Datenkommunikation verläuft.

Neben den bereits im Vorwort zur ersten Auflage erwähnten Förderern dieser Arbeit, Herrn Prof. Dr. F. Hoßfeld und Herrn Dr. B. Mertens vom Zentralinstitut für Angewandte Mathematik des Forschungszentrums Jülich, möchte ich an dieser Stelle vor allem dem Vieweg-Verlag für die gute Zusammenarbeit danken.

Jülich, im Januar 1993 *Dieter Conrads*

Inhaltsverzeichnis

1.0 Entwicklung - Perspektiven

Die Telekommunikation, die Kommunikation über größere Entfernungen, ist ein sehr altes Anliegen der Menschheit. Die frühen 'Telekommunikationssysteme' basierten auf natürlichen optischen und akustischen Hilfsmitteln (Feuerzeichen, Rauchzeichen, Signalflaggen, Signaltrommeln, Signalhörner usw.) und waren sowohl in ihrer Reichweite wie in der Signalvielfalt und der pro Zeiteinheit übermittelbaren Informationsmenge sehr beschränkt.
Der Grundstein zur modernen Telekommunikation wurde 1833 durch die Erfindung des Telegraphen (Gauss, Weber) gelegt. Der massive Ausbau der Telegraphie in der zweiten Hälfte des vorigen Jahrhunderts zeigt, daß ein großer Bedarf an solchen Möglichkeiten der Telekommunikation bestand. Dieses Kommunikationssystem war den Benutzern nicht direkt zugänglich; sowohl wegen der Leitungsführung wie auch wegen der speziellen Kenntnisse bei der Bedienung erfolgte der Zugriff in Telegraphenstationen. Die charakteristischen Berufe waren der Telegraphist für die Bedienung der Apparatur und der Telegrammbote für die Verbindung zum Endbenutzer.
Mit der Entwicklung des Telefons in den sechziger und siebziger Jahren des 19. Jahrhunderts beginnt die Geschichte der Massenkommunikation, nämlich der Kommunikation von Teilnehmer zu Teilnehmer auch im privaten Bereich. Das fand allerdings nicht sofort statt und wurde anfangs auch nicht vorhergesehen, weil zu dieser Zeit kaum jemand gewagt hätte, die totale Verkabelung bis in den privaten Bereich hinein vorherzusagen, die ja die notwendige Voraussetzung dafür ist. Tatsächlich ist die Verbreitung des Telefons in zwei Schüben erfolgt; in der ersten Phase wurde die Geschäftswelt erfaßt und in der zweiten, nachfolgenden Phase die privaten Teilnehmer. In Deutschland begann der massive Ausbau im privaten Bereich erst in der zweiten Hälfte der sechziger Jahre. Mit einer Anschlußdichte von 40— 50% bezogen auf die Einwohnerzahlen besitzen in den Industrieländern heute die meisten Haushalte einen Fernsprechanschluß, so daß eine Sättigung erreicht ist. Da in den Entwicklungsländern die Anschlußdichte noch sehr gering ist, wird weltweit die Zahl der Teilnehmer weiter steigen. Die Nutzung wird insgesamt, also auch in den Industriestaaten, weiter zunehmen.
Telex (Diensteinführung in Deutschland 1933) ist das erste Textkommunikationssystem, das eine direkte Verbindung zwischen den Dienstteilnehmern (in diesem Falle i.a. keine Privatpersonen) ermöglicht.
Insgesamt hat die Entwicklung der Telekommunikation bis in die Mitte der siebziger Jahre eine stetige, aber eher ruhige Entwicklung genommen. Erwähnt werden sollte noch, daß zu diesem Zeitpunkt auch die Verteilkommunikation (Rundfunk, Fernsehen) bereits weit verbreitet war, jedoch vollständig auf terrestrischen Funkübertragungen basierend; es gab (in Deutschland) weder Kabelfernsehnetze noch eine auf die Teilnehmer ausgerichtete Satellitentechnik. Es gab auch bereits erste private Datennetze, die i.a. über fest geschaltete Leitungen auf der Basis früher Versionen herstellerspezifischer Netzarchitekturen betrieben wurden. Meist wurde aber — wenn überhaupt — nicht im Rahmen allgemeiner Netze kommuniziert, sondern es wurden auf der Basis privater Absprachen im Einzelfall für spezielle und beschränkte Anwendungen Punkt-zu-Punkt-Verbindungen aufgebaut.

Vor etwa fünfzehn Jahren setzte dann eine rasante Entwicklung im gesamten Kommunikationsbereich ein. Die Erläuterung der technischen Grundlagen sowie der neuen Dienste und Funktionen sind Gegenstand der nachfolgenden Kapitel.
Wenn man nach der Ursache fragt, warum der Kommunikationsbereich, der zuvor jahrzehntelang in den technischen Konzepten wie im Diensteangebot relativ stabil war, plötzlich

eine solche Dynamik entwickelt hat, dann gibt es eine klare Antwort: das Aufkommen der Digitaltechnik. Das vergangene Jahrzehnt ist gekennzeichnet durch die fortschreitende Digitalisierung aller Kommunikationsbelange:

- die **Digitalisierung der Informationsdarstellung,**

- die **Digitalisierung der Übertragungstechnik** und

- die **Digitalisierung der Vermittlungstechnik.**

Neue Konzepte und neue Technologien können sich aber nur dann gegen bereits etablierte Lösungen (und im Kommunikationsbereich gab es bereits eine voll ausgebaute und hochentwickelte Analogtechnik) durchsetzen, wenn sie gravierende Vorteile aufweisen; geringfügige Vorteile reichen nicht aus, um einen Verdrängungsprozeß in Gang zu setzen.
Die Vorteile der Digitaltechnik gegenüber der Analogtechnik sind:

- Generell geringere Störanfälligkeit

- Größere Sicherheit gegen unbefugten Zugriff

- Niedrigere Kosten

- Neue Leistungsmerkmale.

Bezüglich der geringeren Störanfälligkeit sei an dieser Stelle nur auf einen bzgl. dieses Merkmals eher am Rande liegenden aber grundsätzlichen Unterschied zur Analogtechnik hingewiesen: Wegen der endlichen (und i.a. sehr kleinen) Zahl diskreter Signalzustände können digitale Signale verlustfrei (d.h. identisch dem Originalzustand) und damit auch beliebig oft regeneriert werden. Sie können deshalb auch beliebig oft gespeichert und wieder ausgelesen werden.
Es ist vielleicht weniger bekannt, daß Informationen in digitaler Form besser gegen unbefugten Zugriff geschützt werden können. Tatsächlich kann die Digitalisierung geradezu als Voraussetzung für eine wirksame Verschlüsselung angesehen werden. Es ist bezeichnend, daß im militärischen Bereich aus diesem Grunde lange bevor die Digitaltechnik reif für eine allgemeine Einführung war (nämlich im zweiten Weltkrieg) bereits mit digitalen Signaldarstellungen (auch Sprache) experimentiert wurde.
Die Preisvorteile liegen in der möglichen hohen Integrationsdichte, die zu kleinen und bei großen Stückzahlen billig herzustellenden Einheiten hoher Funktionalität führt, d.h. logisch komplexe Funktionen können in Digitaltechnik weitaus billiger als in Analogtechnik realisiert werden. Es sind aber nicht nur die direkten Auswirkungen (geringe Material- und Herstellungskosten), sondern auch die indirekten Auswirkungen wie kleine Abmessungen, geringes Gewicht und niedriger Stromverbrauch, sowie geringer Wartungsbedarf kostensenkend wirksam. So machen z.B. bei digitalen Vermittlungseinrichtungen Raumbedarf, Gewicht und Stromverbrauch nur einen Bruchteil entsprechender analoger Einrichtungen aus, was zu enormen Einsparungen bei Gebäuden und der Versorgungsinfrastruktur führt.

Die bisher aufgezählten Vorteile liefern Argumente, und zwar hinreichende Argumente, für eine sogenannte Prozeßinnovation. Darunter versteht man eine Erneuerung der Systemtechnik durch eine leistungsfähigere und/oder preiswertere unter Beibehaltung der vorhandenen Konzepte und Dienste. Eine solche Prozeßinnovation ist beispielsweise die seit Jahren im Gange befindliche Digitalisierung des Fernsprechnetzes. Eine Prozeßinnovation ist benutzerseitig evtl. durch eine verbesserte Dienstgüte (etwa verbesserte Verständlichkeit beim Fernsprechen) und niedrigere Kosten oder Gebühren bemerkbar; da nach außen sichtbar nichts wesentliches geschieht, erregt sie i.a. keine größere Aufmerksamkeit.

Wenn die Telekommunikation einen so rasanten Aufschwung genommen hat und in eine allgemeine Diskussion geraten ist, so ist dies nicht wegen der bisher erwähnten Vorteile der Digitaltechnik geschehen, sondern wegen der möglichen neuen Leistungsmerkmale und den daraus resultierenden neuen Kommunikationskonzepten und -diensten.

Ausgangspunkt für die neuen Leistungsmerkmale ist die Digitalisierung der Informationen. **Alle Arten von Information,** nämlich numerische Werte, Texte, Sprache, Musik und Bilder, **werden in einheitlicher Weise als Bitketten dargestellt.**

Operationen, die auf binäre Informationen angewendet werden können, sind z.B. Rechnen, Vermitteln, Senden, Empfangen, Speichern, Suchen und Darstellen.

Für einige dieser Operationen (z.B. Vermitteln, Senden, Empfangen, Speichern und Suchen) ist es unerheblich, welche Art von Information die Bitketten repräsentieren. Ein bestimmter Kommunikationsdienst (und darauf abgestimmte dienstspezifische Endgeräte) sind darauf angewiesen, daß die Bitketten in vorgeschriebener Weise binär verschlüsselte Informationen einer bestimmten Art enthalten; beim Fernsprechdienst beispielsweise PCM-codierte Sprachsignale; die Ausgabe binärer Textdaten über ein Sprachendgerät (und umgekehrt) würde keine verständlichen Ergebnisse liefern. Für den Transport der Bitketten und manche Aspekte des Speicherns und Suchens dagegen ist die Kenntnis der Bedeutung dieser Bitketten nicht erforderlich.

Was sich hier abzeichnet, ist die Diensteintegration auf der Netzebene: Die logische Konsequenz der Digitalisierung ist das oder besser ein ISDN-Konzept, d.h. ein Konzept für ein Netz, das binär verschlüsselte Daten unterschiedlicher Bedeutung für verschiedene Zwecke (Dienste) transportieren kann. Ein solches Netz ist bezüglich der darüber abzuwickelnden Dienste offen: beliebige, auch später neu zu definierende Dienste, können darüber abgewickelt werden, solange bestimmte Randbedingungen (beispielsweise eine erforderliche Mindestdatenrate) erfüllt sind.

Es kommt ein weiteres hinzu: Digitale Informationen sind direkt einer Verarbeitung durch Computer zugänglich. Dadurch wird die Kommunikation zu einem computergesteuerten Vorgang. Die durch die Digitalisierung erfolgte Verschmelzung von Datenverarbeitung und klassischer Kommunikation eröffnet wesentliche neue Kommunikationsmöglichkeiten. Moderne Kommunikationseinrichtungen sind heute programmgesteuerte Datenverarbeitungsanlagen mit speziellen, evtl. vergleichsweise aufwendigen Ein-/Ausgabeeinrichtungen. Der Einzug der Datenverarbeitung in die Kommunikationstechnik hat neben erhöhter Leistungsfähigkeit und Funktionalität aber weitere Folgen von grundsätzlicher Bedeutung:

1. Die hohe Innovationsrate in der Computertechnik wird auch bei kommunikationstechnischen Einrichtungen wirksam. Unter dem Aspekt, daß dadurch die Leistungsfähigkeit und Zuverlässigkeit verbessert und die Kosten gesenkt werden können, ist etwas mehr Dynamik in diesem Bereich durchaus begrüßenswert. Es besteht aber die Gefahr, daß mit der Computertechnik auch die für den Computerbereich typische Hektik und Tendenz zu unkoordinierten Entwicklungen abfärbt, was für den Kommunikationsbereich noch fatalere Folgen hätte als in der Datenverarbeitung.

    In jedem Falle wird die technische Lebensdauer von Kommunikationseinrichtungen deutlich abnehmen; betrug die Lebensdauer früher über zwanzig Jahre, so spricht man heute bereits von 5 bis 7 Jahren. Die Systemtechnik ist damit nicht länger selbst ein langfristig stabiles Element. Da ein Kommunikationssystem in seiner Gesamtheit (schon wegen der erforderlichen Kabelinfrastruktur) langfristig angelegt sein muß, muß der Betrieb durch Standards für Schnittstellen und Funktionen über mehrere Generationen der Systemtechnik sichergestellt werden. Je kurzlebiger die Kommunikationsprodukte sind, desto wichtiger ist die Verfügbarkeit und strikte Einhaltung langfristig stabiler Standards, um eine problemlose Kommunikation dauerhaft sicherzustellen.

2. Aus der Tatsache, daß die Nutzdaten ebenso wie die Daten über Kommunikationsbeziehungen computergerecht vorliegen und die Kommunikationseinrichtungen programmierbare Datenverarbeitungsanlagen enthalten, die (im Prinzip) solche Daten beliebig erfassen, speichern, auswerten und kombinieren können, ergibt sich – im Falle eines Mißbrauchs – für die Teilnehmer die Gefahr einer weitgehenden, unzulässigen Überwachung. Die Diensteintegration auf der Netzebene würde in einem solchen Fall sowohl eine selektive (d.h. dienstspezifische) Überwachung, wie auch eine Überwachung aller Kommunikationsvorgänge ermöglichen.
Die Risiken, die mit digitalen, computergesteuerten Universalnetzen verbunden sein können, befinden sich zumindest in Deutschland, wo die Sensibilität für solche Fragestellungen vergleichsweise hoch ist, in der Diskussion. Bisher sind aber weder die damit verbundenen Gefährdungen und Folgewirkungen, und schon gar nicht die zur Bekämpfung erforderlichen technischen und rechtlichen Maßnahmen klar, so daß in den Auseinandersetzungen oftmals unterschiedliche Grundhaltungen zum Ausdruck kommen. Die neuen Kommunikationsnetze und die darüber realisierbaren Dienste sind sehr wirksame technische Hilfsmittel für die Bewältigung vielfältiger Kommunikationsprobleme. Wie bei allen wirksamen technischen Einrichtungen können leichtfertiger Umgang und mißbräuchliche Nutzung negative Folgen haben. Es muß das Ziel sein, die neuen Techniken so zu gestalten und einzusetzen, daß der Nutzen vorhanden ist, die verbleibenden Risiken aber ein allgemein akzeptiertes Maß nicht überschreiten.

In der bisherigen Diskussion standen technische Gegebenheiten im Vordergrund. Obwohl diese einen prägenden Einfluß auf das Geschehen haben, soll im folgenden eine weniger technisch motivierte Diskussion der Entwicklungen und Perspektiven folgen.
Ziel der Bestrebungen ist eine offene Kommunikation, d.h. eine Kommunikation, bei der die Teilnehmer (Menschen oder kommunikationsfähige Geräte, wie z.B. Rechner) ungehindert weltweit mit verschiedenen Zielsetzungen Informationen austauschen können. Die Entwicklung dahin vollzieht sich in drei Schritten:

1. Lösung des technischen Verbindungsproblems (Signalverbindung)

2. Lösung des Kommunikationsproblems

3. Beherrschung der (technisch) unbeschränkten Kommunikation.

Damit kommuniziert werden kann, ist es notwendig, daß signaltechnisch einwandfreie Verbindungen zwischen kommunikationswilligen Partnern hergestellt werden können. Kommunikationsnetze und -dienste beginnen fast immer als Inseln, und es ist nicht trivial, solche oft unter unterschiedlichen Randbedingungen geschaffenen Inseln zu einem funktionierenden Verbund zusammenzufügen. Es ist z.B. nicht selbstverständlich, und es war auch nicht immer so, daß man weltweit telefonieren oder telexen oder Daten austauschen kann. Für eine Kommunikationsbeziehung, nämlich den wechselseitigen, meinungsvollen Informationsaustausch, ist die Existenz einer Signalverbindung zwar notwendig, aber nicht hinreichend. Eine Signalverbindung löst das Kommunikationsproblem nur im Sonderfall kompatibler (kommunikationsfähiger) Systeme. Ein Beispiel macht das klar: Die Existenz

einer Fernsprechverbindung zwischen Japan und Deutschland garantiert nur die wechselseitig korrekte Übermittlung der gesprochenen Worte, nicht aber einen beidseitig verständlichen Informationsaustausch; dieser ist nur möglich, wenn beide Partner die gleiche
Sprache sprechen (also kompatibel sind).
Die Probleme der Signalverbindung können weitgehend als gelöst angesehen werden; man
könnte sie als Probleme der siebziger Jahre charakterisieren.

Ein sinngerechter Informationsaustausch (Kommunikation) setzt neben der korrekten
Übermittlung auch einen Konsenz bezüglich der Struktur und Interpretation der Signale
voraus (der bei kompatiblen Systemen gegeben ist). Zwischen inkompatiblen Systemen wird
eine offene Kommunikation nur durch die Verwendung von Standards möglich sein. Die
Chancen dafür, daß eine wirklich offene Kommunikation auf der Basis allgemein aner-
kannter internationaler Standards erreicht werden kann, waren noch nie so gut wie heute:
Zum einen existieren inzwischen zu allen wichtigen Kommunikationsaspekten internationale Standards, zum anderen ist die Bereitschaft der Hersteller groß, diese Standards in
Produkte umzusetzen, ebenso wie die Bereitschaft der Anwender, die Einhaltung der Stan-
dards von den Herstellern zu fordern.
Das Kommunikationsproblem kann als Problem der achtziger Jahre bezeichnet werden.

Obwohl eine wirklich offene Kommunikation heute erst ansatzweise möglich ist, wird bereits sichtbar, daß es notwendig sein wird, das, was technisch an Kommunikationsmöglichkeiten absehbar ist, auf das politisch und gesellschaftlich wünschenswerte und rechtlich
zulässige Maß zu beschränken. Dies beinhaltet die Einordnung neuer Kommuniationsmittel
und -dienste in bestehende Rechtsordnungen bzw. die Schaffung neuer Rechtsnormen (wie
z.B. das Datenschutzgesetz), aber auch die Erarbeitung praktikabler Durchführungsbe-
stimmungen. Darüberhinaus können Anwendungsmöglichkeiten (und deren Folgen) rechtlich unbedenklich und dennoch wegen möglicher politischer, arbeitsmarktpolitischer oder
auch gesellschaftspolitischer und sozialer Auswirkungen unerwünscht sein.
Diese Probleme werden in den kommenden Jahren gelöst werden müssen. Man könnte sie
als Probleme der neunziger Jahre bezeichnen.

Die bereits angesprochene dynamische Entwicklung im Kommunikationsbereich, die qualitative und quantitative Ausweitung des Diensteangebots, wäre ohne eine entsprechende
Nachfrageentwicklung nicht denkbar. Die heutigen Unternehmensstrukturen, die wirt-
schaftlichen und politischen Verflechtungen, aber auch die Projekte und Kooperationen im
Forschungsbereich sind so komplex und vielfältig, daß deren Beherrschung ohne eine leistungsfähige Kommunikation und das Zusammenwachsen von Datenverarbeitung und
Kommunikation nicht möglich wäre. Kein Verantwortlicher in Politik, Wirtschaft oder
Forschung kann sich in seinem Bereich auf Strukturen einlassen, zu deren Beherrschung die
notwendigen Hilfsmittel nicht vorhanden sind. Insofern kann die Komplexität in der Organisation nur in dem Maße fortschreiten, wie durch Datenverarbeitung und Kommunikation
Lösungen bereitgestellt werden. Es gibt hier also eine Wechselbeziehung: Einerseits erlauben
erst die Fortschritte in der Kommunikation und Datenverarbeitung das Fortschreiten zu
offenbar im Zeittrend liegenden komplexeren Organisationsstrukturen, andererseits wird
durch die zunehmende Komplexität verstärkt Nachfrage nach neuen Kommunikationsdienstleistungen erzeugt, was die weitere Entwicklung im Kommunikationsbereich stimu-
liert. Es ist abzusehen, daß im geschäftlichen Bereich die Nachfrage nach Kommunikationsdienstleistungen qualitativ und quantitativ weiter steigen wird.

Weitaus schwerer fällt eine Prognose für den privaten Bereich. Dort, wo eine Kosten/-Nutzenanalyse im eigentlichen Sinne kaum möglich ist, sind für die Akzeptanz neuer Dienste neben der Attraktivität die Kosten von ausschlaggebender Bedeutung.

Mit den Kosten wird ein weiterer entscheidender Punkt angesprochen. In den Unternehmen (auch in den öffentlichen Verwaltungen und Hochschulen) setzt sich allmählich die Erkenntnis durch, daß Information ein wertvolles Gut ist und deshalb die Kommunikation (als Maßnahme für ihre Beschaffung, Bereitstellung und Verteilung) nicht nur ihren Preis hat, sondern auch haben darf. Bezogen auf eine Einheit, sind die Kommunikationskosten seit Jahren rückläufig; nichtsdestoweniger steigen die Aufwendungen für Kommunikation in den Unternehmen z.T. kräftig, weil das Diensteangebot gestiegen ist und vermehrt genutzt wird, ja, aufgrund der vorher beschriebenen organisatorischen Vorgaben genutzt werden muß (wenn etwa ein Bundesland einen Höchstleistungsrechner beschafft, der von allen Hochschulen des Landes gemeinsam genutzt werden soll).

Wenn auch die Kommunikationskosten pro Einheit gefallen sind, so sind die Kosten für elektronische Bausteine (Speicher, Logik) im gleichen Zeitraum noch weitaus stärker gefallen, d.h. das Versenden von Daten ist im Vergleich zum Verarbeiten oder Speichern permanent teurer geworden. Eine Konsequenz daraus ist, daß in Weitverkehrsnetzen die optimale Nutzung der Verbindungswege nach wie vor im Vordergrund steht, auch wenn dafür eine vergleichsweise hohe Verarbeitungs- und Speicherkapazität in den Netzknoten bereitgestellt werden muß. Die bisherigen Kostenrelationen könnten allerdings durch den Einsatz von Glasfasern verändert werden. Die Übertragungskapazität der Glasfaser ist so hoch, daß, bezogen auf die Einheit, Kostenreduktionen um 2–3 Größenordnungen möglich sind.

Zusammenfassend ergeben sich über die unmittelbare Zukunft hinaus folgende Perspektiven:

Im Infrastrukturbereich ist die Glasfaser sowohl im Lokal- wie im Fernbereich auf dem Vormarsch; durch sie werden die möglichen Übertragungsgeschwindigkeiten und Transportkapazitäten so drastisch steigen und die Kosten im Fernbereich so drastisch fallen, daß eine qualitativ neue Situation mit wesentlich veränderten Randbedingungen entsteht. Bei den Netzen geht die Entwicklung zu universell nutzbaren, diensteintegrierenden Netzen hoher Leistung auf der Basis von Glasfasern. Über einen Zugriffspunkt zu einem solchen Netz (Kommunikationssteckdose) sind potentiell alle Kommunikationsdienste zugreifbar, die über das Netz abgewickelt werden. Gleichzeitig wird der einzelne Netzteilnehmer je nach Bedarf unterschiedliche Netz- und Kommunikationsdienste in Anspruch nehmen wollen. Dies macht – aus Platz- wie aus Kostengründen – die Entwicklung universeller (multifunktionaler) Endgeräte erforderlich. An Konzepten für solche Geräte wird gearbeitet, und es gibt auch schon erste Realisierungen. Sie haben aber noch keinen endgültigen Charakter, da die ergonomischen Anforderungen, die an solche Geräte zu stellen sind, noch nicht klar sind und erst in einem iterativen Prozeß zwischen praktischer Nutzung und Weiterentwicklung gewonnen werden können.

2.0 Grundsätzliche Aspekte

2.1 Topologien

Die Struktur von Verbindungen zwischen den Stationen eines Kommunikationsnetzes bezeichnet man als Netzwerktopologie.

Es ist offensichtlich, daß eine Menge von Stationen auf sehr unterschiedliche Arten systematisch miteinander verbunden werden kann. Die sich ergebenden Topologien unterscheiden sich im erforderlichen Realisierungsaufwand beträchtlich; sie haben auch prägende Eigenschaften für die darauf basierenden Kommunikationsnetze. Es besteht ein Zusammenhang zwischen dem Realisierungsaufwand (Zahl der erforderlichen Verbindungen) und der Effizienz der Kommunikation, wenn man als ein Maß dafür die Zahl der Zwischenknoten ansieht, über die eine Verbindung zwischen zwei vorgegebenen kommunikationswilligen Stationen führt. Ein anderer wichtiger Gesichtspunkt ist die Geographie: Im allgemeinen befinden sich die durch ein Netz zu verbindenden Stationen an vorgegebenen geographischen Positionen. Zwar kann jede Topologie auf jede reale Anordnung abgebildet werden, wobei die Zahl der erforderlichen Verbindungsstrecken nur von der Topologie und nicht von der geographischen Anordnung der Stationen abhängt, aber die Längen der Verbindungsstrecken können bei Verwendung einer schlecht mit einer konkreten Anordnung zur Deckung zu bringenden Topologie stark anwachsen, was sich in der Praxis behindernd und kostentreibend auswirkt.

Gängige Topologien sind: Vollständiger Graph, Ring, Stern, Baum, Bus, vermaschtes Netz, reguläre Strukturen.

In der Praxis sind größere Netze fast immer aus kleineren Einheiten, die sich aufgrund geographischer oder/und organisatorischer Randbedingungen ergeben, zusammengesetzt. Überdies verbessern Substrukturen die Überschaubarkeit und damit die Beherrschbarkeit des Gesamtsystems. Aus diesem Grund ist häufig auch eine hierarchische Anordnung der Teilnetze anzutreffen, z.B. ein Ring oder Bus als Sammelschiene für nachgeordnete Netzelemente, die nicht notwendig die gleiche Topologie haben müssen. Während aber Verzweigungsbäume und vermaschte Netze topologieerhaltend zusammengefügt werden können (d.h. ein aus mehreren Teilnetzen mit Baumstruktur zusammengesetztes Netz hat ebenfalls Baumstruktur), gilt dies für die anderen Topologien nicht, so daß das Gesamtnetz nicht immer die topologiebedingten Eigenschaften der Teilnetze aufweist.

2.1.1 Vollständiger Graph

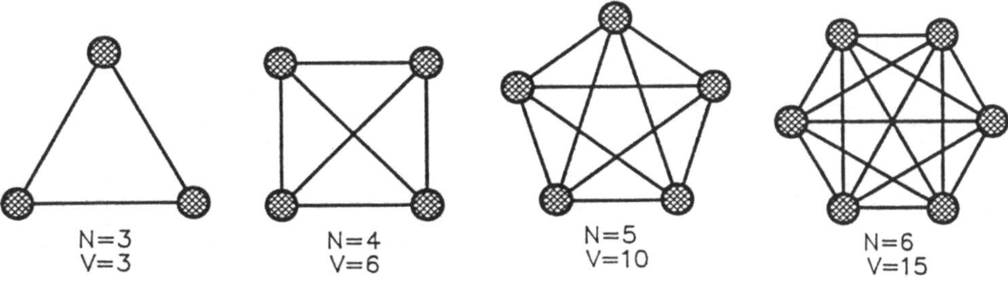

Abb. 1. Vollständiger Graph

Die einfachste und vielleicht auch naheliegendste Struktur ergibt sich durch eine paarweise Verbindung aller Stationen. Diese Struktur wird als vollständiger Graph bezeichnet. Sie ist dadurch ausgezeichnet, daß zwischen jedem beliebigen Paar von Stationen eine direkte Verbindung besteht (vgl. Abb. 1). Der erforderliche Aufwand ist sehr hoch; die Zahl der Verbindungen (V) beträgt

$$V = \frac{N(N-1)}{2} \quad (N = \text{Anzahl der Stationen}),$$

wächst also quadratisch mit der Anzahl der Stationen.

Eigenschaften:

- Da zwischen je zwei Stationen eine direkte Verbindung besteht, ist eine *Routing*-Funktion (Wegsuche) nicht notwendig, was die Komplexität eines Kommunikationssystems verringert; der Verzicht auf eine *Routing*-Funktion erhöht allerdings die Störanfälligkeit, da bei Ausfall einer Verbindung zwischen den davon betroffenen Stationen eine Kontaktaufnahme nicht mehr möglich ist.

- Der vollständige Graph bietet nicht nur eine direkte Verbindung zwischen je zwei Stationen, sondern hat auch noch die Eigenschaft, im Vergleich zu allen anderen Topologien die meisten alternativen Pfade zwischen jedem Paar von Stationen bereitzustellen, nämlich in einem Netz von N Stationen $(N-2)$ Pfade über eine Zwischenstation, $(N-2)(N-3)$ weitere Pfade über zwei Zwischenstationen usw.; d.h. unter Bereitstellung einer flexiblen *Routing*-Funktion läßt sich auf der Basis der Topologie eines vollständigen Graphen ein Kommunikationssystem maximaler Verbindungssicherheit aufbauen.

Fazit:

Der vollständige Graph hat optimale Verbindungseigenschaften, ist aber wegen der quadratisch mit der Knotenzahl wachsenden Zahl der Verbindungsstrecken aus Aufwandsgründen für größere Netze nicht geeignet. In jedem Knoten wächst die Zahl der Verbindungen linear $(N-1)$; dahinter verbirgt sich unabhängig von dem hohen Aufwand eine eklatante praktische Schwäche: Bei Hinzunahme eines neuen Knotens – was in Netzen ein alltäglicher Vorgang ist – sind alle bereits vorhandenen Stationen von einer Änderung – nämlich dem Hinzufügen einer weiteren Leitung – betroffen.

2.1.2 Ring

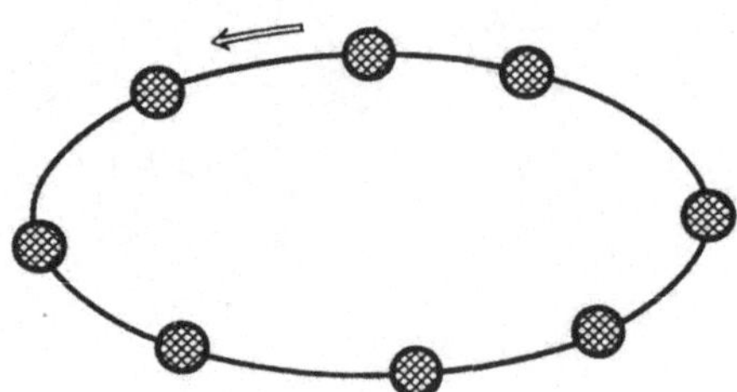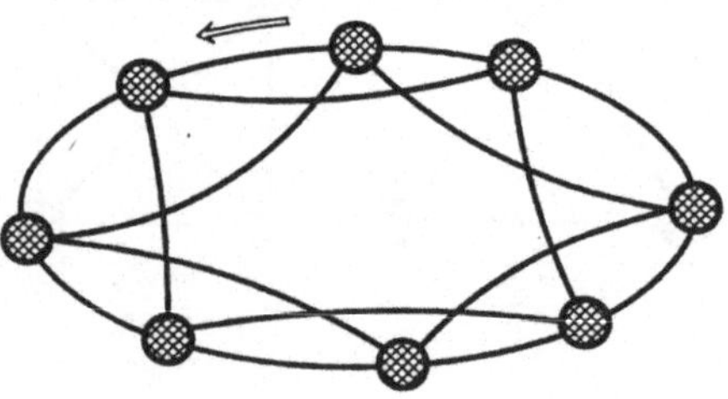

Abb. 2. Ringanordnungen

Ein Ring kann als eine geschlossene Kette von gerichteten Punkt-zu-Punkt-Verbindungen aufgefaßt werden.

Die Auslegung der Netzstationen als **aktive Elemente, die** die ankommenden Informationen regenerieren und weitersenden, hat den Vorteil, daß sowohl hinsichtlich der Zahl der Teilnehmerstationen als auch hinsichtlich der geographischen Netzausdehnung große Netze aufgebaut werden können. Sie hat den Nachteil, daß — wenn nicht besondere Vorkehrungen getroffen werden — der Ausfall einer einzigen Station zum Ausfall des gesamten Rings führt. Sicherheitsüberlegungen nehmen deshalb bei Netzen mit Ringtopologie einen breiten Raum ein. Eine Maßnahme zur Erhöhung der Sicherheit ist die Mehrfachauslegung des Rings (z.B. Verzopfung, vgl. Abb. 2).

Die Stationen können über ein Relais *(bypass relay)* an den Ring angeschlossen sein, das bei Ausfall einer Station den Ring unter Ausschluß der nicht funktionierenden Station kurzschließt. Dies kann jedoch zu übertragungstechnischen Problemen führen: Bei Ausfall einer und erst recht mehrerer benachbarter Stationen ist zwischen den dann benachbarten funktionsfähigen Stationen eine erheblich größere Entfernung zu überbrücken als vorher. Dieses Problem wird i.a. durch restriktive Vorgaben etwa bezüglich der maximal zulässigen Entfernungen zwischen benachbarten Stationen entschärft.

Die Auslegung eines Rings mit aktiven Knoten gibt **große Freiheit bezüglich der verwend**baren Übertragungsmedien, insbesondere sind Ringnetze für den Einsatz von Lichtwellenleitern geeignet.

Da auf einem Ring nur in einer Richtung übertragen wird, brauchen einfache Ringnetze **keine** *Routing*-Funktion. Die von der sendenden Station ausgehende Information passiert auf ihrem Weg um den Ring alle Stationen, also auch die adressierte, die dann die an sie gerichtete Information übernimmt.

Es gibt sehr viele Möglichkeiten, den Datenfluß auf einem Ring zu organisieren; einige davon werden in dem Kapitel über lokale Netze erläutert.

Fazit:

Ringe sind sehr gut für den Aufbau lokaler Netze geeignet, wobei aber zur Erhöhung der Betriebssicherheit besondere Maßnahmen erforderlich sind. Die mechanische Eingliederung einer weiteren Station in einen einfachen Ring ist unproblematisch, erfordert i.a. aber eine Betriebsunterbrechung.

2.1.3 Stern

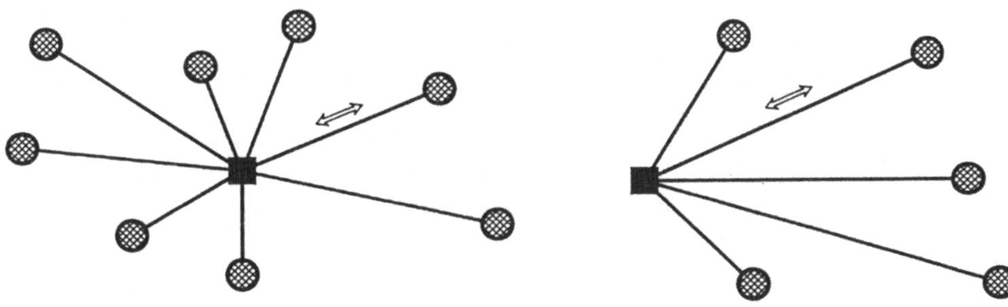

Abb. 3. Stern

In einem Sternnetz gibt es mit der Zentralstation eine ausgezeichnete Station, der sowohl hinsichtlich einer möglichen Überlastung (alle Verbindungen laufen über die Zentralstation) als auch bezüglich der Ausfallsicherheit (der Ausfall der Zentralstation ist gleichbedeutend mit einem Totalausfall des gesamten Netzes) besondere Bedeutung zukommt. Der **Vorteil** der **Sternstruktur** ist, daß diese kritische Station genau identifiziert ist und nur einmal im Netz vorkommt, so daß es möglich und auch kostenmäßig vertretbar ist, sie besonders leistungsfähig zu gestalten und zur Erhöhung der Sicherheit mehrfach auszulegen.

Eigenschaften:

- Ein Sternnetz mit N Stationen (ohne Zentralstation) hat genau N Verbindungen.

- Jeder Pfad zwischen zwei beliebigen Stationen führt über zwei Verbindungsstrecken, nämlich von der Ausgangsstation zum zentralen Knoten und von dort zur Zielstation. Eine *Routing*-Funktion ist nicht erforderlich.

- Die Verbindungen werden bidirektional betrieben.

- **Die physikalische Eingliederung** weiterer Stationen ist extrem einfach, solange der zentrale Knoten noch freie Positionen besitzt; eine Störung oder gar Unterbrechung des Netzbetriebs ist damit nicht verbunden.

Fazit:

Sternnetze haben im praktischen Betrieb **große Vorteile**, da einzelne Verbindungen und Stationen ohne Rückwirkungen auf die übrigen Stationen physikalisch isoliert werden können, und dies — was in der Praxis sehr wichtig ist — von einer zentralen Stelle aus. Die Sicherheitsprobleme der zentralen Struktur sind lösbar.
Die Zahl der Verbindungsleitungen (N) wächst linear mit der Zahl der Stationen; die Gesamtlänge aller Verbindungsstrecken ist beim Stern allerdings groß.
Vermittlungseinrichtungen (Nebenstellenanlagen) sind zentrale Knoten in Netzen mit Sterntopologie.

2.1.4 Bus

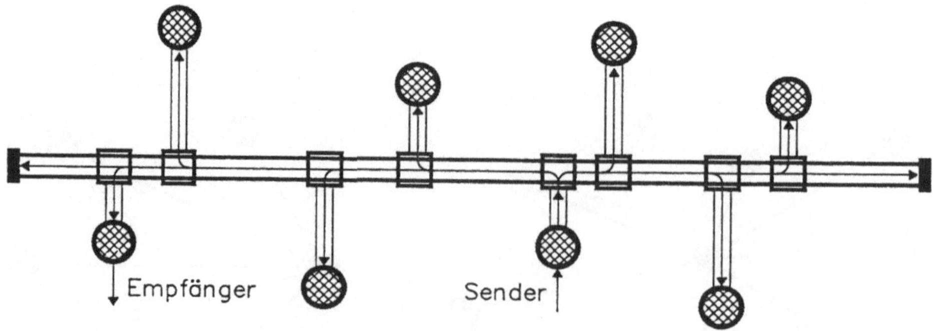

Abb. 4. Bus

Ein Bus ist ein universeller Informationskanal, an den die Stationen i.a. **passiv** angekoppelt sind. Solche Netze werden auch Diffusionsnetze genannt im Gegensatz zu Teilstreckennetzen wie Ring oder Stern, bei denen die Information abschnittsweise transportiert und regeneriert wird. Die Signalausbreitung erfolgt in einem Bus — ausgehend von der sendenden Station — in beide Richtungen.

Eigenschaften:

- **Die passive Ankopplung** führt dazu, daß das Abschalten und i.a. auch der Ausfall einer Station keinerlei Rückwirkungen auf die übrigen Stationen und damit auf das Netz als Ganzes hat.

- **Das Hinzufügen** weiterer Stationen ist problemlos und kann — bei geeigneter Realisierung des physikalischen Anschlusses — ohne Betriebsunterbrechung erfolgen.

- **Die passive Ankopplung** führt zu Beschränkungen bezüglich der Buslänge und der Zahl der anschließbaren Stationen, da das von einer sendenden Station ausgehende Signal nicht regeneriert wird.

- **Bei einem** einfachen Bus ist eine *Routing*-Funktion nicht erforderlich, da die ausgesendete Information automatisch alle am Bus angeschlossenen Stationen erreicht und die adressierte Station die Information übernehmen kann.

Fazit:

Die Bustopologie ist bei lokalen Netzen sehr verbreitet. **Busnetze können** flexibel verändert werden. **Die passive Ankopplung der Stationen** führt zu einer inhärent guten Betriebssicherheit; die Fehlerdiagnose ist in Busnetzen allerdings nicht einfach.

2.1.5 Baum

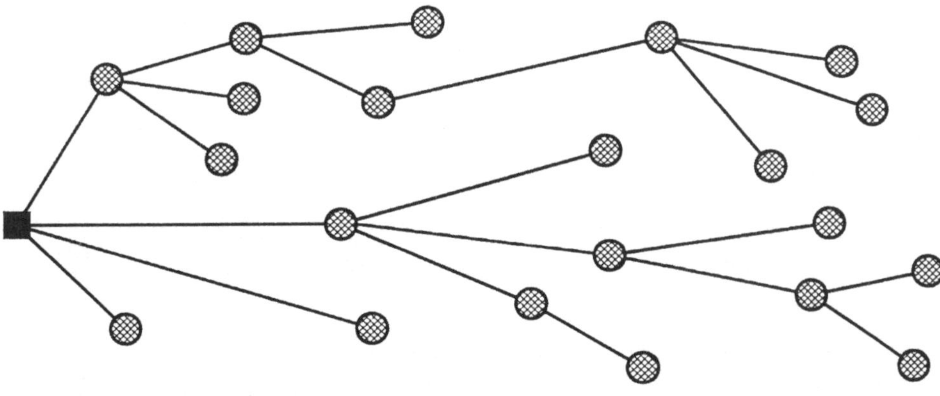

Abb. 5. Verzweigungsbaum

Bei einem Baum werden ausgehend von der Wurzel die einzelnen Blätter (Stationen) über Verzweigungselemente erreicht, die **aktiv oder passiv** sein können. Die Baumstruktur erlaubt eine sehr gute Anpassung an vorgegebene geographische Gegebenheiten und damit die Minimierung der für ein Netz erforderlichen Kabellängen. Die Struktur eines Verzweigungsbaums ergibt sich in vielfältiger Weise. Ein lineares Teilstreckennetz kann als Grenzfall eines Verzweigungsbaums aufgefaßt werden; ein Teilstreckennetz in Baumstruktur entsteht auch durch die Kaskadierung von Sternen (vgl. Abb. 6).

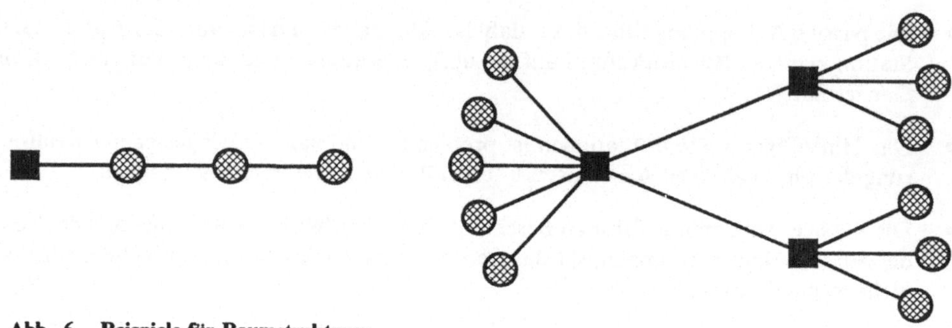

Abb. 6. Beispiele für Baumstrukturen

Ein Teilstreckennetz in Baumstruktur, welches in der Logik eines kaskadierten Sterns betrieben wird (d.h. nicht als *Broadcast*-Netz, bei dem jede Information an alle angeschlossenen Stationen gesendet wird), erfordert eine *Routing*-Funktion, bei der jeder Knoten die Adressen der Stationen an dem von ihm ausgehenden Teilbaum kennen muß. Wenn die Stationsadressen die Baumstruktur widerspiegeln, also Strukturinformation enthalten, vereinfacht sich die *Routing*-Funktion.

Ein **Verzweigungsbaum** entsteht auch durch den Zusammenschluß mehrerer Busse über Repeater. In diesem Falle ist das Gesamtnetz ein Netz, bei dem jede gesendete Information direkt an alle Stationen gelangt (Diffusionsnetz) und das deshalb keine *Routing*-Funktion benötigt.
Von der Toplogie her identisch ist ein Zusammenschluß mehrerer Busse über sogenannte Brücken (Abb. 7)

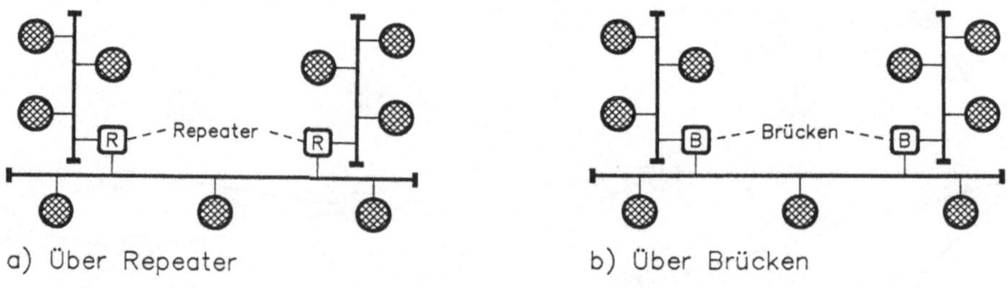

Abb. 7. Zusammenschluß mehrerer Busse zu einem Netz mit Baumstruktur

Von der Logik her ist dieses Netz von dem vorigen jedoch völlig verschieden, da in diesem Falle die Organisation des Informationsflusses in den einzelnen Zweigen unabhängig erfolgt; d.h. hierbei handelt es sich nicht mehr um ein einfaches Netz, sondern um ein aus mehreren unabhängig organisierten einfachen Bussen zusammengesetztes Netz. Die Brücken haben Speicherfunktion und leiten die übernommenen Informationen in einer unabhängigen, zeitversetzten Übertragung weiter. In einem solchen zusammengesetzten Netz mit Baumstruktur ist eine *Routing*-Funktion erforderlich.

Typisch ist die Baumstruktur für Breitbandverteilnetze (Kabelfernsehen) und damit auch für Breitband-LANs, die auf der gleichen Technik basieren.
Bei einem Breitbandverteilnetz wird die Information in einer Kopfstation (Wurzel des Baumes) eingespeist und von dort über Verteiler *(splitter)* allen angeschlossenen Stationen zugeleitet. Da die Übertragung unidirektional ist, muß in Kommunikationsnetzen, deren Stationen auch senden können sollen, ein unabhängiger Kanal gleicher Struktur zur Kopfstation hin existieren (Abb. 8). Dieser zweite Kanal kann entweder durch eine parallele zweite Leitung oder durch Benutzung eines anderen Frequenzbandes der gleichen Leitung realisiert werden. Die von der sendenden Station ausgehende Information wird *upstream* (über das Sendekabel oder die Sendefrequenz) zur Kopfstation *(headend)* übertragen, dort auf das Empfangskabel oder die Empfangsfrequenz umgesetzt und *downstream* an alle angeschlossenen Stationen verteilt.

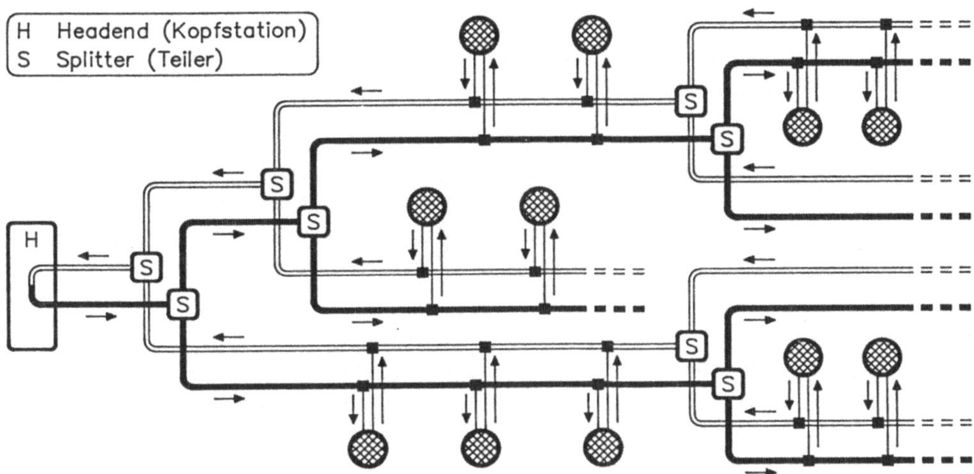

Abb. 8.   Breitbandnetz in Baumstruktur

Das Hinzufügen weiterer Stationen ist in einem Breitbandnetz nicht ohne weiteres möglich, in den anderen Netzen mit Baumstruktur (kaskadierter Stern, zusammengeschaltete Busse) unproblematisch.

Fazit:

Die Baumstruktur erlaubt eine gute Anpassung an örtliche Gegebenheiten und wird häufig verwendet bzw. ergibt sich durch Zusammenschaltung anderer Topologien (Bus, Stern), wenn größere Entfernungen zu überbrücken sind.

2.1.6 Vermaschtes Netz

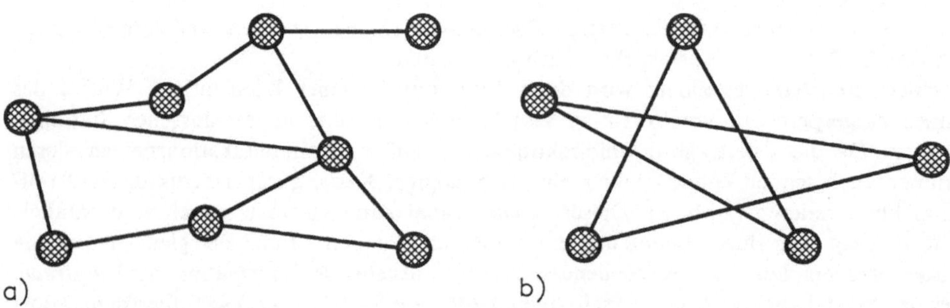

Abb. 9. Vermaschtes Netz

Bei einem vermaschten Netz sind die Stationen nicht in offenkundig systematischer Weise miteinander verbunden. Bedingung ist, daß zwischen je zwei Stationen mindestens ein Pfad existiert. Weitverkehrsnetze zwischen vorgegebenen Standorten bilden fast immer ein vermaschtes Netz, da die Kosten für über öffentliche und damit kostenpflichtige Netze führende Verbindungen optimiert werden müssen. Die Optimierung eines großen vermaschten Netzes unter Leistungs- und Kostengesichtspunkten und weiteren Randbedingungen (z.B. der, daß jede Station auf mindestens zwei unabängigen Pfaden erreichbar sein soll, wie in dem Beispiel in Abb. 9b gezeigt) ist eine sehr anspruchsvolle Aufgabe. Darüberhinaus treten die typischen Netzwerkaufgaben wie Wegsuche *(routing)*, Verstopfungskontrolle *(congestion control)* und Flußkontrolle *(flow control)*, die zusammen eine optimale Lenkung und Kalibrierung der Verkehrsströme bewirken sollen, in voller Komplexität auf.

Fazit:

Das vermaschte Netz ist die typische Struktur der klassischen Weitverkehrsnetze, bei denen wegen fehlender struktureller Vorgaben alle Netzwerkprobleme auftreten.

2.1.7 Reguläre Strukturen

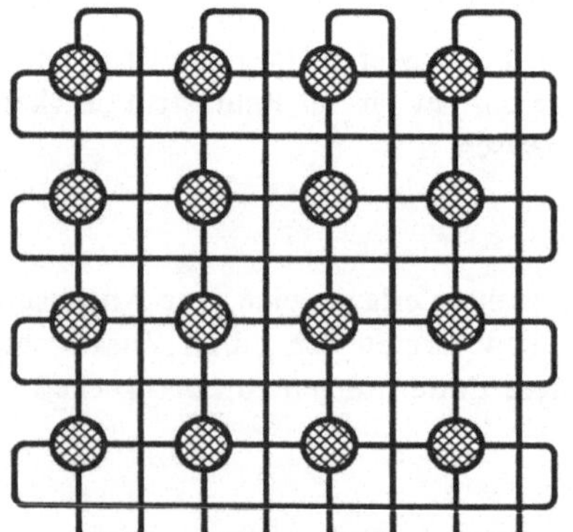

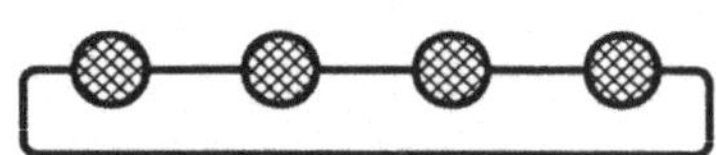

Abb. 10. Beispiele regulärer Strukturen

Bei regulären Strukturen sind alle Knoten in gleichartiger Weise in das Netz eingebunden, wobei allerdings die Randknoten Schwierigkeiten bereiten können. Abb. 10 zeigt solche Strukturen, bei denen jeder Knoten mit seinen Nachbarknoten verbunden ist, wobei dies für die Randknoten so zu interpretieren ist, daß erster und letzter Knoten benachbart sind. Wenn jede Station mit ihren beiden Nachbarstationen verbunden ist (lineare Anordnung), ergibt sich ein Ring. Bei einer Verbindung mit jeweils vier Nachbarstationen (flächige Anordnung) ergibt sich das abgebildete Schema. Das gleiche Schema funktioniert auch bei räumlicher Anordnung (sechs Nachbarverbindungen). Vorstellbar ist auch eine Anordnung, bei der jeder Knoten mit drei Nachbarknoten verbunden ist (binärer Verzweigungsbaum), wobei allerdings die Behandlung der Randknoten Schwierigkeiten bereitet.

Fazit: Reguläre Strukturen sind − mit Ausnahme des Rings − für Datenkommunikationsnetze nicht von Bedeutung. Eine Rolle spielen solche Strukturen beispielsweise bei Prozessoranordnungen in Parallelrechnern.

2.1.8 Zusammenfassung

Es gibt unterschiedliche Arten, Kommunikationsnetze zu betreiben, die in Zusammenhang mit der Topologie zu sehen sind. Eine Klasse von Netzen sind die Diffusionsnetze; bei diesen gelangt die gesendete Information vom Sender oder einem Regenerator über einen universellen Informationskanal an alle Teilnehmerstationen, die passiv an diesen Kanal angekoppelt sind. Diffusionsnetze haben typischerweise Bus- oder Baumtopologie. Diffusionsnetze haben immer *Broadcast*-Eigenschaft, d.h. die von einem Sender ausgehende Information erreicht alle Teilnehmerstationen, und die adressierte oder die adressierten Stationen übernehmen die Information.

Ringnetze sind i.a. *Broadcast*-Netze, aber keine Diffusionsnetze, sondern Teilstreckennetze, bei denen die Information durch eine explizite Übertragung von Station zu Station weitergereicht wird. *Broadcast*-Netze benötigen keine *Routing*-Funktion, da die Information nicht gezielt zu einem bestimmten Empfänger transportiert wird, sondern prinzipbedingt alle Teilnehmer erreicht.

Weitverkehrsnetze werden praktisch niemals als *Broadcast*-Netze betrieben, weil im Fernbereich meist nutzungsabhängig Gebühren zu entrichten sind und überdies die geringe Leistungsfähigkeit der Verbindungen eine solche Vorgehensweise ausschließt.

Unüblich ist das *Broadcast*-Prinzip auch bei Netzen mit Topologien wie Stern und vollständiger Graph, die es gestatten, einen Kommunikationspartner gezielt und unmittelbar zu erreichen.

Es ist wichtig, darauf hinzuweisen, daß die physikalische Struktur (d.h. Leitungstopologie) und die logische Struktur eines Netzes nicht identisch sein müssen. So kann beispielsweise auf einem physikalischen Stern ein Ring etabliert werden (wie beim IBM Token-Ring) oder auf einem Bus ein logischer Ring (wie beim Token-Bus System). Bei der Infrastruktur, d.h. bei der physikalischen Struktur, gibt es derzeit erfreulicherweise eine Tendenz zur Vereinheitlichung und zwar zur Sterntopologie, die aufgrund der Nebenstellentechnik im Bereich der Sprachkommunikation ohnedies bereits weit verbreitet ist.

2.2 Infrastruktur

Der Transport von Nachrichten (Information) kann kabelgebunden oder nicht kabelgebunden, d.h. durch die Atmosphäre stattfinden. Ausführlicher behandelt werden in diesem Buch kabelgebundene Systeme. Am Ende dieses Kapitels wird eine kurze Zusammenstellung nicht kabelgebundener Systeme mit Hinweis auf deren Besonderheiten gegeben.

Wichtig für die Informationsübertragung sind heute drei Typen von Leitern:

1. **Symmetrische Kupferkabel**

2. **Koaxialkabel**

3. **Glasfaserkabel (Lichtwellenleiter)**

2.2.1 Symmetrische Kupferkabel

Andere gängige Bezeichnungen sind: Verdrillte Leitungen, Niederfrequenzkabel, Kupferdoppelader, Fernsprechkabel.
Ein wichtiges Merkmal dieser für Signalübertragung verwendeten Kabel ist, daß die beiden Adern nicht parallel geführt werden, sondern verdrillt sind. Dadurch wird die gegenseitige Beeinflussung durch magnetische und kapazitive Effekte (Nebensprechen) verringert. Die Aderndurchmesser liegen meist zwischen 0,4 und 1,4 mm. Ein wichtiges Maß für die Leistungsfähigkeit eines Mediums für Zwecke der Signalübertragung ist die Dämpfung. Diese ist frequenzabhängig und wächst mit steigender Signalfrequenz; sie wird in db/100 m oder db/km angegeben (20 $lg\,(V_1/V_0)$ gibt die Dämpfung in db an, wobei V_1 die Eingangsspannung und V_0 die Ausgangsspannung bezeichnet).
Verdrillte Kabel werden als ungeschirmte Kabel (UTP = *Unshielded Twisted Pair*) und als geschirmte Kabel (STP = *Shielded Twisted Pair*) angeboten. Letztere sind vor allem durch das IBM-Verkabelungssystem (Kabel Typ I) bekannt geworden. Dieses Kabel besteht aus zwei verdrillten Doppeladern (Adernquerschnitt 0,32 mm^2) mit paarweiser Abschirmung aus Aluminiumfolie und zusätzlicher gemeinsamer Abschirmung aus Kupfergeflecht.
Die über verdrillte Leitungen erreichbaren Datenraten hängen von der Qualität des Kabels und den zu überbrückenden Entfernungen ab; sie liegen grob zwischen etwa 100 Mbps im Meterbereich und einigen kbps im Kilometerbereich.

Vorteile:

- Billig
- Leicht zu verlegen
- Geringe Abmessungen
- Sehr einfache Anschlußtechnik
- Fast überall bereits vorhanden (Fernsprechinfrastruktur).

Nachteile:

- Begrenzte Leistungsfähigkeit (Distanz, Übertragungsgeschwindigkeit)
- Störanfällig.

Verwendung:

Verdrillte Leitungen bilden das Rückgrat der Fernsprechinfrastruktur. Sie werden auch für langsame Datenübertragungen im Fernbereich sowie in lokalen Netzen (LANs) bis zu Übertragungsgeschwindigkeiten von 16 Mbps beim Token-Ring eingesetzt; seit kurzem gibt es sogar auf STP-Kabeln basierende FDDI-Realisierungen (100 Mbps), allerdings auf Entfernungen bis zu 100 m beschränkt.

2.2.2 Koaxialkabel

Koaxialkabel (auch als Hochfrequenzkabel bezeichnet) bestehen aus einem zentralen Innenleiter, um den konzentrisch eine Isolierschicht (Dielektrikum), ein Außenleiter (Abschirmung) und eine Außenisolierung angebracht sind. Als Dielektrikum zwischen Innen- und Außenleiter kommen verschiedene Materialien in Frage: Sehr verbreitet ist Polyurethan (PE) in verschiedenen Strukturen; es kann aber auch Luft sein. Das Dielektrikum hat Einfluß auf die Signalausbreitungsgeschwindigkeit: bei Luft ist sie $\approx$ 0,98 c (d.h. fast Lichtgeschwindigkeit) und bei PE 0,65 bis 0,8 c. Die Außenisolierung kann je nach Anforderung (Wetterbeständigkeit, Feuerbeständigkeit) aus PVC, PE oder Teflon bestehen.
Die Eigenschaften des Kabels werden durch die Art des Außenleiters beeinflußt, so daß für unterschiedliche Einsatzzwecke unterschiedliche Ausführungen existieren. Bei Kabeln für Basisbandübertragungen besteht die Abschirmung meist aus einem Kupfergeflecht, bei Kabeln für Breitbandübertragungen aus Aluminiumfolie; es gibt auch Universalkabel, die beide Abschirmungen besitzen.
Üblicherweise verwendete Koaxialkabel haben Durchmesser zwischen 5 und 10 mm; es gibt aber auch besonders dämpfungsarme Typen mit Durchmessern bis zu 30 mm, wobei mit steigendem Durchmesser Gewicht und Steifigkeit deutlich zu- und die Handhabbarkeit entsprechend abnimmt. Insbesondere wächst der minimale Biegeradius, der bei einem guten 10 mm Kabel noch bei ca. 50 mm liegt, beträchtlich an. Ein Unterschreiten des minimalen Biegeradius kann durch Veränderung der Kabelgeometrie die elektrischen Eigenschaften verschlechtern.
Eine Kenngröße von Koaxialkabeln ist der Wellenwiderstand. Der Wellenwiderstand ist eine für eine Leitungsart charakteristische Größe, die eine mathematische Verknüpfung von Eingangsspannung und Eingangsstrom erlaubt. Der Absolutwert des Wellenwiderstands ist gleich dem Quotienten gebildet aus dem Effektivwert der Eingangsspannung und dem Effektivwert des Eingangsstroms. Bei Berücksichtigung des Phasenwinkels sind die Zusammenhänge komplexer und sollen hier nicht dargestellt werden. Wichtig ist, daß eine Leitung endlicher Länge, die am fernen Ende 'reflexionsfrei' mit dem Wellenwiderstand abgeschlossen ist, einer unendlich lang gedachten Leitung elektrisch äquivalent ist. Gängige Werte für den Wellenwiderstand von Koaxialkabeln sind 50 Ω, 75 Ω und 93 Ω.

Koaxialkabel können sehr viel höhere Freqenzen übertragen als verdrillte Leitungen; der nutzbare Frequenzbereich reicht heute bis ca. 450 MHz. Typische Datenraten liegen heute bei 50 Mbps über 1,5 km bei Einsatz von Basisbandtechnik und 300 Mbps bei Verwendung von Breitbandtechnik.

Vorteile:

- Preiswert
- Hohe Bandbreite
- Einfache Anschlußtechnik.

Nachteile:

- Hoher Platzbedarf
- Umständlich zu verlegen.

Verwendung:

50 Ω: Meßtechnik, lokale Netze (CSMA/CD, Ethernet)

75 Ω: Breitbandverteilnetze (Kabelfernsehen), Breitbanddatenübertragungssysteme, lokale Netze in Breitbandtechnik (Token-Bus, Breitband-CSMA/CD), lokale Netze in Basisbandtechnik (HYPERchannel, HYPERbus), IBM 5080 Graphiksystem

93 Ω: IBM 3270 Terminals.

2.2.3 Lichtwellenleiter

Die Glasfasertechnologie ist eine noch sehr junge Technologie. Sie soll deshalb im folgenden etwas ausführlicher behandelt werden. Über die Angabe von Vor- und Nachteilen sowie Einsatzbereichen hinaus sollen deshalb — wenn auch nur in elementarer Weise — physikalische Grundlagen und Zusammenhänge erläutert werden.

2.2.3.1 Historischer Abriß

Die Idee, Nachrichten durch Licht zu übertragen, ist uralt, wie Feuerzeichen als schon in frühgeschichtlicher Zeit angewandte Methode der Signalübertragung beweisen. Alle Verfahren, bei denen die optischen Signale durch die Atmosphäre übertragen wurden, krankten daran, daß sie vom Wetter und sonstigen atmosphärischen Bedingungen abhängig waren und prinzipiell nur auf Sichtweite funktionierten. Überdies gab es bis zum 20. Jahrhundert keine geeigneten (d.h. leicht und schnell mit Informationswerten modulierbaren) Lichtquellen. Es war erst 1966, daß Kao und Hockham [75] die Verwendung einer ummantelten Faser aus Glas vorgeschlagen haben, um atmosphärische Einflüsse bei der Ausbreitung des Lichts auszuschalten. 1970 ist es dann bei der amerikanischen Fa. Corning Glass, die auch heute noch eine Reihe von Patenten bzgl. des Prozesses der Faserherstellung hält, gelungen, den ersten Kilometer Faser mit weniger als 20 db/km Dämpfung herzustellen (dieser Wert kann als Schwelle für die praktische Einsetzbarkeit von Glasfasern angesehen werden). Kurz zuvor war mit der Erfindung des Lasers auch die Voraussetzung für eine leistungsfähige Lichtquelle geschaffen worden.
Beide — Lichtwellenleiter und Sende- und Empfangsbausteine — haben dann eine rasante Entwicklung durchgemacht, und seit etwa Mitte der achtziger Jahre sind optische Übertragungssysteme nicht mehr nur eine wichtige Option für die Kommunikation der Zukunft, sondern stehen als erprobte und in vielen Bereichen voll konkurrenzfähige Systeme zur Verfügung. Wie rasant die Entwicklung verläuft, zeigt sich auch darin, daß die ersten bedeutenderen Glasfaserstrecken der Deutschen Bundespost Anfang der achtziger Jahre (z.B. in Berlin) noch ausgesprochenen Versuchs- und Demonstrationscharakter hatten, daß aber seit 1987 im Fernbereich ausschließlich Glasfasern zum Einsatz kommen und bereits seit 1989 die Aufwendungen für den Ausbau des Glasfasernetzes diejenigen für den Ausbau des Kupferleitungsnetzes bereits übersteigen.

2.2.3.2 Grundlagen

Ein Lichtwellenleiter (LWL) ist eine sehr feine zylindrische Faser aus Glas, heute i.a. aus hochreinem Silikatglas (SiO_2). Sie besteht aus einem Kern *(core)* mit dem Kernradius r_L und einem diesen umgebenden Mantel *(cladding)* mit einer etwas geringeren optischen Dichte. Aus Gründen des mechanischen Schutzes und zur Erhöhung der Zugfestigkeit ist die Faser je nach Anforderung von weiteren Hüllen umgeben; für die Lichtausbreitung ist jedoch nur die Glasfaser — bestehend aus Kern und Mantel — von Bedeutung.

Grundsätzlich können zwei Typen von Lichtwellenleitern unterschieden werden:

Multimodefasern,   bei denen sehr viele (mehrere hundert) diskrete Wellen (Moden) zur Signalübertragung beitragen,

Monomodefasern,   bei denen nur eine einzige Welle ausbreitungsfähig ist.

Multimodefasern können Stufenindexprofil aufweisen (**Stufenindexfasern**), bei denen der Dichteübergang zwischen Kern und Mantel abrupt in der Kern/Mantel-Schicht stattfindet (Abb. 11a), oder Gradientenprofil (**Gradientenfasern**) mit einer stetigen Abnahme der Dichte im Kern als Funktion des Radius bis zur Dichte des Mantels in der Kern/Mantel-Schicht. (Abb. 11b). Monomodefasern haben immer Stufenindexprofil mit einem extrem dünnen Kern (Abb. 11c).

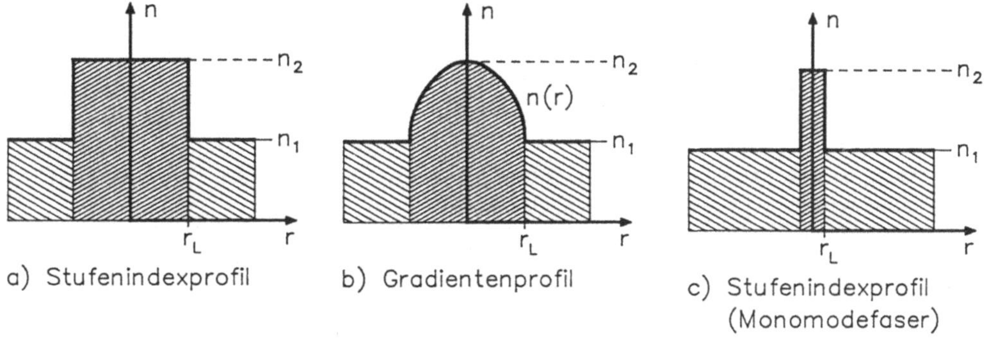

Abb. 11. Dichteverlauf bei verschiedenen Fasertypen

Die Brechzahl n (frühere Bezeichnung: Brechungsindex) eines Mediums ist eine Material-konstante; sie hat den Wert des Quotienten, gebildet aus der Lichtausbreitungsgeschwin-digkeit in Luft und in diesem Medium.
Wenn ein Lichtstrahl aus einem Medium mit Brechzahl n_0 unter einem Einfallswinkel γ_0 auf den Kern eines Lichtwellenleiters mit der Brechzahl n_1 trifft, so gilt das Snelliussche Bre-chungsgesetz

$$\sin \gamma = \frac{n_0}{n_1} \sin \gamma_0. \tag{1}$$

Trifft dieser Strahl nun unter dem Einfallswinkel $90° - \gamma$ an der Kern/Mantel-Grenzschicht auf den Mantel mit der Brechzahl n_2, so gilt nach dem gleichen Gesetz

$$\sin (90° - \gamma) = \cos \gamma = \frac{n_2}{n_1} \sin \gamma_2$$

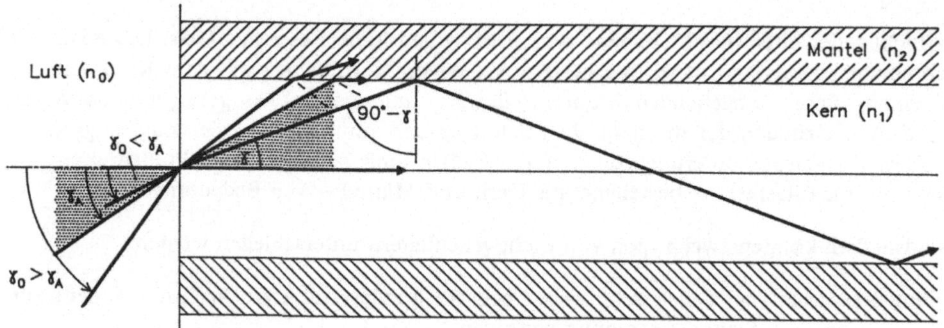

Abb. 12.   Prinzip der Strahlenausbreitung in einer Stufenindexfaser

und es tritt Totalreflexion ein, falls

$$\cos \gamma \geq \frac{n_2}{n_1}$$

ist. Der Grenzfall ergibt sich für den Winkel $\gamma = \gamma_c$, für den $\gamma_2 = 90°$ und

$$\cos \gamma_c = \frac{n_2}{n_1}$$

ist oder äquivalent

$$\sin \gamma_c = \sqrt{1 - \left(\frac{n_2}{n_1} \right)^2} \; .$$

Aus dieser Beziehung ergibt sich mit Hilfe von (1) für den maximalen Einfallswinkel γ_A (**Akzeptanzwinkel**), bis zu dem Totalreflexion auftritt

$$\sin \gamma_A = \frac{n_1}{n_0} \sqrt{1 - \left(\frac{n_2}{n_1} \right)^2} \; ,$$

d.h. Strahlen, die unter einem Winkel

$$\gamma_0 \leq \gamma_A = arcsin \left\{ \frac{n_1}{n_0} \sqrt{1 - \left(\frac{n_2}{n_1} \right)^2} \right\}$$

in den LWL einfallen, werden unter fortwährender Totalreflexion im Kern des Lichtwellenleiters weitergeleitet.

Der Sinus des Aktzeptanzwinkels γ_A wird auch als **Numerische Apertur** A_N *(Numerical Aperture, NA)* bezeichnet und ist ein Maß für die Strahlungsleistung, die von einer Strahlungsquelle in einen LWL eingekoppelt werden kann.

Heutige LWL bestehen aus Quarzglas (Silikatglas, SiO_2) sehr hoher Reinheit, dessen Dichte im Kern durch Dotierung mit Germanium erhöht wird; die relative Brechzahländerung $\Delta = (n_1 - n_2) / n_1$ beträgt ca. 1%. Für die Brechzahl von Quarzglas gilt $n_1 \approx 1,5$ (d.h. die Lichtausbreitungsgeschwindigkeit beträgt etwa 200.000 km/sec). Unterstellt man jetzt noch $n_0 = 1$ (Luft), so ergibt sich als Wert für den Akzeptanzwinkel $\gamma_A \approx 12°$. Bei Multimodefasern, bei denen viele Moden zur Signalübertragung beitragen, haben diejenigen Moden, die mit Winkeln nahe dem Akzeptanzwinkel eingekoppelt werden, einen längeren Weg im Faserkern zurückzulegen als Moden entlang der Faserachse (vgl. Abb. 13).

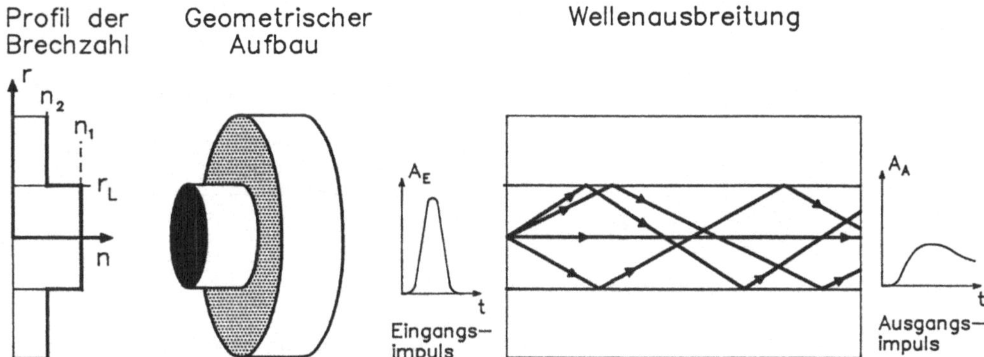

Abb. 13.   Prinzip der Wellenausbreitung in Stufenindexfasern

Da damit auch eine Verlängerung der Laufzeit verbunden ist, führt dies dazu, daß ein Eingangsimpuls zeitlich verschmiert, also verbreitert wird, was zu einer Begrenzung der Pulsfolge führt. Dieser Effekt wird als **Modendispersion** bezeichnet. Bei Stufenindexfasern ist die Modendispersion mit etwa 50 ns/km besonders stark.

Gradientenfasern weisen eine deutlich geringere Modendispersion auf. Bei Gradientenfasern ist die Brechzahl des Kerns nicht konstant, sondern ändert sich in Abhängigkeit vom Radius.

Allgemein kann die Abhängigkeit zwischen Radius und Brechzahl durch die folgende Beziehung beschrieben werden (α-Profil, nach [53]):

$$n(r) = n_1 \sqrt{1 - 2\,\Delta \left(\frac{r}{r_L}\right)^\alpha} \quad \text{für } |r| \leq r_L \tag{2}$$

$$n(r) = n_2 \quad \text{für } |r| > r_L$$

mit dem Kerndurchmesser $2\,r_L$ und der relativen Brechzahldifferenz

$$\Delta = \frac{n_1^2 - n_2^2}{2\,n_1^2} \quad \left(\approx \frac{n_1 - n_2}{n_1} \quad \text{für } \Delta \ll 1 \right).$$

Für $\alpha \to \infty$ ergibt sich das Stufenindexprofil, für $\alpha \approx 2$ das Gradientenprofil, für das die Modendispersion minimal wird.

Mit $\alpha = 2$ folgt aus (2):

$$n(r) = n_1 \sqrt{1 - 2\,\Delta \left(\frac{r}{r_L}\right)^2}$$

$$\approx n_1 \sqrt{1 - 2\,\Delta \left(\frac{r}{r_L}\right)^2 + \Delta^2 \left(\frac{r}{r_L}\right)^4} \quad (\text{wegen } \Delta \ll 1)$$

$$= n_1 \left[1 - \Delta \left(\frac{r}{r_L}\right)^2\right],$$

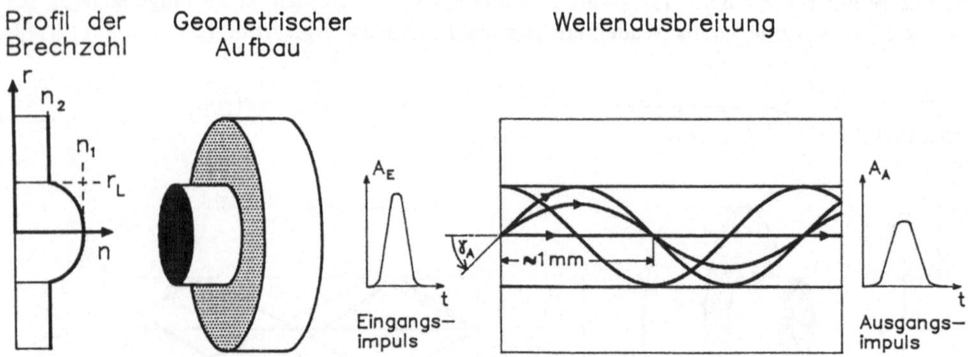

Abb. 14.   Prinzip der Wellenausbreitung in Gradientenfasern

d.h. der Profilverlauf ist nahezu parabolisch. Dies führt zu sinusförmigen Strahlenwegen in Gradientenfasern (vgl. Abb. 14). Die Modendispersion ist gering, weil bei größeren Einstrahlwinkeln zwar die Amplituden größer und damit die Wege durch die Faser länger werden, gleichzeitig aber mit zunehmendem Abstand von der Kernachse die Brechzahl kleiner und damit die Ausbreitungsgeschwindigkeit größer wird. Typische Werte für die Modendispersion von Gradientenfasern liegen bei 0,5 − 1 ns/km; die theoretisch möglichen Werte sind noch besser, doch treten in der Fertigung immer Abweichungen vom idealen Verlauf der Brechzahl auf.

Ein Nachteil der Gradientenfaser ist, daß der Akzeptanzwinkel nicht wie bei der Stufenindexfaser über die gesamte Kernfläche gleich ist, sondern mit zunehmendem Abstand von der Kernachse kleiner wird. Die Folge davon ist, daß die einkoppelbare Lichtenergie bis zu einem Faktor zwei kleiner ist als bei Stufenindexprofilen.

Bei Monomodefasern spielt die Modendispersion praktisch keine Rolle, da die Wellenausbreitung im wesentlichen entlang der Faserachse erfolgt (vgl. Abb. 15).

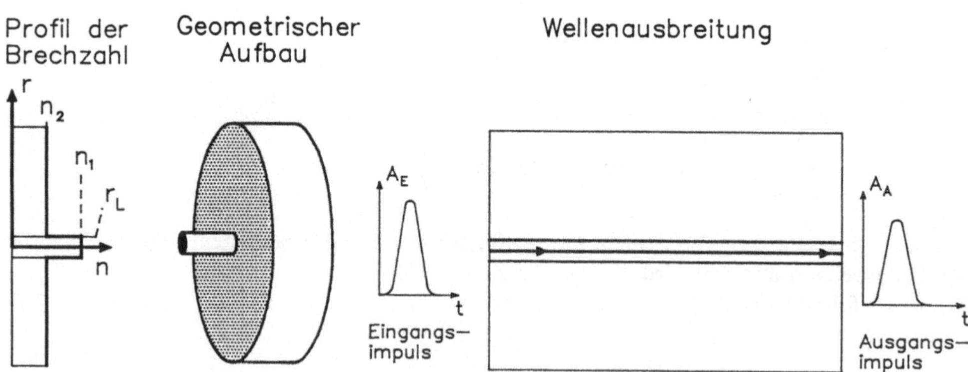

Abb. 15.   Prinzip der Wellenausbreitung in Monomodefasern

Notwendige Voraussetzung dafür ist, daß der Kerndurchmesser nicht sehr viel größer als die Wellenlänge des verwendeten Lichts ist. Bei Verwendung von Licht der Wellenlänge 850 nm darf der Kerndurchmesser nicht größer als 6−7 μm sein, bei 1300 nm nicht größer als 9−10 μm. Monomodefasern haben immer Stufenindexprofil. Monomodefasern haben eine Reihe von übertragungstechnischen Vorteilen gegenüber Multimodefasern; sie sind aber wegen des geringen Kerndurchmessers schwerer zu handhaben, und auch das Einkoppeln der erforderlichen Sendeleistung ist aufwendiger und erfordert in jedem Falle die Verwendung von Laserdioden anstelle der problemloseren und billigeren LEDs.

2.2.3.3 Verluste in Lichtwellenleitern

Zur Feststellung der Dämpfung wird die Strahlungsleistung am Anfang und am Ende eines Faserabschnitts gemessen; sie wird in db/km angegeben. Nicht berücksichtigt werden dabei Einkopplungsverluste beim Übergang des Lichts von der Strahlungsquelle in den Lichtwellenleiter, die durchaus spürbar sein können.
Dämpfungsverluste treten in erster Linie auf durch:

- Streueffekte infolge von Materialinhomogenitäten (Rayleigh-Streuung) und

- Absorptionsvorgänge durch Materialverunreinigungen.

Während die Verluste durch die Rayleigh-Streuung systeminhärent und damit unvermeidbar sind, sind die Absorptionsverluste ein Qualitätsmerkmal und durch verbesserte Verfahren zu verringern. Beide Dämpfungsursachen sind abhängig von der Wellenlänge des Signals. Die Raleigh-Streuung nimmt mit der 4. Potenz der Wellenlänge ab, während die Absorptionsverluste bei bestimmten Wellenlängen resonanzartig stark ansteigen (Abb. 16).

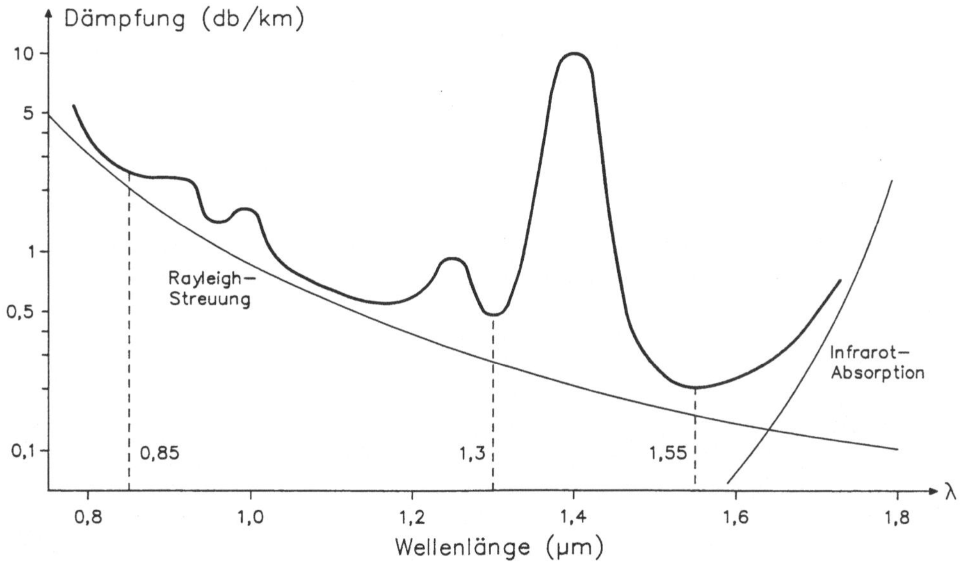

Abb. 16. Dämpfung einer Monomodefaser in Abhängigkeit von der Wellenlänge

Wie aus der Abbildung zu ersehen ist, gibt es drei Wellenlängenfenster mit besonders niedrigen Dämpfungswerten bei 850 nm, 1300 nm und 1550 nm.
Übertragungssysteme mit einer Wellenlänge von 850 nm sind Stand der Technik, 1300 nm Systeme sind verfügbar und werden bereits eingesetzt; 1550 nm Systeme werden in Zukunft eine wichtige Rolle spielen, weil bei dieser Wellenlänge die Dämpfung (praktisch realisierbar

sind 0,2 db/km) sich dem theoretischen Minimum von 0,12 db/km bei Fasern aus Silikatglas annähert. Größere Wellenlängen sind bei Silikatglas nicht sinnvoll, weil darüber die Infrarotabsorption (materialabhängig) zu einem steilen Anstieg der Dämpfung führt.
Es wird heute auch bereits mit Gläsern auf der Basis von Fluor experimentiert, die eine weitere Signalverschiebung hin zu größeren Wellenlängen und damit zu niedrigeren Dämpfungswerten (theoretisch) zulassen. Die Entwicklung ist aber noch nicht so weit fortgeschritten wie bei Silikatgläsern, so daß die realisierbaren Dämpfungswerte heute noch schlechter sind als bei guten Silikatgläsern.

Verluste können auch durch Krümmungen beim Verlegen von Lichtwellenleitern auftreten. Scharfe Biegungen *(macrobending)* mit Radien um 1 mm, und noch stärker sogenannte Mikrokrümmungen *(microbending)* mit Radien in der Größenordnung des Faserdurchmessers können zu einer drastischen Verschlechterung der Dämpfungswerte führen. Da es sich dabei aber um eine Beschädigung der Faser handelt, sind solche Werte nicht regulär.

Beim Betrieb von Glasfaserstrecken treten grundsätzlich Verluste beim Ein- und Auskoppeln des optischen Signals auf aufgrund von geometrischen (Strahlungsfläche der Quelle, Faserstirnfläche) und strahlungstechnischen Eigenschaften (Öffnungswinkel der Quelle, Akzeptanzwinkel der Faser, spektrale Verteilung des optischen Signals). Weitere Verluste können durch nicht optimale Justierung hinzukommen (Versatz, Knickung, zu großer Abstand).

2.2.3.4 Dispersionseffekte

Unter Dispersion versteht man die Streuung der Signallaufzeiten (zeitliche Verschmierung des Eingangssignals) in einem LWL. Die wichtigsten Arten sind:

- **Modendispersion,**
- **Materialdispersion** und
- **Wellenleiterdispersion.**

Die Modendispersion, die vor allem bei Multimode-Stufenindexfasern auftritt, wurde bereits erläutert. Sie bewirkt eine Impulsverbreiterung durch Laufzeitunterschiede verschiedener Moden durch den LWL-Kern.
Unter der Materialdispersion versteht man die Eigenschaft eines Mediums, Signale unterschiedlicher Wellenlänge unterschiedlich zu verzögern, d.h. die Signalausbreitungsgeschwindigkeit hängt von der Wellenlänge ab. Die Ursache der Materialdispersion liegt in der Abhängigkeit der Brechzahl (die eine Materialkonstante ist) von der Wellenlänge in Verbindung mit der Tatsache, daß das von optischen Sendern abgestrahlte Licht eine von Null verschiedene Spektralbreite $\Delta \lambda$ hat (für LEDs gilt: $\Delta \lambda \approx 40$ nm, für Laserdioden: $\Delta \lambda \approx 3$ nm).
Die Wellenleiterdispersion ist ebenfalls eine Folge nicht monochromatischer Lichtquellen. Dadurch wird das Verhältnis $2\,r_L\,/\,\lambda$ (r_L = Kernradius) wellenlängenabhängig, was Variationen der Gruppengeschwindigkeiten der Moden eines Lichtwellenleiters und damit einen Dispersionseffekt zur Folge hat.
Bei Stufenindexfasern sind Modendispersion und Materialdispersion wirksam; bei Gradientenfasern kann die Modendispersion durch optimale Wahl der Brechzahl $n_1(r)$ als Funktion des Kernradius klein gemacht werden. Wellenleiterdispersion tritt in Multimodefasern nur in geringem Umfang auf, und die Auswirkungen sind gegenüber denen der anderen Dispersionsarten vernachlässigbar. Bei Monomodefasern tritt Modendispersion prinzipbe-

dingt nicht auf, und Material- und Wellenleiterdispersion (beide zusammen werden — da wellenlängenabhängig — als chromatische Dispersion bezeichnet) sind die bestimmenden Faktoren.

2.2.3.5 Sender und Empfänger für Lichtwellenleiter

Als optische Sender (d.h. elektro-optische Wandler) kommen Lumineszenzdioden *(Light Emitting Diodes, LEDs)* oder Laserdioden *(Laser Diodes, LDs)* in Frage. Die Wellenlänge des abgestrahlten Lichts muß in ein Sendefenster (Wellenlänge niedriger Dämpfung) des verwendeten Kabels fallen. Generell sollen optische Sender eine möglichst kleine Strahlfläche mit hoher Strahldichte besitzen, möglichst kleiner als die Querschnittsfläche des Faserkerns. Darüberhinaus soll die Leistung in einem möglichst kleinen Winkel abgestrahlt werden, da Strahlung außerhalb des Akzeptanzwinkels nicht im LWL weitergeleitet werden kann. Bezüglich dieser Größen können die Eigenschaften eines Senders mit optischen Hilfsmitteln verbessert werden.

Eine wichtige Rolle spielt auch die Verteilung der Strahlungsleistung über die Wellenlänge (spektrale Strahlungsverteilung); sie wird gekennzeichnet durch die Breite $\Delta\lambda$ eines der Verteilung flächengleichen Rechtecks der Höhe $P(\lambda_0)$ (λ_0 = Betriebswellenlänge), wie in Abb. 17 dargestellt. Für LEDs gilt $\Delta\lambda = 30...40$ nm, für LDs $\Delta\lambda = 1...3$ nm.

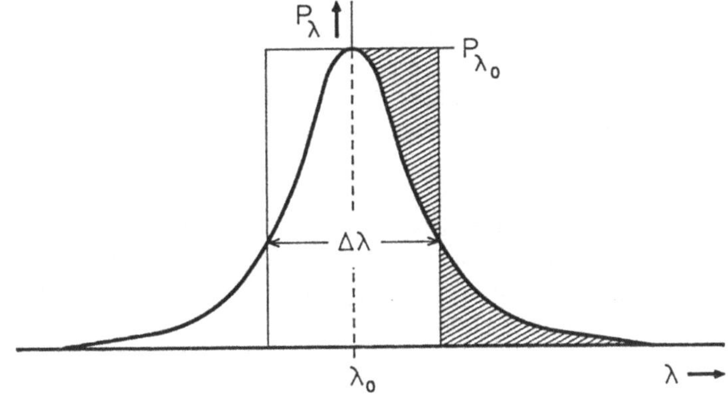

Abb. 17. Spektraler Datenfluß einer LED

Eine weitere Anforderung ist, daß die Strahlungsquellen leicht mit einem Nutzsignal modulierbar sein müssen. Durch die Modulation der Strahlungsquellen mit dem Nutzsignal kommt es ebenfalls zu einer Verbreiterung des spektralen Datenflusses; dieser Effekt ist jedoch selbst bei sehr hohen Signalbandbreiten gering, verglichen mit den von der Strahlungsquelle selbst ausgehenden Effekten.

Die Strahlungsleistungen liegen bei LEDs unter 5 mW, bei Laserdioden etwa um den Faktor drei höher.

In den meisten wichtigen technischen Kriterien (mit Ausnahme des Rauschens) sind Laserdioden den Lumineszenzdioden überlegen.

Als Empfänger (opto-elektrische Wandler), die die Aufgabe haben, in einem LWL ankommende optische Signale in elektrische Signale zurückzuverwandeln und die Nutzinformation zurückzugewinnen (Demodulation), sind Photodioden unterschiedlicher Ausführung geeignet. Da bei Lichtwellenleitern durch die Übertragung kein Rauschen entsteht (d.h. evtl. vorhandene Rauschanteile von der Signalquelle selbst stammen), ist die Empfindlichkeit des Empfängers (Signal/Rauschverhältnis, das die an der Photodiode erforderliche Strahlungsleistung bestimmt) vom Eigenrauschen des Empfängers sowie des nachgeschalteten Verstärkers abhängig. Es werden somit hohe Anforderungen an die Empfängerbausteine gestellt. Gängige Empfängerbausteine (Photodioden) sind:

- PIN-Dioden

- Lawinendioden *(Avalanche Photo Diode, APD)*.

PIN-Dioden sind Halbleiter, bei denen die einfallenden Photonen in der Sperrschicht Ladungsträger erzeugen.
Bei Lawinendioden werden die primär erzeugten Ladungsträger durch ein starkes elektrisches Feld so beschleunigt, daß es durch Stoßionisation zu einer Vervielfachung der Ladungsträger kommt. Bezogen auf eine bestimmte Zahl einfallender Photonen werden auf diese Weise wesentlich mehr Elektronen freigesetzt als bei PIN-Dioden; die Empfindlichkeit von Lawinendioden (Avalanche-Dioden) ist deshalb erheblich größer als von PIN-Dioden.

2.2.3.6 Bewertung und Einsatzbereich

Lichtwellenleiter für die Übertragung von Informationen sind ein neues Medium, das auch eine neue Übertragungstechnik (Sender- und Empfängerbausteine) erfordert. Diese neue und noch in rascher Entwicklung befindliche Technologie steht der seit Jahrzehnten bewährten und optimierten Kupfertechnologie gegenüber. In der Summe der technischen Eigenschaften ist die Glasfaser dem Kupferkabel aber in einem Ausmaß überlegen, daß kaum bezweifelt werden kann, daß langfristig die Glasfaser das Kupferkabel weitgehend ablösen wird; insbesondere die Monomodefaser mit ihrer potentiell fast unbeschränkten Übertragungsleistung wird in Zukunft eine bedeutende Rolle spielen. Kurz- und mittelfristig werden die Glasfasersysteme als neue und hochinnovative Technologie kostenmäßig mit der etablierten Technologie in solchen Anwendungsbereichen nicht konkurrieren können, in denen die technische Überlegenheit nicht zum Tragen kommt.

Vorteile:

Im einzelnen sind als Vorteile zu nennen:

- Unempfindlich gegenüber elektrischen und magnetischen Störungen
- Produziert auch selbst keine Störstrahlung, die andere Systeme stören könnte
- Vollständige galvanische Entkopplung von Sender und Empfänger
- Kein Blitzschutz erforderlich
- Geeignet für explosionsgefährdete Umgebungen (bei Kabelbruch keine Gefahr der Funkenbildung)
- Kein Nebensprechen
- Hohe Abhörsicherheit
- Geringes Kabelgewicht
- Kleiner Kabelquerschnitt (kann Fernsprechkabel gleicher Leiterzahl ersetzen; Durchmesser eines Kabels mit 2000 Fasern: ca. 85 mm)

- Hohe Übertragungsleistung, bei Monomodefasern extrem hoch
- Über weite Bereiche Austauschbarkeit von Modulationsbandbreite (Übertragungsge-schwindigkeit) und Leitungslänge (das Produkt *Übertragungsgeschwindigkeit* × *Entfernung* ist vorgegeben)
- Geringe Dämpfung, d.h. große Reichweiten ohne Einsatz von Verstärkern. Bereits heute sind verstärkerfreie Übertragungsstrecken von über 100 km möglich, normal bei den Glasfaserstrecken (Monomodefasern) der Deutschen Bundespost 30–40 km (zum Vergleich: bei Koaxialkabeln werden alle 1,5 km Verstärker eingebaut). Dies führt bei großen Entfernungen zu erheblichen Kosteneinsparungen und erhält zusätzliche Bedeutung in solchen Bereichen, wo die Kabel nicht ohne weiteres zugänglich sind (z.B. Unterwasserkabel).

Nachteile:

- Relativ teuer (wenn die höhere Leistungsfähigkeit nicht berücksichtigt wird)

- Aufwendige Anschlußtechnik (teilweise fehlende Normierungen); wegen der geringen Abmessungen ist präzises Arbeiten erforderlich. Nicht für alle Topologien geeignet; in jeder Hinsicht problemlos sind aktive Punkt-zu-Punkt-Verbindungen, d.h. Ring, Stern und vermaschte Netze.

Verwendung:

Prinzipiell können Lichtwellenleiter überall eingesetzt werden; unter heutigen Randbedingungen (insbesondere Kosten) sind folgende Bereiche zu nennen:

- Im gesamten Telekommunikationsbereich, insbesondere auf Fernverbindungsstrecken; dort sind Glasfasern heute schon die auch von den Kosten her überlegene Lösung, so daß bei neuen Strecken in Deutschland nur noch Monomodefasern verlegt werden.

- Im LAN-Bereich (alle Neuentwicklungen leistungsfähiger LANs basieren auf Lichtwellenleitern, heute meist noch Gradientenfasern). Die mit der Standardisierung von LANs befaßten Gremien haben sich darauf geeinigt, eine Gradientenfaser der Abmessung 62,5/125 μm als Referenzfaser zu verwenden, d.h. die Einhaltung der Spezifikation (etwa bzgl. der überbrückbaren Entfernungen) ist anhand dieser Faser nachzuweisen. Fasern anderer Abmessungen (insbesondere der in Europa verbreiteten Abmessung 50/125 μm) dürfen verwendet werden, können aber Abweichungen von der Spezifikation zur Folge haben.

- Grundsätzlich in elektrisch gestörten Bereichen, in denen Übertragungen auf Kupferleitungen Probleme bereiten (Maschinenhallen, PKWs, Kraftwerken, Umspannstationen, usw.).

- Kombinierte Starkstrom-/Signalkabel können problemlos realisiert werden. Der Einsatz solcher Kabel ist sinnvoll, wenn gleichzeitig Versorgungs- und Steuerungsaufgaben anfallen und das Verlegen aufwendig ist (z.B. Unterwassertechnik, Versorgung von Halligen und Bohrinseln, Anschluß automatischer Kameras usw.).

Die nachfolgende Tabelle enthält eine Zusammenstellung gängiger Lichtwellenleitertypen und typischer Anwendungsbereiche.

| **SILIKON-LICHTWELLENLEITER** | | | Telekommunikation | | | | | |
| Kern/Mantel-ϕ | Dämpfung (850/1300 nm) | Bandbreite (850/1300 nm) | | Lokale Netze | Kabelfernsehen | Industrie | Medizin | Mil. |
μm	db/km	$MHz \times km$						
Stufenindex								
85/125	5,0/ -	20/ -		■		■	■	
100/140	5,0/ -	20/ -		■		■	■	■
105/125	10,0/ -	20/ -				■	■	
125/200	5,0/ -	20/ -				■	■	
200/240	10,0/ -	20/ -				■	■	
200/280	5,0/ -	20/ -				■	■	
Gradienten								
35/125	3,0/ -	200-1000/ -						■
50/125	2,5/0,6	500-1200/-1800	■	□	■			■
62,5/125	3,5/0,85	200/300-700		■				
85/125	3,5/1,5	100-200/300-800		■		■		
100/140	4,5/2,5	100-300/100-300		■		■	■	■
125/200	5,0/ -	100-500/ -				■	■	■
Single Mode								
8-9/125	0,4 (1300 nm) 0,2 (1550 nm)	>20.000	■					

2.2.4 Wertung

Netzanschlußpunkte für die Datenkommunikation werden − vergleichbar den Telefonan-
schlüssen − zunehmend als obligatorischer Bestandteil der Gebäudeinfrastruktur angesehen.
Damit rücken Methoden und Konzepte für eine systematische, strukturierte und universell
verwendbare Verkabelung von Gebäuden in den Vordergrund des Interesses. Um Abhän-
gigkeiten von einzelnen Anbietern zu verhindern, sind Standards unerläßlich, und ISO/IEC
(Joint Technical Committee 1, Subcommittee 25) bearbeitet das Thema, aufbauend auf
einem Entwurf amerikanischer Vereinigungen (EIA = *Electronic Industries Association* und
TIA = *Telecommunications Industry Association*).
Der Standard sieht eine zweistufige Hierarchie vor; die untere Ebene wird als *horizontal*
(Etagenebene), die obere als *vertical* oder *crossconnect* (Verbindungsebene) bezeichnet. Zu-
nächst sind für beide Ebenen die für die heutigen Systeme üblichen Kabel vorgesehen; das

sind verdrillte Doppeladern (in UTP- und STP-Ausführung), Koaxialkabel (für Ethernet im *horizontal*-Bereich als *Thinwire*, im *vertical*-Bereich als *Thickwire*) und Lichtwellenleiter (Gradientenfasern). Strategische Bedeutung haben aber nur verdrillte Kupferdoppeladern (vor allem in der einfacheren und preiswerteren UTP-Ausführung) und Lichtwellenleiter; diese sollten deshalb bei umfassenden, in die Zukunft gerichteten Verkabelungsmaßnahmen bevorzugt eingesetzt werden.

Durch Fortschritte in der Kabeltechnik, mehr aber noch durch Fortschritte in der Übertragungstechnik können über verdrillte Leitungen heute Übertragungsleistungen realisiert werden, die vor wenigen Jahren noch für unmöglich gehalten wurden. Über die für die Etagenebene geforderte Entfernung von insgesamt 100 m (und z.T. noch deutlich darüberhinaus) funktionieren Ethernet (10 Mbps), Token-Ring (4 und 16 Mbps) und selbstverständlich ISDN und E1 (2 Mbps) und sogar FDDI (100 Mbps, bislang nur STP).

Eine solche Kabelinfrastruktur ist also universell verwendbar und erlaubt Kommunikation auf der Basis der meisten der heute aktuellen Systeme.

Durch die genannten Leistungssteigerungen bei verdrillten Kabeln und Kostensenkungen in der Glasfasertechnik haben Koaxialkabel an Bedeutung verloren und im Grunde keine Zukunft mehr: Dort, wo verdrillte Leitungen leistungsmäßig nicht mehr ausreichen, werden heute sinnvollerweise Lichtwellenleiter eingeplant.

2.2.5 Richtfunkstrecken, Satellitenverbindungen

Richtfunk- und Satellitenverbindungen arbeiten im Mikrowellenbereich und in Zukunft auch im Millimeterwellenbereich, d.h. grob im Bereich zwischen 1 und 100 Ghz (vgl. Abb. 18).

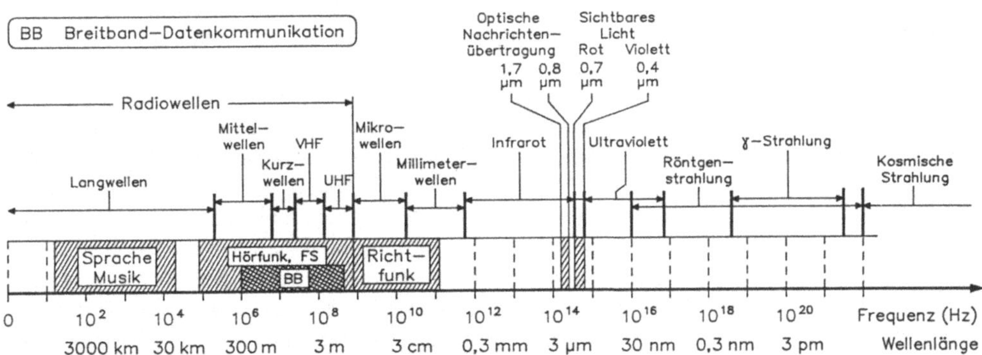

Abb. 18. Spektrum elektromagnetischer Wellen

Beiden gemeinsam ist, daß sie als nicht kabelgebundene Übertragungsstrecken besonders leicht abgehört werden können und daher bei Benutzung für private Verbindungen (nicht bei der Verteilung öffentlicher Fernsehprogramme) mit verschlüsselten Informationen arbeiten müssen. Während terrestrische Richtfunkstrecken ansonsten logisch wie kabelgebundene Übertragungsstrecken behandelt werden können, erfordern Satellitenverbindungen wegen der langen Signallaufzeiten teilweise eine gesonderte Behandlung. Da bei der Überbrückung größerer Entfernungen Satellitenverbindungen auch in Konkurrenz zu terrestrischen Übertragungsstrecken (insbesondere Glasfaserstrecken) gesehen werden, sollen die Besonderheiten im folgenden kurz diskutiert werden.

Kommunikationssatelliten (Nachrichtensatelliten, Fernsehsatelliten) arbeiten in einer geostationären Position. Eine solche Position ist dadurch ausgezeichnet, daß sich dort Erdanziehung und Fliehkraft die Waage halten, wenn sich der Satellit synchron mit der Erde dreht (Abb. 19).

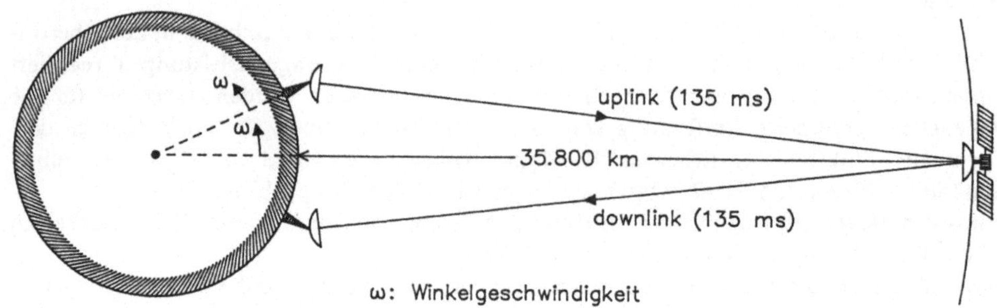

Abb. 19.   Prinzip der Satellitenübertragung

Solche Positionen liegen in 35.800 km Entfernung über dem Äquator. Die Entfernung zu Orten auf dem 50. Breitengrad beträgt dann bereits ca. 40.000 km. Die in Relation zu den erdgebundenen Sender- und Empfängerstationen feste Position geostationärer Satelliten erspart Aufwendungen für eine automatische Antennennachführung und bewirkt überdies, daß der Satellit (elektrisch) permanent sichtbar ist und deshalb auch permanent kommuniziert werden kann. Aufgrund der großen Entfernung ergeben sich für die Verbindung von der Erdfunkstelle über den Satelliten *(uplink)* zurück zur Empfangsantenne *(downlink)* Signallaufzeiten von ca. 0,27 Sek. Diese im Vergleich zu terrestrischen Verbindungen langen Laufzeiten stellen eine Besonderheit dar, die bei der Nutzung eines Satellitenkanals für Zwecke der Datenkommunikation berücksichtigt werden muß. Bei der Sprachkommunikation erzeugen die Signallaufzeiten von über einer halben Sekunde bei einem Frage/Antwort-Spiel den Eindruck unnatürlich langsamer Reaktionen. Bei der Datenkommunikation bewirken diese Verzögerungen, daß der Austausch von Kontrollnachrichten außerordentlich langsam vonstatten geht.
Da bei der Datenkommunikation – anders als bei der Sprachkommunikation – Übertragungsfehler grundsätzlich nicht toleriert werden, muß jeder gesendete Datenblock vom Empfänger bestätigt werden. Im einfachsten Falle muß jeder gesendete Block bestätigt werden, bevor der nächste Block gesendet werden darf. Ein derartiges primitives Verfahren kann aber allenfalls bei LANs in Frage kommen; bereits bei terrestrischen Weitverkehrsnetzen würde eine solche Vorgehensweise zu einer schlechten Ausnutzung eines Übertragungskanals und unangemessenen Verzögerungen führen. HDLC als am weitesten verbreiteter Standard für die Schicht 2 (vgl. ISO-Referenzmodell) erlaubt im normalen Modus bis zu sieben ausstehende Bestätigungen. Ein solches Verfahren erfordert allerdings die Numerierung der Blöcke, damit bei Bestätigungen darauf Bezug genommen werden kann; es brauchen nicht alle Blöcke einzeln bestätigt zu werden, sondern durch die Bestätigung eines bestimmten Blocks werden alle vorher übertragenen und noch nicht bestätigten Blöcke mit bestätigt. Dieses Prinzip ist auch bei Satellitenverbindungen anwendbar; in diesem Falle reicht jedoch ein Nummernvorrat von acht (maximal sieben austehende Bestätigungen) nicht aus, sondern es kommt ein erweiterter Modus mit bis zu 127 ausstehenden Bestätigungen zur Anwendung. Bei dieser als Wiederholungsverfahren (*Automatic Repeat Request*-, ARQ-Verfahren) bezeichneten Vorgehensweise müssen auf Senderseite alle bereits

übertragenen Datenblöcke so lange gespeichert werden, bis die Bestätigung eintrifft. Die erforderliche Pufferspeichergröße hängt somit von der Übertragungsgeschwindigkeit und der maximalen Zeitdauer bis zum Eintreffen der Bestätigung ab. Bei Satellitenverbindungen beträgt diese Zeit allein aufgrund der Laufzeit, d.h. ohne Bearbeitungszeiten mindestens 0,54 Sekunden für den Hin- und Rückweg. Nicht bestätigte Blöcke müssen wiederholt werden, und danach muß wiederum auf die Bestätigung gewartet werden, so daß die zu überbrückende Zeitspanne auf deutlich über eine Sekunde anwachsen kann, was bei hohen Datenraten die Bereitstellung eines Pufferspeichers beachtlicher Größe erforderlich macht. Bei terrestrischen Verbindungen werden normalerweise, beginnend mit dem fehlerhaften Block, alle Blöcke erneut übertragen. Diese Strategie macht Fehlerwiederholungen extrem kostspielig, weil signifikante Kanalzeiten nutzlos vergeudet werden und bei den großen zu wiederholenden Datenmengen das erneute Auftreten von Fehlern nicht unwahrscheinlich ist. Es ist deshalb bei Satellitenverbindungen wünschenswert, Übertragungsprotokolle einzusetzen, die eine selektive Wiederholung eines fehlerhaften Datenblocks erlauben. Der Nachteil dabei ist, daß dann — um die Sequenz einhalten zu können — auf der Empfängerseite ebenfalls entsprechend große Pufferspeicher bereitgestellt werden müssen.

Zusammenfassend ist festzustellen, daß das Auftreten von Übertragungsfehlern bei Satellitenverbindungen wegen der langen Laufzeiten vergleichsweise kostspielig ist und überdies die Laststruktur netzabwärts von der Empfangsstation ungünstig beeinflußt (Stillstandszeiten). Dieser Sachverhalt macht es erstrebenswert, die Notwendigkeit von Fehlerwiederholungen zu minimieren. Bei vorgegebener Bitfehlerrate kann die Blockwiederholungsrate dadurch verkleinert werden, daß nicht jeder Bitfehler notwendig zu einer Wiederholung führt. Dies kann erreicht werden, indem durch Bereitstellung und Übertragung zusätzlicher (redundanter) Information die Möglichkeit geschaffen wird, daraus auf Empfängerseite im Fehlerfalle die richtige Information rekonstruieren zu können. Man nennt solche Verfahren Fehlerkorrekturverfahren (*Forward Error Correction*-, FEC-Verfahren). Es ist offensichtlich, daß die Wahrscheinlichkeit dafür, die richtige Information gegebenenfalls auf der Empfängerseite rekonstruieren zu können, mit dem Umfang der Zusatzinformation steigt. FEC-Verfahren erfordern permanent (also nicht nur bei Auftreten eines Fehlers) zusätzliche Bandbreite zur Übertragung der redundanten Information und überdies auf Sender- und Empfängerseite ausreichende Prozessorleistung, um die Zusatzinformation generieren bzw. die Nutzinformation rekonstruieren zu können, ohne den Informationsfluß zu verzögern.

Fehlerkorrekturverfahren (FEC) und Wiederholungsverfahren (ARQ) können einzeln, aber auch in Kombination zur Anwendung kommen. Welches Verfahren günstiger ist, hängt von den Gegebenheiten und den Ansprüchen an die Übertragungssicherheit ab. Die ausschließliche Verwendung von FEC-Verfahren ist zwingend, wenn kein Rückkanal (vom Empfänger zum Sender) zur Verfügung steht, und kann bei Punkt-zu-Mehrpunkt-Verbindungen (d.h. wenn die Information von einem Sender zu mehreren Empfängern transportiert wird) empfehlenswert sein, weil dabei die Organisation von Bestätigungen und Wiederholungen sehr komplex wird.

Satellitenverbindungen stehen insbesondere über große Entfernungen in Konkurrenz zu terrestrischen Verbindungen. Mit der Einführung der Glasfasertechnik haben auch über sehr große Entfernungen terrestrische Verbindungen wieder sehr gute Zukunftsaussichten.

Falls ein Satellit vorhanden ist, können zwischen beliebigen Orten im Empfangsbereich des Satelliten sehr schnell Verbindungen realisiert werden; dies wird benutzt, um schnell Vorablösungen zu realisieren bis eine geeignete terrestrische Infrastruktur installiert ist. Satelliten sind auch gut geeignet, um aus besonderem Anlaß (und evtl. vorübergehend) leistungsfähige Verbindungen zu abgelegenen Orten herstellen zu können (etwa beim Besuch hochgestellter Persönlichkeiten). Von besonderer Bedeutung sind Satellitenverbindungen für

Entwicklungsländer, wo eine terrestrische Infrastuktur aus Zeit- und Kostengründen nicht eingerichtet werden kann bzw. wegen zu geringer Teilnehmerdichte überhaupt nicht sinnvoll ist. Optimal sind Satelliten für die Verteilkommunikation (Rundfunk und Fernsehen). Satellitenkommunikation hat überdies den Vorteil (der mancherorts allerdings auch als Nachteil gesehen wird), daß sie mühelos Staatsgrenzen überwindet und auch zwischen nicht direkt benachbarten Staaten eine freie Kommunikation ermöglicht.

In und auch zwischen hochentwickelten Ländern wird durch die Glasfasertechnik die kabelgebundene Kommunikation eher wieder an Bedeutung gewinnen. Ausschlaggebend dafür sind nicht nur Kostengesichtspunkte, sondern auch Sicherheitsaspekte und die Erkenntnis, daß nur in kabelgebundener Technik die Zahl der Kanäle beliebig gesteigert werden kann, da sowohl die Zahl der geostationären Satellitenpositionen als auch die verfügbaren Sendefrequenzen beschränkt sind.

2.3 Übertragungstechnik

Bei der Datenkommunikation kann davon ausgegangen werden, daß die zu transportierenden Informationen in digitaler Form, d.h. in Form von Bitketten vorliegen. Im allgemeinen, insbesondere für Zwecke der Speicherung und des Transports werden jeweils acht binäre Informationseinheiten (Bits) zu Bytes *(octets)* zuammengefaßt; darüberhinaus werden für den Transport oftmals noch größere Einheiten gebildet, die als Block, Rahmen, Paket, Nachricht o.ä. bezeichnet werden und deren Länge in der Praxis meist ein Vielfaches von Bytes beträgt.

Sollen binäre Informationen übertragen werden, die andere Größen repräsentieren (Dezimalziffern, Buchstaben, Steuerzeichen usw.), so muß bestimmten Bitkombinationen eine entsprechende Bedeutung zugewiesen werden (Zeichencodierung). Zeichencodes sind typischerweise 7- oder 8-Bit-Codes, was einen Zeichenvorrat von maximal 128 bzw. 256 Zeichen ergibt. Die wichtigsten Codes sind die internationale Fassung des vom CCITT standardisierten Internationalen Alphabets Nr. 5 (IA Nr. 5), die mit der amerikanischen Version ASCII *(American Standard Code for Information Interchange)* identisch ist und weltweit die stärkste Verbreitung gefunden hat, und EBCDIC *(Extended Binary Coded Decimal Interchange Code)*, der von IBM verwendet wird. Um eine deckungsgleiche Interpretation der ausgetauschten Information sicherzustellen, müssen Kommunikationspartner sich bezüglich des zu verwendenden Zeichencodes verständigen. Zeichencodes können durch die codeabhängigen Häufigkeiten bestimmter Bitfolgen einen geringen indirekten Einfluß auf die Datenübertragung haben; ein direkter Einfluß besteht nicht, da die Codierung und Decodierung außerhalb des Übertragungssystems im engeren Sinne stattfindet.

Eine Nachricht muß zunächst in Informationsblöcke zerlegt werden, die bei vorgegebener Maximallänge i.a. variabel lang sein können (z.B. ein Textzeichen, aber auch mehrere tausend Bits) und als selbständige Einheiten durch das Netz transportiert werden. Die Informationsblöcke werden mit einer Fehlersicherung versehen, die zumindest das Erkennen von Übertragungsfehlern auf der Empfängerseite gewährleisten soll, darüberhinaus evtl. aber auch eine Korrektur fehlerhafter Daten erlaubt.

Die Blocksynchronisation ist notwendig, damit in dem seriellen Bitstrom auf Empfängerseite Blockanfang und Blockende erkennbar sind. Die nachfolgenden Operationen — Codierung und evtl. Verwürflung und Modulation — dienen der physikalischen Signalaufbereitung.

Bei Beschränkung auf feste Blockgrößen ist das Problem der Blocksynchronisation relativ einfach zu lösen. Schwieriger ist das Problem, wenn unterschiedlich lange Blöcke übertragen

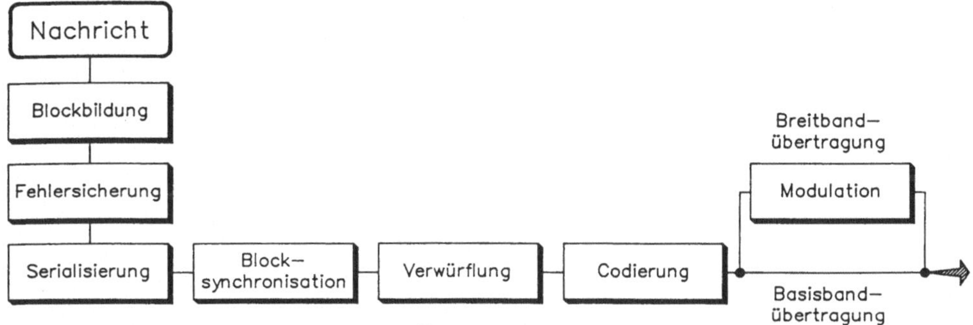

Abb. 20.   Funktionsfolge einer seriellen Übertragung

werden sollen. Wenn die zu übertragende Information zeichencodiert ist (z.B. ASCII), kann
die Synchronisation über Blocksteuerzeichen erfolgen, indem bestimmten Codes (Bitfolgen)
die Bedeutung 'Blockanfang' oder 'Blockende' zugewiesen wird. Diese Vorgehensweise ist
nicht anwendbar, wenn bittransparent (d.h. unverschlüsselte Binärinformationen) übertragen werden soll, da in diesem Falle, beliebige Bitkombinationen im Datenstrom vorkommen
können und deshalb keine Bitkombination für Steuerungszwecke reserviert werden kann.
Es gibt zwei grundsätzliche Lösungen für dieses Problem, auf die in dem Kapitel über
Standards noch näher eingegangen wird:

- Strukturierung eines Blocks in der Weise, daß ein Steuerungsteil fester Struktur ein
  Längenfeld enthält, über das die Länge des variabel langen Datenteils festgelegt wird;
  diese Methode wird bei dem Protokoll DDCMP (vgl. Protokolle der Schicht 2) angewendet.
- Durch Modifikation der Originaldaten Verhinderung bestimmter Bitkombinationen, die
  dann als Blocksteuerzeichen verwendet werden. Auf der Empfängerseite müssen durch
  eine inverse Operation die ursprünglichen Daten wieder hergestellt werden. Die HDLC-
  und SDLC-Protokolle verwenden diese Strategie.

2.3.1   Digitalisierung analoger Informationen

Übertragungssysteme können für die Übertragung digitaler oder analoger Informationen
ausgelegt sein. Das Fernsprechnetz ist heute noch in weiten Teilen ein analoges Netz. Wenn
digitale Informationen (etwa von Datenendgeräten) über das Fernsprechnetz übertragen
werden sollen, müssen zur Anpassung sogenannte Modems (Modulator/Demodulator) eingesetzt werden.
Die Datennetze arbeiten auch heute schon auf der Basis digitaler Übertragungstechnik.
Generell geht die Entwicklung hin zu digitalen Netzen (auch für die Sprachkommunikation),
und es ist deshalb erforderlich, originär analoge Signale (wie z.B. Sprache) in digitale Informationen umwandeln zu können und umgekehrt.

2.3.1.1   PCM-Verfahren

Das bekannteste Verfahren zur Verwandlung kontinuierlicher analoger Signale in diskrete
digitale Information ist das PCM-Verfahren *(Pulse Code Modulation)*. Dabei wird aus
einem analogen Signal durch Abtastung und Quantisierung ein digitaler Bitstrom erzeugt.

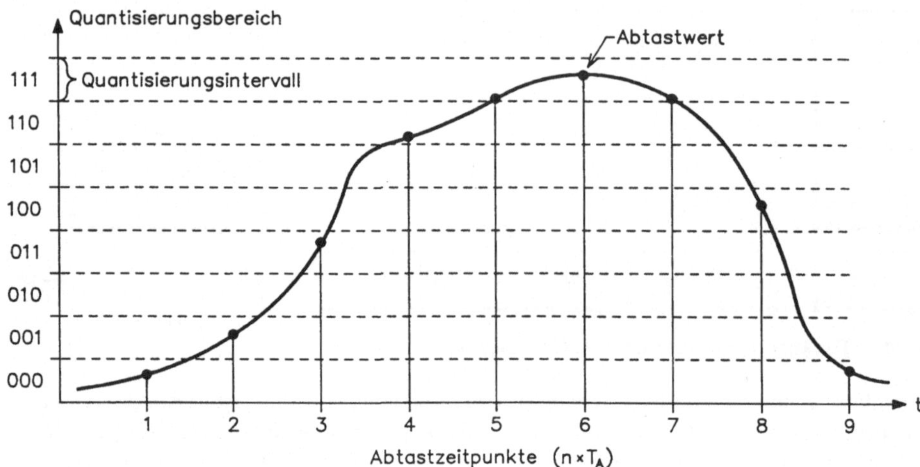

Abb. 21.   Prinzip des PCM-Verfahrens

Die Abtastung erfolgt zeitlich äquidistant; dies ist sinnvoll, weil sonst die Abszissenwerte
(Abtastzeitpunkte) festgehalten und ebenfalls übertragen werden müßten. Man kann deshalb von einer Abtastrate *(sample rate)* sprechen, die die Zahl der Abtastungen pro Zeiteinheit angibt. Der Abtastwert *(sample)* ist der Wert des analogen Signals zum Abtastzeit-
punkt. Da die Amplitudenwerte des analogen Signals zu den Abtastzeitpunkten nur mit
endlicher Genauigkeit festgestellt werden können (die Genauigkeit hängt von der Auflösung
des Analog/Digitalwandlers ab; gängige A/D-Wandler haben 8 bis 16 Bits Auflösung), ist
damit eine Quantisierung verbunden, d.h., dem Wertekontinuum des analogen Signals stehen endlich viele diskrete Werte des A/D-Wandlers gegenüber (z.B. 256 bei 8 Bits Auflösung) und die Amplitudenwerte werden den Quantisierungsintervallen zugeordnet.
Es ist offensichtlich, daß auf diese Weise aus einem kontinuierlichen Analogsignal eine
Folge diskreter Binärwerte erzeugt wird. **Die Rechtfertigung für diese Vorgehensweise
kommt aus dem Abtasttheorem, welches besagt, daß aus der Folge der diskreten Werte das
analoge Ausgangssignal dann rekonstruiert werden kann, wenn die Abtastfrequenz mindestens das Doppelte der oberen Grenzfrequenz des ursprünglichen Analogsignals beträgt.**

Eine wichtige Anwendung ist die Digitalisierung (PCM-Codierung) analoger Sprachsignale.
Hierbei wird als Abtastrate 8 kHz festgelegt, woraus sich nach dem Abtasttheorem als obere
Grenzfrequenz des zu übertragenden Sprachsignals 4 kHz ergibt (im Fernsprechnetz ist die
obere Grenzfrequenz 3,4 kHz). Als Auflösung genügen bei Sprachsignalen 8 Bits, so daß
sich eine Datenrate von 64 kbps ergibt (1 Codewort der Länge 1 Byte alle 125 μs). Dieser
sich aus der PCM-Codierung des Sprachsignals ergebende Datenstrom von einem Byte pro
125 μs bildet die Grundlage des digitalen Fernsprechsystems und des ISDN.
Der Vollständigkeit halber soll noch nachgetragen werden, daß bei der Sprachdigitalisierung
die PCM-Werte modifiziert werden. Vor dem Hintergrund, daß das menschliche Gehör im
Bereich kleiner Amplituden feiner reagiert als bei großen Amplituden, kommt eine Kom-
pressionstechnik zur Anwendung, durch die bei kleinen Amplituden die Auflösung verbessert wird auf Kosten der Auflösung bei großen Amplituden. In Deutschland und in den
meisten Staaten der Welt kommt dabei eine 13-Segment-Kennlinie nach dem sogenannten
A-Gesetz (logarithmische Empfindlichkeit des menschlichen Gehörs) zum Einsatz. In den

USA und Japan wird eine 15-Segment-Kennlinie (μ-Law) verwendet. Beide Varianten sind durch die CCITT-Empfehlung G.711 standardisiert.

2.3.2 Leitungscodes

Da hier nur digitale Übertragungen betrachtet werden, muß das Übertragungssystem die logischen Zustände '0' und '1', d.h. mindestens zwei diskrete Zustände elektrisch repräsentieren können. Die kleinste Einheit eines Digitalsignals wird als Codeelement bezeichnet. Ein Codeelement hat n Kennzustände ($n \geq 2$ nach dem vorher Gesagten); ein zweistufiges Codeelement heißt binär *(binary)*, ein dreistufiges ternär *(ternary)*, ein vierstufiges quaternär *(quaternary)* usw. Ein binäres Element entspricht einem Bit, ein quaternäres kann dagegen die Information einer Zweier-Bitgruppe tragen, d.h., wenn man von einer festen Zeitdauer T eines Codeelementes ausgeht , die doppelte Informationsmenge pro Zeiteinheit befördern.

Definiert man als Schrittgeschwindigkeit

$$v_s = \frac{1}{T} \qquad \text{(Einheit } \textit{Baud}, \text{ T} = \text{Dauer eines Codeelements, Schrittdauer),}$$

so ergibt sich die Übertragungsgeschwindigkeit (äquivalente Bitrate) zu

$$v_u = v_s \, ld\, n \quad \text{(n} = \text{Anzahl diskreter Kennzustände eines Codeelements).}$$

Bei binären Codeelementen stimmen somit Bitrate und Schrittgeschwindigkeit (*Baud*) überein.

Mehrere Codeelemente können zu einem Codewort zusammengefaßt werden. Beim ISDN wird beispielsweise auf der Teilnehmeranschlußleitung eine 4B3T-Codierung verwendet, bei der vier Binärwerte (Bits) auf ein Codewort mit drei ternären Codeelementen abgebildet werden.

Nach den bisherigen Ausführungen wäre es wünschenswert, in einem Übertragungssystem Codeelemente mit möglichst vielen Kennzuständen zu verwenden, weil dadurch der Informationsdurchsatz bei vorgegebener Bandbreite erhöht werden kann. Durchsatz ist aber nicht das einzige wichtige Kriterium. Sehr wichtig ist es auch, daß aus dem auf seinem Weg vom Sender zum Empänger gedämpften und vielen verfälschenden Einflüssen ausgesetzten Signal auf der Empfängerseite die Information sicher zurückgewonnen werden kann, und dies, ohne daß die Anforderungen an Sender, Empfänger und Übertragungsmedium extrem hochgeschraubt werden müssen. Während sich zwei oder drei diskrete Zustände relativ leicht elektrisch darstellen lassen (z.B. U_L, U_H oder $-U_H$, 0, U_H), steigt der Aufwand darüberhinaus stark an.

Zwei weitere Anforderungen an Leitungscodes sind

* Gleichstromfreiheit und
* Taktrückgewinnung.

Insbesondere bei Basisbandübertragungen zwischen galvanisch entkoppelten Stationen (typisch für lokale Netze) können keine Gleichstromanteile übertragen werden. Diese entstehen, wenn datenabhängig positive und negative Impulse ungleichgewichtig auftreten.

Auf der Senderseite werden die Codeelemente in einem bestimmten Takt erzeugt, der zur Identifikation der Elemente auch auf der Empfängerseite vorhanden sein muß. Das Taktsignal könnte auch auf einer separaten Leitung parallel zum Nutzsignal übertragen werden. Bei geeigneten Leitungscodes kann das Taktsignal aber auch aus den beim Empfänger an-

kommenden Nutzsignalen zurückgewonnen werden; solche Leitungscodes werden selbsttaktend genannt.

Im folgenden werden einige binäre Leitungscodes kurz erläutert.

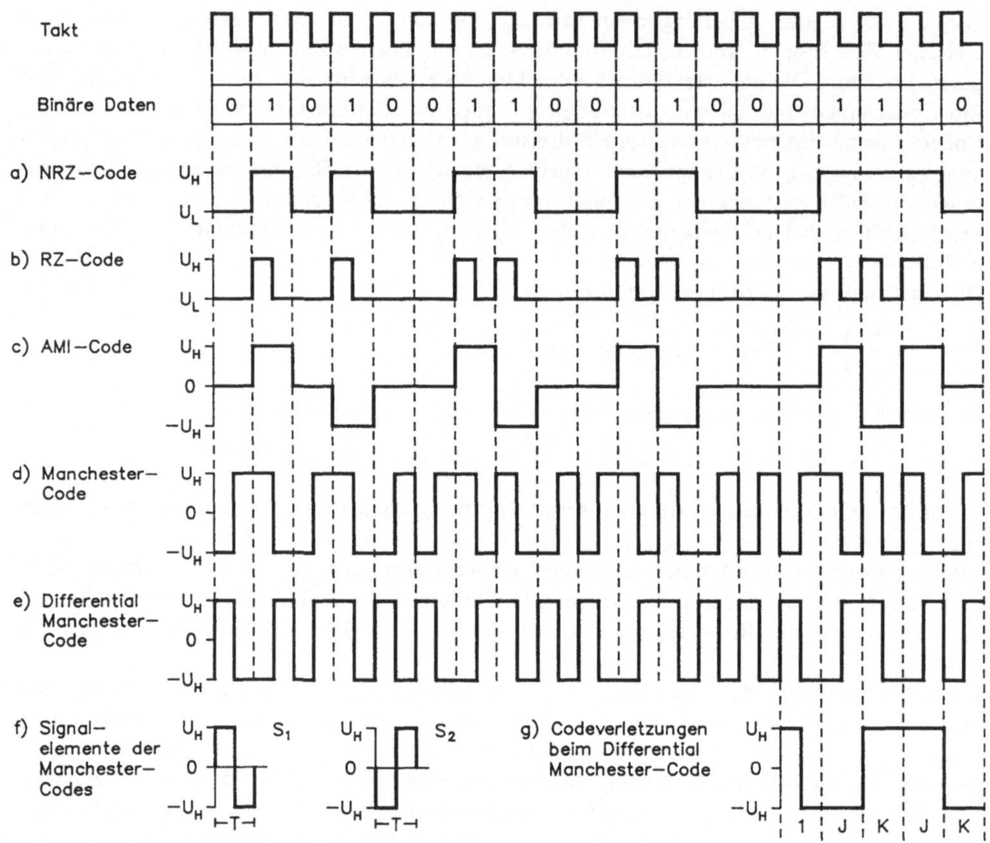

Abb. 22. Leitungscodes

2.3.2.1 NRZ-Code

Der NRZ-Code *(Non-Return-to-Zero)* hat die folgende Codierungsvorschrift (vgl.
Abb. 22a):

$$'0' \Leftrightarrow U_L$$

$$'1' \Leftrightarrow U_H \qquad \text{(Hierbei steht } L \text{ für } Low \text{ und } H \text{ für } High\text{)}.$$

Diese Signaldarstellungsform ist die einfachste und naheliegendste. Die Pulsdauer der
Rechteckimpulse ist gleich der Schrittdauer. Durch '1'-Folgen entsteht ein ununterbro-
chenes Signal; das Signal ist nicht gleichstromfrei, und es erlaubt nicht die Taktrückgewinnung auf der Empfängerseite.

2.3.2.2 RZ-Code

Codierungsvorschrift (vgl. Abb. 22b):

$'0' \Leftrightarrow U_L$

$'1' \Leftrightarrow U_H \rightarrow U_L$ nach $T/2$.

Beim RZ-Code *(Return-to-Zero)* werden zur Darstellung der Bits Rechteckimpulse der halben Schrittdauer verwendet. Das Signal ist nicht gleichstromfrei. Bei $'1'$-Folgen wird (im Gegensatz zum NRZ-Code) der Takt mit übertragen, bei $'0'$-Folgen jedoch nicht.

2.3.2.3 AMI-Code

Codierungsvorschrift (vgl. Abb. 22c):

$'0' \Leftrightarrow U_L$

$'1' \Leftrightarrow$ alternierend U_H und $- U_H$.

Beim AMI-Code *(Alternate Mark Inversion)*, auch Bipolar-Code, handelt es sich um einen pseudoternären Code, da drei unterschiedliche Signalzustände existieren, die aber nur zur Darstellung von zwei diskreten Werten benutzt werden. Durch die alternative Darstellung der $'1'$ wird das Signal gleichstromfrei; $'1'$-Folgen enthalten Taktinformation, $'0'$-Folgen jedoch nicht, so daß das Signal nicht selbsttaktend ist.
An der S_0-Schnittstelle des ISDN kommt eine modifizierte AMI-Codierung mit vertauschten Darstellungen für $'0'$ und $'1'$ zum Einsatz.
Abgeleitet vom AMI-Code sind die HDB_n-Codes. Bei diesen werden längere $'0'$-Folgen verhindert, indem nach n $'0'$-Werten in Folge, abweichend von der Codierungsvorschrift des AMI-Codes, ein Impuls erzeugt wird, der aus diesem Grunde als Codeverletzung bezeichnet wird. Dieser Puls dient der Taktgewinnung. Positionierung und Polarität dieser eingeschobenen Pulse müssen so gesteuert werden, daß sie zum einen von echten $'1'$-Werten unterscheidbar sind, zum anderen die Gleichstromfreiheit des Signals erhalten bleibt; eine ausführliche Beschreibung ist beispielsweise in [13], S. 126 zu finden. Bei den HDB_n-Verfahren kann nach jeweils längstens n Schrittdauern auf der Empfängerseite ein Taktsignal erzeugt und zur Taktsynchronisation verwendet werden.
Von besonderer Bedeutung ist das HDB_3-Verfahren, das vom CCITT für 2-, 8- und 34-Mbps-Übertragungsverfahren standardisiert wurde.

2.3.2.4 Manchester-Code

Beim Manchester-Code werden die Signale aus den beiden in Abb. 22f dargestellten Signalelementen S_1 und S_2 zusammengesetzt, die um 180° phasenverschoben sind. Dies geschieht nach der folgenden Codierungsvorschrift (vgl. Abb. 22d):

$'0' \Leftrightarrow - U_H \rightarrow U_H$ nach $T/2$ (S_2)

$'1' \Leftrightarrow U_H \rightarrow - U_H$ nach $T/2$ (S_1).

Dieser Code ist gleichstromfrei und selbsttaktend; allerdings ist die Taktfrequenz doppelt so hoch wie die Schrittgeschwindigkeit, so daß für die Übertragung eine höhere Bandbreite erforderlich ist.

2.3.2.5 Differential Manchester-Code

Beim *Differential Manchester Code* wird aus den gleichen Signalelementen wie beim normalen Manchester-Code (Abb. 22f) das Signal nach der folgenden Codierungsvorschrift (vgl. Abb. 22e) gebildet:

'0' ⇔ Polaritätswechsel am Schrittanfang

'1' ⇔ Kein Polaritätswechsel am Schrittanfang.

Der *Differential Manchester Code* kommt beim Token-Ring zum Einsatz, wo für die Rahmensynchronisation gezielt Codeverletzungen benutzt werden. Es werden dort zwei Typen von Codeverletzungen benutzt (vgl. Abb. 22g):

J-Codeverletzung: Kein Polaritätswechsel am Schrittanfang und in der Mitte des Intervalls.

K-Codeverletzung: Polaritätswechsel am Schrittanfang, kein Polaritätswechsel in der Intervallmitte.

2.3.3 Asynchrone und synchrone Verfahren

Wie auch immer Signale dargestellt und vom Sender zum Empfänger transportiert werden, der Empfänger muß wissen, zu welchen Zeitpunkten er die Kennwerte der Codeelemente abtasten muß, d.h. die Signalerkennung muß synchron zur Signalgenerierung erfolgen, und zwar i.a. nach der halben Schrittdauer. Grundsätzlich werden

- **Asynchrone Verfahren** und

- **Synchrone Verfahren**

unterschieden.

Bei **asynchronen Verfahren** existiert kein gemeinsamer Zeittakt für Sender und Empfänger; gleichauflösende Taktgeber in der Sendestation und der Empfangsstation werden durch ein Startbit, das vor der eigentlichen Nutzinformation übertragen wird, und ein oder zwei Stopbits im Anschluß an die Nutzinformation synchronisiert.

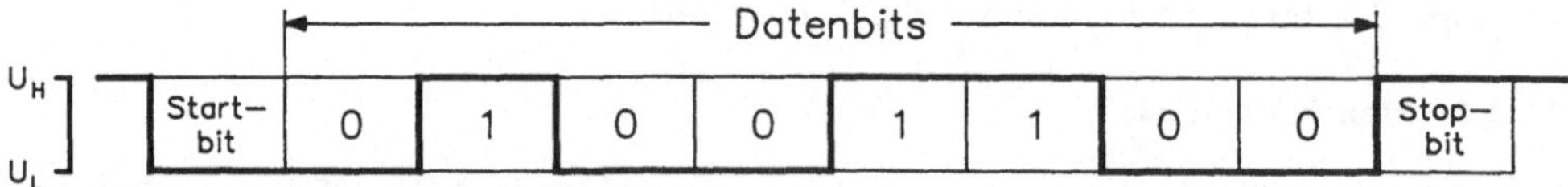

Abb. 23. Asynchrone Byteübertragung

Während einer Folge von Binärzeichen (zwischen Start- und Stopbit) liegen die Binärzeichen in einem festen Zeitraster und es besteht Synchronismus zwischen Sende- und Empfangsstation. Binärzeichen verschiedener Folgen von Binärzeichen stehen in keiner definierten Beziehung zueinander, d.h., die Zeit zwischen zwei aufeinanderfolgenden Folgen von Binärzeichen kann beliebig lang sein und ist nicht an eine bestimmte Zeitrasterung gebunden.

Da die Taktgeber nicht absolut gleich laufen und physikalisch bedingt auch Laufzeitschwankungen auftreten können, kann nur eine verhältnismäßig kleine Zahl von Bits übertragen werden bis zur erneuten Synchronisation zwischen Sende- und Empfangtakt, und auch die Datenrate kann bei diesem Verfahren nicht sehr hoch werden. Eine Synchronisation findet mit jedem Datenbyte statt, und die maximalen Datenraten liegen bei 9600 bis 19200 bps. Wegen der beschränkten Datenraten und des relativ großen Anteils an Start- und Stopbits ist die Leistungfähigkeit asynchroner Übertragungsverfahren geringer als die synchroner Verfahren; sie sind aber mit geringen Mitteln zu realisieren.

Bei **synchronen Übertragungsverfahren** liegen alle Binärzeichen in einem festen Zeitraster und zwischen den Datenstationen besteht Synchronismus, d.h. die Stationen besitzen den gleichen Schrittakt und stehen auch bezüglich des Beginns von Zeichen in einer definierten Beziehung zueinander. Die Synchronisation erfolgt am Anfang eines Blocks (Blocksynchronisation) und bleibt wahrend der Übertragungsdauer eines Blocks erhalten.
Der gemeinsame Takt kann durch eine separate Taktleitung übertragen werden, es können aber auch selbsttaktende Leitungscodes verwendet werden, bei denen aus dem ankommenden Signal Nutzinformation und Takt gewonnen werden können.
Im Prinzip kann jede Signalflanke auf der Empfängerseite zur Resynchronisation verwendet werden. Es muß dann sichergestellt werden, daß in genügend kurzen Zeitabständen Signalflanken auftreten, d.h. längere Dauerpegel wie sie bei '0'- oder '1'-Folgen auftreten können, müssen verhindert werden. Eine Möglichkeit dazu ist die Verwendung geeigneter Leitungscodes (wie z.B. HDB_n). Eine zweite Möglichkeit besteht im Einsatz sogenannter Verwürfler *(scrambler)*. Diese erzeugen aus einer beliebigen Bitfolge eine Pseudozufallsfolge. Dabei muß auf der Empfängerseite durch einen spiegelbildlich arbeitenden Entwürfler *(descrambler)* die ursprüngliche Bitfolge wiederhergestellt werden.
Synchrone Übertragungsverfahren sind leistungsfähiger und effizienter als asynchrone, aber der technische Aufwand ist auch größer.

2.3.4 Betriebsarten

2.3.4.1 Vollduplex-Betrieb

Beim Vollduplex-Betrieb (Gegenbetrieb) geschieht die Signalübertragung bidirektional simultan, d.h. die Kommunikationspartner können gleichzeitig senden und empfangen. Dazu ist es erforderlich, daß jede Station eine Sende- und Empfangseinrichtung besitzt und diese parallel betrieben werden können. Ebenso muß das Übertragungsmedium gleichzeitige Übertragungen in beide Richtungen zulassen; dies wird meist durch getrennte Kanäle für die Übertragungsrichtungen, oft auch durch getrennte Leitungen realisiert (bei den sogenannten Vierdrahtverfahren wird beispielsweise eine Doppelader pro Übertragungsrichtung verwendet).

2.3.4.2 Halbduplex-Betrieb

Beim Halbduplex-Betrieb (Wechselbetrieb) erfolgt die Signalübertragung bidirektional alternierend, d.h. die Kommunikationspartner können wechselnd in der Rolle des Senders oder des Empfängers auftreten; auf diese Weise kann ein Dialog geführt werden.
Die Festlegung der Übertragungsrichtung ist Aufgabe der Kommunikationspartner, denen dafür besondere Signale (z.B. Empfangsbereitschaft) zur Verfügung stehen. Natürlich müssen beide Seiten über Sende- und Empfangseinrichtungen verfügen, die aber nicht

gleichzeitig betreibbar sein müssen. Auch die Übertragungsstrecke muß bidirektional betreibbar sein.

2.3.4.3 Simplex-Betrieb

Beim Simplex-Betrieb (Richtungsbetrieb) erfolgt die Nachrichtenübertragung unidirektional. Es besteht keine Möglichkeit, vom Empfänger Nachrichten zum Sender zurückzutransportieren (etwa Fehlermitteilungen).
Diese Betriebsart ist typisch für die Verteilkommunikation (Rundfunk und Fernsehen), in der Datenkommunikation ist sie unüblich.

2.3.5 Datenübertragungsverfahren

2.3.5.1 Basisbandübertragung

Bei einer Basisbandübertragung werden die Signale entsprechend dem verwendeten Leitungscode ohne weitere Umformung über die Leitung übertragen. Eine Leitung kann deshalb nur durch einen Übertragungskanal genutzt werden. Falls mehrere unabhängige Informationsströme zu übertragen sind, muß dies durch eine zeitliche Verschachtelung (Zeitmultiplex, TDM = *Time Division Multiplexing*) geschehen.

Kennzeichen von Basisbandnetzen:

- Preiswert

- Leicht handhabbar

- Leicht erweiterbar

- Beschränkte Bandbreite (Datenraten typischerweise $\leq$ 50 Mbps)

- Evtl. schlechte Ausnutzung der Übertragungskapazität der Leitungen

- Überbrückbare Entfernungen nicht sehr groß (typisch $\leq$ 1,5 km auf Kupferleitungen).

2.3.5.2 Breitbandübertragung (Modemübertragung)

Wenn mehrere Übertragungskanäle über eine Leitung geführt werden sollen oder aufgrund der Charakteristika eines Übertragungsmediums (z.B. Luft) in einem bestimmten Frequenzbereich übertragen werden muß, dann muß die Nutzinformation auf eine Trägerschwingung aufmoduliert werden.
Bei einem Koaxialkabel als Medium wird die Bandbreite (ca. 450 MHz) in Frequenzbänder von typischerweise 6 Mhz Breite (Fernsehkanal) unterteilt, die dann unabhängig für die Übertragung von Informationsströmen benutzt werden können; dieser Vorgang wird als Frequenzmultiplex (FDM = *Freqency Division Multiplexing*) bezeichnet.
Zur Übertragung der Nutzinformation muß die codierte Bitfolge auf den Träger aufmoduliert werden. Dies geschieht durch einen Modulator auf der Sendeseite, dem empfangsseitig ein Demodulator gegenübersteht, dessen Aufgabe die Rückgewinnung des Nutzsignals ist.

Die bekanntesten Modulationsverfahren sind:

- **Amplitudenmodulation** (ASK = *Amplitude Shift Keying*),

- **Frequenzmodulation** (FSK = *Frequency Shift Keying*),

- **Phasenmodulation** (PSK = *Phase Shift Keying*).

Diese Verfahren werden nachfolgend für die Übermittlung binärer Daten (zwei Signalzustände) kurz erläutert; sie sind auch für die Übertragung analoger Signale geeignet und
werden in der Praxis auch häufig dafür eingesetzt.

Amplitudenmodulation

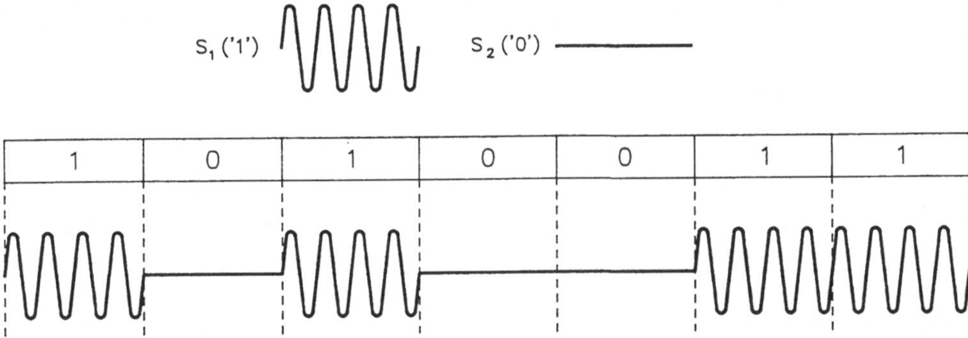

Abb. 24. Amplitudenmodulation

Die für die Übertragung binärer Information einfachste Form der Amplitudenmodulation
ist die 'harte Tastung' *(Binary ASK)*, bei der in Abhängigkeit vom darzustellenden Wert ('0'
oder '1') der Träger an- oder abgeschaltet wird.

Frequenzmodulation

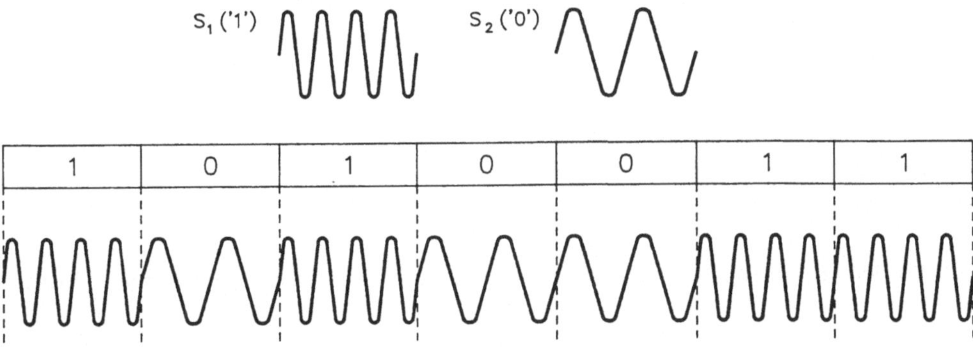

Abb. 25. Frequenzmodulation

Den binären Zuständen sind zwei wohlunterscheidbare Frequenzen zugeordnet. Die
Frequenzübergänge beim Signalwechsel erfolgen ohne Phasensprung. Verfahren, bei denen
der Frequenzwechsel beim Nulldurchgang des Signals ($T = 0$) erfolgt (wie in Abb. 25 dargestellt), werden als phasenkohärent bezeichnet.

Phasenmodulation

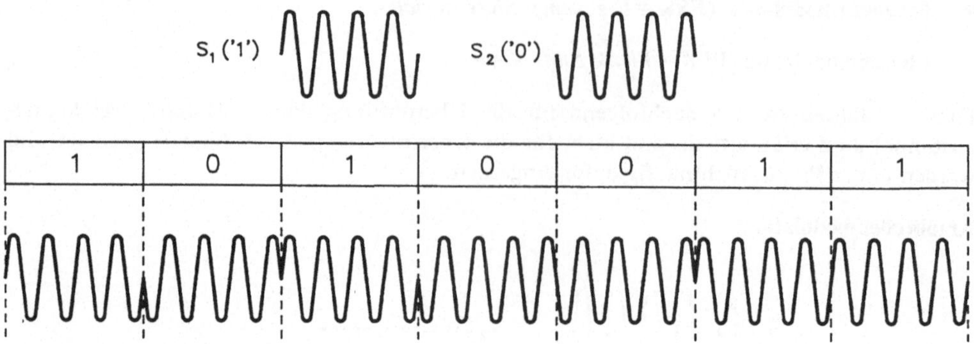

Abb. 26. Phasenmodulation

Es stehen zwei in der Phase (hier um 180°) verschobene Trägerfrequenzsignale zur Verfügung, die gemäß den darzustellenden Werten wechselnd auf den Ausgang geschaltet werden. Bei der Phasenmodulation können auch mehrwertige Modulationen realisiert werden.

Die genannten Verfahren können teilweise auch in Kombination zur Anwendung kommen. Bekannt ist die Quadraturamplitudenmodulation (QAM), die eine Kombination von Amplituden- und Phasenmodulation ist.

Kennzeichen von Breitbandnetzen:

• Kabelfernsehtechnik, daher weit verbreitet und wohlerprobt

• Viele unterschiedlich nutzbare Kanäle auf einem Kabel

• Relativ große Entfernungen überbrückbar ($\geq$ 10 km)

• Übertragung nur in eine Richtung; kein Nachteil bei Verteilkommunikation (Rundfunk, Fernsehen); bei wechselseitiger Kommunikation muß ein unabhängiger Kanal für die Gegenrichtung bereitgestellt werden (zweites Kabel oder Aufteilung eines Kabels in Frequenzbereiche für Hin- und Rückrichtung)

• Nicht flexibel erweiterbar (es ist eine relativ genaue Dämpfungsrechnung unter Berücksichtigung der angeschlossenen Stationen erforderlich)

• Gegenseitige Beeinflussung von Nachbarkanälen nicht ausgeschlossen

• Vielfalt von unabhängigen Anwendungen u.U. problematisch (Management, Sicherheit).

2.3.6 Fehlersicherung

Bei der Übertragung von Informationen über Kommunikationswege kann das Auftreten von Fehlern grundsätzlich nicht ausgeschlossen werden. Die Aufgabe der Fehlersicherung (Übertragungssicherung) ist eine zweifache:

- das **Erkennen von Fehlern** und

- das **Beseitigen von Fehlern**.

Alle Verfahren können jedoch die Fehlerwahrscheinlichkeit nur vermindern, es bleibt immer eine von Null verschiedene Restfehlerwahrscheinlichkeit. Ziel der Übertragungssicherungsmaßnahmen ist es, die Restfehlerwahrscheinlichkeit so klein zu machen, daß sie für eine bestimmte Anwendung tragbar ist.
Im folgenden werden vor allem Methoden zur Fehlererkennung diskutiert. Die in der Datenkommunikation meist angewendete Methode der Fehlerbeseitigung ist die Wiederholung eines als fehlerhaft erkannten Datenblocks. Eine Alternative dazu besteht darin, den Originaldaten in geeigneter Weise soviel Redundanz hinzuzufügen, daß — zumindest für bestimmte Fehler — auf der Empfängerseite eine Korrektur der fehlerhaften Daten möglich ist.

Wieviel Aufwand für die Erhöhung der Übertragungssicherheit getrieben werden muß, hängt zum einen von der Anwendung ab (im militärischen Bereich beispielsweise sind die Anforderungen besonders hoch), zum anderen von der Fehlerwahrscheinlichkeit des Übertragungskanals.
Typische Bitfehlerwahrscheinlichkeiten für Datenübertragungen sind:

$\sim 10^{-5}$ bei Benutzung von Fernsprechleitungen,
$\sim 10^{-6}$ bis 10^{-7} bei Benutzung der digitalen Datennetze der Deutschen Bundespost,
$\sim 10^{-9}$ bei Verwendung von Koaxialkabeln im lokalen Bereich,
$\sim 10^{-12}$ bei Verwendung von Lichtwellenleitern.

Diese Werte sind Richtwerte; im einzelnen hängen die Werte von den Leitungslängen, dem Umfeld und allgemein von einer soliden Auslegung und Ausführung des Übertragungssystems ab.
Da eine Übertragung i.a. blockorientiert erfolgt, spricht man auch von der Blockfehlerwahrscheinlichkeit und meint damit die Wahrscheinlichkeit, daß in einem Datenblock (bekannter Länge) mindestens ein Bitfehler auftritt; die Blockfehlerwahrscheinlichkeit hängt damit direkt von der Bitfehlerwahrscheinlichkeit und der Blocklänge ab.
Die Sicherung der Information wird durch Hinzufügen von Prüfbits (i.a. pro Byte) oder Prüfwörtern (i.a. pro Block) erreicht. Die Prüfinformation wird auf der Senderseite nach einem bestimmten Prinzip erzeugt und zusätzlich zur eigentlichen Nutzinformation zum Empfänger übertragen. Dort wird aus der empfangenen Information nach dem gleichen Prinzip die Prüfinformation erzeugt und mit der vom Sender übermittelten Prüfinformation verglichen. Eine Differenz gilt als Fehlernachweis und führt zur Wiederholung des als fehlerhaft erkannten Datenblocks.
Es existiert ein Zusammenhang zwischen der Bitfehlerwahrscheinlichkeit eines Übertragungskanals und der Größe eines Datenblocks als eine durch ein Prüfwort geschützte und gegebenenfalls zu wiederholende Einheit: Bei hohen Bitfehlerwahrscheinlichkeiten muß die Blockgröße klein sein, weil sich dann große Blöcke in doppelter Weise negativ auswirken:

1. Die Wahrscheinlichkeit, daß ein Block fehlerfrei übertragen werden kann, wird klein.

2. Die bei den — häufig erforderlichen — Wiederholungen zu übertragenden Datenmengen sind groß.

Generell gilt die Aussage, daß die Fehlererkennung und -beseitigung um so effizienter erfolgen muß, je größer die Wahrscheinlichkeit des Auftretens von Fehlern ist.

Der durch ein Prüfverfahren erzielbare Sicherheitsgewinn hängt zunächst natürlich vom Prüfverfahren selbst ab, wobei Aufwand und Wirkung nicht unabhänig sind. Daneben gehen aber bei jedem Verfahren die Bitfehlerrate des Übertragungskanals und die Länge der durch einen Prüfcode vorgegebener Länge zu überwachenden Information (Blocklänge) ein. Sehr viel schwieriger ist die Abschätzung der Wahrscheinlichkeit des Auftretens von Mehrfachfehlern. Die Erfahrung lehrt, daß Fehler sehr häufig 'burstartig', d.h. zeitlich gehäuft auftreten, und auch sonstige systematische Effekte nicht auszuschließen sind. Die im weiteren Verlauf hierzu gemachten Angaben sind deshalb als praxisbezogene Richtwerte zu verstehen.

Die bekanntesten Methoden zur Erzeugung von Prüfcodes sind

- **Querparität** *(VRC = Vertical Redundancy Check)*,

- **Längsparität** *(LRC = Longitudinal Redundancy Check)*,

- **Zyklische Blocksicherung** *(CRC = Cyclic Redundancy Check)*.

2.3.6.1 Querparität

Die Querparitätsprüfung ist die bekannteste und einfachste der Prüfmethoden: hierbei wird zu einer Informationseinheit (meist 5 oder 8 Bits) ein Bit hinzugefügt, dessen Wert so bestimmt wird, daß die Gesamtinformation (einschl. Prüfbit) immer eine ungerade Anzahl von '1'-Werten *(odd parity)* oder eine gerade Anzahl von '1'-Werten *(even parity)* enthält. Erzeugt wird das Paritätsbit durch Modulo-2-Summation über die Bits der Informationseinheit.

Es ist offensichtlich, daß bei diesem Verfahren eine gerade Anzahl von Bitfehlern in einer überwachten Informationseinheit nicht erkennbar ist.

Sehr verbreitet ist die Querparitätsprüfung in Verbindung mit der Verwendung von Zeichencodes, hier insbesondere mit dem CCITT IA Nr. 5 (ASCII), das ein 7-Bit-Code ist, der praktisch immer durch ein Paritätsbit auf eine Informationslänge von einem Byte ergänzt wird.

Die Rate unentdeckter Blockfehler kann durch dieses Verfahren um ca. zwei Größenordnungen gesenkt werden.

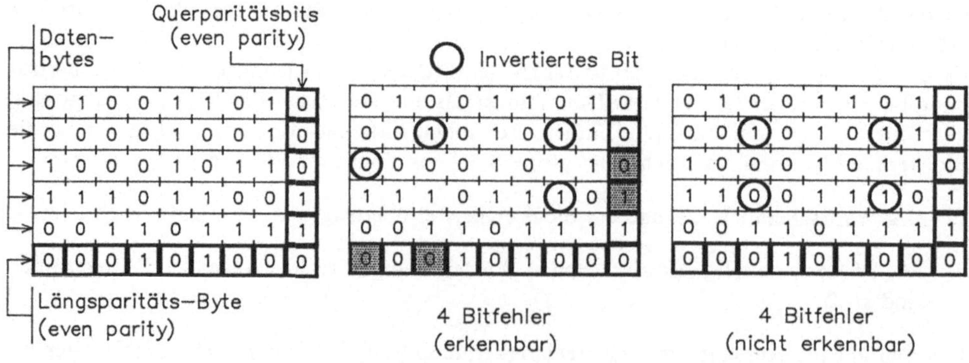

Abb. 27. Blocksicherung durch Paritätsverfahren

2.3.6.2 Längsparität

Die Vorgehensweise ist ähnlich wie beim Erzeugen eines Querparitätsbits, nur daß spaltenweise über die Bytes eines Blocks summiert und so als Prüfcode ein zusätzliches Byte erzeugt wird. Bei nicht zu großen Blocklängen sind die Gewinne ähnlich wie beim Querparitätsverfahren.

Längs- und Querparität können auch in Kombination angewendet werden. Dadurch können (vgl. Abb. 27) alle 2-Bit-Fehler, alle 3-Bit-Fehler sowieso (ungerade Zahl von Bitfehlern) und ein Teil der möglichen 4-Bitfehler erkannt werden (wenn in zwei fehlerhaften Bytes nicht die gleichen Bitpositionen betroffen sind).

Die Blockfehlerrate wird dadurch etwa um den Faktor 10^{-4} verrringert.

2.3.6.3 Zyklische Blocksicherung

Die zyklische Blocksicherung ist aufwendiger, aber auch erheblich wirkungsvoller als die vorher beschriebenen Paritätsverfahren. Sie ist auf beliebige Bitfolgen anwendbar, erfordert also nicht die Organisation der Information in Bytes oder anderen Einheiten. Für die zu übertragende Bitkette (Block) werden in der Regel 16 oder 32 als CRC *(Cyclic Redundancy Check)* oder FCS *(Frame Check Sequence)* bezeichnete Prüfbits berechnet und an die geschützte Information angehängt und mit dieser übertragen.

Bei diesem Verfahren werden die n Nutzbits als Koeffizienten eines Polynoms $U(x)$ (vom Grad n-1) interpretiert. Dazu wird ein erzeugendes Polynom

$$G(x) = g_k\, x^k + \ldots + g_0,$$

(CRC- oder Generator-Polynom) des Grades k benötigt, für das $g_k, g_0 \neq 0$ (d.h. = 1) gilt.

Gängige Generatorpolynome sind:

CRC-16: $x^{16} + x^{15} + x^2 + 1$

CRC-CCITT: $x^{16} + x^{12} + x^5 + 1$

CRC-32: $x^{32} + x^{25} + x^{23} + x^{22} + x^{16} + x^{12} + x^{11} + x^{10} + x^8 + x^7 + x^5 + x^4 + x^2 + x + 1$

Die Vorgehensweise ist wie folgt:

1. An die Nutzinformation werden k Nullbits angehängt, wenn das CRC-Polynom den Grad k besitzt. Die Nachricht, einschließlich CRC-Feld hat dann $n + k$ Bits und entspricht dem Polynom $x^k\, U(x)$.

2. $x^k\, U(x)$ wird unter Verwendung von Modulo-2-Arithmetik durch $G(x)$ dividiert, wobei ein Restpolynom $R(x)$ entsteht, das höchstens vom Grad $k - 1$ ist und dessen Koeffizienten somit höchstens k Bits belegen.

3. Die Koeffizienten von $R(x)$ werden als Prüfsumme in das CRC-Feld eingetragen. Da bei Verwendung von Modulo-2-Arithmetik die Operationen Addition, Subtraktion und Exklusives Oder identisch sind, enthält die Gesamtnachricht einschließlich Prüfsumme das Polynom $B(x) = x^k\, U(x) - R(x)$, welches durch $G(x)$ teilbar ist, so daß bei Ausführung der Operation $B(x)\,/\,G(x)$ im Empfänger kein Rest entsteht, wenn die Übertragung fehlerfrei verlaufen ist.

Die Generierung der Prüfsumme ist mit verhältnismäßig geringem Aufwand mit Hilfe von Schieberegistern und Halbaddierern (bitweise Addition) möglich. Der Vorgang ist beispielsweise in [57], S. 47 ff. ausführlich beschrieben.

Wenn Übertragungsfehler auftreten und statt des Polynoms $B(x)$ ein Polynom $B'(x)$ mit abweichenden Koeffizienten beim Empfänger ankommt, dann kann die Abweichung durch ein Fehlerpolynom $E(x)$ beschrieben werden und es gilt

$$B'(x) = B(x) + E(x).$$

Es ist offensichtlich, daß die Division der verfälschten Information durch das Generatorpolynom ($B'(x) / G(x)$) dann keinen Rest ergibt, wenn $E(x)$ ein Vielfaches von $G(x)$ ist; d.h., solche Abweichungen können nicht entdeckt werden.
Grundsätzlich können durch 16 Bit CRC-Verfahren alle Fehler-Bursts von nicht mehr als 16 Bits und etwa 99,997% aller längeren Bursts erkannt werden; bei 32 Bit CRC-Verfahren sind es Bursts von nicht mehr als 32 Bits und 99,99999995% aller längeren Bursts [57]. Somit kann durch Anwendung eines CRC-16 (CRC-32) die Rate unerkannter Blockfehler um ca. 5 (10) Größenordnungen verringert werden.

2.4 Vermittlungstechniken

In einem Netz sind alle Teilnehmer potentielle Kommunikationspartner, zwischen denen gegebenenfalls eine Kommunikationsverbindung hergestellt werden muß. Hierzu gibt es vier prinzipielle, sich in ihren Eigenschaften unterscheidende Vermittlungstechniken:

1. **Leitungsvermittlung** *(circuit switching)*,

2. **Paketvermittlung** *(packet switching)*,

3. **Nachrichtenvermittlung** *(message switching)*.

4. **Fast Packet Switching**

In vermittelnden Netzen wird eine Kommunikationsverbindung zwischen zwei oder mehreren eindeutig bestimmten Teilnehmern hergestellt. Im Unterschied dazu sendet bei Verteilnetzen (z.B. Rundfunk- oder Fernsehnetz) ein Sender ohne individuelle Kenntnisse über die Empfängerstationen Informationen aus. Netzteilnehmer (im technischen, nicht im administrativen Sinne) ist jedermann, der über geeignete Empfangseinrichtungen in der Lage ist, diese Informationen zu empfangen, ohne daß er dem Sender bekannt sein müßte.

In vermittelnden Netzen muß – anders als bei Verteilnetzen – immer ein Rückkanal vom empfangenden zum sendenden Teilnehmer vorhanden sein, um dem Sender mitteilen zu können, ob die gewünschte Verbindung aufgebaut werden konnte, der Adressat die Informationen korrekt empfangen hat usw.

2.4.1 Leitungsvermittlung

Bei der Leitungsvermittlung wird (im Prinzip) eine Leitungsverbindung vom rufenden Teilnehmer zum gerufenen Teilnehmer geschaltet. Nach dem Verbindungsaufbau steht die Verbindung (der Kommunikationskanal) den Kommunikationspartnern zur exklusiven Benutzung zur Verfügung.

Eigenschaften:

+ Wenn eine Verbindung zustande kommt, dann erhalten die Kommunikationspartner eine garantierte Dienstgüte bezüglich Datenrate und Verzögerung, die nur von den Charakteristika der Leitung und nicht von äußeren Umständen, wie etwa der augenblicklichen Netzbelastung, abhängt.

+ Nach dem Verbindungsaufbau steht den Kommunikationspartnern eine transparente Ende-zu-Ende-Verbindung zur Verfügung.

   ⇒ In den Zwischenknoten entsteht nur für den Verbindungsaufbau Verarbeitungsaufwand.

   ⇒ Es existieren netzseitig keine Vorgaben bezüglich der zu verwendenden Protokolle; allerdings sind entsprechende Absprachen zwischen den Kommunikationspartnern erforderlich.

   ⇒ Es entstehen bei der Übertragung der Nutzdaten außer den Signallaufzeiten keine weiteren Verzögerungen.

− Es werden Netzwerkressourcen reserviert, was zu einer schlechten Auslastung der reservierten Ressourcen (Betriebsmittel) führt, wenn die Kommunikationspartner die Verbindung nicht während der gesamten Dauer ihres Bestehens voll auslasten können.

− Bereits für den Aufbau der Verbindung werden Reservierungen vorgenommen und Betriebsmittel verbraucht. Eine Verbindung, die über mehrere Teilstrecken (Zwischenknoten) führt, wird sukzessive, ausgehend vom anfordernden Knoten aufgebaut, wobei vorübergehend auch dann Ressourcen reserviert werden, wenn die Verbindung schließlich nicht zustande kommt, weil etwa auf einer späteren Teilstrecke keine Leitung frei ist oder der gerufene Teilnehmer nicht aktiv ist.

− Da die Zahl der schaltbaren Verbindungen notwendigerweise beschränkt und i.a. deutlich kleiner als die Zahl der Netzteilnehmer ist, kann es keine Garantie für den Zugriff zum Netz geben.

− Der Zugriff zum Netz, d.h. die Verfügbarkeit freier Leitungen, garantiert nicht das Zustandekommen einer Verbindung zu einem bestimmten Teilnehmer. Wenn der gerufene Teilnehmer besetzt ist, d.h. bereits eine Kommunikationsverbindung zu einem anderen Teilnehmer unterhält, ist er für alle anderen Netzteilnehmer nicht erreichbar, da über einen Netzzugang zu einem Zeitpunkt nur eine Kommunikationsverbindung unterhalten werden kann.

− Ein Zusammenbruch der Leitungsverbindung unterbricht grundsätzlich die Kommunikationsverbindung.

Die aufgezeigten Eigenschaften zeigen an, daß Leitungsvermittlung in solchen Fällen das geeignete Vermittlungsprinzip ist, in denen die Kommunikationspartner die volle Leitungskapazität für einen nichttrivialen Zeitraum nutzen können. Dies ist der Fall bei Datenquellen, die mit konstanter Rate senden (z.B. Sprachverkehr), aber auch bei der Übertragung größerer Datenmengen zwischen Rechnern.
Das Fernsprechnetz ist das wichtigste und größte leitungsvermittelte Netz.

2.4.2 Paketvermittlung

Bei der Paketvermittlung wird eine Nachricht (Nutzinformation) in Pakete (Informationsblöcke) fester Maximallänge zerlegt, die als in sich geschlossene und vollständige Einheiten
vom Sender zum Empfänger transportiert werden und deshalb alle Informationen enthalten
müssen, die von den Netzknoten benötigt werden, um den Transport korrekt durchführen
zu können (z.B. Adreßinformation). Es ist Aufgabe der Zielknoten, aus den ankommenden
Paketen die ursprüngliche Nachricht wieder zusammenzusetzen.
Es ist auch möglich, Pakete verschiedener Nachrichten verschachtelt zu übertragen. Die
Fähigkeit, verschiedene (u.U auch unterschiedlich organisierte) Informationsströme verschachtelt über eine Verbindungsstrecke transportieren zu können, wird als multiplexende
Eigenschaft bezeichnet. Dazu müssen auf Senderseite Informationen verschiedenen Ur-
sprungs zu einem Datenstrom zusammengefügt werden, was als Multiplexen bezeichnet
wird (bei der Paketvermittlung geschieht dies durch Zerlegung in Pakete und zeitlich
verschachtelte Übertragung von Paketen unterschiedlicher Herkunft). Empfängerseitig
müssen aus dem Gesamtstrom der einlaufenden Daten die ursprünglichen Informationsströme wieder herausgefiltert und an unterschiedliche Instanzen weitergereicht werden, ein
Vorgang, der als Demultiplexen bezeichnet wird. Wenn — wie bei der Paketvermittlung —
von den unterscheidbaren Informationsströmen nur dann Daten übertragen werden, wenn
wirklich Daten zur Übertragung anstehen (also nicht in regelmäßigen zeitlichen Abständen
Übertragungskapazitäten reserviert werden), so spricht man von asynchronem Multiplexen
(im Gegensatz zum synchronen Multiplexen).
Bei der Paketvermittlung werden (abgesehen von möglichen Tabelleneintragungen) keine
Ressourcen exklusiv reserviert, insbesondere keine Leitungsverbindungen.

Eigenschaften:

+   Auch bei unregelmäßiger und insgesamt geringer Nutzung durch einzelne Teilnehmer
    ist eine gute Auslastung der Verbindungswege möglich, da über einen physikalischen
    Übertragungskanal mehrere Kommunikationsverbindungen geführt werden können.

+   Keine Reservierung von Ressourcen.

+   Jeder Teilnehmer hat jederzeit Zugriff zum Netz (allerdings nicht mit einer garantierten
    Dienstgüte).

+   Der Ausfall von Knoten oder Verbindungsstrecken führt nicht notwendig zum Zu-
    sammenbruch einer Kommunikationsverbindung, solange noch mindestens ein nutz-
    barer Pfad zwischen den kommunizierenden Partnern besteht.

+   Jeder Teilnehmer kann über einen einzigen Netzzugang gleichzeitig mehrere Kommu-
    nikationsverbindungen zu anderen Netzteilnehmern unterhalten.

−   Overhead (d.h. zusätzlicher Verbrauch von Betriebsmitteln) entsteht durch die mit je-
    dem Paket zusätzlich zu übertragende Steuerinformation (z.B. Adressen).

−   Da die Pakete von Knoten zu Knoten bis zum Zielknoten transportiert werden, ent-
    steht in jedem Zwischenknoten für jedes Paket Bearbeitungsaufwand und überdies Be-
    darf an Speicherplatz für die Zwischenspeicherung.

−   Im Sender muß die Zerlegung der Nachricht in Pakete erfolgen.

– Im Empfänger muß aus den einlaufenden Paketen die Originalnachricht wieder zusammengesetzt werden. Dies kann einen erheblichen Aufwand erfordern und folgende Aufgaben beinhalten:

- Wiederherstellung der Sequenz (Pakete können einander überholen, da sie auf verschiedenen Wegen durch das Netz geleitet werden und dabei unterschiedliche Verzögerungen erleiden können).

- Ergänzen, d.h. Nachfordern verlorengegangener Pakete.

- Erkennen und Eliminieren evtl. im Netz erzeugter Duplikate.

Für diese Aufgaben ist in erheblichem Umfang Speicherplatz im Empfänger erforderlich.

– Die Pakete werden in unabhängigen Übertragungsvorgängen von Knoten zu Knoten transportiert *(Store-and-Forward*-Prinzip, Speichervermittlung).
Aus diesem Grunde kann es keine garantierte Dienstgüte bezüglich Durchsatz (Datenrate) und maximaler Verzögerung geben, da diese von der sich dynamisch ändernden Verkehrslast abhängen.
Überdies hat die Speichervermittlung typische Netzwerkprobleme zur Folge wie Überlastkontrolle (Verstopfungskontrolle, *congestion control*), Pufferspeicherverwaltung *(buffer management)* und Teilaspekte der Flußkontrolle *(flow control)*, auf die später noch näher eingegangen wird.

Aus der Beschreibung ergibt sich, daß Paketvermittlung gut geeignet ist für unregelmäßig und stoßweise auftretenden Verkehr *(bursty traffic)*. Eine derartige Verkehrslast ist typisch für viele Bereiche der Datenkommunikation, besonders für transaktionsorientierte Datenkommunikation.

2.4.3 Nachrichtenvermittlung

Bei der Nachrichtenvermittlung wird eine Nachricht beliebiger Länge von Knoten zu Knoten transportiert. Es braucht dabei zu keinem Zeitpunkt eine durchgehende Verbindung zwischen Sender und Empfänger zu bestehen.
Wie die Paketvermittlung arbeitet auch die Nachrichtenvermittlung nach dem *Store-and-Forward*-Prinzip, wobei die sich in den einzelnen Knoten ergebenden Verzögerungen i.a. größer sind als bei der Paketvermittlung. Während bei der Paketvermittlung im günstigsten Falle (keine Wartezeiten beim Transport zum nächsten Knoten aufgrund konkurrierender Pakete) bei längeren Nachrichten die Verzögerungen verhältnismäßig gering sind, da die Weitergabe paketweise überlappend von Knoten zu Knoten erfolgt (Pipeline-Effekt), ist sie bei der Nachrichtenvermittlung auch im optimalen Fall groß, da erst die vollständige Nachricht zum nächsten Knoten weitervermittelt wird. Außerdem muß jeder Knoten in der Lage sein, die vollständige Nachricht zu speichern.
In den grundsätzlichen Eigenschaften weisen Paketvermittlung und Nachrichtenvermittlung Ähnlichkeiten auf.

Die bisherige Beschreibung der Vermittlungstechniken bezog sich auf die Basisformen, um die charakteristischen Merkmale deutlich herausstellen zu können. Man kann aber – und tut dies in der Praxis auch – die Verfahren modifizieren und kombinieren, um sie den Erfordernissen anzupassen und möglichst viele Vorteile auf ein Verfahren zu vereinen. Ein Beispiel dafür sind die beiden Betriebsweisen paketvermittelter Netze, nämlich der verbindungslose Dienst *(connectionless service, datagram service)* und der verbindungsorientierte Dienst *(connection-oriented service, virtual circuit)*.

Der verbindungslose Dienst entspricht dem oben beschriebenen Prinzip der Paketvermittlung. Hierbei besteht (auf Netzebene) keinerlei Beziehung zwischen zwei Paketen, auch dann nicht, wenn sie zwischen dem gleichen Paar von Stationen transportiert werden und zur gleichen Nachricht gehören. Beim verbindungslosen Dienst wird ein Paket als Datagramm bezeichnet. Datagramme werden als abgeschlossene Einheiten unabhängig durch das Netz transportiert, was maximale Freiheit gibt, aber auch maximalen Bearbeitungsaufwand mit sich bringt.

Beim verbindungsorientierten Dienst wird eine logische Verbindung *(virtual circuit)* zwischen den Kommunikationspartnern etabliert. Eine virtuelle Verbindung hat Aspekte einer Leitungsverbindung; wie dort gliedert sich der Kommunikationsvorgang in drei Phasen:

- **Verbindungsaufbau** (Aufbau der (logischen) Verbindung),

- **Nutzungsphase** (Nutzdaten werden zwischen den Teilnehmern ausgetauscht),

- **Verbindungsauslösung** (Abbau der (logischen) Verbindung).

Beim Aufbau einer virtuellen Verbindung werden keine Übertragungswege reserviert, so daß nach wie vor eine physikalische Verbindung quasi gleichzeitig für mehrere Kommunikationsvorgänge genutzt werden kann; aus diesem Grunde bleibt auch die Eigenschaft erhalten, daß keine Garantie bezüglich des Durchsatzes und der Wartezeiten gegeben werden kann. Da aber ein logischer Kanal besteht, ist es Aufgabe des Netzes, für die Sequenz, Eindeutigkeit und Vollständigkeit der über diesen Kanal beförderten Daten zu sorgen.
Der Bearbeitungsaufwand für Pakete in den Zwischenknoten wird verringert, wenn durch den Aufbau einer virtuellen Verbindung der Weg durch das Netz festgelegt wird, so daß nicht mehr für jedes Paket die *Routing*-Funktion aufgerufen werden muß, sondern nur noch festgestellt werden muß, zu welcher virtuellen Verbindung ein Paket gehört. In manchen Systemen wird auch Speicherplatz für jede virtuelle Verbindung in den Knoten reserviert, um zu verhindern, daß eine etablierte Verbindung in den Knoten blockiert werden kann. Durch eine solche Maßnahme kann – auf Kosten von Reservierungen – die Leistungsfähigkeit virtueller Verbindungen verbessert werden.

Beide Betriebsarten haben ihre Berechtigung: Wenn in unregelmäßigen Abständen kurze Nachrichten zu übertragen sind, die in keinem inneren Zusammenhang stehen (wie beispielweise bei Mitteilungsübermittlungsdiensten) ist der Datagramm-Dienst gut geeignet, da die Informationen unmittelbar übertragen werden können und der Aufwand für das unter solchen Randbedingungen häufige Auf- und Abbauen von virtuellen Verbindungen entfällt; andere Anwendungen legen einen verbindungsorientierten Dienst nahe, und bei der Übertragung größerer Datenmengen ist dies auch aus Aufwandsgründen sinnvoll.
Bei lokalen Netzen sind die Effizienzvorteile eines verbindungsorientierten Dienstes aufgrund der spezifischen Eigenschaften geringer als bei Weitverkehrsnetzen.
Der weltweit akzeptierte Standard für Paketnetze, X.25, der in den meisten öffentlichen und privaten Paketnetzen zur Anwendung kommt, spezifiziert einen verbindungsorientierten

Dienst und wurde später um einen verbindungslosen Dienst erweitert, der aber in vielen Netzen noch nicht implementiert ist.

Das für den öffentlichen Bereich in der Entwicklung befindliche Breitband-ISDN, aber auch zukünftige lokale Netze (z.B. FDDI-2) müssen als universelle, für alle Anwendungen einsetzbare Netze sowohl die Eigenschaften paketvermittelnder Netze besitzen (dynamische Zuordnung von Übertragungskapazität aufgrund asynchron auftretender Anforderungen der Teilnehmer) als auch die Eigenschaften leitungsvermittelnder Netze (garantierte Datenraten und angebbare maximale Verzögerungen). Das dafür geeignete Multiplex- und Vermittlungsprinzip ist *Fast Packet Switching*. ATM *(Asynchronous Transfer Mode*, vgl. Kap. 5.2.6.1) ist ein solches durch CCITT standardisiertes Verfahren, das als Basis für das kommende Breitband-ISDN festgeschrieben worden ist.

2.4.4 Fast Packet Switching

Die Paketvermittlung als Vermittlungsprinzip geht auf das Ende der sechziger Jahre zurück (ARPANET) und auch der X.25-Standard existiert bereits seit 1976. Sie wurde konzipiert für analoge Übertragungsstrecken mit niedrigen Übertragungsgeschwindigkeiten (typischerweise $\leq$ 9,6 kbps) und hohe Bitfehlerraten (10^{-4} bis 10^{-5}), und es ist die Aufgabe des Netzdienstes Fehlerfreiheit, Eindeutigkeit, Vollständigkeit und Sequenz einer Folge von Paketen sicherzustellen.

Da in der Datenkommunikation jedes einzelne Bit per Definition wichtig ist, hat die garantiert fehlerfreie Übermittlung der Information höchste Priorität; deshalb werden als fehlerhaft erkannte Blöcke automatisch wiederholt, was bei Übertragungsstrecken mit hohen Bitfehlerwahrscheinlichkeiten möglichst effizient, d.h. auf einer niedrigen Schicht des OSI-Modells zu geschehen hat. Gerade die Fehlerwiederholungen sind es, die zu kaum vorhersagbaren Verzögerungen beim Informationstransport durch ein Netz führen. Die Folge all dessen ist, daß X.25 als **das** heute in Weitverkehrsnetzen eingesetzte Paketvermittlungsprotokoll sehr komplex ist, einen hohen Bearbeitungsaufwand der Pakete in jedem Knoten erfordert und Informationen mit starken Schwankungen in Durchsatz und Verzögerungen transportiert.

Die heutigen modernen und die zukünftigen Datennetze sind digitale Netze auf Glasfaserbasis. Sie zeichnen sich aus durch hohe Übertragungsgeschwindigkeiten ($\geq$ 2 Mbps) und niedrige Bitfehlerraten (10^{-9} oder besser). Wegen der großen Komplexität ist herkömmliche Paketvermittlung für hohe Übertragungsgeschwindigkeiten zu aufwendig, andererseits erlaubt es die niedrige Bitfehlerrate, die Fehlerbehandlung als Ende-zu-Ende-Aufgabe in die Endgeräte (d.h. auf höhere Schichten des OSI-Modells) zu verschieben. Dies bietet überdies die Möglichkeit, anwendungsabhängig evtl. Datenverluste hinzunehmen, um nicht die bei einer Fehlerwiederholung unvermeidlichen Verzögerungen zu erleiden. Gerade die bezüglich schwankender Verzögerungen kritischsten Anwendungen — Sprache und Bewegtbildkommunikation — vertragen unter bestimmten Randbedingungen geringe Datenverluste.

Ein Multiplex- und Vermittlungsprinzip, das den neuen Gegebenheiten Rechnung trägt, das effizient und für hohe Übertragungsgeschwindigkeiten geeignet ist, sowohl isochronen (leitungsvermittelten) wie auch paketorientierten Verkehr tragen kann und eine variable Bandbreitenzuordnung erlaubt, ist *Fast Packet Switching*.

Basis des *Fast Packet Switching* ist die Zellenvermittlung *(cell relay)*. Dabei werden die Informationen in Blöcke fester (geringer) Länge unterteilt (Zellen) und mit einem *Header* (ebenfalls fester Länge) versehen, der die Zelle identifiziert und ihren Weg durch das Netz durch Zuordnung zu einer virtuellen Verbindung bestimmt. Die Strukturen sind so einfach, daß die Zellenvermittlung in den Vermittlungseinrichtungen hardware-gesteuert erfolgen kann.

Nur die *Header*-Information ist mit einer Fehlersicherung versehen; als fehlerhaft erkannte Zellen werden vernichtet, ebenso überzählige Zellen im Falle einer Überlastsituation. Das Überprüfen der Nutzinformation und das Erkennen fehlender Zellen geschieht außerhalb des Übertragungsnetzes in höheren Schichten. Die Erhaltung der Sequenz wird ohne weiteren Protokollaufwand dadurch sichergestellt, daß virtuelle Verbindungen aufgebaut werden, d.h., alle logisch zusammenhängenden Zellen nehmen den gleichen Weg durch das Netz.

Zellen werden in ununterbrochener Folge generiert und übertragen; nicht benötigte Zellen werden als 'leer' gekennzeichnet. Sie können in einem angebbaren Zeitraster bestimmten Verbindungen fest zugeordnet werden, wodurch geringe Verzögerungen und Verzögerungsschwankungen beim Informationstransport durch das Netz sichergestellt werden (isochroner Verkehr); sie können aber auch bei Bedarf dynamisch zugeordnet werden.

Eigenschaften:

+   Für hohe Übertragungsgeschwindigkeiten geeignet.

+   Für isochronen und asynchronen Verkehr geeignet; dadurch Diensteintegration und gute Auslastung der Übertragungswege möglich.

+   Sehr hohes Maß an Nutzungsflexibilit; auch Datenströme geringer Bandbreite können effizient über Hochgeschwindigkeitsübertragungsstrecken transportiert werden; variable Bandbreitenzuordnung.

—   Sehr viel aufwendiger als Leitungsvermittlung; die große Nutzungsflexibilität wird mit hohem technischen Aufwand erkauft: bei hohen Übertragungsgeschwindigkeiten müssen u.U. mehr als eine Million Zellen pro Sekunde vermittelt werden.

—   Die Effizienzsteigerung durch eingeschränkte Fehlerbehandlung und simple Methoden der Überlaststeuerung müssen durch entsprechende Funktionen auf höherer Ebene kompensiert werden.

—   Neuartiges Prinzip mit neuartigen Problemen, für die teilweise noch keine befriedigenden technischen Lösungen existieren.

Eine durch CCITT standardisierte Realisierung eines *Fast Packet Switching* Systems (I.121: *Broadband Aspects of ISDN)* ist ATM (vgl. Kap.5.2.6.1).
Eine Zwischenform (auch als Zugangstechnik für ATM-Backbone-Netze einsetzbar) mit gleicher Zielsetzung, nämlich effizienter als X.25 zu sein und gute Auslastung digitaler Hochgeschwindigkeitsverbindungsstrecken durch unterschiedliche Anwendungen zu ermöglichen, ist *Frame Relay*, das technisch noch eng an existierende Protokolle angelehnt ist (vgl. Kap. 5.3.4).

2.4.5 Probleme beim Aufbau und Betrieb von Netzen

Im Prinzip ist der Aufbau eines Netzes (mit vorgegebenen Standorten) einfach: Die Knoten (Standorte) werden so verbunden, daß ein vermaschtes Netz entsteht, welches alle Knoten erfaßt. Lokale Netze erfordern meist die Einhaltung einer bestimmten Topologie; im nicht-lokalen Bereich ist dies aus Gründen der Ökonomie praktisch niemals möglich, so daß grundsätzlich von vermaschten Netzen auszugehen ist. Wenn dieser Vorgang optimiert werden soll, was für eine ökonomische Realisierung und eine vernünftige Performance des Netzes unerläßlich ist, dann entsteht eine Optimierungsaufgabe hoher Schwierigkeit: Es soll den Teilnehmern eine optimale Dienstgüte geboten werden (nach verschiedenen Kriterien wie Durchsatz, Antwortzeitverhalten, Sicherheit,...) bei minimalen Kosten (unter Berücksichtigung der eigenen Investitionen und der Tarifstruktur der öffentlichen Netzträger) und unter Berücksichtigung der durch die öffentlichen Träger vorgegebenen Randbedingungen; dies alles für allenfalls unscharf vorgegebene und überdies wechselnde Anforderungen und unter weiteren Nebenbedingungen wie etwa der, daß jeder Knoten auf mindestens zwei disjunkten Pfaden erreichbar sein soll.

Beim Betrieb von Netzen, insbesondere vermaschten, speichervermittelten Netzen, ergeben sich netztypische Problemstellungen:

- **Wegsuche (Wegwahl, *routing*)**

- **Verstopfungskontrolle (Überlastkontrolle, *congestion control*)**

- **Flußkontrolle *(flow control)***

- **Pufferspeicherverwaltung *(buffer management)*.**

Es sind vor allem Weitverkehrsnetze, die diese Probleme aufweisen, und für die diese Probleme seit langem behandelt werden. In komplexen, aus vielen Elementen zusammengesetzten lokalen Netzen sind ähnliche Probleme zu lösen, wohingegen in einfachen LANs die Probleme nicht oder nur in vereinfachter Form auftreten.

2.4.5.1 Routing

Aufgabe der *Routing*-Funktion ist es, ausgehend von einem Quellknoten (Sender) den günstigsten Pfad durch das Netz zu einem vorgegebenen Zielknoten (Empfänger) zu bestimmen. In jedem einzelnen Knoten hat die *Routing*-Funktion die Aufgabe, festzustellen, zu welchem der direkten Nachbarknoten der Pfad führen soll, um den vorgegebenen Zielknoten zu erreichen.

Selbstverständlich ist eine optimale Wegführung anzustreben. Die erste Schwierigkeit dabei ist, daß der Begriff 'optimal' ja nicht absolut ist; es müßte also festgelegt werden, bezüglich welcher Kriterien Optimalität erzielt werden soll. Denkbare Kriterien wären beispielsweise: gutes Antwortzeitverhalten bei kurzen Nachrichten, hoher Durchsatz bei großen Datenmengen, besondere Sicherheitsanforderungen usw. Es ist offensichtlich, daß die optimale Wegführung von solchen Anforderungen abhängig sein kann (z.B. ist der erzielbare Durchsatz größer, wenn der Pfad nur leistungsfähige Verbindungsstrecken enthält, selbst wenn er dadurch verlängert wird). Selbst so einfache Aussagen wie 'kürzester Weg' bedürfen der Interpretation. In einem Netzwerk ist der 'kürzeste' Weg nicht notwendig der geographisch kürzeste, obwohl geographische Entfernungen insbesondere auch bei der Tarifierung öffentlicher Übertragungswege eine Rolle spielen. In *Store-and-Forward*-Netzen ist die Anzahl der Teilstrecken *(hops)* i.a. von größerer Bedeutung.

Unabhängig von den gewählten Optimalitätskriterien ist jedoch eine unter allen Umständen optimale Wegführung aus praktischen wie aus prinzipiellen Gründen nicht möglich. Um eine unter allen Umständen optimale Wegentscheidung treffen zu können, müßte ein Knoten nicht nur die Struktur des gesamten Netzes (statischer Zustand), sondern auch den dynamischen Gesamtzustand (z.B. Verkehrslast) kennen. Dazu müßten in allen Knoten entsprechende Netzparameter permanent erfaßt und samt den sich lokal daraus ergebenden Auswirkungen für das *Routing* in regelmäßigen Abständen an alle anderen Knoten weitergegeben werden. Wegen der daraus resultierenden Netzbelastung können diese Informationen nicht in beliebig kurzen Zeitabständen aktualisiert werden. Je älter aber die verfügbare Statusinformation ist, desto größer ist die Wahrscheinlichkeit, daß sie nicht mehr korrekt und eine darauf basierende *Routing*-Entscheidung nicht optimal ist. Dieses Problem ist auch durch eine Verkürzung der Aktualisierungsintervalle nicht grundsätzlich lösbar, da jeder Informationstransport eine endliche Zeit $T > 0$ in Anspruch nimmt; selbst wenn ereignisgesteuert ein Knoten anläßlich einer zu treffenden *Routing*-Entscheidung Statusinformation von anderen Knoten anfordern würde, könnte diese, bis sie beim anfordernden Knoten eintrifft, bereits wieder überholt sein. Es ist darüberhinaus so, daß selbst im obigen Sinne optimale *Routing*-Entscheidungen die Situation nicht essentiell verbessern, da sie durch sich verändernde Verkehrsbeziehungen und -lasten auch im Nachhinein noch suboptimal werden können. Dies liegt daran, daß eine *Routing*-Entscheidung zwar zu einem bestimmten Zeitpunkt getroffen wird, aber darüberhinaus für eine signifikante Zeitdauer wirksam ist.

Ziel der *Routing*-Funktion muß es also sein, mit geringem oder mäßigem Aufwand eine möglichst gute Wegentscheidung zu treffen. Übertriebener Drang zu optimalen Lösungen führt leicht zu absurden Situationen. Eine absurde Situation entsteht, wenn der zur Erzielung verbesserter Entscheidungen erforderliche Aufwand das Ausmaß der dadurch möglichen Effizienzsteigerung übersteigt (es wäre beispielsweise sinnlos 50% der Netzkapazität für die Verteilung möglichst aktueller Statusinformationen bereitzustellen).

In realen Netzen besteht eine Tendenz zu pragmatischen Lösungen, derart, daß man sich bemüht, einfache und überschaubare Algorithmen zu verwenden und negative Ausreißer durch besondere Maßnahmen zu erkennen und zu eliminieren.

Besonders wichtig und besonders aufwendig ist die *Routing*-Funktion, wenn in einem Netz verschiedene Pfade zwischen den Knoten existieren. Wenn aufgrund besonderer Vorgaben (etwa Topologien) nur ein Pfad existiert und klar ist, wie dieser verläuft (wie etwa beim Ring oder Stern), dann ist ein *Routing* nicht erforderlich. Ein i.a. vereinfachtes *Routing* ist erforderlich, wenn nur ein Pfad existiert, aber nicht automatisch klar ist, wie dieser verläuft (z.B. bei Baumstrukturen oder bei aus einfachen Topologien zusammengesetzten LANs).

Realisiert wird die *Routing*-Funktion auf der Basis von *Routing*-Tabellen. Diese enthalten im einfachsten Fall für jeden Knoten im Netz, d.h. für jede mögliche Zieladresse, die Adresse desjenigen Nachbarknotens, der auf dem Pfad zu diesem Zielknoten liegt. Eine Möglichkeit, nach bestimmten Kriterien optimale Pfade zu bestimmen und daraus *Routing*-Tabellen abzuleiten, besteht darin, die Teilstrecken mit Gewichten zu belegen wie in Abb. 28 dargestellt.

Dabei kann das Gewicht einer Verbindungsstrecke die Entfernung widerspiegeln (etwa bei einer entfernungsabhängigen Tarifierung), aber auch vom vorrangigen Optimierungskriterium abhängen, falls das Netz mehr als eine Dienstklasse *(class of service)* kennt, d.h. das Gewicht kann z.B. für eine Verbindung, bei der hoher Durchsatz im Vordergrund steht, ein

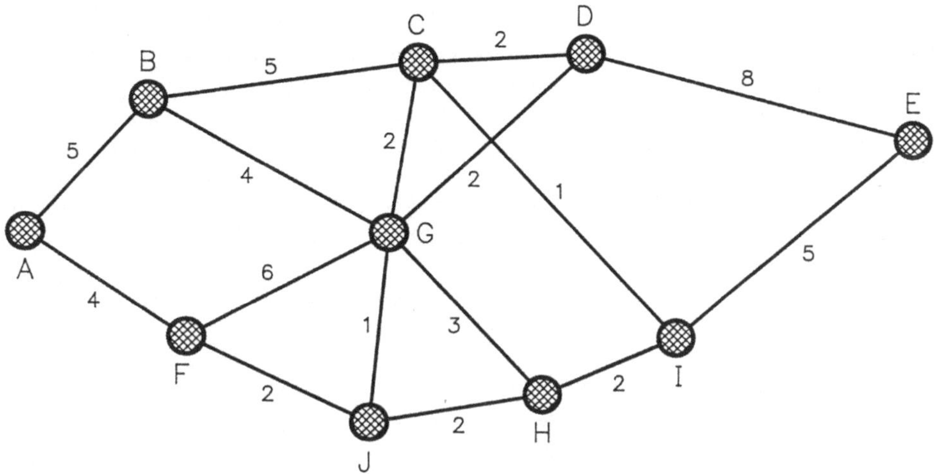

Abb. 28. Bestimmung optimaler Pfade in einem vermaschten Netz

anderes sein als für eine Verbindung, bei der es auf gutes Antwortzeitverhalten ankommt. In dem Beispiel existieren zwischen den Knoten *B* und *E* allein drei Pfade über drei Teilstrecken, nämlich *BCDE*, *BCIE* und *BGDE*. Durch Summation der Gewichte der Teilstrecken für die diversen Pfade erhält man als günstigste Verbindung den Pfad mit der niedrigsten Gewichtssumme, in dem Beispiel die Verbindung *BCIE* mit dem Gewicht 11. Das obige Beispiel zeigt auch, daß die kürzesten Pfade (bezogen auf die Anzahl der Teilstrecken) nicht notwendig auch die günstigsten sind. So ist dort beispielsweise die *4-Hop*-Verbindung *BGHIE* mit dem Gewicht 14 günstiger als die *3-Hop*-Verbindung *BCDE* mit dem Gewicht 15.

Die vom Knoten *B* ausgehenden optimalen Pfade sind in der nachfolgenden Tabelle zusammengestellt.

Von Knoten B ausgehende optimale Pfade								
Zielknoten	*A*	*C*	*D*	*E*	*F*	*G*	*H*	*I*	*J*
Optimaler Pfad	*BA*	*BC*	*BGD*	*BCIE*	*BGJF*	*BG*	*BGH*	*BCI*	*BGJ*
Gewicht	5	5	6	11	7	4	7	6	5

Daraus ergibt sich in *B* die folgende *Routing*-Tabelle:

Routing Tabelle im Knoten B								
Zielknoten	*A*	*C*	*D*	*E*	*F*	*G*	*H*	*I*	*J*
Nächster Knoten	*A*	*C*	*G*	*C*	*G*	*G*	*G*	*C*	*G*

Man unterscheidet zwei Klassen von *Routing*-Verfahren:

statische Verfahren *(static routing)* und **dynamische Verfahren** *(dynamic routing)*.

Bei statischem *Routing* werden vor der Inbetriebnahme des Netzes alle *Routing*-Tabellen erarbeitet und in die Knoten geladen. Während des laufenden Netzbetriebs können diese Tabellen nicht geändert werden.

Der Nachteil dieser Verfahrensweise ist die mangelnde Adaptionsfähigkeit an sich verändernde Gegebenheiten. Dies gilt uneingeschränkt für dynamisch veränderliche Netzgrößen, wie etwa die Verkehrslast. Bei Änderungen der Netzwerkkonfiguration durch Ausfall von Verbindungsstrecken oder Knoten besteht die Möglichkeit, solche defekten Komponenten durch (ebenfalls statisch vordefinierte) alternative Pfade *(alternate path facility)* zu umgehen. Damit ist es auch möglich, Knoten aus dem Netz herauszunehmen oder geplante Knoten bei der Netzgenerierung bereits zu berücksichtigen und bis zur Installation als nicht verfügbar zu deklarieren.

Trotz dieser begrenzten Möglichkeit von Konfigurationsänderungen im laufenden Betrieb, muß die mangelnde Flexibilität als gravierende Schwäche angesehen werden, insbesondere bei großen Netzen, für die permanente, auch unvorhergesehene Änderungen der Netzstruktur typisch sind. Überdies ist eine einigermaßen optimale Netzauslegung — was um so wichtiger ist, als eine nachträgliche Anpassung bei laufendem Netzbetrieb nicht mehr möglich ist — für große Netze mit hunderten oder tausenden Knoten eine sehr anspruchsvolle und rechenaufwendige Aufgabe.

Bei dynamischem *Routing* können die *Routing*-Tabellen aktuellen Netzänderungen angepaßt werden; dies gilt nicht nur für strukturelle Änderungen, sondern evtl. auch für dynamisch veränderliche Netzgrößen, wie z.B. die Verkehrslast. Realisiert werden kann eine solche Neubewertung durch eine Veränderung der Gewichte der Verbindungen (etwa höheres Gewicht bei größerer Belastung, ∞ bei Ausfall).

So wünschenswert einerseits eine Anpassung der Wegwahl an die Verkehrslast für den Betrieb ist, so muß andererseits gesehen werden, daß der Aufwand dafür sehr hoch sein kann, da die relevanten Netzwerkparameter permanent erfaßt, ausgewertet und die Konsequenzen (u.U. eine Folge von *Routing*-Tabellen-Änderungen) durch das Netz propagiert werden müssen, und zwar so, daß das Netz konsistent bleibt und die vorhandenen Netzkapazitäten nicht vorwiegend für diese Art der Netzverwaltung aufgezehrt werden.

Das Aufwandsproblem kann dadurch entschärft werden, daß nur lokale Veränderungen, d.h. Veränderungen, die den Knoten selbst, davon ausgehende Leitungen, sowie evtl. die Nachbarknoten betreffen, adaptiv berücksichtigt werden; dies in der Erkenntnis (die im Einzelfall allerdings falsch sein kann), daß Veränderungen nur mit geringer Wahrscheinlichkeit gravierende Auswirkungen in entfernten Netzteilen haben. Unter lokalen Gesichtspunkten optimierte Wegentscheidungen können global gesehen nichtoptimal sein.

Die Konsistenz eines Netzes mit dynamischem *Routing* und deren Nachweis setzt die Existenz geeigneter Änderungs- und Verbreitungsmechanismen voraus. Da ein eine Adaption bewirkendes Ereignis zu unterschiedlichen Zeitpunkten in den einzelnen Netzknoten bekannt und damit wirksam wird, sind vorübergehende Inkonsistenzen unvermeidlich. Nicht konsistente *Routing*-Tabellen führen im schlimmsten Fall zu *Loops*, d.h. zum Kreisen von Informationsblöcken (Beispiel: Für E bestimmte Blöcke werden von G nach J, von J nach H und von H nach G geschickt). Wenn in zwei Knoten (K_1 und K_2) quasi gleichzeitig Ereignisse eintreten, die eine Adaption erforderlich machen, dann werden die Knoten des Netzes diese Ereignisse nicht in gleicher Reihenfolge erfahren, d.h. entfernungsabhängig wird ein Teil der Knoten zuerst das K_1 betreffende Ereignis erfahren und dann das K_2 betreffende Ereignis, und bei den übrigen Knoten wird es umgekehrt sein. Es muß also gefordert werden, daß die Adaptionsmechanismen unabhängig von der Sequenz funktionieren.

Die Diskussion soll hier nicht weiter vertieft werden. Es muß jedoch gesagt werden, daß in realen Netzen sehr komplexe Ereigniskombinationen auftreten können, deren Auswirkungen ohne formale Hilfsmittel nicht überschaubar sind.

Bei der bisherigen Darstellung wurde davon ausgegangen, daß jeder Knoten *Routing*-Funktionen ausführen kann. Bei großen Netzen müssen dafür große *Routing*-Tabellen gehalten und gegebenenfalls bearbeitet werden. Dies kann für kleinere Systeme einen unangemessen hohen Aufwand bedeuten. Manche Netze erlauben deshalb, daß — meist unter Anwendung hierarchischer Strukturen — kleine Systeme selbst kein *Routing* durchführen, sondern alle Blöcke an einen vorgegebenen, voll netzwerkfähigen Knoten übergeben, der dann das *Routing* durchführt.

Eine Methode, den in großen Netzen erforderlichen Aufwand für das *Routing* zu reduzieren, besteht darin, Substrukturen einzuführen. Ein Knoten eines Teilnetzes *(cluster, domain)* braucht dann nur die vollständige Kenntnis aller Knoten des Teilnetzes. Der Verkehr zu Knoten anderer Teilnetze wird dann über einen oder einige wenige Knoten geleitet, die Kenntnis des Gesamtnetzes besitzen müssen. Diese Knoten gestatten auch eine Kontrolle der über die Teilnetze hinausgehenden Verkehrsbeziehungen.

Bei einigen LANs (z.B. Token-Ring (IBM), HYPERbus/HYPERchannel-10 (Network Systems Corp.)) kommt bei über Brücken aufgebauten komplexen LAN-Strukturen ein als **Source Routing** bezeichnetes *Routing*-Verfahren zur Anwendung. Hierbei muß die sendende Station den vollständigen Weg bis zum Empfänger unter expliziter Adressierung aller Zwischenstationen (Brücken) beschreiben. Die *Routing*-Funktion, die für jeden Informationsblock in einer Brücke durchzuführen ist, wird dadurch sehr einfach: es muß lediglich das entsprechende Feld in dem zu bearbeitenden Block ausgelesen und der Block an die betreffende Adresse geschickt werden; auf dem Weg zum Zielknoten wird die Liste der Adressen sukzessive von den Zwischenstationen abgearbeitet.
Diese wenig aufwendige Methode erlaubt einen hohen Datendurchsatz, ohne daß die Brücken besonders leistungsfähig sein müssen. Beim Einsatz von *Source Routing* sind Netzstrukturen zulässig, bei denen mehrere Pfade zwischen einem Paar von Stationen existieren. (Bei über Brücken zusammengeschalteten CSMA/CD-Netzen, bei denen ein selbstlernendes *Routing*-Verfahren verwendet wird, darf zu einem Zeitpunkt nur ein Pfad zwischen zwei Stationen existieren; es können alternative Pfade vorbereitet werden, die aber nur bei Ausfall einer Verbindung zum Tragen kommen).
Da beim *Source Routing* bei jedem Block alle Zwischenstationen explizit aufgeführt sein müssen, sollte die Anzahl der Zwischenstationen aus Aufwandsgründen nicht zu groß sein. Eine sinnvolle Obergrenze dürfte bei 7–10 liegen, was auch für sehr große Netze ausreichend ist, weil dann i.a. hierarchische Strukturen Anwendung finden.
Nachteilig beim *Source Routing* ist, daß die sendende Station den vollständigen Pfad zum Adressaten kennen muß, d.h. sie muß in der Lage sein, durch ein im Netz definiertes Verfahren den Pfad zuvor zu ermitteln.

2.4.5.2 Verstopfungskontrolle

Unter einer Verstopfung *(congestion)* versteht man eine Überlastung von Verbindungswegen oder Knoten, verbunden mit einer signifikanten Reduktion des Netzdurchsatzes. Kennzeichnend ist, daß eine Verstopfung ihre Ursache i.a. nicht in den betroffenen Knoten hat (diese also weder Quelle noch Senke des verursachenden Datenstromes sind) und des-

halb durch lokale Maßnahmen in den betroffenen Knoten auch nicht ohne weiteres behoben werden kann. Außerdem zeigen Verstopfungen — wie Verkehrsstauungen — die Tendenz, sich in Richtung der Quelle(n) auszubreiten, verbunden mit einer Unterbelastung des Netzes in entgegengesetzter Richtung. Die sicherste Methode zur Bekämpfung einer Verstopfung besteht darin, die kritischen Datenströme (es kann auch nur einer sein) an den Quellen, d.h. an den Stellen, wo sie ins Netz eingespeist werden, zu reduzieren. Dies ist nicht leicht zu realisieren: Zum einen ist es schwierig, aus einem Gesamtdatenstrom diejenigen Teilströme herauszufiltern (unter Wahrung des Fairneß-Prinzips), die die Hauptursache der Verstopfung bilden, zum anderen sind die Kontrollinformationen, die zur Behebung der Verstopfung fließen müssen, auf das gleiche gestörte Netz angewiesen, d.h. sie werden selbst durch die Situation behindert, die sie beheben sollen. Es muß daher das Ziel einer jeden Verstopfungskontrolle sein, kritische Anzeichen rechtzeitig zu registrieren und durch geeignete Maßnahmen dem Entstehen einer Verstopfung vorzubeugen.
Es besteht auch ein Zusammenhang zwischen Verstopfungskontrolle und dynamischem *Routing*; bei dynamischem *Routing* kann versucht werden, Datenströme um überlastete Netzteile herumzuleiten. Dynamisches *Routing* ist ein Hilfsmittel zur Erzielung einer gleichmäßigen Netzbelastung und damit auch zur Vermeidung punktweiser Überlastsituationen.

2.4.5.3 Flußkontrolle

Wie nachfolgend erläutert wird, ist die Flußkontrolle *(flow control)* verwandt mit der Verstopfungskontrolle, zumindest, was die Mechanismen zur Steuerung betrifft; sie betrifft aber die kommunizierenden Partner und ist nicht wegabhängig.
Von Hause aus ist die Flußkontrolle kein Netzwerkproblem. Sie resultiert aus der Notwendigkeit, daß — wann immer zwei unterschiedlich leistungsfähige Einheiten miteinander kommunizieren — die leistungsfähigere Einheit die Sendegeschwindigkeit so weit herabsetzen muß, daß die leistungsschwächere Einheit in der Lage ist, die Daten aufzunehmen. Dies gilt auch bei einem direkten Geräteanschluß (etwa beim Anschluß eines Druckers an einen Rechner).
Die Methoden zur Steuerung des Datenflusses sind seit langem bekannt: Die Daten werden in Blöcken angemessener Größe ausgetauscht, wobei durch ein *Handshaking*-Verfahren das langsamere der Geräte den Takt bestimmt. Dieses simple Verfahren ist — mit geringen Abstrichen im Grenzbereich — auch in einfachen lokalen Netzen für Zwecke der Flußkontrolle ausreichend. Dies gilt aber nur noch mit Einschränkungen in komplexen lokalen Netzen und in Weitverkehrsnetzen überhaupt nicht. Ein Weitverkehrsnetz ist ein eigenständiges Element zwischen den kommunizierenden Partnern und schafft insbesondere durch sein ungünstiges und nicht vorhersagbares Zeitverhalten Randbedingungen, für die der oben erwähnte einfache Mechanismus zur Flußkontrolle nicht mehr ausreicht. Erst an dieser Stelle wird die Flußkontrolle ein Netzwerkproblem.

Es kann nunmehr folgendes klargestellt werden:

Flußkontrolle ist ein Mechanismus, der es gestattet, den Datenfluß an der Datenquelle so zu regulieren (d.h. reduzieren), daß die Datensenke nicht überlastet wird.

Verstopfungskontrolle ist ein Mechanismus, der es gestattet, den Datenfluß an der Quelle so zu regulieren, daß im Netzwerk (d.h. zwischen Datenquelle und Datensenke) keine Überlastprobleme auftreten.

Für beide Anliegen kann der gleiche Mechanismus zur Anwendung kommen.

Häufig verwendet werden Fenstermechanismen; im folgenden wird ein Verfahren, das mit variablen Fenstergrößen arbeitet, kurz erläutert.

Informationen werden in Gruppen zu h Blöcken ($1 \leq h \leq k$, h = Fenstergröße, k = maximale Fenstergröße) vom Sender an den Empfänger geschickt. Die maximale Fenstergröße (k) wird zwischen Sender und Empfänger ausgehandelt und ist abhängig von der Pfadlänge (Anzahl der Zwischenknoten) und der im Empfänger verfügbaren Speicherkapazität. Die aktuelle Fenstergröße ist variabel und hängt von der aktuellen Aufnahmefähigkeit des Empfängers (Flußkontrolle) und der Lastsituation im Netz entlang dem Pfad zwischen Sender und Empfänger (Verstopfungskontrolle) ab. Dies funktioniert so , daß der Sender, nachdem er ein Kontingent von h Blöcken gesendet hat, warten muß, bis ihm ein neues Kontingent (Fenster) vom Empfänger zugewiesen wird. Unter der bei verbindungsorientierten Diensten üblichen Voraussetzung, daß Hin- und Rückkanal der Duplex-Verbindung über den gleichen Pfad zwischen Sender und Empfänger verlaufen, passiert die vom Empfänger zum Sender geschickte neue aktuelle Fenstergröße h alle Zwischenknoten. Die Zwischenknoten können nun abhängig von ihrem Lastzustand die vom Empfänger ausgehende Vorgabe zu einem Wert $h' < h$ modifizieren und dadurch den vom Sender ausgehenden Datenfluß über das aus Flußkontrollgründen erforderliche Maß hinaus drosseln.

Eine andere Methode zur Bewältigung von Überlastsituationen besteht darin, daß die Überlast erzeugenden Blöcke in den betroffenen Knoten vernichtet werden. Der Vorteil dieser Vorgehensweise ist, daß sie tatsächlich nur im Überlastfall wirksam wird und selbst keine Ressourcen verbraucht. Der Nachteil ist, daß Überlastsituationen nicht verhindert, sondern nur in rigoroser Weise beseitigt werden. Darüberhinaus müssen die vernichteten Blöcke (mindestens diese, evtl. aber auch größere Einheiten) wiederholt werden, wodurch zusätzlicher Verkehr erzeugt wird. Das Vernichten von Blöcken sollte deshalb nur in solchen Netzen praktiziert werden, bei denen die Leistungsfähigkeit im Vergleich zur mittleren Belastung groß ist, weil nur dann die notwendigen Bedingungen für den sinnvollen Einsatz dieser Methode erfüllt sind:

1. Der Überlastfall tritt ausreichend selten auf.

2. Das Netz kann die durch Wiederholungen generierte zusätzliche Last verkraften (diese würde andernfalls erst recht den Kollaps des Netzes herbeiführen).

Ohne die Diskussion vertiefen zu wollen, kann festgestellt werden, daß dieses Prinzip am ehesten bei LANs zur Anwendung kommen kann, bei denen Brücken und Gateways potentielle Schwachpunkte sind.

Die Anforderungen, die an derartige Steuerungsmechanismen gestellt werden, sind hoch: Sie sollen unter allen Umständen ihre Aufgabe erfüllen; darüberhinaus sollen sie möglichst transparent sein, d.h. nicht selbst in nennenswertem Umfang Betriebsmittel verbrauchen und keine Auswirkungen über die beabsichtigten hinaus haben, insbesondere also nicht den Netzwerkverkehr über das erforderliche Maß hinaus drosseln.

In der vorangehenden Darstellung ist die Flußkontrolle ein Problem zwischen Sender *(source)* und Empfänger *(destination)* und gehört in die Schicht 4 des ISO-Referenzmodells. Die gleiche Problemstellung, daß nämlich eine sendende Station die empfangende Station nicht mit Daten überfluten darf, tritt aber auch lokal zwischen zwei benachbarten Knoten auf und gehört dann in die Schicht 2. Dort stehen ebenfalls entsprechende Mechanismen zur Verfügung, die im Rahmen der Standards für die Schicht 2 beschrieben werden.

Zum Schluß sei noch darauf hingewiesen, daß die Begriffsbildung nicht ganz eindeutig ist. In manchen Arbeiten (z.B. [80]) wird der Begriff *Flow Control* als Überbegriff für *Flow Control, Congestion Control* und *Buffer Management* verwendet.

2.4.5.4 Pufferspeicherverwaltung

Die Pufferspeicherverwaltung *(buffer management)* ist im Zusammenhang mit der Überlast- und Flußkontrolle zu sehen. In *Store-and-Forward*-Netzen muß eine Nachricht nicht nur im Zielknoten, sondern zumindest in Teilen auch in den Zwischenknoten gespeichert werden. Da in vermaschten Netzen dynamisch erhebliche Unsymmetrien in den Datenflüssen auftreten können mit der Folge, daß in den Knoten die Summendatenraten der Zuflüsse und Abflüsse unterschiedlich sind und starken Schwankungen unterliegen, ist eine flexible, effektive und dabei sichere Pufferspeicherverwaltung erforderlich.

Bei der Pufferspeichervergabe ist ein Kompromiß zwischen zwei gegenläufigen Zielsetzungen zu finden:

1. Einer Kommunikationsverbindung sollte soviel Pufferspeicher (und generell Betriebsmittel) zur Verfügung gestellt werden, wie sie benötigt bzw. vorhanden ist, wenn dieser Speicher andernfalls ungenutzt bliebe.

2. Die Majorisierung von Pufferspeicher (Betriebsmitteln) durch eine oder einige wenige Kommunikationsverbindungen muß verhindert werden.

Das Problem besteht darin, daß einmal vergebene Pufferspeicher bei plötzlich auftretendem weiterem Bedarf u.U. nicht kurzfristig freigemacht werden können. Diese Problemstellung wird an dem einfachen Beispiel in Abb. 29 noch einmal erläutert.
Zwei Datenströme seien von *B* und *F* aus über *G* nach *D* gerichtet. Unter der Annahme, daß die Summendatenrate der über *BG* und *FG* ankommenden Daten größer ist als die Leistungsfähigkeit der Teilstrecke *GD*, ist der Datenzufluß nach *G* größer als der Abfluß, und die Pufferspeicher in *G* beginnen vollzulaufen.

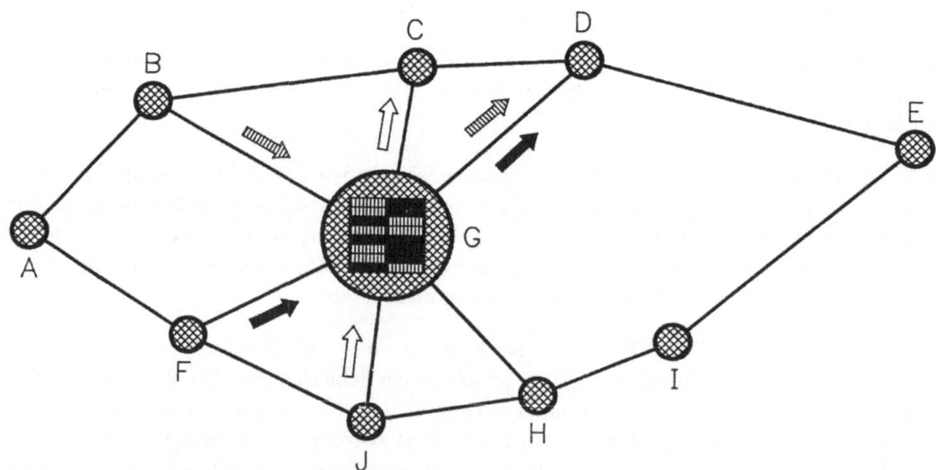

Abb. 29. Pufferspeicherzuteilung in einem Knoten

In dem Augenblick, wo die Puffer in G gefüllt sind, wirkt der Stau auf B und F zurück, da G dann nur noch Daten mit der Rate annehmen kann, mit der sie nach D abfließen. Soll nun eine Verbindung JGC etabliert werden, so wird der Datenfluß über diesen Pfad u.U. massiv behindert, obwohl diese Verbindung von dem Leitungsengpaß GD nicht direkt betroffen ist. Wie die optimale Pufferzuteilung erfolgen müßte, ist logisch klar: Den Verbindungen BGD und FGD müßte in G genau soviel Pufferspeicherplatz zugewiesen werden, daß die Warteschlange für die überlastete Verbindungsstrecke GD nicht leer wird, diese Verbindung also optimal genutzt wird. Hier wird auch die enge Verbindung zwischen Pufferspeicherverwaltung und Überlastkontrolle deutlich.

Die Vergabe von Pufferspeichern kann statisch (etwa beim Aufbau einer virtuellen Verbindung) oder dynamisch erfolgen. Die Vergabe fester Pufferspeicher beim Aufbau einer virtuellen Verbindung hat den Nachteil jeder exklusiven Reservierung: eine effiziente Nutzung ist nicht sichergestellt, da oftmals nur sporadisch Daten fließen. Sie hat den Vorteil, daß eine virtuelle Verbindung in einem Knoten niemals aufgrund fehlenden Speicherplatzes blockiert werden kann. Auch bei dynamischer Speichervergabe wird man nicht den gesamten verfügbaren Speicherplatz dem freien Spiel der Kräfte überlassen, sondern immer einen Bereich für neue Anforderungen freizuhalten suchen und evtl. auch jeder virtuellen Verbindung einen Mindestbereich reservieren.

Die Vergabe von Pufferspeichern muß sorgfältig gesteuert werden, da sonst Totalblockaden *(deadlocks)* nicht auszuschließen sind. Eine bekannte *Deadlock*-Situation *(store-and-forward deadlock)* besteht darin, daß sich (im einfachsten Fall) zwei Knoten gegenseitig blockieren, indem in jedem der beiden Knoten alle Puffer belegt sind mit Datenblöcken, die für den anderen Knoten bestimmt sind. Eine andere *Deadlock*-Situation kann in einem Empfängerknoten auftreten, wenn mehrere Nachrichten parallel einlaufen und nicht genügend Speicherplatz vorhanden ist, um wenigstens eine der Nachrichten vollständig empfangen und an den Empfänger weitergeben zu können. Diese Art der Blockierung kann durch Vorabreservierung ausreichender Speicherbereiche vermieden werden.

Für alle vorher erwähnten Netzwerkprobleme gilt, daß die erforderlichen Steuerungsmechanismen einen erheblichen Aufwand implizieren und überdies unter bestimmten Randbedingungen fehlerhafte, zumindest weit vom Optimum entfernte Ergebnisse liefern können. Heuristisch motivierte Kombinationen verschiedener Prinzipien führen oftmals zu einem guten Kompromiß zwischen Aufwand und Ergebnis, was wichtig ist, da die Verfahren im laufenden Betrieb anwendbar sein müssen. Fehlentscheidungen, die katastrophale Folgen haben (Schleifen, Blockierungen o.ä.) müssen ausgeschlossen werden. Da ein formaler Nachweis dafür, daß solche Ereignisse nicht eintreten können, oftmals nicht oder nur unter rigorosen, einschränkenden Randbedingungen zu führen ist, werden i.a. zusätzliche Überwachungsmechanismen vorgesehen, durch die kritische Situationen erkannt und (außerhalb der normalen Mechanismen) beseitigt werden können. Solche Überwachungsmaßnahmen sind auch bei nachweislich fehlerfreien Algorithmen sinnvoll, da kritische Situationen auch durch Fehler und technisches Versagen hervorgerufen werden können.

Die größte Bedeutung in diesem Zusammenhang haben Zeitüberwachungen. Praktisch jede Aktivität in einem Netzwerk läuft zeitüberwacht ab, wofür eine große Anzahl von Zeitgebern auf allen Ebenen eingesetzt wird.

Das Kreisen von Blöcken kann durch Verwendung eines *Hop Count* verhindert werden. Dieser Zähler, der jedem Block mitgegeben wird, gibt an, über wieviele Teilstrecken ein Block maximal transportiert werden darf; der Initialwert ist von der Netzgröße abhängig. Der Zähler wird in jedem Knoten dekrementiert, und der Block wird vernichtet, wenn der Zähler auf null gelaufen ist, bevor der Block sein Ziel erreicht hat.

2.5 Standardisierung

2.5.1 Das Anliegen der Standardisierung

Das Haupthindernis für eine (im technischen Sinne) unlimitierte Datenkommunikation sind
Inkompatibilitäten zwischen den Einrichtungen der Kommunikationspartner.
Es gibt auch heute schon eine Reihe von Netzen für die Datenkommunikation. Sie basieren
auf Firmenlösungen (wie SNA von IBM oder DECnet von der Fa. Digital Equipment
Corp.) oder auf Lösungen von großen Organisationen oder Anwendergruppen (wie bei-
spielsweise die TCP/IP-Protokollfamilie, die auf Aktivitäten der *Defense Advanced Research
Projects Agency* (DARPA) des amerikanischen Verteidigungsministeriums *(Department of
Defense*, DoD) zurückgeht) oder auf Angeboten der öffentlichen Netzträger. Grundsätzlich
können Kommunikationsverbindungen zwischen inkompatiblen Partnern auch durch paarweise Adaption realisiert werden, jedoch geschieht dies i.a. nur für spezielle Anwendungen
mit eingeschränkter Funktionalität.
Sicher ist, daß für eine generelle Lösung des Kommunikationsproblems eine Firmenlösung
unerwünscht und das Prinzip paarweiser Adaptionen ungeeignet ist, zum einen aus Aufwandsgründen, da die Zahl der Adaptionen *(U)* quadratisch mit der Anzahl *(N)* der verschiedenen Rechner wächst $(U = N(N-1)/2)$, zum anderen, weil die für die verschiedenen
Zielsysteme in einem System erforderlichen unterschiedlichen Adaptionen (die bestenfalls
den Durchschnitt der auf den jeweiligen Systemen vorhandenen Funktionen abbilden können) zu einer unzumutbaren Vielfalt auf der Benutzerseite führen würden.
Der einzige praktikable Weg in einer Welt voller inkompatibler Fakten besteht in einer
Vorgehensweise, die bisweilen als 'virtuelles Konzept' bezeichnet wird. Dabei werden 'virtuelle' Funktionen definiert, auf die dann die entsprechenden Funktionen existierender Systeme abgebildet werden. Man kann sich dies als eine Menge paarweiser Adaptionen vor-
stellen, bei denen eine Seite eine globale Konstante ist.
Es ist offensichtlich, daß bei der Definition 'virtueller' Funktionen sehr sorgfältig vorge-
gangen werden muß; sie sollte umfassend und vollständig sein; firmenpolitische Gegebenheiten dürfen dabei allenfalls eine untergeordnete Rolle spielen. Offensichtlich ist auch,
daß nach diesem Prinzip eine umfassende Lösung nur dann möglich ist, wenn eine solche
virtuelle Funktion allgemeine Verbindlichkeit erlangt, am besten auf der Basis eines internationalen Standards.
Wenn allgemein anerkannte internationale Standards existieren, kann man erwarten, daß

1. die Hersteller eine Unterstützung dieser Standards anbieten werden im Sinne einer
    Umsetzung ihrer firmenspezifischen Produkte auf diese Standards,

2. langfristig diese Standards die firmenspezifischen Lösungen ersetzen werden; dies si-
    cherlich zuerst bei kleineren Firmen, die nicht so sehr durch den Zwang zur Kompa-
    tibilität mit den eigenen älteren Produkten eingeengt sind und deren allgemeine Inter-
    essenlage dies eher nahelegt.

Was hier ansteht, ist nicht leicht zu verwirklichen; ein Analogon wäre, wenn sich alle Nationen auf eine gemeinsame erste Fremdsprache verständigen würden, über die dann beliebig kommuniziert werden könnte, und die darüberhinaus langfristig die Nationalsprachen
ablösen sollte.
Schwierig ist aber nicht nur die Durchsetzung von Standards, sondern auch deren Erarbeitung.

Einerseits ist es der Sinn eines jeden Standards, ordnungspolitisch wirksam zu werden und aus der Menge der denkbaren Lösungen — nach welchen Kriterien auch immer — eine auszuwählen und festzuschreiben. Andererseits sollen Standards technologische Entwicklungen nicht behindern. Beides ist in einem Bereich, der wie derzeit die Datenkommunikation einer raschen technologischen Entwicklung unterliegt, schwierig, aber gerade aus diesem Grunde auch wichtig. Es ist deshalb so, daß ein Standard in diesem Bereich zwar die erforderliche Stabilisierung der Randbedingungen bewirkt, aber nicht statisch ist, sondern einen stabilen Ausgangspunkt für eine Fortschreibung bildet.

Diese Ausführungen sollen zeigen, daß ein Durchbruch in Richtung auf eine unbeschränkte Kommunikationsfähigkeit nur durch die konsequente Verwendung international akzeptierter Standards erfolgen kann.

Die Aussichten dafür waren noch nie so gut wie gerade jetzt. Zum einen sind für eine Reihe wichtiger Aspekte (Funktionen) der Datenkommunikation Standards verabschiedet worden, zum anderen ist die Bereitschaft der Anwender, Standards einzusetzen, ja, die Einhaltung von Standards von den Herstellern einzufordern, in den letzten Jahren ständig gewachsen. Aus diesen Gründen kann man erwarten, daß in den kommenden Jahren eine große Anzahl von Produkten auf der Basis von Standards auf den Markt kommen wird. Bis zur allgemeinen Verbreitung dieser Standards werden dann nochmals Jahre vergehen, und es wird notwendig sein, daß einflußreiche Benutzergruppen (staatliche Instanzen, Behörden, Forschungseinrichtungen, aber auch große Unternehmen) in der konsequenten Anwendung von Standards vorangehen, selbst wenn das vorübergehend im praktischen Alltag auch Nachteile mit sich bringen kann. Die Standards sind damit ein weiteres Beispiel dafür, daß die Zeit, die zur Erarbeitung und Durchsetzung grundlegender Konzepte im Bereich Datenverarbeitung und -kommunikation erforderlich ist, in krassem Gegensatz zur allgemeinen Schnellebigkeit dieses Bereiches steht.

2.5.2 Standardisierungsgremien

Weltweit sind eine Reihe von Organisationen damit befaßt, unter verschiedenen Randbedingungen und mit unterschiedlichen Zielsetzungen Standards (im weitesten Sinne) zu erarbeiten. Es ist jedoch nicht so, daß in den Standardisierungsgremien aus dem Nichts am grünen Tisch Standards geschaffen werden. Die Standardisierungsgremien sind auf die Zuarbeit einschlägiger Firmen und Institutionen angewiesen, wenn sie zügig Standards verabschieden wollen, die praktikabel und auf der Höhe der Zeit sind. Aufgabe dieser Gremien ist es somit, auf der Basis von Vorlagen Kompromisse zu finden, die innerhalb der Gremien selbst konsensfähig und außerhalb der Gremien akzeptanzfähig sind.

Im folgenden werden die wichtigsten Standardisierungsgremien bzw. -organisationen kurz vorgestellt.

2.5.2.1 Internationale Organisationen

ISO *(International Standards Organization)*

Die ISO ist der weltweite Zusammenschluß nationaler Standardisierungsinstitutionen, deren Aufgabe die Schaffung internationaler Standards (im Sinne von Normen) ist und deren Festlegungen als einzige die Bezeichnung 'Internationaler Standard' tragen. Die ISO besitzt aber keine natürliche 'Hausmacht' zur Durchsetzung ihrer Standards, d.h. kein Hersteller ist verpflichtet, sich nach diesen Standards zu richten; Anwendung finden diese Standards nur, wenn sich die Hersteller davon geschäftlichen Erfolg versprechen, z.B. dann, wenn wichtige Anwendergruppen (Behörden, große Unternehmen oder Organisationen) die Einhaltung der Standards fordern.

Zuständig für die Entwicklung von Standards im Kommunikationsbereich ist das *Technical Committee 97 (TC 97: Information Processing Systems)*. Innerhalb des TC 97 sind vier *Subcommittees (SCs)* tätig, nämlich SC 6 *(Telecommunications)*, SC 16 *(Open Systems)*, SC 18 *(Text Preparation and Interchange)* und SC 19 *(Office Equipment and Supplies)*. Die eigentliche Sacharbeit wird in *Working Groups (WGs)* geleistet.

Ein Standardisierungsentwurf durchläuft drei definierte Stadien:

- *Draft Proposal (DP),*

- *Draft International Standard (DIS),*

- *International Standard (IS).*

Ein *Draft Proposal* wird in den *Working Groups* und *Subcommittees* auf der Basis von Arbeitspapieren *(Working Drafts)* erarbeitet und dem *Technical Committee* eingereicht. Nach den Beratungen im *Technical Committee* und den vorgeschriebenen Abstimmungsvorgängen wird daraus ein *Draft International Standard*. Aus einem *Draft International Standard* wird automatisch ein *International Standard*, wenn innerhalb einer vorgegebenen Frist weniger als 20% der ISO-Mitglieder Widerspruch einlegen; ein DIS ist deshalb i.a. bereits eine relativ stabile Grundlage.

Bis vor wenigen Jahren war es so, daß die ISO als wertfrei (d.h. ohne Termindruck) arbeitender Verband sehr lange bis zur Verabschiedung eines Standards brauchte. Dies führte dazu, daß in Bereichen mit einem akuten Bedarf an Regelungen in Ermangelung vorliegender ISO-Standards andere Lösungen übernommen oder erarbeitet werden mußten. Das daraus folgende Auseinanderlaufen der Aktivitäten wichtiger Standardisierungsgremien war dem Anliegen der Standardisierung sehr abträglich.

Inzwischen arbeiten die wichtigsten Standardisierungsgremien in abgestimmter Weise zusammen (vgl. auch Abb. 30 auf Seite 67), wodurch diese Probleme behoben sind, und die ISO ist bemüht, die Verabschiedung von Standards zügig voranzutreiben. Tatsächlich sind seit 1984 eine Reihe sehr wichtiger Standards im Bereich der Datenkommunikation verabschiedet worden, und es werden zunehmend Produkte verfügbar, die auf diesen Standards basieren. Damit wächst die Möglichkeit, die wichtigsten Kommunikationsfunktionen vollständig auf der Basis internationaler Standards abzuwickeln.

CCITT *(Comité Consultatif International Télégraphique et Téléphonique)*

Das CCITT ist das Abstimmungsgremium der Fernmeldeverwaltungen und anerkannten Fernmeldegesellschaften, das bereits 1865 gegründet wurde und heute Mitglieder aus 154 Staaten hat. Formal ist das CCITT eine Unterorganisation der ITU *(International Telecommunications Union)*, die ihrerseits eine Unterorganisation der Vereinten Nationen ist.

Die Sacharbeit wird in *Study Groups (SGs)* geleistet (z.B. SG 18 für ISDN). Das CCITT erarbeitet in vierjährigen Studienperioden Empfehlungen, die in nach der Umschlagfarbe benannten Büchern veröffentlicht werden (z.B. Blaubuch, das die Empfehlungen der Ende 1988 abgeschlossenen Studienperiode enthält). Die Empfehlungen werden, nach Sachgebieten geordnet, in Serien herausgegeben. Für die Datenkommunikation sind die folgenden Serien von Bedeutung:

G-Serie: Fernsprechübertragung über drahtgebundene Verbindungen, Satelliten- und Funkverbindungen (auch allgemeine Übertragungs- und Netzfragen)

I-Serie: ISDN (aus Benutzersicht)

Q-Serie: Fernsprech-Zeichengabe, Fernsprechvermittlung (auch allgemeine Zeichengabe und digitale Vermittlungseinrichtungen)

T-Serie: Telematik-Endgeräte (Telefax, Teletex, Bildschirmtext)

V-Serie: Datenübertragung über das Fernsprech- und Telex-Netz

X-Serie: Datenübertragung über öffentliche Datennetze.

Da die CCITT-Empfehlungen weltweit bei den Fernmeldeverwaltungen zum Einsatz kommen, erlangen sie automatisch große Verbreitung und Bedeutung. Die faktische Bedeutung ist so groß, daß die ISO CCITT-Empfehlungen berücksichtigen muß, falls diese für vergleichbare Funktionen vorher festgeschrieben wurden, was in der Vergangenheit des öfteren vorgekommen ist, da das CCITT bei vorhandenem Regelungsbedarf bei den Postgesellschaften unter Zeitdruck arbeiten muß.

IEC *(International Electrotechnical Commission)*

Die IEC erarbeitet Standards im Bereich Elektrotechnik und Elektronik; diese betreffen zunehmend auch die Datenkommunikation. Bekannt geworden ist die IEC vor allem durch ihre Standards im Bereich der Prozeßdatenkommunikation (IEC-Bus).

2.5.2.2 Europäische Organisationen

ETSI *(European Telecommunications Standards Institute)*

Wurde 1988 durch CEPT als unabhängige Organisation geschaffen. Mitglieder sind Netzanbieter (auch private), Hersteller und Benutzer; auch Vertreter der EG und der EFTA nehmen beratend teil.
Die Normungsarbeit wird in 12 technischen Ausschüssen mit 52 Unterausschüssen geleistet. Eine Besonderheit besteht darin, daß für besonders schwierige Themen oder bei großem Zeitdruck hauptamtlich arbeitende Projektgruppen eingerichtet werden können.
Den Standards (ETS = *European Telecommunications Standards*) kommt über die EG hinaus eine große Bedeutung für die Vereinheitlichung der europäischen Telekommunikationslandschaft zu.

CEPT *(Conférence Européenne des Administrations des Postes et des Télécommunications)*

Die CEPT hat die Harmonisierung der Verwaltungs- und Betriebsdienste der europäischen Postgesellschaften zum Ziel und kann als CCITT-äquivalentes Forum auf europäischer Ebene angesehen werden. Die Aufgabe der Festlegung von Standards wurde an ETSI abgegeben.

CEN *(Comité Européen de Normalisation)*

Ist das Forum, in dem die nationalen Normierungsgremien auf europäischer Ebene zusammenarbeiten (europäisches Äquivalent zur ISO).

CENELEC *(Comité Européen de Normalisation Electrotechnique)*

Ist das europäische Analogon zur IEC.

Die europäischen Standardisierungs- bzw. Normierungsgremien CEPT/CEN/CENELEC sind als solche nicht Mitglieder der entsprechenden internationalen Organisationen CCITT/ISO/IEC, sondern dort durch ihre nationalen Mitglieder vertreten.

ECMA *(European Computer Manufacturers Association)*

Die ECMA ist ein Zusammenschluß europäischer Computerhersteller; sie befaßt sich mit der Standardisierung in den Bereichen Datenverarbeitung und Datenkommunikation.
Die ECMA-Standards haben eine recht große praktische Bedeutung, da die Produktionskapazitäten bedeutender Hersteller dahinterstehen. In der Praxis bilden die ECMA-Standards häufig die Ausgangsbasis für Standards der offiziellen Standardisierungsinstitutionen; sie haben deshalb oftmals den Charakter von Vorläuferstandards. Wenn den gleichen Gegenstand betreffende offizielle Standards vorliegen, werden die ECMA-Standards (falls sie abweichen) i.a. zurückgezogen.

2.5.2.3 Deutsche Organisationen

DIN (Deutsches Institut für Normung e.V.)

Ist das deutsche nationale Normungsgremium und in dieser Eigenschaft Mitglied der ISO und des CEN.

DKE (Deutsche Kommission für Elektrotechnik)

Die Elektrotechnische Kommission im DIN und VDE (Verband Deutscher Elektroingenieure) ist als solche deutsches Mitglied der entsprechenden europäischen und internationalen Gremien CENELEC und IEC.

2.5.2.4 Amerikanische Organisationen

Im folgenden werden noch einige amerikanische Standardisierungsgremien genannt, weil deren Standards wegen der führenden Position der USA in der Datenverarbeitung und auch in der Datenkommunikation oftmals weltweite Bedeutung erlangt haben und diese Organisationen als nationale Vertreter der Vereinigten Staaten in den internationalen Gremien sehr großen Einfluß haben.

ANSI *(American National Standards Institute)*

ANSI ist die nationale Normierungsbehörde in den USA (vergleichbar DIN in Deutschland) und als solche Mitglied der ISO.

NBS *(National Bureau of Standards)*

Das NBS hat in den USA große Bedeutung, weil seine Vorgaben für die öffentliche Verwaltung bindend sind.

NIST *(National Institute of Standards and Technology)*

Das NIST ist 1988 aus dem NBS hervorgegangen; es ist eine Organisation des amerikanischen Wirtschaftsministeriums *(Department of Commerce)*.

IEEE *(Institute of Electrical and Electronics Engineers)*

Dieses Gremium ist in jüngster Vergangenheit vor allem durch seine Standards für lokale Netze (IEEE 802.x) international bekannt geworden.

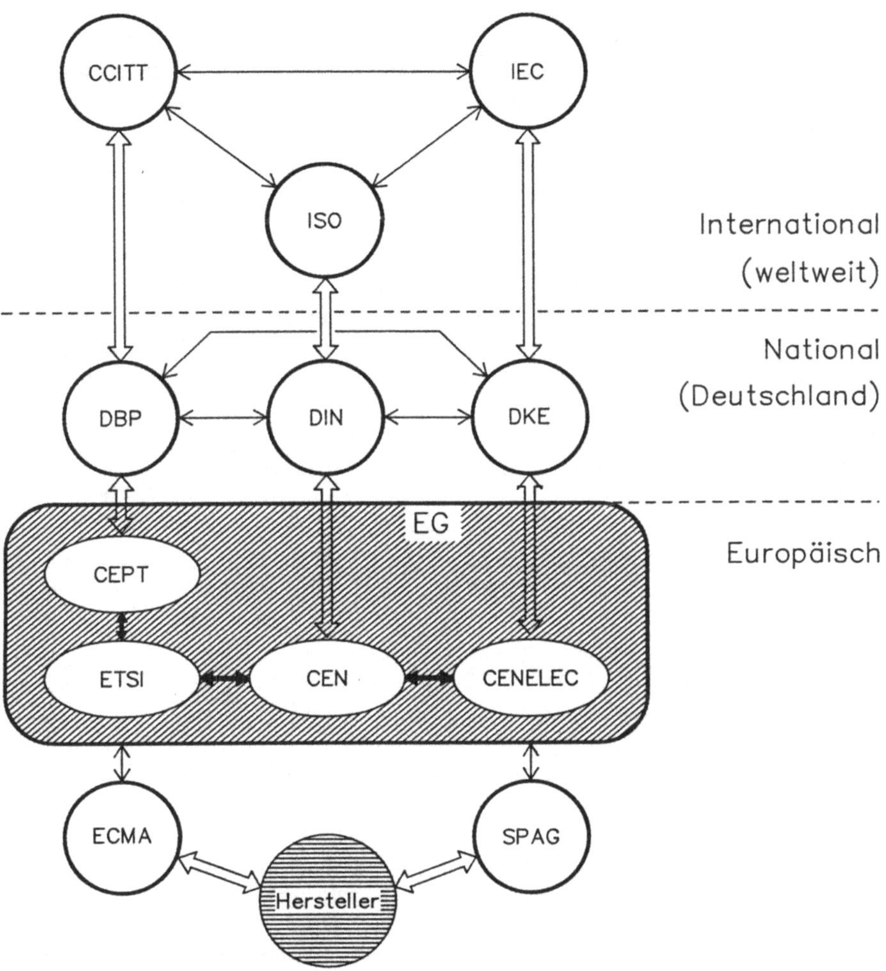

Abb. 30. Internationale Zusammenarbeit der Standardisierungsgremien

2.5.3 Funktionale Standards

Frühe Implementationen des 1976 erstmals veröffentlichten Standards X.25 für paketvermittelte Netze haben deutlich gemacht, daß die Verwendung von Standards noch keineswegs eine problemlose Kommunikation garantiert. In [60] wurden vier Produkte, die alle für sich in Anspruch nahmen, X.25-kompatibel zu sein, untersucht, und es stellte sich heraus, daß eine problemlose Kommunikation zwischen diesen Produkten nicht gewährleistet war. Die Ursache der Schwierigkeiten lag vor allem darin, daß die Hersteller unterschiedliche Teilmengen des unter damaligen Randbedingungen sehr aufwendigen Standards realisiert hatten.

Viele Standards enthalten definierte Alternativen und Optionen. Darüberhinaus sind die von den Standardisierungsgremien verabschiedeten Papiere nicht so vollständig und eindeutig, daß bei einer unkoordinierten Interpretation und Realisierung kompatible Produkte erwartet werden können.

Der erste Schritt nach der Verabschiedung der Standards besteht deshalb darin, für einen Gesamtvorgang (Kommunikationsdienst) einen Satz von Standards, die ja i.a. nur Einzelaspekte abdecken, zusammenzustellen und dabei auch die in den Standards offengelassenen Optionen und Parameter sachgerecht festzulegen. Man bezeichnet einen solchen Satz von Standards mit festgeschriebenen Optionen als funktionalen Standard, Funktionsnorm oder auch Profil. Es handelt sich dabei also nicht um die Schaffung neuer Standards, sondern um eine zur Erzielung kompatibler Produkte notwendige Beseitigung noch vorhandener Freiheitsgrade in den vorhandenen Standards bzw. bei der Zusammenstellung vorhandener Standards. Eine Reihe von Organisationen ist derzeit bemüht, ausgehend von den verabschiedeten Standards solche Profile zu erarbeiten. Auch die ISO selbst ist daran beteiligt und bemüht, die regionalen Aktivitäten (Nordamerika, pazifischer Raum, Europa) zusammenzuführen. Die von ISO verabschiedeten Profile tragen die Bezeichnung ISP (*International Standardized Profile*).

Besonders aktiv sind dabei europäische Instanzen im Hinblick auf den bis 1993 zu schaffenden europäischen Binnenmarkt. So besteht die Hauptaufgabe der europäischen Standardisierungsgremien CEPT/CEN/CENELEC nicht etwa darin, parallel zu den entsprechenden internationalen Gremien Standards zu schaffen, sondern darin, ausgehend von den internationalen Standards europaweit einheitliche (und verbindliche) Funktionsnormen festzulegen.

Dem Ziel der Erprobung und Verbreitung solcher Normen dienen auch Projekte auf europäischer Ebene, wie beispielsweise **COSINE** *(Cooperation for Open Systems Interconnection in Europe)*, ein von der Bundesrepublik vorgeschlagenes EUREKA-Projekt, dessen Ziel es ist, auf europäischer Ebene für Lehr- und Forschungseinrichtungen möglichst schnell Kommunikationsdienste bereitzustellen auf der Basis der ISO-Standards und der durch CEN/CENELEC festgelegten funktionalen Standards.

Im Prinzip die gleiche Zielsetzung hat auch **RARE** *(Réseaux Associés pour la Recherche Européenne)*, eine europäische Organisation, deren Mitglieder durchweg Repräsentanten nationaler Netzorganisationen im Forschungsbereich sind (für Deutschland z.B. das Deutsche Forschungsnetz (DFN)).

Bereits sehr frühzeitig haben sich mit der Zielsetzung, kompatible Produkte auf der Basis der internationalen Standards sicherzustellen, auch zwölf europäische Herstellerfirmen zur **SPAG** *(Standards Promotion and Application Group)* zusammengefunden. Die dazu analoge amerikanische Organisation trägt die Bezeichnung **COS** *(Corporation for OSI-Standards)*. Beide Vereinigungen haben inzwischen eine enge Zusammenarbeit beschlossen.

Funktionale Standards zu erarbeiten und durchzusetzen, ist im Grunde auch das Ziel zweier anderer Aktivitäten, nämlich **MAP** *(Manufacturing Automation Protocol)* und **TOP** *(Technical and Office Protocols)*, die auf die Initiative großer Anwender zurückgehen, nämlich General Motors (MAP) und Boeing (TOP).

Eng verbunden mit der Problematik der funktionalen Standards ist der Nachweis, daß ein konkretes Produkt tatsächlich — wie angestrebt — in allen Einzelheiten einem bestimmten Standard entspricht (Verifikation, *conformance testing*).

Für die Anwender besteht der durch den Einsatz von Standards erreichbare und auch erwartete Nutzen in einer offenen Kommunikation, d.h. darin, Produkte unterschiedlicher Hersteller einsetzen und dennoch frei kommunizieren zu können. Um diesen Nutzen sicherzustellen, ist es notwendig, daß die Übereinstimmung eines Produktes mit einem Standard von einer neutralen Instanz überprüft und zertifiziert wird. Selbst wenn eine solche

Instanz letztlich nur die Übereinstimmung im Rahmen bestimmter Tests garantieren kann, hat der Benutzer den Vorteil, daß bei evtl. dennoch auftretenden Problemen keine der beteiligten Firmen dem Konkurrenzprodukt einfach Nichtkonformität vorwerfen und sich damit aus der Verantwortung stehlen kann, sondern alle beteiligten Firmen sowie die prüfende Instanz ein vitales Interesse daran haben, solche Unstimmigkeiten aufzuklären und zu beseitigen.

Viele, insbesondere kleinere Anwender, handeln bisher — aus gutem Grund — nach dem Prinzip 'alles aus einer Hand', um im Problemfall klare Verantwortlichkeiten zu haben. Hier muß das Vertrauen geschaffen werden, daß der Einsatz von Standards die erwarteten Vorteile mit sich bringt und keine unkalkulierbaren Risiken birgt.

2.5.4   Das ISO-Referenzmodell für Offene Systeme

Der Hintergrund für diese Modellbildung ist eine bei der Softwareentwicklung weit verbreitete Vorgehensweise: **Man zerlegt einen komplexen Gesamtvorgang in mehrere logisch schlüssige und möglichst unabhängig behandelbare Teile, die miteinander über wohldefinierte Schnittstellen verbunden sind.** Für den Kommunikationsvorgang ist dies durch das **OSI - Basic Reference Model** geschehen (OSI steht für *Open Systems Interconnection*). Darin wird der Kommunikationsvorgang in sieben **Schichten** oder **Ebenen** *(layers)* unterteilt. Die in diesem Modell gewählte Aufteilung und die Zuordnung funktionaler Einheiten zu diesen Schichten ist nicht zwingend, wie ähnliche, aber keineswegs deckungsgleiche Strukturierungen in Firmenarchitekturen wie SNA (IBM) und DNA (DEC) beweisen; sie hat sich aber als sinnvoll und stabil erwiesen und ist seit 1984 als ISO-Standard (IS 7498) festgeschrieben. Diese Fixierung ist die Voraussetzung für die Erarbeitung von Standards für die einzelnen Schichten.

2.5.4.1   Struktur und Funktionsprinzip

Logisch besteht ein Kommunikationsvorgang aus den drei Phasen

- Verbindungsaufbau,
- Datentransfer,
- Verbindungsabbau.

Entsprechende Dienste werden vom Kommunikationssystem den Anwendungsprozessen durch Dienstprimitive *(service primitives)* zur Verfügung gestellt. Verbindungsaufbau und Verbindungsabbau sind bestätigte Dienste, d.h. die entsprechenden Dienstprimitiven (z.B. *Connect Request)* müssen vom Kommunikationspartner (ebenfalls ein Anwendungsprozeß) in geeigneter Weise beantwortet werden, d.h. explizit positiv oder negativ bestätigt werden. Während der Datentransferphase werden Bestätigungen *(acknowledgments)* für übertragene Informationsblöcke nur innerhalb des Kommunikationssystems ausgetauscht und nicht an die Anwendungsprozesse weitergereicht.

Diese Grundelemente jedes Kommunikationsvorgangs müssen in geeigneter Weise auf das Modell abgebildet werden.

Das Modell umfaßt sieben Schichten (daher auch die Bezeichnung OSI-Schichtenmodell). In jeder Schicht existieren Instanzen (Arbeitseinheiten, *entities)*, durch die die schichtspezifischen Leistungen erbracht werden.

Die Anordnung ist streng hierarchisch, d.h., eine Instanz der Schicht N ((N)-Instanz) kann

- nur das Dienstangebot einer Instanz der direkt darunterliegenden Schicht $N-1$ ($(N-1)$-Instanz) in Anspruch nehmen und

- ihre eigenen Dienste nur einer Instanz der direkt darüberliegenden Schicht $N+1$ ($(N+1)$-Instanz) anbieten.

Die Dienste einer Schicht (genauer: einer Instanz) werden der darüberliegenden Schicht über **Dienstzugangspunkte** *(Service Access Points*, SAPs) zur Verfügung gestellt.
Eine Instanz kommuniziert **logisch** mit einer Partnerinstanz *(peer entity)*, d.h. einer Instanz gleicher Ebene in einem entfernten System. Dies geschieht durch den Austausch von Protokolldatenelementen *(Protocol Data Units*, PDUs). **Realisiert** wird der Austausch von PDUs durch die Inanspruchnahme der Dienste der darunterliegenden Schichten. Die Kommunikation zwischen Partnerinstanzen wird durch Protokolle geregelt (vgl. Abb. 31). Unter einem Protokoll versteht man einen Satz von Regelungen für den Austausch von Information, d.h. konkret die Beschreibung der PDUs und ihre Wirkungen im entfernten System.
Der Transport von PDUs erfolgt in der Weise, daß eine Instanz eine von der übergeordneten Instanz übernommene PDU um eigene, für die Partnerinstanz bestimmte Kontrollin-

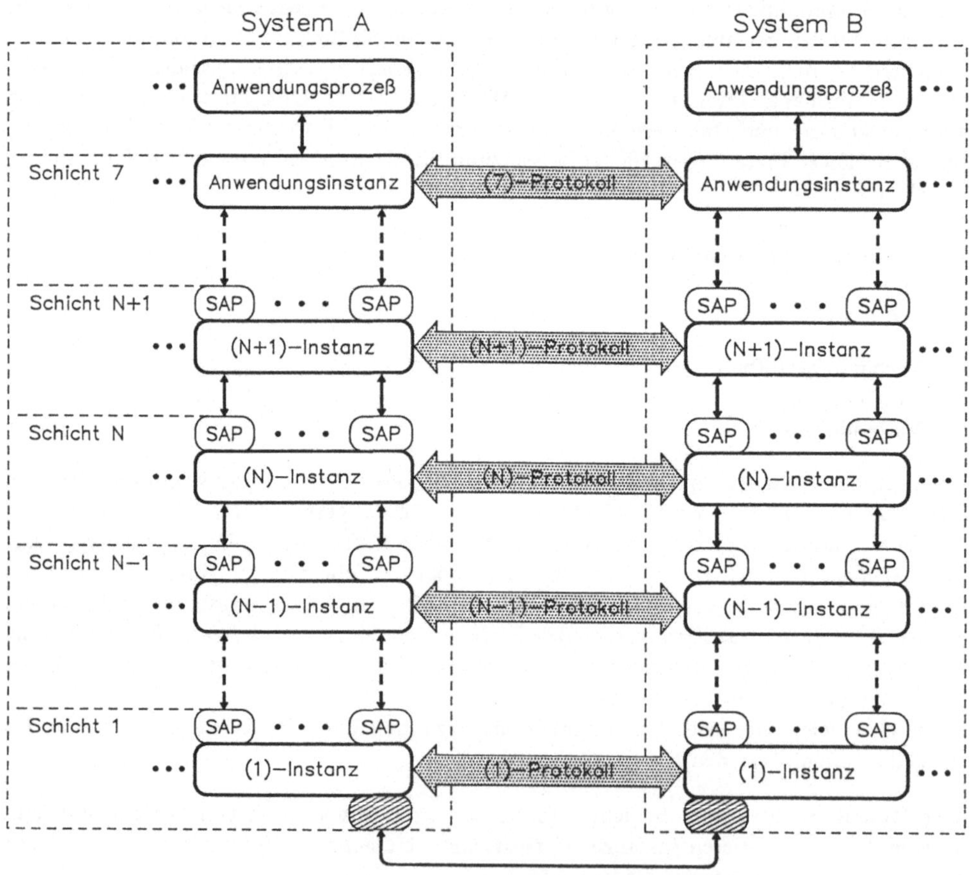

Abb. 31. Struktur und Funktionsprinzip des ISO-Referenzmodells

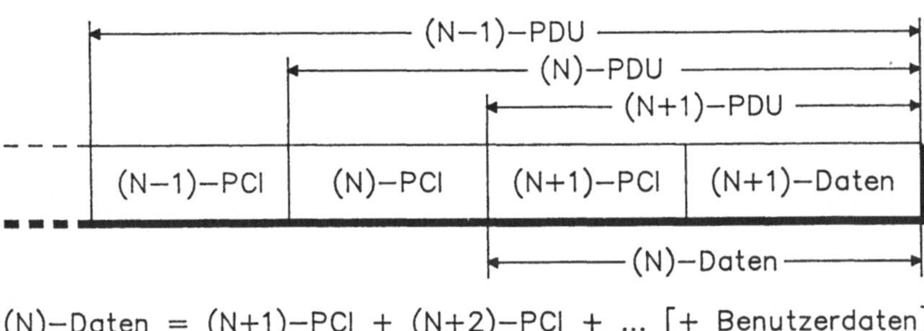

Abb. 32. Struktur der Protokolldateneinheiten

formation *(Protocol Control Information*, PCI) ergänzt und zur weiteren Bearbeitung an die
nachfolgende Instanz übergibt (vgl. Abb. 32). Im entfernten System entfernt jede Instanz
die für sie bestimmte Kontrollinformation (und wertet sie aus) und übergibt den Rest der
PDU an die nächst höhere Instanz.
Die **vertikale Kommunikation**, d.h. die Kommunikation zwischen in der Hierarchie benachbarten Instanzen im gleichen System, konkret, wie SAPs realisiert und angesprochen
werden, unterliegt nicht der Standardisierung.
Die **horizontale Kommunikation**, d.h. die Kommunikation zwischen Partnerinstanzen,
konkret, die Kommunikationsprotokolle einer Ebene, sind Gegenstand der Standardisierung, ebenso wie die Beschreibung der Funktionen einer Ebene, d.h. der Leistungen, die der
darüberliegenden Ebene angeboten werden.

2.5.4.2 Funktionen der Schichten

In Abb. 33 sind die sieben Schichten des Referenzmodells und ihre Bezeichnungen aufgeführt; beispielhaft sind dort auch einige wichtige Standards für Dienstebeschreibungen und
Protokolle angegeben.

Schicht 1 (Bitübertragungsschicht, *Physical Layer*)

Die Schicht 1 beschreibt die Übertragungshardware; dazu gehören die elektrischen Verbindungen, die elektrische Darstellung der Bits (Leitungscodes), aber auch die Spezifikation
von Kabeln und Steckern. Das Übertragungsmedium selbst gehört nicht dazu.

Schicht 2 (Sicherungsschicht, *Data Link Layer*)

Durch die Schicht 2 wird der Verkehr zwischen zwei direkt benachbarten Stationen (über
eine Teilstrecke) geregelt; Fehlerbehandlung und Flußkontrolle für die Teilstrecke gehören
dazu. Die Information wird in Blöcke geeigneter Länge unterteilt, die als Rahmen *(frames)*
bezeichnet werden und mit einem Fehlercode versehen werden, der eine Fehlererkennung
und -behebung (i.a. durch Wiederholung) ermöglicht.
Auf dieser Ebene wird auch Flußkontrolle betrieben; i.a. muß nicht jeder einzelne Rahmen
bestätigt werden, sondern es kann eine vorgegebene Maximalzahl von Rahmen gesendet
werden (z.B. 8), bevor eine Bestätigung abgewartet werden muß. Über das Aussenden von

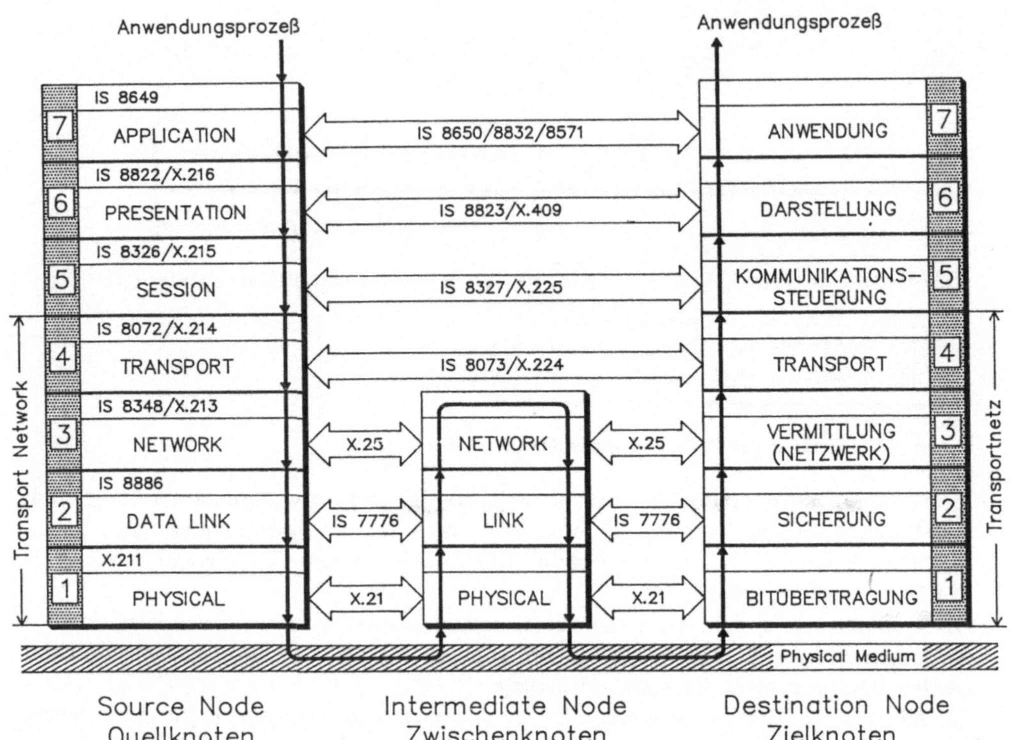

Abb. 33.   Schichten des ISO-Referenzmodells

Bestätigungen kann eine empfangende Station den Datenzufluß steuern. Ein solcher Mechanismus wird als Fenstertechnik bezeichnet.

Bei lokalen Netzen ist die Schicht 2 nochmals unterteilt in die Teilschicht 2a *(Media Access Control*, MAC), die den Zugriff zum Übertragungsmedium regelt, und die darüberliegende Teilschicht 2b *(Logical Link Control*, LLC), die die vom Medienzugriff unabhängigen Funktionen der Schicht 2 wahrnimmt.

Schicht 3 (Vermittlungsschicht, *Network Layer*)

Diese Schicht, die früher als Netzwerkschicht bezeichnet wurde, ist zuständig für die **Wegwahl** *(routing)*, für das **Multiplexen** mehrerer Verbindungen über einzelne Teilstrecken und für **Aspekte** der Fehlerbehandlung und Flußkontrolle zwischen den Endsystemen einer Verbindung (nicht zwischen den Anwenderprozessen).

Die Flußkontrolle auf dieser Ebene schützt den Endpunkt einer virtuellen Verbindung vor Überlastung; sie macht die entsprechende Funktion auf der Ebene 2 nicht überflüssig, da über eine Teilstrecke mehrere virtuelle Verbindungen mit verschiedenen Ausgangs- und Endpunkten geführt werden können.

Die Fehlerbehandlung auf der Vermittlungsschicht bezieht sich nicht auf Übertragungsfehler (dafür werden die Maßnahmen auf der Ebene 2 als ausreichend angesehen), sondern auf Fehlerbedingungen, die im Zusammenhang mit dem *Routing* auftreten können. Hierzu gehört das Erkennen und Beseitigen von im Netz entstandenen Duplikaten, das Erkennen und Beseitigen permanent kreisender Blöcke (Pakete) und das Wiederherstellen der Sequenz, wenn Pakete in einer von der Sendefolge abweichenden Reihenfolge bei der Zielstation eintreffen.

Ursprünglich behandelt das OSI-Schichtenmodell verbindungsorientierte, vermaschte Weitverkehrsnetze. Der Wunsch, auch lokale Netze durch das Modell abdecken zu können, hat zu Ergänzungen des Modells geführt. Eine dieser Ergänzungen ist die bereits erwähnte Unterteilung der Schicht 2; eine andere ist die Bereitstellung eines (wahlweisen) Datagramm-Dienstes. Bei lokalen Netzen mit Datagramm-Dienst ist die Schicht 3 praktisch funktionslos.

Weitere Ergänzungen der Schicht 3 betreffen den Netzverbund *(internetworking, internet protocols)*.

Relativ einfach ist die Verbindung von Teilnetzen, in denen die gleichen Protokolle verwendet werden. Lediglich die Adressenvergabe muß unter übergeordneten Gesichtspunkten stattfinden, damit Eindeutigkeit gewährleistet ist.

Wenn in den Teilnetzen verschiedene Protokolle zum Einsatz kommen, muß eine Verbindung durch spezielle Instanzen (Gateways) erfolgen. Die Ebene, auf der die Protokollumsetzung stattfindet, charakterisiert den Gateway; bei einem Level-3-Gateway beispielsweise findet die Umsetzung auf der Ebene 3 statt. Die Schichten unterhalb der Anpassungsschicht können in den Teilnetzen unterschiedlich sein, die darüberliegenden müssen gleich sein. Der Gateway enthält für jedes der Teilnetze Instanzen bis zur Umsetzungsebene. Netze, die in allen Schichten unterschiedlich sind, können nur über Level-7-Gateways verbunden werden. Für jeden Gateway gilt, daß nur solche Funktionen umgesetzt werden können, die in beiden Teilnetzen äquivalent vorhanden sind.

Die Netzverbundarchitektur der ISO geht von einer Dreiteilung der Schicht 3 aus:

Schicht 3a *(Subnetwork Acces):*
 Wickelt die teilnetzspezifischen Protokolle *(Routing* usw.) ab.
Schicht 3b *(Subnet Enhancement):*
 Ergänzt die Funktionen der Teilnetze so, daß die Anforderungen der Schicht 3c erfüllt werden.
Schicht 3c *(Internet):*
 Wickelt die teilnetzunabhängigen Protokolle (*Routing* zu den Gateways, globale Adressierung usw.) ab.

Die Schichten 1, 2, 3a, 3b müssen im Gateway für jedes Teilnetz vorhanden sein.

Schicht 4 (Transportschicht, *Transport Layer*)

Die Transportschicht unterstützt die Verbindungen zwischen Prozessen in den Endsystemen; sie beschäftigt sich mit den Ende-zu-Ende-Aspekten einer Verbindung zwischen Prozessen (im Gegensatz zur Vermittlungsschicht, die Ende-zu-Ende-Aspekte der physikalischen Verbindung zwischen den Endknoten der Verbindung behandelt). Die Transportschicht verbirgt die Charakteristika des Netzes (lokales Netz, Weitverkehrsnetz, gar kein Netz) vor den darüberliegenden Schichten.

Aufgabe der Transportschicht ist es, Transportverbindungen mit bestimmten, beim Aufbau der Verbindung zwischen den Partnern aushandelbaren Dienstmerkmalen aufzubauen. Das kann beispielsweise die Forderung nach einem bestimmten Durchsatz sein, die es notwendig machen kann, daß für eine Transportverbindung mehrere Netzverbindungen aufgebaut werden müssen, über die die Daten in mehreren Teilströmen geleitet und am anderen Ende der Verbindung wieder zusammengefügt werden müssen *(splitting/combining)*.

Auch das Aufteilen *(segmenting)* oder Zusammenfassen *(blocking)* der Information in sinnvoll behandelbare Einheiten und die entsprechenden Umkehroperationen auf der Gegenseite *(reassembly/deblocking)* ist Aufgabe der Transportschicht. Ebenso zählt dazu die Flußkontrolle zwischen den kommunizierenden Prozessen.
Der Aufwand, der auf der Transportebene getrieben werden muß, hängt von den geforderten Leistungen ab, die über die Leistungen der Vermittlungsschicht hinausgehen.
Die Dienste der Transportschicht werden in fünf Klassen angeboten, die sich in ihren Leistungsmerkmalen unterscheiden:

Class 0:   Die Klasse 0 ist die einfachste Klasse; sie entspricht der Transportschicht des Teletex-Dienstes (CCITT-Empfehlung T.70). Es findet gegenüber der Vermittlungsschicht keine Fehlerkontrolle statt, und einer Transportverbindung entspricht genau eine Netzverbindung (kein Splitten/Multiplexen).

Class 1:   Einfache Fehlerbehandlungsklasse.
Es kommen gegenüber der Klasse 0 keine zusätzlichen Verfahren zur Fehlerkontrolle zum Einsatz. Es wird jedoch versucht, von der Vermittlungsschicht gemeldete Fehler zu beheben und nicht an die darüberliegenden Schichten weiterzumelden. Ein derartiger Fehler ist beispielsweise die Unterbrechung einer Netzverbindung, die von der Vermittlungsschicht gemeldet wird. In diesem Fall muß nicht automatisch auch die Transportverbindung unterbrochen werden, sondern die Transportschicht kann versuchen, eine neue Netzverbindung aufzubauen, ohne daß dies oberhalb der Transportschicht bemerkt wird.

Class 2:   Multiplexklasse.
In dieser Klasse können mehrere Transportverbindungen über eine Netzverbindung geführt werden. Das erspart den Aufbau paralleler Netzverbindungen, wenn zwischen einem Paar von Stationen mehrere Transportverbindungen aufgebaut werden müssen. In diesem Fall darf die Beendigung einer Transportverbindung nicht automatisch die Beendigung der zugeordneten Netzverbindung nach sich ziehen; erst die letzte Transportverbindung löst bei ihrem Abbau die Netzverbindung.

Class 3:   Die Klasse 3 beinhaltet die Funktionen der Klasse 1 und 2, d.h. einfache Fehlerbehandlung und Multiplexen.

Class 4:   Die Klasse 4 enthält neben den Funktionen der Klasse 3 zusätzlich Mechanismen zur Fehlererkennung und -behandlung. Die Transportschicht garantiert die Vollständigkeit, Eindeutigkeit und Sequenz der an die höheren Schichten weitergegebenen Information. Dazu sind Mechanismen zur Erkennung fehlender, duplizierter und außerhalb der Sequenz eintreffender Informationsblöcke sowie zur Beseitigung der entsprechenden Fehlerzustände erforderlich.
Diese Transportklasse ist wichtig, wenn auf einer datagramm-orientierten Netzverbindung (häufig bei LANs) ein verbindungsorientierter Dienst bereitgestellt werden soll. In diesem Fall müssen die entsprechenden Dienstmerkmale durch die Transportebene bereitgestellt werden.
Es kann auch der umgekehrte Fall eintreten, daß nämlich ein Datagramm-Dienst über ein verbindungsorientiertes Netz bereitgestellt werden soll. In diesem Fall muß durch die Transportschicht für die Übertragung eines Datagramms eine Netzverbindung aufgebaut und wieder abgebaut werden.

Schicht 5 (Kommunikationssteuerungsschicht, *Session Layer*)

Die Kommunikationssteuerungsschicht dient vor allem der **Synchronisation der Kommunikation zwischen den involvierten Prozessen**. Wie bereits mehrfach erwähnt, kann jede Kommunikation logisch in die Phasen

* Verbindungsaufbau,
* Datentransfer und
* Verbindungsabbau

gegliedert werden.

Der Aufbau einer Kommunikationsverbindung wird durch Aussenden einer Verbindungsanforderung *(S-Connect-Request)* eingeleitet. Auf einen solchen Verbindungswunsch antwortet der gerufene Partner *(S-Connect-Response)*, was — falls die gerufene Station in die Verbindung einwilligt — bei der rufenden Station zu einer Bestätigung *(S-Connect-Confirm)* führt. Bei diesem Wechselspiel tauschen die Partnerinstanzen Parameter aus, die die Funktionalität der aufzubauenden Verbindung (S-Verbindung) beschreiben (z.B. *Flow Control*-Parameter, Größe der Puffer, die auf *Session*-Ebene bereitzustellen sind, ob die Verbindung vollduplex oder halbduplex sein soll usw.). Damit eine S-Verbindung zustandekommen kann, muß der gerufene Partner die mit dem Wunsch nach einem Verbindungsaufbau übergebenen Parametervorschläge des rufenden Partners bestätigen.

Das Aushandeln der *Session*-Parameter erlaubt, daß auch Partnerinstanzen unterschiedlicher Funktionalität zusammenarbeiten können.

Der Aufbau einer S-Verbindung (wie auch deren Abbau) ist ein bestätigter Dienst, d.h. nach Ablauf des oben beschriebenen Wechselspiels befinden die beiden Partner sich in einem gegenseitig genau definierten Zustand. Dies gilt nicht notwendig während der Datentransferphase. Hierbei ist zu berücksichtigen, daß durch die Aktion einer Instanz eine Kette von Folgeaktionen ausgelöst wird, zunächst in den darunterliegenden Instanzen des eigenen Systems, dann auf den Übertragungswegen und schließlich in den Instanzen des Zielsystems bis hinauf zur Partnerinstanz. Es ist während der Datentransferphase nicht notwendig und wegen der daraus resultierenden Verzögerungen auch nicht sinnvoll, mit der nächsten Aktion (etwa dem Senden eines weiteren Datenblocks) zu warten, bis dieser ganze Weg (und der Rückweg) durchlaufen ist. Die Folge davon ist, daß weder der sendende Prozeß noch der empfangende Prozeß genau wissen, in welchem Zustand sich die Verbindung aktuell befindet und der diesbezügliche Wissensstand auch nicht gleich sein muß. Dies ist — wie bereits festgestellt — unproblematisch, jedoch nur, solange die Verbindung ordnungsgemäß funktioniert und zu einem normalen Ende kommt, was auch eine Resynchronisation der kommunizierenden Prozesse zur Folge hat. Wenn es jedoch zu einer Störung der Verbindung kommt, ist das ein Nachteil, da eine gesicherte Wiederaufnahme der Kommunikationsbeziehung nur auf der Basis des letzten gemeinsamen Wissensstandes möglich ist. Es ist deshalb sinnvoll, daß sich kommunizierende Prozesse auch während der Datentransferphase von Zeit zu Zeit synchronisieren, d.h. durch einen bestätigten Dienst einen gemeinsamen Wissensstand bzgl. des aktuellen Zustands der Kommunikationsverbindung herstellen. Durch solche *Synchronization Points* wird die Datentransferphase in Abschnitte unterteilt, und bei einer Unterbrechung kann an einer solchen Stelle die Kommunikation in einem definierten Zustand wieder aufgenommen werden.

Beide Kommunikationspartner können eine Verbindung beenden. Dazu gibt es zwei unterschiedlich rigorose Möglichkeiten:

- Normales Ende, d.h. Beendigung nach ordnungsgemäßer Ausführung aller zuvor initiierten Aktionen (Ende nach Synchronisation) oder

- sofortiger Abbruch der Verbindung ohne Rücksicht auf bereits initiierte Aktionen (Ende ohne Synchronisation).

Es wurde bereits darauf hingewiesen, daß die Funktionalität einer S-Verbindung zwischen den Partnerinstanzen der Kommunikationssteuerungsschicht aushandelbar ist. Dies kann natürlich nicht unabhängig von den Erfordernissen der Anwendungen geschehen, d.h. die Mindestanforderungen an die Funktionalität einer Kommunikationsverbindung sind durch die Anwendung vorgegeben. Für die Vereinfachung der Beurteilung der Eignung einer Verbindung für eine bestimmte Anwendung ist es nützlich, Klassen von Kommunikationsverbindungen zu bilden, d.h. bestimmte Kombinationen von Funktionen und Parameterwerten mit definierten Eigenschaften zusammenzustellen. ISO kennt drei Klassen von Kommunikationsverbindungen: den *Basic Combined Subset* (BCS), den *Basic Activity Subset* (BAS), der für *Message Handling* und Teletex geeignet ist, und den *Basic Synchronized Subset* (BSS), der für Dateitransfer geeignet ist.

Schicht 6 (Darstellungsschicht, *Presentation Layer*)

Aufgabe der Darstellungsschicht ist es, Unterschiede in der Informationsdarstellung in den kommunizierenden Systemen zu überbrücken, d.h. durch die Funktionen dieser Schicht wird sichergestellt, daß die ausgetauschten Informationen wechselseitig richtig interpretiert werden. Ein sehr einfaches Beispiel ist die gegebenenfalls erforderliche Abbildung unterschiedlicher Zeichencodes (wie ASCII oder EBCDIC) aufeinander.
Während des Standardisierungsprozesses war es lange Zeit unklar, welche Funktionen die Darstellungsschicht haben sollte und ob sie überhaupt erforderlich sei, weil die diskutierten Funktionen − da ohnedies anwendungsabhängig − auch in der Anwendungsschicht wahrgenommen werden könnten. Inzwischen ist diese Diskussion beendet und ein ISO-Standard für die Darstellungsschicht verabschiedet worden.
Das Konzept der ISO sieht vor, für eine **Anwendung Datentypen, -werte und -strukturen** abstrakt zu beschreiben (abstrakte Syntax). Für die Beschreibung wird eine standardisierte Beschreibungssprache verwendet, die die Bezeichnung ASN.1 *(Abstract Syntax Notation 1)* trägt. Vor einer Datenübertragung erfolgt eine Umsetzung der lokalen Syntax auf eine vorher vereinbarte Transfersyntax (konkrete Syntax), und im Zielsystem eine Umsetzung der Transfersyntax auf dessen lokale Syntax.

Schicht 7 (Anwendungsschicht, *Application Layer*)

Anwendungen im Sinne der Schicht 7 sind nicht benutzerspezifische Anwendungen, die sich der Standardisierung generell oder doch im Rahmen des Kommunikationsvorgangs entziehen. Es gibt aber eine Reihe von grundsätzlichen Anwendungen von Kommunikationssystemen, die vielfach benötigt werden; die wichtigsten sind:

- *File Transfer (FT):* Austausch von Dateien,

- *Remote Job Entry (RJE):* Absetzen von Rechenaufträgen in entfernten Systemen,

- *Virtual Terminal (VT):* Nutzung der interaktiven Terminal-Dienste eines entfernten Rechners vom lokalen System aus,

- *Message Handling Systems (MHS):* Austausch und Verwaltung von Mitteilungen an Benutzer anderer Systeme.

Die entsprechenden Entwicklungen bei ISO tragen die Bezeichnungen:

- *File Transfer, Access and Management (FTAM),*

- *Job Transfer and Manipulation (JTM),*

- *Virtual Terminal Protocol (VTP)* und

- *Message Oriented Text Interchange System (MOTIS).*

Neben diesen Anwendungen, die auch als spezielle Dienstelemente *(Special Application Service Elements,* SASE) bezeichnet werden, gibt es auch allgemeine Dienstelemente *(Common Application Service Elements,* CASE); diese bezeichnen Grundfunktionen, die vielen Anwendungen gemeinsam sind und deshalb sinnvollerweise nicht speziell für jede einzelne Anwendung definiert werden. Dazu gehört das Auf- und Abbauen einer Verbindung auf der Anwendungsschicht *(Association Control Service Element,* ACSE), was die Spezifikation der Anforderungen des betreffenden Dienstes an die Darstellungsschicht und die Kommunikationssteuerungsschicht sowie die Authentifikation der Benutzer des Dienstes beinhaltet. Ein weiterer Komplex betrifft die zuverlässige Ausführung der Dienste *(Commitment, Concurrency, and Recovery,* CCR), wodurch z.B. der korrekte Wiederanlauf nach einer Störung sichergestellt werden soll.
Zu allen Ebenen des 7-Schichten-Modells liegen seit 1987 von ISO verabschiedete Standards vor, und Implementationen dieser Standards werden zunehmend angeboten, ohne daß bereits von einem Durchbruch auf breiter Front gesprochen werden könnte. Interoperabilität der verschiedenen Implementationen sowie allgemeine Produktreife sind oft noch nicht zufriedenstellend, und überdies sind die Preise teilweise überhöht. Es werden noch Jahre vergehen, bis diese Standards in der Praxis voll wirksam werden.

Das Unterteilen des komplexen Kommunikationsvorgangs in Teilaspekte (Schichten) ist eine Maßnahme der Zweckmäßigkeit, die eine präzise Beschreibung und damit die Standardisierung erleichtert. Ein Benutzer interessiert sich jedoch nicht für Schichten und Strukturen, die ohnedies nicht explizit sichtbar sind, sondern für Anwendungen in ihrer Gesamtheit. Es ist deshalb wichtig, daß eine Anwendung als Ganzes durch einen vollständigen Satz von Standards für die einzelnen Ebenen beschrieben und realisiert wird.

Das ISO-Referenzmodell selbst unterliegt ebenso wie die einzelnen Standards der Weiterentwicklung. Auf einige Erweiterungen zur Abdeckung ursprünglich nicht vorgesehener Dienste (LANs, Datagramm-Dienst) wurde bereits hingewiesen. Insbesondere ist festzustellen, daß die Vielfalt vor allem auf der Anwendungsebene stark zunimmt. Eine Fragestellung, die ursprünglich überhaupt keinen Niederschlag im Modell gefunden hat, heute aber als eminent wichtig angesehen wird, ist das Netzwerkmanagement. Dazu zählen alle Probleme, die im weitesten Sinne mit der Organisation und dem sicheren, zuverlässigen und kontrollierbaren Betrieb von Datennetzen zusammenhängen.
Um die Managementfunktionen abdecken zu können, wird in allen Schichten der funktionale Teil durch einen Managementteil ergänzt werden müssen. In den unteren Ebenen haben diese Management-Instanzen vor allem die Aufgabe, Zustandsinformationen zu sammeln (und für die höheren Managementebenen bereitzustellen) und damit einhergehend Überwachungsaufgaben. Auf der Anwendungsebene wird es gleichrangig neben den Anwendungsprozessen auch Managementprozesse geben müssen.

Bevor im folgenden einige wichtige Standards (auch Industriestandards) aufgeführt und teilweise auch beschrieben werden, soll noch kurz auf den Stellenwert der ISO-Architektur und -Standards eingegangen werden.

Es ist aus heutiger Sicht unzweifelhaft, daß mittelfristig die Kommunikation zu einem erheblichen Teil auf OSI-Basis erfolgen wird und dadurch viele Kommunikationshindernisse beseitigt werden. Ob daraus wirklich eine weltweite, ungehinderte Kommunikation frei von technischen Hemmnissen entsteht, ist jedoch nicht automatisch sichergestellt. Weltweit bemühen sich verschiedene Organisationen um die Erarbeitung funktionaler Standards, und die Vorstellungen sind nicht überall deckungsgleich. Da aber auf vielen Ebenen Kontakte bestehen, ist zu hoffen, daß dadurch nicht neue oder wenigstens keine gravierenden Kommunikationshindernisse aufgebaut werden.

2.5.5 Wichtige Standards

Unter 'Standard' sind in diesem Kontext nicht nur die Festlegungen der Standardisierungsorganisationen (allen voran die ISO) zu verstehen, sondern auch Festlegungen von anderen Organisationen oder Firmen, die eine allgemeine, weit über die Organisation oder Firma hinausreichende praktische Bedeutung erlangt haben; man nennt solche Festlegungen auch De-facto-Standards oder Industriestandards.

2.5.5.1 Standards für die Schicht 1

Zur Schicht 1 gehört die Beschreibung der **physikalischen** Eigenschaften (Spezifikation des Übertragungsweges (Kabel), **der Stecker,** der Übertragungstechnik, der Signaldarstellung usw.). Diese Spezifikationen sind unterschiedlich für die verschiedenen Arten von Netzen (z.B. Fernsprechnetz, digitale Datennetze, Satellitenverbindungen, LANs, ...).
Bekannte Standards sind:

- V.24   *(List of Definitions for Interchange Circuits between DTE and DCE)*

- X.21   *(Interface between DTE and DCE for Synchronous Operation on Public Data Networks)*

- X.21bis *(Use of Public Data Networks of DTE which is Designed for Interfacing to Synchronous V-Series Modems)*

- RS-232-C

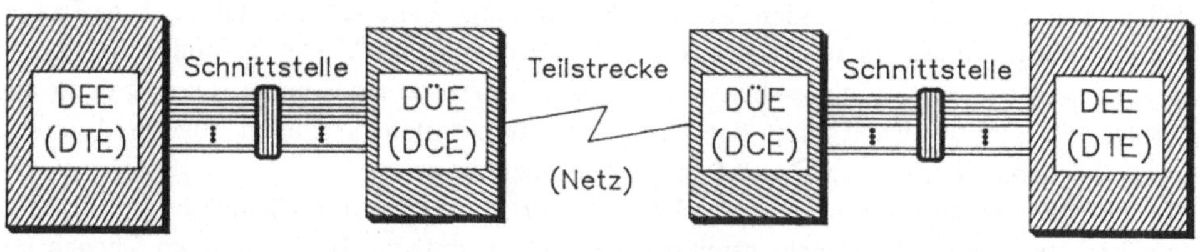

Abb. 34. Aufbau einer Datenfernübertragungsstrecke

Bei diesen Standards, die alle vor der Standardisierung des ISO-Referenzmodells entstanden sind, wird noch nicht klar zwischen Dienst und Protokoll unterschieden. Sie werden als Netzzugangsprotokolle bezeichnet und definieren eine Schnittstelle zwischen dem Endgerät des Benutzers (Datenendeinrichtung, DEE) und dem Abschluß des Kommunikationsnetzes (Datenübertragungseinrichtung, DÜE). Dazu gehört die Spezifikation eines Steckers und dessen Pin-Belegung. Beschrieben werden die möglichen Signalzustände und Zustands-übergänge.

Die CCITT-Empfehlung V.24 und der vergleichbare EIA-Standard RS-232-C (EIA = *Electronic Industries Association*, eine Vereinigung amerikanischer Hersteller elektronischer Geräte) beschreiben die Funktionen von Leitungen an den Schnittstellen zwischen Daten-endeinrichtungen und Datenübertragungseinrichtungen (für den Betrieb über Fernsprech-wege).

Empfehlung X.21 beschreibt eine Schnittstelle zwischen DEE und DÜE zum allgemeinen Gebrauch für Synchronverfahren (DEE wird aus dem Netz getaktet) in öffentlichen Da-tennetzen (kommt in Deutschland vor allem im Datex-Netz zum Einsatz).

X.21bis regelt den Einsatz von Datenendeinrichtungen, die mit Schnittstellen für synchrone Modems der V-Serie (speziell V.24) ausgestattet sind, in öffentlichen Datennetzen.

2.5.5.2 Standards für die Schicht 2

Die Sicherungsschicht stellt eine gesicherte und fehlerfreie Punkt-zu-Punkt-Verbindung zwischen benachbarten Stationen zur Verfügung.

Für die Schicht 2 gibt es eine Reihe von Standards und Industriestandards, die in drei Gruppen eingeteilt werden können:

- (ältere) zeichenorientierte Protokolle

    - BSC *(Binary Synchronous Communication)*

    - DDCMP *(Digital Data Communications Message Protocol)*

- bitorientierte Protokolle

    - HDLC *(High Level Data Link Control)*

        o   ISO 8886 *(OSI - Data Link Service)*

        o   ISO 3309 *(HDLC - Frame Structure)*

        o   ISO 4335 *(HDLC - Consolidation of Elements of Procedures)*

        o   ISO 7809 *(HDLC - Consolidation of Classes of Procedures)*

    - LAPB *(Link Access Procedure for Balanced Mode)*

        o   ISO 7776 *(HDLC - X.25 LAPB-compatible Data Link Procedures)*

    - LAPD *(Link Access Procedure for D-channels)*

        o   CCITT I.440 *(ISDN User-network Interface, Data Link Layer - General Aspects)*

        o   CCITT I.441 *(ISDN User-network Interface, Data Link Layer Specification)*

    - SDLC *(Synchronous Data Link Control)*

- **LAN-Protokolle**

  - IEEE 802.2 *(Logical Link Control)*

  - IEEE 802.3/4/5/6 *(Media Access Control)*.

BSC *(Binary Synchronous Communication)*

BSC ist das bekannteste der zeichenorientierten (byteorientierten) Protokolle. Es wurde Ende der sechziger Jahre von IBM entwickelt und hat, da vergleichbare Standards zu dieser Zeit nicht existierten, sehr weite Verbreitung gefunden und wird auch heute noch eingesetzt. Allerdings werden die zeichenorientierten Protokolle zunehmend durch die leistungsfähigeren bitorientierten Protokolle wie SDLC (IBM) und HDLC (ISO, CCITT) abgelöst.
BSC kann auf der Basis der bekannten Zeichencodes ASCII und EBCDIC realisiert werden und unterstützt Halbduplex-Verbindungen. Zeichenorientierte Protokolle basieren auf wohldefinierten Kontrollzeichen *(control characters)*, die im Rahmen der Zeichencodes definiert sind, d.h., bestimmte Bitkombinationen dienen nicht der Verschlüsselung von Zeichen (Buchstaben, Ziffern, Sonderzeichen), sondern haben eine bestimmte Bedeutung für die Steuerung des Kommunikationsvorgangs.
Zeichenorientierte Protokolle sind dafür ausgelegt, Informationen zu transportieren, die auf der Basis des zugrundeliegenden Zeichencodes verschlüsselt sind. Sollen anders verschlüsselte Informationen oder binäre Informationen übertragen werden, so ergeben sich Probleme, weil dann im Nachrichtentext Bitkombinationen auftreten können, die für Steuerungszwecke reserviert sind. Gelöst wird das Problem durch sogenannte 'Escape'-Sequenzen; dabei wird für die Steuerung einer transparent zu übertragenden Nachricht den Steuerzeichen das Zeichen DLE *(Data Link Escape)* vorangestellt (z.B. DLE STX für den Start und DLE ETX für das Ende eines transparent zu übertragenden Textes; STX = *Start of Text*, ETX = *End of Text)*. Um nach dem Einschalten des Transparentmodus weitere Steuerzeichen erkennen zu können, wird auf Senderseite die DLE-repräsentierende Bitkombination jedesmal verdoppelt, wenn sie im Text auftritt. Der Empfänger entfernt bei paarweise auftretenden DLEs eines und weiß, daß das verbleibende zum Text gehört; ein einfach vorhandes DLE-Zeichen dagegen markiert ein Steuerzeichen.

DDCMP *(Digital Data Communications Message Protocol)*

DDCMP ist das *Link*-Protokoll, das von der Fa. Digital Equipment Corp. (DEC) 1974 im Rahmen ihrer *Digital Network Architecture* (DNA) entwickelt wurde (die auf DNA basierenden Netzwerkprodukte tragen die Bezeichnung DECnet).
DDCMP ist der bekannteste Vertreter einer Klasse von Protokollen, bei denen die Code-Transparenz durch eine Längenangabe für das Datenfeld *(byte length field)* erzielt wird.
Bei DDCMP besteht der Informationsrahmen aus einem Kontrollvorspann *(header)* fester Länge, der durch einen eigenen *Header Block Check* (CRC-16) abgesichert ist, und dem Datenfeld *(user data field)* variabler Länge, gefolgt vom *Data Field Block Check* (ebenfalls CRC-16). In dem *Header* fester Länge sind den Positionen Bedeutungen zugeordnet, und ein Feld enthält die Längenangabe für das nachfolgende Datenfeld. Die empfangende Station kann aufgrund der Längenangabe das Ende der Nachricht durch Abzählen feststellen und ist nicht auf Steuerzeichen angewiesen.
Besonders flexibel wird das Protokoll dadurch, daß der *Header* durch einen eigenen CRC gesichert ist. Es wird dadurch die Schwierigkeit umgangen, daß bei einer Verfälschung der Längenangabe (ohne eigene Sicherung des *Header*) das Rahmenende nicht korrekt erkannt

werden könnte, wodurch weitere Rahmen in Mitleidenschaft gezogen werden könnten. Darüberhinaus kann die korrekte *Header*-Information auch dann verwendet werden, wenn im Datenfeld ein Fehler auftritt; die Wahrscheinlichkeit dafür ist nicht gering, da i.a. der *Header* im Vergleich zum Datenfeld kurz sein wird. Die Verwertbarkeit des *Header* ist deshalb bedeutsam, weil DDCMP die Fähigkeit des *Piggybacking* besitzt. Darunter versteht man die Fähigkeit, empfangene Rahmen durch ohnedies in Gegenrichtung zu übertragende Informationsrahmen bestätigen zu können; es müssen für Bestätigungen also nicht notwendig separate Kontrollrahmen generiert und verschickt werden. Für das *Piggybacking* ist eine Position im *Header* vorgesehen. Durch diese Fähigkeit wird bei stark belasteten Übertragungswegen eine deutliche Effizienzsteigerung erzielt.

Die separate Absicherung der Steuerinformation würde es auch erlauben, Daten mit unterschiedlichen Sicherheitsanforderungen zu transportieren. Man könnte hierbei an eine Kombination von Sprach- und Datenkommunikation denken. Während bei der Datenkommunikation per Definition jedes Bit wichtig ist, könnte man bei den in digitalen Netzen üblichen Bitfehlerraten bei Sprachübertragungen (unter gewissen Randbedingungen, die hier nicht diskutiert werden sollen) auf eine Fehlerbehandlung verzichten. Dies gilt aber grundsätzlich nicht für Steuerinformation. Wenn nun — wie bei den meisten Protokollen der Schicht 2 — für Steuerinformation und Nutzdaten nur ein gemeinsamer CRC vorhanden ist, muß bei der Anzeige einer Fehlerbedingung in jedem Falle der Rahmen wiederholt werden, da der angezeigte Fehler die Steuerinformation betreffen könnte.

DDCMP hat bzgl. Flexibilität und Effizienz die Eigenschaften moderner *Link*-Protokolle. Dazu gehört die Unterstützung von Vollduplex-Verbindungen, die bereits erwähnte Fähigkeit, empfangene Rahmen durch in Gegenrichtung zu übertragende Informationsrahmen bestätigen zu können *(piggybacking)* sowie die Möglichkeit, negative Bestätigungen vom Empfänger an den Sender schicken zu können. (Bei indirekten negativen Bestätigungen durch das Ausbleiben einer positiven Bestätigung muß das Ablaufen eines *Timers* (Zeitgebers) abgewartet werden, was den Kommunikationsvorgang verzögert). Darüberhinaus werden bei DDCMP die Rahmen durchnumeriert *(sequence numbering)*, so daß die Sequenz überprüft werden kann, und es können mehrere Rahmen gesendet werden, ohne Bestätigungen abwarten zu müssen *(pipelining)*; hierdurch wird gegenüber Verfahren mit blockweiser Bestätigung eine verbesserte Nutzung des Übertragungskanals und eine Beschleunigung des Kommunikationsvorgangs erzielt.

Trotz der positiven Eigenschaften wird die Bedeutung von DDCMP in den kommenden Jahren stark zurückgehen. Zum einen hat die Fa. DEC ein eindeutiges Bekenntnis zugunsten der OSI-Standards abgegeben (und ist gerade dabei, dieses im Rahmen der Entwicklung der Phase V ihrer DECnet-Produkte in die Tat umzusetzen), zum anderen werden Weitverkehrsnetze zunehmend nicht mehr auf der Basis von Standleitungen realisiert, die den Kommunikationspartnern Protokollfreiheit bieten, sondern auf der Basis paketvermittelter öffentlicher Datennetze, bei denen die Protokolle (i.a. X.25) bis zur Ebene 3 netzseitig vorgegeben sind.

HDLC *(High Level Data Link Control)*

HDLC und der damit weitgehend übereinstimmende ANSI-Standard ADCCP *(Advanced Data Communication Control Procedures)* ist ein *Link*-Protokoll für codeunabhängige, bitorientierte, synchrone Datenübertragungen. Genau genommen steckt HDLC einen Rahmen mit möglichst großer Anwendungsbreite für solche Protokolle ab, der die Definition von Untermengen mit durchaus verschiedenen Eigenschaften zuläßt.

HDLC erlaubt

- codeunabhängige, bitorientierte, synchrone Datenübertragungen,

- Vollduplex-Betrieb,

- Punkt-zu-Punkt- und Punkt-zu-Mehrpunkt-Verbindungen,

- Multilink-Verbindungen *(Multilink Procedure*, MLP),
  d.h. es können mehrere parallele *Link*-Verbindungen aufgebaut werden, die für die darüberliegenden Schichten wie eine leistungsfähigere Verbindung aussehen,

- die Überwachung der Sequenz durch die Vergabe von Sequenznummern,

- Pipelining (Senden mehrerer Rahmen, bevor Bestätigungen abgewartet werden müssen).

- Flußkontrolle.

Abb. 35 zeigt den Aufbau eines HDLC-Rahmens.

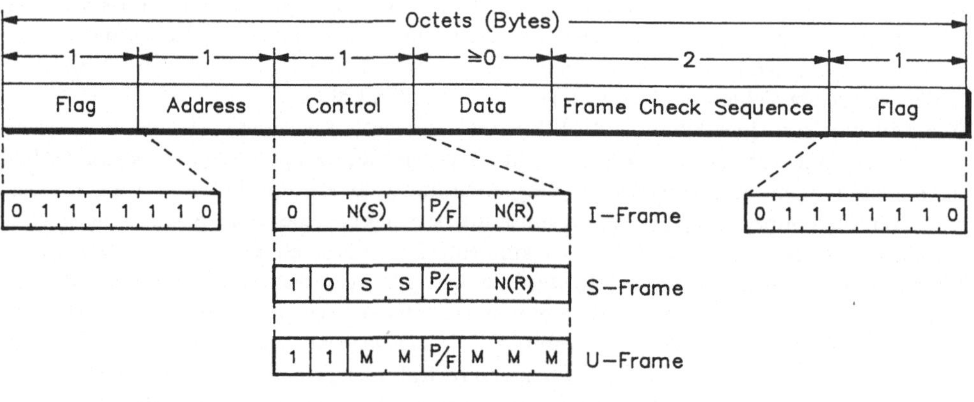

Abb. 35. Format eines HDLC-Informationsrahmens

Flag Durch die Blockbegrenzung *(flag)* werden Rahmenanfang und Rahmenende markiert (zwischen direkt aufeinanderfolgenden Rahmen genügt ein Blockbegrenzungszeichen). Da hierdurch eine spezielle Bitkombination (B'01111110') für Steuerungszwecke reserviert wird, müssen besondere Maßnahmen ergriffen werden, um Code-unabhängigkeit (bittransparente Übertragungen) zu gewährleisten. Das verwendete Verfahren wird als *Bit Stuffing* (auch *Zero Insertion)* bezeichnet. Dabei werden in die Information zwischen den rahmenbegrenzenden Flaggen gezielt binäre Nullen nach jeweils fünf aufeinanderfolgenden B'1'-Werten eingefügt. Dadurch wird verhindert, daß wie bei der Blockbegrenzung sechs B'1'-Werte in Folge auftreten können. Auf Empfängerseite werden die eingeschobenen B'0'-Werte wieder entfernt.

Address field   Das Adreßfeld enthält bei Befehlen *(commands)* die Schicht-2-
Adresse der empfangenden Station, bei Meldungen *(responses)* die
Adresse der sendenden Station. Die Struktur des Adreßfeldes ist
netzabhängig.
Es gibt zwei sich gegenseitig ausschließende Adreßtypen:
1-Oktett-Adressen und Mehr-Oktett-Adressen. Bei 1-Oktett-Adres-
sierung ist das erste Bit des Adreßfeldes immer B'1', bei Mehr-
Oktett-Adressierung ist das erste Bit des letzten Oktetts des Adreß-
feldes B'1', bei den vorangehenden Oktetts des Adreßfeldes ist es
B'0'.

Control field   Das erste und gegebenenfalls das zweite Bit des Steuerfeldes (vgl.
Abb. 35) entscheidet über den Rahmentyp. Es gibt die folgenden
drei Typen:

- *I-Frames (Information)*
  I-Rahmen (Datenblöcke mit Folgenummern) transportieren
  Daten, d.h. von Schicht 3 übernommene Information. Durch
  sie können im $N(R)$-Feld gleichzeitig positive Bestätigungen
  empfangener Rahmen übermittelt werden *(piggybacking)*.

- *S-Frames (Supervisory)*
  S-Rahmen (Kontrollblöcke mit Folgenummern) dienen der
  Steuerung des Datenaustausches während der Datentransfer-
  phase: Sie bestätigen (positiv oder negativ) empfangene I-Rah-
  men oder sie signalisieren Bereitschaft/Nichtbereitschaft zur
  Übernahme weiterer Rahmen.

- *U-Frames (Unnumbered)*
  U-Rahmen (Kontrollblöcke ohne Folgenummern) dienen dem
  Aufbau und Abbau sowie der Kontrolle von Schicht-2-Verbin-
  dungen.

$N(S)$ enthält die Sendefolgenummern, $N(R)$ die Empfangsfolge-
nummern. Da jeweils drei Bits zur Verfügung stehen erfolgt die
Angabe modulo 8. Über diese Nummern erfolgen die Empfangsbe-
stätigungen; sie dienen darüberhinaus der Sicherstellung der Sequenz
und der Überlastkontrolle.
In der folgenden Betrachtung sei A Sendestation und B Empfangsstation. A versieht jeden an B gesendeten I-Rahmen im $N(S)$-Feld
mit einer Sendefolgenummer. Die Station B gibt im $N(R)$-Feld (sie
benutzt dazu einen von B an A geschickten I- oder S-Rahmen) die
Nummer an, die sie als Sendefolgenummer des nächsten von A gesendeten I-Rahmens erwartet; gleichzeitig bestätigt sie dadurch alle
Rahmen bis zur Sendefolgenummer $N(R) - 1$. Beim Auftreten eines
Fehlers kann entweder selektiv ein bestimmter fehlerhaft empfangen
gemeldeter Rahmen wiederholt werden, oder es werden alle Rahmen
ab dem fehlerhaften Rahmen wiederholt.
Bei einem Nummernvorrat von 8 Nummern können maximal 7
Rahmen übertragen werden, bevor eine Bestätigung abgewartet

werden muß. Man kann nun eine Maximalzahl ausstehender Bestätigungen (Fenstergröße k) festlegen, wobei hier $k \leq 7$ gilt. Über das Versenden von Bestätigungen kann die empfangende Station den Datenfluß steuern. Große Fenster erlauben eine gute Auslastung der Verbindungsleitung, erhöhen aber den Aufwand, da entsprechend große Pufferspeicher bereitgestellt werden müssen.

Im sogenannten *Extended Numbering Mode* stehen für die Folgenummern $N(S)$ und $N(R)$ jeweils sieben Bits zur Verfügung, so daß die Nummernangabe modulo 128 erfolgt. Der größere Nummernvorrat ist wichtig für die effiziente Nutzung von Teilstrecken mit hohen Übertragungsgeschwindigkeiten und/oder langen Laufzeiten (wie beispielsweise bei Satellitenverbindungen). In diesem Fall ist das Steuerfeld zwei Oktetts lang.

Das P/F-Bit zeigt an, ob es sich bei dem Rahmen um einen Befehl *(command)* oder eine Mitteilung *(response)* handelt. Die Bezeichnung (P/F-Bit) basiert auf einer unsymmetrischen Kommunikation zwischen einer bevorrechtigten Station, die die nachgeordnete Station durch das Setzen des *Poll Bit* auffordert zu senden, und einer nachgeordneten Station, die das Ende des dadurch ausgelösten Sendevorgangs durch das Setzen des *Final Bit* anzeigt.

Durch die S-Bits im S-Rahmen werden die Steuerungsfunktionen mit Folgenummern spezifiziert *(Supervisory functions)*.

Durch die M-Bits im U-Rahmen werden die Steuerungsfunktionen ohne Folgenummern spezifiziert *(Modifier functions)*.

Data field   Das Datenfeld (I-Rahmen) enthält die Daten, die von der Schicht 3 zum Transport über die Teilstrecke an die Schicht 2 übergeben werden. Dieses Feld ist variabel lang; meist beträgt die Länge Vielfache von Bytes, was aber nicht durch das Protokoll vorgeschrieben ist.

Frame check sequence Der Rahmenprüfcode (CRC) wird gemäß CCITT-Empfehlung V.41 durch das Generatorpolynom $G(x) = x^{16} + x^{12} + x^5 + 1$ ermittelt.

HDLC kennt drei Kommunikationsmodi:

- **NRM (Normal Response Mode),**

- **ARM (Asynchronous Response Mode),**

- **ABM (Asynchronous Balanced Mode).**

Diese Modi werden beim Aufbau einer *Link*-Strecke durch die *Set Mode Commands* (U-Format) ausgewählt: SNRM, SARM oder SABM bzw. SNRME, SARME oder SABME bei Verwendung der Modulo-128-Nummerierung *(extended numbering)*.

NRM und ARM beschreiben unsymmetrische Verbindungen, bei denen eine Leitstation (Primärstation, *primary station, master)* mit einer oder mehreren nachgeordneten Stationen (Sekundärstation, *secondary station, slave)* kommuniziert. In beiden Fällen hat die Primärstation die vollständige Kontrolle über die Verbindung, d.h. sie initialisiert die Verbindung (aktiviert die Sekundärstationen) und beendet die Verbindung, sie kontrolliert den Datenfluß von und zu den Sekundärstationen und sie ist für die Fehlerbehandlung zuständig, wenn einfache Wiederholungen nicht ausreichen. Die Rolle der Sekundärstationen ist passiv; sie können dafür in der Regel einfacher aufgebaut sein.

Beim *Normal Response Mode* (NRM) darf eine abhängige Station nur dann senden, wenn sie dazu explizit von der Leitstation aufgefordert wurde. Beim *Asynchronous Response Mode* (ARM) darf eine abhängige Station — nachdem die Verbindung durch die Leitstation initialisiert worden ist — zeitlich asynchron, d.h. ohne vorherige Aufforderung durch die Leitstation, senden. In diesem Fall ist die Kommunikation weniger straff organisiert und eine Sekundärstation hat mehr Freiheiten. Dafür muß bei einer Punkt-zu-Mehrpunkt-Konstellation die Leitstation dafür sorgen, daß zu einem Zeitpunkt nur zu einer Sekundärstation die Verbindung aktiviert ist.

NRM ist besonders gut geeignet für Punkt-zu-Mehrpunkt-Verbindungen, wo eine zentrale Station (z.B. ein Kommunikationsprozessor) eine Reihe von abhängigen Stationen (z.B. Terminals) durch *Polling* steuert, d.h. die Leitstation erteilt den abhängigen Stationen der Reihe nach für eine definierte Zeit das Senderecht.

ARM ist geeignet, wenn zwei Stationen relativ frei und ohne den Overhead, den ein *Polling*-Verfahren mit sich bringt, Daten austauschen wollen.

Der *Asynchronous Balanced Mode* (ABM) ermöglicht Punkt-zu-Punkt-Verbindungen zwischen gleichberechtigten Partnern (Rechnern, Knoten in einem Netzwerk o.ä.). Für die später erfolgte Definition dieses symmetrischen Verfahrens, bei dem beide beteiligten Stationen sowohl die Funktionen einer Primärstation wie einer Sekundärstation wahrnehmen können, waren nicht nur technische Gründe maßgebend. In bestimmten Konstellationen (z.B. Verbindungen zwischen Unternehmen, Postverwaltungen, Staaten) ist Unsymmetrie (in diesem Falle eine hierarchische Struktur, die die totale funktionale Abhängigkeit einer Seite mit sich bringt) schwer zu ertragen.

ABM unterstützt eine gleichberechtigte Kommunikation zwischen verbundenen Stationen.

Die drei besprochenen Modi bilden die Grundlage für drei Klassen von *Link*-Prozeduren:

- *Unbalanced Normal Class (UNC),*

- *Unbalanced Asynchronous Class (UAC),*

- *Balanced Asynchronous Class (BAC).*

In jeder dieser Klassen ist neben dem Modus auch ein Satz von Grundfunktionen festgelegt, die beispielsweise Aufbau und Abbau von Verbindungen (in dem jeweiligen Modus) und den Austausch von Daten und Bestätigungen regeln. Daneben ist ein Satz optionaler Funktionen definiert (z.B., ob im Fehlerfalle alle Rahmen ab dem fehlerhaften wiederholt werden oder ob selektiv wiederholt wird, ob mit erweitertem Folgenummernvorrat gearbeitet wird usw.). Diese Optionen sind numeriert. Eine HDLC-Prozedur kann so durch die Angabe der Klasse und der Nummern der Optionen beschrieben werden. Insgesamt können auf diese Weise in dem durch HDLC abgesteckten Rahmen eine Reihe von *Link*-Prozeduren definiert werden.

CCITT X.25/LAPB *(Link Access Procedure for Balanced Mode)*

LAPB (ISO 7776) ist das Schicht-2-Protokoll, das im Rahmen der X.25-Definition für paketvermittelte Netze eingesetzt wird. Es handelt sich dabei um ein HDLC-Protokoll, und zwar um die Klasse BAC 2,8, d.h. um eine symmetrische Vollduplex-Verbindung, bei der (Option 2) im Fehlerfalle alle Rahmen ab dem fehlerhaft gemeldeten wiederholt werden, und

(Option 8) I-Rahmen nur als Befehle (die eine Meldung nach sich ziehen) verwendet werden dürfen.

ISDN/LAPD

Bei LAPD *(Link Access Procedure for D-channels)* handelt es sich um das D-Kanal-Protokoll der Ebene 2, das ebenfalls weitgehend HDLC-konform ist. Im einzelnen wird darauf im Rahmen der ISDN-Beschreibung eingegangen.

SDLC *(Synchronous Data Link Control)*

SDLC ist die von IBM im Rahmen ihrer *Systems Network Architecture* (SNA) definierte *Link*-Prozedur. Sie entspricht im wesentlichen der HDLC-*Unbalanced Normal Class*.

IEEE 802.x, ISO 8802/x

Bei den lokalen Netzen existieren für die Ebene 2 die wichtigen und inzwischen in vielen Produkten realisierten Standards:

> IEEE 802.2 *(LLC Sublayer)*
>
> IEEE 802.3 CSMA/CD *(MAC Sublayer)*
>
> IEEE 802.4 Token-Bus *(MAC Sublayer)*
>
> IEEE 802.5 Token-Ring *(MAC Sublayer)*
>
> IEEE 802.6 DQDB *(MAC Sublayer)*

Diese Standards sind im Kapitel über LANs ausführlich beschrieben.
Wegen der großen praktischen Bedeutung wurden die IEEE 802.x Standards von der ISO als ISO 8802/x übernommen.

2.5.5.3 Standards für die Schicht 3

Aufgabe der Vermittlungsschicht (Netzwerkschicht) ist die Organisation einer Ende-zu-Ende-Verbindung zwischen den kommunizierenden Knoten.
Standards sind:

- CCITT X.25 *(Interface between DTE and DCE for Terminals Operating in the Packet Mode and Connected to Public Data Networks by dedicated Circuit)*

- ISO 8208   *(X.25 Packet Level Protocol for DTE)*

- CCITT I.450 *(ISDN User-network Interface, Layer 3 - General Aspects)*

- CCITT I.451 *(ISDN User-network Interface, Layer 3 Specification)*

X.25 hat sich weltweit als **der** Standard für paketvermittelte Netze durchgesetzt. Der X.25-Standard definiert nicht nur die Dienste und Protokolle der Ebene 3, sondern standardisiert die paketvermittelten Netzdienste bis zur Ebene 3, d.h. dadurch sind auch die Schicht 2 (LAPB) und die Schicht 1 (X.21) festgeschrieben.
X.25 regelt den Datenaustausch (Ende-zu-Ende) zwischen zwei an ein paketvermitteltes Netz angeschlossenen Datenendeinrichtungen und beschreibt die Schnittstelle zwischen der Datenendeinrichtung und dem Netz.

Es gibt verschiedene Arten von Paketen: solche, die der Steuerung der Ende-zu-Ende-Verbindung dienen, und solche, die dem Transport von Daten (das sind von der Schicht 4 an die Schicht 3 zum Transport übergebene Informationen) dienen.

Pakete, die Steuerungszwecken dienen, sind beispeilsweise 'Verbindungsanforderung' *(Call Request)*, 'Verbindung hergestellt' *(Call Connected)*, 'Auslöseanforderung' *(Clear Request)* und 'Auslösebestätigung' *(Clear Confirmation)*. Datenpakete können beim verbindungsorientierten Dienst *(connection oriented service)* (normal für X.25) nur übertragen werden, wenn zuvor eine virtuelle Verbindung zwischen kommunikationswilligen DEEs hergestellt wurde. Neben den Datenpaketen gibt es auch *Interrupt*-Pakete, die dem Benutzer eine schnelle Signalübermittlung außerhalb der normalen Sequenz erlauben.

Steuerinformationen der Ebene 4 oder auf Ebene 4 segmentierte Nutzdaten werden auf der Ebene 3 zu Datenpaketen 'verpackt', indem sie durch die notwendigen Ebene-3-Kontrollinformationen ergänzt werden. Das Format eines Datenpakets ist in Abb. 36 dargestellt.

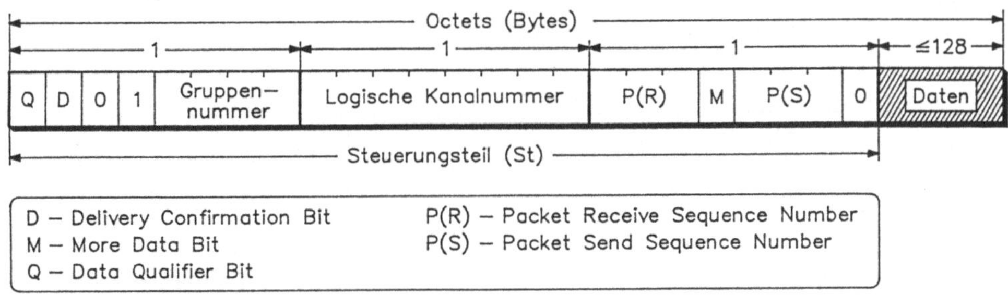

Abb. 36.   Format eines X.25-Datenpakets

Q-Bit: Das Q-Bit *(Data Qualifier Bit)* erlaubt das Senden zweier unterscheidbarer Datenströme in den Datenpaketen. Es ist darüber möglich festzustellen, ob ein Datenpaket Benutzerdaten oder nur Steuerinformation höherer Ebenen enthält.

D-Bit: Das D-Bit *(Delivery Confirmation Bit)* fordert die Paketbestätigung von der korrespondierenden DEE (also Ende-zu-Ende). Wenn das D-Bit nicht gesetzt ist, kann die Bestätigung von der lokalen DÜE aus erfolgen. Sie wird bezüglich des Fenstermechanismus zur Flußsteuerung verwertet, besagt dann aber nicht, daß das Paket korrekt im Zielknoten eingetroffen ist.

Log. Kanäle: Über maximal 16 logische Kanalgruppen (4 Bits im ersten Oktett) mit je 256 logischen Kanälen können (theoretisch) 4096 logische Kanäle definiert werden. Ein Benutzer kann über maximal 255 logische Kanäle, also gleichzeitige Verkehrsbeziehungen *(virtual circuits)* verfügen, was unter praktischen Gesichtspunkten mehr als ausreichend ist.

P(R), P(S):   Für die Empfangslaufnummer *P(R)* *(Packet Receive Sequence Number)* und die Sendelaufnummer *P(S)* *(Packet Send Sequence Number)* stehen je drei Bits zur Verfügung, d.h. die Zählung erfolgt modulo 8. Die Verwaltung der Laufnummern erfolgt wie bei HDLC. Auch der Fenstermechanismus zur Flußsteuerung arbeitet in gleicher Weise. Die Standardfenstergröße, von der abgewichen werden kann, ist $W = 2$ (die Standardfenstergröße für die Ebene 2 ist $k = 7$ im Datex-P-Netz).

M-Bit: Das M-Bit *(More Data Bit)* zeigt an, daß weitere Pakete einer logisch zusammenhängenden Datenmenge folgen werden. Das M-Bit sollte nur gesetzt werden, wenn das Datenfeld die maximal zulässige Länge hat.

Das letzte Bit im Steuerungsteil hat bei Datenpaketen den Wert B'0'; bei Paketen für Kontrollzwecke hat es den Wert B'1', und die übrigen Bits des dritten Oktetts definieren die Funktion des Pakets.

Daten   Das Datenfeld enthält die Nutzdaten der Ebene 3, d.h. Steuerinformation höherer Ebenen oder/und Benutzerdaten. Die Maximallänge dieses Feldes beträgt im Normalfall 128 Bytes; es kann aber auch eine andere Maximallänge (z.B. 1024 Bytes) vereinbart werden.

Die auf Ebene 3 generierten Pakete werden als I-Rahmen der Ebene 2 (LAPB) über die Teilstrecken der Ende-zu-Ende-Verbindung transportiert (Abb. 37).

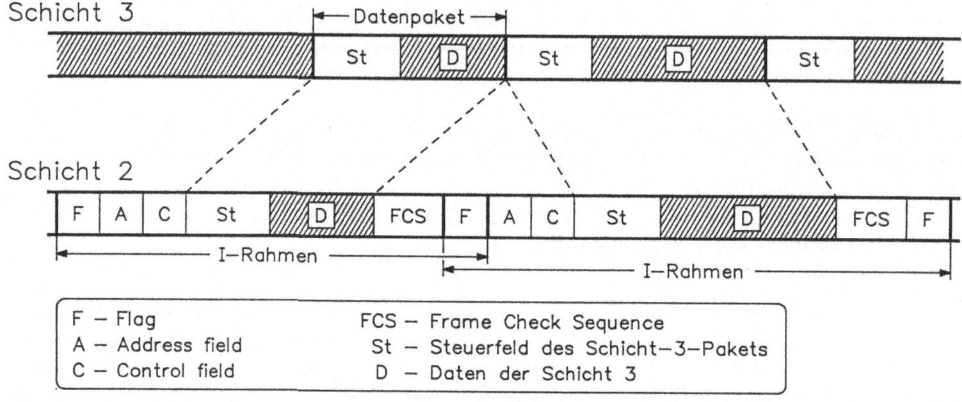

Abb. 37. X.25: Schichten 2 und 3 beim Datentransport

Für Transaktionen, die aus einem kurzen Frage/Antwort-Spiel bestehen, bedeutet der Aufbau und nachfolgende Abbau einer virtuellen Verbindung einen unverhältnismäßig hohen Aufwand.

Eine solche Aufgabe kann effizient durch das Leistungsmerkmal 'Einzelpaket' *(Fast Select)* gelöst werden. Dabei können bereits mit der Verbindungsanforderung bis zu 128 Bytes an Nutzinformation übergeben werden. Die Verbindungsanforderung kann mit einer Beschränkung der Antwortgabe gekoppelt werden. In diesem Falle darf die gerufene DEE die Verbindungsanforderung nur mit einer Auslöseanforderung beantworten, mit der ebenfalls bis zu 128 Datenbytes übermittelt werden können; als drittes Paket muß dann noch die Auslösebestätigung von der rufenden zur gerufenen DEE gesendet werden.

Ist die Verbindungsanforderung nicht mit einer Beschränkung der Antwortgabe gekoppelt, dann kann die gerufene DEE durch die Bestätigung der gewünschten Verbindung eine normale virtuelle Verbindung aufbauen.

X.25 hat sich weltweit als Standard für paketvermittelte Datennetze durchgesetzt. In vielen Ländern werden inzwischen solche Netzdienste öffentlich angeboten; die folgende unvollständige Liste nennt einige dieser Netze:

DATEX-P   Bundesrepublik Deutschland

EURONET   Europäisches Netz; wird in vielen europäischen Ländern angeboten

TRANSPAC   Frankreich

PSS, IPSS   Großbritannien

DATAPAC   Kanada

TYMNET   USA

TELENET   USA

UNINET   USA

DDX-P   Japan.

Alle diese Netze sind über das Datex-P-Netz der DBP Telekom zu erreichen.

In jüngster Zeit kommen die X.25-Protokolle zunehmend auch in privaten Netzen, d.h. in lokalen Netzen oder in Netzen auf der Basis von Standleitungen (mit Protokollfreiheit), zum Einsatz. Das hat den Vorteil, daß — auf der gleichen Protokollbasis — bedarfsgerecht entweder über öffentliche paketvermittelte Netze oder über private oder festgeschaltete Leitungen Verbindungen aufgebaut werden können.

2.5.5.4 Standards für die Schicht 4

Die Transportschicht stellt den kommunizierenden Prozessen eine transparente Ende-zu-Ende-Verbindung zur Verfügung, die die Eigenschaften des verbindenden Netzes verbirgt. Standards für die Transportschicht sind:

* ISO 8072   *(Transport Service Definition)*

* ISO 8073   *(Connection-oriented Transport Protocol)*

* CCITT T.70   *(Network-independent Basic Transport Service for the Telematic Services)*

Die ISO-Standards sind noch nicht sehr alt und beginnen gerade, praktische Bedeutung zu erlangen. Die CCITT-Empfehlung wurde im Rahmen von Kommunikationsdiensten entwickelt, die eine Spezifikation des gesamten Kommunikationsvorgangs (d.h. aller Schichten) erfordern. Die Entwicklung war notwendig, da entsprechende ISO-Standards noch nicht vorlagen, als diese Dienste (Teletex und Bildschirmtext) spezifiziert wurden.
Die CCITT-Empfehlung T.70 ist als *Class 0* in den ISO-Standard für die Transportschicht eingegangen.

2.5.5.5 Standards für die Schicht 5

Die Kommunikationssteuerungsschicht verbindet und synchronisiert die kommunizierenden Prozesse.
Standards für die Schicht 5 sind:

- ISO 8326   *(Basic Connnection-oriented Session Service Definition)*

- ISO 8327   *(Basic Connection-oriented Session Protocol Specification)*

- CCITT T.62 *(Control Procedures for Teletex and Group 4 Facsimile Services)*.

Hierfür gelten im wesentlichen die gleichen Aussagen wie für die Standards der Schicht 4. Wirklich bedeutsam sind — neben einigen firmenspezifischen Protokollen — bisher die CCITT-Empfehlungen, die bei den Textdiensten der Postverwaltungen (Teletex, Telefax, Textfax) eingesetzt werden.

2.5.5.6 Standards für die Schicht 6

Die Darstellungsschicht liefert der Anwendungsschicht Unterstützung bei der Formatierung und Codierung der Information. Sie sorgt für einen effizienten Datenaustausch (z.B. durch Datenkompression) und die wechselseitig richtige Interpretation der Information (z.B. durch Codeumwandlungen).
Standards für die Schicht 6 sind:

- ISO 8822   *(Connection-oriented Presentation Service Definition)*

- ISO 8823   *(Connection-oriented Presentation Protocol Specification)*

- ISO 8824   *(Specification of ASN.1)*

- ISO 8825   *(Basic Encoding Rules for ASN.1)*

- CCITT T.73 *(Document Interchange Protocol for the Telematic Services)*

- CCITT X.409 *(Presentation Syntax and Notation)*, Teil der X.400-Empfehlungen für *Message Handling Systems* (MHS)

- ISO-Code-Standards und CCITT-Code-Standards.

Während die CCITT-Standards im Rahmen der jetzt angebotenen X.400-Implementierungen beginnen, weltweit — auch außerhalb der Postverwaltungen — Bedeutung zu erlangen, steigt die Bedeutung der ISO-Standards mit der Realisierung und Verbreitung von OSI-Produkten.

2.5.5.7 Standards für die Schicht 7

Durch die Schicht 7 werden diverse (Kommunikations-) Anwendungen definiert. Durch die Anwendungen wird oftmals nicht nur die Schicht 7 (selektiv im Sinne des Schichtenmodells), sondern der gesamte Kommunikationsvorgang beschrieben, wodurch die darunterliegenden Schichten mit festgelegt werden.
Standards für die Schicht 7 sind:

- **ISO 8649** *(Service Definition for the Association Control Service Elements (ACSE))*

- **ISO 8650** *(Protocol Specification for the Association Control Service Elements (ACSE))*

- **ISO 8571** *(File Transfer, Access and Management (FTAM))*

- **ISO 8831** *(Job Transfer and Manipulation (JTM))*

- **ISO 9040/9041** *(Virtual Terminal Protocol - Basic Class)*

- **ISO 10021** *(Message Oriented Text Interchange System (MOTIS))*

- Durch CCITT standardisierte Textdienste:

  - Teletex

  - Telefax

  - Textfax *(Mixed Mode)*

  - Videotex (Bildschirmtext)

  - CCITT X.400 ff. *(Message Handling Systems (MHS))*

- Industriestandards:

  - SNA *(Systems Network Architecture)*, IBM

  - DNA *(Digital Network Architecture)*, DEC

  - TCP/IP *(Transmission Control Protocol/Internet Protocol)*, DARPA.

Die durch das CCITT definierten Textdienste beschreiben jeweils einen solchen Dienst in seiner Gesamtheit, d.h. durch alle Schichten.

Die Firmenarchitekturen sind noch umfassender: Sie beschreiben jeweils eine vollständige Netzarchitektur einschließlich einer Reihe von Anwendungen. Da auf diesen Architekturen basierende Produkte weltweit in einer Vielzahl von (auch sehr großen) Netzen zum Einsatz kommen, sind auch die für einen geordneten Betrieb erforderlichen Managementfunktionen vorhanden.

Die von der *Defense Advanced Research Projects Agency* (DARPA) des amerikanischen Verteidigungsministeriums geförderte und koordinierte Entwicklung der TCP/IP-Protokollfamilie umfaßt den Kommunikationsvorgang ab der Schicht 3.

Es findet derzeit von unten eine Anpassung an die internationalen Standards statt. Sowohl die firmenspezifischen Netze wie auch TCP/IP-Netze können inzwischen sowohl über öffentliche X.25-Netzdienste wie über standardisierte LANs aufgebaut werden. Ziel dieser Entwicklung ist es, die Netzdienste über beliebige (standardisierte) Transportnetze anbieten zu können. Diese Entwicklung ist bereits weit fortgeschritten, da Standards für die unteren Schichten bereits seit längerem existieren und die firmenspezifischen Lösungen zunehmend verdrängen. Es steht zu erwarten, daß in einigen Jahren ein ähnlicher Verdrängungsprozeß auch bei den anwendungsorientierten Schichten stattfinden wird. Jedenfalls haben sich viele Hersteller von Kommunikationsprodukten wie auch wichtige Anwendergruppen zu den OSI-Standards bekannt.

3.0 Lokale Datenkommunikation

Kommunikation wird in vielfältiger Weise mit unterschiedlichen Zielen und unterschiedlichen Randbedingungen betrieben. Die Zuordnung der unterschiedlichen Kommunikationsbereiche ist in Abb. 38 dargestellt.

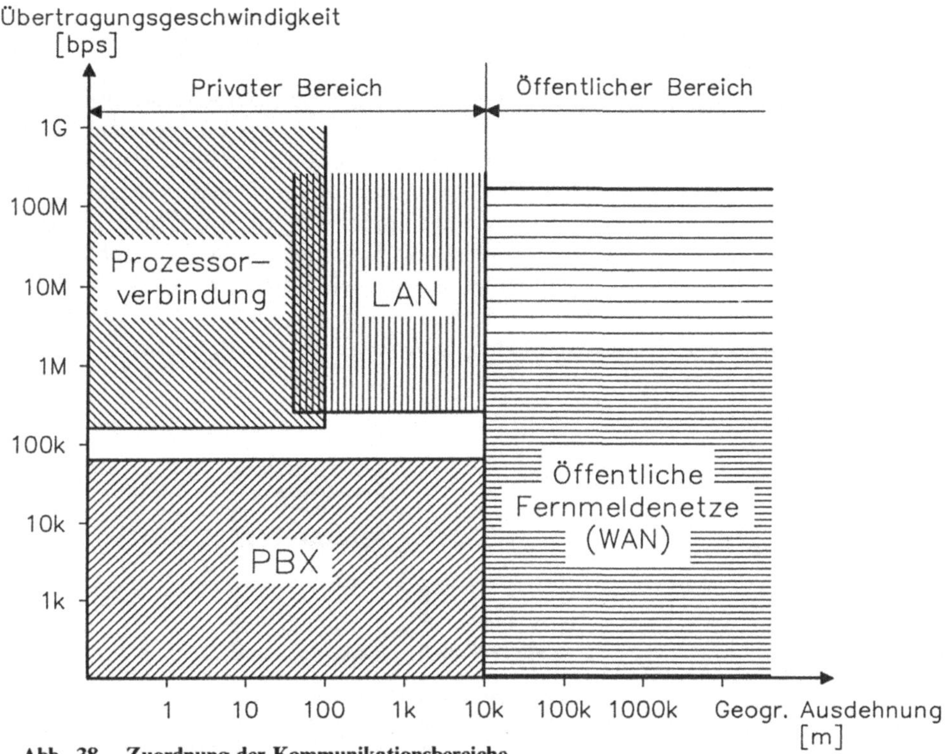

Abb. 38. Zuordnung der Kommunikationsbereiche

Die wichtigsten Besonderheiten der **lokalen** Kommunikation sind:

- Unabhängigkeit von den Vorschriften und Angeboten der öffentlichen Netzträger (in Deutschland die Deutsche Bundespost Telekom)

- Beschränkte geographische Ausdehnung.

Dies eröffnet die Möglichkeit, den spezifischen Randbedingungen Rechnung tragende technische Lösungen zu suchen. Auf diese Weise sind die *Local Area Networks* (LANs) in vielfältigen Ausprägungen entstanden, die speziell für die Datenkommunikation über kürzere Entfernungen ausgelegt sind.

Andererseits gibt es aber auch Argumente dafür, nicht neue, auf ein bestimmtes Umfeld zugeschnittene Lösungen zu entwickeln — selbst wenn dies zulässig wäre —, sondern bestehende und in anderen Bereichen bewährte Konzepte zu übertragen. Konkret angesprochen sind damit Nebenstellenanlagen (PBX — *Private Branch Exchange*, auch PABX — *Private*

Automatic Branch Exchange, ISPBX — *Integrated Services Private Branch Exchange* oder CBX — *Computerized Branch Exchange*), die sich im öffentlichen wie auch im privaten Bereich insbesondere für die Sprachkommunikation seit vielen Jahren bewährt haben.
Die Fähigkeiten sowie Stärken und Schwächen sind bei einem LAN und einem auf einer Nebenstellenanlage aufbauenden lokalen Kommunikationssystem aber nicht deckungsgleich. Beide Lösungsansätze werden in diesem Kapitel diskutiert und gegenübergestellt.

3.1 Lokale Netze (LANs)

Aus den spezifischen Randbedingungen für lokale Netze läßt sich eine Argumentationskette aufbauen, wie in Abb. 39 dargestellt. Einige der Argumente (wie z.B. 'einfache Logik') werden im Zuge der technologischen Entwicklung an Bedeutung verlieren. Immerhin hat sich als gemeinsames Merkmal aller LANs herausgebildet, daß es *Broadcast*-Netze sind, bei denen die Teilnehmerstationen an ein gemeinsames Medium angeschlossen sind. Zu einem Zeitpunkt kann nur eine Station senden, während alle Stationen das Medium abhören, die Steuerinformation interpretieren und diejenige Station, die adressiert ist, die Nachricht übernimmt. Wenn viele Stationen ein gemeinsames Übertragungsmedium benutzen wollen, ist es notwendig, den Zugriff zu diesem Medium *(Media Access)* zu organisieren.

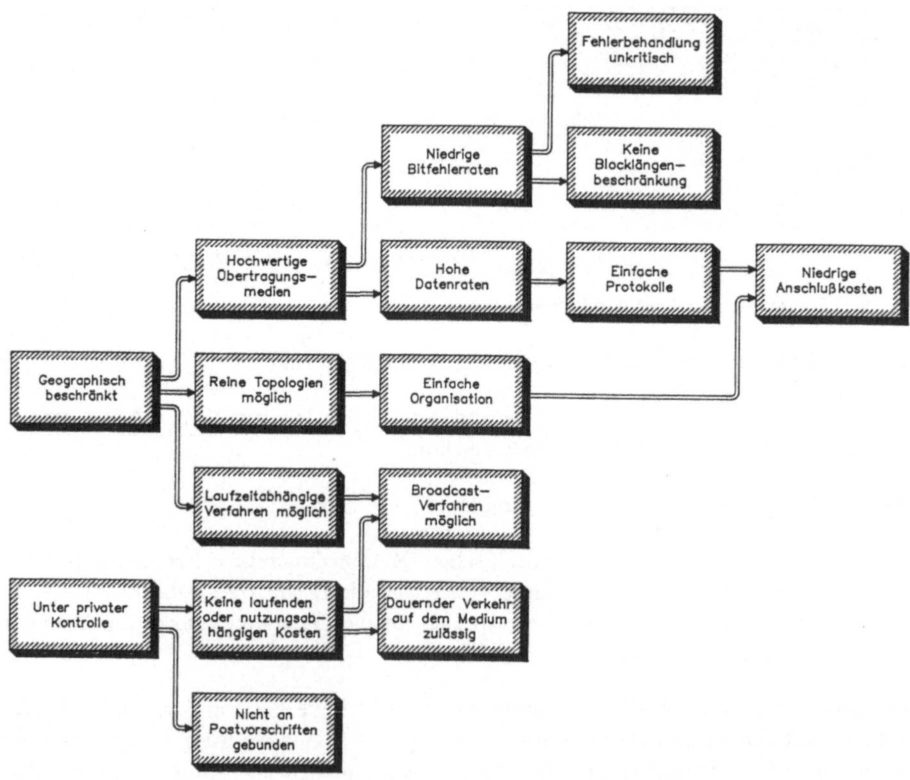

Abb. 39. Bestimmende Merkmale bei LANs

Im allgemeinen werden LANs unterschieden nach der Art und Weise, wie der Zugriff zum Medium geregelt ist. Es gibt Verfahren, bei denen der Zugriff in deterministischer Weise organisiert ist (z.B. *Token Passing)* und probabilistische Verfahren (z.B. Ethernet bzw. CSMA/CD).

Es gibt kaum eine denkbare Variation, die nicht (vorwiegend an Hochschulen und Forschungseinrichtungen) untersucht und teilweise auch als Prototyp realisiert worden wäre. Praktische Bedeutung erlangt haben aber nur die im IEEE-Projekt 802 standardisierten Verfahren CSMA/CD (802.3), Token-Bus (802.4) und Token-Ring (802.5) und der ANSI- bzw. ISO-Standard FDDI sowie einige Firmenentwicklungen wie z.B. HYPERchannel der Fa. Network Systems Corp. (NSC) und der Cambridge Ring, der ebenfalls als kommerzielles Produkt verfügbar ist.

Die typischen Übertragungsgeschwindigkeiten liegen zwischen 4 Mbps und 16 Mbps; aus dem Rahmen (auch bezüglich der Kosten) fällt der HYPERchannel-50 mit 50 Mbps, der als Hochleistungsverbindung zwischen leistungsfähigen Rechnern bzw. als Kanalverlängerung in Rechenzentren eingesetzt wird, mit der Verfügbarkeit von Hochleistungs-LANs auf Glasfaserbasis (wie z.B. FDDI mit 100 Mbps) aber technisch überholt ist.

Im Zuge der anstehenden Einführung von Lichtwellenleitern im LAN-Bereich werden weitere Zugriffsverfahren (oder Varianten bekannter Verfahren) an Bedeutung gewinnen.

Die Verfahren besitzen durchaus unterschiedliche Eigenschaften unter Berücksichtigung der Kriterien

- Eignung für unterschiedliche oder hohe Übertragungsgeschwindigkeiten,

- Anzahl der (sinnvollerweise) anschließbaren Teilnehmerstationen,

- Stabilität bei hoher Belastung und

- Anpassung an örtliche Gegebenheiten (Netzausdehnung, Strukturierung etc.).

Dennoch wäre es um des Anliegens der Einheitlichkeit willen wünschenswert, möglichst wenige Verfahren zu haben (auch als Standards), selbst unter Verzicht auf eine optimale Anpassung an örtliche Randbedingungen.

In manchen Fällen müssen auch die Standardisierungsgremien den Marktgegebenheiten Rechnung tragen und verschiedene Alternativen zulassen. Für die Zulassung weiterer Varianten werden jedoch strenge Maßstäbe angelegt: Sie müssen nicht nur technisch machbar und innovativ sein, sondern es muß auch ein Bedarf dafür bestehen.

Im folgenden werden zunächst die von IEEE standardisierten Verfahren, die heute die größte Marktbedeutung haben, IEEE 802.3/4/5, ausführlicher besprochen. Diese sind inzwischen auch von ISO übernommen worden (ISO 8802/3/4/5).

Die nachfolgende Tabelle zeigt das OSI-Schichtenmodell mit den Erweiterungen für lokale Netze (vgl. Kapitel 2.5.4).

	Layer			Schicht
7	*Application*			Anwendung
6	*Presentation*			Darstellung
5	*Session*			Kommunikationssteuerung
4	*Transport*			Transport
3	*Network*	3c	*Internet*	Vermittlung (Netzwerk)
		3b	*Enhancement*	
		3a	*Subnetwork Access*	
2	*Data Link*	2b	*Logical Link Control (LLC)*	Sicherung
		2a	*Media Access (MAC)*	
1	*Physical*			Bitübertragung

Der Zusammenhang zwischen den bei IEEE ausgearbeiteten Standards ist in Abb. 40 gezeigt.

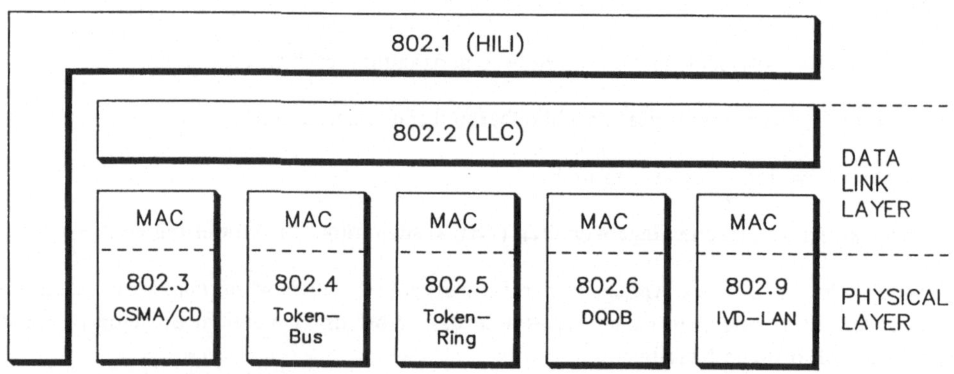

Abb. 40. IEEE-Standards 802

3.1.1   IEEE 802.1 – HILI

(HILI = Higher Level Interface Standard)

Behandelt das LAN-Referenzmodell und über die Schicht 2 hinausgehende Aspekte; dazu gehören Schnittstellen zu höheren Schichten, Internetworking, Adressierung und Netzmanagement.

3.1.2 IEEE 802.2 – LLC

(LLC = Logical Link Control)

Behandelt die Aufgaben der Sicherungsschicht für alle drei Zugriffsverfahren, d.h. unabhängig vom Medienzugriff und von Festlegungen der Bitübertragungsschicht.
802.2 unterstützt drei Typen von Verbindungen:

LLC Typ 1 Unbestätigter Datagrammdienst *(unacknowledged connectionless data transfer)*.

LLC Typ 2 HDLC-ähnlicher verbindungsorientierter Dienst, bei dem wie üblich ein Kommunikationsvorgang in die Phasen Verbindungsaufbau, Datentransfer und Verbindungsabbau zerfällt.

LLC Typ 3 Quittierter Datagrammdienst, d.h. ein verbindungsloser Dienst wie Typ 1, jedoch mit Bestätigungen auf der Verbindungsebene. Dieser Typ soll besonders den Erfordernissen der Prozeßkommunikation Rechnung tragen.

3.1.3 IEEE 802.3 – CSMA/CD

(CSMA/CD = Carrier Sense Multiple Access with Collision Detection)

Ethernet als erste und wichtigste Realisierung eines CSMA/CD-LAN (oftmals synonym verwendet) wurde im PARC *(Palo Alto Research Center)* der Rank Xerox Corporation im Rahmen eines Konzeptes für die Bürokommunikation entwickelt und 1976 durch eine Veröffentlichung von Metcalfe/Boggs [83] der Öffentlichkeit vorgestellt.
Es handelt sich dabei um eine Weiterentwicklung des ALOHA-Konzeptes, das von der University of Hawaii entwickelt wurde, um Kommunikationsverbindungen zwischen den Inseln herzustellen; dieses basierte auf drahtloser Übertragungstechnik, woran die Bezeichnung *'Ether'* für das Übertragungsmedium noch erinnert.

Das Ethernet-Konzept wurde von der DIX-Firmengrupe (DEC, Intel, Xerox) weiterentwickelt und zur Standardisierung vorgeschlagen.
Die Entwicklung im LAN-Bereich bis zum Beginn der achtziger Jahre ist weitgehend geprägt gewesen durch die Auseinandersetzung mit diesem Konzept.

Von den standardisierten LANs ist dieses dasjenige, welches in seiner technischen Entwicklung am weitesten fortgeschritten ist und auch die größte Basis an Firmen besitzt, die darauf aufbauend Netzwerkprodukte anbieten.

3.1.3.1 Das CSMA/CD – Prinzip

Die CSMA-Verfahren gehören zu den *Random Access*-Verfahren, bei denen die Stationen im Prinzip jederzeit Zugriff zum Übertragungsmedium haben. Die Einschränkung besteht darin, daß eine Station nicht senden darf, wenn das Medium bereits durch eine andere Station in Anspruch genommen wird, weil bei gleichzeitigem Senden zweier Stationen beide Nachrichten zerstört werden.

Allen CSMA/CD-Verfahren gemeinsam ist, daß eine sendewillige Station

- zunächst das Medium abhört *(LBT = Listen Before Talking)*, bevor sie eine Übertragung startet,

- mit der Übertragung beginnt, wenn sie das Medium frei findet,

- während der Übertragung das Medium weiterhin abhört
  (LWT = Listen While Talking; dies ist aus technischen Gründen nur bei kabelgebundener Übertragung möglich),

- die Übertragung abbricht, wenn sie eine Kollision mit der Übertragung einer anderen Station feststellt (erkennbar dadurch, daß sie etwas anderes hört als sie selbst gesendet hat) und nach einer durch die *Backoff*-Strategie festgelegten Wartezeit einen erneuten Übertragungsversuch startet,

- nach dem Erkennen einer Kollision ein sogenanntes *JAM*-Signal aussendet, durch welches sichergestellt werden soll, daß alle Stationen am Bus registrieren, daß eine Kollision aufgetreten ist.

Die CSMA/CD-Verfahren unterscheiden sich in ihrem Verhalten bezüglich der Aktionen, die eingeleitet werden, wenn beim ersten Abhören das Medium besetzt ist.
Die beiden Extremfälle sind *persistent* (auch *1-persistent)* und *non-persistent* (auch *0-persistent)* CSMA/CD.
Im Falle *'persistent* CSMA/CD' hört die sendewillige Station, die das Medium besetzt findet, das Medium weiter ab und startet die Übertragung, sobald die laufende Übertragung beendet ist.
Bei *'non-persistent* CSMA/CD' verhält sich die sendewillige Station, die das Medium beim Abhören besetzt findet, als ob eine Kollision eingetreten wäre; sie wartet eine gemäß der *Backoff*-Strategie ermittelte Zufallszeit und startet dann einen zweiten (weiteren) Versuch.
Der Nachteil dieser letzten Version besteht darin, daß sich dadurch evtl. unnötige Verzögerungen ergeben, bis die Station schließlich senden kann.
Diese Schwäche hat *persistent* CSMA/CD nicht; der Nachteil dieser Variante ist, daß eine sichere Kollision eintritt, wenn mehrere Stationen während einer laufenden Übertragung sendebereit werden und unmittelbar nach Beendigung dieser Übertragung selbst zu senden beginnen.

Die Verallgemeinerung dieses Verfahrens ist *p-persistent* CSMA/CD, in dem *1-persistent* CSMA/CD als Grenzfall enthalten ist; p ist dabei eine Zufallszahl aus dem Intervall (0,1].
Die Station hört das Medium – falls es nicht frei ist – permanent ab, bis es frei wird. Dann überträgt sie mit Wahrscheinlichkeit p. Mit Wahrscheinlichkeit 1–p wartet sie eine kurze Zeit (1 *Minislot* = maximale Signallaufzeit) und überträgt dann mit Wahrscheinlichkeit p, falls das Medium noch immer frei ist, usw.

Der IEEE-Standard schreibt *persistent* CSMA/CD vor (Abb. 41).

Im Konfliktfall ist es entscheidend, daß die Stationen nach unabhängig kalkulierten, zufälligen Wartezeiten einen erneuten Übertragungsversuch starten, weil es sonst zu einer Synchronisation und damit zu sicheren weiteren Kollisionen kommen könnte. Das im Standard festgeschriebene *Backoff*-Verfahren wird als *Truncated Binary Exponential Backoff* bezeichnet.
Es ist wie folgt definiert:

W = i × T

   W = Wartezeit
   i = Zufallszahl aus dem Intervall $0 \leq i < 2^k$ mit
      k = Min(n,10)
         n = Anzahl Wiederholungen des gleichen Blocks
  T = *Slot Time*; entspricht dem *'Round Trip Delay'*, d.h. der doppelten maximalen
     Signallaufzeit.

Nach 10 vergeblichen Übertragungsversuchen steigt die Wartezeit (im statistischen Mittel) nicht weiter an; nach 16 Versuchen wird abgebrochen und eine Fehlermeldung erzeugt.

Dieses *Backoff*-Verfahren führt zu einer Benachteiligung alter, d.h. bereits mehrfach kollidierter Blöcke, da die Wartezeiten (statistisch) exponentiell mit der Anzahl der erlittenen Kollisionen ansteigen.

Das Entdecken von Kollisionen durch das Abhören des Mediums während der Übertragung erlaubt den frühestmöglichen Abbruch einer Übertragung. Es wird also keine unnötige Zeit auf die vollständige Übertragung ohnedies fehlerhafter Blöcke verschwendet, und so das Übertragungsmedium im Vergleich zu CSMA-Verfahren ohne *Collision Detection* effizient genutzt.

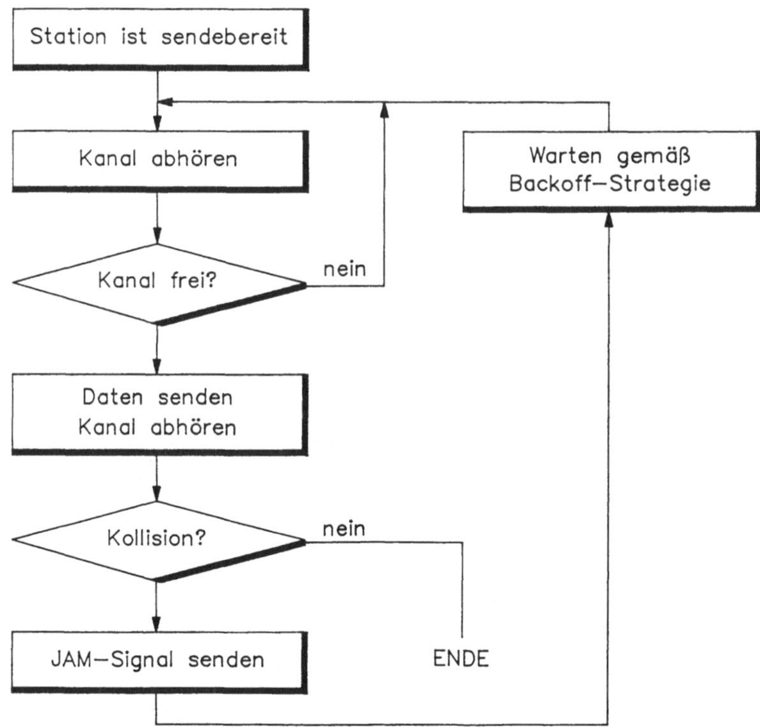

Abb. 41. **1-persistent CSMA/CD-Verfahren**

Das Abhören des Mediums vor Beginn einer Übertragung vermindert die Gefahr von Kollisionen zwar ganz wesentlich (etwa gegenüber den ALOHA-Verfahren), schließt Kollisionen aber nicht aus.

Wenn zwei Stationen quasi gleichzeitig (d.h., wenn der zeitliche Beginn weniger als die Signallaufzeit zwischen den Stationen auseinanderliegt) eine Übertragung beginnen, kommt es zu einer Kollision, die durch die *Backoff*-Strategie aufgelöst werden muß.

Damit eine sendende Station eine Kollision sicher erkennen kann, muß die Dauer der Blockübertragung, die ihrerseits von der Blocklänge und der Übertragungsgeschwindigkeit abhängt, mindestens das Doppelte der Signallaufzeit zwischen den beiden in eine Kollision verwickelten Stationen betragen.

> Seien A und B zwei Stationen, und die einfache Signallaufzeit zwischen ihnen sei T_{AB}. Station A beginne zum Zeitpunkt t eine Übertragung. Die ungünstigste Konstellation tritt dann ein, wenn Station B zum Zeitpunkt $t + T_{AB} - 2\varepsilon$ ihrerseits eine Übertragung beginnt und dadurch fast unmittelbar (nämlich zum Zeitpunkt $t + T_{AB} - \varepsilon$) eine Kollision erzeugt. Bis A diese Kollision bemerken kann, vergehen noch einmal $T_{AB} - \varepsilon$ Zeiteinheiten; d.h. es vergehen $2(T_{AB} - \varepsilon)$ Zeiteinheiten, im Grenzfall für $\varepsilon \to 0$ also $2\,T_{AB}$ Zeiteinheiten bis A eine Kollision feststellen kann.
>
> Um bei Stationen maximaler Entfernung eine Kollision sicher erkennen zu können, muß somit die minimale Dauer einer Blockübertragung $2\,T$ Zeiteinheiten betragen, wenn T die maximale einfache Signallaufzeit im Netz ist; sie ist damit eine Netzkonstante und unabhängig von den beteiligten Stationen.

Der Mechanismus der Kollisionserkennung führt somit zu einem kritischen Zusammenhang zwischen den Netzgrößen Übertragungsgeschwindigkeit, minimale Blocklänge, Netzausdehnung und Signallaufzeit.

Da die Signalausbreitungsgeschwindigkeit eine Materialkonstante des verwendeten Übertragungsmediums ist, ist die Signallaufzeit der Netzausdehnung direkt proportional und daher keine unabhängige Größe.

Die Abhängigkeit zwischen den Netzvariablen kann deshalb wie folgt beschrieben werden:

- Wenn (etwa im Zuge der technischen Entwicklung) die Übertragungsgeschwindigkeit vergrößert werden könnte, so müßte gleichzeitig die minimale Blocklänge vergrößert oder/und die Netzausdehnung verkleinert werden.

- Wenn eine größere Netzausdehnung zugelassen werden soll, müßte ebenfalls die minimale Blockgröße heraufgesetzt oder/und die Übertragungsgeschwindigkeit herabgesetzt werden.

Die Konsequenz ist, daß das CSMA/CD-Prinzip kaum entwicklungsfähig ist in Richtung auf höhere Übertragungsgeschwindigkeiten oder größere Netzausdehnung.

3.1.3.2 Das Rahmenformat beim CSMA/CD-Verfahren

Das Rahmenformat *(frame format)* des CSMA/CD-Verfahrens gemäß IEEE-Standard 802.3 ist in Abb. 42 gezeigt.

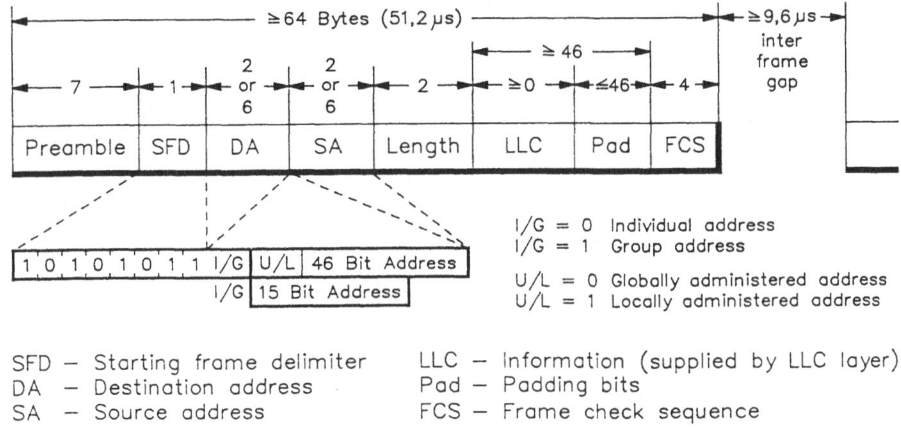

Abb. 42. IEEE 802.3 CSMA/CD: Rahmenformat

Preamble

Dieser Vorspann (Präambel) dient der Synchronisation der Empfangsschaltungen; er besteht aus einer binären '10'-Folge von mindestens 7 Bytes Länge.

Starting Frame Delimiter

Dieses Trennzeichen markiert den Anfang eines Informationsrahmens; es hat eine Länge von einem Byte und besteht wie die Präambel aus einer binären '10'-Folge, wobei aber das letzte Bit der Folge auf '1' gesetzt ist.

Destination Address

In diesem Feld wird die Zieladresse angegeben. Es besteht die Möglichkeit, 16- oder 48-Bit Adressen anzugeben; innerhalb eines Netzwerkes ist die Adreßlänge jedoch einheitlich festzulegen. In beiden Fällen entscheidet das erste Bit darüber, ob es sich um eine Individual- oder Gruppenadresse handelt. Da es sich um ein *Broadcast*-Netz handelt, bei dem alle Stationen eine Nachricht hören können, kann eine Nachricht auch an Gruppen von Teilnehmern, evtl. auch an alle geschickt werden.

Bei 48-Bit Adressierung entscheidet das zweite Bit darüber, ob die Adresse global oder lokal verwaltet wird. Der große Vorrat von etwa 10^{14} Adressen macht es möglich, jeder Station eine weltweit eindeutige Adresse zuzuordnen. Die Verwaltung dieser globalen Adressen wurde für CSMA/CD-Netze ursprünglich von der Xerox Corporation wahrgenommen; inzwischen wird die Vergabe für alle standardisierten LAN-Typen durch IEEE vorgenommen.

Source Address

Gibt die Adresse des Absenders an. Der Aufbau entspricht dem der Zieladresse; eine Absenderadresse ist aber immer eine Individualadresse.

Length Field   Das Längenfeld gibt die Länge des nachfolgenden Datenfeldes
                        an; die Maximallänge beträgt 1500 Bytes.
                        Abweichend vom IEEE-Standard 802.3 enthält der Ethernet-
                        Frame gemäß DIX-Firmengruppe an dieser Stelle ein *Type
                        Field*, welches Auskunft über die Nutzung des Rahmens gibt.

LLC-Information   Das Datenfeld enthält die Nutzdaten, die von der LLC-Schicht
                        an die MAC-Schicht übergeben werden; dazu gehören neben den
                        eigentlichen Benutzerdaten auch Steuerinformationen höherer
                        Ebenen.

Padding Bits   Beliebige Füllbits, mit denen (in Einheiten von Bytes) gegebe-
                        nenfalls das Datenfeld aufgefüllt wird.
                        Da — wie bereits dargelegt wurde — für die einwandfreie Funk-
                        tion des CSMA/CD-Verfahrens eine minimale Rahmenlänge er-
                        forderlich ist, muß das Datenfeld gegebenenfalls künstlich ver-
                        längert werden; die Angabe im Längenfeld erlaubt es, auf der
                        Empfängerseite die echten Nutzdaten von den Füllbits zu unter-
                        scheiden.
                        Die minimale Rahmenlänge beträgt 64 Bytes, was einer Über-
                        tragungszeit von 51,2 μs entspricht. Dies ist die *Slot Time*; sie
                        liegt um einige Mikrosekunden über der maximalen doppelten
                        Signallaufzeit im Netz.

Frame Check Sequence Es wird eine 32-Bit Prüfsequenz verwendet, die gemäß CRC-32
                        (CCITT) bestimmt wird.

Inter Frame Gap   Der zeitliche Abstand zweier aufeinanderfolgender Rahmen muß
                        mindestens 9,6 μs betragen. Der Rahmenabstand ist selbst nicht
                        Bestandteil eines Rahmens.

3.1.3.3 Netzaufbau

Basis eines Netzes ist der **Bus** (auch *ether* oder *trunk*). An diesen werden **Teilnehmerstationen** angeschlossen. Durch **Repeater** können mehrere Kabelsegmente zu einem größeren
Netz zusammengefügt werden.

Der Bus wird durch ein Koaxialkabel (auch als *trunk cable* oder nach der Farbe seines
Außenmantels als *Yellow Cable* bezeichnet) mit einer Impedanz von 50 $\pm$ 2 Ω realisiert,
dessen Dämpfung 17 db/km bei 10 MHz nicht überschreiten darf, und bei dem die Signalausbreitungsgeschwindigkeit wenigstens 0,77 c (c = Lichtgeschwindigkeit) betragen muß
(wichtig wegen der Laufzeitabhängigkeit des CSMA/CD-Verfahrens!).
Die Maximallänge eines Segments beträgt 500 m (d.h. $\leq$ 8,5 db Dämpfung/Segment), die
maximale (einfache) Laufzeit pro Segment somit 2,165 μs.
Der physische Anschluß an das Kabel wird durch einen als *Tap* bezeichneten Konnektor
hergestellt. Dabei wird ein Dorn in den Kabelinnenleiter gepreßt und gleichzeitig durch eine
Klemme der Kontakt zum Außenleiter hergestellt. Die Montage kann bei laufendem Netzbetrieb erfolgen.

Die Komponenten eines Ethernet-Anschlusses sind (vgl. Abb. 43):

- *Transceiver*
- *Transceiver Cable*
- *Ethernet Controller.*

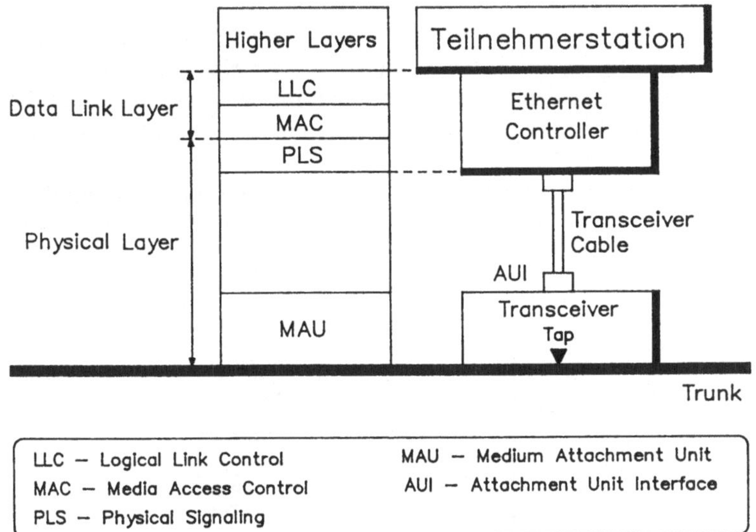

Abb. 43. Komponenten eines Ethernet-Anschlusses

Der *Transceiver (MAU = Medium Attachment Unit)* besteht aus dem *Tap* und dem eigentlichen *Transceiver (transmitter/receiver)*, einer Basisband-Sende-/Empfangseinheit. An ein Kabelsegment können gemäß der Spezifikation bis zu 100 *Transceiver* angeschlossen werden, wobei der Mindestabstand 2,5 m beträgt.

Das *Transceiver-Kabel (drop cable, branch cable)* verbindet den *Transceiver* mit dem zur Teilnehmerstation gehörenden *Ethernet Controller*. Das *Transceiver*-Kabel besitzt eine vom Bus-Kabel abweichende Spezifikation; es kann dünner und flexibler sein. Die minimale Signalausbreitungsgeschwindigkeit beträgt 0,65 c, die Maximallänge 50 m, woraus sich eine maximale Laufzeit von 0,256 μs ergibt.

Dem *Controller* steht durch diesen Aufbau netzseitig eine Schnittstelle *(AUI = Attachment Unit Interface* genannt) zur Verfügung, die von den spezifischen Eigenschaften des Übertragungsmediums und der gewählten Übertragungstechnik unabhängig ist. Dies ist wichtig, weil dadurch auch andere Medien und Übertragungsverfahren zum Einsatz kommen können (was IEEE 802.3 zuläßt), ohne daß der *Controller* davon berührt wird.

Der *Controller* realisiert die MAC- und LLC-Funktionen, und es besteht die Tendenz, auch die Funktionen höherer Kommunikationsschichten in den *Controller* zu verlagern, um die

Teilnehmersysteme von diesen Aufgaben zu entlasten. Zur Netzseite enthält der *Controller* noch die als PLS *(Physical Signaling)* bezeichnete Unterschicht, deren Aufgabe die Signalaufbereitung ist. Als Leitungscode wird Manchester Code verwendet.

Über **Repeater** können mehrere Segmente von je 500 m Länge zu größeren Netzen verbunden werden (vgl. Abb. 44). Repeater sind Verstärker, die die Signale regenerieren. Es gibt zwei verschiedene Typen von Repeatern, *Local Repeater*, die zwei Koaxialkabel-Segmente direkt verbinden, und *Remote Repeater*, die zwei Koaxialkabel-Segmente über eine Punkt-zu-Punkt-Verbindung *(Link)* von maximal 1000 m Länge verbinden. Für die Punkt-zu-Punkt-Verbindung werden häufig Lichtwellenleiter eingesetzt; die Signallaufzeit darf 2,57 μs nicht überschreiten. Eine Verbindung darf sich über maximal drei Koaxialkabel-Segmente erstrecken; die maximal zulässige Netzausdehnung unter Einschluß eines *Remote Repeaters* beträgt 2800 m.

Ein über Repeater zusammengesetztes Netz ist im Sinne der Abwicklung des Zugriffsverfahrens immer noch **ein** Netz, in dem zu einem Zeitpunkt nur eine Operation kollisionsfrei abgewickelt werden kann.

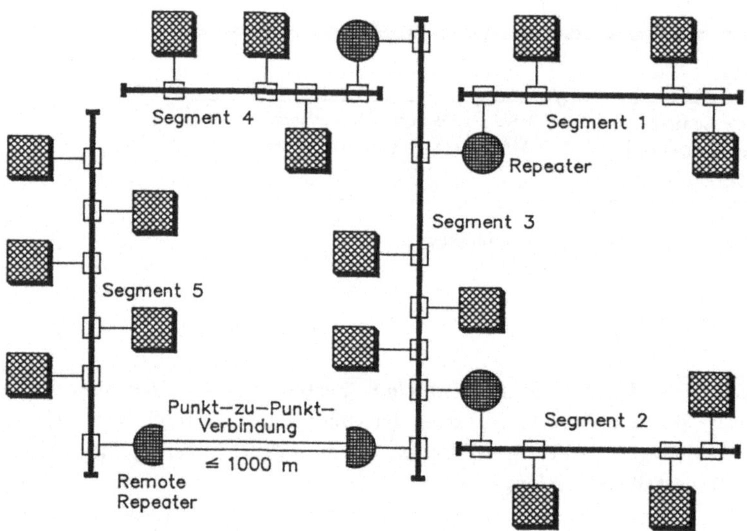

Abb. 44.   Struktur eines CSMA/CD-Netzes

Über ein **Brücke** *(MAC-Level-Bridge)* können nach dem gleichen Prinzip organisierte (also hier CSMA/CD-Verfahren), aber unabhängig arbeitende Segmente oder Teilnetze zu einem Gesamtnetz zusammengeschlossen werden.

Brücken sind Teilnehmerstation in jedem der beiden zu verbindenden Teilnetze. Sie übernehmen Informationsblöcke aus dem einen Teilnetz, wenn der Adressat nicht Teilnehmerstation in diesem Teilnetz ist, und übertragen sie in einer unabhängigen Operation zur Zieladresse im zweiten Teilnetz. Die Information wird also aufgrund der Zwischenspeicherung in der Brücke durch zwei zeitlich entkoppelte Übertragungsvorgänge befördert, d.h. die Vermittlung erfolgt nach dem *Store-and-Forward*-Prinzip.

Der Einsatz von Brücken bietet erhebliche Vorteile:

- Die bisherigen Beschränkungen bezüglich der Netzausdehnung entfallen.

- Es besteht — was gerade bei großen Netzen wichtig ist — die Möglichkeit der Strukturierung des Netzes, sowohl bezüglich geographischer wie insbesondere auch organisatorischer Gegebenheiten.

  Aufgrund der Filterfunktion, die eine Brücke dadurch realisiert, daß sie nur solche Informationsblöcke in ein anderes Teilnetz weiterleitet, deren Adressat dort angeschlossen ist, wird das Gesamtnetz von lokalem Verkehr (im Sinne eines Teilnetzes) entlastet. Dies führt bei entsprechender Laststruktur nicht nur zu einer erheblichen Verbesserung des Datendurchsatzes im Gesamtnetz, sondern auch zu einer Erhöhung der Sicherheit für alle Netzteilnehmer.

  Brücken sind zumindest konzeptionell in der Lage, weitergehende Beschränkungen bei Verkehrsbeziehungen zu realisieren, etwa dadurch, daß auf der Basis von Teilnehmeradressen (*MAC-level addresses*) der Datenfluß zwischen den Teilnetzen kontrolliert wird.

Zur Durchführung ihrer Aufgaben muß eine Brücke *Routing*-Funktionen realisieren, d.h. sie muß in Abhängigkeit von der in einem *Frame* angegebenen Zieladresse entscheiden, ob der Rahmen übernommen und in das andere Segment eingeschleust werden muß oder nicht. Das Überprüfen der Zieladressen der durchlaufenden Rahmen wird als *Filtering*, das Vermitteln in ein anderes Segment als *Forwarding* bezeichnet. *Filtering Rate* und *Forwarding Rate* kennzeichnen die Leistungsfähigkeit einer Brücke.

In CSMA/CD-Netzen wird *Transparent Bridging* (inzwischen in IEEE 802.1d standardisiert) verwendet, das den Vorteil hat, für die Teilnehmerstationen transparent zu sein; d.h. für diese ist das gesamte Netz **ein** logisches Netz, unabhängig von der durch Brücken realisierten Struktur des Netzes. Durch Abhören des Verkehrs auf beiden Segmenten "lernen" die Brücken (daher auch die Bezeichnung *Learning Bridges*), welche Adressen zu welchen Teilnetzen gehören und bauen auf dieser Information dynamisch und adaptiv ihre *Routing*-Tabellen auf.

Bei diesem Verfahren darf es zwischen beliebigen Teilnetzen (und damit Stationen) nur eindeutige Pfade geben, d.h. das Gesamtnetz muß *loop*-frei sein. In IEEE 802.1d ist ein als *Spanning Tree* bezeichnetes Verfahren definiert, welches von mehreren Pfaden zwischen zwei Stationen den günstigsten auswählt. Da i.a. eine Gewichtung der alternativen Pfade kaum möglich ist, wird von zwei Brücken, über die ein Pfad zu einer Zieladresse führt, diejenige mit der höheren Adresse ausgewählt, während die andere in den sogenannten Monitor-Status geht, in dem sie keine Rahmen mit der betreffenden Zieladresse zur Weiterleitung übernimmt, den Netzverkehr aber weiter beobachtet, um feststellen zu können, ob eine Veränderung des Netzzustands andere *Routing*-Entscheidungen erforderlich macht.

Bei anderen Netzen (z.B. beim HYPERchannel-10 der Fa. NSC und beim Token-Ring) wird ein anderes, *Source Routing* genanntes *Routing*-Verfahren verwendet; dieses wird bei der Beschreibung des Token-Rings erläutert.

Analog zu einem *Remote Repeater* kann auch eine *Remote Bridge* realisiert werden, indem wie bei einem *Remote Repeater* zwei an jeweils einem Teilnetz direkt angeschlossene Teilbrücken über eine Punkt-zu-Punkt-Verbindung miteinander gekoppelt werden. Da die beiden Teilnetze zeitlich entkoppelt operieren, gibt es für die Punkt-zu-Punkt-Verbindung keine Laufzeit- und damit auch keine Längenbeschränkungen; die Verbindung kann auch

über öffentliche Netze geführt werden. In einem solchen Fall ist jedoch zu beachten, daß
Weitverkehrsverbindungen i.a. deutlich weniger leistungsfähig sind als ein Ethernet, so daß
solche Brücken — bei entsprechender Verkehrslast — sehr schnell zu einem Flaschenhals
werden. Dies ist vor allem deshalb problematisch, weil auf der MAC-Ebene keine Flußkontrolle stattfindet, so daß eine überlastete Brücke die überzähligen Blöcke nur vernichten
kann, wodurch das Problem aber nicht dauerhaft gelöst wird, da dies von den höheren
Schichten festgestellt und eine Wiederholung veranlaßt wird.

3.1.3.4 Varianten des CSMA/CD-Verfahrens

Neben dem bisher beschriebenen "klassischen" Ethernet sind weitere Varianten des
CSMA/CD-Verfahrens standardisiert bzw. bei IEEE zur Standardisierung vorgeschlagen.
Zur Unterscheidung hat man eine die Verfahren charakterisierende systematische Bezeich-
nungsweise eingeführt:

$$< \textbf{Datenrate} > \quad < \textbf{Übertragungsverfahren} > \quad < \textbf{Segmentlänge} >$$

↑	↑	↑
in Mbps	BASE = Basisband	in 100 m
	BROAD = Breitband	

Das normale Ethernet trägt danach die Bezeichnung 10BASE5 für 10 Mbps Übertragungsgeschwindigkeit, Basisband-Übertragungstechnik und 500 m maximale Segmentlänge.

Cheapernet *(Thinwire Ethernet)*. In der oben angegebenen Systematik trägt dieses Verfahren die Bezeichnung 10BASE2. Ziel dieser Variante ist die Bereitstellung einer verbilligten
Ethernet-Version. Ausgangspunkt ist die Verwendung eines billigeren (aber auch dünneren
und flexibleren und damit leichter zu verlegenden) Kabels wie etwa RG58 A/U, welches in
Laborumgebungen häufig verwendet wird. Der Anschluß an das Medium ist technisch anders gelöst als beim normalen Ethernet: Da das Kabel flexibel ist, kann es ohne Schwierigkeit bis an die Teilnehmerstation geführt werden, und dadurch die Anschlußeinheit physisch dort integriert werden. Der Anschluß erfolgt über handelsübliche BNC-Stecker.

Einschränkungen ergeben sich beim Cheapernet bezüglich der maximalen Segmentlänge
und der Zahl der anschließbaren Teilnehmerstationen. Da das vorgesehene Kabel eine wesentlich höhere Dämpfung hat als das Standard-Ethernet-Kabel, muß — um die Dämpfung
von 8,5 db pro Segment (bei 10 MHz) nicht zu überschreiten — die Länge eines Segments
auf knapp 200 m begrenzt werden; die niedrigere Signalausbreitungsgeschwindigkeit von
0,65 c im Kabel ist wegen dieser Längenbeschränkung unproblematisch. An ein Segment
können maximal 30 Anschlußeinheiten in einem minimalen Abstand von 0,5 m installiert
werden.
Die Änderungen beim Cheapernet beziehen sich jedoch ausschließlich auf die Bitübertragungsschicht, so daß — da auch die Übertragungsgeschwindigkeit identisch ist — Ethernet-
und Cheapernet-Segmente über geeignete Repeater (und natürlich auch Brücken) zusammengeschlossen werden können.

Breitband-Ethernet. Diese Version trägt die Bezeichnung 10BROAD36. Bei Breitbandver-
fahren wird das Nutzsignal auf eine Trägerfrequenz aufmoduliert. Durch die Aufteilung der

Bandbreite eines Kabels in unabhängig nutzbare Frequenzbänder wird eine Mehrfachnutzung des Kabels möglich. Ein einzelnes Frequenzband kann dabei ähnlich wie ein Basisbandkanal genutzt werden.

Es liegt nahe, einen solchen Kanal für ein Ethernet zu nutzen. Die Änderungen gegenüber dem normalen Ethernet betreffen den *Transceiver* und die gesamte Bitübertragungsschicht. Ab der Schnittstelle am *Transceiver*-Kabel sind die Komponenten unverändert. Das Netz selbst ist völlig verschieden vom klassischen Bus-Ethernet. Es handelt sich um ein auf 75 Ω Koaxialkabel basierendes CATV-Netz in Baumstruktur mit einer Kopfstation; unterstützt wird Ein- oder Zweikabel-Technik. Es wird ein Frequenzband von 18 MHz benötigt. Wesentliche Unterschiede bestehen insbesondere bei der Entdeckung und Behandlung von Kollisionen, da das normale Verfahren nicht auf Breitbandtechnik übertragbar ist.

StarLAN. Bei der als StarLAN bezeichneten Version (1BASE5) handelt es sich um eine Billigversion eines CSMA/CD-Netzes mit einer Übertragungsrate von 1 Mbps auf der Basis verdrillter Kupferdoppeladern. Die Stationen sind sternförmig an eine zentrale Vermittlungseinheit *(Hub)* angeschlossen. Es können mehrere solcher Vermittlungseinheiten hintereinandergeschaltet werden, so daß ein Netz in Baumstruktur aufgebaut werden kann. Der Verzweigungsbaum darf maximal 5-stufig sein; die Entfernung zwischen zwei *Hubs* darf maximal 500 m, zwischen einem *Hub* und einer daran angeschlossenen Teilnehmerstation 250 m betragen.

Kernpunkt dieser Variante ist die Verwendung verdrillter Leitungen (zwei Doppeladern pro Verbindung), die darauf abzielt, die vielerorts vorhandene Fernsprechverkabelung nutzen zu können.

10BASE-T. Der neue 10BASE-T-Standard definiert (konzeptionell dem StarLAN vergleichbar) ein CSMA/CD-LAN mit der Standardgeschwindigkeit von 10 Mbps auf UTP-Kabeln *(Unshielded Twisted Pair)* in Sterntopologie. Entsprechend den Standards für eine strukturierte Gebäudeverkabelung darf die Entfernung einer Teilnehmerstation von einem zentralen Verteilpunkt *(Hub)* 100 m betragen. 10BASE-T-*Hubs* müssen den Spezifikationen eines IEEE 802.3 Repeaters entsprechen, d.h. die Signale nicht nur verstärken, sondern regenerieren.

Optische CSMA/CD-LANs. Andere Topologien und eine größere Netzausdehnung können durch weitgehende Verwendung von Lichtwellenleitern erzielt werden. Solche Systeme basieren auf einer Sterntopologie (auch kaskadierte Sterne), da Glasfaserstrecken i.a. als Punkt-zu-Punkt- oder Punkt-zu-Mehrpunkt-Verbindungen betrieben werden. Zentrale Elemente solcher Systeme sind optische Sternkoppler, die aktiv oder passiv ausgeführt sein können. Bei passiven Sternkopplern — die als passive Netzelemente u.a. allerdings den Vorteil geringerer Ausfallwahrscheinlichkeit haben — ist wegen der Verzweigungsdämpfung die Zahl der Kanäle beschränkt.

Relativ große Freiheit bei der Netzgestaltung bieten Systeme auf der Basis aktiver Sternkoppler.

Optische Komponenten für CSMA/CD-Netze sind seit etwa 1985 auf dem Markt. Aufgrund fehlender Standards handelt es sich dabei um firmenspezifische Lösungen, und die daraus resultierende, den Intentionen eines Standards zuwiderlaufende Firmenabhängigkeit war der Verbreitung solcher Komponenten nicht förderlich.

Inzwischen liegen mehrere IEEE 802.3-Standards für optische Komponenten vor.

FOIRL *(Fiber Optic Inter-Repeater Link)*. Hierdurch werden die Komponenten für eine LWL-Übertragungsstrecke definiert, die anstelle der üblichen Koaxialkabelverbindung benutzt werden kann, um zwei *Remote Repeater* miteinander zu verbinden. Dadurch steigt die maximale Entfernung von 500 m auf 1 km.

Eine solche Übertragungsstrecke besteht aus zwei durch den Standard spezifizierten FOMAUs *(Fiber Optic Medium Attachment Units)*, die durch zwei Glasfasern (Referenzfaser 62,5/125 μm) miteinander verbunden sind; die Verbindung ist vollduplex.

10BASE-F. Der Standard besteht aus drei Abschnitten

- *Fiber Optic Medium/Common Elements of Star and MAU,*

- *Passive Star and MAU,*

- *Active Star and MAU.*

Der erste Teil enthält die Hardware-Spezifikationen, die vom Typ des Sternkopplers (aktiv oder passiv) unabhängig sind.

Als Lichtwellenleiter ist eine Gradientenfaser der Abmessung 62,5/125 μm spezifiziert (Referenzfaser); die anderen gängigen Abmessungen sind ebenfalls zugelassen. Für die Verbindung der MAU und des Sternkopplers mit der Faser sind 'ST'-Stecker (IEC-Standard) vorgeschrieben. Die optische Wellenlänge für die Signalübertragung ist 850 nm.

Passiver Stern

Die wichtigste Komponente des passiven Sterns ist der passive Sternkoppler. Bei diesem wird die Aufspaltung eines über einen Eingang *(input port)* eingespeisten optischen Signals auf die Ausgänge *(output ports)* durch passive optische Komponenten (z.B. Verschweißen eines Faserbündels) bewerkstelligt. Ein passiver Sternkoppler besteht aus einem in ein Gehäuse eingebauten Koppelelement dieser Art, versehen mit einer der Zahl der *Ports* entsprechenden Anzahl von Konnektoren für den Anschluß der Lichtwellenleiter.

Eine passive MAU ist über maximal 500 m lange Lichtwellenleiter mit einem Eingang und einem Ausgang des passiven Sterns verbunden.

Da die an einer MAU empfangenen optischen Signalpegel, abhängig von der sendenden MAU und dem Pfad, sehr unterschiedlich sein können, reicht zur Kollisionserkennung eine Überwachung des Gleichspannungspegels wie beim Koaxialkabel nicht aus. Es werden deshalb Codeverletzungen (CRV = *Code Rule Violations*), die bei der Überlagerung von Manchester-codierten Signalen entstehen, für die Kollisionserkennung herangezogen. Damit durch kollidierende Rahmen unter allen Bedingungen eine Codeverletzung erzeugt wird, ersetzt die sendende MAU einen Teil der Präambel durch eine der MAU eindeutig zugeordnete, 32 Bits lange Kennung, so daß auch bei gleicher Phase an den unterschiedlichen Bitpositionen eine Codeverletzung entsteht. Die empfangende MAU ersetzt die modifizierte Präambel wieder durch die normale, bevor sie den Rahmen weiterreicht.

Um die Anforderungen bei der Erkennung von Codeverletzungen aufgrund dynamischer Pegelunterschiede in Grenzen zu halten, wird als Bezugskomponente ein Sternkoppler mit 33 mit Konnektoren versehenen *Ports* zugrundegelegt. Bei Sternkopplern mit einer kleineren Zahl von *Ports* müssen durch künstliche Dämpfungsmaßnahmen die gleichen Verhältnisse geschaffen werden.

Ebenso wie die FOMAU des *Fiber Optic Inter-Repeater Link* entspricht auch die passive MAU *Controller*-seitig der Koax-MAU.

Passive Sterne können wie Koaxialkabelsegmente durch Repeater zu größeren Netzen zusammengefaßt werden.

Aktiver Stern

Ein aktiver Sternkoppler verknüpft mehrere LWL-Verbindungen (jede besteht aus zwei Fasern, eine pro Übertragungsrichtung), wobei die Signale regeneriert werden. Am anderen Ende einer solchen Verbindung kann eine Station, ein Repeater oder ein weiterer aktiver Stern angeschlossen sein (vgl. Abb. 45).

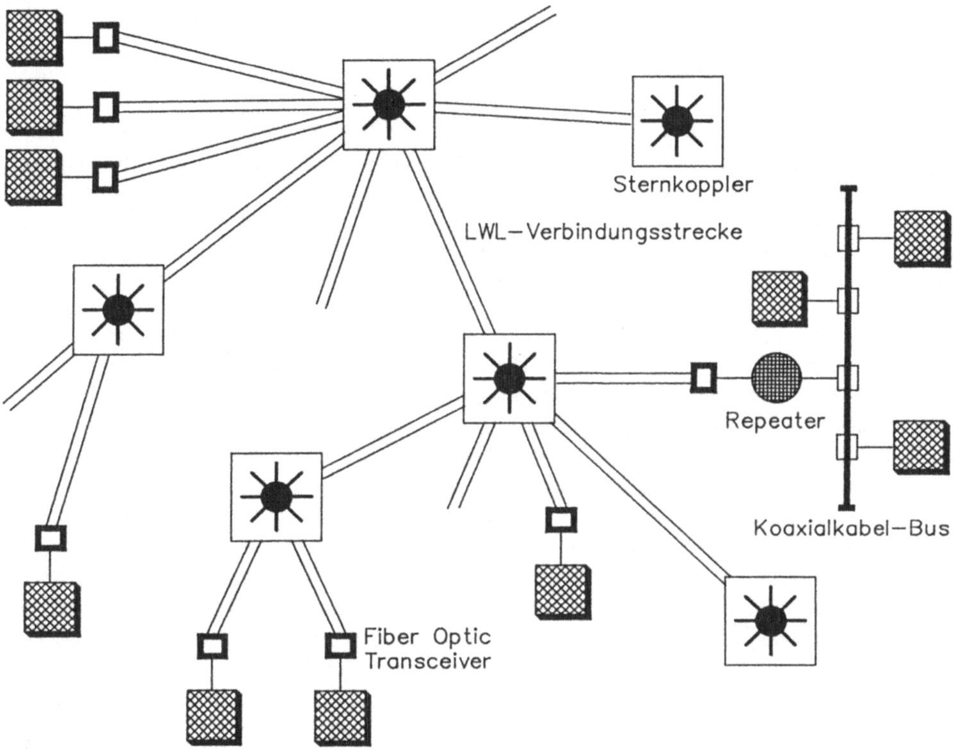

Abb. 45. Optisches CSMA/CD-LAN mit aktiven Sternkopplern

Aktiver Sternkoppler und angeschlossene MAU (d.h. die beiden Enden einer LWL-Verbindung) sind immer aufeinander synchronisiert, da ein *Idle*-Signal übertragen wird, wenn keine Daten zu übertragen sind, und Datenübertragungen synchron zum *Idle*-Signal erfolgen. Weil die sonst vor einer Datenübertragung erforderliche Synchronisation zwischen Sender und Empfänger entfällt, ist die durch einen aktiven Stern erzeugte Verzögerung deutlich geringer als die durch einen Repeater verursachte Verzögerung. Aus diesem Grunde kann die Zahl der kaskadierten aktiven Sternkoppler größer sein als die Zahl der Repeater (4), ohne daß die in IEEE 802.3 spezifizierte *Slot Time (Round Trip Delay)* von 51,2 μs überschritten wird.

Eine aktive MAU erkennt Kollisionen dadurch, daß sie über ihren Eingang Daten empfängt, während sie über ihren Ausgang sendet, der aktive Sternkoppler dadurch, daß er gleichzeitig über mehr als einen Eingang Daten empfängt.
Die Vorteile des aktiven Sterns sind:

- Die Zahl der *Ports* ist theoretisch unbegrenzt.
- Die maximale Entfernung zwischen aktivem Sternkoppler und einer angeschlossenen MAU beträgt wie beim FOIRL 1 km (im Gegensatz zu 500 m beim passiven Sternkoppler).
- Es können auch ohne den Einsatz von Repeatern komplexe Topologien realisiert werden.

3.1.4   IEEE 802.4 − Token-Bus

Beim Token-Bus handelt es sich um ein Verfahren, bei dem der Zugriff zum Medium durch *Token Passing* geregelt wird. Das Netz besitzt Bus- oder Baumstruktur und wird in Breitbandtechnik betrieben.
Da es in den USA bereits seit vielen Jahren im privaten Bereich CATV *(community antenna televison; Kabelfernseh)*-Netze gibt und diese Technik auch im industriellen Bereich Anwendung findet, lag es nahe, für diese Infrastruktur LANs zu definieren.

Das Token-Bus-Verfahren kommt bei einer Reihe von kommerziell angebotenen Netzwerkprodukten zur Anwendung (z.B. ARCnet der Fa. Datapoint Inc.), besondere Bedeutung hat es aber durch die MAP *(Manufacturing Automation Protocol)*-Aktivitäten erhalten, insbesondere in Europa, wo Breitbandnetze bisher vergleichsweise geringe Bedeutung haben. Die Nachteile von Breitband-LANs, insbesondere die mangelnde Flexibilität bei nicht vorgeplanten Veränderungen, wirken sich in einer Fertigungsumgebung weniger stark aus als in einer Büroumgebung. Positiv ist die gute Abbildbarkeit von typischen Strukturen im Fertigungsbereich (Verzweigungsbaum) und die relative Unempfindlichkeit der Breitbandübertragungstechnik gegenüber vergleichsweise niederfrequenten Einstreuungen. Noch weit unempfindlicher sind allerdings auf Lichtwellenleitern basierende Systeme, und es muß gerade im industriellen Umfeld als Nachteil der Bus-Systeme angesehen werden, daß sie sich nicht in naheliegender Weise auf Lichtwellenleiter übertragen lassen.
Es wird allerdings − ebenso wie beim CSMA/CD-Bus − an einer Umsetzung auf Lichtwellenleiter gearbeitet, wobei aber in allen Fällen eine Sterntopologie herauskommt, der Stern jedoch wie ein Diffusionsnetz betrieben wird; d.h. das zentrale Element verteilt die Informationen an alle angeschlossenen Einheiten.

3.1.4.1   Das Prinzip des Token-Bus

Token Passing als Prinzip zur Organisation des Zugriffs auf ein allgemeines Medium, verwendet einen Token (Sendeberechtigung), der von Station zu Station gereicht wird und diejenige Station, die sich im Besitz des Token befindet, dazu berechtigt, das gemeinsame Medium für eine befristete Zeit für eine Datenübertragung zu nutzen. Dadurch wird grundsätzlich − auch wenn das zugrundeliegende Netz eine andere Topologie besitzt − ein logischer Ring definiert.
Beim Token-Bus, bei dem es keine natürliche Reihenfolge der Teilnehmerstationen gibt (anders als beim Token-Ring), kann die Token-Weitergabe unabhängig von den Positionen der Teilnehmerstationen am Bus erfolgen (vgl. Abb. 46).

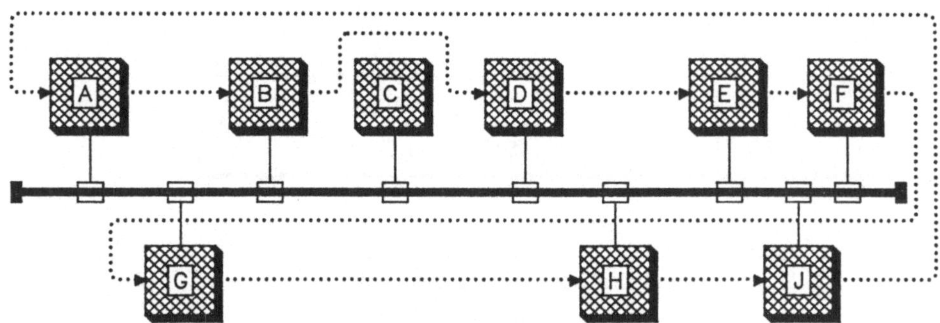

Abb. 46. Teilnehmerstationen an einem Token-Bus

Es ist dafür zu sorgen, daß alle aktiven Stationen Bestandteil des logischen Rings (Zyklus) sind und der Ring geschlossen ist, indem die letzte Station den Token an die erste Station des Zyklus weitergibt. Weil es keine natürliche Reihenfolge gibt, muß der Token durch einen speziellen Informationsrahmen *(token frame)* an die Folgestation weitergegeben werden, die explizit adressiert werden muß. Im normalen Betriebszustand folgen nach Erhalt des Token bei sendebereiten Stationen im Wechsel immer eine Datentransferphase zur Übertragung von Daten und eine Token-Transferphase zur Weitergabe der Sendeberechtigung; nicht sendebereite Stationen geben die Sendeberechtigung sofort weiter.

3.1.4.2 Das Rahmenformat beim Token-Bus-Verfahren

Die Felder eines Rahmens (Abb. 47) werden nachfolgend beschrieben.

Preamble
Die Übertragungsdauer der Präambel muß mindestens 2 μs betragen, woraus sich je nach Übertragungsrate eine äquivalente Länge von mindestens einem Byte ergibt.

Starting Delimiter
Trennzeichen, welches den Anfang eines Rahmens markiert.

Frame Control Byte
Das Kontrollfeld beschreibt die Funktion des Rahmens. Die Bitfolge ′00001000′ kennzeichnet den Rahmen als Token, die Bitfolge ′01PPP000′ als Datenblock (P = Prioritätsangabe; es gibt vier Dienstklassen).
Es sind noch weitere Rahmentypen definiert, die Bedeutung bei der Abwicklung des komplexen Token-Bus-Protokolls haben.

Destination Address
In diesem Feld wird die Zieladresse angegeben. Es besteht die Möglichkeit, 16- oder 48-Bit Adressen anzugeben; innerhalb eines Netzwerkes ist die Adreßlänge jedoch einheitlich festzulegen. In beiden Fällen entscheidet das erste Bit darüber, ob es sich um eine Individual- oder Gruppenadresse handelt. Da es sich um ein *Broadcast*-Netz handelt, bei dem alle Stationen eine Nachricht hören können, kann eine Nachricht auch an Gruppen von Teilnehmern, evtl. auch an alle geschickt werden.

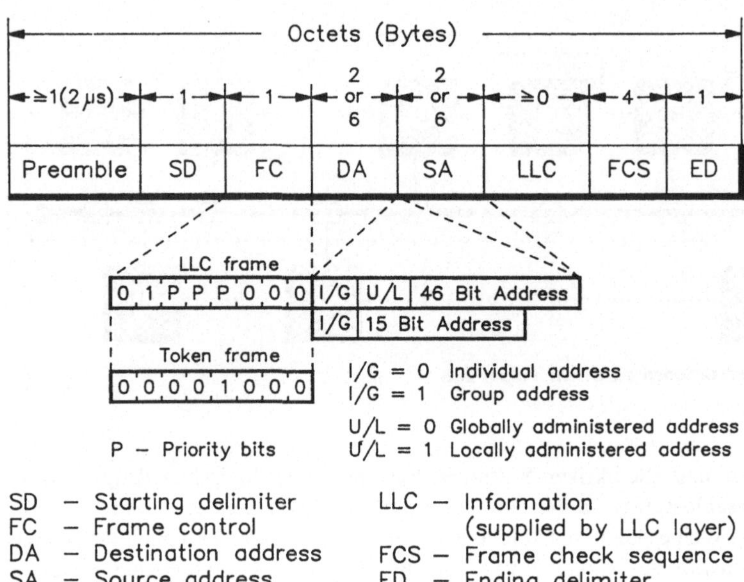

Abb. 47. IEEE 802.4 Token-Bus: Rahmenformat

Bei 48-Bit Adressierung entscheidet das zweite Bit darüber, ob die Adresse global oder lokal verwaltet wird. Der große Vorrat von etwa 10^{14} Adressen macht es möglich, jeder Station eine weltweit eindeutige Adresse zuzuordnen. Die globalen Adressen werden von IEEE verwaltet.
Bei einem *Token Frame* enthält dieses Feld die Adresse der Folgestation.

Source Address   Gibt die Adresse des Absenders an. Der Aufbau entspricht dem der Zieladresse; eine Absenderadresse ist aber immer eine Individualadresse.

LLC-Information   Das Datenfeld enthält die Nutzdaten, die von der LLC-Schicht an die MAC-Schicht übergeben werden; dazu gehören neben den eigentlichen Benutzerdaten auch Steuerinformationen höherer Ebenen.

Frame Check Sequence   Es wird eine 32-Bit Prüfsequenz verwendet, die gemäß CRC-32 (CCITT) bestimmt wird.

Ending Delimiter   Trennzeichen, welches das Ende des Rahmens markiert.

3.1.4.3 Die Funktion des Token-Bus

Das Token-Bus-Verfahren ist vom logischen Ablauf her weitaus komplexer als etwa das CSMA/CD-Verfahren und zum ordnungsgemäßen Betrieb sind eine Reihe von Funktionen zu erbringen. Dazu zählen:

- Initialisieren des logischen Rings (beim Start oder nach katastrophalen Fehlern).

- Einfügen von Stationen in den logischen Ring.

- Herausnehmen von Stationen aus dem logischen Ring.

- Verwaltung des Token.
  Es muß sichergestellt werden, daß nach einer Datentransferphase (nach Ablauf der maximalen *Token Holding Time)* eine Station einen neuen Token generiert und an ihre Folgestation weitergibt.
  Andererseits darf zu keinem Zeitpunkt mehr als ein Token im Netz existieren.

Das Token-Bus-Verfahren ist ein Verfahren mit verteilter Kontrolle, bei dem jede Station in der Lage ist, die entsprechenden Funktionen auszuführen. Initiiert werden die meisten Funktionen von derjenigen Station, die sich im Besitz des Token befindet; dies ist zwingend so, da die Funktionen durch das Aussenden entsprechender Kontroll-Rahmen initiiert und gesteuert werden und nur diese Station sendeberechtigt ist. Es wird dadurch aber keine zentrale Kontrolle etabliert, da ja alle aktiven Stationen reihum in den Besitz des Token gelangen. Bevor die oben aufgezählten Funktionen näher beschrieben werden, sind noch zwei Feststellungen zu treffen:

1. Den Stationen am Bus sind Adressen zugeordnet, und der logische Ring ist nach (fallenden) Adressen geordnet, d.h. auch die Weitergabe des Token erfolgt in der Ordnung der Adressen. Die Vergabe der Adressen am Bus ist frei, so daß eine beliebige Reihenfolge erzielt werden kann.
2. Bei einigen Funktionen spielt als vordefinierte Wartezeit die *Slot Time* eine Rolle. Sie entspricht dem Doppelten der maximalen Signallaufzeit (in einer Richtung), und wird auch als *Round Trip Delay* bezeichnet. Bei gegebenem Netz ist dies eine Konstante.

Initialisieren des Rings

Zunächst muß (genau) ein Token erzeugt werden. Das Fehlen eines Token wird durch das Ablaufen eines Aktivitäts-Timers festgestellt. Eine Station, die das Fehlen des Token feststellt, sendet einen ́Beanspruche-Token ́-Rahmen *(claim token frame)* aus; dies ist der einzige Fall, in dem eine Station senden darf, ohne im Besitz des Token zu sein. Verkompliziert wird der Vorgang dadurch, daß gleichzeitig mehrere Stationen das Fehlen des Token feststellen und die entsprechende Aktion starten können. Der Konflikt wird durch den Initialisierungsalgorithmus aufgelöst, durch den genau eine Station bestimmt wird, die sich dann im Besitz des Token befindet. Der weitere Aufbau des (logischen) Rings erfolgt dann durch Hinzufügen neuer Stationen.
Am Ende dieses Vorgangs ist der Ring etabliert, und jede Station kennt die Adresse ihres Vorgängers und ihres Nachfolgers. Diese Kenntnis ist essentiell, damit eine Station weiß, an welche Station sie den Token weiterreichen muß. In einigen Fällen (z.B., wenn sich eine Station aus dem Ring ausgliedern will) ist auch die Kenntnis der Vorgängerstation erfor-

derlich. Diese Information ist in jedem Token-Rahmen enthalten und kann immer aktualisiert werden, wenn eine Station den Token erhält.

Eingliedern einer Station in den Ring

Ein einmal etablierter Ring ist ein in sich geschlossenes Gebilde, in das andere Stationen während der normalen Operation (Daten senden, Token weiterreichen) nicht eindringen können. Es ist daher Aufgabe der aktiven Stationen, anderen inzwischen sendebereit gewordenen Stationen die Chance zu bieten, in den Ring aufgenommen zu werden.

Dazu senden die aktiven Stationen in regelmäßgen Abständen — wenn sie im Besitz des Token sind — einen *Solicit Successor Frame* ('Bitte-um-Nachfolger'-Rahmen), der die Adresse der sendenden Station (N) und ihres derzeitigen Nachfolgers ($N - L$) enthält. Dies ist eine Aufforderung an Stationen, deren Adressen zwischen derjenigen der sendenden Station und ihres Nachfolgers liegen ($N - 1, ..., N - L + 1$), sich zu melden, falls sie in den Ring aufgenommen werden wollen.
Danach wartet die Station eine als *Response Window* bezeichnete Zeit (Dauer 1 *Slot*) auf einen *Request Entrance Frame* (Anforderungsantwort-Rahmen). Es können nun drei Fälle auftreten:

1. Innerhalb des Zeitfensters trifft keine Antwort ein. In diesem Fall will keine Station im angesprochenen Adreßbereich in den Ring aufgenommen werden, und die initiierende Station gibt den Token an ihre bisherige Nachfolgestation ($N - L$) weiter.

2. Es antwortet genau eine Station ($N - K$, $K < L$). In diesem Falle wird die Station in den Ring aufgenommen, indem die initiierende Station (N) die Adresse dieser Station ($N - K$) als die ihres (neuen) Nachfolgers einträgt. Die neu aufgenommene Station ($N - K$) hat als Vorgänger die Station N und als Nachfolger die Station $N - L$. Die Station N übergibt dann den Token an die neu aufgenommene Station. Sobald diese ihrerseits den Token an die Station $N - L$ weitergibt, kann diese die Adresse $N - K$ als die ihrer Vorgängerstation eintragen.

3. Es antworten mehrere Stationen (für die initiierende Station dadurch erkennbar, daß sie nicht identifizierbare Signale (Rauschen) empfängt).

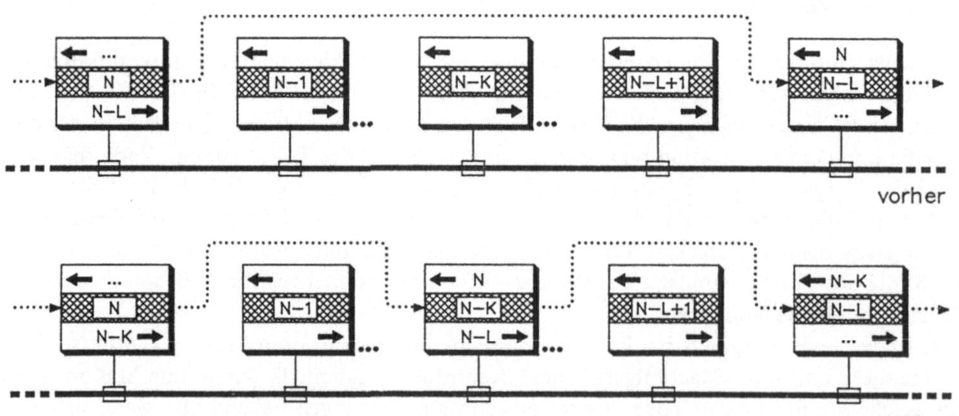

Abb. 48. Eingliedern einer Station in den Ring

Die Auflösung des Konflikts erfolgt auf der Basis der Adressen. Die im Token-Besitz befindliche Station sendet nun einen *Resolve Contention Frame* ('Löse-Anfragekonflikt'-Rahmen) und wartet vier Antwortzeitfenster. Gemäß den ersten beiden Bits ihrer Adresse ordnen sich die nachfragenden Stationen den Zeitfenstern zu. In dem ihnen zugeordneten Zeitfenster dürfen die Stationen antworten, wenn bis zu diesem Zeitpunkt keine andere Station in einem der vorherigen Zeitfenster geantwortet hat.
Es können nun wieder zwei Fälle auftreten:

a. Es meldet sich genau eine Station. Dieser Fall tritt ein, wenn ein Zeitfenster aufgrund der Adreßbits genau einer der konkurrierenden Stationen zugeordnet ist und zeitlich vor anderen evtl. mehrfach besetzten Zeitfenstern liegt. In diesem Falle kann die Station in den Ring aufgenommen werden.

b. Es melden sich mehrere Stationen (Rauschen). In diesem Falle wird die Prozedur mit den nächstfolgenden zwei Adreßbits wiederholt, wobei sich nur solche Stationen an dem Auswahlprozeß beteiligen dürfen, die sich schon vorher um die Eingliederung in den Ring beworben hatten.
Der Prozeß wird fortgesetzt, bis ein eindeutig bestimmter Nachfolger gefunden wurde, sich keine eingliederungswillige Station mehr meldet oder ein Wiederholungszähler abläuft.

Ausgliedern einer Station aus dem Ring

Das (geordnete) Ausgliedern einer Station aus dem Ring ist wesentlich einfacher als das Eingliedern, da eine Konkurrenz-Situation nicht eintreten kann.
Eine Station N habe den Vorgänger $N + K$ und den Nachfolger $N - L$. Wenn die Station N den Ring verlassen will, teilt sie — sobald sie sich im Besitz des Token befindet — ihrer Vorgängerstation ($N + K$) durch Aussenden eines *Set Successor Frame* ('Setze-Nachfolger'-Rahmen) die Adresse ihres eigenen Nachfolgers ($N - L$) als neue Nachfolgeradresse mit und koppelt sich vom Ring ab. Sobald die Station $N - L$ den Token von der Station $N + K$ bekommt, weiß sie, daß nun die Station $N + K$ ihre Vorgängerstation ist (vgl. Abb. 49).
Eine Station kann sich auch vom Ring abkoppeln, indem sie einfach nicht mehr antwortet, was z.B. auch geschieht, wenn eine Station ausfällt. Dies ist jedoch eine Fehlerbedingung, die mit der Verwaltung des Token zusammenhängt.

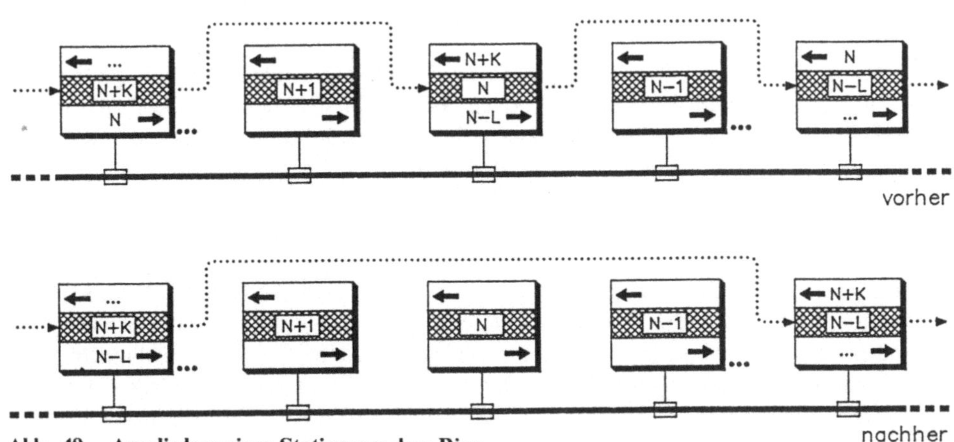

Abb. 49. Ausgliedern einer Station aus dem Ring

Verwaltung des Token

Besondere Aufgaben bezüglich der Verwaltung des Token und der Bewältigung von Fehlerbedingungen hat diejenige Station, die sich gerade im Besitz des Token befindet.
Wenn beispielsweise eine Station, die sich im Besitz des Token befindet, registriert, daß eine andere Station sendet (sich offensichtlich also auch im Besitz eines Token befindet), so verzichtet sie auf ihr Senderecht und kehrt in den Abhörmodus zurück; dadurch sinkt die Zahl der Stationen mit Sendeberechtigung auf 1 oder 0.

Wenn eine Station den Token an ihre Nachfolgestation weiterreicht, überwacht sie für die Dauer eines Zeitfensters *(slot)* den Kanal. Die Station, die den Token empfängt, wird im Normalfall sofort mit einer Datenübertragung beginnen oder den Token weiterreichen, jedenfalls einen ordnungsgemäßen Rahmen aussenden.
Es können nun verschiedene Ereignisse eintreten:

- Die Station, an die der Token gesendet wurde, ist aktiv und verhält sich korrekt, indem sie einen Rahmen (Daten oder Token) aussendet. Dies hört die den Bus überwachende Station, die den Token abgegeben hat; sie geht nun vom ordungsgemäßen Funktionieren des Netzes aus und kehrt in den Abhörmodus zurück.

- Wenn die überwachende Station auch nach dem zweiten Versuch, den Token an ihre Nachfolgestation weiterzugeben, keine Reaktion der angesprochenen Station feststellt, so nimmt sie an, daß die Nachfolgestation ausgefallen ist, und sendet einen *'Who-follows'* Frame (wer folgt), um die Adresse der nächsten aktiven Station hinter der ausgefallenen Station festzustellen. Sie erwartet als Antwort darauf einen *Set Successor Frame*, in dem die nächste aktive Station in der Sequenz ihre Adresse übergibt. Wenn dies geschieht, setzt sie diese Adresse als die ihrer Folgestation ein und übergibt den Token.

- Wenn der Versuch, die nächste Station in der Sequenz festzustellen, auch nach einer Wiederholung der obigen Prozedur fehlschlägt, so sendet die Station einen *Solicit Successor Frame* ('Bitte um Nachfolger'-Rahmen) über den gesamten Adreßbereich aus, so daß sich alle aktiven Stationen melden können. Wenn dies Erfolg hat (vgl. 'Eingliedern einer Station'), so existiert ein aus zwei Stationen bestehender Ring, in den dann weitere Stationen aufgenommen werden können.

- Wenn nach einer Wiederholung auch diese Maßnahme nicht zum Erfolg führt, so geht die Station davon aus, daß im Netz ein katastrophaler Fehler vorliegt oder der eigene Sender/Empfänger nicht funktioniert. Sie startet keine weitere Aktivität, sondern geht in den Abhörmodus.

3.1.4.4 Netzaufbau

Wichtige Komponenten für den Aufbau eines Netzes sind (ähnlich wie beim CSMA/CD-Verfahren) die Token-Bus-*Controller*, die wenigstens die Funktionen der Schicht 2 (insbesondere also die Steuerung des Medienzugriffs) erbringen, aber auch intelligenter sein und dann zusätzlich Funktionen höherer Schichten übernehmen können. Solche *Controller* sind verfügbar (entwickelt im Rahmen der MAP-Aktivitäten oder für kommerziell erhältliche Token-Bus-LANs).

Weitere Komponenten sind abhängig von der Übertragungstechnik und dem Kabelsystem. Hier läßt IEEE 802.4 drei Varianten zu:

1. Einkanal-Bus mit phasenkontinuierlicher FSK
    Bei diesem Frequenzmodulationsverfahren werden die Frequenzen 3,75 MHz und 6,25 MHz in einem Basisbandkanal benutzt. Der binäre Datenstrom ist in *Differential Manchester*-Codierung vorcodiert; das Verfahren arbeitet mit einer Datenrate von 1 Mbps.

2. Einkanal-Bus mit phasenkohärenter FSK
    Hierbei wird ebenfalls ein Frequenzmodulationsverfahren in einem Basisbandkanal verwendet. Die verwendeten Frequenzen sind 5 und 10 MHz (Datenrate 5 Mbps) oder 10 und 20 MHz (Datenrate 10 Mbps); in diesem Falle wird der binäre Datenstrom direkt codiert.

3. Gerichteter Breitband-Bus mit Kopfstation
    Basis ist ein Breitbandnetz in CATV-Technik (Verzweigungsbaum) mit den üblichen Komponenten wie *Trunk, Tap, Splitter*, Remodulator (Kopfstation), Modems usw.; zulässig sind Ein- und Zweikabelsysteme. Für die Übertragung wird *Multilevel Duobinary AM/PSK* verwendet. Es sind drei Amplitudenwerte möglich, wovon der dritte aber nicht für die Datendarstellung, sondern für besondere Symbole (z.B. Trennzeichen) verwendet wird. Mögliche Datenraten sind 1, 5 oder 10 Mbps, die jeweils erforderliche Bandbreite des Übertragungskanals beträgt 1,2, 6 oder 12 MHz.

3.1.5   IEEE 802.5 − Token-Ring

Eine wichtige und variantenreiche Klasse bilden die LANs in Ring-Topologie, bei denen die Teilnehmerstationen − wie bei den bisher besprochenen LANs − an ein gemeinsames Übertragungsmedium angeschlossen sind, welches hier aber einen geschlossenen Ring bildet. Dabei ist *Token Passing* keineswegs die einzige Möglichkeit, den Zugriff zu einem LAN in Ring-Topologie zu organisieren. Es gibt eine Reihe weiterer Verfahren, die teilweise interessante Eigenschaften aufweisen; das bekannteste dürfte das *Slotted-Ring*-Verfahren sein, nach dem der auch als kommerzielles Produkt verfügbare Cambridge Ring arbeitet.

Von den nach IEEE standardisierten lokalen Netzen ist der Token-Ring das einzige, bei dem die Ankopplung an das Medium nicht passiv erfolgt, sondern jede Station die empfangenen Signale regeneriert und dann weitersendet. Dies kann Nachteile bezüglich der Betriebssicherheit des Netzes haben, hat aber den Vorteil, daß bei geeigneter Auslegung viele Stationen angeschlossen und relativ große geographische Entfernungen überbrückt werden können. Ein weiterer und für die Zukunft besonders wichtiger Vorteil des Token-Rings gegenüber seinen ebenfalls standardisierten Konkurrenten besteht darin, daß sich Ring-Netze als Teilstreckennetze im Gegensatz zu Bus-Netzen leicht auf der Basis von Lichtwellenleitern realisieren lassen.

Besondere Bedeutung erhält der Token-Ring dadurch, daß der Marktführer IBM dahintersteht. IBM hat mit dem 'Zürich-Ring' (eine Experimentalversion des Token-Rings) die Funktionsfähigkeit des Token-Ring-Konzepts nachgewiesen, war die treibende Kraft bei der Standardisierung dieses Konzepts und betrachtet nun den Token-Ring als strategisches Produkt, dem eine hervorragende Rolle bei der Neuordnung der Aktivitäten der IBM im Bereich der lokalen Kommunikation zukommt. Überdies hat IBM den Token-Ring zum

offenen Produkt erklärt (ebenso wie den IBM PC), d.h., die Schnittstellen werden offenge-
legt, was als Aufforderung an andere Hersteller verstanden werden kann, eigene Produkte
zum Anschluß an den (IBM) Token-Ring zu entwickeln. Dies geschieht inzwischen in so
erheblichem Umfang, daß sich der Token-Ring allmählich von der IBM-Dominanz zu lösen
beginnt, und zwar sowohl das Produktangebot wie auch das Anwendungsumfeld betreffend.

3.1.5.1 Das Prinzip des Token-Rings

Wie alle Ringe kann der Token-Ring als eine geschlossene Kette von gerichteten Punkt-
zu-Punkt-Verbindungen betrachtet werden; die Stationen sind über einen Datenweg verbunden, der in Basisbandtechnik unidirektional betrieben wird. Jede Station empfängt die
auf dem Ring befindliche Information, interpretiert die Kontrollinformation, regeneriert die
Signale und leitet sie zur nächsten Station weiter. Die Auslegung der Netzstationen als
aktive Elemente hat den Vorteil, daß sowohl hinsichtlich der Zahl der angeschlossenen
Stationen wie auch der geographischen Ausdehnung große Netze aufgebaut werden können;
sie hat den Nachteil, daß — wenn nicht andere Vorkehrungen getroffen werden — der Ausfall einer einzigen Station zur Funktionsunfähigkeit des gesamten Rings führen kann.

Der Token (die Sendeberechtigung) kreist im Normalfall im Ring. Eine sendewillige Station
muß warten, bis sie den Token *(free token)* erhält; dessen Status wandelt sie in 'besetzt'
(busy token) und überträgt den anstehenden Datenblock. Die adressierte Station übernimmt die Daten, leitet sie aber gleichzeitig weiter durch den Ring (vgl. Abb. 50). Es ist
die Aufgabe der sendenden Station, den Informationsrahmen wieder vom Ring zu entfernen, wenn dieser den Ring umrundet hat, wobei während des Transports im Ring alle Stationen — insbesondere auch die Empfängerstation — im Kontrollbereich des Informationsrahmens dafür vorgesehene Bitpositionen entsprechend den aktuellen Gegebenheiten
verändern können. Anschließend generiert die Absenderstation einen neuen (freien) Token
und sendet ihn zur Nachbarstation.

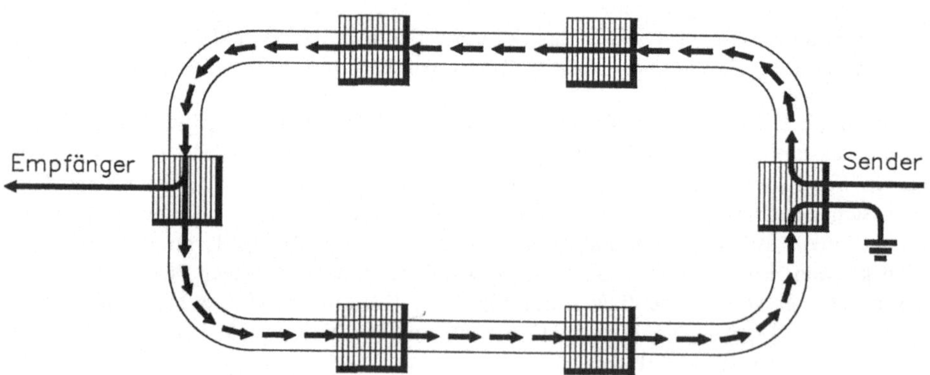

Abb. 50. Datenfluß im Token-Ring

Da es im Token-Ring eine natürliche Reihenfolge der Stationen gibt, brauchen die Stationen, wenn sie einen Informationsrahmen senden oder weiterleiten, die Nachbarstation nicht
explizit zu adressieren. Dadurch ist die minimale Länge eines Rahmens sehr kurz; dies trifft
insbesondere zu für den *Token Frame* (das ist der Rahmen, der im Ring kreist, wenn keine

Nutzinformation zu übertragen ist); seine Länge beträgt gemäß Token-Ring-Standard 24 **Bits.**

Das Token-Prinzip bietet erhebliche Freiheiten bei der Steuerung des Zugriffs zum Ring, die allerdings nicht alle durch den Standard abgedeckt werden. Diese Freiheiten resultieren im wesentlichen daraus, daß der Besitz des Tokens unterschiedliche Interpretationen zuläßt.

Die eine Extremposition ist dadurch gekennzeichnet, daß der Besitz des Tokens nur zur Übertragung eines einzigen Informationsblocks berechtigt, selbst wenn eine größere Datenmenge zur Übertragung ansteht (ein solches Verfahren wird als *non-exhaustive* bezeichnet). Im anderen Extrem darf eine Station, die im Besitz des Tokens ist, so viele Datenblöcke übertragen wie sie möchte (diese Verfahrensweise bezeichnet man als *exhaustive*); diese Auslegung ist nicht sehr sinnvoll, da sie den (unerwünschten) Effekt hat, daß jede Station, wenn sie den Token besitzt, das Netz majorisieren, d.h. alle anderen Stationen auf unbegrenzte Zeit vom Netzzugriff ausschließen kann. Eine mögliche Auslegung zwischen den vorgenannten Extremen könnte darin bestehen, den Token so zu interpretieren, daß er zur Übertragung von n Datenblöcken berechtigt, wobei n eine Variable ist, die individuell für die Teilnehmerstationen festzulegen wäre. Die Auswirkung einer solchen Regelung wäre, daß der verschiedenen Teilnehmerstationen zur Verfügung stehende Anteil der Gesamtbandbreite unabhängig von der Netzbelastung immer in einem bestimmten Verhältnis zueinander steht.
Diese Spielart des Token-Verfahrens ist durch den Standard nicht abgedeckt; **die durch den Standard festgelegte Verfahrensweise** ist *non-exhaustive*, und die Dauer der Sendeberechtigung ist befristet, d.h., es ist eine maximale *Token Holding Time* (10 ms) festgelegt, die durch Timer überwacht wird.

Das Token-Verfahren erlaubt auch die Vergabe von Prioritäten für den Netzzugriff. Die Funktionsweise ist im folgenden Kapitel beschrieben, da die Prioritätenvergabe Bestandteil des Standards ist.
Die Prioritätenvergabe ist ein wichtiges Hilfsmittel zur Steuerung des Datenflusses. Es sollte aber auch darauf hingewiesen werden, daß die Vergabe von Prioritäten auf Anwenderebene eine sehr sorgfältige Netzplanung aufgrund qualitativer und quantitativer Kenntnisse über die zu erwartenden Datenströme voraussetzt, um einerseits den Stationen mit höherer Priorität einen definierten Vorteil zu verschaffen, andererseits Stationen mit niedriger Priorität nicht auf Dauer vom Netzzugriff auszuschließen.

Immer wieder ist an verschiedenen Stellen untersucht worden, ob und unter welchen Randbedingungen synchrone Datenströme (hier ist in erster Linie an Sprachübertragung gedacht) über LANs übertragen werden können; für den Token-Ring hat IBM solche Untersuchungen durchgeführt. Bei der Übertragung eines synchronen Datenstromes muß den kommunizierenden Stationen eine bestimmte Bandbreite garantiert werden (was der normalen Arbeitsweise eines LAN widerspricht) und dies nicht als Mittelwert über eine längere Zeitspanne, sondern unter der Nebenbedingung, daß der Zugriff zum Netz periodisch erfolgt mit nur geringen zulässigen Verzögerungen (durch Zwischenspeicherung des synchronen Datenstromes).
Grundsätzlich ist es möglich, einen zweiten Typ von Netzwerkverkehr (synchron) neben dem normalen (asynchronen) Verkehr auf einem Token-Ring zu etablieren. Dazu werden ein zweiter Token-Typ, der nur für synchrone Datenübertragungen genutzt werden darf, und eine ausgezeichnete Netzstation *(synchronous bandwidth manager)* eingeführt, die dafür Sorge zu tragen hat, daß in regelmäßigen Abständen ein solcher Token generiert wird.

Unter der Voraussetzung, daß die Blocklänge im asynchronen Normalbetrieb auf einen relativ kleinen Wert begrenzt wird (was allerdings negative Folgen für die Performance im Normalbetrieb haben kann), ist es dann möglich, eine begrenzte Zahl von Sprachkanälen über den Token-Ring zu führen [36].

Unabhängig von der technischen Machbarkeit muß angesichts wohl etablierter Methoden zur Sprachübertragung auf der Basis öffentlicher Technik (Nebenstellenanlagen) allerdings bezweifelt werden, daß die Übertragung von Sprache über ein LAN dieser Art sinnvoll und durchsetzbar ist.

3.1.5.2 Das Rahmenformat beim Token-Ring

Das Rahmenformat ist in Abb. 51 dargestellt. Der Token-Rahmen ist nichts anderes als ein verkürzter Informationsrahmen, bei dem ein Teil der Kontrollfelder und das Datenfeld fehlen.

Das eigentliche Datenfeld wird von Steuerinformation der unteren Schichten eingeschlossen *(physical header* und *physical trailer)*. Die Bedeutung der einzelnen Felder wird nachfolgend beschrieben.

Starting Delimiter	Trennzeichen, das den Anfang eines jeden ordnungsgemäßen Rahmens (also auch des Token-Rahmens) durch die Sequenz B′JK0JK000′ markiert. Hierbei werden die beiden möglichen Codeverletzungen *(non-data J-code violation* und *non-data K-code violation)* beim *Differential Manchester*-Code gezielt für die Kennzeichnung von Rahmenanfang und Rahmenende eingesetzt.
Access Control	Über dieses Feld wird der Zugriff zum Medium gesteuert. Wie bereits erwähnt, ist beim Token-Ring-Verfahren die Vergabe von Prioritäten möglich.

Über die drei Prioritätsbits (P), die die Werte B′000′ (niedrigste Priorität) bis B′111′ (höchste Priorität) annehmen können, stehen acht Prioritätsstufen für Informationsrahmen und Token zur Verfügung. Diesen Prioritätsstufen entsprechen bei Reservierungen die drei R-Bits.

Eine Teilnehmerstation, die einen Informationsrahmen vorgegebener Priorität versenden will, kann einen freien Token benutzen, wenn dessen Priorität (Angabe in den P-Bits) nicht höher als die des zu versendenden Rahmens ist.

Wenn eine sendebereite Station einen Informationsrahmen oder einen Token, den sie nicht benutzen darf, weiterreicht, kann sie (in den R-Bits) eine Reservierung für die gewünschte Prioritätsstufe vornehmen, falls nicht vorher eine andere Station bereits eine Reservierung für eine höhere Prioritätsstufe dort eingetragen hat. Die gerade sendende Station, die beim Entfernen der Information vom Ring die R-Bits gesetzt findet, generiert einen freien Token der angegebenen Priorität, der anschließend von der reservierenden Station, aber auch von jeder anderen Station, die einen Rahmen gleicher oder höherer Priorität zu übertragen hat, benutzt werden kann.

Eine Station, die einen Token bestimmter Priorität benutzt hat, generiert am Ende einer Übertragung i.a (d.h., wenn keine Reservierung vorliegt) wieder einen Token der gleichen Priorität. Es ist Aufgabe derjenigen Station, die einen Token erhöhter Priorität generiert hat, dafür zu sorgen, daß die Token-Priorität wieder auf den

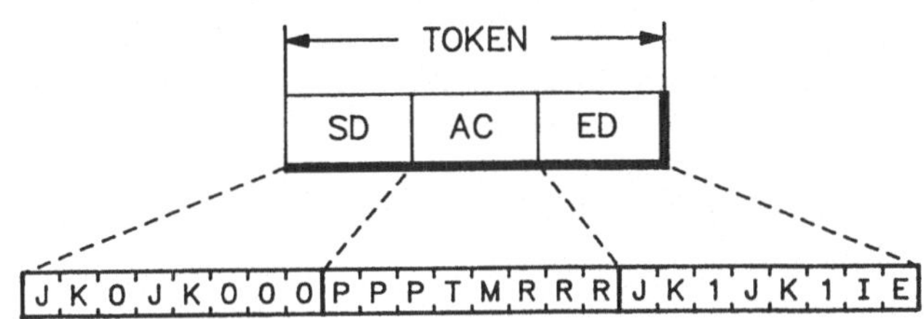

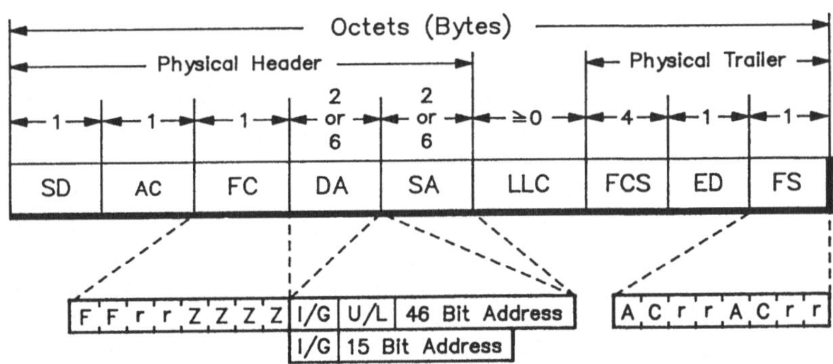

Abb. 51.   IEEE 802.5 Token-Ring: Rahmenformat

ursprünglichen Wert herabgesetzt wird, damit Stationen niedrigerer
Priorität nicht auf Dauer vom Netzzugriff ausgeschlossen bleiben.
Sie geht dazu in den *Priority Hold*-Status, d.h. sie registriert die
ursprüngliche Token-Priorität und überwacht die durchlaufenden
Token. Wenn sie einen Token der erhöhten Priorität erhält, bei dem
keine Reservierung eingetragen ist, setzt sie die Priorität dieses
Token wieder auf den ursprünglichen Wert herab.

Das hier beschriebene Verfahren zur Prioritätssteuerung setzt voraus, daß eine sendende Station — um eventuelle Reservierungen
berücksichtigen zu können — das *Access Control*-Feld des eigenen
gesendeten Rahmens bereits wieder empfangen haben muß, bevor
sie einen neuen Token generieren und absenden kann. Sie muß
deshalb das Aussenden des Token künstlich verzögern, wenn die
Länge des gesendeten Rahmens kleiner als der Informationsinhalt
des Rings ist.

Das T (Token)-Bit hat den Wert B'0' bei einem Token-Rahmen.
Eine Station, die den Token benutzen will (und darf) setzt das Bit
auf B'1' und ergänzt die übrigen Felder zu einem vollständigen Informationsrahmen.

Das M (Monitor)-Bit dient der Überwachung des Rings, und zwar
wird damit das permanente Kreisen von Informationsrahmen oder
Token erhöhter Priorität im Ring verhindert; dies könnte geschehen, wenn eine Station, die einen Rahmen gesendet hat, nicht mehr
in der Lage ist, diesen wieder vom Ring zu entfernen, oder eine
Station ausfällt, nachdem sie eine Token-Reservierung vorgenommen hat.
Bei allen Rahmen ist der Wert des M-Bits anfangs B'0'. Sobald der
Rahmen die 'Monitor'-Station passiert (das ist diejenige Station,
die die Überwachung durchführt), setzt diese den Wert auf B'1'.
Da bei ordnungsgemäßer Ringfunktion ein identischer Rahmen
eine Station nicht öfter als einmal passieren kann, ist die Ankunft
eines Rahmens mit bereits gesetztem M-Bit bei der Monitor-
Station ein sicheres Indiz für eine Fehlfunktion, und sie leitet die
zu einer Bereinigung notwendigen Maßnahmen ein.

Frame Control   Durch dieses Feld wird der Typ eines Rahmens festgelegt. Bisher
                             definiert sind MAC-Rahmen (FF = B'00'), die reine Steuerungsauf-
                             gaben haben, und LLC-Rahmen (FF = B'01'), in denen von der
                             LLC-Schicht übergebene Nutzinformation übertragen wird. Die
                             Bedeutung der Z-Bits hängt vom Rahmentyp ab. Die r-Bits (re-
                             serviert für zukünftige Verwendung) werden derzeit als binäre
                             Nullen übertragen und von den empfangenden Stationen ignoriert.

Destination Address   Dieses Feld enthält die Zieladresse. Es besteht die Möglichkeit, 16-
                             oder 48-Bit Adressen anzugeben; innerhalb eines Netzwerks ist die
                             Adreßlänge jedoch einheitlich festzulegen. In beiden Fällen ent-
                             scheidet das erste Bit darüber, ob es sich um eine Individual- oder
                             Gruppenadresse handelt. Da es sich um ein *Broadcast*-Netz han-

delt, bei dem alle Stationen eine Nachricht hören können, kann eine Nachricht auch an Gruppen von Teilnehmern, evtl. auch an alle geschickt werden.

Bei 48-Bit Adressierung entscheidet das zweite Bit darüber, ob die Adresse global oder lokal verwaltet wird. Der große Vorrat von etwa 10^{14} Adressen macht es möglich, jeder Station eine weltweit eindeutige Adresse zuzuordnen. Die globalen Adressen werden von IEEE verwaltet.

Source Address   Gibt die Adresse des Absenders an. Der Aufbau entspricht dem der Zieladresse; eine Absenderadresse ist aber immer eine Individualadresse, so daß der ersten Bitposition (I/G-Bit) eine andere Funktion zugeordnet werden kann. Beim Token-Ring zeigt dieses Bit an, daß der Rahmen *Routing*-Information enthält, die benötigt wird, wenn in einem aus mehreren Ringen bestehenden Netz Informationsrahmen über Brücken in andere Ringe transportiert werden sollen.

LLC-Information   Das Datenfeld enthält die Nutzdaten, die von der LLC-Schicht an die MAC-Schicht übergeben werden; dazu gehören neben den eigentlichen Benutzerdaten auch Steuerinformationen höherer Ebenen. Eine verfahrensbedingte Mindestlänge existiert nicht. Die Maximallänge, die sich aus der maximalen *Token Holding Time* von 10 ms ableitet, ist 4096 Bytes.

Frame Check Sequence   Es wird eine 32-Bit Prüfsequenz verwendet, die gemäß CRC-32 (CCITT) bestimmt wird.

Geschützt durch die Prüfsequenz ist der Bereich vom *Frame Control*-Feld bis einschließlich der *Frame Check Sequence* selbst. Das *Access Control*-Feld und das *Frame Status*-Feld können nicht geschützt werden, weil darin Informationen untergebracht sind, die während der Übertragung eines Rahmens von Zwischenstationen verändert werden können und dann zwangsläufig eine Fehlermeldung auslösen würden.

Auf den ersten Blick scheint es erstaunlich, daß man sich beim Token-Ring auf eine Verfahrensweise eingelassen hat, die es notwendig macht, Teile der Steuerinformation ungesichert zu lassen, dies um so mehr als der Token-Ring auch auf Fernsprechleitungen realisiert werden kann, einem Medium, das von Hause aus eine verhältnismäßig hohe Bitfehlerrate aufweist ($\sim 10^{-5}$), die durch Anwendung eines 32 Bit-Prüfcodes um etwa zehn Größenordnungen verbessert werden kann.

Bei genauerer Untersuchung ist aber festzustellen, daß eine unerkannte Verfälschung der ungeschützten Felder keine irreversiblen Fehlsteuerungen oder sonstigen katastrophalen Folgen für die Funktion des Token-Rings haben kann; mögliche Fehlfunktionen können durch die eingebauten Überwachungsmechanismen erkannt und beseitigt werden.

Ending Delimiter

Ähnlich dem *Starting Delimiter*, enthält auch das den Rahmen beendende Trennzeichen J- und K-Codeverletzungen. Die ersten sechs Bits haben immer die Form 'JK1JK1'.

Das I *(intermediate frame)*-Bit wird bei allen Rahmen außer dem letzen gesetzt, wenn mit einem Token mehrere Rahmen übertragen werden; beim letzten Rahmen, oder wenn nur ein Rahmen übertragen wird, hat es den Wert B'0'. Das Übertragen mehrerer Rahmen mit einem Token ist vom Prinzip her zulässig, solange die maximale *Token Holding Time* von 10 ms nicht überschritten wird.

Das E *(error detected)*-Bit wird von einer Station, die einen Rahmen sendet, stets auf B'0' gesetzt. Stationen am Ring lassen das Bit unverändert, solange sie keine Fehlerbedingung feststellen. Wenn sie eine Fehlerbedingung feststellen, setzen sie das E-Bit auf B'1', falls es noch den Wert B'0' hatte (in diesem Falle ist diese Station die erste, die die Fehlerbedingung festgestellt hat); falls das Bit bereits den Wert B'1' hat (in diesem Fall hat vorher bereits eine andere Station den Fehler entdeckt), leitet sie es unverändert weiter. Folgende Fehlerbedingungen führen zum Umsetzen des E-Bits:

- Die Prüfsequenz zeigt einen Übertragungsfehler an *(CRC check)*.
- Ein Rahmen enthält außerhalb der Trennzeichen Codeverletzungen.
- Die Rahmenlänge ist kein ganzzahliges Vielfaches eines Bytes.

Frame Status

Die Bits dieses Feldes sind im Zusammenhang mit Kontrollfunktionen (wie Feststellen der Adresse der Vorgängerstation *(NAUN = Nearest Active Upstream Neighbor)* oder Feststellen der Eindeutigkeit einer Adresse) von Bedeutung.

Da dieses Feld nicht durch die Prüfsequenz geschützt ist, sind — um die Fehlerwahrscheinlichkeit zu verringern — die Bits doppelt vorhanden, und die Information wird nur dann akzeptiert, wenn die jeweiligen Bits übereinstimmen und eine sinnvolle Kombination ergeben.

Eine Station, die einen Rahmen aussendet, setzt das A *(address recognized)*-Bit und das C *(frame copied)*-Bit auf B'0'. Eine Station am Ring, die die angegebene Zieladresse als ihre eigene erkennt, setzt das A-Bit, und wenn sie den Rahmen übernimmt, auch noch das C-Bit auf B'1'. Wenn der Rahmen zum Absender zurückkommt, werden die Bits wie folgt interpretiert:

AC = B'00': Keine Station hat die Zieladresse erkannt, die Information wurde nicht übernommen.

⇒ Die adressierte Station existiert nicht oder ist nicht aktiv.

AC = B'11': Die Zieladresse wurde von einer Station erkannt und die Information übernommen.

⇒ Die adressierte Station existiert und verhält sich ordungsgemäß.

AC = B'10': Die Zieladresse wurde von einer Station erkannt, die
Information aber nicht übernommen.
⇒ Die adressierte Station existiert, hat aber die Information nicht übernehmen können, weil (vermutlich) sie selbst oder eine auf dem Wege liegende Brücke überlastet war.

Die Kombination AC = B'01' (Adresse nicht erkannt, aber Information übernommen) ist unzulässig und wird verworfen.

3.1.5.3 Funktion des Token-Rings

Von der logischen Komplexität her ist das Token-Ring-Verfahren dem Token-Bus-Verfahren vergleichbar. Um trotz der dafür nicht besonders guten Voraussetzungen einer Ring-Topologie auch unter ungünstigen Umständen eine zuverlässige Funktion des Token-Rings zu gewährleisten, ist ein erheblicher Aufwand erforderlich.
Neben strukturellen Vorkehrungen (wie die Wahl der Stern-Ring-Topologie, Auslegung des Ringleitungsverteilers; vgl. Kapitel 'Netzaufbau') sind dazu auch Maßnahmen im operationalen und funktionalen Bereich erforderlich.
Auch der Prozeß der Eingliederung einer Station in den Ring ist kompliziert.

Grundsätzlich sind alle Adapter am Ring gleich aufgebaut und gleichwertig; einer jedoch übernimmt als 'aktiver Monitor' besondere Aufgaben bei der Überwachung der Ringfunktionen. Die anderen Adapter überwachen als 'passive Monitoren' *(standby monitors)* das Funktionieren des aktiven Monitors und stehen in Bereitschaft, dessen Funktion zu übernehmen; somit wird das Prinzip der verteilten Kontrolle trotz der ausgezeichneten Station nicht durchbrochen.

Funktionen des aktiven Monitors. Die Aufgaben des aktiven Monitors sind:

- Erzeugen des Ringtaktes.

- Überwachung des Token.
  Das beinhaltet das Erzeugen eines neuen Token, falls der Token verlorengeht, und Verhindern mehrerer Token.

- Unterbinden permanent kreisender Informationsblöcke oder Token erhöhter Priorität.
  Grundsätzlich ist es die Aufgabe des aktiven Monitors bei undefinierten Zuständen auf dem Ring, diesen zu säubern (indem ein *Purge Ring Frame* an alle Stationen geschickt wird) und anschließend durch Erzeugen eines neuen Token wieder eine ordnungsgemäße Operation zu ermöglichen.

- Verhindern mehrerer aktiver Monitoren.

- Verzögern des Token-Rahmens.
  Durch Verzögern des Token-Rahmens um 24 Bit-Zeiten (die Länge des Token-Rahmens beträgt 24 Bits) stellt der aktive Monitor sicher, daß eine Station auch bei einem extrem kleinen Ring den Token-Rahmen vollständig senden kann, bevor sie ihn wieder empfängt.

In regelmäßigen Abständen sendet der aktive Monitor einen *Active Monitor Present Frame* an alle Stationen am Ring und zeigt damit den anderen Stationen, daß er in Funktion ist. Gleichzeitig wird dadurch eine Prozedur in Gang gesetzt, die allen Stationen die Adresse ihrer Vorgängerstation *(NAUN = Nearest Active Upstream Neighbor)* liefert.
Während der normalen Operation braucht eine Station die Adresse ihrer Vorgängerstation nicht zu kennen; im Fehlerfalle ist die Kenntnis aber erforderlich, um die defekte Station isolieren zu können. (Wenn eine Station auf ihrer Empfängerseite einen nicht behebbaren Fehler feststellt, liegt der Verdacht nahe, daß entweder der eigene Empfänger oder der Sender der Vorgängerstation defekt ist.)

Besondere Sorgfalt ist beim Auswahlprozeß für einen aktiven Monitor erforderlich. In Gang setzen kann diesen Prozeß, der als *Token-claiming Process* bezeichnet wird,

- der derzeitig aktive Monitor, wenn er Probleme bei der Durchführung seiner Aufgaben hat,

- ein passiver Monitor, wenn er Indizien dafür hat, daß der aktive Monitor nicht ordnungsgemäß arbeitet (i.a. durch Ablauf von Timern, z.B. für das Passieren ordnungsgemäßer Token),

- Eine neu in den Ring eingegliederte Station, die feststellt, daß kein aktiver Monitor vorhanden ist.

Um zu verhindern, daß sich ein defekter aktiver Monitor immer wieder selbst etablieren kann, darf sich der derzeitig aktive Monitor an dem Auswahlprozeß nicht beteiligen, wenn dieser durch einen passiven Monitor in Gang gesetzt wird. Sind mehrere Stationen an dem Auswahlprozeß beteiligt, dann wird diejenige Station mit der höchsten Adresse neuer aktiver Monitor.

Eingliedern einer Station in den Ring. Wie in Abb. 54 auf Seite 131 zu sehen ist, ist eine nicht aktive Station physisch vom Ring getrennt.
Die Eingliederung einer Station geht in fünf Schritten vor sich.

1. Wenn ein Adapter vom Ring abgekoppelt ist, ist gleichzeitig die Verbindung vom und zum Ringleitungsverteiler im Ringleitungsverteiler kurzgeschlossen. Über diese Schleife können Teile des Adapters und die Verbindung zwischen Adapter und Ringleitungsverteiler durch Aussenden entsprechender Informationsrahmen getestet werden, ohne daß der Ring davon berührt wird. Nur nach erfolgreichem Abschluß dieses Tests wird eine Station durch Aktivieren des Relais im Ringleitungsverteiler physisch in den Ring eingegliedert.

2. Die Station hört nun den Ring ab. Wenn sie (innerhalb durch Timer vorgegebener Fristen) keine Aktivitäten des aktiven Monitors wahrnimmt, setzt sie den Prozeß zur Auswahl eines aktiven Monitors in Gang. Dadurch initialisiert die erste Station am Ring die Ring-Operation.

3. Danach überprüft die Station durch Aussenden eines *Duplicate Address Test Frame* die Eindeutigkeit ihrer Adresse. Falls die Adresse nicht eindeutig ist, koppelt sie sich wieder vom Ring ab.

4. Durch die Teilnahme an dem Prozeß zur Ermittlung der Adressen aktiver Nachbarstationen, durch den sie die Adresse ihrer Nachbarstation erfährt und selbst gegenüber ihrer Folgestation identifiziert wird, wird die Station auch logisch in den Ring eingegliedert.

5. Wenn in einem Ring von den Default-Werten abweichende operationale Parameter benutzt werden, muß die Station diese bei einem entsprechenden Server erfragen. Falls ein solcher Server nicht existiert, werden die Default-Werte benutzt. Solche Informationen sind beispielsweise die Ring-Nummer oder Timer-Werte im Zusammenhang mit intermittierend auftretenden Fehlern *(soft errors)*, über die für bestimmte Fehlertypen Grenzwerte für die Fehlerrate vorgegeben werden.
Gleichzeitig teilt die Station ihre Kenndaten, wie z.B. Adaptertyp oder Versionsnummer des Mikroprogramms *(microcode level)*, mit. Diese Daten sind u.U. dafür entscheidend, ob eine Station problemlos mit anderen Stationen zusammenarbeiten kann oder nicht.

Die vom aktiven Monitor oder einer eingliederungswilligen Station durchzuführenden Funktionen, die hier (unvollständig) beschrieben wurden, müssen nicht nur initiiert, sondern auch überwacht werden. In vielen Fällen verbergen sich dahinter aufwendige Prozesse, bei denen sehr viele Rahmen erzeugt und durch den Ring transportiert werden und in deren Verlauf eine Reihe von Ausnahme- und Fehlerbedingungen auftreten können. Diese müssen so behandelt werden, daß der Ring zuverlässig (und möglichst schnell) wieder in einen wohldefinierten, operablen Zustand gelangt.

3.1.5.4 Netzaufbau

Integrierte Bausteine zur Realisierung des Token-Ring-Verfahrens wurden von IBM und Texas Instruments (TI) entwickelt. Während IBM Token-Ring-Chips nur für den eigenen Bedarf produziert, kann der TI-Chip Set auch von anderen Firmen erworben und zum Aufbau eigener Token-Ring-Produkte verwendet werden.
Beide Firmen (IBM und TI) versichern, daß die Bausteine — obwohl im Aufbau unterschiedlich — funktional vollkompatibel sind.
Inzwischen gibt es — wiederum von IBM und TI — eine neue Generation von Bausteinen, die den Erweiterungen, die der Token-Ring Standard 1988/89 erfahren hat, Rechnung tragen. Hier ist insbesondere die Erhöhung der Übertragungsgeschwindigkeit auf 16 Mbps (umschaltbar 4/16 Mbps) zu nennen. Dabei ist die Logik des *Token-Passing*-Verfahrens unverändert geblieben mit einer Ausnahme, die als *Early Token Release* bezeichnet wird: *Early Token Release* besagt, daß sendende Stationen unmittelbar an den übertragenen Informationsrahmen einen neuen Token *(free token)* anschließen, also nicht zwingend den Empfang des Kopfteils des gesendeten Rahmens *(physical header)* abwarten müssen, bevor sie den neuen Token generieren. Diese Maßnahme ist im Hinblick auf eine effiziente Nutzung der Übertragungskapazität sinnvoll, weil mit der Übertragungsgeschwindigkeit der Informationsinhalt eines Rings wächst, so daß die Wahrscheinlichkeit steigt, daß bis zum Empfang der selbstgesendeten Informationsrahmen Wartezeiten entstehen, in denen der Ring nicht genutzt werden kann.

Komponenten eines Token-Ring-Netzes sind neben dem eigentlichen Ring (im Sinne der Kabelinfrastruktur) Token-Ring-Adapter, Mehrfachanschlußeinheiten (Ringleitungsverteiler) und Brücken.
Über Adapter werden Geräte (i.a. Rechner) an einen Token-Ring angeschlossen; Gerät und Adapter zusammen realisieren eine Teilnehmerstation.

Ringleitungsverteiler verbinden die über Anschlußkabel *(lobe, drop cable)* daran angeschlossenen Adapter zu einem Ring.
Mit Hilfe von Brücken, die jeweils zwei Ringe zusammenschließen, können komplexe Token-Ring-Netze aufgebaut werden.

Nachfolgend wird im wesentlichen das — noch den Markt dominierende — Angebot der Fa. IBM beschrieben. Es gibt inzwischen aber eine Reihe weiterer Anbieter, deren Token-Ring-Komponenten funktional nicht immer identisch mit den IBM-Komonenten sind. Es gibt beispielsweise andere Verkabelungskonzepte, Ringleitungsverteiler mit mehr Anschlußpositionen und integrierten Managementfunktionen, die dann auch als aktive Komponenten ausgelegt sind, usw.

Adapter sind von IBM lieferbar für die diversen PCs (auch RISC/6000 Workstations) und für die dem Großrechnerbereich zuzurechnenden Terminalsteuereinheiten IBM 3174 und Kommunikationssteuereinheiten IBM 3720, 3725 und 3745; letztere schaffen die Voraussetzung dafür, an einen Token-Ring angeschlossene PCs und Workstations an die SNA-Welt anbinden zu können.
Zunehmend werden Token-Ring-Adapter von anderen Firmen auch für Nicht-IBM-Geräte angeboten.

Basis des IBM Token-Rings ist das IBM-Verkabelungssytem. Dieses besteht aus dem Datenkabel des Typs 1 (das ist ein aus zwei einzeln und insgesamt nochmals abgeschirmten, verdrillten Kupferdoppeladern bestehendes Kabel), dazu gehörenden Konnektoren und weiteren für die Kabelinstallation erforderlichen Komponenten. Dieses System ist von IBM entwickelt worden, die Komponenten werden von IBM selbst jedoch weder produziert noch installiert.

Auf der Basis dieses Verkabelungssystems arbeitet der Token-Ring mit einer Übertragungsrate von wahlweise 4 oder 16 Mbps; bei 4 Mbps können maximal 260 Stationen an einen Ring angeschlossen werden, und die maximale Entfernung zwischen einem Ringleitungsverteiler (wird im folgenden noch näher beschrieben) und einem Endgerät beträgt ca. 300 m, zwischen zwei Ringleitungsverteilern maximal 200 m, wobei diese Maximalwerte nicht unabhängig voneinander sind (genaue Information über die zulässigen Entfernungen bei verschiedenen Netzkonfigurationen ist in [66] zu finden).

Für den Aufbau eines Token-Rings können aber auch sogenannte Datenleitungen des Typs 3 (das sind hochwertige Fernsprechleitungen mit verdrillten Doppeladern und einem Querschnitt von mindestens 0,5 *mm²*) verwendet werden, allerdings unter Hinnahme funktionaler Einbußen. Diese bestehen darin, daß ein Ring maximal 72 Stationen haben und die Entfernung vom Ringleitungsverteiler nur 100 m betragen darf.
Ein weiterer Nachteil besteht darin, daß darauf basierend ein 16 Mbps Token-Ring nicht realisiert werden kann, jedenfalls nicht mit Komponenten der Fa. IBM. Obwohl dies bis vor kurzem nicht für realisierbar gehalten wurde, gibt es dank der Fortschritte in der Übertragungstechnik entsprechende Angebote von anderen Firmen, wobei die vorgeschriebene Distanz von 100 m für die horizontale Ebene der standardisierten Gebäudeverkabelung erreicht wird.
Problematisch wegen der davon ausgehenden Störstrahlung kann die Verwendung von Fernsprechleitungen dann sein, wenn im gleichen Kabel befindliche Leitungen mit dem öffentlichen Fernsprechnetz verbunden sind.

Um die geographische Ausdehnung eines Token-Rings zu vergrößern, können auf der Verbindungsstrecke zwischen zwei Ringleitungsverteilern (nicht zwischen Ringleitungsverteiler und Endgerät!) Leitungsverstärker eingesetzt werden, wodurch die maximal überbrückbare Entfernung von 200 m auf 750 m steigt.
Noch größere Entfernungen (wiederum nur zwischen Ringleitungsverteilern) können überbrückt werden, wenn Lichtleiterumsetzer zum Einsatz kommen. Bei Einsatz eines Lichtleiterumsetzerpaares vergrößert sich die zulässige Entfernung auf 2000 m, was aber immer noch keine Obergrenze darstellt, da mehrere Paare hintereinandergeschaltet werden können. Voraussetzung für die Verwendung der Lichtleiterumsetzer ist der Einsatz eines zweiadrigen Glasfaserkabels, das von IBM im Rahmen des IBM Verkabelungssystems als Datenleitung Typ 5 bezeichnet wird und die Abmessung 100/140 μm besitzt. Es können aber auch Fasern anderer Abmessungen verwendet werden; Auskunft über die Randbedingungen und evtl. Einschränkungen gibt die Broschüre [67].

Für die Realisierung des Token-Rings wurde die Stern-Ring-Topologie gewählt, die eine Reihe von Vorteilen hat, auf die im folgenden noch einzugehen sein wird. Gemeint ist damit, daß auf der Basis einer physikalischen Sterntopologie ein Ring geschaltet wird. Das Gerät, das bis zu acht sternförmig herangeführte Verbindungen (je eine Doppelader pro Übertragungsrichtung) zu einem Ring verbindet, ist der Ringleitungsverteiler (vgl. Abb. 52).

Der Ringleitungsverteiler ist ein passiv arbeitendes Gerät. Die Relais werden von den angeschlossenen Adaptern mit Spannung versorgt. Die Auslegung ist derart, daß im spannungsfreien Zustand die Verbindung innerhalb des Ringleitungsverteilers kurzgeschlossen ist; dies hat den Vorteil, daß der Ausfall oder das Abschalten eines angeschlossenen Gerätes, aber auch eine Leitungsunterbrechung automatisch zur Abkopplung im Ringleitungsverteiler führt, wobei die am Ring verbleibenden Stationen ungestört weiter kommunizieren können. Die Struktur der Relaisverbindungen ist dabei so, daß bei geschalteter Überbrückung im Ringleitungsverteiler die vom Adapter kommenden Verbindungsleitungen

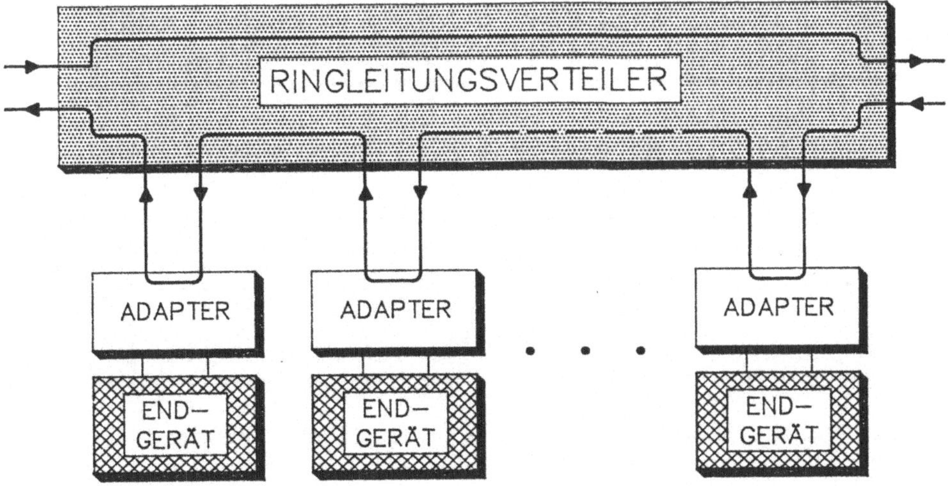

Abb. 52. Stern-Ring-Verbindung über Ringleitungsverteiler (schematische Darstellung)

ebenfalls kurzgeschlossen sind (vgl. Abb. 54 auf Seite 131), wodurch Adapter und Anschlußleitung ohne Beeinträchtigung der Ringoperationen getestet werden können.

Hier zeigt sich ein weiterer Vorteil der Stern-Ring-Struktur: Während bei einfacher Ringstruktur der Ausfall mehrerer benachbarter Stationen, die als aktive Elemente im Normalfall als Signalregeneratoren wirken, zu übertragungstechnischen Problemen führen kann, weil die Entfernung zwischen den dann benachbarten Stationen gravierend anwächst (bzw. das Eintreten einer solchen Situation durch geeignete Maßnahmen oder Vorschriften verhindert werden muß), ändern sich die zu überbrückenden Entfernungen bei der Stern-Ring-Strukur nur unwesentlich.

Es können mehrere Ringleitungsverteiler zusammengeschaltet werden, wobei der im Innern eines Ringleitungsverteilers geschlossene Ring aufgetrennt wird, wenn ein Verbindungskabel zu einem weiteren Ringleitungsverteiler eingesteckt wird (vgl. Abb. 53a). Wenn eine Kette von mehreren Ringleitungsverteilern durch eine zusätzliche Verbindungsleitung zwischen dem ersten und dem letzten Gerät zu einem geschlossenen Ring verbunden wird (was zum Betrieb nicht erforderlich ist!), entsteht ein Ersatzring (vgl. Abb. 53b). Bei einer Kabelunterbrechung zwischen zwei Ringleitungsverteilern entsteht dann durch Ziehen des schad-

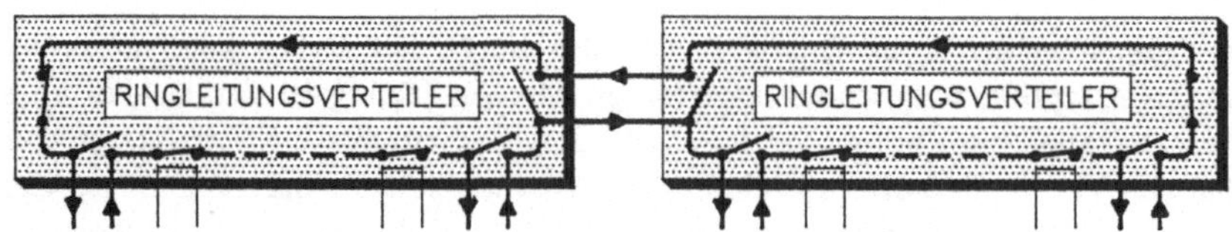

a) Zusammenschaltung mehrerer Ringleitungsverteiler

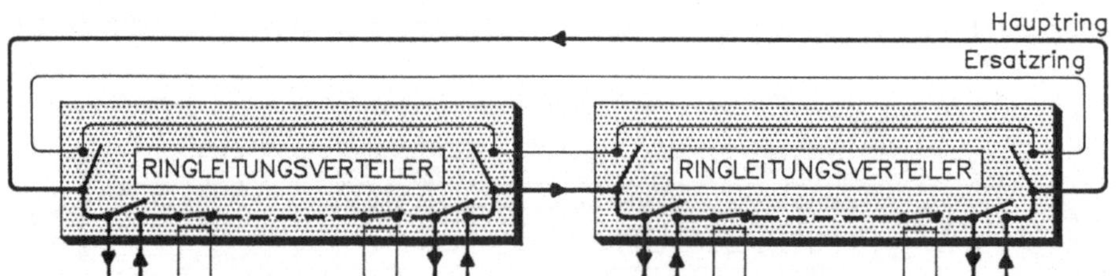

b) Zusammenschaltung mehrerer Ringleitungsverteiler zu einem Ring

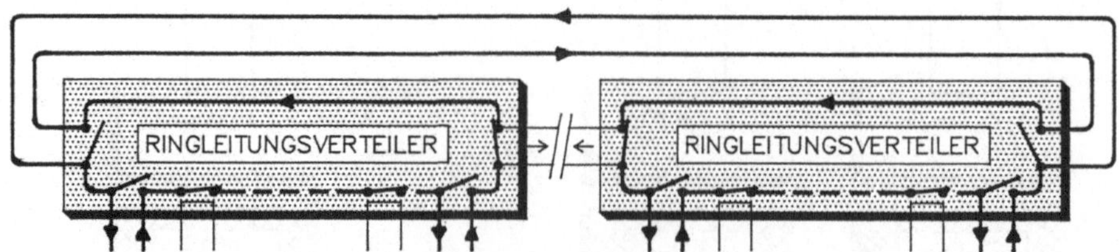

c) Nutzung des Ersatzrings bei einer Kabelunterbrechung zwischen
zwei Ringleitungsverteilern

Abb. 53. **Varianten beim Zusammenschluß mehrerer Ringleitungsverteiler**

haften Kabels (dadurch werden die Ringverbindungen innerhalb der benachbarten Ringleitungsverteiler hergestellt) ein funktionstüchtiger Ring unter Einbeziehung der Ersatzleitung (vgl. Abb. 53c), wobei sogar die Reihenfolge der Stationen am Ring unverändert bleibt.

Die Ringleitungsverteiler sind vorgesehen für die Aufstellung in Verteilerräumen des Verkabelungssystems. Hierbei kommt der sterntypische Vorteil eines zentralen Zugriffspunktes zum Tragen, der es außerordentlich erleichtert, fehlerhafte Komponenten zu identifizieren und zu isolieren.

Die zweite Gruppe von Geräten, die zum Aufbau eines Token-Rings erforderlich ist, besteht aus den Adaptern, die die Verbindung zwischen den anzuschließenden Geräten und dem Token-Ring herstellen.

Wie bereits erwähnt, wird vom Adapter aus das Überbrückungsrelais im Ringleitungsverteiler gesteuert und damit das Ankoppeln bzw. Abkoppeln des Gerätes bewirkt; auch im Adapter selbst müssen abhängig vom Operationszustand unterschiedliche Datenpfade geschaltet werden; dies ist in Abb. 54 schematisch dargestellt.

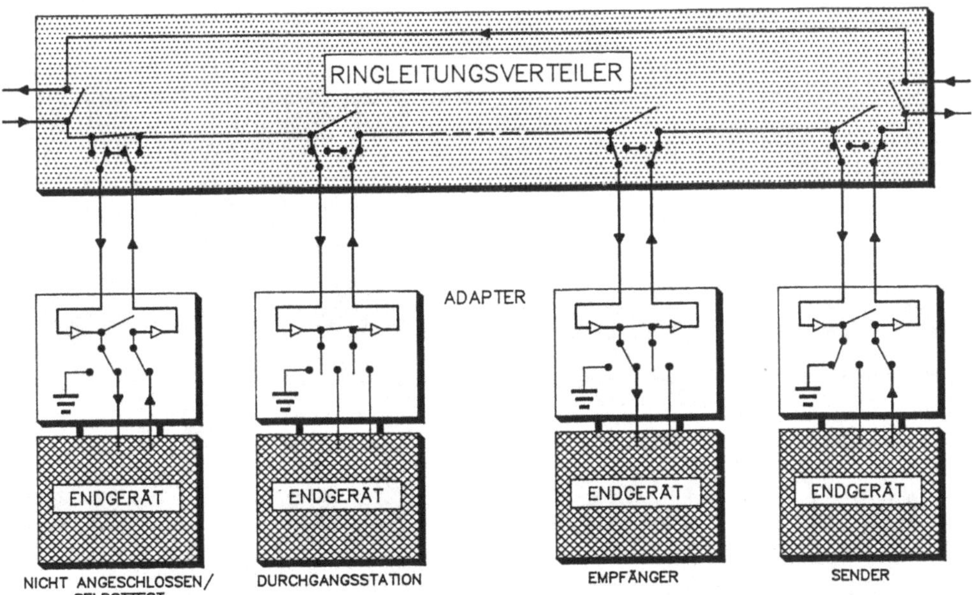

Abb. 54. **Schematische Darstellung der Schaltzustände in Ringleitungsverteiler und Adapter**

Insgesamt gibt es vier Zustände:

1. Das Gerät ist vom Ring abgekoppelt.
   In diesem Zustand ist es nicht aktiv oder im Selbsttest.

2. Das Gerät ist angekoppelt und wirkt als Durchgangsstation.

In diesem Zustand wird auf dem Ring befindliche Information verstärkt und weitergeleitet.

3. Das Gerät ist Empfängerstation.
    In diesem Zustand wird die einlaufende Information ausgekoppelt und zum Endgerät übertragen, gleichzeitig aber auch unter Verstärkung im Ring weitergeleitet.

4. Das Gerät fungiert als Sender.
    In diesem Fall wird die vom Endgerät kommende Information auf den Ring übertragen; der nach der Umrundung des Rings zum Absender zurückkehrende Rahmen muß übernommen und vernichtet werden.

Mit Hilfe der bisher beschriebenen Token-Ring-Komponenten können einfache Token-Ringe aufgebaut werden. Der Aufbau komplexer Token-Ring-Netze erfordert den Einsatz von Brücken. Eine Brücke wird durch ein IBM PS/2-System realisiert, das über je einen Adapter Teilnehmerstation in jedem der beiden zu verbindenden Token-Ring-Segmente ist und auf dem das IBM Token-Ring-Netzwerk-Brückenprogramm zum Einsatz kommt. Entsprechende Brücken sind auch von anderen Firmen erhältlich.

Wenn mehrere Brücken ihrerseits durch einen Ring verbunden sind, so entsteht ein Backbone-Ring, d.h. eine Hierarchie von Ringen; es können aber auch vermaschte Netze aufgebaut werden (vgl. Abb. 55).

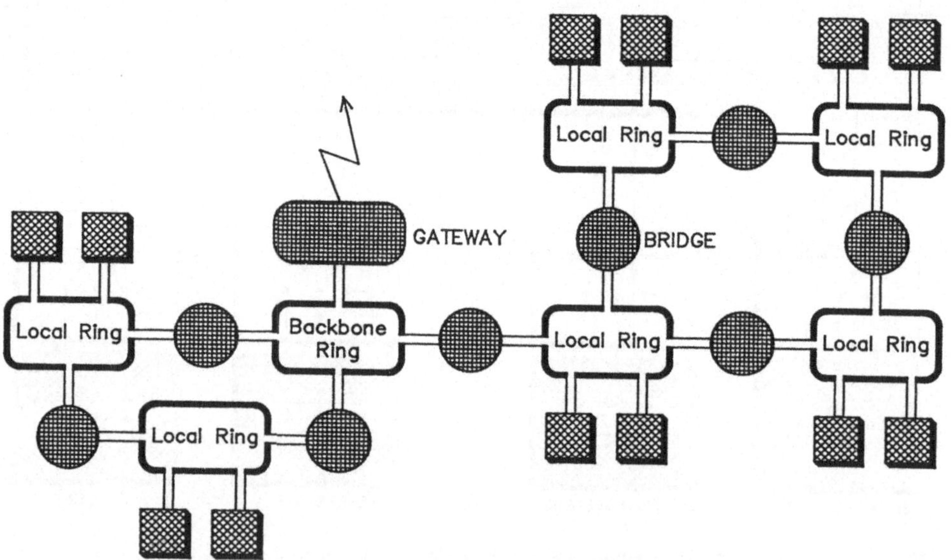

Abb. 55. Einsatz von Brücken zum Aufbau komplexer Token-Ring-Netze

In einem zusammengesetzten Token-Ring-Netzwerk können Stationen außerhalb des lokalen Ringsegments der Absenderstation nicht mehr direkt adressiert werden. Es muß deshalb ein *Routing* (Wegsuche) durchgeführt werden.

Beim Token-Ring wird dafür *Source Routing* verwendet; hierbei muß die sendende Station den vollständigen Weg bis zum Empfänger unter expliziter Auflistung aller dazwischenliegenden Ringe und Brücken beschreiben.

Falls die Zieladresse, nicht aber der Weg dorthin bekannt ist, kann durch Aussenden eines Rahmens mit der bekannten Zieladresse an alle Ringe *(all-rings broadcast)* der Weg dorthin ermittelt werden.

Wenn in einem zusammengesetzten Token-Ring-Netz ein Rahmen den lokalen Ring des Absenders verlassen soll, so wird das Vorhandensein von *Routing*-Information *(routing information field)* durch das Setzen des ersten Bits in der Absenderadresse angezeigt. Das *Routing Information*-Feld schließt direkt an das *Source Address*-Feld an. Es besteht aus einem 16 Bits langen Steuerfeld *(routing control field)*, welches insbesondere die Länge der *Routing*-Information angibt, sowie aus bis zu acht Segment-Nummern von je zwei Bytes Länge, welche jeweils einen Ring und eine Brücke kennzeichnen. Da bis zu acht Segment-Nummern angebbar sind, können auf dem Pfad vom Absender bis zur Zielstation maximal sieben Brücken passiert werden.

Es sollte darauf hingewiesen werden, daß 'Nachrichten an alle' *(broadcast frames)* in den Brücken einer besonderen Behandlung bedürfen.

Bei dem hier beschriebenen *Source Routing* dürfen zwischen je zwei Teilnehmerstationen mehrere Pfade existieren, und es dürfen zwischen zwei Ringen auch mehrere Brücken installiert sein.

Die Existenz mehrerer alternativer Pfade zwischen zwei Netzknoten kann die Verbindungssicherheit im Netz erhöhen, weil bei Unterbrechung einer Verbindung durch Ausfall von Netzkomponenten u.U. über einen alternativen Pfad weiter kommuniziert werden kann.

Es würde hier zu weit führen, die Vorteile und Nachteile des *Source Routing* im Vergleich zu anderen bekannten *Routing*-Methoden zu diskutieren. Beim Token-Ring wurde diese Methode gewählt, um die Belastung der Brücken durch Ausführung der *Routing*-Funktion gering halten und die Brücken billig und in der Ausführung ihrer Aufgaben schnell machen zu können.

Nachdem *Transparent Bridging* durch IEEE 802.1d festgeschrieben worden ist, wird es in standardkonformen LANs in Zukunft keine reinen *Source Routing Bridges* mehr geben, sondern nur noch *Transparent Bridges*, die optional für Token-Ring-Umgebungen zusätzlich *Source Routing* unterstützen.

Durch den Einsatz von Brücken können in flexibler Weise große und komplexe, insbesondere auch vermaschte Netze aufgebaut werden. Management und Betrieb solcher Netze sind aber erheblich aufwendiger als bei einfachen lokalen Netzen mit reiner Topologie (wie Ring, Stern, Bus oder Baum).

3.1.6 Performance lokaler Netze

Im folgenden sollen einige Aussagen zur Performance lokaler Netze gemacht werden, und zwar insbesondere über die bisher besprochenen, nach IEEE 802 standardisierten lokalen Netze. Es werden grundsätzliche Aspekte diskutiert und einige qualitative Aussagen gemacht werden. Für weitergehende quantitative Analysen wird z.B. auf Bux [18] oder Hammond/O'Reilly [57] verwiesen, wo auch eine Fülle weiterer Literatur angegeben ist. Die Präsentation quantitativer Ergebnisse ist nur sinnvoll, wenn auch die Annahmen und Randbedingungen, unter denen sie gewonnen wurden, angegeben und diskutiert werden. Grundsätzlich können quantitative Ergebnisse durch Messungen an realen Systemen gewonnen werden oder durch Abbildung des realen Systems auf ein Modell, welches dann eine analytische Behandlung zuläßt oder durch Simulation zu Ergebnissen führt.
Bei Messungen an realen Systemen stellt sich die Frage, was gemessen werden soll, wo gemessen werden soll (Meßpunktauswahl), wie gemessen werden soll (Messungen können die zu messenden Größen verändern!) und inwieweit die Ergebnisse verallgemeinerbar sind.
Bei der Simulation oder einer analytischen Behandlung ist die Modellbildung kritisch. Hierbei sind grundsätzliche Annahmen bzgl. der Ankunftsprozesse, der Verteilung der Informationslängen, der Verfügbarkeit von Datenpuffern usw. zu machen, die nicht immer nur nach der Maxime der optimalen Abbildung des realen Systems getroffen werden, sondern u.U. auch unter dem Aspekt, zu behandelbaren Modellen zu kommen. In jedem Fall müssen bei Verwendung von Modellen auch Messungen durchgeführt werden, um die Annahmen zu verifizieren und um zu brauchbaren Ausgangsdaten zu kommen. Es muß auch überprüft werden, ob die Lösungen des Modells auch tatsächlich verläßliche Aussagen über das reale System bzw. dessen relevante Charakteristika machen.

Betrachtungen über diverse Aspekte der Leistungsfähigkeit von Kommunikationseinrichtungen können von verschiedenen Standpunkten aus angestellt werden. Mindestens zwei Gruppen mit nicht deckungsgleichen Interessen sind zu nennen:

- die Betreiber von Netzen und
- die Benutzer von Netzen.

Für den Betreiber eines Netzes sind folgende Aspekte wichtig:

- Leistungsfähigkeit (Durchsatz, Zeitverhalten),
- Steuerbarkeit des Datenflusses,
- Fairneß,
- Flexibilität,
- Infrastrukturfragen,
- Gesamtkosten.

Diese über Performance im engeren Sinne hinausgehenden Aspekte werden im Hinblick auf ein Netz in seiner Gesamtheit gesehen.
Für den Benutzer sind die meisten dieser Gesichtspunkte ebenfalls von Bedeutung, aber nicht im Hinblick auf das Ganze, sondern bezogen auf seine individuellen Kommunikationsanforderungen und Randbedingungen. Darüberhinaus hat ein Benutzer kein Interesse und i.a. auch keine Möglichkeit, einen Kommunikationsvorgang differenziert zu sehen. Jeder individuelle Kommunikationsvorgang läuft in Konkurrenz mit anderen Kommunikationsvorgängen ab, und bei der Bearbeitung der Kommunikationsvorgänge in den beteiligten Systemen spielen die Leistungsfähigkeit dieser Systeme und die Konkurrenz mit

anderen Aktivitäten um die erforderlichen Betriebsmittel eine wesentliche Rolle. Für den Betreiber sind differenzierte Kenntnisse über alle Teilvorgänge eine wichtige Voraussetzung für die Optimierung der beteiligten Komponenten.

Nach diesen Vorbemerkungen sollen im folgenden die drei vorher besprochenen standardisierten Verfahren unter Performance-Gesichtspunkten kurz besprochen werden. Die drei Verfahren unterscheiden sich in der Übertragungstechnik und im Medienzugriffsverfahren; aus den unterschiedlichen Methoden des Medienzugriffs lassen sich charakteristische Eigenschaften ableiten.

3.1.6.1 CSMA/CD

Das CSMA/CD-Verfahren ist ein faires Verfahren, bei dem alle Teilnehmer gleich behandelt werden. Beim Auftreten von Kollisionen werden durch die *Backoff*-Strategie zwar bereits vorher kollidierte Pakete gegenüber neu hinzukommenden tendenziell benachteiligt (da die Wartezeiten mit der Zahl der erlittenen Kollisionen steigen), das Verfahren wird dadurch aber nicht unfair, da alle Stationen davon gleichermaßen betroffen sein können.
Es gibt keine Möglichkeiten, Prioritäten zu vergeben und dadurch verschiedene Service-Klassen einzurichten oder anderweitig steuernd in den Verkehrsfluß einzugreifen. Das Verfahren arbeitet optimal bei niedriger Verkehrslast, wenn die Kollisionsgefahr sehr gering ist; in diesem Falle sind die Wartezeiten sehr kurz, weil eine sendebereite Station fast unmittelbar mit der Übertragung beginnen kann. Andererseits ist einsichtig, daß bei hoher Last, hervorgerufen durch sehr viele Anforderungen, die Zahl der Kollisionen ansteigt und der Durchsatz bereits weit unterhalb der eine natürliche Grenze darstellenden Nenndatenrate nicht weiter ansteigt und schließlich sogar wieder absinkt. Ein Verfahren, bei dem der effektive Durchsatz bei Überlast gegen Null geht, wird als instabil bezeichnet. Das grundsätzliche Verhalten der drei betrachteten Verfahren bei Last ist in Abb. 56 dargestellt.

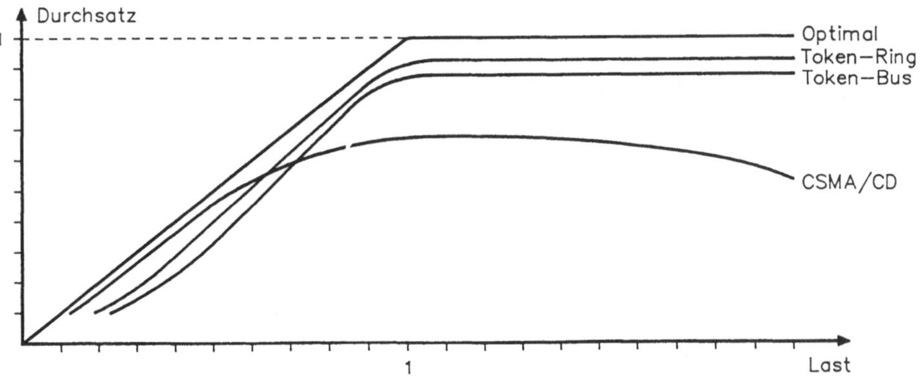

Abb. 56. Qualitative Darstellung des Lastverhaltens von LANs

Besonders ungünstig für das CSMA/CD-Verfahren ist es, wenn die Last durch sehr viele kleine Anforderungen hervorgerufen wird, weil dadurch die Wahrscheinlichkeit von Kollisionen groß wird. Im anderen Extrem — wenn die gesamte Last durch eine einzige Punkt-zu-Punkt-Verbindung über das LAN erzeugt wird — ist die Kollisionswahrscheinlichkeit null und die Nennübertragungsleistung kann ohne verfahrensbedingte Abstriche über eine solche Verbindung genutzt werden.

Im allgemeinen muß beim CSMA/CD-Verfahren bei hoher Last mit instabilem Verhalten gerechnet werden. Diese Eigenschaft des CSMA/CD-Verfahrens erfordert eine genaue Analyse der zu erwartenden Verkehrslast oder die Beschränkung auf unkritische Umgebungen. Bei einer Netzauslastung unter 40-50% ist die Gefahr der Instabilität nach übereinstimmenden Untersuchungen gering.

Durch das mögliche instabile Verhalten kann sich die Gleichbehandlung aller Stationen — bisher als Merkmal der Fairneß angesehen — als unfair erweisen. Wenn eine leistungsfähige Station (etwa ein Host) evtl. entgegen bestehenden Absprachen das Verkehrsaufkommen drastisch erhöht und dadurch das Netz in die Instabilität treibt, so gilt zwar nach wie vor der Gleichheitsgrundsatz, weil alle Stationen davon gleichermaßen betroffen sind, aber unter solchen Randbedingungen wird das nicht unbedingt als fair empfunden.

Über die eher grundsätzlichen Betrachtungen darf nicht vergessen werden, daß heute (dies könnte sich in Zukunft vor allem durch die weitere Verbreitung graphischer Arbeitsstationen ändern) LANs meist immer noch mit einer geringen mittleren Auslastung betrieben werden (typischerweise < 5-10%). Dies schließt Überlastsituationen nicht aus, macht sie aber unwahrscheinlich, da einzelne Kommunikationsverbindungen (insbesondere aufgrund des von der Kommunikationssoftware verursachten Overhead) die Übertragungsgeschwindigkeit eines LAN kaum nutzen können und eine Überlastung deshalb nur durch mehrere gleichzeitige Kommunikationsbeziehungen eintreten kann, was bei einem generell gering belasteten Netz nicht wahrscheinlich ist. Diese Aussage gilt nicht für Prozeßumgebungen, für die es typisch ist, daß bei einem Alarm oder im Störungsfall eine Lawine von Folgeaktivitäten ausgelöst wird, so daß in einer solchen Umgebung LANs auf CSMA/CD-Basis nicht geeignet sind, wenn nicht auch im ungünstigsten Fall die Anforderungen an das Netz gering bleiben.

3.1.6.2 Token-Ring

Das Token-Verfahren verhält sich bezüglich des Medienzugriffs im Gegensatz zum CSMA/CD-Verfahren deterministisch. Das Verfahren ist fair, da der Besitz des Token nur für eine befristete Zeit das Senderecht an eine Station überträgt und während eines Token-Umlaufs jede Station die Chance erhält, Daten zu senden. Das Verfahren erlaubt, Prioritäten zu vergeben, was zur Einrichtung von Dienstklassen oder einer anderweitigen Organisation des Datenflusses benutzt werden kann; in jedem Falle können Rahmen, die Steuerungszwecken dienen, bevorzugt befördert werden.

Die Organisation des Medienzugriffs durch Token verbraucht Netzwerkressourcen, die für Nutzdatenübertragungen dann nicht mehr zur Verfügung stehen. Bei bekannter Netzkonfiguration kann dieser Overhead exakt berechnet werden; er liegt bei üblichen Konfigurationen im Bereich weniger Prozentpunkte. Insbesondere steigt dieser Overhead bei zunehmender Netzbelastung nicht an, sondern nimmt im Gegenteil (relativ) ab.

Eine überschlägige Rechnung macht dies klar: Zugrundegelegt wird ein Ring von 5 km Leitungslänge (Signalausbreitungsgeschwindigkeit 0,8 c) und 100 Stationen, Übertragungsgeschwindigkeit 4 Mbps (0,25 μs/Bit). Ein Token-Umlauf dauert dann:

Signallaufzeit pro Ringumlauf (5 km)	*20,8 μs*
1 Bit Verzögerungszeit pro Station (100×0,25 μs)	*25,0 μs*
24-Bit-Verzögerung durch Monitor-Station	*6,0 μs*
Summe	*51,8 μs*

Das heißt, wenn im ungünstigsten Fall nur eine Station am Ring aktiv ist, muß sie nach Abschluß einer Übertragung einen vollen Token-Umlauf (im obigen Beispiel gut 50 μs) warten, bevor sie die nächste Übertragung starten kann. Diese Wartezeit muß in Relation zur Dauer einer Nutzübertragung gesetzt werden. Wenn die gleiche Station permanent senden will, kann man davon ausgehen, daß große Datenmengen zu übertragen sind und in möglichst großen Einheiten übertragen wird. Legt man eine Rahmengröße von 4000 Bytes zugrunde, so ergibt sich eine Übertragungszeit von ca. 8 ms und der durch die Token-Umlaufzeit hervorgerufene Overhead beträgt mit den Zahlen des Beispiels ca. 0,65%.
Wenn mehrere sendewillige Stationen vorhanden sind, muß die oben angegebene Token-Umlaufzeit auf alle während eines Umlaufs durchgeführten Übertragungen umgelegt werden, wodurch der Overhead relativ abnimmt.

Zusammenfassend ist folgendes festzustellen:

1. Wenn nur eine einzige Station senden will, bedeutet die Token-Umlaufzeit unter heutigen Randbedingungen (Leistungsfähigkeit von Adaptern und Stationen) in der Regel überhaupt keine Einschränkung, da die verfügbare Übertragungsleistung ohnedies nicht genutzt werden kann. Der eigentliche Nachteil besteht darin, daß die Station, wenn sie wieder sendebereit wird (was i.a. erst nach mehreren Token-Umläufen geschieht) im Mittel eine halbe Token-Umlaufzeit warten muß, bis sie wieder in Token-Besitz gelangt und übertragen darf.

2. Der durch den Token erzeugte Overhead steigt mit abnehmender Paketlänge relativ an.

3. Mit steigender Übertragungsgeschwindigkeit steigt auch der durch das Token-Verfahren induzierte Overhead an, da der wesentlich durch Laufzeiteffekte bestimmten Token-Umlaufzeit immer kürzere Übetragungszeiten (für die gleiche Datenmenge) gegenüberstehen. Gleichzeitig steigt auch der Informationsinhalt des Rings an (im obigen Beispiel mit gut 200 Bits kaum mehr als die minimale Rahmenlänge), wodurch das Aussenden des neuen freien Token verzögert werden kann, wenn die sendeberechtigte Station auf die Ankunft des Kopfes des von ihr ausgesendeten Rahmens warten muß (aufgrund der Prioritätssteuerung).

Insgesamt hat das Token-Ring-Verfahren durchweg positive Eigenschaften. Der erreichbare Durchsatz (auf der MAC-Ebene) liegt nur wenig unterhalb der Nennübertragungsleistung und das Verfahren ist auch unter Überlastbedingungen stabil.

3.1.6.3 Token-Bus

Der Token-Bus verhält sich grundsätzlich ähnlich wie der Token-Ring. Das Verfahren ist bezüglich des Medienzugriffs deterministisch und erlaubt die Vergabe von Prioritäten. Da jedoch die Token-Weitergabe durch explizite Addressierung der Folgestation geschieht, dauert sie weitaus länger als beim Token-Ring, weshalb bei gleicher Anzahl von Stationen der Overhead deutlich größer ist bei ansonsten ähnlichem Verhalten.
Für den Vergleich der Verfahren die gleiche Anzahl von Stationen zugrunde zu legen, wird jedoch der spezifischen Charakteristik des Token-Bus-Verfahrens nicht gerecht. Da auf dem Bus nur ein logischer Ring etabliert ist, können sehr einfach Stationen aus dem Ring herausgenommen und wieder eingegliedert werden. Auf diese Weise ist es grundsätzlich möglich, den Ring in kurzen Abständen so zu organisieren, daß jeweils nur die aktiven Stationen dazugehören, wodurch der Ring klein gehalten und die aufwendige Token-Weitergabe zu-

mindest teilweise wieder kompensiert werden kann. Da andererseits aber durch permanentes Ein- und Ausgliedern von Stationen die Performance nicht verbessert wird, ist es wichtig, einen vernünftigen Algorithmus für das Ausgliedern von Stationen zu finden.

Zusammenfassung: Unabhängig von spezifischen Eigenheiten vermindern kleine Paketlängen wegen des konstanten Sockels von Kontrollinformationen in jedem Rahmen in der Größenordnung von 20 Bytes die Effizienz bei allen drei Verfahren. Ganz extrem ist dies bei '1-Byte'-Übertragungen (bezogen auf die Nutzinformation) wie sie bei Terminalanschlüssen für den Informationsfluß vom Terminal zum Rechner typisch sind. Für den logischen Vorgang 'Übertragung eines Zeichens vom Terminal zum Rechner' sind bis zu vier Rahmen im Netz zu übertragen: Übertragen des Zeichens von der Tastatur zum Rechner oder zur Steuereinheit, Rückübertragung von dort zum Bildschirm und evtl. Bestätigungen der jeweiligen Rahmen. Dies ergibt einen Overhead von etlichen tausend Prozent, der beim CSMA/CD-Verfahren wegen der verfahrensbedingten minimalen Rahmenlänge von 64 Bytes (bei einer Datenrate von 10 Mbps) noch um ein Mehrfaches höher ist als bei den Token-Verfahren; da diese Mindestlänge abhängig von der Übertragungsgeschwindigkeit ist, wird das Verfahren bei höheren Geschwindigkeiten immer ineffizienter (vgl. Abb. 57). Eine derartig ineffiziente Nutzung eines Netzes ist nur deshalb tragbar, weil der Mensch als Initiator der Aktionen nicht sehr leistungsfähig ist, so daß auch 100 aktive Terminals ein 10 Mbps-LAN nicht übermäßig belasten. Die Belastung ist aber sehr viel größer als die Menge der ausgetauschten Daten bei vordergründiger Betrachtung vermuten läßt.

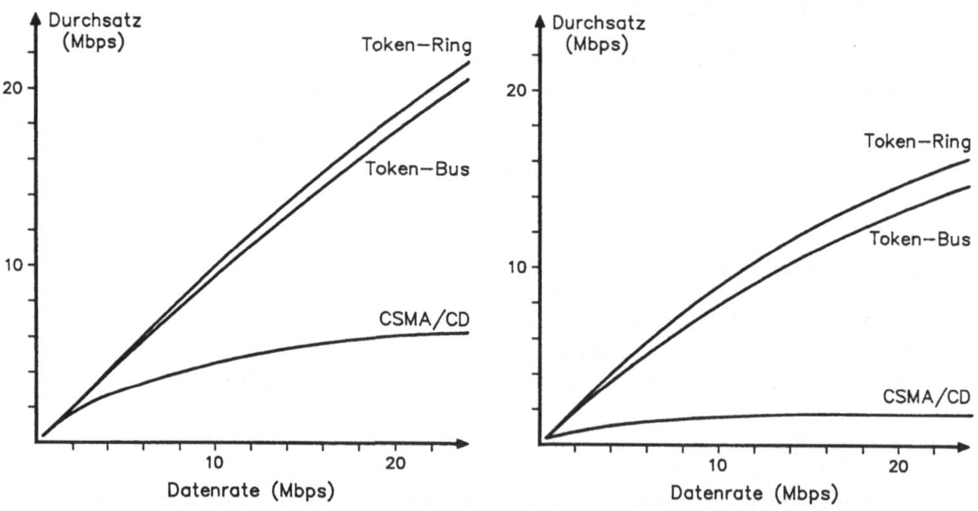

a) 100 aktive Stationen, 2000 Bits/Rahmen   b) 100 aktive Stationen, 500 Bits/Rahmen

Abb. 57. Durchsatz als Funktion der Datenrate bei verschiedenen Rahmenlängen (nach [105])

Mit steigender Belastung der Netze steigen auch die Wartezeiten an, die sendebereite Stationen erleiden, bevor sie einen bereitstehenden Datenblock absenden können. Bei den Token-Verfahren ist für diese Wartezeiten eine feste Obergrenze angebbar. Die maximale Wartezeit tritt dann ein, wenn alle Stationen am Ring ihr Senderecht für eine Übertragung maximaler Länge nutzen (was sehr unwahrscheinlich ist). Beim CSMA/CD-Verfahren steigen im Falle einer Überlastung die Wartezeiten sehr stark an, aber auch bei normaler Belastung ist verfahrensbedingt eine Obergrenze für die Wartezeiten im deterministischen Sinne nicht angebbar. Unter normalen Betriebsbedingungen sind die Unterschiede allerdings gering. Die Wahrscheinlichkeit, daß bei einem (nicht überlasteten) CSMA/CD-System Wartezeiten in der Größenordnung der für die Token-Verfahren garantierbaren Werte auftreten, liegt um mehrere Zehnerpotenzen unter der Wahrscheinlichkeit des Auftretens von Übertragungsfehlern (vgl. [97]); d.h. das beim CSMA/CD-Verfahren durch die Zugriffsmethode bedingte probabilistische Verhalten wird überdeckt durch statistische Effekte des Übertragungsvorgangs (Übertragungsfehler), die bei allen Verfahren in gleicher Weise auftreten.

Wenn die Performance nicht auf der untersten Ebene (MAC-Ebene) gemessen wird, sondern auf der einen Benutzer interessierenden Ebene 7 (d.h. die Performance eines dem Benutzer zur Verfügung stehenden Kommunikationsdienstes wie z.B. *File Transfer*), dann wird gleichzeitig die Effizienz der Netzsoftware und die Leistungsfähigkeit des Knotens (Rechners) mitgemessen, wohinter (außer in extremen Grenzfällen) die Einflüsse eines speziellen LAN verschwinden.
Solche Messungen werden, um reproduzierbare Ergebnisse zu bekommen, auf unbelasteten Systemen durchgeführt; sie gestatten eine Beurteilung der Leistungsfähigkeit des Kommunikationssystems (Hardware und Software), liefern dem Endbenutzer aber irreführende Werte, da er im Normalfall auf einem belasteten System arbeitet, bei dem viele verschiedene Aktivitäten um die vorhandenen Betriebsmittel konkurrieren.

Die von einem Benutzer für eine einzelne Punkt-zu-Punkt-Verbindung über ein lokales Netz beobachtbaren effektiven Datenraten liegen deutlich bis drastisch unterhalb der nominalen Übertragungsleistung des Netzes. Dieser Effekt tritt auch bei unbelastetem Netz auf und hat seine Ursache in den Beschränkungen des Netz-*Controllers* (maximaler Durchsatz typisch 1,5-4 Mbps), in dem beträchtlichen Overhead, den die Netzsoftware vor allem auf den höheren Ebenen erzeugt, aber auch in der begrenzten Geschwindigkeit, mit der Daten von und zu einem Sekundärspeicher (Platte) transportiert werden können.
Als Richtwerte für erzielbare Datenraten bei einem *File Transfer* von Platte zu Platte über ein lokales Netz können folgende Angaben dienen:

Host   <–> Workstation 1,5 Mbps

Host   <–> PC   500 kbps

PC   <–> Workstation 1 Mbps

Workstation <–> Workstation 2,5 Mbps

Es handelt sich um mittlere Werte, die für normale Benutzer im Normalbetrieb für File Transfers mit Filegrößen von zwei MByte über Ethernet gemessen wurden.
Diese Werte liegen deutlich höher als die vor etwa drei Jahren gemessenen. Dies liegt zum einen an der signifikant größeren Leistungsfähigkeit der involvierten Rechner, aber auch daran, daß die Netzsoftware in dieser Zeit hinsichtlich der Performance einen beachtlichen Reifungsprozeß durchgemacht hat.
Wenn auch die Leistungsfähigkeit der hier besprochenen LANs nach wie vor durch einzelne Kommunikationsverbindungen kaum ausgeschöpft werden kann, so werden ihre Grenzen für größere Netzen mit einer Vielzahl leistungsfähiger Workstations doch sichtbar.

3.1.7 IEEE 802.6 – DQDB

(DQDB = Distributed Queue Dual Bus)

Seit Ende 1987 beschäftigt sich IEEE Project 802.6 mit DQDB als Vorschlag für ein *Metropolitan Area Network* (MAN). Das Konzept wurde unter der Bezeichnung QPSX *(Queued Packet Switch Exchange)* an der University of Western Australia entwickelt. Unter einem MAN versteht man ein Netz, ähnlich einem LAN, welches jedoch

- eine wesentlich höhere Datenrate aufweist als die klassischen IEEE-LANs,

- einen wesentlich größeren geographischen Bereich abdecken kann und

- Diensteintegration erlaubt, d.h. gleichermaßen asynchronen (paketvermittelten) wie isochronen (leitungsvermittelten) Verkehr tragen kann.

Diese Eigenschaften machen ein MAN auch für die Postverwaltungen interessant, die tatsächlich sowohl in Europa wie auch in den USA und in Australien ein DQDB-Dienstangebot vorbereiten.
Eine wichtige, heute schon sichtbare Aufgabe solcher MANs wird die Verbindung privater LANs mit LAN-typischen Geschwindigkeiten sein. MANs werden aber auch als Vorläufer bzw. als Zugang zum kommenden Breitband-ISDN gesehen, was die Notwendigkeit einschließt, auch isochronen Verkehr (Sprache, Video) transportieren zu können.
Durch DQDB wird (anders als bei FDDI) die Übertragungstechnik nicht festgeschrieben, sondern durch sogenannte *Physical Layer Convergence Functions* eine Anpassung an etablierte Übertragungssysteme vorgenommen. Vorgesehen sind für den amerikanischen Markt Anpassungen an ANSI DS3 (45 Mbps) und CCITT G.707-9 SDH (SONET, 155 Mbps), für den europäischen Markt an CCITT G.703 (34 und 140 Mbps).

3.1.7.1 Funktionsweise des DQDB

DQDB basiert auf zwei entgegengesetzt gerichteten Bussen, auf denen in vorformatierten 125-μs-Rahmen *Slots* fester Länge von jeweils einer ausgezeichneten Station am Anfang der Busse erzeugt werden (es handelt sich also um ein *Slotted Bus*-System). Jede Station hat vermittels ihrer *Access Unit* (AU) Lese- und Schreibzugriff auf beide Busse (vgl. Abb. 58).

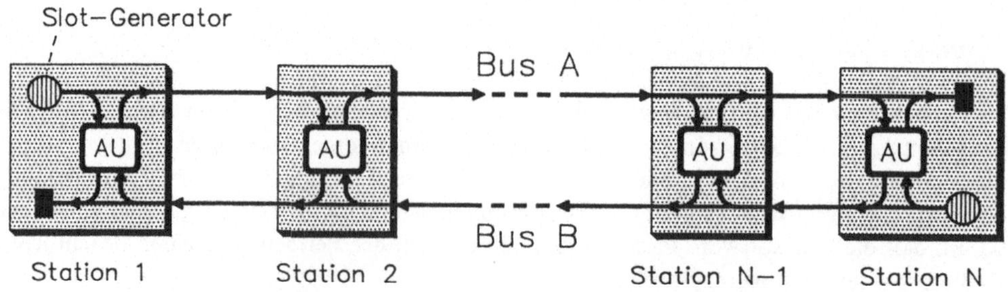

Abb. 58. DQDB Doppel-Bus-Architektur

Die Ausfallsicherheit eines solchen Systems kann erhöht werden, wenn die Busse ringförmig
angeordnet werden. Beide Busse beginnen und enden dann in der gleichen Station, ohne daß
dadurch jedoch ein logischer Ring erzeugt wird (vgl. Abb. 59a)). Wenn nun alle Stationen
die Fähigkeit der *Slot*-Generierung und der Bus-Terminierung besitzen, so können bei einer
Leitungsunterbrechung zwei Busse konfiguriert werden, die vor bzw. hinter der Unterbrechungsstelle beginnen bzw. enden (vgl. Abb. 59b)).

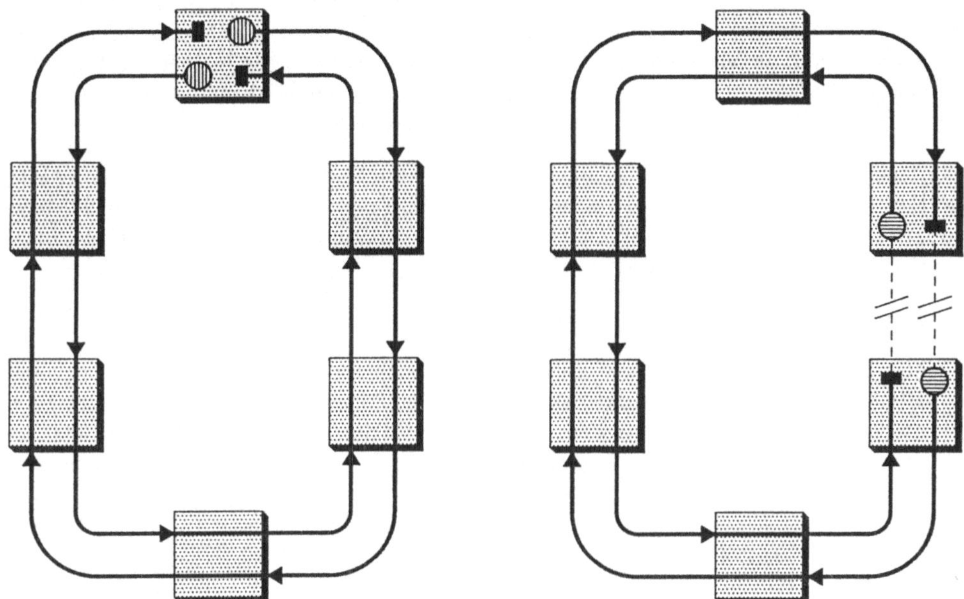

Abb. 59. Rekonfigurationsfähigkeit bei ringförmiger Anordnung der Busse

Im DQDB-Protokoll gibt es zwei verschiedene Typen von *Slots*: *Pre-Arbitrated* (PA) und
Queued Arbitrated (QA). Die *Slot*-Typen sind im *Access Control Field* (ACF) am Anfang
der *Slots* markiert. Die PA-*Slots* sind für isochronen Verkehr konstanter Bitrate vorgesehen,
die QA-*Slots* für asynchronen Datenverkehr. Sequenzen beider *Slot*-Typen müssen von den
Knoten an den Bus-Anfängen generiert werden.
Im PA-Modus können mehrere Knoten Zugriff zum gleichen *Slot* haben. Die Zuordnung
erfolgt byteweise in Abhängigkeit von der erforderlichen Bitrate. Eine Station wird durch
Management-Prozeduren der DQDB-Schicht davon unterrichtet, welche Byte-Positionen
ihr für eine isochrone Verbindung zugeordnet sind. Ein Byte in einem *Slot* eines 125-μs-
Rahmens entspricht einer Datenrate von 64 kbps; die Zuordnung von Bandbreite erfolgt
also in Einheiten von 64 kbps.
Jeder PA-*Slot* ist darüberhinaus durch einen *Virtual Channel Identifier* (VCI) gekennzeichnet. Die Stationen ignorieren *Slots* mit ihnen nicht zugeordneten VCIs. Für jeden sie betreffenden VCI muß eine Station die ihr zugeordneten Byte-Positionen im *Slot* kennen.
Das Generieren von PA-*Slots* und deren Markierung mit VCIs ist die Aufgabe der Knoten
am Beginn der Busse. Sie müssen auch sicherstellen, daß jeder VCI-Wert periodisch so

häufig generiert wird, daß die für eine isochrone Verbindung geforderte Bandbreite sichergestellt ist.

Im Vordergrund des derzeitigen Interesses an DQDB und auch im Mittelpunkt der Diskussionen steht der *Queued Arbitrated Access*, d.h. der für asynchronen Datenverkehr über
verteilte Warteschlangen organisierte Zugriff zu den QA-*Slots*.
Da die Busse gerichtet sind, muß eine Station die relative Position jeder anderen Station
kennen, d.h. sie muß für jede Zieladresse wissen, über welchen der beiden Busse sie zu erreichen ist. Ansonsten ist die logische Behandlung der beiden Busse vollkommen identisch,
so daß es genügt, die Vorgänge für eine Übertragungsrichtung zu beschreiben. Im folgenden
werden die Abläufe für eine Datenübertragung auf Bus A beschrieben, d.h. von einer Station J zu einer Station K, die bezogen auf Bus A *downstream* gelegen ist.

Die Steuerung des Zugriffs erfolgt über zwei Bitpositionen im *Access Control Field* (ACF)
der QA-*Slots* (vgl. auch Abb. 62). Diese Bits sind das *Busy Bit*, das einen *Slot* als frei bzw.
belegt markiert, und das *Request Bit*, das einen Übertragungswunsch einer Station signalisiert. Im einzelnen sind die Abläufe wie folgt:

1. Die Station will selbst nicht übertragen

Jede Station unterhält für jeden Bus (hier dargestellt für Bus A) einen *Request Counter*
(RQ) genannten Zähler. Dieser Zähler wird inkrementiert, wenn in Gegenrichtung (d.h.
auf Bus B) ein *Slot* mit gesetztem *Request Bit* die Station passiert. Durch Setzen des
Request Bits signalisiert eine Station den *upstream* (bezogen auf Bus A) gelegenen Stationen den eigenen Übertragungswunsch.

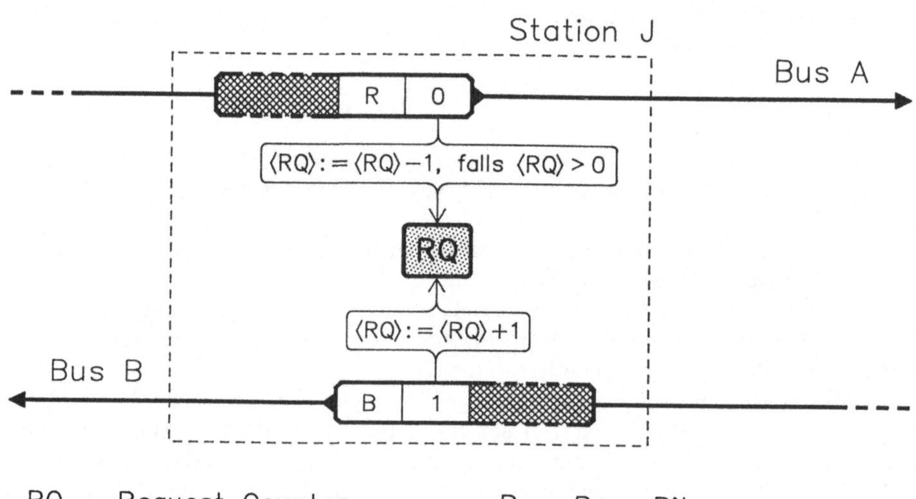

Abb. 60. Übertragungsrichtung Bus A: Knoten nicht sendebereit

Solange der *Request Counter* nicht null ist, wird er dekrementiert, wenn auf Bus A ein
freier *Slot* die Station passiert. Da durch jeden freien *Slot* ein anstehender *Request* einer
downstream gelegenen Station befriedigt werden kann, enthält der *Request Counter* zu

jedem Zeitpunkt die Anzahl der noch ausstehenden Übertragungsanforderungen *downstream* (bezogen auf Bus A) gelegener Stationen, also die aktuelle Länge der verteilten Warteschlange in der betrachteten Station.

2. Die Station will übertragen

Wenn eine Station sendebereit wird, geschehen folgende Aktionen (vgl. Abb. 61):

- Die Station meldet durch Setzen des *Request Bits* in einem auf Bus B passierenden *Slot* den Übertragungswunsch den (bzgl. Bus A) *upstream* gelegenen Stationen, so daß er dort durch Inkrementieren der *Request Counter* berücksichtigt werden kann. Da das *Request Bit* erst gesetzt werden kann, wenn ein *Slot* mit noch nicht gesetztem *Request Bit* die Station erreicht, dieser Vorgang aber von den nachfolgend beschriebenen Aktionen entkoppelt werden soll, existiert ein weiterer Zähler, der *Outstanding Request Counter* (ORQ), der inkrementiert wird. Solange ORQ > 0 ist, wird in jedem *Slot* auf Bus B mit nicht gesetztem *Request Bit* dieses Bit gesetzt und der Zähler dekrementiert.

- Der aktuelle Wert des *Request*-Zählers (RQ), der die Position der eigenen Anforderung in der verteilten Warteschlange wiedergibt, wird in den *Count-Down Counter* (CD) übernommen und anschließend gelöscht. Der *Count-Down Counter* wird für jeden auf Bus A passierenden freien *Slot* dekrementiert. Wenn er auf null gelaufen ist, wird der nächste freie *Slot* für die eigene Übertragung genutzt.

- Nachdem der *Request*-Zähler gelöscht worden ist, werden in ihm nun wieder die auf Bus B passierenden *Requests* gezählt. Er gibt somit nach Abschluß der eigenen Übertragung die Warteschlangenposition für einen eventuellen weiteren Übertragungswunsch an.

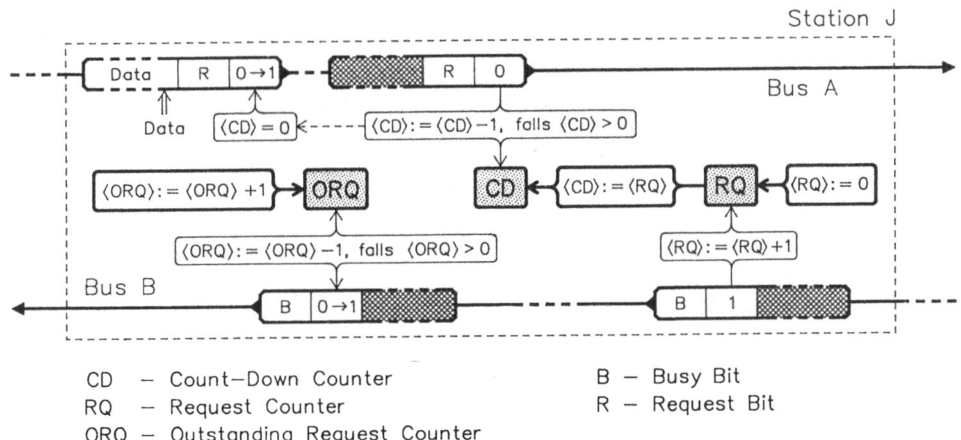

Abb. 61. Übertragungsrichtung Bus A: Knoten ist sendewillig

Eine Station kann zu einem Zeitpunkt immer nur einen Übertragungswunsch (*Request*) anstehen haben, d.h. erst wenn ein anstehender *Request* abgearbeitet worden ist, kann ein neuer Übertragungswunsch angemeldet werden.

Das vorher beschriebene Verfahren zeigt, wie der Zugriff zum Bus bei belastetem System organisiert wird, d.h. wenn mehrere Stationen um den Zugriff zum Medium konkurrieren. Bei gering belastetem System, wenn die Zahl der auf Bus A passierenden freien *Slots* größer ist als die Zahl der auf Bus B registrierten Requests, der *Request*-Zähler also auf null steht, kann eine sendebereite Station den nächsten freien *Slot* sofort nutzen, muß also nur eine minimale Wartezeit hinnehmen.

Das DQDB-Zugriffsverfahren läßt sich leicht auf mehrere Prioritäten erweitern, und dies geschieht auch im Standardisierungsvorschlag, in dem vier Prioritäten vorgesehen sind. Realisiert werden die Prioritäten, indem das ACF-Feld der *Slots* nicht ein *Request Bit* enthält, sondern eines pro Prioritätsstufe. Dazu korrespondierend unterthält jede Station vier *Request*-Zähler (pro Übertragungsrichtung).   Wenn nun ein *Request* einer bestimmten Prioritätsstufe registriert wird, so werden der korrespondierende *Request*-Zähler und gleichzeitig alle *Request*-Zähler niedrigerer Priorität inkrementiert.   Jeder dieser Zähler enthält also die Gesamtlänge der Warteschlange der zugeordneten Priorität unter Berücksichtigung der Längen der Warteschlangen der höheren Prioritäten.   Dementsprechend müssen beim Passieren eines freien *Slots* alle *Request*-Zähler (deren Wert ungleich null ist) dekrementiert werden.

3.1.7.2 Eigenschaften des DQDB-Verfahrens

- Jede Station muß von allen anderen Stationen deren relative Position am Bus kennen, um zu wissen, über welchen der beiden Busse sie erreichbar sind. Jede neu hinzukommende Station muß diese Information "lernen" und bei Umkonfigurationen muß diese Information in davon betroffenen Stationen aktualisiert werden.

- Die gleichzeitige Verwaltung einer Vielzahl korrelierter Zähler ist aufwendig; da gleichzeitig auch Datenübertragungen von bzw. zu beiden Bussen laufen können, sind die Anforderungen an die Leistungsfähigkeit der *Attachment Unit* hoch.

- Beim Einschalten (auch nach einem evtl. kurzzeitigen Ausfall) einer Station hat diese keine gültigen, d.h. den aktuellen Netzzustand widerspiegelnden Zählerstände. Die Request-Zähler müssen auf irgendeine Weise sinnvoll initialisiert werden.

- Es ist zu diskutieren, welche Auswirkungen Fehlfunktionen (etwa falsche oder fehlerhaft interpretierte Zählerstände) auf die Funktion des Gesamtsystems haben können. Wie bei allen Systemen, deren Stationen auf ein gemeinsames Medium zugreifen, gibt es Fehlertypen, die das Gesamtsystem unbrauchbar machen, nämlich dann, wenn sich eine Station in kritischer Weise nicht an die "Spielregeln" hält.

- Das Hauptproblem bei DQDB, das auch Rückwirkungen auf den Standardisierungsprozeß hat, ist die Tatsache, daß das Verfahren in Überlastsituationen nicht fair ist, noch überhaupt ein vorhersagbares Verhalten an den Tag legt. Letztlich beruhen diese unerwünschten Eigenschaften darauf, daß die die Zählerstände beeinflussenden Ereignisse (das Erkennen von *Busy Bits* bzw. *Request Bits*) in den verschiedenen Stationen nicht wirklich gleichzeitig wahrgenommen werden, sondern hierbei Laufzeiteffekte auftreten. Diese werden vor allem dann wirksam, wenn die Entfernungen zwischen den Stationen größer als eine *Slot*-Länge werden; wieviel dies in Zeit bzw. Bus-Länge ausmacht, hängt von der Übertragungsgeschwindigkeit ab. Tendenziell werden in Überlastsituationen (dadurch gekennzeichnet, daß alle Stationen permanent senden wollen) diejenigen Stationen bevorzugt, die näher am Bus-Anfang liegen, und solche, die bereits vor dem Eintreten einer allgemeinen Überlastsituation ein hohes Verkehrsaufkommen hatten. Da die Verkehrslast sich dynamisch ändert, bewirkt deren Einfluß auf das Überlastverhalten nicht vorhersagbare Effekte.

Um dem unerwünschten unfairen Verhalten abzuhelfen, ist als Option ein *Bandwidth Balancing Mechanism* (in der Literatur als BBM oder auch BWB-Mechanismus bezeichnet) vorgeschlagen worden. Dieser Mechanismus beruht darauf, daß jede Station in regelmäßigen Abständen auf ein ihr zustehendes Übertragungsrecht verzichtet. Konkret wird dies durch einen Zähler erreicht (den BWB-*Counter*), der für jeden von der Station für eine eigene Übertragung genutzten *Slot* inkrementiert wird, bis er einen vorgegebenen Wert M (BWB-Modulus; M = 7 ist in der Diskussion) erreicht hat. Dann wird der *Request Counter* (bzw., wenn eine weitere Übertragung ansteht, der *Count-Down Counter*) inkrementiert, und der BWB-Zähler zurückgesetzt. Es liegen Ergebnisse von Untersuchungen vor, die zeigen, daß sich nach einer relativ langen Übergangsphase ein fairer Gleichgewichtszustand einstellt. Je kleiner der Modulus M gewählt wird, desto kürzer ist diese Übergangsphase, desto mehr Bandbreite wird u.U. aber auch verschenkt.
Eine eingehende Diskussion der genauen Randbedingungen und Ergebnisse würde hier zu weit führen; genauere Angaben mit z.T. ausführlichen Abhandlungen und weiteren Literaturstellen sind in [3, 4, 28, 98] zu finden.

Wenn auch das nicht faire Verhalten von DQDB im Grenzbereich nicht überbewertet werden sollte, weil es in einem korrekt dimensionierten Netz nur in Ausnahmefällen wirksam werden kann, so ist es doch — insbesondere auch bei einem Dienstangebot öffentlicher Betreiber — nicht wünschenswert. Es zeigt aber, daß das DQDB-Verfahren (ebenso wie FDDI) für extrem hohe Übertragungsgeschwindigkeiten (im Gigabit/s-Bereich) nicht besonders gut geeignet ist.

3.1.7.3 Das Format der DQDB-Slots

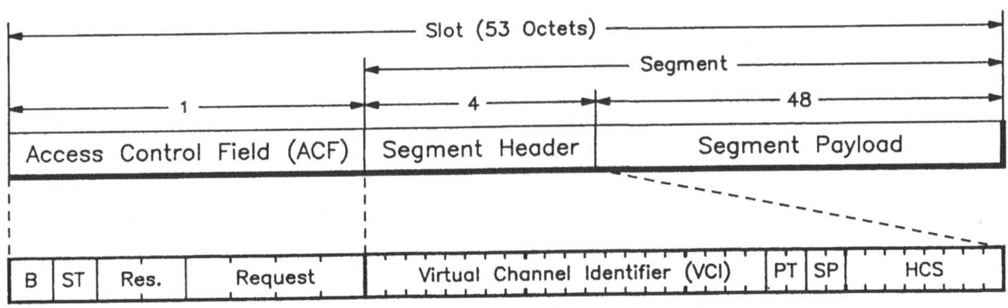

Abb. 62. Format des DQDB-Slot

Wie bereits erwähnt, handelt es sich bei DQDB um ein getaktetes Verfahren, bei dem auf jedem der beiden Busse eine Kopfstation *Slots* fester Länge erzeugt. Die Grundstruktur dieser *Slots* (Länge 53 Bytes, davon 5 Bytes Steuerinformation und 48 Bytes Nutzinformation) stimmt mit der Struktur der ATM-Zellen (ATM = *Asynchronous Transfer Mode*), dem Übertragungsmodus des zukünftigen Breitband-ISDN, überein. Diese Übereinstimmung unterstreicht das Bemühen, bereits durch strukturelle Übereinstimmung eine zukünftige Verbindung zwischen dem DQDB-MAN und dem Breitband-ISDN zu erleichtern.

Access Control Field	In diesem Feld wird der Typ des *Slots* (PA *(Pre-Arbitrated)* für isochronen und QA *(Queued Arbitrated)* für asynchronen Verkehr) angezeigt. Ferner enthält dieses Feld das *Busy Bit*, das den *Slot* als frei bzw. belegt kennzeichnet, sowie vier *Request Bits*, über die für jede der vier Prioritätsstufen Übertragungsanforderungen angemeldet werden können.
Virtual Channel Identifier	Ordnet den PA-*Slots* virtuelle Kanäle zu. Stationen, die in einer isochronen Verkehrsbeziehung zu anderen Stationen stehen, identifizieren darüber die sie betreffenden *Slots*.
Payload Type	Charakterisiert die Nutzinformation
Segment Priority	Gibt die Priorität des Segments an: korrespondiert mit den *Request*-Prioritäten im ACF-Feld.
Header Check Sequence	Prüfsumme für die Information im *Segment Header*.
Segment Payload	Die Segment-Nutzinformation *(Segment Payload)* ist nicht so zu verstehen, daß sie (nur) Nutzinformation im Sinne der Anwender enthielte. Sie besteht aus sogenannten *Protocol Data Units* (PDUs), von denen es je nach Nutzungsart des Segments verschiedene gibt. Sie sind charakterisiert durch vorangestellte *Header*-Informationen und haben einen nachgestellten Trailer, der z.B. eine Prüfsumme (CRC) für die Nutzinformation enthält. Wenn es um asynchronen Verkehr im Sinne der klassischen IEEE-LANs geht, muß die DQDB-MAC-Schicht der darüberliegenden LLC-Schicht die gleichen Dienste wie bei den anderen LANs zur Verfügung stellen. Die dafür spezifizierten PDUs müssen in ihrem *Header* insbesondere die Zieladresse *(source address)* und Absenderadresse *(destination address)* in dem üblichen 16- bzw. 48-Bit Format enthalten. Für andere Netzdienste — etwa im Zusammenhang mit dem Breitband-ISDN — sind andere, darauf abgestimmte PDUs mit anderen Strukturen und Inhalten zu definieren.

3.1.7.4 Netzaufbau

Es gibt in den USA, Australien und auch in Europa Vorstellungen darüber, wie eine DQDB-Netzstruktur im öffentlichen Bereich und an der Nahtstelle zu privaten Teilnehmern aussehen könnte. Diese sind teilweise durch die postrechtlichen Randbedingungen der jeweiligen Region geprägt, und es soll hier nicht darauf eingegangen werden.

Komponenten zum Aufbau eines (privaten) DQDB-Netzes gibt es noch nicht. DQDB hat bezogen auf FDDI einen Entwicklungsrückstand von etwa drei Jahren, so daß nicht vor 1992/93 mit einsetzbaren Komponenten zu rechnen ist.

3.1.8   IEEE 802.9 Integrated Voice Data LAN (IVD-LAN)

Der Vollständigkeit halber soll hier kurz auf die IEEE IVD-LAN-Aktivitäten eingegangen werden.

Ziel dieser Aktivitäten ist es, den Benutzern auf einer einheitlichen Infrastrukur sowohl leitungsvermittelte (CCITT-) Schnittstellen als auch paketvermittelte (IEEE LAN-) Schnittstellen zur Verfügung zu stellen.

Obwohl diese Zielvorgabe im Hinblick auf universelle Kommunikationsmöglichkeiten für jeden Teilnehmer sehr attraktiv ist, ist sehr schwer abzuschätzen, ob diesen Aktivitäten auch bei der Umsetzung in die Praxis Erfolg beschieden sein wird. Viele andere Aktivitäten zielen ebenfalls auf eine Erweiterung der Kommunikationsmöglichkeiten (wenn auch teilweise ohne einen in sich geschlossenen Ansatz), und als schließliches Ziel bleibt ein durch CCITT standardisiertes Integriertes Breitbandnetz mit einem umfassenden Angebot an Kommunikationsdiensten. Der Erfolg oder Mißerfolg von IVD-LANs wird deshalb auch davon abhängen, ob diese Entwicklungen einen ausreichenden zeitlichen Vorsprung vor dem Breitband-ISDN oder den MANs (wie DQDB) haben werden, die ebenfalls asynchronen und isochronen Verkehr tragen können.

Die IVD-LAN-Aktivitäten werden derzeit vorwiegend von den USA und Japan getragen (der Standardentwurf folgt in wesentlichen Teilen einem japanischen Vorschlag), während Europa (noch) weitgehend abseits steht.

3.1.8.1   Kurze Beschreibung

Zur Verfügung stehen benutzerseitig ein ISDN-Basisanschluß (2×B + D) für Sprachkommunikation und sonstige ISDN-Dienste, optional ein *(Ciruit-switched)* C-Kanal mit n×64 kbps für (komprimierte) Videoübertragungen und Datenübertragungen und ein *(Packet-switched)* P-Kanal mit IEEE LAN-Schnittstellen (LLC1/LLC2) für LAN-typische Anwendungen.

Auf Benutzerseite kann auf diese Dienste zugegriffen werden über Terminal-Adapter (TAs), die eine oder mehrere der Schnittstellen realisieren; es können auch multifunktionale Endgeräte (TEs) angeschlossen werden, die Sprach-, Daten- und Videokommunikation unterstützen.

Die Anschlußeinheiten auf Benutzerseite (TAs und TEs) sind sternförmig mit einer IVD-LAN *Access Unit* (AU) über Punkt-zu-Punkt-Verbindungen gekoppelt. Diese AU hat ihrerseits Gateway- bzw. Brückenfunktion zu IEEE-LANs und zum ISDN (vgl. Abb. 63). Um möglichst auf bestehende Infrastruktur zurückgreifen zu können, sieht der Standard für die Verbindung zwischen TA/TE und der AU ungeschirmte verdrillte (UTP-) Kabel vor. Übertragungsgeschwindigkeiten sind 4 Mbps und (evtl. später) 16 Mbps; bei 4 Mbps beträgt die maximale Entfernung 450 m, bei 16 Mbps 110 m, was der für die horizontale Verkabelungsebene geforderten Entfernung entspicht. Für später sind auch Glasfasern und Plaskik-LWL als zugelassene Übertragungsmedien wahrscheinlich.

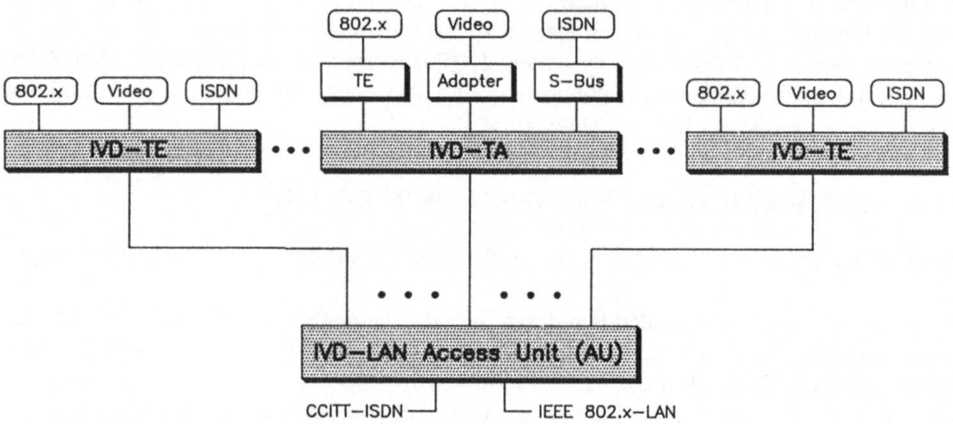

Abb. 63. IVD-LAN-Konfiguration

Auf Hardware-Ebene werden 125 μs-Rahmen übertragen mit 64 *Slots* (Bytes) bei 4 Mbps und 256 *Slots* bei 16 Mbps (ein *Slot* entspricht also einer Übertragungsrate von 64 kbps). Für den ISDN-Anschluß und den C-Kanal werden beim Verbindungsaufbau die benötigten *Slots* fest zugeordnet, die verbleibende Bandbreite (abzüglich der für Steuerungszwecke benötigten *Slots*) steht für paketvermittelten (LAN-) Verkehr zur Verfügung. Über ein A/C-Feld *(Access Control)* melden sendewillige Stationen paketvermittelten Verkehr an und bekommen von der AU, die diese Anforderungen verwaltet, unter Berücksichtigung von Prioritäten dynamisch freie, d.h. nicht durch isochronen Verkehr belegte *Slots* für die Übertragung zugeordnet.

Bestandteil von IEEE 802.9 ist auch ein *Layer Management*, das die verschiedenen Komponenten, die die Funktionen der Schichten 1 und 2 erbringen, verwaltet und deren Zusammenspiel steuert.

3.1.9 FDDI (Fiber Distributed Data Interface)

FDDI ist das erste einer neuen Generation leistungsfähiger LANs auf Glasfaserbasis, das Marktreife erlangt hat, und befindet sich derzeit in der Markteinführung.

FDDI wurde vom *Accredited Standards Committee* (ASC) X3T9.5 entwickelt und ist ein ANSI-Standard, der inzwischen von ISO übernommen worden ist (ISO 9314). Es handelt sich um ein modifiziertes Token-Ring-Verfahren, das für einen optischen Doppelring von 100 km Ausdehnung entwickelt wurde. Die derzeitige Übertragungsgeschwindigkeit beträgt 100 Mbps; sie wurde gewählt, weil etwa bis zu dieser Geschwindigkeit einigermaßen preiswerte Bausteine zur Verfügung stehen. Das Konzept reicht jedoch bis etwa 500 Mbps, so daß ohne grundsätzliche Verfahrensänderungen bis zu dieser Grenze auch höhere Geschwindigkeiten realisiert werden könnten, wenn entsprechende Bausteine verfügbar werden.

Die FDDI-Spezifikation besteht aus vier Teilen (vgl. Abb. 64):

FDDI-PMD   *Physical Layer Medium Dependent;* spezifiziert die optischen Komponenten (Lichtwellenleiter und Zubehör).

FDDI-PHY   *Physical Layer Protocol;* beschreibt die Komponenten der physikalischen Ebene, soweit sie vom Übertragungsmedium unabhängig sind.

FDDI-MAC   *Media Access Control;* beschreibt das Medienzugriffsverfahren und die Rahmenformate; über FDDI-MAC sollen die LLC-Funktionen gemäß IEEE 802.2 abgewickelt werden können.

FDDI-SMT   *Station Management;* beschreibt die in jeder Ringstation für einen geordneten Betrieb erforderlichen Management-Funktionen (z.B. Monitor- und Maintenance-Funktionen wie Initialisieren, Aktivieren, Überwachen, Fehlerbehandlung).

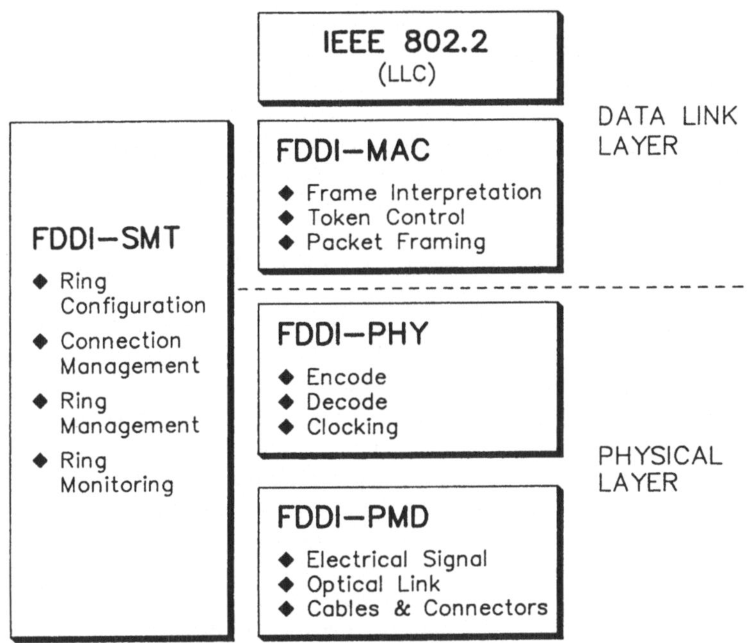

Abb. 64.   FDDI-Spezifikation und OSI

Zu diesen ursprünglichen Standards existieren inzwischen drei Erweiterungen:

SMF-PMD   *Single Mode Fiber PMD;* spezifiziert den (alternativen) Einsatz von Monomodefasern (im Gegensatz zu Gradientenfasern im ursprünglichen Standard), wodurch die maximalen Entfernungen zwischen zwei Stationen auf bis zu 60 km steigen.

SPM   *SONET Physical Layer Mapping;* beschreibt eine (für Europa noch bedeutungslose) weitere Alternative zum ursprünglichen PMD, durch die es möglich wird, FDDI über das öffentliche SONET (amerikanischer Standard für Glasfasernetze) zu transportieren.

HRC   *Hybrid Ring Control;* spezifiziert eine funktional erweiterte FDDI-Version, allgemein als FDDI-2 bezeichnet, die nicht nur asynchronen Verkehr (wie FDDI) tragen kann, sondern zusätzlich auch noch kanalvermittelten (isochronen) Verkehr.

3.1.9.1 Funktion des FDDI-Rings

Verändert gegenüber dem Token-Ring gemäß IEEE 802.5 wurden bei FDDI insbesondere die Prioritätsregelung und die Generierung des Token.

Das FDDI-Rahmenformat deckt sich weitgehend mit dem des Token-Rings. Bei FDDI ist dem **Rahmen eine Präambel** vorangestellt, und das beim Token-Ring der Prioritätssteuerung dienende *Access-Control*-Feld entfällt, da es für den andersartigen Prioritätsmechanismus beim FDDI-Ring nicht benötigt wird.

Auch im Funktionsablauf ähneln sich FDDI- und Token-Ring; es waren aber einige Änderungen notwendig, um den Ablauf auch bei großen Ringen und hohen Übertragungsgeschwindigkeiten effizient zu gestalten.

Wie auch beim Token-Ring darf eine Station nur dann senden, wenn sie sich im Besitz der Sendeberechtigung (des Token) befindet. Anders als beim Token-Ring ist die *Token Holding Time* (THT), die die Sendeerlaubnis zeitlich begrenzt, variabel. Die Dauer der Sendeerlaubnis ist lastabhängig und dient der Prioritätssteuerung. Innerhalb der *Token Holding Time* kann eine Station mehrere Pakete senden; die maximale Rahmenlänge ist mit 4500 Bytes geringfügig größer als beim Token-Ring. Unmittelbar nach Aussenden des letzten Rahmens reicht die sendeberechtigte Station den Token an ihre Nachfolgestation weiter *(Early Token Release)*. Darin liegt eine der wesentlichen und aufgrund der geänderten Randbedingungen notwendigen Änderungen gegenüber dem 4-Mbps-Token-Ring. Beim Token-Ring muß die im Token-Besitz befindliche Station — bevor sie einen neuen freien Token generiert — die Rückkehr des Rahmenkopfes (speziell des *Access-Control*-Feldes; vgl. Beschreibung dieses Feldes beim Token-Ring) des von ihr selbst ausgesendeten Rahmens abwarten, um feststellen zu können, ob Reservierungen vorgenommen wurden und sie evtl. einen Token erhöhter Priorität aussenden muß. Weil der Informationsinhalt eines Token-Rings i.a. klein ist, entstehen dadurch nur in seltenen Fällen Verzögerungen. Beim FDDI-Ring jedoch kann aufgrund der hohen Übertragungsgeschwindigkeit und der großen geographischen Ausdehnung der Informationsinhalt etliche zigtausend Bits betragen; das Blockieren weiterer Übertragungen bis zur Rückkehr des eigenen Rahmens hätte deshalb notwendigerweise eine schlechte Auslastung des Mediums zur Folge. Die Konsequenz des sofortigen Aussendens des Token nach der eigenen Übertragung ist, daß — im Gegensatz zum Token-Ring — mehrere (vollständige) Rahmen gleichzeitig über den Ring transportiert werden können; zuständig für das Entfernen der Rahmen vom Ring sind die jeweiligen Absender.

Die Zugriffsregelung erfolgt zeitgesteuert und wird deshalb als *Timed Token Rotation* (TTR)-Protokoll bezeichnet. Jede Station mißt für sich die aktuelle *Token Rotation Time* (TRT). Das ist die Zeit zwischen Aussenden und Wiedereintreffen eines freien Token; diese Zeit ändert sich bei jedem Umlauf des Token in Abhängigkeit davon, wieviele Stationen das Senderecht für Übertragungen nutzen. Der Minimalwert, der sich ergibt, wenn keine Station sendewillig ist, wird als *Ring Latency* (RL) bezeichnet und ist für eine gegebene Ringkonfiguration eine Konstante, die sich aus der Ringlänge (Signallaufzeit) und der Zahl der Stationen (Durchlaufverzögerung pro Station: 600 ns) errechnet. Die *Token Holding Time* (THT) ist nun wie folgt definiert: $THT = TTRT - TRT$, wobei die *Target Token Rotation Time* (TTRT) eine Vorgabe ist, die im Rahmen der Initialisierungsprozedur festgelegt wird, durch die Stationen sich Bandbreite für synchronen Datenverkehr reservieren.

FDDI unterstützt zwei Klassen von Verkehr: synchronen Verkehr und asynchronen Verkehr. Für den synchronen Verkehr (nicht gleichzusetzen mit isochronem Verkehr!), der mit garantierten Verzögerungszeiten abgewickelt werden soll, muß bei der Initialisierung Bandbreite im Rahmen der Festlegung der TTRT reserviert werden. Für die Übertragung synchroner Daten darf unabhängig vom aktuellen Wert der *Token Holding Time* (also insbesondere auch bei negativem Wert) jeder freie Token genutzt werden. Asynchrone Daten dürfen nur übertragen werden, wenn die THT größer als Null ist.

Der asynchrone Verkehr kann auch noch in Prioritätsklassen unterteilt werden, indem Wertebereichen der *Token Holding Time* (THT) Prioritätsklassen zugeordnet werden, d.h. bei kleinen Werten dürfen nur (asynchrone) Rahmen hoher Priorität übertragen werden usw.

Es ist offensichtlich (und wird in [99] auch nachgewiesen), daß der Festlegung der *Target Token Rotation Time* (TTRT) große Bedeutung für den Betrieb eines FDDI-Rings zukommt. Kleine Vorgabewerte für die TTRT führen zu einer Begünstigung des synchronen Verkehrs und garantieren dieser Klasse kleine maximale Verzögerungen ($\leq 2 \times$ TTRT); andererseits wird der ansynchrone Verkehr häufig vom Zugriff ausgeschlossen, was für diese Klasse die Randbedingungen verschlechtert und zugleich negative Folgen für den Gesamtdurchsatz hat; große Werte für die TTRT haben den gegenteiligen Effekt.

3.1.9.2 Aufbau eines FDDI-Rings

Ein FDDI-Ring besteht aus zwei gegenläufig betriebenen Lichtwellenleiter-Ringen. Der zweite Ring kann als Ersatzring konzipiert sein, der nur bei Ausfall von Komponenten des Hauptrings zum Einsatz kommt. Es können aber auch beide Ringe unabhängig betrieben werden, solange keine Störung vorliegt; im Störungsfall werden sie durch Verbindungen in den der Unterbrechungsstelle benachbarten Stationen (diese gehen dann in den sogenannten *Wrap Mode*) zu einem Ring verbunden (vgl. Abb. 65). Damit auch beim Zusammenschalten von Haupt- und Ersatzring eine Ausdehnung von 100 km gewährleistet ist, muß der Ring für 200 km Leitungslänge ausgelegt sein.

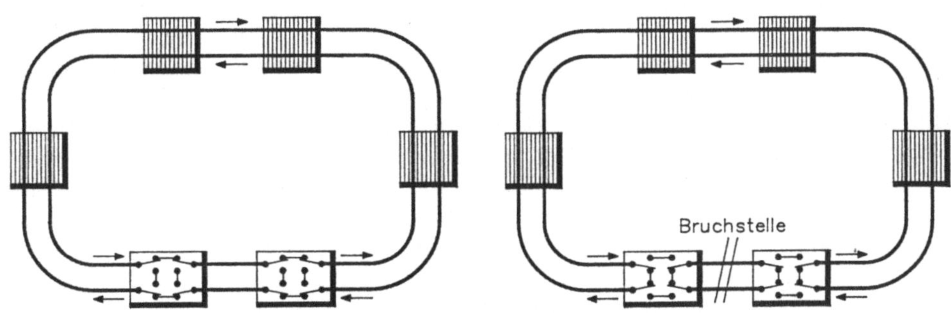

Abb. 65. Zusammenschalten von Haupt- und Ersatzring bei einer Unterbrechung

Die wichtigsten Daten sind:

Maximale Ausdehnung	100 km
Lichtwellenleiter	Gradientenfaser 62,5/125 μm (Referenzfaser)
Optische Wellenlänge	1325 nm
Codierung	4B5B ($\Rightarrow$ 125 MBaud Schrittgeschwindigkeit)
Maximale Anzahl Stationen	500 (d.h. 1000 Anschl. an Doppelring)
Max. Abstand benachbarter Stationen	2 km

Es gibt drei verschiedene Typen von Ringstationen wie in Abb. 66 dargestellt.

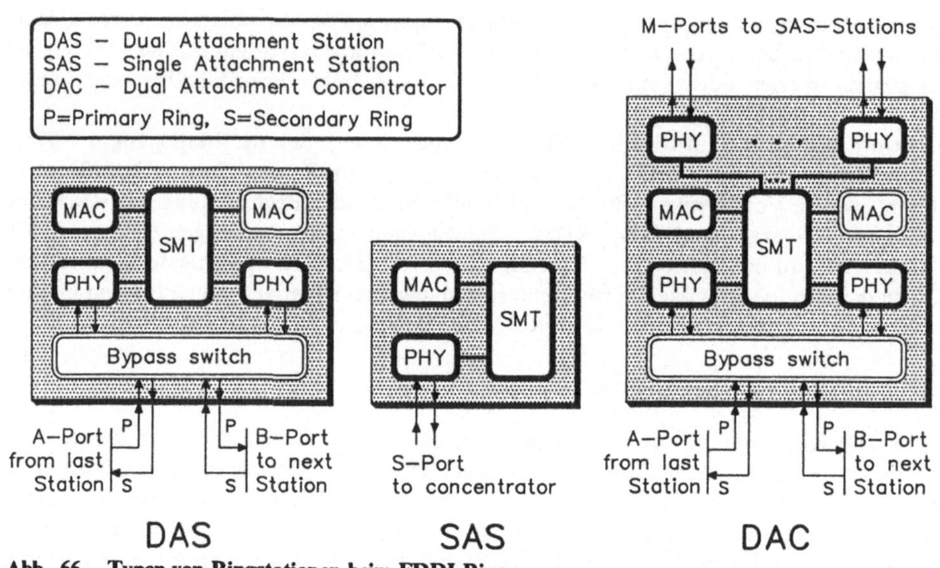

Abb. 66. Typen von Ringstationen beim FDDI-Ring

Dual Attachment Station (DAS)

Hierbei handelt es sich um vollwertige Ringstationen, die mit beiden Ringen verbunden sind
und im Störungsfall die beiden Ringe zusammenschalten können (dies wird als *Wrap Mode*
bezeichnet).   Die FDDI-PHY-Elemente müssen für jeden Ring vorhanden sein. Die
MAC-Einheiten können einfach oder doppelt vorhanden sein; wenn die beiden Ringe unabhängig betrieben werden sollen, müssen sie für jeden Ring vorhanden sein.
Die Stationen besitzen auch einen *Bypass Switch;* das ist ein optischer Überbrückungs-
schalter, durch den — entweder explizit gesteuert oder auch automatisch (etwa bei Stromausfall) — die Glasfaserverbindung an der betreffenden Station vorbeigeführt wird *(Thru
Mode).* Dies kann natürlich nur funktionieren, wenn für die Verbindung zwischen den dann
benachbarten Stationen (zwischen denen sich eine oder mehrere Stationen im *Thru Mode*
befinden können) die zulässige Maximalentfernung nicht überschritten wird; andernfalls
müssen diese Stationen in den *Wrap Mode* schalten.
Die Verbindung zu den Lichtwellenleitern erfolgt über A-*Port (Primary In + Secondary
Out)* und B-*Port (Primary Out + Secondary In),* so daß stets A- und B-*Port* benachbarter
Stationen miteinander verbunden werden müssen.

Single Attachment Station (SAS)

SAS-Stationen sind als preiswertere Variante für den Anschluß von Endgeräten an einen
FDDI-Ring konzipiert. Sie besitzen nur einen, als S-*Port (Slave Port)* bezeichneten
Ringanschluß und können deshalb nicht direkt, sondern nur über einen M-*Port (Master
Port)* eines Konzentrators an einen FDDI-Ring angeschlossen werden.
Die Verwendung von SAS-Stationen in Verbindung mit Konzentratoren reduziert nicht nur
die Anschlußkosten, sondern erhöht auch die Betriebssicherheit des Rings. DAS-Stationen
sind als aktive Elemente im Ring kritisch für die Gesamtfunktion. Normale Benutzersta-

tionen als DAS-Stationen in einem Ring sind ein Sicherheitsrisiko, weil sie beliebig manipuliert werden, insbesondere jederzeit ausgeschaltet werden können. Zwar werden diese Risiken durch die *Wrap-* und *Thru-*Funktion gemildert, es ist aber nicht akzeptabel, wenn die eingebauten Sicherheitsreserven durch derartiges Fehlverhalten von Benutzern aufgebraucht werden.

Das Fehlverhalten einer SAS-Station führt — ohne Rückwirkungen auf den Hauptring — zum Ausschluß dieser Station im Konzentrator, der dem Zugriff der Benutzer entzogen ist.

Dual Attached Concentrator (DAC)

Konzentratoren werden wie DAS-Stationen über A/B-*Ports* an den Doppelring angeschlossen. Sie stellen aber eine Anzahl von M-*Ports* zur Verfügung, über die daran angeschlossene SAS-Stationen in den Ring eingebunden werden.

Konzentratoren können kaskadiert werden, so daß eine Ring-Baum-Struktur entsteht.

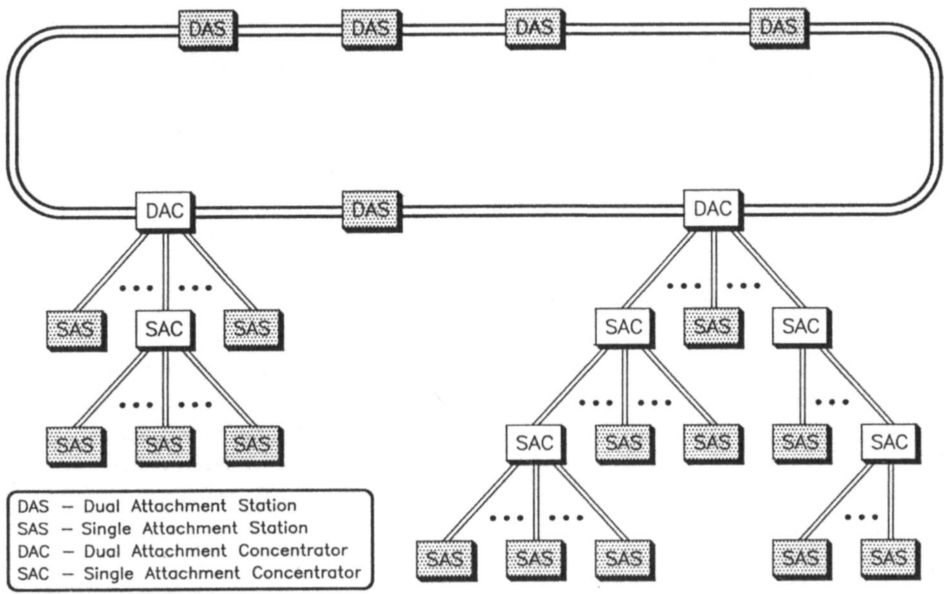

Abb. 67.   Ring-Baum-Struktur beim Einsatz von Konzentratoren an einem FDDI-Ring

Zum Anschluß an M-*Ports* übergeordneter Konzentratoren gibt es auch *Single Attachment Concentrators* (SACs).

Bei Ausfall einer der angeschlossenen SAS-Stationen oder bei Unterbrechung der Verbindungsleitung schließt ein Konzentrator den Ring unter Ausschluß der defekten Einheit kurz.

Die A- und B-*Ports* einer DAS (auch eines DAC) können auch als zwei S-*Ports* betrieben werden, was den Anschluß an zwei verschiedene Konzentratoren erlaubt; dadurch können redundante Strukturen geschaffen werden. Die wichtigsten Anschlußvarianten sind in Abb. 68 beispielhaft dargestellt.

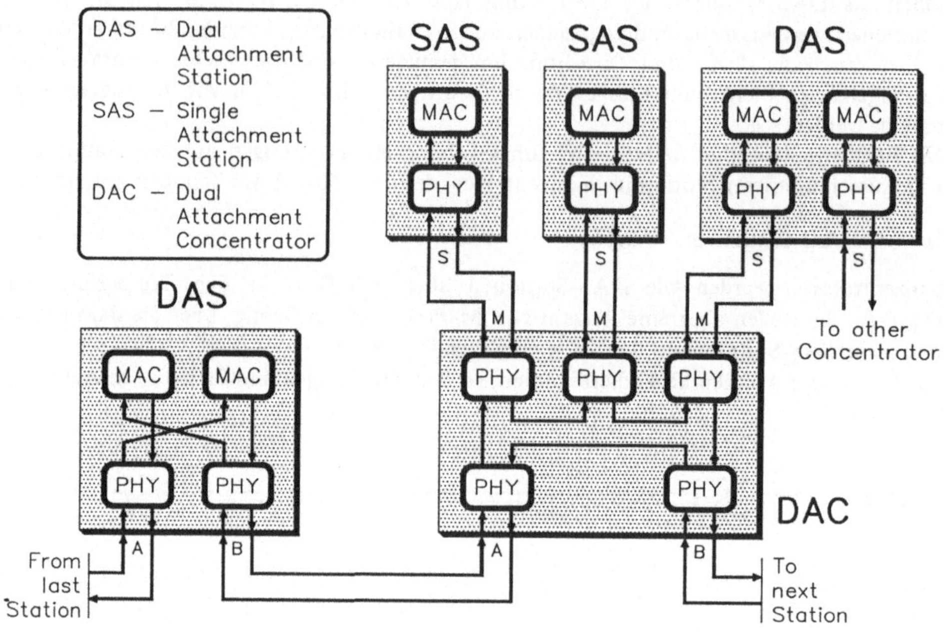

Abb. 68.   Anschlußvarianten beim FDDI-Ring

3.1.9.3 FDDI-2

Die Weiterentwicklung von FDDI zu FDDI-2 zielt darauf ab, auch kanalvermittelten (isochronen) Verkehr übertragen zu können. Diese Weiterentwicklung geschieht so, daß FDDI-2 funktional eine echte Übermenge von FDDI ist, d.h. die Funktionsweise ist identisch, wenn kein isochroner Verkehr vorhanden ist.

Für die Integration von asynchronem und isochronem Verkehr auf einem Ring wurde der FDDI-Standard auf der Verbindungsebene um die *Hybrid Ring Control* (HRC) erweitert, die aus den Komponenten H-MUX *(Hybrid Multiplexer)* und I-MAC *(Isochronous-MAC)* besteht (vgl. Abb. 69).

Wenn isochrone Datenströme übertragen werden sollen, muß im Ring ein *Cycle Master* etabliert werden, der im 8 kHz Takt (alle 125 μs) einen in einer bestimmten Weise formatierten Zeitrahmen *(cycle)* generiert.

Abgesehen von 12 Bytes Kontrollinformation *(Cycle Header)* pro Rahmen wird die Bandbreite wie folgt aufgeteilt:

- Ein als *Dedicated Packet Group* (DPG) bezeichneter 768 kbps-Kanal (12 Bytes pro Rahmen) für asynchronen Verkehr gemäß FDDI.

- Sechzehn *Wideband Channels* (WBCs) von je 6,144 Mbps (96 Bytes/Rahmen) mit einer Gesamtbandbreite von 98,304 Mbps. 6,144 Mbps entsprechen 3 × 2,048 Mbps (europäischer ISDN-Standard) oder 4 × 1,536 Mbps (amerikanischer ISDN-Standard).

Die WBCs sind vollduplex und können für isochronen oder asynchronen Verkehr genutzt werden. Wenn keine Bandbreite für isochronen Verkehr reserviert ist, stehen alle WBCs,

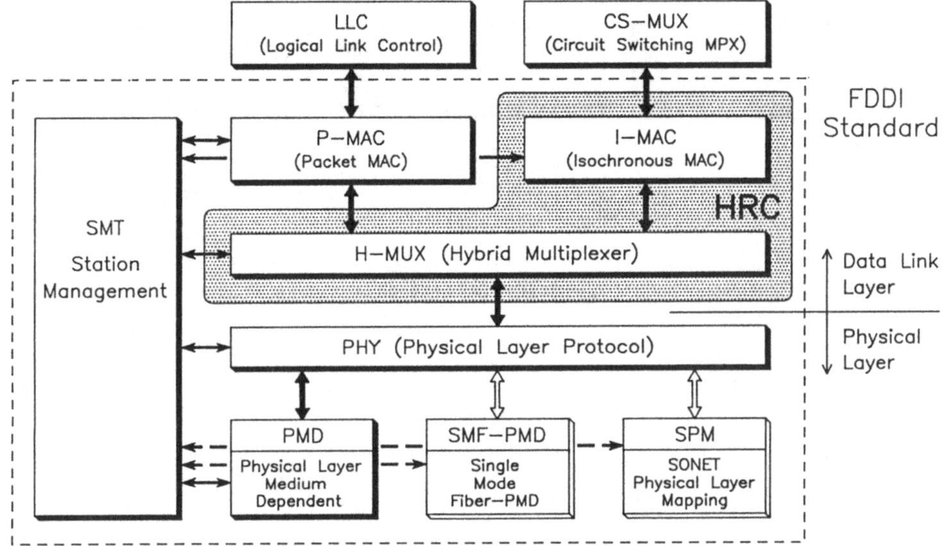

Abb. 69. FDDI-2: Architekturmodell mit Hybrid Ring Control (HRC)

vereinigt mit dem PDG-Kanal für asynchrone Datenübertragungen, organisiert nach dem FDDI-Token-Verfahren, zur Verfügung.

Die Zuordnung von Bandbreite zu asynchronem bzw. isochronem Verkehr erfolgt auf der Basis von WBCs. Der H-MUX steuert die Zuordnung von WBCs zu isochronem bzw. asynchronem Verkehr und verteilt die Datenströme dementsprechend auf den I-MAC bzw. P-MAC (entspricht funktional dem normalen FDDI-MAC).

I-MAC erlaubt die Definition mehrerer unterschiedlicher Kanäle innerhalb eines isochronen WBC. Die Zuordnung kann auf Bit-Ebene erfolgen, so daß isochrone Kanäle von 8 kbps (1 Bit in einem 125 μs-Rahmen) bis 6,144 Mbps innerhalb eines WBC bereitgestellt werden können. Durch Zusammenschaltung mehrerer WBCs können isochrone Kanäle noch höherer Leistung erzeugt werden.

Oberhalb I-MAC residiert ein *Circuit Switching Multiplexer* (CS-MUX), der nicht Bestandteil des FDDI-2-Standards ist, mit der Aufgabe, die notwendigen Adaptionen zwischen (unterschiedlichen) leitungsvermittelten Kanälen und isochronen FDDI-2-Kanälen durchzuführen.

3.1.9.4 Einsatzbereich

FDDI-Ringe können als lokale Backbone-Netze und als leistungsfähige Verbindungen zwischen Computern eingesetzt werden. FDDI ermöglicht aber auch den Austausch von Daten zwischen Rechnern und Peripheriegeräten in standardisierter Weise. Die Aufgabe des ASC X3T9 ist die Entwicklung von Input/Output Interface Standards, woran auch die Bezeichnung *Fiber Distributed Data Interface* (FDDI) erinnert. Durch FDDI-2 kommen als mögliche Anwendungen typische kanalvermittelte Dienste hinzu wie etwa Verbindungen zu und zwischen Nebenstellenanlagen. Das mögliche Anwendungsspektrum ist in Abb. 70 dargestellt.

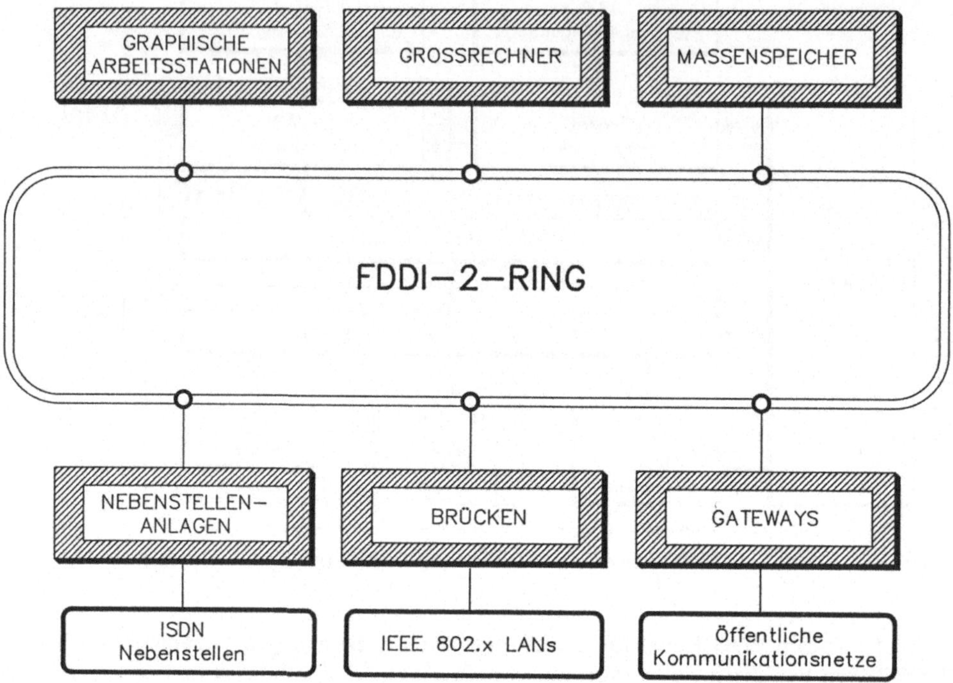

Abb. 70. Anwendungsspektrum für FDDI-2

Die Abbildung zeigt das mögliche Anwendungsspektrum und soll nicht suggerieren, daß alle
diese Anwendungen sinnvollerweise über einen einzigen Ring gefahren werden können; insbesondere Verbindungen zwischen Rechnern und ihren Massenspeichersystemen würden
auf ein universell eingesetztes Netz eine derartig hohe Grundlast bringen, daß es i.a. sinnvoller ist, diesen Verkehr über einen separaten Ring abzuwickeln. Auch Sprachkanäle bringen eine erhebliche Dauerlast auf ein Kommunikationssystem, übersteigen aber die Leistungsfähigkeit eines FDDI-Rings nicht, solange die Anzahl nicht zu groß wird. Digitale
Bewegtbildkommunikation ohne Datenkompression (70-140 Mbps) übersteigt die Leistungsfähigkeit des FDDI-Rings, mit Datenkompression (2 Mbps) wäre es eine sinnvolle
Anwendung.

3.1.9.5 Perspektiven

FDDI befindet sich in der Markteinführung. Charakteristisch dafür ist, daß Aufbau und
Betrieb eines FDDI-Netzes sich (noch) nicht so problemlos gestalten, wie man das inzwischen von den IEEE 802.x-LANs gewöhnt ist. Die Gründe dafür sind zum einen technischer
Natur, insbesondere Interoperabilitätsprobleme, wenn Komponenten verschiedener Hersteller zusammengeschaltet werden sollen, zum anderen ein allgemeiner Mangel an Erfah-
rungen und (bezahlbaren) Diagnosehilfen.
Eine weitere Folge der erst beginnenden Markteinführung sind die immer noch hohen
Preise, obwohl sie verglichen mit denen der ersten verfügbaren Komponenten bereits deutlich gefallen sind.

Aus den genannten Gründen wird FDDI derzeit noch vorwiegend im Backbone-Bereich, d.h. zur Interkonnektion von LANs (typischerweise IEEE-LANs), eingesetzt.

Es ist absehbar, daß die noch vorhandenen Probleme kurzfristig gelöst werden können und FDDI dann auf breiter Front (nicht nur im Backbone-Bereich) zum Einsatz kommen wird. Mit steigenden Stückzahlen werden auch die Preise weiter fallen, in absehbarer Zeit allerdings nicht auf das Niveau der heute verbreiteten LANs, die deshalb im unteren Leistungsbereich auch in Zukunft weiter zum Einsatz kommen werden.

Angesichts der Tatsache, daß im Endbenutzerbereich die zu überbrückenden Entfernungen typischerweise unter 100 m liegen, gibt es Vorschläge, durch Abstriche in den technischen Anforderungen für diesen Anwendungsbereich zu preiswerteren FDDI-Komponenten zu kommen. Ein Ansatz besteht darin, das FDDI-Prinzip auf Kupferleitungen (geschirmte und auch ungeschirmte Kupferdoppeladern) zu übertragen, ein anderer darin, weniger leistungsfähige und damit preiswertere optische Komponenten zu verwenden.

Gründe für die positive Beurteilung der Marktchancen von FDDI sind das Fehlen von leistungsmäßig vergleichbaren Alternativen und die Tatsache, daß praktisch alle namhaften einschlägigen Firmen FDDI-Komponenten bereits im Angebot oder doch angekündigt haben.

Für FDDI-2 fällt die Beurteilung der Marktchancen anders aus. Im Entwicklungsstand liegt FDDI-2 um etwa drei Jahre hinter FDDI zurück und ist in dieser Hinsicht ebenso wie leistungsmäßig und funktional direkt mit DQDB vergleichbar. Nachdem sich nun die Postgesellschaften weltweit für DQDB entschieden haben (die Deutsche Bundespost Telekom führt Pilotversuche mit DQDB in Stuttgart (SEL) und München (Siemens) durch), werden die Marktchancen für FDDI-2 zurückhaltend beurteilt.

3.1.10 Weitere LAN-Typen

Neben den bisher beschriebenen standardisierten Verfahren gibt es eine Reihe weiterer Verfahren, die interessante Eigenschaften haben und teilweise auch als kommerzielle Produkte verfügbar sind bzw. waren. Generell muß allerdings gesagt werden, daß derzeit die auf Standards basierenden Produkte stark an Boden gewinnen und die Marktbedeutung anderer Produkte rückläufig ist.

Es sind vor allem LANs in Ring-Topologie, die in zahlreichen Varianten existieren. Im folgenden werden besprochen:

- Pierce-Ring,

- Cambridge-Ring,

- Register-Insertion-Ring,

- HYPERchannel,

Pierce-Ring und Cambridge-Ring arbeiten nach dem *Slotted-Ring-* oder *Empty-Slot-*Verfahren. Das Grundprinzip des *Slotted Ring* besteht darin, daß der Ring in Zeitschlitze *(slots)* fester Länge unterteilt wird, denen Minipaket-Rahmen *(minipacket frames)* entsprechen, die permanent im Ring kreisen. Sie haben ein festes Format, und der Kontrollteil gibt insbesondere darüber Auskunft, ob ein Rahmen frei oder belegt ist (vgl. Abb. 71).

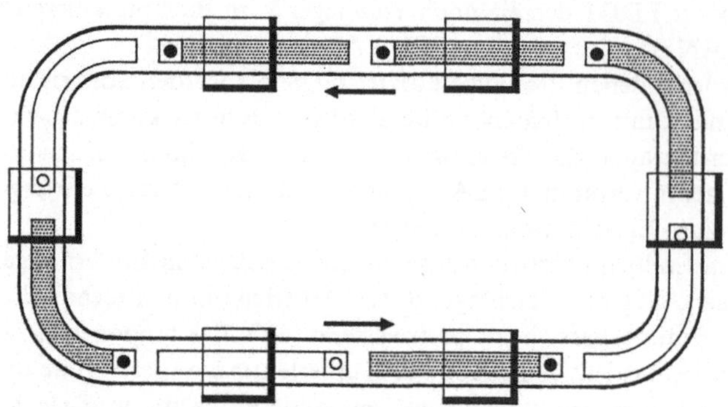

Abb. 71. Funktionsprinzip beim Slotted Ring

Eine sendewillige Station kann einen freien *Slot* als belegt markieren, wie einen Container
mit Information (Daten und Adreßinformation) beladen und weitersenden.
Je nachdem, welche Station für das Entfernen der Information vom Ring zuständig ist
(Empfänger oder Sender), wieviele *Slots* ein Ring enthält und ob eine Station einen *Slot*
mehrfach in direkter Folge benutzen darf, ergeben sich unterschiedliche Verfahren.

3.1.10.1 Pierce Ring

Beim Pierce-Ring [90, 91] ist der Empfänger dafür zuständig, die vom Sender kommende
Information vom Ring zu nehmen. Das Verfahren ist nicht fair, da die in einer Übertragung
engagierten Stationen einen *Slot* im Prinzip dauerhaft belegen können, zumindest gegenüber
solchen Stationen, die in Übertragungsrichtung zwischen Sender und Empfänger liegen. Das
Verfahren hat aber die bemerkenswerte Eigenschaft, mehr als 100% der Nennübertragungsleistung erbringen zu können. Bei geeigneten Sender/Empfänger-Konstellationen kann
der Ring nämlich in Teilabschnitte zerfallen, wie in Abb. 72 dargestellt, wobei die Sender/-
Empfänger-Paare jeweils mit voller Geschwindigkeit kommunizieren können.

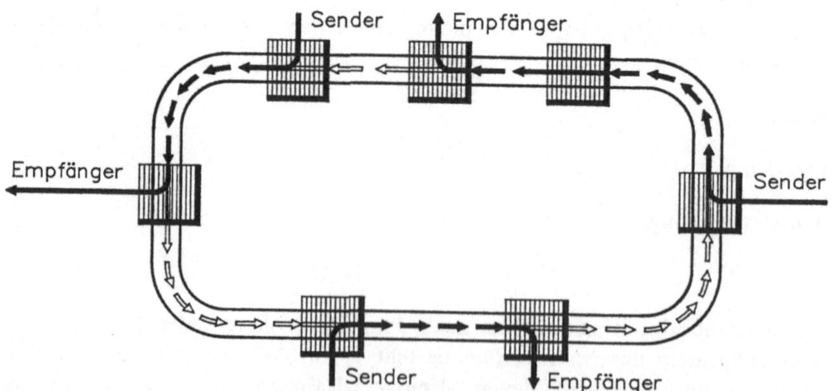

Abb. 72. Operation mehrerer unabhängiger Sender-/Empfängerpaare in einem Ring

3.1.10.2 Cambridge-Ring

Beim Cambridge-Ring ist die sendende Station dafür zuständig, die gesendete Information
wieder vom Ring zu entfernen. Sie darf den mit der gesendeten Information zu ihr zurück-
laufenden *Slot* nicht sofort wieder benutzen, um weitere Daten zu transferieren, sondern
muß ihn als frei kennzeichnen und zur nächsten Station weiterleiten. Dadurch wird das
Blockieren eines *Slots* durch eine Station *(hogging)* ausgeschlossen, und alle Stationen erhalten reihum in gleicher Weise Gelegenheit zu senden *(round robin scheme)*; d.h. das Verfahren ist fair.

Das Rahmenformat beim Cambridge-Ring ist in Abb. 73 dargestellt.

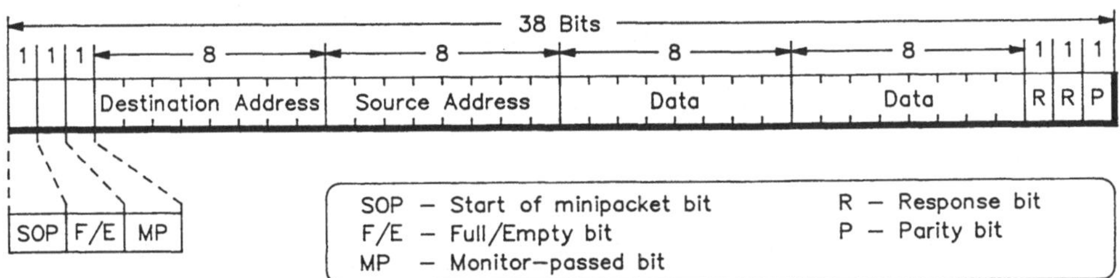

Abb. 73. Struktur eines Minipaket-Rahmens beim Cambridge-Ring

Start of Minipacket Dieses Bit kennzeichnet den Beginn eines Minipaket-Rahmens.

Full/Empty Bit Zeigt den Belegungszustand des Minipaket-Rahmens an.

Monitor-passed Bit Dient der Überprüfung der im Ring kreisenden Minipaket-Rahmen.
Beim Cambridge-Ring gibt es — ähnlich wie beim Token-Ring — eine
Monitor-Station, die als ausgezeichnete Station den Ring initialisiert,
Statistiken führt und darüberhinaus die korrekte Funktion des Rings
überwacht. Dazu gehört vor allem, das permanente Kreisen belegter
Slots im Ring zu verhindern. Eine solche Situation kann eintreten,
wenn durch einen Übertragungsfehler das Besetzt-Bit gesetzt werden
sollte oder eine Station während des Sendens ausfällt und dann nicht
mehr in der Lage ist, den *Slot* wieder freizugeben. Um eine solche Situation erkennen und bereinigen zu können, setzt die Monitor-Station
das von der sendenden Station gelöschte *Monitor-passed*-Bit. Ein
Slot, bei dem dieses Bit bei der Ankunft im Monitor bereits gesetzt ist,
wird durch Löschen des Besetzt-Bits grundsätzlich als frei markiert.

Destination Address Zieladresse.

Source Address Absenderadresse.

Data Pro Minipaket-Rahmen können zwei Datenbytes übertragen werden.

Response Bits Diese Bits werden beim Senden auf B'11' gesetzt und zeigen der sendenden Station — wenn sie den Rahmen wieder empfängt — die Re-
aktion des Empfängers:

RR = B'00'   Paket zurückgewiesen, da Station nicht empfangsbereit
                  (z.B. kein Empfangspuffer frei).

RR = B'01'   Annahme des Pakets durch Empfänger verweigert; beim
                  Cambridge-Ring können Stationen über das *Source-
                  Select*-Register vorwählen, ob sie von allen, von keiner
                  oder nur von einer bestimmten Adresse Pakete emp-
                  fangen wollen.

RR = B'10'   Paket von Empfänger übernommen.

RR = B'11'   Keine Reaktion des Empfängers (Bits unverändert):
                  Station mit der angegebenen Adresse existiert nicht
                  oder ist abgeschaltet.

Parity   Paritätsbit zur Rahmensicherung.

Der Cambridge-Ring arbeitet mit einer Übertragungsgeschwindigkeit von 10 Mbps auf
verdrillten Kabeln (zwei Doppeladern). Der Repeater-Abstand, d.h. der Abstand zwischen
zwei Stationen darf 200 m nicht übersteigen, sollte i.a. sogar unter 100 m liegen. Die eigentlichen Repeater in ihrer Funktion als Signalregeneratoren werden nicht über die angeschlossene Station, sondern über das Netz mit Strom versorgt.
Die Verzögerung durch einen Repeater beträgt drei Bitzeiten, also 300 ns, die Verzögerung
durch das Kabel 5 ns pro Meter. Auf der Basis dieser Werte läßt sich der Informationsinhalt
eines Rings in Bits berechnen. Bei den meisten installierten Ringen ist er so gering, daß nur
ein oder zwei *Slots* unterzubringen sind. Um zwei *Slots* von 38 Bits Länge unterbringen zu
können, muß ein Ring beispielsweise 1000 m lang sein mit mindestens 10 Teilnehmerstationen.
Die Ringverzögerung (Signalumlaufzeit) wird i.a. kein ganzzahliges Vielfaches eines *Slot*
sein; der Zwischenraum *(gap)* zwischen dem letzten und dem ersten *Slot* wird mit Nullen
aufgefüllt.

Das Charakteristikum des Cambridge-Rings im besonderen und der *Slotted*-Ringe im allgemeinen ist die geringe Minipaketlänge. Selbst bei Datenpaketen ist der Anteil der Nutzinformation nur 16/38, der Overhead also mindestens 58%. Neben den Datenpaketen fließen aber noch eine Reihe von Kontrollpaketen der MAC-Ebene, und die Datenpakete der
MAC-Ebene enthalten häufig auch Kontrollinformation der höheren Ebenen, so daß der
tatsächliche Overhead bezogen auf die eigentliche Nutzinformation noch erheblich höher
ist.
Es wird eine Hierarchie von Protokollen benötigt, um Daten in benutzerüblichen Einheiten
über den Ring zu transportieren. Die Notwendigkeit, Daten 16-Bit-weise über den Ring zu
transportieren, ist besonders ungünstig, wenn größere Datenmengen zu übertragen sind,
und ein Overhead von ca. 60% für diese Art von Verkehr sehr hoch. Völlig anders ist die
Situation, wenn Daten in kleinen Einheiten übertragen werden müssen (etwa byteweise wie
für Terminaleingaben typisch); hierfür ist der Cambridge-Ring sehr gut geeignet und arbeitet vergleichsweise effizient. Das Verhalten gegenüber unterschiedlichen Lasten ist beim
Cambridge-Ring also deutlich anders als bei den bisher besprochenen, standardisierten
LANs, die bei Verwendung großer Rahmenlängen besonders effizient arbeiten, bei sehr
kleinen Blocklängen aber extrem ineffizient sind.

Das zweite bemerkenswerte Faktum ist die der intuitiven Vorstellung widersprechende geringe Anzahl von *Slots* auf einem typischen Ring. Zum einen führt sie zu einer erheblichen Vergeudung von Übertragungsleistung durch das *Gap*, das ja maximal *Slot*-Größe haben und somit bei einem 1-*Slot*-Ring bis zu 50% der Übertragungsleistung ausmachen kann; zum anderen gehen dadurch spezifische Eigenschaften des Verfahrens verloren. Tatsächlich ist ein 1-*Slot*-Ring nichts anderes als ein funktional abgemagerter Token-Ring mit fester und extrem kleiner Rahmenlänge.

Bei zukünftigen LANs, die auf der Basis von Lichtwellenleitern über sehr viel größere Entfernungen mit erheblich höherer Geschwindigkeit arbeiten, sind die Randbedingungen für das *Slotted-Ring*-Prinzip günstiger. Durch feste Zuordnung von *Slots* kann relativ leicht die Möglichkeit geschaffen werden, isochronen Verkehr zu übertragen. Das Nachfolgesystem, der *Cambridge Fast Ring*, hat diese Fähigkeit.

3.1.10.3 Register-Insertion-Ring

Das Prinzip des *Register-Insertion*-Rings wurde 1974 von Hafner et al. [56] vorgestellt. Bekannt sind solche Ringe als DLCN *(Distributed Loop Computer Network)* und als SILK (System für Integrierte Lokale Kommunikation)-Ring der Fa. Hasler AG.

Das Verfahren basiert auf drei FIFO-Puffern wie in Abb. 74a dargestellt.

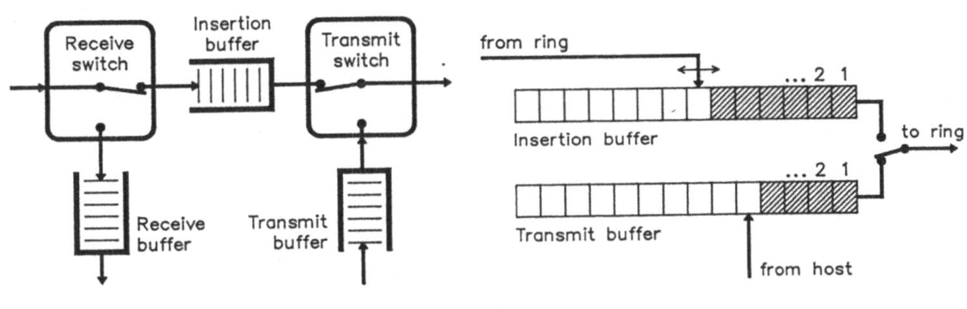

Abb. 74. Das Register-Insertion-Verfahren

Für die Funktion (und den Namen des Verfahrens) ist das Zusammenspiel von Ringpuffer und Sendepuffer wesentlich (Abb. 74b). Wenn eine Station lediglich einlaufende Pakete weiterleitet, ist der Ringpuffer in den Ring geschaltet. Wenn die Station frei ist, zeigt der Pointer (Zeiger) für das Einspeichern von Daten auf die erste Position. Vom Ring einlaufende Daten werden sequentiell in den Ringpuffer eingespeichert bis die Zieladresse vollständig übernommen ist. Wenn die Station selbst der Empfänger ist, werden die restlichen Daten in den Empfangspuffer geleitet. Der Pointer im Ringpuffer wird entsprechend zurückgesetzt, und es wird keine Information zum Ring übertragen. Bei dieser Vorgehensweise ist die Empfängerstation — wie beim *Register-Insertion*-Ring üblich — für das Entfernen der übertragenen Daten vom Ring zuständig.

Sobald nach Übernahme der Adreßinformation feststeht, daß die einlaufenden Daten weitergeleitet werden müssen, wird mit der Übertragung zum Ring begonnen. Es werden nun mit der gleichen Geschwindigkeit Informationen in den Ringpuffer hineingeschoben wie auf der Ausgangsseite abfließen, so daß die Position des Pointers unverändert bleibt, solange noch Daten einlaufen. Wenn das aktuelle Datenpaket beendet ist (und sich kein weiteres anschließt), wird der Ringpuffer vollständig entleert, wobei der Pointer auf die Initialposition zurückwandert.

Wenn eine Station selbst senden will, d.h. ein Datenpaket im Sendepuffer bereitsteht, wird der Sendepuffer auf den Ring geschaltet, falls die Voraussetzungen dafür gegeben sind. Diese Voraussetzungen sind unterschiedlich, je nachdem, ob das Verfahren mit Ringpriorität oder mit Stationspriorität betrieben wird. Bei Ringpriorität wird der Sendepuffer nur dann auf den Ring geschaltet, wenn der Ringpuffer leer ist; bei Stationspriorität wird der Sendepuffer auf den Ring geschaltet, sobald oder solange Platz für mindestens ein Paket maximaler Länge im Ringpuffer ist (dies ist die gängige Variante). Die Aufnahmekapazität des Ringpuffers muß also – in beiden Fällen – mindestens der maximalen Paketgröße entsprechen, kann aber auch ein Mehrfaches davon betragen. Beide Varianten sind identisch, wenn die Kapazität des Ringpuffers genau der maximalen Paketgröße entspricht. Während des Sendens dient der Ringpuffer als Zwischenspeicher für evtl. vom Ring einlaufende Daten. Solange der Ringpuffer einer Station gefüllt ist und gefüllt bleibt (etwa bei voller Ringauslastung) kann sie nicht senden. Der Ringpuffer leert sich automatisch, wenn die Daten schneller in den Ring abfließen als neue Daten aus dem Ring zufließen. Zur Überbrückung eventueller Wartezeiten beim Zugriff auf den Ring kann der Sendepuffer i.a. mehrere Datenpakete aufnehmen.

Beim SILK-Ring beispielsweise ist die maximale Datenpaketgröße, auf die die Puffergrößen abgestimmt sein müssen, 16 Bytes, davon 13 Bytes Nutzdaten; die Übertragungsgeschwindigkeit beträgt knapp 17 Mbps und die maximale Ringlänge 500 m bei Verwendung von Koaxialkabeln. Die Sicherheit des Systems kann durch Mehrfachauslegung des Rings erhöht werden; jede Station bietet Anschlußmöglichkeiten für drei Leitungen, so daß Ersatzringe konfiguriert werden können.

Das *Register-Insertion*-Verfahren bietet den Stationen einen sehr schnellen Zugriff zum Ring bei gering belastetem System und darüberhinaus eine sehr gute Auslastung des Mediums bei hoher Last. Durch das Auffangen der auf dem Ring befindlichen Information im Ringpuffer wird der Ring künstlich um dessen Informationsinhalt verlängert. Die Länge des Rings ändert sich also dynamisch mit der Last in Abhängigkeit davon, wieviele Stationen zur Zwischenspeicherung der im Ring fließenden Information ihren Ringpuffer in den Ring einfügen, um zunächst selbst senden zu können. Dadurch ist nicht nur – wie bei den bisher besprochenen LANs – unbekannt wie schnell eine Station Zugriff zum Medium bekommt, sondern es ist auch nicht vorhersagbar, wie lange der Transport eines Pakets bis zum Empfänger benötigen wird. Insgesamt ist das *Register-Insertion*-Verfahren jedoch sehr leistungsfähig; insbesondere kann der Durchsatz größer als die Übertragungsgeschwindigkeit sein, da wie beim Pierce-Ring die Empfängerstationen für das Entfernen der Information vom Ring zuständig sind und der Ring deshalb bei geeigneten Sender/Empfängerkonstellationen in parallel arbeitende Teilabschnitte zerfallen kann (vgl. Abb. 72 auf Seite 158).

3.1.10.4 HYPERchannel

HYPERchannel-50 (A-Serie) ist ein Produkt der Fa. Network Systems Corp., Minneapolis (NSC), das für leistungsfähige Verbindungen zwischen Rechnern und zwischen Rechnern und leistungsfähigen Peripheriegeräten (als Kanalverlängerung) Bedeutung erlangt hat. Die Leistungsfähigkeit und die Vielzahl unterstützter Rechner (Hardware und Betriebssysteme) haben diesem im Vergleich zu den anderen LANs sehr teuren Produkt im Bereich besonders leistungsfähiger LANs zeitweilig (bis zur Verfügbarkeit von FDDI) eine fast konkurrenzlose Stellung verschafft.

Das System basiert auf einem 75 Ω Koaxialkabel-Bus *(trunk)*, an den als Adapter bezeichnete Interfaces angeschlossen werden, über die die Verbindung zum angeschlossenen Host (i.a. Kanalverbindung) hergestellt wird. Jeder Adapter kann mit bis zu vier *Trunks* verbunden werden, die er alternativ bedienen kann. Die maximale *Trunk*-Länge ist 1500 m (über Repeater 3500 m); die Übertragungsgeschwindigkeit beträgt 50 Mbps, die Systemdatenrate beim Einsatz mehrerer *Trunks* bis zu 200 Mbps.

Das Zugriffsverfahren ist CSMA/CD, wobei aber im Gegensatz zum Ethernet die Kollisionsauflösung in deterministischer Weise durch ein Prioritätsschema erfolgt. Dazu werden die N Stationen zur Installationszeit in einer logischen Reihenfolge $1, ..., N$ geordnet. Diese Anordnung ist im Prinzip unabhängig von Adresse und Position einer Station am Bus; da aber Signallaufzeiten zwischen den Stationen eine Rolle spielen, funktioniert das Verfahren effizienter, wenn am Bus benachbarte Stationen auch in der logischen Folge benachbart sind. Jeder Station wird entsprechend der Position in der Anordnung ein Zeitfenster zugeordnet, in dem sie — wenn zu diesem Zeitpunkt nicht bereits eine andere Station überträgt — selbst eine Übertragung starten darf, die dann garantiert kollisionsfrei ist. Das Verfahren läuft wie folgt ab:

- Im Normalfall erfolgt der Zugriff zum Medium gemäß CSMA/CD-Verfahren, d.h., jede sendewillige Station, die beim Abhören den Bus frei findet, darf sofort mit der Übertragung beginnen.

- Wenn eine Kollision eintritt, fällt das System in den Prioritätsmodus *(contention mode)*, der vollständig zeitgesteuert ist. In diesem Modus werden verschiedene Phasen durchlaufen:

  - *Fixed Delay*

    Nach jeder Übertragung bekommt die Empfängerstation die Gelegenheit, selbst einen Datenblock zu senden. Dies ist sinnvoll, da viele Aktionen von der Form *Request/Response* oder Übertragung/Bestätigung sind und die Stationen so die Gelegenheit haben, eine derartige Sequenz unterbrechungsfrei zu beenden.
    Das Zeitfenster, welches der empfangenden Station für die Übertragung einer Antwort freigehalten wird, besteht aus einer festen Aufsetzzeit in der Station von ca. 2 μs plus der doppelten Signallaufzeit im Bus und ist damit für einen gegebenen Bus konstant. Da dieses Fenster für jede beliebige Kombination von Sende- und Empfangsstation ausreichend bemessen sein muß, ist hier die Bus-Länge als ungünstigster Fall zugrundezulegen. Der Wert des *Fixed Delay* liegt bei einem Bus von 1000 m Länge bei 10 μs.

  - *Priority Delay*

    Nach der *Fixed Delay*-Phase folgt die *Priority Delay*-Phase.
    Das Zeitfenster der ersten Station beginnt 0,5 μs nach Ablauf des *Fixed Delay*.
    Der Beginn des Zeitfensters der Station J ergibt sich aus dem Beginn des Zeitfensters der Station $J-1$ durch Addition einer festen, für alle Stationen gleichen Aufsetzzeit von 1,6 μs plus der doppelten Signallaufzeit zwischen den Stationen J und $J-1$. Die Zeitdifferenz muß so bemessen sein. daß die Station J sicher erken-

nen kann, ob die Station $J-1$ ihr Zeitfenster für eine Übertragung nutzt. Die
Station J darf ihr Zeitfenster nutzen, wenn zu diesem Zeitpunkt das Medium frei
ist, d.h. die zuvor sendeberechtigten Stationen bis zur Priorität $J-1$ ihr Zeitfenster
nicht genutzt haben.

— *End Delay*

Jede Station generiert den *End Delay*. Dieser Zeitpunkt liegt um so viel nach dem
Zeitfenster der letzten Station *(N)*, daß jede Station am Bus es feststellen kann,
wenn die Station N ihr Zeitfenster nutzt. Wenn bis zu diesem Zeitpunkt keine
Übertragung läuft, dann ist keine übertragungsbereite Station am Bus und der
Prioritätsmodus wird wieder ausgeschaltet.

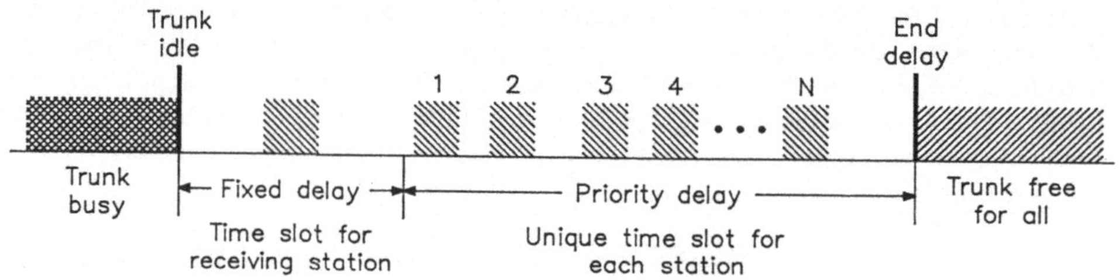

Abb. 75. Zeitschema der Konfliktauflösung beim HYPERchannel

Bei der bisher beschriebenen Anordnung existiert eine Vollordnung aller Stationen bezüglich
der Übertragungsmöglichkeiten; d.h. die Station 1 kann beliebig viel Übertragungkapazität
verbrauchen, bevor eine der Stationen 2, ..., N die Gelegenheit zu einer Übertragung bekommt; die Station 2 kann von dem, was die Station 1 an Übertragungskapazität nicht
nutzt, beliebig viel verbrauchen, bis eine der Stationen 3, ..., N übertragen kann, usw. Für
Stationen niedriger Priorität wird i.a. dennoch genügend Übertragungskapazität verfügbar
sein, da bei LANs, insbesondere bei solchen der Leistungsfähigkeit des HYPERchannel,
selbst bei falscher Auslegung eine dauernde Auslastung von 100% kaum denkbar ist; die
Wartezeiten könnten für diese Stationen aber unerwünscht lang sein.
Wenn diese Charakteristik des Prioritätsschemas unerwünscht ist, kann auch in den sogenannten *Wait Mode* umgeschaltet werden. In diesem Fall darf eine Station, die ihr Zeitfenster bereits für eine Übertragung genutzt hat, erst wieder übertragen, wenn das System —
angezeigt durch den *End Delay* — wieder frei ist; d.h. jede Station darf innerhalb eines
Prioritätszyklus nur einmal senden. Die Zugangsdisziplin ist damit *Round Robin* und die
Anordnung der Stationen bestimmt nur, in welcher Reihenfolge die Stationen innerhalb
eines Zyklus Gelegenheit zum Senden bekommen.
HYPERchannel verbindet die Vorteile des CSMA/CD-Verfahrens bei niedriger Last (nämlich minimale Wartezeiten und geringen Overhead) mit den Vorteilen eines determistischen
Zuteilungsverfahrens bei hoher Last (angezeigt durch das Auftreten einer Kollision). Tatsächlich zeigen sowohl Simulationen als auch Messungen an realen Systemen, daß das System sehr leistungsfähig ist, wenn die übertragenen Blöcke groß sind und die Zahl der Stationen am Bus klein ist, was beides aufgrund des typischen Einsatzgebietes und der hohen
Kosten i.a. zutrifft.

3.2 Nebenstellenanlagen

Nebenstellenanlagen (NStAnl) sind private Vermittlungseinrichtungen, an die mehrere Teilnehmerendeinrichtungen (Nebenstellen) über Nebenstellenanschlußleitungen angeschlossen werden und die durch eine oder mehrere Hauptanschlußleitungen (Amtsleitungen) mit dem öffentlichen Fernmeldenetz verbunden sind [8]. Die Vermittlung (Bezeichnungen: Durchschaltevermittlung, Kanalvermittlung) erfolgt derart, daß die vermittelnde Einrichtung transparent ist, sobald die Verbindung aufgebaut ist; dadurch haben die kommunizierenden Partner Protokollfreiheit, da netzseitig diesbezüglich keine Vorgaben erforderlich sind.
Nebenstellenanlagen haben zwei Aufgaben:

- Sie vermitteln interne Verbindungen zwischen Nebenstellen (gebührenfrei).

- Sie stellen über Hauptanschlußleitungen Verbindungen zwischen lokalen Nebenstellen und entfernten Teilnehmern her.

Bei großen Unternehmen macht der Internverkehr einen großen Teil der Gesamtlast einer Nebenstellenanlage aus. Beim Internverkehr können durch die Nebenstelle zusätzliche Leistungsmerkmale angeboten werden, die im öffentlichen Netz nicht verfügbar sind, insbesondere solche, die den Benutzungskomfort erhöhen.

Es gibt verschiedene Arten von Nebenstellenanlagen:

- Fernsprech-NStAnl.
  Diese dienen der Vermittlung des Sprachverkehrs und sind am weitesten verbreitet. Sie werden seit langem auch für die Datenkommunikation mitbenutzt; allerdings läuft der Datenverkehr über Sprechwege, d.h. über Zusatzeinrichtungen wie Modems (Modem = Modulator/Demodulator) werden die Daten übertragungstechnisch wie Sprache behandelt.

- Telex-NStAnl.

- Teletex-NStAnl.

- Datenvermittler (Schnittstellenvermittlungssysteme), die besonders für die Vermittlung von Datenverbindungen im Internbereich ausgelegt sind, aber auch Verbindungen zwischen Datenendgeräten und den öffentlichen Datennetzen herstellen.

- ISDN-NStAnl.
  Diese Anlagen sind dafür konzipiert, Sprach-, Text- und Datenverkehr in gleichberechtigter und integrierter Weise abzuwickeln; sie werden als integrierte Nebenstellenanlagen (ISPBX = *Integrated Services Private Branch Exchange*) bezeichnet und erst mit der allgemeinen Einführung des ISDN voll zum Tragen kommen.

Nützlich für die Charakterisierung von Nebenstellenanlagen ist die vor allem im englischen Sprachraum verbreitete Unterscheidung nach Generationen:

1. Generation: Hierbei handelt es sich um elektromechanische Vermittlungseinrichtungen zum Aufbau analoger Verbindungen. Sie sind geeignet für Sprachverkehr und für einfachen Datenverkehr über Modems.

2. Generation: Anlagen der 2. Generation sind aus elektronischen Komponenten aufgebaut und besitzen eine speicherprogrammierte Steuerung. Außer in der Steuerung arbeiten sie noch weitgehend analog.
Eingesetzt werden diese Anlagen für den Sprachverkehr, aber auch schon in größerem Umfang für den Datenverkehr, der aber immer noch unter Einsatz von Zusatzbausteinen über Sprechwege abgewickelt wird. Die elektronische Steuerung gestattet aber die Bereitstellung einer Reihe zusätzlicher Leistungsmerkmale. Diese Anlagen sind heute noch weit verbreitet und wurden bis vor kurzem auch noch produziert.

3. Generation   Bei den Anlagen der 3. Generation handelt es sich um volldigitale Anlagen mit speicherprogrammierter Steuerung und integrierter Sprach-/Datenkommunikation. Die durchgängige Digitalisierung bis in die Teilnehmeranschlußleitungen erlaubt den gleichrangigen Anschluß unterschiedlicher digitaler Endgeräte.
Die Anlagen haben eine verteilte Architektur, die es — konsequent entwickelt — erlaubt, abgesetzte Einheiten zu installieren und zu einer Gesamtanlage zusammenzuschalten. Die Anlagen sind blockierungsfrei ausgelegt, d.h. unter allen Betriebszuständen kann zwischen einer freien Zubringerleitung und einer freien Abnehmerleitung eine Verbindung geschaltet werden. Manche der Anlagen bieten heute bereits einen LAN-Anschluß (heute meist für IEEE 802.3, CSMA/CD, zunehmend aber auch für die anderen standardisierten LAN-Typen).
In allen Fällen werden a/b-Schnittstellen zum Anschluß der existierenden Endgeräte (vor allem analoge Fernsprechapparate) angeboten.
Die heute angebotenen modernen Nebenstellenanlagen sind Anlagen der 3. Generation, die aber in ihrer derzeitigen Auslegung — zumindest in Deutschland — noch stark von der Sprachkommunikation her geprägt sind. Wirklich wirksam werden können diese Anlagen erst mit der Einführung des öffentlichen ISDN, und wenn die Datenkommunikation nicht nur konzeptionell gleichrangig behandelt wird.

4. Generation   Die Anlagen der 4. Generation werden in Ergänzung zu den Fähigkeiten der Anlagen der 3. Generation auch noch breitbandige digitale Kanäle vermitteln können.
Nicht nur weil damit eine Neuverkabelung mit Lichtwellenleitern im Teilnehmeranschlußbereich verbunden ist, sondern auch weil die technischen Konzepte ebenso wie die sinnvollerweise darüber abzuwickelnden Dienste für ein Breitbandnetz noch weitgehend offen sind, wird es bis zu einem Regeleinsatz (d.h. außerhalb von Forschungsvorhaben und Feldversuchen) vermutlich deutlich länger dauern als die Deutsche Bundespost in ihren Planungen angibt (1992).

Wenn im folgenden von Nebenstellenanlagen die Rede ist, so sind volldigitale Anlagen der 3. Generation gemeint.

3.2.1 Kriterien zur Beurteilung der Leistungsfähigkeit von Nebenstellenanlagen

Die wichtigsten Größen für eine quantitative Beurteilung einer Nebenstellenanlage sind

- der **Verkehrswert** (Verkehrsleistung) und

- die **Vermittlungsleistung.**

Der Verkehrswert kommunikationstechnischer Einrichtungen (wie z.B. Leitungsbündel, Bedienplätze, Steuerungen usw.) ist ein Maß für die Belastung solcher Einrichtungen und wird in *Erl* (nach dem dänischen Mathematiker A. K. Erlang) angegeben.
Wenn etwa ein Leitungsbündel von 100 Leitungen mit 60 *Erl* belastet ist, so bedeutet das, daß im Mittel während einer bestimmten Bezugszeit 60 Leitungen belegt sind.
Da Kommunikationssysteme im zeitlichen Verlauf sehr ungleichmäßig belastet sind, andererseits Konzentrationsvorgänge eine wichtige Rolle spielen, ist es für die Auslegung solcher Systeme von entscheidender Bedeutung, mit den richtigen Bezugsgrößen zu arbeiten.
Bezugszeit bei der Angabe des Verkehrswertes ist die Hauptverkehrsstunde.
Die Belastung der Fernmeldenetze (insbesondere des Fernsprechnetzes) im Tagesverlauf ist dadurch gekennzeichnet, daß sie nach einem Minimum in der zweiten Nachthälfte ab etwa sieben Uhr anwächst, zwischen zehn und elf Uhr ein Maximum hat, über Mittag wieder abnimmt, am Nachmittag ein zweites Maximum hat (niedriger als das Vormittagsmaximum) und nach einem kleinen weiteren Maximum in den frühen Abendstunden absinkt.
Im Wochenverlauf gibt es deutliche Einbrüche an den Wochenenden (was auch unterstreicht, daß die Last wesentlich durch die geschäftliche Nutzung der Netze verursacht wird) und im Jahresverlauf sichtbare Minderbelastungen während der Ferienzeit und zum Jahreswechsel.

Die Hauptverkehrsstunde ist nun wie folgt definiert:

> Unter der **Hauptverkehrsstunde** (HVStd, *busy hour*) versteht man diejenige Folge von vier unmittelbar aufeinanderfolgenden Viertelstunden, in der die über mindestens zehn Arbeitstage gemittelte Verkehrsmenge maximal ist.

Es wird unterstellt, daß die Stärke des Verkehrs während der Hauptverkehrsstunde nur statistisch um den Mittelwert — eben den Verkehrswert — schwankt und somit die für verkehrstheoretische Untersuchungen wichtige Voraussetzung erfüllt ist, daß sich die Anordnung im statistischen Gleichgewicht befindet.
Nach dieser Definition ist es klar, daß die Hauptverkehrsstunde keine universelle Größe ist, sondern für verschiedene Länder, Städte, ja sogar Nebenstellenanlagen oder Leitungsbündel unterschiedlich sein kann.
Manchmal ist es günstiger, den Verkehrswert nicht für eine ganze Anordnung, sondern normiert auf eine Einheit (z.B. eine Leitung) anzugeben. Statt 60 *Erl* für ein Leitungsbündel von 100 Leitungen, würde man dann eine Belastung von 0,6 *Erl* pro Leitung für dieses Bündel angeben.

Im Fernsprechnetz wird für einen normalen Teilnehmer ein Verkehrswert von 0,05 *Erl* zugrundegelegt, 0,1 − 0,15 *Erl* für einen vielbenutzten Geschäftsanschluß.
1985 betrug der Verkehrswert des Fernsprechnetzes der Deutschen Bundespost 267.000 *Erl*, was bedeutet, daß während der Hauptverkehrsstunde in jedem Augenblick 267.000 Telefongespräche geführt wurden.

Der Verkehrswert gibt einen Mittelwert an und sagt nichts über die Struktur der Verkehrslast aus; es läßt sich daraus beispielsweise nicht ablesen, ob die 0,1 *Erl* eines Fernsprech-
teilnehmers durch ein 6-Minuten-Gespräch oder sechs 1-Minuten-Gespräche pro Stunde
zustande gekommen sind. Für manche Fragestellungen ist dies auch unerheblich, für Nebenstellenanlagen jedoch, die für jeden Verbindungsaufbau und -abbau Leistungen erbringen müssen, ist dies wichtig.
Bei digitalen Nebenstellenanlagen sind die Steuerungen zentralisierte Einrichtungen, die i.a.
einen weitaus höheren Konzentrationsfaktor aufweisen als beispielsweise Leitungen und die
wie andere Einrichtungen auch für einen bestimmten Verkehrswert ausgelegt sein müssen.
Die Vermittlungsleistung, angegeben in BHCA *(Busy Hour Call Attempts)* gibt an, wieviele
abgehende und ankommende Rufe eine Nebenstellenanlage pro Stunde verarbeiten kann.
Sie ist durch die Bearbeitungszeit pro angebotenem Anruf und damit wesentlich durch die
verfügbare Prozessorleistung bestimmt.
Umgekehrt kann die erforderliche Vermittlungsleistung einer Anlage bestimmt werden,
wenn der Verkehrswert und die mittlere Belegungszeit pro Anruf bekannt sind.

Wenn z.B. von einem ankommenden Verkehr von 2000 *Erl* und einem abgehenden Verkehr
von 2200 *Erl* ausgegangen wird und die mittlere Belegungsdauer für ankommende Rufe 120
Sekunden und für abgehende Rufe 100 Sekunden beträgt, so ergibt sich:

$$BHCA\ (ankommend) = \frac{2000 \times 3600}{120} = 60.000,$$

$$BHCA\ (abgehend) = \frac{2200 \times 3600}{100} = 79.200.$$

Insgesamt muß die Steuerung also 139.200 Rufe pro Stunde bearbeiten können.
Da die Anforderungen statistisch eintreffen, sollten die auf der Basis von Mittelwerten über
eine Stunde (ankommender und abgehender Verkehr) ermittelten Anforderungen 50% der
für eine Anlage angegebenen Vermittlungsleistung nicht überschreiten. Die tragbare Auslastung einer Steuerung hängt allerdings auch noch von der erlaubten Wartezeitgrenze für
anstehende Verbindungswünsche ab.

Die Berechnung der mittleren Belegungsdauer erfolgt auf der Basis des sogenannten *Call
Mix*.
Ein von einer Steuerung bearbeiteter Verbindungswunsch durchläuft verschiedene Phasen
und kann in jedem Stadium abgebrochen werden:

* Ruf nach Abheben des Hörers abgebrochen
* Wahlvorgang nach 1,...,n Ziffern abgebrochen
* Kein Pfad zum gerufenen Teilnehmer frei
* Gerufener Teilnehmer besetzt
* Gerufener Teilnehmer meldet sich nicht
* Erfolgreiche Verbindung

Wenn diesen Alternativen (jeweils für ankommende und abgehende Rufe) Belegungsdauern
zugeordnet werden und sie mit den relativen Häufigkeiten *(Call Mix)* gewichtet werden,
kann daraus die mittlere Belegungsdauer bestimmt werden.

Große öffentliche Nebenstellenanlagen haben 500.000 bis 1.000.000 BHCA, in Zukunft
auch über 1.000.000 BHCA; Nebenstellenanlagen für den privaten Bereich liegen meist
deutlich darunter.

Ein qualitatives Merkmal von Nebenstellenanlagen ist die Blockierungsfreiheit. Eine Anlage arbeitet blockierungsfrei, wenn unabhängig vom Belegungszustand jeder freie Eingang jeden freien Ausgang erreichen kann (volle Erreichbarkeit). Darauf wird im nachfolgenden Abschnitt über Koppelfelder noch weiter eingegangen.

3.2.2 Aufbau einer Vermittlung

Im allgemeinen führen Koppelanordnungen eine Konzentration bzw. Expansion durch ($M > N$ in Abb. 76), da die Verkehrswerte für die Anschlußleitungen gering sind. Koppelanordnungen mit gleicher Anzahl von Ein- und Ausgängen werden in Verteilstufen (Richtungswahlstufen) eingesetzt; ihnen angeschlossen sind meist aber Konzentrations- oder Expansionskoppelstufen.

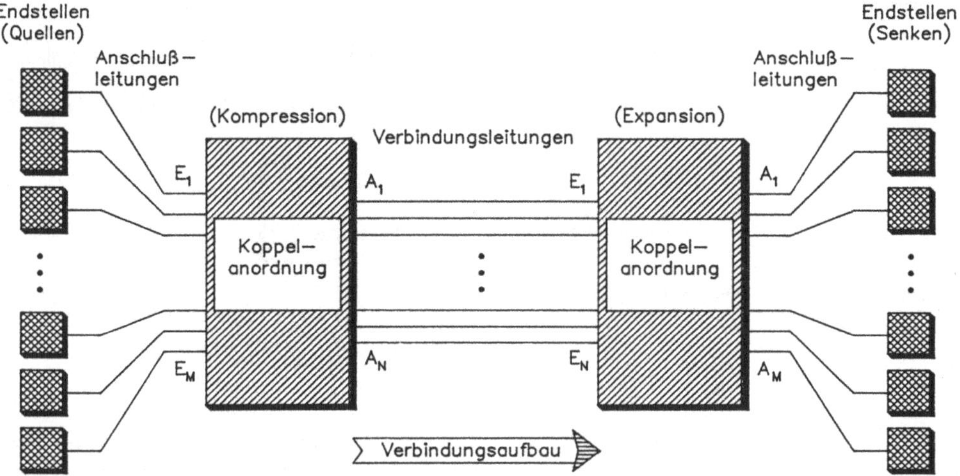

Abb. 76. Schematischer Aufbau einer vermittelten Verbindung

Anders als bei Leitungssystemen für den Transport materieller Güter (Wasser, Gas, Strom), bei denen Konzentration und Expansion durch einfache Querschnittsänderungen erfolgen, muß beim Informationstransport die Individualität der einzelnen Nachrichten erhalten bleiben. Nachrichtentransportsysteme gleichen deshalb eher dem Eisenbahnnetz, bei dem der Verkehr, ausgehend von Nebenstrecken, auf Hauptstrecken verdichtet und im Zielbereich wieder über Nebenstrecken zu den Endpunkten verteilt wird, wobei die Individualität der Transporteinheiten (Waggons) erhalten bleibt. Die Analogie läßt sich sogar noch weiter führen, weil auch im Eisenbahnbereich an Knotenpunkten Waggons (etwa richtungsabhängig) verschiedenen Zügen zugeordnet werden, was entsprechend eine wichtige Aufgabe von Vermittlungseinrichtungen ist und bei PCM-Systemen genau dem Bild entspricht.

Die Hauptkomponenten einer NStAnl sind:

- **Koppelanordnung (Durchschalteanordnung),**
- **Steuerwerk,**
- **Peripherie.**

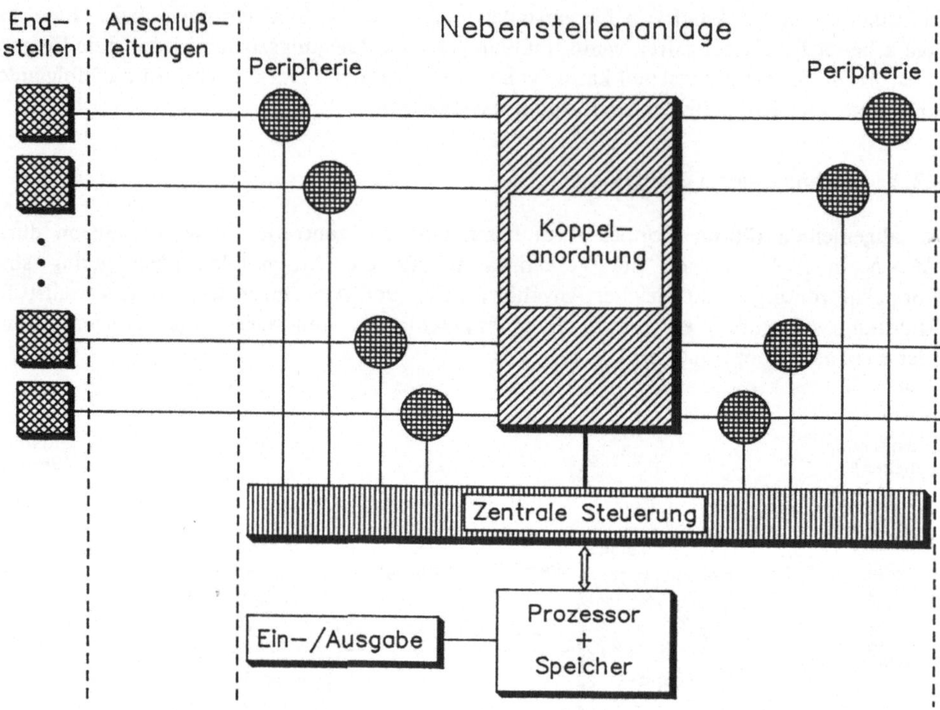

Abb. 77. Struktur einer Nebenstellenanlage

3.2.2.1 Peripherie

Die Peripherie besteht aus Anschlußbaugruppen, die über die Anschlußleitungen die Teilnehmergeräte bedienen. Eine solche, für eine bestimmte Teilnehmergruppe ausgelegte Einrichtung, wird als Teilnehmersatz bezeichnet. Teilnehmersätze existieren z.B. für analoge
und digitale Nebenstellen, für analoge und digitale Amtsleitungen und für Sonderfunk-
tionen.

Gegenüber den Teilnehmergeräten muß eine NStAnl "Intelligenzfunktionen" wahrnehmen,
die durch das Kunstwort **BORSCHT** charakterisiert werden:

B   *(Battery Feeding)*: Stromversorgung der Teilnehmergeräte durch die NStAnl
O   *(Overvoltage Protection)*: Überspannungsschutz
R   *(Ringing)*: Anrufsignalisierung
S   *(Signaling)*: Signalisierung der Wählinformation
C   *(Coding)*: Codierung = Analog/Digital-Wandlung
H   *(Hybrid)*: Trennung der Übertragungsrichtungen einer Vollduplex-Verbindung
T   *(Testing)*: Prüfzugang = Prüfung von Teilnehmeranschlußleitung und Endgerät

Da digitale Koppeleinrichtungen weder Gleichstrom schalten können noch überspan-
nungsfest sind, müssen bei digitalen NStAnl die BORSCHT-Funktionen überwiegend in den
Teilnehmersätzen realisiert werden; sie sind deshalb einmal pro Teilnehmer vorhanden, was
die Kosten in die Höhe treibt.

In der praktischen Realisierung werden auf einer Anschlußbaugruppe meist mehrere Teilnehmersätze zusammengefaßt. Nach innen ist die Anschlußbaugruppe über Datenleitungen mit der Koppelanordnung und über Steuerleitungen mit der zentralen Steuerung verbunden. Beide Verbindungen sind i.a. als Bus (Highway) ausgeführt. Die Nutzdaten mehrerer (z.B. 30) Teilnehmer werden durch eine Gruppenkoppelstufe gebündelt (Zeitmultiplex) und über den Datenbus zur Koppelanordnung geleitet, während die dazugehörenden Steuersignale über den Signalbus der zentralen Steuerung zugeführt werden (vgl. Abb. 78).

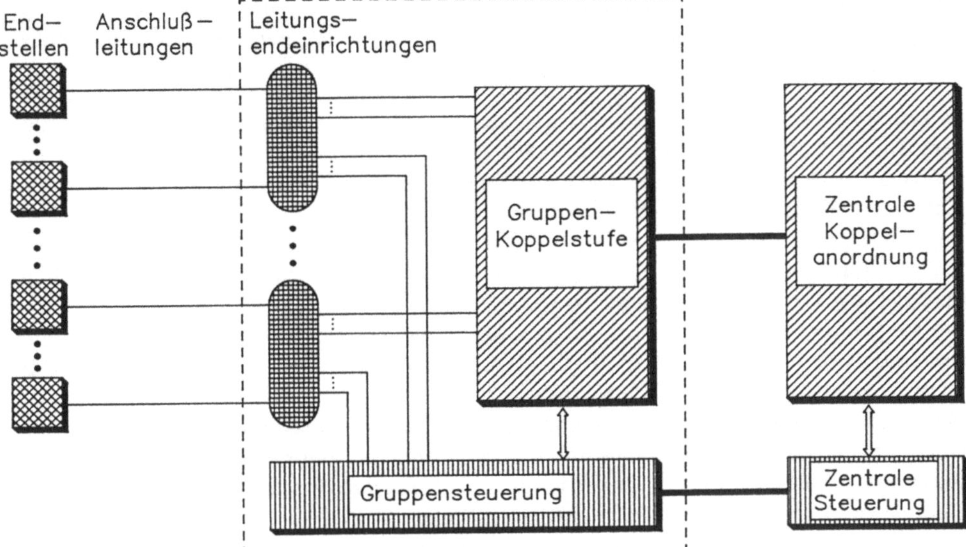

Abb. 78. Periphere Baugruppe: Struktur

Bei diesem Aufbau werden Teilfunktionen der Vermittlung in die Peripherie verlagert. Die dadurch entstehende hierarchische Struktur kann nicht nur zur Erhöhung der Sicherheit eines Systems beitragen, sondern ermöglicht bei konsequenter Weiterentwicklung auch das Auslagern peripherer Komponenten und damit den Aufbau räumlich verteilter Systeme.

3.2.2.2 Zentrale Steuerung

Die Netzintelligenz — im wesentlichen konzentriert in der zentralen Steuerung — verknüpft die Komponenten einer NStAnl zu einem funktionstüchtigen Ganzen und macht auch das Kommunikationsnetz insgesamt funktionsfähig.
Da immer mehr und immer komplexere Funktionen zu realisieren sind, besteht die Tendenz, zur Entlastung der zentralen Steuerung Funktionen in den Teilnehmerbereich zu verlagern. Eine Anpassung an steigende Anforderungen kann aber auch durch eine weitere Zentralisierung vorgenommen werden, indem Aufgaben funktionsspezifisch dafür besonders leistungsfähigen Steuerungskomponenten zugeordnet werden.

Moderne Nebenstellenanlagen sind rechnergesteuert; d.h., die Steuerungsfunktionen werden durch ein im Programmspeicher niedergelegtes Steuerprogramm realisiert (SPC = *Stored Program Control;* speicherprogrammierte Steuerung).

Die Grundaufgaben der Steuerung sind:

- **Vermittlung,**

- **Betriebsunterstützung** und

- **Verwaltung.**

Die wesentlichen Vermittlungsaufgaben sind Aufbauen, Überwachen und Abbauen von
Verbindungen. In diesem Zusammenhang ist das Koppeln und das Signalisieren wichtig;
dazu gehört aber auch die Auswahl eines von evtl. mehreren geeigneten Leitungsbündeln
(Routing).

Zu den Aufgaben der betrieblichen Unterstützung zählen die Erfassung der Betriebs- und
Verkehrsdaten sowie Maßnahmen zur Erhöhung der Betriebssicherheit.
Bei rechnergesteuerten Systemen stellt das Erfassen und Speichern von Betriebs- und Verkehrsdaten kein grundsätzliches technisches Problem dar.
Sehr wichtig und sehr viel schwieriger lösbar ist bei zentralen Einrichtungen das Sicherheitsproblem, insbesondere wenn — wie bei Kommunikationseinrichtungen — sehr hohe
Anforderungen an die Verfügbarkeit gestellt werden.
Um die geforderte Ausfallrate von $\lambda = 5 \times 10^{-6}\,h^{-1}$ ($\approx$ ein Ausfall pro 23 Jahre) für einen
Totalausfall im 24-Stunden Betrieb [8] gewährleisten zu können, müssen bereits bei der
Auslegung entsprechende Vorkehrungen getroffen werden.
Die Ausfallrate einer Komponente ist bestimmt durch die Ausfallraten der Bausteine, aus
denen sie aufgebaut ist. Die Ausfallraten elektronischer Bausteine liegen während der
Betriebsbrauchbarkeitsdauer (das ist die Zeitspanne zwischen den Frühausfällen
(Einbrennzeit) und den Verschleißausfällen) zwischen $10^{-6}\,h^{-1}$ und $10^{-9}\,h^{-1}$; in dieser Phase
ist $\lambda = 1/\mathrm{MTBF}$ *(Mean Time Between Failure*: mittlere Zeit zwischen Ausfällen; manchmal
wird auch MTTF *(Mean Time To Failure*: mittlere Zeit bis zum Ausfall) verwendet).
Bei kleinen Nebenstellenanlagen im privaten Bereich, bei denen die entscheidenden, zentralisierten Funktionen durch wenige VLSI-Bausteine ($\lambda \approx 10^{-7}\,h^{-1}$) erbracht werden, kann die
geforderte Sicherheit heute schon ohne Mehrfachauslegung erreicht werden.
Bei größeren Anlagen müssen die zentralen Teile zur Erreichung der geforderten Betriebssicherheit jedoch doppelt ausgelegt werden..
Es gibt verschiedene Möglichkeiten, den Betrieb von doppelt ausgelegten Bauteilen zu organisieren.

1. Aktive Reserve *(hot standby)*
   Hierbei bearbeiten zwei identische Einheiten, die beide in gleicher Weise mit allen Eingangssignalen versorgt werden, alle Aufgaben, wobei die Ergebnisse der Reserveeinheit
   jedoch nicht verwertet werden. Da beide Komponenten immer den gleichen ″Wissensstand″ haben, kann im Störungsfall die Reserveeinheit nahezu unterbrechungsfrei die
   Aufgaben der gestörten Einheit übernehmen.
   Es ist offensichtlich, daß bei dieser Anordnung eine dritte Komponente benötigt wird,
   der Vergleicher, der die Ergebnisse der beiden parallel betriebenen Einheiten miteinander vergleicht; je nachdem, ob dieser Vergleich nur bei den Endergebnissen oder auch
   bei Zwischenschritten erfolgt, spricht man von synchronem oder mikrosynchronem
   Parallellauf.
   Der Vorteil dieser Vorgehensweise ist, daß die Ergebnisse der Betriebssteuerung permanent von außen überwacht werden. Der Nachteil besteht darin, daß die Vergleichs-

einheit eine zusätzliche Komponente ist, die selbst auch mit einer endlichen Fehlerwahrscheinlichkeit behaftet ist und deshalb in die Gesamtrechnung mit einbezogen
werden muß (versagende Überwachungseinrichtungen, die vorhandene Fehler nicht
anzeigen oder Fehlalarme auslösen sind bei technischen Einrichtungen keine Sel-
tenheit).

Wenn der Vergleicher eine Differenz meldet, so liegt damit zunächst nur ein Indiz für
eine Fehlfunktion vor; insbesondere gibt es keine Information darüber, welche der beiden Komponenten falsche Ergebnisse liefert. Die Komponenten müssen also über
Selbsttesteinrichtungen verfügen, die es gestatten, die gestörte Einheit zu identifizieren.

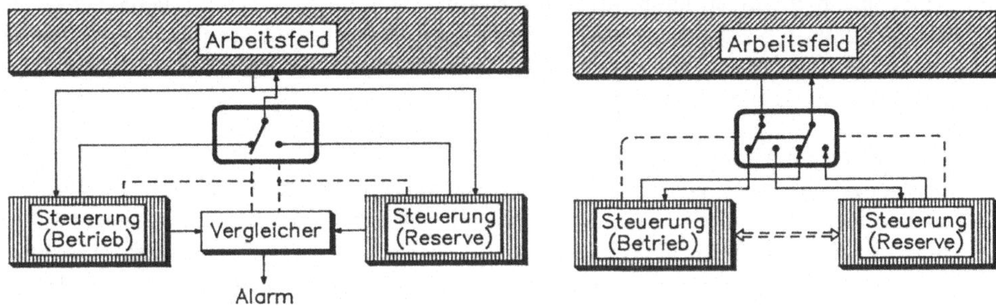

Abb. 79. Möglichkeiten der Organisation doppelt ausgelegter Einheiten

2. Passive Reserve *(cold standby)*
    Die logische Alternative zur aktiven Reserve ist die passive Reserve. Hierbei wird nur
    eine der beiden identischen Komponenten mit den Eingangssignalen versorgt und kann
    deshalb auch nur alleine Ergebnisse produzieren.
    Eine externe Überwachung der Betriebssteuerung erfolgt nicht, die Überwachung der
    Funktionsfähigkeit kann nur durch Selbsttests erfolgen.
    Bei Ausfall der Betriebssteuerung kann die Übernahme der Funktionen durch die
    Reserveeinheit nicht unterbrechungsfrei erfolgen, so daß diese Anordnung für die Ver-
    längerung der unterbrechungsfreien Betriebszeit so nicht geeignet ist; wohl kann da-
    durch im Falle einer Störung die Unterbrechungsdauer drastisch verkürzt werden.
    Die Wirksamkeit dieser Anordnung wird verbessert, wenn die Betriebssteuerung den
    jeweiligen Systemzustand entweder auf einem von beiden Einheiten zugreifbaren
    Speichermedium ablegt oder auf dem Wege direkter Kommunikation an die Reserve-
    einheit übergibt. In diesem Falle kann eine nahezu unterbrechungsfreie Übergabe er-
    folgen in dem Sinne, daß nur gerade in Bearbeitung befindliche Vorgänge verlorenge-
    hen. Falls eine direkte Kommunikation zwischen den beiden Einheiten vereinbart ist,
    kann die Reserveeinheit die aktive Einheit auch insofern überwachen, als sie feststellen
    kann, ob diese überhaupt noch arbeitet.

3. Lastteilung *(load sharing)*
    Hierbei kommt es zwischen den beiden wiederum identischen Komponenten zu einer
    quantitativen Aufteilung der Last, d.h. die beiden Einheiten teilen sich die Bearbeitung
    der Verbindungswünsche, wobei jede aber eine übernommene Verbindung vollständig
    bearbeitet.

Auch bei dieser Anordnung gibt es eine externe Überwachung nur in dem Sinne, daß jede Einheit den Totalausfall der anderen feststellen kann, so daß das Feststellen von Fehlfunktionen wiederum nur durch Selbsttests erfolgen kann. Damit beim Ausfall einer der beiden Komponenten nicht notwendigerweise die betroffene Teilmenge der Verbindungen unterbrochen wird, müssen sich die beiden Komponenten über eine direkte Verbindung *(interprocessor link)* über den Status der von ihnen bearbeiteten Verbindungen unterrichten. Um den Aufwand dafür in Grenzen zu halten, muß hingenommen werden, daß gerade in Bearbeitung befindliche Vorgänge (etwa Aufbau einer Verbindung) im Störfall bei der Übernahme unterbrochen werden.
Um zu gewährleisten, daß eine Komponente die Aufgaben der ausgefallenen Komponente mit übernehmen kann, müssen die Komponenten so ausgelegt werden, daß jede die Gesamtlast bewältigen kann. Dadurch ergibt sich für den zeitlich stark überwiegenden Normalbetrieb mit zwei parallel arbeitenden Steuerungen der Vorteil niedriger Belastung mit großen Leistungsreserven.

4. Funktionsteilung *(function sharing)*
    Hierbei erfolgt zwischen den beiden Komponenten eine qualitative, d.h. funktionsbezogene Aufteilung der Last. Damit jede der beiden Komponenten gegebenenfalls die Funktionen der anderen übernehmen kann, müssen auch hier die beiden Komponenten identisch sein. Damit entfällt die Möglichkeit einer leistungssteigernden Spezialisierung. Das macht diese Variante im Vergleich zur vorher beschriebenen Lastteilung nicht besonders attraktiv.

Bei allen doppelt ausgelegten Systemen ist zu berücksichtigen, daß nach Ausfall einer Komponente die verbleibende Komponente während der Reparaturzeit ohne Reserve arbeitet und damit eine erhöhte Wahrscheinlichkeit für einen Totalausfall besteht. Auch unter Berücksichtigung dieser Tatsache reicht eine Verdopplung der zentralen Komponenten jedoch aus, wenn die Reparaturzeit sich in üblichen Grenzen hält.
Es wurde bereits mehrfach erwähnt, daß Einrichtungen für eine automatische Fehlererkennung und -lokalisierung vorhanden sein müssen. Die entsprechenden Tests müssen während des laufenden Betriebs permanent durchgeführt werden. Eine nichttriviale Aufgabe ist die Fehlerabschaltung, d.h. das definierte Ausgliedern einer defekten Einheit aus dem laufenden Betrieb, und der Wiederanlauf, d.h. das störungsfreie Wiedereingliedern einer reparierten Einheit in den laufenden Betrieb. Problematisch ist auch das Prinzip des Selbsttests, weil es davon ausgeht, daß eine Komponente, die bei sich selbst eine Fehlfunktion feststellt, noch in der Lage ist, wohldefinierte Operationen durchzuführen, nämlich die Ersatzkomponente zu informieren und sich selbst aus dem laufenden Betrieb auszugliedern.
Bei allen doppelt ausgelegten Systemen können die Komponenten sich gegenseitig auf einer Zeitbasis überwachen. Wenn eine Komponente ohne definierte Fehlerabschaltung kein Lebenszeichen mehr von sich gibt, kann die zweite Komponente versuchen, sie außer Betrieb zu setzen und die Aufgaben zu übernehmen. Da die Einheiten untereinander verbunden sind (direkt über Inter-Prozessor-Verbindung und indirekt beispielsweise über Umschalteinheiten) besteht auch immer die Gefahr, daß eine defekte Einheit durch sporadisches oder permanentes Aussenden unorthodoxer Signale den Betrieb der funktionsfähigen Reserveeinheit stört.

Alle bisherigen Ausführungen bezogen sich auf die Ausfallsicherheit der Hardware. Moderne NStAnl werden aber durch Rechner gesteuert, auf denen umfangreiche (10^5 bis 10^6 Anweisungen) und komplexe Software abläuft. Ein Richtwert für die geforderte Zuverlässigkeit lautet: maximal zwei Stunden Ausfallzeit in 30 Jahren durch Softwarefehler ([49], S.142). Wenn man bedenkt, daß in einem solchen Zeitraum mit Sicherheit mehrere Versionswechsel erforderlich sein werden und es bis heute keine Methode gibt, die Fehlerfreiheit derartiger Programme formal nachzuweisen, dann ist jedem, der im Umgang mit Rechnern geschult ist, klar, daß diese Forderung nur schwer zu erfüllen sein wird.

Beim Betrieb einer NStAnl fallen eine Reihe von Verwaltungsaufgaben an, darunter

- die (automatische) Gebührenerfassung,

- das Erstellen von Verkehrs- und Betriebsstatistiken, die für die vorbeugende Wartung, aber auch für die Systemauslegung und Planung benötigt werden,

- das Verwalten von Leistungsmerkmalen, soweit diese durch den Betreiber zugeordnet werden (dazu gehört auch das Festlegen bzw. Feststellen von Teilnehmerberechtigungen und Teilnehmereigenschaften),

- die Bereitstellung eines oder mehrerer Bedienplätze sowie abgestufter Autorisierungen für den Betrieb der Anlage (Operateur, Manager).

3.2.2.3 Koppelanordnung

Der von den Quellen (Teilnehmern) über die **Zubringer**kanäle (Teilnehmeranschlußleitungen) an eine Vermittlungsstelle herangeführten Verbindungswünsche werden als **Verkehrsangebot** bezeichnet. Das Verkehrsangebot wird über die Koppelanordnung in die **Abnehmer**kanäle weitergeleitet. Wenn nicht das gesamte Verkehrsangebot weitergeleitet werden kann, tritt ein **Verlust** ein; dieser wird meist relativ zum Verkehrsangebot in Prozent angegeben.

Ein Verlust kann eintreten, wenn die Koppelanordnung nicht in der Lage ist, die gewünschte Verbindung herzustellen (obwohl genügend Abnehmerkanäle vorhanden sind), oder wenn nicht genügend Abnehmerkanäle vorhanden sind. Dies kann durch Wahl eines zu großen Konzentrationsfaktors geschehen, aber auch bei Richtungswahlstufen auftreten, bei denen die Zahl der Zubringer- und Abnehmerkanäle gleich ist. Da das Verkehrsangebot statistischer Natur ist (Gleichverteilung bezogen auf die Ausgangskanäle also nur ein unwahrscheinlicher Sonderfall wäre), könnte ein Verlust nur dann mit Sicherheit ausgeschlossen werden, wenn jeder der Ausgangskanäle in der Lage wäre, die Summe der Last aller Zubringerkanäle zu tragen. Wegen der statistischen Natur des Verkehrsangebots ist eine im deterministischen Sinne garantiert verlustfreie Auslegung großer Netze aus Aufwandsgründen ausgeschlossen. Der Aufwand läßt sich drastisch reduzieren, wenn geringe Verluste in Kauf genommen werden.

Beim Fernsprechverkehr wird ein Gesamtverlust von bis zu 5% (d.h. 1-2% pro Knoten) als tolerabel angesehen; dieser Wert muß vor dem Hintergrund gesehen werden, daß annähernd 25% aller Anrufe ohnedies nicht erfolgreich sind, weil der gerufene Teilnehmer entweder besetzt ist oder den Ruf nicht annimmt. Bei volldigitalen Vermittlungseinrichtungen, die ja nicht speziell für den Sprachverkehr konzipiert sind, sollte der Verlust 0,1% nicht übersteigen.

Raummultiplex-Koppeleinrichtungen

Bevor im folgenden auf den Aufbau von Koppeleinrichtungen näher eingegangen wird, soll darauf hingewiesen werden, daß Verbindungen oder Leitungen aus mehreren (i.a. zwei oder

vier) Adern bestehen, so daß die Koppeleinrichtungen aus entsprechend vielen parallel arbeitenden Ebenen aufgebaut sein müssen. Da dies für die Beschreibung der Prinzipien unerheblich ist, wird darauf nicht weiter eingegangen.
Grundelemente von Koppeleinrichtungen sind **Wähler** und **Koppler**. Wähler sind Elemente,
bei denen ein Eingang wahlweise auf verschiedene Ausgänge geschaltet werden kann; bei
Kopplern können in einer Matrixanordnung M Eingänge mit N Ausgängen verbunden
werden.

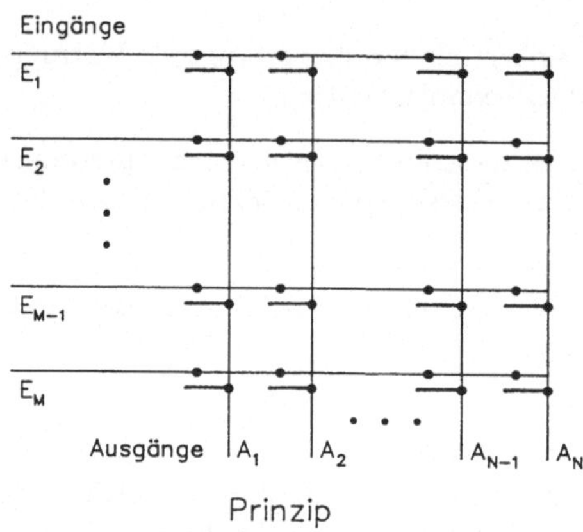

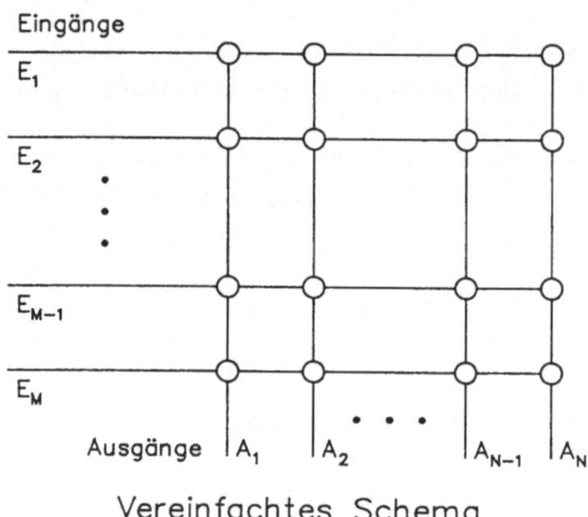

Kurzform: M N

Abb. 80.   Koppelmatrix

In Abb. 80 besteht die Koppelanordnung aus einer einzigen Koppelmatrix von $M \times N$
Koppelpunkten.   Es ist offensichtlich, daß die Kontakte in den Koppelpunkten sorgfältig
gesteuert werden müssen.   Wenn ein Kontakt geschlossen ist (und damit die Verbindung
von einer Eingangsleitung zu einer bestimmten Ausgangsleitung hergestellt ist), dürfen
weitere Kontakte der gleichen Zeile oder Spalte nicht mehr geschlossen werden.   Durch das
Schließen weiterer Kontakte der gleichen Zeile würde der Eingang mit mehreren Ausgängen
verbunden, was sinnlos ist und dem Anliegen der Konzentration widerspricht; durch das
Schließen mehrerer Schalter einer Spalte würden mehrere Eingänge auf den gleichen Ausgang geschaltet, was bei Individualverbindungen unzulässig ist.
Die Anordnung hat den Vorteil, blockierungsfrei zu sein, da von jedem Eingang aus jeder
freie Ausgang unabhängig vom Belegungszustand erreichbar ist. Sie hat den Nachteil, sehr
aufwendig zu sein, da die Zahl der Koppelpunkte ($Z = M \times N$) quadratisch mit der Zahl der
Teilnehmer wächst (wenn M wächst, muß — wenn die Verkehrswerte unverändert bleiben
— N entsprechend mitwachsen).   Die Zahl der Koppelpunkte pro Teilnehmer wächst mit
der Anzahl der Teilnehmer und kann sehr groß werden. Bei einem Verkehrswert von 0,1 Erl
pro Teilnehmer und $M = 10.000$ muß $N = 1000$ sein, d.h., die Zahl der Koppelpunkte pro
Teilnehmer ist in diesem Fall 1000.
Eine solche einstufige Anordnung ist deshalb für große Teilnehmerzahlen aus Aufwandsgründen nicht geeignet.   Die Lösung besteht darin, statt eines großen Koppelfeldes mehrere
kleine Koppelfelder vorzusehen. Damit nach wie vor jeder Teilnehmer an einer der kleinen
Koppelstufen jeden Ausgang erreichen kann, muß nun, wie in Abb. 81a dargestellt, eine
zweite Koppelstufe nachgeschaltet werden.   Die Stufen einer Koppelanordnung werden der
Reihe nach mit A, B, C,... bezeichnet.

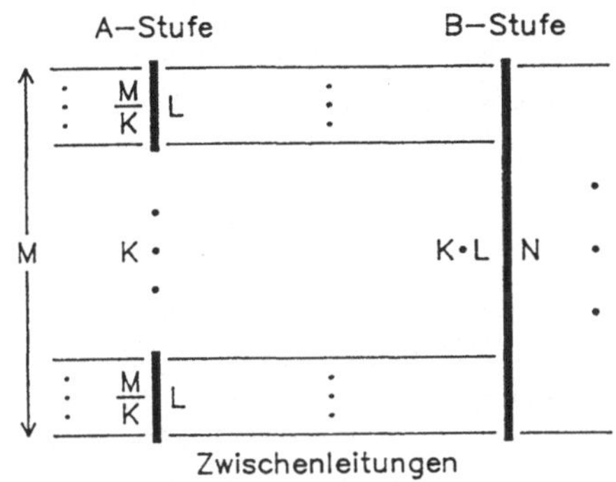

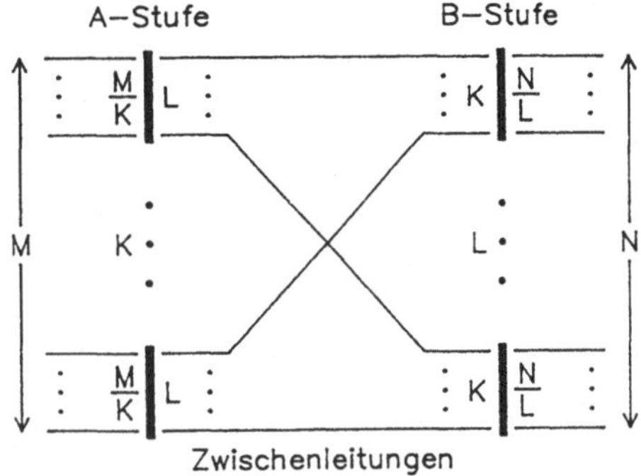

a) Einfache Anordnung mit einem
   Koppelfeld in der B–Stufe

b) Verbesserte Anordnung mit mehreren
   Koppelfeldern in der B–Stufe

Abb. 81.   Zweistufige Koppelanordnungen

Die Verbindungen zwischen den Koppelfeldern der verschiedenen Stufen heißen Zwischenleitungen *(links)*. Bei der Anordnung in Abb. 81a beträgt die Zahl der Koppelpunkte

$$Z = K \times \frac{M}{K} \times L + K \times L \times N.$$

Mit den Zahlen des Beispiels von vorhin ($M = 10.000$, $N = 1000$) und $K = 100$ und $L = 10$ ergibt sich daraus

$$Z = 10.000 \times 10 \ (\text{A-Stufe}) + 100 \times 10 \times 1000 \ (\text{B-Stufe})$$
$$= 1.100.000$$

und die Zahl der Koppelpunkte pro Teilnehmer *(Z/M)* ist 110.

Diese Anordnung ist intern blockierungsfrei. Wegen der Auslegung für einen Verkehrswert von 0,1 *Erl* ($M/K = 10 \times L$) kann es (ebenso wie bei einstufiger Anordnung) in der Eingangsstufe zu einer Blockierung kommen.

Das Beispiel zeigt, daß nun die B-Stufe mit Abstand die meisten Koppelpunkte aufweist, und es liegt nahe, auch die B-Stufe in mehrere kleinere Koppelfelder aufzubrechen wie in Abb. 81b gezeigt.

Bei dieser Anordnung beträgt die Zahl der Koppelpunkte

$$Z = K \times \frac{M}{K} \times L + K \times \frac{N}{L} \times L = M \times L + K \times N.$$

Mit den Zahlen des Beispiels ist demnach die Zahl der Koppelpunkte 200.000 und die Zahl der Koppelpunkte pro Teilnehmer 20.

Die Zwischenleitungen wurden systematisch so gewählt, daß zwischen jedem Koppelfeld der A-Stufe und jedem Koppelfeld der B-Stufe genau eine Zwischenleitung existiert.

Bei dieser Anordnung besteht volle Erreichbarkeit jedes Ausgangs von jedem Eingang aus, jedoch nur bei unbelastetem System. Wenn zwischen einem Paar von Koppelfeldern der A- und B-Stufe bereits eine Verbindung besteht, dann sind — da zwischen jedem Paar nur eine Zwischenleitung existiert - alle weiteren Ausgänge dieses Koppelfeldes der B-Stufe für alle weiteren Eingänge des Koppelfeldes der A-Stufe nicht mehr erreichbar; die Anordnung ist also nicht blockierungsfrei.

Durch die Einführung weiterer Koppelstufen kann die Zahl der Koppelpunkte pro Teilnehmer u.U. noch weiter verringert werden; allerdings steigt die Zahl der Zwischenleitungen, so daß in Abhängigkeit von Teilnehmerzahl und Verkehrswert ein Kostenoptimum gesucht werden muß.

Die Wegsuche, d.h. die Auswahl eines Pfades durch die Koppelanordnung, ist eine wichtige Aufgabe der Steuerung. Bei den bisher gezeigten Anordnungen existierte zwischen jedem Ein- und Ausgang genau ein Pfad; bei mehrstufigen Anordnungen können aber mehrere Pfade existieren, und es ist die Aufgabe der Steuerung, einen zu suchen und durchzuschalten. Im übrigen besteht die Notwendigkeit, Verbindungen zwischen fest bestimmten Ein- und Ausgängen zu schalten, nur bei ankommenden Rufen, wenn ein auf einer bestimmten Leitung eines Leitungsbündels ankommender Ruf zu einem bestimmten Teilnehmer vermittelt werden muß. Bei abgehenden Rufen genügt es, den Teilnehmer auf irgendeine freie Leitung eines bestimmten abgehenden Leitungsbündels zu schalten; dadurch wächst die Zahl der möglichen Pfade, und die Wahrscheinlichkeit einer Blockierung nimmt ab.

Auch mehrstufige Koppelanordnungen können blockierungsfrei ausgelegt werden. Für quadratische Koppelanordnungen ($M = N$) hat C. Clos [23] ein Schema mit nicht blockierender, regulärer Zwischenleitungsanordnung angegeben. In Abb. 82 ist eine dreistufige Clossche Anordnung dargestellt.

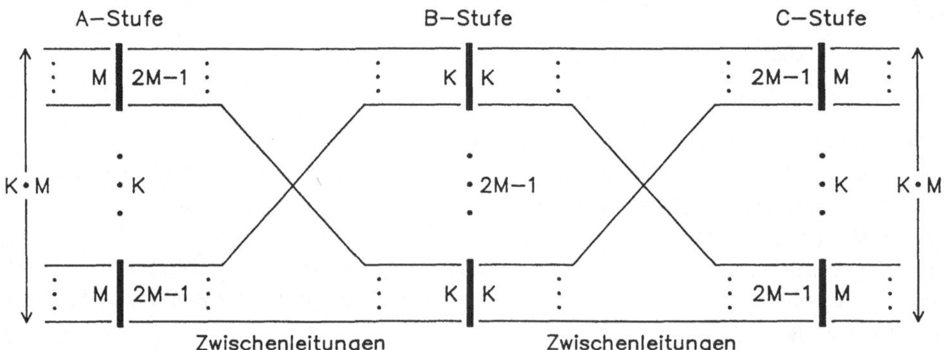

Abb. 82.   Dreistufige Clossche Koppelanordnung

Der Kern der Vorgehensweise besteht darin, auf der Zwischenstufe (B-Stufe) mit $2M - 1$ quadratischen Koppelfeldern zu arbeiten.

Am Beispiel $M = 3$ (vgl. Abb. 83) wird erläutert, daß die Anordnung dadurch blockierungsfrei ist. In diesem Beispiel besteht die B-Stufe aus $2M - 1 = 5$ quadratischen Koppelfeldern. Der ungünstigste Fall der Zwischenleitungsvergabe tritt ein, wenn von je einem Koppelfeld der A- und C-Stufe schon 2 (allgemein $M - 1$) Ein- bzw. Ausgänge belegt sind, und zwar nicht durch Verbindungen miteinander, so daß bereits 4 (allgemein $2M - 2$) Koppelfelder der B-Stufe für Verbindungen zwischen diesen Koppelfeldern blockiert sind. Da die B-Stufe aber aus 5 (allgemein $2M - 1$) Koppelfeldern besteht, ist immer noch ein Koppelfeld der B-Stufe vorhanden, um den letzten der 3 (M) Ein- bzw. Ausgänge der betreffenden Koppelfelder der A- bzw. C-Stufe miteinander verbinden zu können.

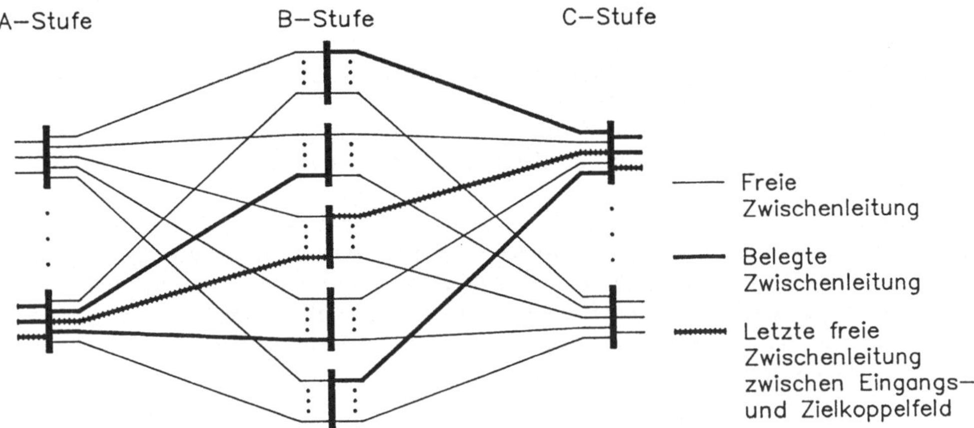

Abb. 83. Beispiel für eine dreistufige Clossche Zwischenleitungsanordnung

Das Clossche Prinzip der Zwischenleitungsanordnung ist auch auf Anordnungen mit mehr als drei Stufen übertragbar, indem die B-Stufe wiederum durch eine dreistufige Clossche Anordnung ersetzt wird. Clos hat auch die Formeln für die Berechnung der Anzahl der Koppelpunkte angegeben.

Anzahl Ein-/Ausgänge	Anzahl Koppelpunkte		
	$S = 1$	$S = 3$	$S = 5$
20	400	477	612
27	729	761	945
64	4.096	2.880	3.248
100	10.000	5.700	6.091
200	40.000	16.371	16.016
500	250.000	65.582	56.685
1.000	1.000.000	186.737	146.300
5.000	25.000.000	2.106.320	1.298.858
10.000	100.000.000	5.970.000	3.308.488
Anzahl Koppelpunkte für S-stufige Clossche Koppelanordnungen			

Die Tabelle zeigt, daß bei kleinen Teilnehmerzahlen die mehrstufige Auslegung wenig bringt, bei großen Teilnehmerzahlen jedoch in erheblichem Umfang Koppelpunkte eingespart werden können; noch mehr Koppelpunkte lassen sich jedoch bei mehrstufigen Anordnungen einsparen, wenn eine geringe Blockierungswahrscheinlichkeit zugelassen wird.

Zeitmultiplex-Koppeleinrichtungen

Bisher wurden "klassische" Koppeleinrichtungen zwischen verschiedenen physikalischen Leitungen beschrieben, die auch als Raummultiplex (Raumvielfach) bezeichnet werden.
Bei volldigitalen Systemen spielen Zeitmultiplex (Zeitvielfach) und Kombinationsvielfach eine sehr wichtige Rolle. Diese sind den herkömmlichen Raummultiplex-Koppelanordnungen äquivalent.
Basis der digitalen Übertragungstechnik ist der 64-kbps-Sprachkanal. Dieser kommt dadurch zustande, daß das analoge Sprachsignal mit einer Abtastrate *(sample rate)* von 8 kHz (d.h. alle 125 μs) mit einer Auflösung von 8 Bits digitalisiert wird. Aufbauend auf diesem Basiskanal mit 64 kbps gibt es eine Hierarchie von Multiplex-Systemen, beginnend mit dem PCM30-System, bei dem dreißig 64-kbps-Nutzkanäle (+2 Hilfskanäle) im Zeitmultiplex über eine 2,048 Mbps-Leitung übertragen werden.

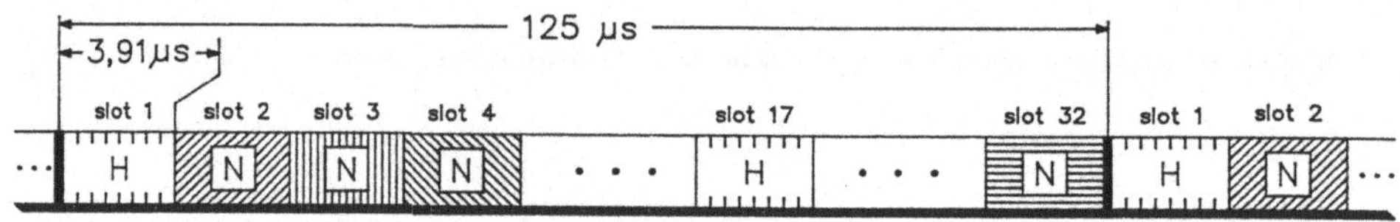

Abb. 84. Zeitrahmen beim PCM30-System

Dazu wird ein Zeitrahmen von 125 μs (jeder 64 kbps-Kanal liefert alle 125 μs ein 1 Byte langes Codewort) in 32 Zeitschlitze *(slots)* von 3,9 μs Dauer unterteilt, von denen jeder (außer den beiden Hilfskanälen) einem 64-kbps-Nutzkanal für die Dauer einer Verbindung fest zugeordnet wird. Die Position eines Zeitschlitzes im Zeitrahmen wird als Zeitlage bezeichnet; jeder 64-kbps-Nutzkanal hat somit nach dem Zeitschlitz, den er einnimmt, eine bestimmte Zeitlage.
Ziel einer PCM-Vermittlungsstelle ist es, solche als Zeitlagen auf einer Multiplex-Leitung befindlichen 64-kbps-Kanäle auf andere Multiplex-Verbindungen zu vermitteln, ohne — wie dies bei herkömmlichen Vermittlungseinrichtungen notwendig wäre — die Multiplex-Verbindung zunächst in Einzelleitungen aufzuspalten, um diese dann vermitteln zu können.

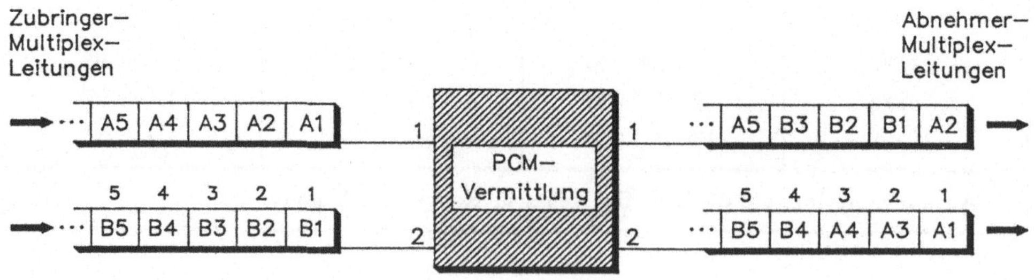

Abb. 85. Aufgabe einer PCM-Vermittlung

Wie in Abb. 85 gezeigt, werden die Kanäle (Zeitlagen) der Zubringer-Multiplexleitungen durch die PCM-Vermittlung zu den verschiedenen Abnehmer-Multiplexleitungen vermittelt, wobei sie·u.U. ihre Zeitlage ändern (d.h. ihre Position im Zeitrahmen der Abnehmerleitung ist eine andere als in der Zubringerleitung); dies geschieht notwendigerweise dann, wenn zwei Codeworte (Nutzinhalte von Zeitschlitzen), die in zwei verschiedenen Zubringerkanälen die gleiche Zeitlage haben, auf die gleiche Abnehmerleitung vermittelt werden müssen. Die Grundaufgaben einer PCM-Vermittlung sind somit wie in Abb. 86 schematisch dargestellt:

- **Zeitlagenvielfach,**
- **Raumlagenvielfach,**
- **Kombinationsvielfach.**

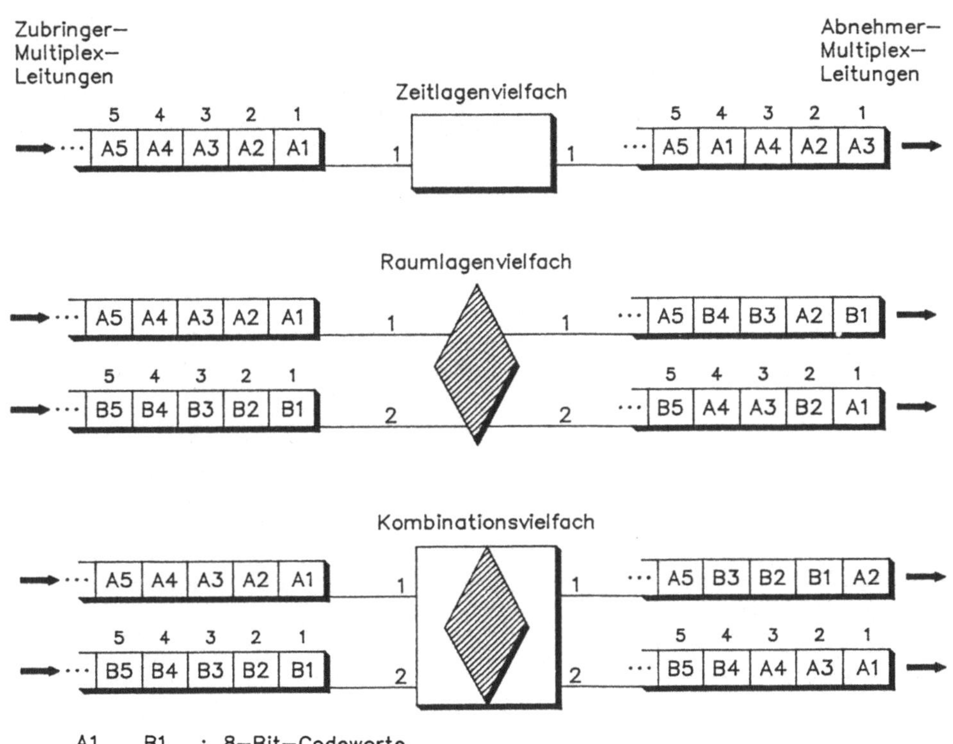

Abb. 86. Grundelemente digitaler PCM-Vermittlungen

Zeitlagenvielfach. Beim Zeitlagenvielfach werden die Zeitlagen der Codeworte zwischen der Zubringer-Multiplexleitung und der Abnehmer-Multiplexleitung verändert. Da es nur eine physikalische Zubringerleitung und eine physikalische Abnehmerleitung gibt, ist ein Kanal auf der Eingangsseite eindeutig durch die Zeitlage (Nummer des Zeitschlitzes) im Zeitrahmen der Zubringerleitung und auf der Ausgangsseite eindeutig durch die Zeitlage im Zeitrahmen der Abnehmerleitung bestimmt. Die Zuordnung ist fest und wiederholt sich bei jedem Zeitrahmen. Wenn ein Codewort ausgangsseitig einem Zeitschlitz niedriger Nummer zugeordnet ist als eingangsseitig, so kann es erst im nächstfolgenden Zeitrahmen übertragen werden. Ein Zeitlagenvielfach muß also die Codeworte zwischenspeichern, um eine Umordnung vornehmen zu können. Die Codeworte der Zubringer-Multiplexleitung werden sequenziell in den sogenannten Sprachspeicher eingespeichert. Die Ordnung der Zeitlagen für die Abnehmer-Multiplexleitung ist im Haltespeicher niedergelegt, d.h. die Werte dieses Speichers werden als Zeiger für den Sprachspeicher beim Auslesevorgang benutzt. Der Haltespeicher wird zyklisch durchlaufen und steuert den Auslesevorgang. Sprach- und Haltespeicher haben jeweils so viele Positionen wie ein Zeitrahmen Zeitschlitze hat.

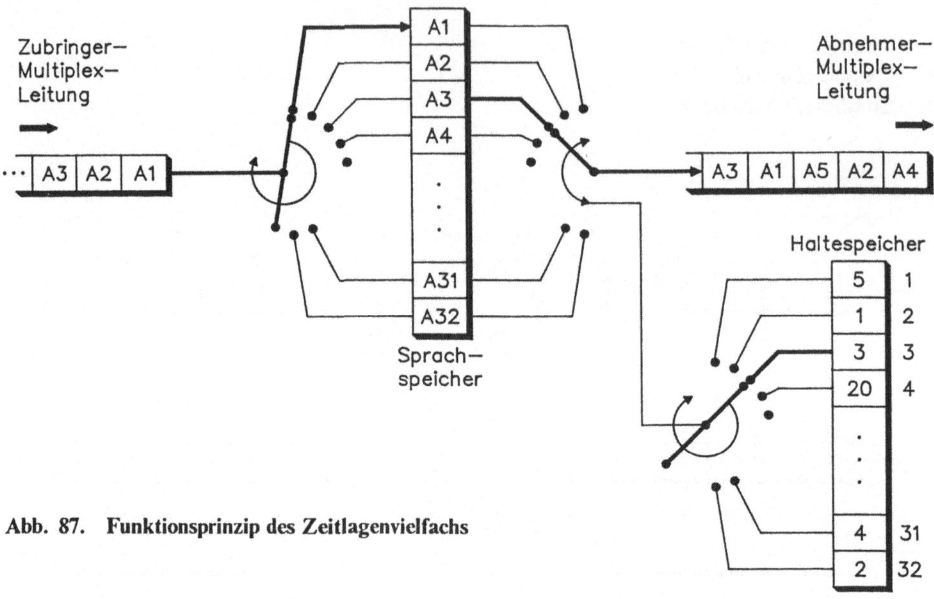

Abb. 87. Funktionsprinzip des Zeitlagenvielfachs

Raumlagenvielfach. Bei einem reinen Raumlagenvielfach ist kein Sprachspeicher erforderlich, da die Zeitlagen unverändert bleiben und nur im richtigen Moment (für die Dauer eines Zeitschlitzes) die richtigen Zubringer- und Abnehmer-Multiplexleitungen miteinander verbunden werden müssen.

Kombinationsvielfach. Die gewünschte Funktion einer PCM-Vermittlung ist die eines Kombinationsvielfachs; diese Funktion kann auch durch das Hintereinanderschalten einfacher Raum- und Zeitlagenvielfache erzielt werden. Die elegantere Methode ist aber die des Kombinationsvielfachs.

Im folgenden Beispiel wird für vier PCM30 Zubringer- und Abnehmer-Multiplexleitungen das Funktionsprinzip eines Kombinationsvielfachs beschrieben. Das Prinzip ist auch auf eine größere Zahl von Zubringer- und Abnehmerleitungen übertragbar, doch werden die Geschwindigkeitsanforderungen an die zentralen Elemente immer größer.

Sprach- und Haltespeicher haben nun statt der 32 Plätze für ein reines Zeitlagenvielfach zwischen zwei PCM30-Leitungen $4 \times 32 = 128$ Positionen. Auf der Eingangsseite ist dem Sprachspeicher für jede der ankommenden Multipexleitungen ein Zwischenspeicher in Form doppelter Schieberegister vorgeschaltet. Während auf der Eingangsseite der Schieberegister parallel je ein Codewort aus allen Zuleitungen übernommen wird, werden auf der Ausgangsseite alle vier Codeworte innerhalb eines Zeitschlitzes der PCM-Leitung (3,91 μs) in den Sprachspeicher eingeschrieben. Auf der Ausgangsseite erfolgt — gesteuert durch den Haltespeicher — der Auslesevorgang in analoger Weise.

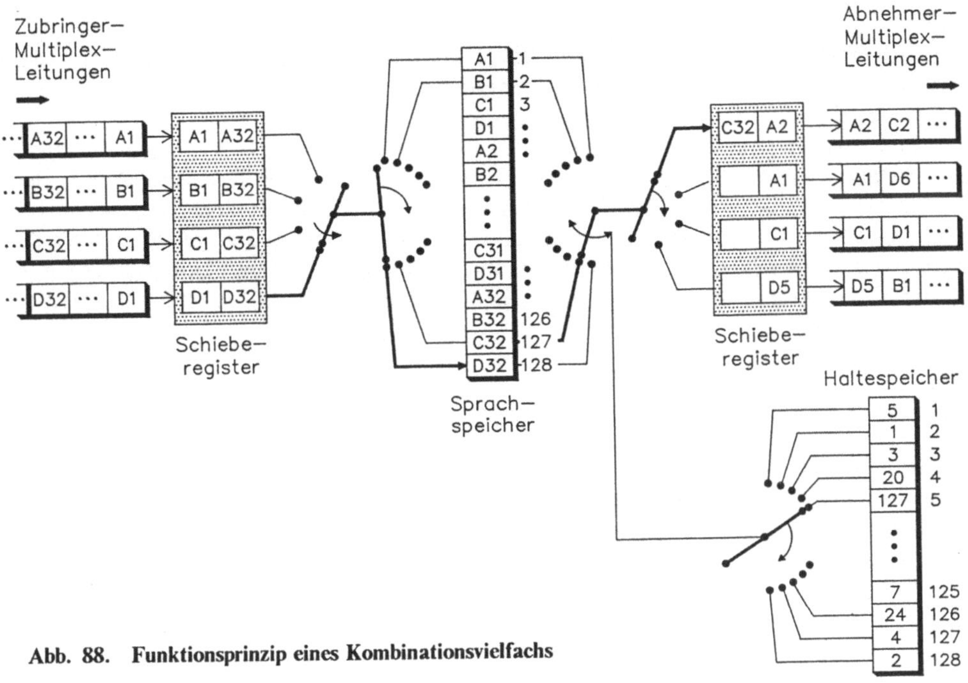

Abb. 88. Funktionsprinzip eines Kombinationsvielfachs

Auf der Basis der hier im Prinzip und teilweise auch nur beispielhaft beschriebenen Koppelelemente können in vielfältiger Weise Koppelanordnungen aufgebaut werden.

3.2.3 Anforderungen an Vermittlungseinrichtungen durch Datenverkehr

Nebenstellenanlagen sind bisher vorwiegend für die Belange der Sprachkommunikation ausgelegt worden. Digitale Anlagen, die in integrierter Weise auch Daten vermitteln können, müssen auch den andersartigen Anforderungen der Datenkommunikation genügen. Datenverkehr weicht in doppelter Hinsicht in seinen Eigenschaften systematisch vom Sprachverkehr ab:

• Bei Terminalanwendungen sind extrem lange Verbindungszeiten (Stunden) normal.

• Für den Nachrichtenaustausch zwischen Rechnern sind sehr kurze Verbindungsdauern (oft nur Bruchteile von Sekunden) typisch.

Durch sehr lange Verbindungszeiten wie bei Verbindungen zwischen Terminals und Rechnern werden Pfade in der Koppelanordnung dauerhaft belegt. Verkehrswerte von 0,05 — 0,1 *Erl* wie für einen Fernsprechanschluß reichen da bei weitem nicht aus; Basis für die Auslegung von Vermittlungseinrichtungen und Leitungsbündeln müssen Verkehrswerte von wenigstens 0,5 *Erl* sein.
Die kurzen Verbindungszeiten, die bei Rechner-Rechner-Verbindungen auftreten, erfordern hohe Vermittlungsleistung und kurze Verbindungsaufbauzeiten; es besteht die Gefahr, daß

das Verhältnis von Verbindungsaufbauzeit (d.h. Overhead) zur Nutzungszeit sehr ungünstig wird.

Für Datenverkehr ausgelegte NStAnl müssen sich also durch hohe Vermittlungsleistung auszeichnen und für hohe Verkehrswerte ausgelegt sein.

Ein weiterer Punkt ist die tolerierbare Verlustrate. Es wurde bereits gesagt, daß im Fernsprechbereich eine Verlustrate von bis zu 5% als tolerabel gilt, weil dies angesichts von 20-25% aufgrund der Situation beim gerufenen Teilnehmer ohnedies nicht erfolgreicher Anrufe kaum spürbar ist. In der Datenverarbeitung müssen die Verfügbarkeit von Rechnern und die Ausstattung mit Zugängen *(ports)* jedoch so sein, daß das Zurückweisen des Verbindungswunsches eines Terminals die seltene Ausnahme bleibt. Infolgedessen muß auch die Zurückweisung eines solchen Verbindungswunsches durch das Netz die absolute Ausnahme sein.

3.3 LAN versus PBX

Lokale Kommunikation kann sowohl auf der Basis von LANs wie auch auf der Basis von Nebenstellenanlagen betrieben werden. Die grundsätzlichen technischen Unterschiede — LANs arbeiten nach dem Prinzip der Paketvermittlung, PBX-Systeme nach dem Prinzip der Kanalvermittlung — führen zu charakteristischen Stärken und Schwächen der jeweiligen Kommunikationssysteme, die somit nicht in gleicher Weise für unterschiedliche Anwendungen geeignet sind. Dennoch ist unübersehbar, daß sich die Anwendungsbereiche teilweise auch überdecken.

Im folgenden wird eine vergleichende Gegenüberstellung der beiden Konzepte bezüglich der Kriterien

- **Kommunikationsverbindungen,**
- **Leistung, Durchsatz,**
- **Ausbaubarkeit,**
- **Infrastruktur,**
- **Integration,**
- **externe Kommunikation,**
- **Preis,**
- **Operation, Management**

vorgenommen.

- **Kommunnikationsverbindungen**

  LAN In einem LAN können über einen einzigen Netzzugang mehrere aktive Kommunikationsverbindungen betrieben werden. Dies ist ein gewichtiger konzeptioneller Vorteil.

  PBX Bei einer Nebenstellenanlage kann über einen Netzzugang nur eine einzige Kommunikationsverbindung betrieben werden. Eine Endstelle (z.B. ein Host), die gleichzeitig mehrere Kommunikationsverbindungen aktiv betreiben will, muß mit entsprechend vielen Netzzugängen ausgerüstet werden. Kostengünstige multiplexende Verbindungen zwischen Host und PBX wären grundsätzlich möglich, stehen aber nicht zur Verfügung.

- **Leistung, Durchsatz**

  LAN   In einem LAN kann die einem einzelnen Netzteilnehmer zur Verfügung ste-
          hende Leistung sehr hoch — nämlich die Gesamtkapazität des Netzes — sein.
          Wie groß sie im konkreten Fall für eine bestimmte Kommunikationsverbindung
          ist, ist nicht vorhersagbar, da sie von der Zahl der angeschlossenen Netzteil-
          nehmer und deren augenblicklicher Aktivität abhängt. Bei Überlastung kann der
          für eine einzelne Kommunikationsverbindung garantierbare Durchsatz sehr
          niedrig sein, und bei probabilistischen Verfahren können bezüglich Wartezeiten
          und Durchsatz überhaupt keine Garantien abgegeben werden.
          Fairerweise muß gesagt werden, daß LANs i.a. für eine geringe mittlere Bela-
          stung ausgelegt werden und in der Praxis auch tatsächlich gering belastet sind,
          so daß das Leistungsverhalten in der Mehrzahl der Fälle kein Problempunkt ist.
          Dies setzt allerdings eine sorgfältige Planung und Überwachung voraus, da be-
          reits wenige leistungsfähige Stationen das Leistungsverhalten eines LAN als
          Ganzes und damit für alle Teilnehmer spürbar beeinträchtigen können.

  PBX   Bei Nebenstellenanlagen hat jede Kommunikationsverbindung ihre vorgegebene
          Leistung, die auch bei totaler Netzauslastung erhalten bleibt, allerdings auch
          bei niedriger Gesamtbelastung nicht erhöht werden kann. Die Datenrate beträgt
          in Anlehnung an ISDN-Vorgaben 64 kbps und evtl. Vielfache davon.   Dies
          reicht für viele Kommunikationsanforderungen aus, nicht jedoch für an-
          spruchsvolle graphische Anwendungen und schnelle Rechner-Rechner-Verbin-
          dungen (und natürlich auch nicht für Bewegtbildkommunikation).
          Das Netzwerk als Ganzes kann bei korrekter Auslegung und blockierungsfrei
          arbeitender Vermittlung niemals überlastet werden. Dies bedeutet nicht, daß
          grundsätzlich jede gewünschte Kommunikationsverbindung zustandekommen
          muß, da ein einzelner Netzteilnehmer sehr wohl überlastet sein kann, wenn zu
          ihm mehr Kommunikationsverbindungen gewünscht werden als Zugriffspunkte
          zum Netz vorhanden sind.
          Die mögliche Gesamtdatenrate, die sich durch Summierung über alle gleichzeitig
          möglichen Verbindungen ergibt, ist bei großen Nebenstellenanlagen sehr hoch,
          in der Regel deutlich höher als bei LANs.

- **Ausbaubarkeit**

  LAN   Bei LANs ist die Zahl der anschließbaren Stationen vergleichsweise beschränkt.
          Zum einen handelt es sich dabei um technische Grenzen, die nicht ohne weiteres
          überschritten werden können (z.B. bei passiven Bus-Systemen); zum anderen ist
          bereits darauf hingewiesen worden, daß der Service für die einzelnen Teilneh-
          merstationen von der Anzahl der konkurrierenden Teilnehmer abhängig ist,
          woraus sich ebenfalls Beschränkungen ergeben. Solche Beschränkungen beste-
          hen für Teilnetze bzw. Netzsegmente. In der Regel besteht jedoch die Mög-
          lichkeit, mehrere Segmente zu größeren Netzen zusammenzuschalten. Dies ist
          dann sinnvoll und für die Performance des Gesamtnetzes unproblematisch,
          wenn die Laststruktur so beschaffen ist, daß ein großer Teil der Verkehrslast
          lokal, d.h. jeweils innerhalb eines Segments abgewickelt werden kann. Der zu-
          verlässige Betrieb sehr großer und komplexer LANs stellt hohe Anforderungen
          an das Management.

Bezüglich der geographischen Ausdehnung gibt es zwischen PBX-basierten Systemen und LANs keine wesentlichen Unterschiede, wenn auf der LAN-Seite Repeater und Brücken verfügbar sind; ansonsten sind LANs in Basisbandtechnik in diesem Punkt unterlegen.

PBX Bei Nebenstellenanlagen gibt es in weiten Grenzen keine grundsätzlichen Beschränkungen der Teilnehmerzahlen und auch die in der Praxis angebotenen Anlagen sind bis zu sehr großen Teilnehmerzahlen (etliche Tausend) ausbaubar. Bei öffentlichen Vermittlungssystemen, die prinzipiell in gleicher Weise funktionieren, sind noch weit größere Teilnehmerzahlen realisiert. Es ist durch die Praxis vielfach bewiesen, daß auch sehr große Systeme zuverlässig beherrscht werden können.

- **Infrastruktur**

LAN LANs benötigen in der Regel spezielle, vom LAN-Hersteller vorgeschriebene Kabel (derzeit meist Koaxialkabel). Daher sind vor der Einrichtung eines LAN meist Verkabelungsmaßnahmen erforderlich, deren Aufwand (und damit Kosten) stark von den örtlichen Gegebenheiten abhängt. In manchen Fällen wird die Verwendung existierender Fernsprechkabel angestrebt (z.B. Token-Ring, StarLAN). Dies führt jedoch zu Leistungsbeschränkungen und erfordert in vielen Fällen dennoch Nachinstallationen im Bereich der Kabelinfrastruktur, da pro Anschluß zwei Doppeladern benötigt werden, die zwar meist verlegt sind, wovon aber eine für das Telefon belegt ist.
Es zeichnet sich im LAN-Bereich aber eine gewisse Vereinheitlichung bezüglich der erforderlichen Kabelinfrastruktur ab: Es ist ein eindeutiger Trend zu verdrillten Kupferdoppeladern in Sternstruktur (wie z.B. beim IBM-Verkabelungssystem) feststellbar.

PBX Digitale Nebenstellenanlagen benutzen die (in der Regel bereits vorhandene) Fernsprechinfrastruktur; im ISDN-Kontext bedeutet dies, daß an jeder Stelle, an der ein Telefon anschließbar ist, zwei unabhängige 64-kbps-Sprach-/Datenkanäle und ein 16-kbps-Signalisierungskanal zur Verfügung stehen. Der Signalisierungskanal wird im Paketmodus betrieben und kann (neben Signalisierungsaufgaben) prinzipiell auch benutzerorientierte Paketdienste tragen.
Für die Datenkommunikation ist i.a. das Rechenzentrum der zentrale Punkt, wohingegen das bestehende Fernsprechnetz zur Telefonzentrale hin orientiert ist; aus diesem Grunde können — wenn Rechenzentrum und Telefonzentrale örtlich auseinander liegen — ergänzende Kabelinfrastrukturmaßnahmen in Form einer leistungsfähigen Verbindung dieser Orte erforderlich sein.
Aufgrund der weiten Verbreitung des Telefons ist bei Benutzung einer digitalen Nebenstellenanlage praktisch jeder Ort in einer Einrichtung mit minimalen Investitionen im Infrastrukturbereich auch für die Datenkommunikation erreichbar.

- **Integration Sprache/Daten**

LAN LANs sind für die Datenkommunikation entwickelt worden und dafür universell einsetzbar. Für Sprachübertragung sind sie nur sehr bedingt geeignet und eine Verbindung zum öffentlichen Fernsprechdienst wäre wegen der völlig anderen Technik nicht unproblematisch, ganz abgesehen von der Zulassungsproblematik.
Bei den neuen LANs auf Glasfaserbasis sind die technischen Voraussetzungen für die Sprachintegration besser; es fehlen bisher aber noch schlüssige Einsatzkonzepte.

PBX Digitale Nebenstellenanlagen bieten konzeptionell die volle Sprach-/Datenintegration. Es darf aber nicht übersehen werden, daß die Auslegung der derzeit verfügbaren Anlagen noch stark durch die Fernsprechseite geprägt ist. Es fehlt überdies an attraktiven multifunktionalen Endgeräten und an Rechnerschnittstellen, die für eine angemessene Einbindung von Nebenstellenanlagen in die DV-Welt erforderlich sind.

- **Externe Kommunikation**

LAN LANs sind universelle Medien für die lokale Datenkommunikation. In dieser Funktion müssen sie auch externe Dienste den einzelnen Teilnehmern verfügbar machen. Grundsätzlich können lokale Netze wie Weitverkehrsnetze (WANs = *Wide Area Networks)* auch über Gateways verbunden werden (LAN–LAN, LAN–WAN, LAN–WAN–LAN).
Seit der allgemeinen Verfügbarkeit der TCP/IP-Protokolle (Internet) ist die Verbindung von LANs, auch über große Entfernungen und unter Benutzung öffentlicher Netze kein Problem mehr und auch nicht mit prinzipiellen funktionalen Einbußen verbunden; das gleiche gilt bei der Verwendung von OSI-Produkten. Allerdings sind Verbindungen zwischen LANs über öffentliche Netze mit LAN-typischen Geschwindigkeiten derzeit aus Kostengründen i.a. nicht realisierbar.

PBX Digitale Nebenstellenanlagen sind nichts anderes als die Fortsetzung der durch den öffentlichen Bereich vorgegebenen Prinzipien in den privaten Bereich hinein. Somit besteht zwischen interner und externer Kommunikation kein grundsätzlicher Unterschied (nicht grundsätzliche Unterschiede liegen in der beschränkten Verfügbarkeit von Amtsleitungen und in den Kosten). Dies ist — neben der Verwendbarkeit der in den meisten Unternehmen gut ausgebauten Fernsprech-Infrastruktur — das wichtigste Argument für digitale Nebenstellenanlagen. Der damit verbundene und sehr erwünschte Standardisierungseffekt bedingt zwar den Verzicht auf speziell angepaßte technische Lösungen, hat aber zusätzlich zu den bereits genannten Vorteilen auch noch den, daß die erforderlichen Komponenten wegen der größeren Stückzahlen verhältnismäßig preiswert, von verschiedenen Herstellern und in guter Qualität (Postnormen!) angeboten werden.

- **Preis**

LAN Die Kosten für LAN-Anschlußeinheiten sind inzwischen sehr niedrig und in vielen Fällen bereits im normalen Lieferumfang von Rechnern und Arbeitsstationen enthalten, also nicht mehr explizit nachweisbar. Diese sehr günstige Entwicklung auf der Anschlußseite darf aber nicht darüber hinwegtäuschen, daß die Anschlußeinheiten nur einen Teil der Kosten eines LAN ausmachen und die Gesamtkosten (Infrastruktur, Repeater, Brücken) immer noch bedeutend sein können; insbesondere wird immer deutlicher, daß der Planungs-, Betreuungs- und Wartungsaufwand für ein großes LAN beträchtlich ist.
Ein Vorteil beim Einsatz von LANs besteht darin, daß man i.a. ohne gravierende Kostennachteile mit einer kleinen Konfiguration starten und diese im Laufe der Zeit bedarfsgerecht ausbauen kann.

PBX Bei Nebenstellenanlagen ist wegen der aufwendigen zentralen Komponente der Einstiegspreis verhältismäßig hoch. Bei größer ausgebauten Systemen dürften die Gesamtkosten — wie Vergleiche mit bereits seit längerem im Einsatz befindlichen Datenvermittlern zeigen — eher niedriger als bei LANs sein. Zu berücksichtigen ist, daß bei digitalen Nebenstellenanlagen durch das gleiche technische System auch die Sprachkommunikation mit abgedeckt wird.
Bei ISDN-Nebenstellenanlagen und bei ISDN-Anschlußeinheiten für Rechner liegen die Preise allerdings verhältnismäßig hoch, möglicherweise eine Folge der hohen Vorleistungen der Firmen für die ISDN-Entwicklung und der immer noch vergleichsweise bescheidenen Stückzahlen.

- **Operation/Managment**

LAN LANs arbeiten mit verteilter Steuerung, d.h., es gibt keine (aktive) zentrale Komponente, deren Ausfall unvermeidlich zum Ausfall des gesamten Netzes führt. Dies ist ohne Zweifel ein prinzipieller Vorteil. Dennoch kann selbst ein LAN mit passiver Ankopplung der Teilnehmerstationen als Ganzes durch eine defekte Komponente lahmgelegt werden, wenn die defekte Komponente nicht einfach nichts tut, sondern — ohne sich an die Spielregeln zu halten — irgendwelche Dauersignale überträgt, ein Fall, der in der Praxis gar nicht so selten vorkommt.
Unbestreitbar gibt es in einem Netz aber auch zentrale Aufgaben; dazu zählen die Gesamtverantwortung, Festlegung von Netzwerkparametern und -konventionen, Statistik und Abrechnung, Benutzerbetreuung und Fehlermanagement. Zur Wahrung der übergeordneten Interessen gibt es die Position des Netzwerk-Managers und ein *Network Managment Center*, ein in das Netzwerk integrierter Rechner, zur praktischen Durchführung der vorgenannten Anliegen. Eine zentrale, den Komfort und die Nutzbarkeit steigernde Funktion ist auch der *Name Service* (Umsetzung von logischen Namen auf Netzwerkadressen).
Es wird immer betont (und dies trifft auch zu), daß ein LAN bei Ausfall dieser zentralen Komponenten grundsätzlich lauffähig bleibt; es ist aber wahrscheinlich, daß ein Ausfall der dadurch wahrgenommenen Funktionen doch zu einem weitgehenden Nutzungsstillstand des Netzes führen wird. Nach übereinstimmenden Aussagen von LAN-Betreibern funktionieren LANs nach anfänglichen Schwierigkeiten i.a. problemlos. Wenn jedoch Fehler auftreten, ist es sehr schwierig, diese zu lokalisieren, wenn nicht entsprechende Diagnosewerkzeuge

verfügbar sind; für die gängigsten LANs (Ethernet und Token-Ring) sind solche Hilfsmittel preisgünstig verfügbar.

PBX Nebenstellenanlagen sind sternförmig strukturiert, also auf eine Zentrale hin orientiert. Sie besitzen in dem zentralen Element — der eigentlichen Vermittlungsstelle — eine kritische Komponente. Hier sind besondere Sorgfalt und besonderer Aufwand (z.B. Mehrfachauslegung) erforderlich, um Nachteile zu verhindern, was mit zu dem bereits vorher erwähnten hohen Einstiegspreis für solche Systeme beiträgt. Die potentielle Schwachstelle ist jedoch bekannt und nur einmal im System vorhanden, so daß auch der zusätzliche Aufwand nur einmal zu treiben ist. Wenn jedoch die notwendigen Vorkehrungen getroffen werden — das zeigt die Praxis im öffentlichen wie im privaten Bereich - arbeiten solche Anlagen außerordentlich zuverlässig. Sie haben dann unter Organisations- und Managementgesichtspunkten Vorteile und auch Fehlerdiagnose und Fehlerbeseitigung sind einfacher. Die Sternstruktur erleichtert das Lokalisieren und Isolieren fehlerhafter Komponenten, und die Zentrale stellt wirksame Diagnosehilfen zur Verfügung.
Trotz des im Prinzip vorhandenen Sicherheitsproblems bei einer zentralen Struktur haben Nebenstellenanlagen in dem Bereich, der im weitesten Sinne mit Organisation und Management umschrieben werden kann, insgesamt Vorteile gegenüber den LANs. Solange die eingesetzten Netze Prototyp-Charakter hatten und durchweg klein und überschaubar waren, hat man den damit zusammenhängenden Fragen nur wenig Bedeutung beigemessen, was zu einem deutlichen Defizit an generellen Lösungen geführt hat. Es zeigt sich heute aber, daß Management- und Organisationsaspekte im praktischen Betrieb von Netzwerken von außerordentlicher Bedeutung sind; es sind deshalb in jüngster Zeit Projekte mit dieser Themenstellung gestartet worden bzw. in der Diskussion; auch die Standardisierungsgremien (z.B. ISO) beschäftigen sich intensiv mit diesem Thema.

Die vorangehende Gegenüberstellung zeigt, daß unter manchen Gesichtspunkten digitale Nebenstellenanlagen Vorteile gegenüber LANs haben. Der eigentliche Schwachpunkt besteht darin, daß die konzeptionell angestrebte und auch mögliche Integration von Sprach- und Datenkommunikation in der Praxis nicht verwirklicht worden ist, weil die dazu notwendige gleichrangige Unterstützung der Datenkommunkation bislang unterblieben ist. Infolgedessen stellten und stellen digitale Nebenstellenanlagen für die lokale Datenkommunikation in den meisten Fällen gar keine realistische Alternative dar, wie durch die massive Verbreitung der LANs nachdrücklich unterstrichen wird. Diese Entwicklung ist nun auch nicht mehr rückgängig zu machen, weil mit Verfügbarkeit LAN-typischer hoher Übertragungsgeschwindigkeiten für jeden Teilnehmer auch solche Anwendungen gefördert worden sind, die hohe Übertragungsgeschwindigkeiten benötigen (graphische Bedienoberflächen, *Diskless Workstations*, generell Netzdienste, die den schnellen Austausch großer Datenmengen bedingen).
Erst Nebenstellenanlagen der 4. Generation (Breitband-ISDN) oder die zukünftigen universellen LANs und MANs auf Glasfaserbasis werden potentiell in der Lage sein, alle Kommunikationsanforderungen abdecken zu können. Erst nach deren Verfügbarkeit wird sich die Frage nach den Versorgungskonzepten für (lokale) Kommunikationsdienstleistungen erneut stellen.

4.0 Weitverkehrsnetze

Als — etwa Anfang der siebziger Jahre — die Datenverarbeitung begann, ihren elitären Status zu verlieren, und durch interaktive Techniken einer Vielzahl von Benutzern der Zugriff zu Datenverarbeitungsanlagen ermöglicht wurde, entstand allgemein ein erhöhter Kommunikationsbedarf. Bis zu diesem Zeitpunkt wurden — wenn überhaupt — im Einzelfall und für bestimmte, beschränkte Anwendungen i.a. auf der Basis zweiseitiger Absprachen spezielle Lösungen geschaffen. Der verstärkte Kommunikationsbedarf erforderte einen generellen Ansatz für die Organisation der Kommunikation.

Ein frühes Netz für Datenkommunikation war das ARPANET, eine Entwicklung, die vom amerikanischen Verteidigungsministerium gefördert und koordiniert wurde (ARPA = *Advanced Research Projects Agency*, heute DARPA = *Defense Advanced Research Projects Agency)*.

Sowohl bei der Entwicklung und Verbreitung der sogenannten ARPA-Protokolle (TCP/IP-Protokollfamilie) wie auch bei der Weiterentwicklung und Verbreitung des Betriebssystems UNIX (Entwicklung der Bell Laboratories) hat die UCB *(University of California at Berkeley)* eine wichtige Rolle gespielt, wodurch die beiden Entwicklungen in einen Zusammenhang gebracht worden sind. Aus Gründen, die hier nicht weiter erörtert werden sollen, ist die Verbreitung beider Produkte bis Mitte der achtziger Jahre weitgehend auf den Forschungsbereich beschränkt geblieben. Die Ansiedlung im Forschungsbereich hat bewirkt, daß im Zuge der Entwicklung und Fortentwicklung sehr viele Konzepte und Ideen erprobt und die Resultate veröffentlicht worden sind, so daß dadurch das Wissen über Computernetzwerke in beachtlichem Umfang gefördert worden ist.

In jüngster Zeit (etwa seit 1987) haben die TCP/IP-Protokolle (wieder parallel mit dem Betriebssytem UNIX) eine außerordentliche Bedeutung und Verbreitung erlangt, quasi als 'Vorläuferstandard' bis OSI-Lösungen in ausgereiften Produkten allgemein verfügbar sein werden.

Wenn auch die ARPA-Protokolle bis vor kurzem auf den Forschungsbereich beschränkt geblieben sind, so haben doch die Erkenntnisse, die in diesem Umfeld gewonnen wurden, in erheblichem Umfang Eingang in die firmenspezifischen Netzarchitekturen (und auch in die OSI-Standards) gefunden.

Für die Firmen ergab sich die Notwendigkeit, ihre Datenverarbeitungsprodukte kommunikationsfähig zu machen, so daß zumindest zwischen den eigenen Produkten und Produktlinien eine problemlose Kommunikation nach einheitlichen Grundsätzen möglich wurde. Dazu war die Entwicklung einer Architektur notwendig, um eine einheitliche und verbindliche Grundlage für die Entwicklung einzelner Produkte zu haben.

Die frühen Versionen der Herstellernetze besaßen nur eine bescheidene Funktionalität und Produktbasis. Sie wurden aber Zug um Zug weiterentwickelt und besitzen heute alles, was zum Aufbau und Betrieb auch sehr großer Datennetze mit hoher Funktionalität erforderlich ist.

Die Fortentwicklung der Architekturen und der darauf basierenden Produkte (d.h. die induktive Vorgehensweise) hat Vorteile und Nachteile:

- Vorteilhaft an dieser Vorgehensweise ist, daß sich die Entwicklung an konkreten (und sich ebenfalls entwickelnden) Anforderungen der Benutzer und praktischen Notwendigkeiten orientiert, was z.B. zur frühzeitigen Berücksichtigung von Betriebsaspekten sowie Aspekten der Implementierbarkeit und Performance geführt hat.

- Nachteilig sind oftmals umständliche und in sich nicht schlüssige konzeptionelle Lösungen, die aus dem Zwang zur Kompatibilität mit älteren Lösungen resultieren; diese erschweren auch eine knappe und verständliche Darstellung der Architekturen.
Der Zwang zur Kompatibilität besteht auf zwei Ebenen:

1. Die Anwendungsschnittstelle muß unverändert bleiben, und funktional muß jede neue Version eine Obermenge der vorherigen Version sein, so daß existierende Anwendungen weiter betrieben werden können. Dadurch werden Investitionen der Benutzer in verteilte Anwendungen geschützt.

2. Alte und neue Versionen, d.h. Netzwerkprodukte, die einen unterschiedlichen Stand der Architektur repräsentieren, müssen problemlos zusammenarbeiten können. Dies ist unerläßlich, weil in einem großen Netzwerk niemals alle Komponenten auf dem gleichen Entwicklungsstand gehalten oder immer wieder gleichzeitig auf einen neuen Stand gebracht werden können.

Konzepte, die für Weitverkehrsnetze *(Wide Area Networks*, WANs) entwickelt worden sind, können auch im lokalen Bereich zum Einsatz kommen (die Umkehrung gilt nicht). Tatsächlich werden die Netzwerkprodukte der Hersteller häufig auch im lokalen Bereich eingesetzt.

Eine wesentliche Randbedingung für Weitverkehrsnetze besteht darin, daß bei grundstücksüberschreitender Kommunikation die Übertragungseinrichtungen der öffentlichen Netzanbieter benutzt werden müssen. Technische Vorgaben, Leistungsgrenzen öffentlicher Übertragungstechnik sowie die Gebührenpolitik öffentlicher Anbieter haben damit einen erheblichen Einfluß auf die Gestaltung von Weitverkehrsnetzen. Was das Transportnetz betrifft, d.h. den Teil eines Netzes, der für den Transport der Daten vom Quellknoten zum Zielknoten verantwortlich ist, haben sich seit den Anfängen grundsätzliche Veränderungen vollzogen. Anfangs gab es keine für eine allgemeine Datenkommunikation geeigneten Netzdienste der öffentlichen Anbieter. Private Netze mußten deshalb auf der Basis von vom Netzanbieter überlassenen, fest geschalteten Leitungen (Standleitungen) aufgebaut werden. Da für solche Leitungen Protokollfreiheit besteht, mußten die Funktionen der OSI-Schichten 1–3 Bestandteil der Herstellerarchitekturen sein und spielten dort eine wichtige Rolle. Später kamen – insbesondere für die Überbrückung großer Entfernungen – Satellitenverbindungen hinzu, die logisch zwar wie Standleitungen behandelt werden können, technisch aber wegen der langen Signallaufzeiten eine besondere Behandlung erfordern. Konzeptionell wichtiger ist aber, daß inzwischen weltweit öffentliche paketvermittelnde (X.25) Datennetze zur Verfügung stehen, die bei nicht zu hohem Verkehrsaufkommen zwischen einem Paar von Knoten erhebliche Gebühreneinsparungen ermöglichen und deshalb in solchen Fällen sinnvollerweise verwendet werden. Bei diesen sind aber die Protokollschichten 1–3 (X.25) durch die Netzanbieter vorgegeben. Die fortschreitende Fähigkeit, über öffentliche X.25-Netze kommunizieren zu können, bewirkt zunehmend die Verwendung der X.25-Protokolle auch auf Standleitungen. Dies eröffnet die Möglichkeit, auf einer einheitlichen Protokollbasis bedarfsgerecht entweder Standleitungen oder die Dienste öffentlicher Paketnetze zu nutzen und bietet zudem die Möglichkeit einer Ersatzschaltung über das öffentliche X.25-Netz, wenn eine Verbindung über eine Standleitung ausfällt.
Da im lokalen Bereich zunehmend LANs für die Abdeckung der lokalen Kommunikationsbelange eingesetzt werden, können Weitverkehrsnetze als Verbindungen zwischen LANs

angesehen werden. Daraus ergibt sich als Anforderung an die Netzwerkarchitekturen, auch Verbindungen über LANs zu unterstützen, damit Kommunikationsvorgänge – über welche Entfernungen auch immer – in gleicher Weise und mit gleicher Funktionalität abgewickelt werden können. Es wurde bereits gesagt, daß die Konzepte der Weitverkehrsnetze auch lokal verwendet werden können; es muß aber angestrebt werden, daß die Kommunikationsdienste auf einer für diesen Bereich (und allgemeiner für jeden Bereich) optimalen Netzinfrastruktur angeboten werden. Da aus Kompatibilitätsgründen die alten firmenspezifischen Protokolle der unteren Schichten auch weiterhin unterstützt werden müssen, werden die Anwendungsdienste inzwischen auf der Basis mehrerer unterschiedlicher Netze bzw. Netzdienste bereitgestellt. Weil auch im LAN-Bereich Standardprotokolle zunehmend die firmenspezifischen Lösungen verdrängen und die öffentlichen Netzdienste ohnedies auf internationalen Standards basieren, ist damit – abgesehen von einem in seiner Bedeutung abnehmenden historischen Ballast – ganz allgemein von unten her (im Sinne des OSI-Schichtenmodells) eine Anpassung an die internationalen Standards im Gange.

Die weltweit wichtigsten Herstellerarchitekturen sind SNA *(Systems Network Architecture)* der Fa. IBM und DNA *(Digital Network Architecture)* der Fa. Digital Equipment Corp. (DEC). Insbesondere SNA hat eine sehr große Bedeutung erlangt, nicht nur als Architektur des mit Abstand größten Computerherstellers, sondern darüberhinausgehend als Industriestandard, der von vielen anderen Herstellern zumindest insofern unterstützt wird, als sie einen Übergang von der eigenen Architektur zu SNA bereitstellen (dies tut auch DEC im Rahmen von DNA). Die allgemeine Hinwendung zu internationalen Standards wird auf die Herstellerarchitekturen nicht ohne Wirkung bleiben. Die oben erwähnte Unterstützung von Standards auf den unteren Ebenen unterstreicht dies, obgleich in diesem Falle die Verwendung von Standards nicht das primäre Ziel, sondern die Folge der Bestrebungen ist, öffentliche Netzdienste und LANs integrieren zu können. Darüberhinaus haben inzwischen alle bedeutenden Hersteller ein mehr oder minder weitgehendes Bekenntnis zu den OSI-Standards abgegeben. Bei einigen Firmen, wie z.B. Siemens und nach einer anfänglich etwas reservierteren Haltung inzwischen auch DEC, ist das langfristige Ziel die vollständige Ersetzung der firmenspezifischen Lösungen durch internationale Standards. Um einen weichen Übergang zu gewährleisten, müssen die Architekturen in Richtung auf die Standards weiterentwickelt und für eine längere Übergangszeit beide Lösungen alternativ oder gemeinsam angeboten werden.
Weniger weitgehend sind die Zusagen der IBM bezüglich der Standards. Zwar hat auch IBM sich verpflichtet, die OSI-Standards zu unterstützen, sobald und soweit sie vorliegen, und hat dies auch durch ihr Produkt OSI/*Communication Subsystem* in die Tat umgesetzt. Das Ziel ist jedoch auch langfristig nicht die Ablösung des Firmenstandards, sondern die Koexistenz beider Architekturen mit Übergangsmöglichkeiten an definierten Stellen. Die Vorstellung ist, daß es auch langfristig vorteilhafter und deshalb vorzuziehen sei, innerhalb der IBM-kompatiblen Welt (die ja nicht klein ist) SNA zu verwenden, wohingegen die Kommunikation mit der Außenwelt in einheitlicher Weise auf der Basis der OSI-Standards erfolgen solle. Ob IBM diese Position auf die Dauer wird durchhalten können, selbst wenn die OSI-Standards sich auf breiter Front durchsetzen sollten – worauf derzeit vieles hindeutet –, wird davon abhängen, ob der zeitliche Entwicklungsvorsprung, den SNA als firmenspezifische Architektur naturgemäß vor einer verallgemeinerten Lösung (international abgestimmte Standards) hat, auf die Dauer genügend groß bleibt, um die angestrebte Zweigleisigkeit zu rechtfertigen.

4.1 SNA (Systems Network Architecture)

Bei seiner Einführung 1974 war SNA nicht mehr als eine Methode, um Terminals in **einheitlicher** Weise an **einen** Rechner anzuschließen. Ganz allgemein stand in den ersten Jahren das Bestreben im Vordergrund, Terminals in flexibler Weise einen wahlfreien Zugriff auf Hosts zu ermöglichen. Inzwischen beschreibt die Architektur ein vollwertiges Computernetzwerk, das auch neueren Entwicklungen der verteilten Informationsverarbeitung (etwa der Integration von PCs) Rechnung trägt. Im folgenden wird der Versuch unternommen, eine kurze Beschreibung der wesentlichen Konzepte und der im SNA-Umfeld üblichen Bezeichnungen zu geben, was ein schwieriges Unterfangen ist. Danach wird auf die neueren Entwicklungen im Rahmen oder im Umfeld von SNA kurz eingegangen.

4.1.1 Beschreibung

SNA ist die Beschreibung der logischen Strukturen, Formate, Protokolle sowie der operationalen Sequenzen, die notwendig sind, um Informationen durch das Netz transportieren und die Konfiguration und Operation des Netzes als Ganzes steuern und überwachen zu können. Auch bei SNA ist der Kommunikationsvorgang in sieben Schichten unterteilt (Abb. 89), die aber ungeachtet der gleichen Anzahl von Schichten mit Ausnahmen der beiden untersten Schichten bezüglich der Zuordnung von Funktionen mit denen des ISO-Referenzmodells nicht gut übereinstimmen.

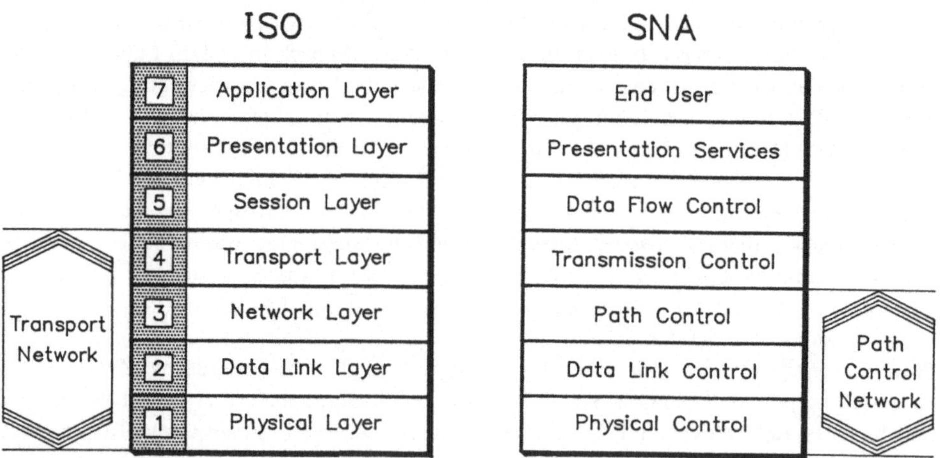

Abb. 89. Die Schichten bei SNA und ISO

Ein SNA-Netzwerk dient der Kommunikation zwischen Endbenutzern *(end users)*, die entweder Personen an einem Kommunikationsterminal *(terminal operators)* oder Anwendungsprogramme *(application programs)* in einem Rechner sein können. Die Endbenutzer sind selbst nicht Bestandteil eines SNA-Netzes; gegenüber dem Netz werden sie durch sogenannte LUs *(Logical Units)* repräsentiert. LUs sind also Netzkomponenten, über die Endbenutzer die Dienste eines SNA-Netzes in Anspruch nehmen können. Eine LU kann mehrere Endbenutzer bedienen. Realisiert wird ein Kommunikationsvorgang zwischen zwei Endbenutzern, indem die zugeordneten LUs eine Verbindung untereinander aufbauen

(LU-LU-*Session*). Dies geschieht i.a. auf Initiative einer der beiden beteiligten LUs, kann aber auch durch Dritte veranlaßt werden.

Eine LU kann mit genau einer anderen LU in Verbindung stehen *(single session)*, etwa wenn eine ein Terminal und die andere ein Anwendungsprogramm repräsentiert; sie kann aber auch gleichzeitig mehrere Verbindungen zu verschiedenen anderen LUs unterhalten *(multiple sessions)*, wenn etwa ein Anwendungsprogramm mit mehreren anderen Anwendungsprogrammen kommunizieren will. Ein Paar von LUs kann auch mehrere Verbindungen miteinander unterhalten *(parallel sessions)*, wenn mehrere Anwendungsprogramme der einen LU mit mehreren Anwendungsprogrammen der anderen LU kommunizieren (vgl. Abb. 90).

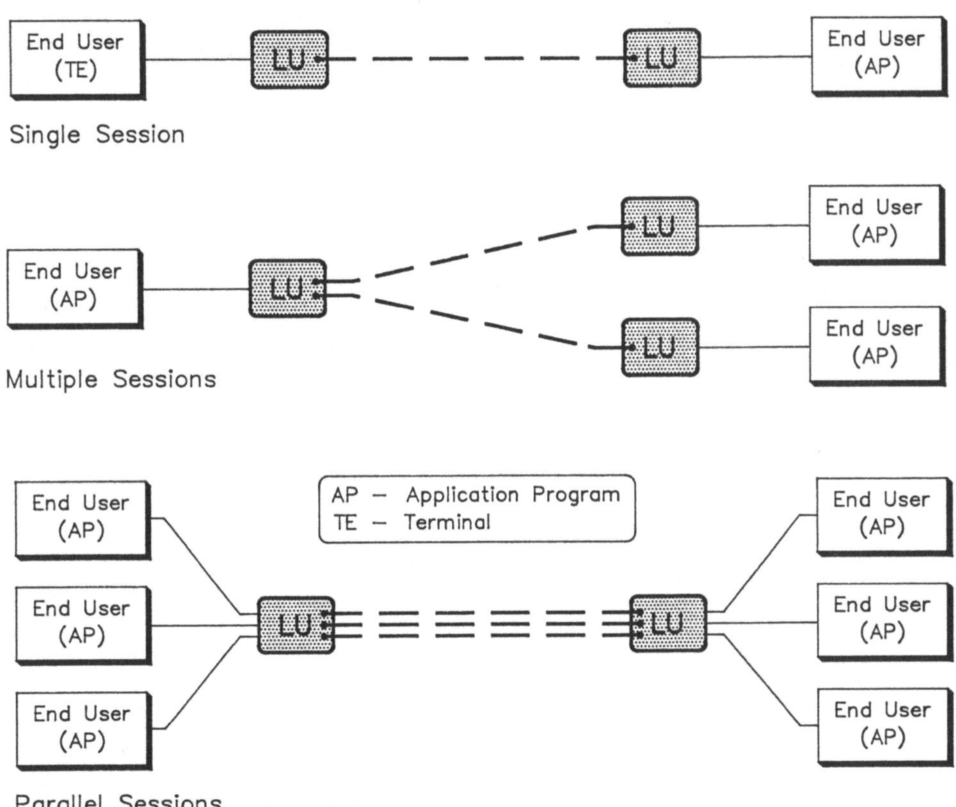

Abb. 90. LU-LU-Sessions

Bisher wurde in abstrakter Form der Kommunikationsvorgang aus der Sicht der Endbenutzer beschrieben. Im folgenden wird der prinzipielle Aufbau eines SNA-Netzes erläutert.

Ein SNA-Netz besteht aus dem eigentlichen Netz (hier als *Path Control Network* bezeichnet), das die übertragungstechnischen Einrichtungen und die Art ihrer Nutzung beschreibt, und sogenannten *Network Addressible Units* (NAUs), die aufgrund ihrer Netzwerkadressen über das Netz gezielt in Verbindung zueinander treten können.

Es gibt drei Typen von *Network Addressible Units*:

1. **LUs (Logical Units)**

   Die bereits erwähnten LUs repräsentieren Endbenutzer (Terminalbenutzer oder Anwendungsprogramme) gegenüber dem SNA-Netz. Ihre Funktionen werden durch Programme realisiert, die addressierbar sind.

   Endbenutzer bzw. Endgeräte und Anwendungsprogramme haben unterschiedliche Fähigkeiten und demzufolge unterschiedliche Anforderungen an das Netz. Dem wird durch unterschiedliche Typen von LU-*Sessions*, kurz LU-Typen, Rechnung getragen.

   LU 0:   Ist nicht durch SNA vorgegeben; wird für Anwendungen benutzt, die ihre eigenen Protokolle spezifizieren.

   LU 1,2,3,4: Diese LU-Typen definieren *Sessions* für verschiedene, nicht intelligente Endgeräte wie Bildschirmgeräte, Drucker, Tastaturen usw. (LU 2 z.B. unterstützt IBM 3270-Terminals).

   LU 6:   Spezifiziert den LU-Typ für Verbindungen zwischen Anwendungsprogrammen. Besonders die letzte Version, LU 6.2, ist für die weitere Entwicklung von SNA von außerordentlicher Bedeutung.

2. **PUs (Physical Units)**

   PUs bezeichnen nicht etwa die physikalischen Einheiten, sondern sie repräsentieren physikalische Einheiten − soweit sie relevant für die Kommunikation sind − gegenüber dem SNA-Netz (so, wie die LUs die Endbenutzer repräsentieren). Jedes Terminal, jede Steuereinheit und jeder Prozessor in einem Netz beherbergt (mindestens) eine PU. Über die PU werden Netzwerkressourcen (z.B. Übertragungsstrecken) gesteuert, die mit dem Gerät in Verbindung stehen.

   Entsprechend den Fähigkeiten der Geräte gibt es verschiedene PU-Typen:

   PU 1:   Repräsentiert Terminals.

   PU 2:   Repräsentiert *Cluster Controller* (Steuereinheiten, z.B.   Terminalsteuereinheiten).

   PU 4:   Repräsentiert *Communication Controller* (Kommunikationssteuereinheiten, z.B. IBM 3725).

   PU 5:   Repräsentiert Hosts (z.B. Rechner mit /370-Architektur).

   Diese PUs repräsentieren die klassische hierarchische Struktur eines SNA-Netzes, bestehend aus Hosts, Kommunikationssteuereinheiten, Terminalsteuereinheiten und Terminals. Neu hinzugekommen ist die

   PU 2.1:   Sie ermöglicht eine gleichberechtigte *(peer-to-peer)* Kommunikation. Wichtigster Vertreter ist der IBM PC, der als PU 2.1 über LU 6.2-*Sessions* mit anderen PCs, aber auch mit allen Hosts eines SNA-Netzes in Verbindung treten kann (für Programm-zu-Programm-Kommunikation).

3. **SSCPs (System Services Control Points)**

   SSCPs haben vollständige Kontrolle über einen Teil eines SNA-Netzes, der als *Domain* bezeichnet wird und dessen physikalische Einheiten durch PUs und dessen Endbenutzer durch LUs repräsentiert werden. SSCPs benutzen SSCP-PU-*Sessions*, um beispielsweise

Übertragungsstrecken ihrer *Domain* zu aktivieren bzw. zu deaktivieren. LUs benutzen SSCP-LU-*Sessions*, um *Sessions* zu anderen LUs anzufordern. Wenn ein Netzwerk aus mehreren *Domains* besteht, koordinieren die SSCPs ihre Aktivitäten durch SSCP-SSCP-*Sessions*.

SSCPs sind zentrale Steuerelemente eines SNA-Netzes; sie stehen an der Spitze einer *Domain*, die ein hierarchisch organisierter, baumstrukturierter Teil eines SNA-Netzes ist *(multiple-domain network)*, aber auch das gesamte Netzwerk sein kann *(single-domain network)*.

In einem nächsten Schritt der Konkretisierung besteht ein SNA-Netz nicht aus einem Transportnetz *(path control network)*, über das adressierbare Einheiten verbunden sind, sondern aus Knoten und Übertragungsstrecken.

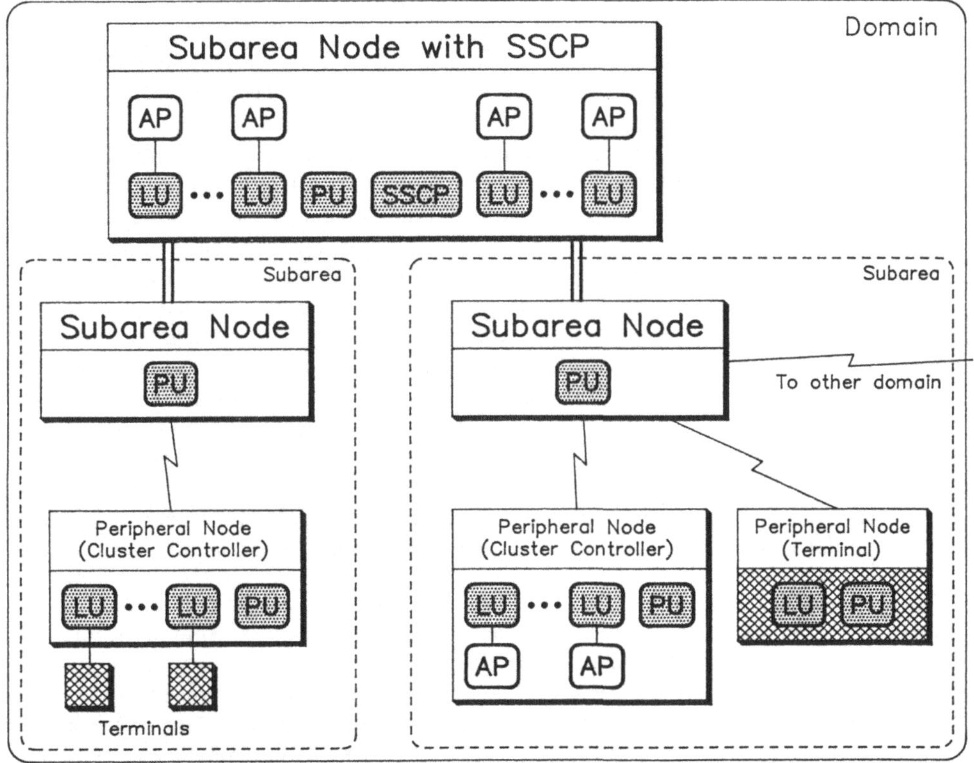

Abb. 91. Struktur eines SNA-Netzes

SNA-Knoten sind Geräte (wie Prozessoren, Steuereinheiten, Terminals), die zumindest in Teilen zu einem SNA-Netz gehören. Jeder Knoten beherbergt eine PU und kann zusätzlich einen SSCP und/oder eine oder mehrere LUs enthalten.

Man unterscheidet zwei Typen von Knoten: **Subarea Nodes** und **Peripheral Nodes**.

Subarea Nodes sind bezüglich der *Routing*-Funktion (auch bzgl. *Resource Management* und *Flow Control)* vollwertige Knoten, die Nachrichten von allen (erreichbaren) anderen SNA-Knoten empfangen und an alle anderen Knoten gezielt weiterleiten können.

Ein *Peripheral Node* ist beim Versenden wie beim Empfangen von Nachrichten vollständig von einem *Subarea Node* abhängig, dem er zugeordnet ist. Er kann abgehende Nachrichten nur an seinen *Subarea Node* abgeben, der dann für ihn die *Routing*-Funktion durchführt, und er kann aus dem Netz ankommende Nachrichten nur über seinen *Subarea Node* empfangen. Da er die im Netz verwendeten Kontrollformate (insbesondere Adreßformate) nicht versteht, muß im *Subarea Node* eine Umsetzung auf ein Format durchgeführt werden, das nur für den Verkehr zwischen dem *Subarea Node* und seinem nachgeordneten *Peripheral Node* bedeutsam ist; diese Anpassungsfunktion wird als *Boundary Function* bezeichnet.

Eine *Subarea* besteht aus einem *Subarea Node* und allen ihm zugeordneten *Peripheral Nodes*.

Subarea Nodes können einen SSCP enthalten *(Subarea Node with SSCP)* oder keinen SSCP enthalten *(Subarea Node without SSCP)*; im ersten Fall handelt es sich um einen Host (PU 5), im zweiten Fall um eine Kommunikationssteuereinheit (PU 4). Terminals oder *Cluster Controller* sind *Peripheral Nodes* (PU 1 bzw. PU 2).

Die klassischen Verbindungen zwischen den Knoten eines SNA-Netzes sind Kanalverbindungen (z.B. zwischen Host und Kommunikationssteuereinheit oder Terminalsteuereinheit) und Punkt-zu-Punkt-Verbindungen über festgeschaltete Leitungen, bei Verbindungen zwischen *Subarea Node* und *Peripheral Nodes* auch Punkt-zu-Mehrpunkt-Verbindungen, wobei als Schicht-2-Protokoll SDLC (im wesentlichen eine HDLC-Variante) zum Einsatz kommt. Inzwischen sind LANs (Token-Ring) und öffentliche Datennetze sowie zwischen *Subarea Nodes* auch Satellitenkanäle als mögliche Verbindungen hinzugekommen.

Benachbarte *Subarea Nodes* sind durch eine oder mehrere *Transmission Groups* (TGs) verbunden. Eine *Transmission Group* besteht aus einer oder mehreren gleichartigen Übertragungsstrecken *(links)*, die logisch wie ein Kanal behandelt werden: die Nachrichtenelemente eines Datenstroms werden automatisch auf die *Links* einer *Transmission Group* verteilt und am anderen Ende wieder unter Einhaltung der Sequenz zusammengefügt, d.h. die Verwaltung der Warteschlangen erfolgt pro *Transmission Group* und nicht pro *Link*. Bezogen auf den Durchsatz ist eine aus mehreren *Links* bestehende *Transmission Group* einem *Link* höherer Geschwindigkeit äquivalent; die Verbindungssicherheit ist aber größer, weil durch den Ausfall einzelner *Links* zwar der Durchsatz vermindert, die Verbindung aber nicht unterbrochen wird, solange noch mindestens ein *Link* der *Transmission Group* intakt ist.

Wenn Endbenutzer über eine LU-LU-*Session* kommunizieren wollen, muß zwischen den Knoten der betreffenden LUs ein Pfad existieren. Im einfachsten Fall sind die Knoten benachbart, und es existiert eine direkte Verbindung in Form einer *Transmission Group*; i.a. wird ein Pfad aber über mehrere Zwischenknoten und *Transmission Groups* führen.

Die hierarchische Struktur der *Subareas*, bestehend aus einem *Subarea Node* und einer Anzahl nachgeordneter *Peripheral Nodes*, spiegelt sich auch in den Adressen und bei der *Routing*-Funktion wieder.

Eine Netzwerkadresse besteht aus zwei Feldern, der

- **Subarea Address**, die eine *Subarea* kennzeichnet, und der

- **Element Address**, die die *Network Addressable Unit* innerhalb der *Subarea* adressiert.

Insgesamt stehen für die Addressierung 16 Bits (48 Bits bei Verwendung von *Extended Network Addressing*, ENA) zur Verfügung; die Aufteilung auf die beiden oben genannten Felder ist variabel (8 bis 15 Bits für die *Element Address)*, aber einheitlich für ein Netz festzulegen; ebenso ist einheitlich für ein Netz festzulegen, ob *Extended Network Addressing* verwendet wird oder nicht. Bevor *Extended Network Addressing* verfügbar war, konnte es in großen Netzen zu Engpässen in der Adressierung kommen, da durch die Aufteilung des Nummernraums von 16 Bits (65.536 Adressen) auf zwei Felder die Zahl der praktisch nutzbaren Adressen drastisch verringert wird.

Das eigentliche *Routing* findet in und zwischen den *Subarea Nodes* statt und hat das Ziel, Nachrichteneinheiten vom sendenden *(Source) Subarea Node* gezielt zum empfangenden *(Destination) Subarea Node* transportieren zu können. Dazu muß für jeden erreichbaren Knoten *(destination subarea node)* festgelegt sein, über welche *Transmission Group* und damit zu welchem benachbarten *Subarea Node* eine Nachrichteneinheit zu transportieren ist. Die geordnete Menge der *Transmission Groups* und Knoten, die einen Pfad in seiner Gesamtheit beschreiben, wird als *Explicit Route* (ER) bezeichnet. Eine *Explicit Route* wird angesprochen (identifiziert) durch die *Subarea*-Adressen ihrer Endknoten und eine *Explicit Route Number* sowie die Nummer der *Explicit Route* in Gegenrichtung *(reverse explicit route number)*; letztere macht klar, daß zu jeder *Explicit Route* zwischen zwei Endpunkten immer auch eine *Explicit Route* in Gegenrichtung zwischen den gleichen Endpunkten gehört, die nicht notwendigerweise, aber meist den gleichen Pfad in umgekehrter Richtung beschreibt. Zwischen einem Paar von *Subarea Nodes* können bis zu acht *Explicit Routes* definiert sein. Dies dient nicht nur einem verbesserten Durchsatz und einer erhöhten Verbindungssicherheit zwischen den Knoten, sondern kann auch benutzt werden, um Verbindungen mit unterschiedlichen Eigenschaften (z.B. maximaler Durchsatz, minimale Antwortzeit usw.) zu definieren.

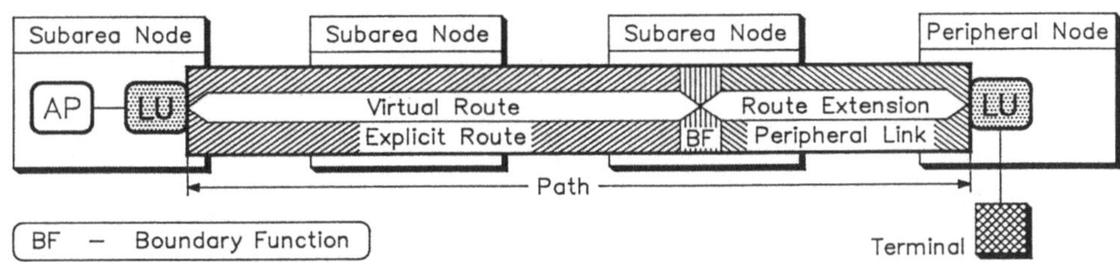

Abb. 92. Virtual Route und Route Extension

Eine *Explicit Route* verbindet *Subarea Nodes*. Wenn die kommunikationswilligen NAUs nicht in den *Subarea Nodes* selbst angesiedelt sind, muß die Verbindung bis zu einem *Peripheral Node*, der die NAU enthält, durch ein sogenanntes *Peripheral Link* verlängert werden (vgl. Abb. 92). Bevor eine Nachrichteneinheit über ein *Peripheral Link* an einen *Peripheral Node* weitergeleitet werden kann, muß der *Subarea Node* die erforderlichen Anpassungen durch Ausführung der *Boundary Function* gewährleisten. Eine Verbindung zwischen zwei LUs besteht somit aus einer *Explicit Route* zwischen den *Subarea Nodes* sowie gegebenenfalls an einem oder an beiden Enden einer *Boundary Function* und einem *Peripheral Link*.

Logisch werden *Source Subarea Node* und *Destination Subarea Node* Ende-zu-Ende vollduplex durch eine oder mehrere *Virtual Routes* (VRs) verbunden. Falls die zu verbindenden LUs in einer *Subarea* liegen, verläuft die *Virtual Route* innerhalb des *Subarea Node*. Falls *Source* und *Destination Subarea Node* verschieden sind, wird einer *Virtual Route* eine *Explicit Route* zwischen den betreffenden Knoten zugeordnet, die bereits vorhanden sein kann oder zu diesem Zweck aufgebaut wird. Eine *Explicit Route* kann mehrere *Virtual Routes* tragen. Der Ergänzung einer *Explicit Route* um ein *Peripheral Link* entspricht die Ergänzung einer *Virtual Route* um eine *Route Extension*.

Virtual Routing ergänzt eine *Explicit Route* um Mechanismen zur Flußsteuerung *(Virtual Route Pacing)* und zur Sequenzüberwachung.

Es gibt drei für Endbenutzer zugängliche Prioritätsklassen, die für *Virtual Routes* spezifiziert werden, aber durch die Zuordnung zu einer *Explicit Route* auch auf diese wirken.

Wenn eine LU stellvertretend für einen Endbenutzer eine *Session* zu einer anderen LU aufbauen will, tut sie das nicht auf der Basis der bisher besprochenen Netzadressen, sondern auf der Basis von Namen; dadurch werden die rufenden Endbenutzer unabhängig davon, wo bestimmte, über Namen aufrufbare Anwendungen im Netz angesiedelt sind. Die Umsetzung eines Namens auf eine Netzadresse ist Aufgabe des *Directory Service* im SSCP, bei dem die LU die *Session* anfordert.

Die LU fordert i.a. nicht einfach eine *Session* an, sondern eine *Session* mit bestimmten Eigenschaften *(Class of Service*, COS). Der SSCP stellt darauf eine Liste von maximal acht, nach ihrer Eignung für die gewünschte *Class of Service* geordnete *Virtual Routes* bereit. Die *Session* wird dann der ersten bereits aktiven bzw. aktivierbaren *Virtual Route* dieser Liste zugeordnet (eine *Virtual Route* kann mehrere *Sessions* tragen). Die Zuordnung einer *Session* zu einer *Virtual Route* ist für die Dauer der *Session* fest, sofern keine Fehlerbedingungen auftreten. Da durch die *Virtual Route* auch die *Explicit Route* festgelegt wird, nehmen alle Nachrichteneinheiten, die innerhalb einer *Session* ausgetauscht werden, den gleichen Weg durch das Netz.

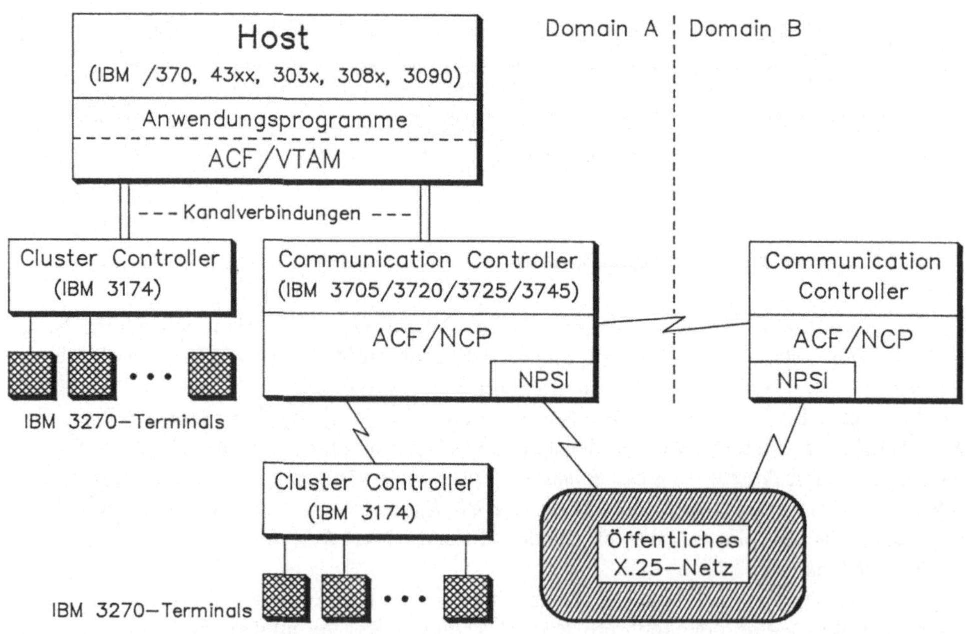

Abb. 93. Beispiel für ein SNA-Netz

Im folgenden soll beispielhaft noch kurz auf Produkte eingegangen werden, die ein SNA-Netz in einer typischen IBM Host-Umgebung realisieren. SSCP und damit Mittelpunkt einer *Domain* ist ein Host (IBM /370, 43x1, 30xx). Die SNA-Funktionen (SSCP, PU, LU) werden durch die Zugriffsmethode ACF/VTAM *(Advanced Communications Function/*

Virtual Telecommunication Access Method) realisiert. Den Präfix ACF tragen die SNA-Produkte, seit 1976 erstmals Netzwerke mit mehreren Hosts *(multiple domains)* möglich wurden.

Dem Host vorgeschaltet sind *Communication Controller* (IBM 3705/20/25/45), die als Vorrechner den Host von vielen Kommunikationsaufgaben, insbesondere bei der Steuerung der Verbindungsleitungen, entlasten. Dabei ist zu berücksichtigen, daß der Host (SSCP) zwar den Auf- und Abbau von *Sessions* kontrolliert und auch in Fehlerfällen aktiv wird, der normale Datenfluß in einer *Session* den Host aber nicht berührt, wenn er nicht selbst Endpunkt ist.

Das Programm in der Kommunikationssteuereinheit ist ACF/NCP *(Advanced Communications Function/Network Control Program)*. Dieses Programm wird durch den Baustein NPSI *(NCP Packet Switching Interface)* ergänzt, der Verbindungen über öffentliche Paketnetze ermöglicht.

An eine Kommunikationssteuereinheit oder auch direkt an einen Host können Terminalsteuereinheiten 3174 *(cluster controller)* angeschlossen werden, die wiederum die Verbindung zu IBM 3270 Terminals steuern.

4.1.2 Neuere Entwicklungen

Im folgenden wird kurz auf einige bedeutsame neuere Entwicklungen eingegangen, die teils SNA selbst betreffen, teils in das SNA-Umfeld gehören.

4.1.2.1 APPC (Advanced Program-to-Program Communication)

APPC (Synonym für LU 6.2) stellt für die Programm-zu-Programm-Kommunikation eine universelle Schnittstelle bereit. In vielen Fällen werden die Anwendungsprogramme (oftmals auch als Transaktionsprogramme *(transaction programs)* bezeichnet) nicht Programme normaler Benutzer sein, sondern durch IBM bereitgestellte Programme, die APPC benutzen, um den Normalbenutzern höherwertige Dienste zur Verfügung zu stellen.

Während bei Terminals die möglichen Transaktionen wohldefiniert und beschränkt sind, wird durch die Menge der Anwendungsprogramme ein ganzes Spektrum unterschiedlicher Kommunikationsanforderungen definiert. APPC (LU 6.2) ist deshalb ungleich aufwendiger und komplexer als die übrigen LUs.

APPC stellt seine Dienste über sogenannte *Verbs* (z.B. *Allocate* (für den Aufbau einer *Session)*, *Send Data*, *Receive and Wait)* zur Verfügung. Die Menge dieser *Verbs*, die die APPC-Schnittstelle beschreibt, wird als *Protocol Boundary* bezeichnet.

Neben allgemeinen Forderungen wie Flexibilität, Vollständigkeit und Effizienz kommen hier als wichtige Forderungen hinzu, daß die Funktionen von höheren Programmiersprachen aus aufrufbar sein müssen und besondere Vorkehrungen für Fehlerfälle getroffen werden müssen, damit — ohne die bei Terminalverbindungen übliche Einbeziehung der Intelligenz des Bedieners — ein definiertes automatisches Wiederanlaufen der Kommunikation möglich ist.

Die Komplexität, die die angestrebte Eignung für alle Arten von Programmen mit sich bringt, macht es sinnvoll, auch die Implementation von Teilmengen zuzulassen. In LU 6.2 ist ein Basissatz von Funktionen *(Verbs* und Parameter) definiert, der Bestandteil jeder LU 6.2-Realisierung ist. Darüberhinaus gibt es *Option Sets*; das sind über den Basissatz hinausgehende wohldefinierte Funktionsgruppen, die nur vollständig realisiert werden dürfen. Auf diese Weise gibt es außer dem Basissatz nur einige wenige, genau festgelegte funktionale Teilmengen, auf die die Anwendungsprogramme sich leicht einstellen können.

APPC ist von besonderer Bedeutung, weil es die Basis für wichtige neue Dienste ist. Damit sind verteilte Steuerungs- und Überwachungsfunktionen gemeint, die durch Programme realisiert sind und über APPC kommunizieren. Auf APPC basieren auch die wichtigen neuen Entwicklungen der IBM im Bereich der Bürokommunikation wie SNADS (s. unten) und DIA *(Document Interchange Architecture)*, und schließlich erfolgt darüber auch die Einbeziehung des stetig an Bedeutung gewinnenden IBM PC in die SNA-Welt.

4.1.2.2 SNI (Systems Network Interconnect)

SNI beschreibt das Konzept der IBM für den Zusammenschluß mehrerer SNA-Netze. Die Begründung liegt nicht darin, daß dadurch Begrenzungen in der Netzgröße umgangen werden können, was angesichts von maximal 256 *Subarea Nodes* (bevor *Extended Network Addressing* verfügbar war) Gegenstand von Überlegungen gewesen sein mag, sondern darin, daß Endbenutzern von SNA-Netzen, die technisch, organisatorisch und betrieblich unabhängig sind und sein sollen, die Möglichkeit gegeben wird, miteinander zu kommunizieren. Die Anforderungen an einen Netzverbund lauten deshalb:

- Bewahrung der technischen Unabhängigkeit der Einzelnetze, damit technische Änderungen (z.B. Konfigurationsänderungen) sich nicht auf die anderen Netze auswirken.

- Beibehaltung eines autonomen Managements, damit beispielsweise Fehlerbedingungen nicht auf die anderen Netze durchschlagen.

- Aus Sicht eines Endbenutzers sollte es keinen Unterschied machen, ob der Kommunikationspartner Endbenutzer des eigenen oder eines anderen Netzes ist.

Da es sich bei SNI um die Verbindung gleichartiger Netze handelt, sind die Konzepte und Protokolle der beteiligten Netze gleich, also keine grundsätzlichen Unterschiede zu überwinden.

Die innerhalb eines Netzes gewährleistete Eindeutigkeit von Netzwerk-Namen und Netzwerk-Adressen ist beim Zusammenschluß mehrerer Netze zu einem Verbund nicht sichergestellt, und es würde den obigen Forderungen widersprechen, die Eindeutigkeit durch Änderungen in den einzelnen Netzen herbeiführen und weiterhin durch ein übergeordnetes Management sicherstellen zu wollen. Weiterhin kann nicht erwartet werden, daß die Adreßstruktur (Aufteilung der Adreßbits auf *Subarea Address* und *Element Address)*, die in einem Netz einheitlich festgelegt sein muß, in unabhängig aufgebauten Netzen gleich ist, ebenso wie *Extended Network Addressing* benutzt werden kann oder nicht.

Um Unterschiede dieser Art überwinden zu können, ist ein Gateway für die Verbindung der Netze erforderlich. Der Gateway besteht aus einem Gateway-SSCP (Gateway-VTAM) und einem *Gateway Node* (Gateway-NCP). Der Gateway-SSCP ist für die Initialisierung und Beendigung von *Sessions* über Netzgrenzen hinweg verantwortlich. Die Aufgabe ähnelt der beim Aufbau von *Cross-Domain-Sessions*, wobei allerdings das Umsetzen der Namen hinzukommt, so daß in jedem der beteiligten Netze mit den dort gültigen Namen gearbeitet werden kann. Der Gateway-SSCP ist SSCP in jedem der Netze, die er verbindet.

Der *Gateway Node* führt die Adreßumsetzungen und das *Routing* über die Netzgrenzen hinweg durch. Bei Verbindungen über Netzgrenzen hinweg, gibt es keine durchgehende Ende-zu-Ende Verbindung *(Virtual Route)* zwischen *Source Subarea Node* und *Destination Subarea Node*, sondern die *Virtual Routes* in den einzelnen Netzen enden im *Gateway Node* und werden dort verknüpft.

Wenn mehr als zwei SNA-Netze verbunden werden sollen, gibt es keine topologischen Vorgaben. Ein Gateway kann mehr als zwei Netze verbinden (z.B. Sternstruktur mit einem zentralen Gateway), es können auch mehrere Gateways eingesetzt werden (Verkettung von Netzen oder Zusammenschluß zu einem Ring); auch parallele Gateways zwischen zwei Netzen sind möglich.

4.1.2.3 NetView

Netzwerkmanagement hat in den Anfängen bei keiner der Netzwerkarchitekturen eine Rolle gespielt. Die Netze waren klein und durch die Fachleute, die zum Betrieb unerläßlich waren, überschaubar. Mit zunehmender Verbreitung und Vergrößerung der Netze reichten menschliche Intuition und ad-hoc-Lösungen für die Sicherstellung eines geordneten Netzbetriebs nicht mehr aus. Spätestens seit Mitte der achtziger Jahre ist es klar, daß für die Planung, den Betrieb und die geordnete Weiterentwicklung von Netzen die Verfügbarkeit entsprechender Managementfunktionen von entscheidender Bedeutung ist. Generelle, evtl. auch theoretisch abgesicherte Konzepte für das Netzwerkmanagement stehen aber noch aus.

Bei SNA ist die Entwicklung ähnlich verlaufen: Zuerst gab es keine Managementfunktionen, dann eine Fülle von Programmprodukten, die in unkoordinierter Weise Einzelaspekte des Netzwerkmanagements mehr oder minder gut abdeckten, was die Aufgabe kaum erleichterte. Inzwischen hat (auch) IBM die strategische Bedeutung des Netzwerkmanagements erkannt und mit NetView den Versuch unternommen, die unterschiedlichen Aspekte des Netzwerkmanagements unter ein gemeinsames Dach zu bringen.

Die Funktionen beinhalten:

- Überwachung und Steuerung des Normalbetriebs,

- Fehlererkennung und -beseitigung,

- Änderungsdienst (Konfiguration, Ausbau),

- Performance-Überwachung und -Verbesserung.

Die Bedeutung dieses Ansatzes wird noch unterstrichen durch NetView/PC für das Management von lokalen Netzen (Token-Ring) und Nebenstellenanlagen, das diese Aufgaben *standalone*, aber auch im Zusammenspiel mit NetView erbringen kann, so daß sich hier Perspektiven für ein umfassendes, unterschiedliche Netzwerke einbeziehendes Netzwerkmanagement eröffnen.

4.1.2.4 SNADS (SNA Distribution Services)

Endbenutzer eines SNA-Netzes kommunizieren (wie die Benutzer des Fernsprechsystems) in einer direkten *Session* miteinander, d.h. beide Teilnehmer (und der Pfad zwischen ihnen) müssen gleichzeitig für die Kommunikation bereit sein. Es gibt aber Anwendungen, bei denen ein direkter Kontakt nicht nötig, nur schwer möglich oder auch unerwünscht ist. Nicht nötig ist ein direkter Kontakt etwa beim Absetzen von Nachrichten, wie es für Büroumgebungen, aber auch im Netzwerkmanagement-Bereich typisch ist; nicht gut möglich sind direkte Kontakte bisweilen über große Entfernungen wegen der Zeitdifferenz; zeitversetzte Kommunikation kann wünschenswert sein, um ungewollte Unterbrechungen zu vermeiden oder u.U. günstige Nachttarife für den Transport der Nachrichten nutzen zu können.

SNADS definiert eine Architektur für einen asynchronen Datenaustausch zwischen SNA-Anwendungen. Das Fehlen eines generellen Angebots für solche Dienste hat zu anwendungs-, system- und produktspezifischen Lösungen geführt.

Die *SNA Distribution Services* werden durch ein Netz von *Distribution Transaction Programs* bereitgestellt, die über LU 6.2-*Sessions* miteinander Verbindung aufnehmen können, um den asynchronen Datenaustausch zu realisieren; dieses Netz trägt die Bezeichnung *Distribution Services Network*.

Die *SNA Distribution Services* können generell von Anwendungen genutzt werden. Eine asynchron zu übertragende Nachricht (hier als *Distribution* bezeichnet) wird vom Anwendungsprogramm an die *Distribution Services* übergeben. Die *Distribution Services* übernehmen bereits im Absenderknoten die Verantwortung für die Nachricht, transportieren sie in eigener Verantwortung durch das SNA-Netz und behalten auch im Zielknoten die Verantwortung dafür so lange, bis die Nachricht an den Adressaten übergeben werden kann. Dabei braucht zu keinem Zeitpunkt zwischen den *Distribution Transaction Programs* in Quell- und Zielknoten eine durchgehende *Session* zu bestehen, und die Nachricht kann in Zwischenknoten beliebig lange zwischengespeichert werden.

Bei der asynchronen Kommunikation ergeben sich einige Besonderheiten:

- Die auszutauschenden Nachrichten (z.B. auch *Files*) können sehr groß sein. Da keine direkte Verbindung zwischen den Benutzern besteht, so daß die für die Benutzer gültigen Beschränkungen für die Inanspruchnahme von Ressourcen nicht greifen, müssen die erforderlichen Ressourcen — evtl. auch auf Zwischenknoten — im Rahmen des Dienstes bereitgestellt werden.

- Das Verteilen einer Nachricht, d.h. das Verschicken an mehrere oder auch sehr viele Empfänger, ist nicht ungewöhnlich.

- Da der Transport einer Nachricht durch eine vom Absender unabhängig agierende Instanz erfolgt, entsteht beim Absender — abhängig von der Anwendung unterschiedlich stark — das Bedürfnis, sich über den Status der Nachricht informieren zu können (ob sie bereits abgeschickt ist, bereits im Zielknoten angekommen ist, bereits dem Adressaten übergeben werden konnte).

- Anders als bei synchroner Kommunikation, wo auch Bestätigungen synchron erfolgen, müssen bei asynchroner Kommunikation besondere Mechanismen für die Zuordnung von Bestätigungen zu Nachrichten bereitgestellt werden.

Die *SNA Distribution Services* werden beispielsweise durch das IBM-Produkt DISOSS *(Distributed Office Support System)* benutzt.

4.2 DNA (Digital Network Architecture)

DNA ist die Netzwerkarchitektur der Fa. DEC und die Basis der DECnet-Familie von Netzwerkprodukten. DNA hatte die folgenden Entwicklungsziele:

- Den Benutzern bzw. den Anwendungen der Benutzer sollte für Kommunikationszwecke eine einheitliche Schnittstelle zur Verfügung gestellt werden, die ein breites Spektrum unterschiedlicher Kommunikationsanforderungen abdecken können sollte.

- Die Architektur sollte unterschiedliche Kommunikationseinrichtungen unterstützen und an neue Entwicklungen in der Kommunikationstechnik anpaßbar sein.

- Die Lösung sollte kostengünstig sein. Netzwerkseitig sollten Effizienz und Performance eines DNA-basierten Netzes den bis dahin üblichen speziellen Lösungen vergleichbar sein. Verteilte Anwendungen sollten wegen des eingesparten Aufwands für die Kommunikation schneller, leichter und kostengünstiger implementierbar sein.

- Die Architektur sollte unabhängig vom Transportnetz Datenkommunikation zwischen Benutzern unterstützen; Struktur und Leistungsfähigkeit des Übertragungssystems sollten keinen Einfluß auf die logischen Kommunikationsfähigkeiten haben.

- Die Verfügbarkeit sollte hoch sein, die Funktion des Gesamtnetzes nicht durch den Ausfall einzelner Komponenten gefährdet werden. Wichtige Funktionen sollten verteilt vorhanden sein und nicht kritisch von einzelnen Komponenten abhängen.

- Sie sollte in der Übertragungstechnik ebenso wie in der Datenverarbeitungstechnik an neue Entwicklungen anpaßbar sein; vertikale Integration (Verschiebung zeitkritischer oder häufig benutzter Funktionen in die Hardware oder Firmware) sollte ebenso möglich sein wie die Definition funktionaler Untermengen für weniger leistungsfähige Knoten.

- Sie sollte nicht von Charakteristika der Rechner oder Betriebssysteme abhängen und dadurch problemlos auf unterschiedlichen Hardware- und Software-Systemen implementierbar sein.

Aus diesen generellen Forderungen, die in ähnlicher Form für alle Netzwerkarchitekturen aufgestellt worden sind, wurden konkrete Vorgaben abgeleitet (wie beispielsweise eine Strukturierung in Schichten, eine einheitliche Adressierung aller Knoten usw.), auf die hier nicht weiter eingegangen werden soll.

Die Fortschreibung der Architektur und damit auch die Realisierung von DECnet-Netzen ist in Phasen erfolgt, wobei jede neue Phase grundsätzlich alle Funktionen und Fähigkeiten der vorherigen Phase umfaßt:

Phase I (1976):   — *File Transfer* (Austausch von Dateien)
                       — Programm-zu-Programm-Kommunikation
                       — Verfügbar für PDP 11-Rechner unter dem Betriebssystem RSX-11M

Phase II (1978):   — *Remote File Access* (Zugriff auf Dateien entfernter Rechner)
                       — Netzwerkmanagement-Funktionen
                       — Alle wichtigen Rechnertypen und Betriebssysteme
                       — Punkt-zu-Punkt-Verbindungen

Phase III (1980): — Netzwerk-Terminals *(virtual terminal service)*
                         — Fernladen von Programmen *(downline loading)*
                         — Erweitertes Netzwerkmanagement
                         — Adaptives *Routing* (Anpassung an veränderte Netzzustände)
                         — Mehrpunktverbindungen
                         — X.25-Unterstützung

Phase IV (1982): — Große Netze möglich (65.535 Knoten; Phase III: 255 Knoten)
                        — Unterstützung von Ethernet
                        — SNA-Gateway
                        — Anschluß von DEC Professional 300 Workstations
                        — Anschluß von IBM-kompatiblen PCs

Phase V (1991): — Integration von OSI-Standards
                       — Verbesserte Unterstützung bei großen Netzen
                       — *Naming Service (Directory Service)*

Die wichtigsten dieser Phasen sind die Phase IV, die den derzeitigen Leistungsumfang von DECnet-Netzen beschreibt, und die Phase V, die aufzeigt, in welche Richtung sich DNA weiterentwickelt. Besonders hervorzuheben an Phase V ist die Integration von OSI, die sich nicht nur auf den derzeitigen Stand bezieht, sondern auch die strategische Aussage beinhaltet, daß Phase V auch während ihrer Lebensdauer in Richtung OSI weiterentwickelt wird, so wie dort Fortschritte gemacht werden.

DNA unterteilte den Kommunikationsvorgang ursprünglich in fünf Schichten (vgl. Abb. 94). Von dort ausgehend hat auch von der Struktur her eine Entwicklung in Richtung auf das ISO-Referenzmodell stattgefunden. Das Strukturmodell für die Phase V (Abb. 94) zeigt die vollständige Übereinstimmung mit den OSI-Schichten bis zur Ebene 4. Darüber werden wahlweise die bisherigen DNA-Dienste angeboten (was auch notwendig ist, um in einem Netz die Zusammenarbeit mit Phase IV-Produkten sicherzustellen) und standardisierte Dienste, soweit und sobald sie verfügbar sind.

Auf der untersten Ebene unterstützt DNA ISO 8802/3 (CSMA/CD), EIA RS-232-D, CCITT V.24 und CCITT X.21.

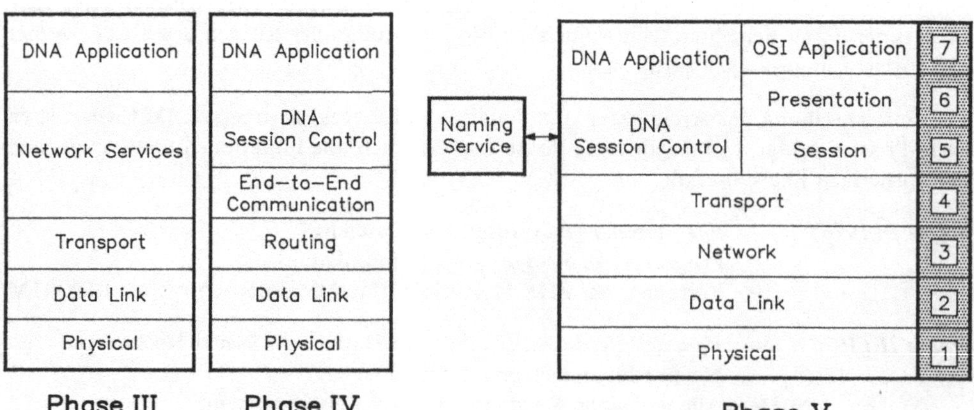

Abb. 94. DNA-Schichtenmodell

Auf der Ebene 2 werden bei den lokalen Netzen ISO 8802/2, aber auch noch die leicht abweichenden Ethernet-Standards unterstützt; darüberhinaus werden LAPB (X.25) und auch noch DDCMP angeboten.

Auf Ebene 3 unterstützt DNA normalerweise den verbindungslosen Dienst, nur bei X.25-Verbindungen auch den verbindungsorientierten Dienst.
Ein Gesamtnetz kann aus einer Anzahl von Teilnetzen *(subnetworks)* zusammengesetzt sein. Die Teilnetze können auf öffentlichen Paketnetzen (X.25) basieren, können LANs sein (z.B. CSMA/CD gemäß ISO 8802/3) oder vermaschte Netze auf der Basis von HDLC- oder DDCMP-Punkt-zu-Punkt-Verbindungen.
Organisatorisch sind Gesamtnetze in sogenannte *Administrative Domains* aufgeteilt, die alle Netzknoten bzw. Teilnetze enthalten, die unter der Verwaltung einer einzelnen Organisation stehen. Eine *Administrative Domain* enthält eine oder mehrere *Routing Domains*. Eine *Routing Domain* ist dadurch definiert, daß sie alle Knoten und Teilnetze enthält, bei denen die *Routing*-Funktion in gleicher Weise durchgeführt wird. Da die *Routing Domains* sehr groß werden können, können sie vom Netzwerkmanager in *Subdomains* unterteilt werden, die als *Areas* bezeichnet werden. Jedes System (Knoten) gehört genau einer *Area* an. Es muß dementsprechend auch zwei Ebenen des *Routing* geben: *Level 1 Routing* innerhalb einer *Area* und *Level 2 Routing* zwischen den *Areas*. Zwischen verschiedenen *Routing Domains* wird das *Routing* durch statische *Routing*-Tabellen realisiert.
DNA kennt zwei Typen von Systemen (Knoten):

- **End Systems:** Diese können nur Anfangs- oder Endpunkt einer Netzverbindung sein. Sie sind nicht in der Lage, Informationseinheiten anderer Systeme weiterzuvermitteln.

- **Intermediate Systems:** Sie haben zusätzlich zu der Funktionalität von Endsystemen die Fähigkeit als Zwischenknoten innerhalb einer Netzverbindung zwischen anderen Knoten Informationseinheiten vermitteln zu können. Solche Systeme werden als Router bezeichnet. Entsprechend der Strukurierung von *Routing Domains* in *Areas* gibt es zwei Router-Typen:

  - **Level 1 Router:** Diese vermitteln Informationseinheiten innerhalb der eigenen *Area* direkt; Informationen für Systeme außerhalb der eigenen *Area* geben sie an einen *Level 2 Router* weiter.

  - **Level 2 Router:** Sie haben innerhalb der eigenen *Area* die *Level 1 Router*-Funktionalität, können zusätzlich aber Daten an andere *Areas* weitervermitteln.

Für die Schicht 4 stehen das herstellerspezifische *Network Services Protocol* (NSP) und das ISO-Transportprotokoll (ISO 8073) zur Verfügung. DNA verwendet i.a. *Class 4* des ISO-Standards; für verbindungsorientierte Netzdienste können auch *Class 0* und *Class 2* verwendet werden. NSP weist große Ähnlichkeiten mit ISO 8073 *Class 4* auf. Es gibt für die beiden Protokolle eine gemeinsame Schnittstelle; die Auswahl des korrekten Protokolls erfolgt durch die Schicht 5.

Oberhalb der Schicht 4 gibt es, wie Abb. 94 zeigt zwei Alternativen: DEC-spezifische und benutzereigene Anwendungsprotokolle benutzen die *DNA Session Control*, wohingegen sich Standardanwendungen auf die OSI-Protokolle abstützen.

Die Aufgabe der *DNA Session Control* ist die Steuerung (Aufbau, Überwachung, Abbau) logischer Verbindungen zwischen Anwendungsprogrammen. Dabei sind beim Aufbau folgende Aufgaben zu erledigen:

- Name/Adreß-Umsetzung.
  Die logischen Namen netzwerkadressierbarer Einheiten müssen auf Netzwerkadressen abgebildet werden. In DNA Phase V leistet dies der *Naming Service*.

- Protokollauswahl.
  Da DNA auf verschiedenen Protokollebenen mehrere Alternativen zuläßt, muß beim Aufbau einer *Session* eine Auswahl getroffen werden. Bei der Name/Adreß-Umsetzung wird auch Information über verwendbare Protokolle geliefert. Die kommunikationswilligen Systeme müssen sich bzgl. der zu benutzenden Protokolle verständigen.

- Zugriffskontrolle.
  Auf der *Session*-Ebene können entfernte Benutzer identifiziert werden. Über Zugriffskontrollmechanismen kann so den entfernten Benutzern der Zugriff auf bestimmte Objekte verwehrt bzw. erlaubt werden.

Auf der Anwendungsebene bietet DNA Phase V Verbesserungen der bestehenden Dienste, aber auch neue Dienste an. Hervorzuheben sind die Managementfunktionen und *Electronic Mail* auch im Austausch mit anderen Architekturen (z.B. X.400).

Wichtige Weiterentwicklungen gegenüber Phase IV, die vor allem der besseren Handhabbarkeit großer Netze dienen, sind der *Naming Service* und das *Network Management*.

Die Name/Adreß-Umsetzung und die Protokollauswahl der *DNA Session Control* erfordern einen großen Datenbestand, der die benötigten Informationen über alle Systeme des Netzes enthält. Da es — insbesondere in großen Netzen — unökonomisch und unpraktisch wäre, diese Daten auf allen Systemen bereitzustellen, wurde der *Naming Service* entwickelt. Durch den *Naming Service* werden alle in einem Netz relevanten Namen nebst den zugeordneten Informationen erfaßt, die netzwerkweite Eindeutigkeit aller Namen sichergestellt und die Mechanismen bereitgestellt, die es jedem System erlauben, die benötigten Informationen abzurufen.

Network Management stellt die Hilfsmittel bereit, die die Steuerung und Überwachung der Netzkomponenten auch von entfernten Systemen aus gestatten. Dazu gehören:

- Definieren und Überprüfen der Konfiguration,
- Setzen und Überprüfen operationaler Parameter,
- Abrufen und Auswerten von Statusinformation,
- Initiieren und Steuern diagnostischer Operationen.

Die vorgesehenen Managementfunktionen und -protokolle orientieren sich an frühen ISO-Entwürfen zu diesem Thema, gehen teilweise aber darüber hinaus. Die ISO-Entwürfe haben überdies noch keinen stabilen Status erreicht, so daß sich auch von daher noch Abweichungen ergeben können. Es ist aber das erklärte Ziel von DEC eine Angleichung an die ISO-Standards vorzunehmen, sobald diese festgeschrieben sind.

4.3 TCP/IP (Internet)

Basierend auf den Erfahrungen im ursprünglichen ARPANET, das das erste paketvermittelnde Netz war und dessen Entwicklung auf das Jahr 1969 zurückgeht, begann Mitte der siebziger Jahre die Entwicklung der heutigen Internet-Protokolle. Diese wurden ab 1980 in den konkreten Netzbetrieb eingeführt, und seit 1983 ist ihre Verwendung im DoD-INTERNET obligatorisch. Gleichzeitig wurde das DoD-INTERNET (auch DDN= *Defense Data Network*) aufgespalten in einen nichtmilitärischen Teil (ARPANET) und einen militärischen Teil (MILNET). 1986 fiel die Entscheidung, im NSFnet (*National Science Foundation Network*) — ursprünglich als Verbindungsnetz der amerikanischen Supercomputer-Zentren gegründet — ebenfalls die Internet-Protokolle zu verwenden. Dieses Netz mit seinen nachgeordneten *Mid-level Networks* (in der Regel regionale Netze wie beispielsweise NYSERNet (*New York State Educational Research Network*) oder NorthWestNet, das die nordwestlichen Bundesstaaten der USA erfaßt) und den diesen nachgeordneten *Access Networks* (typischerweise Campusnetze einzelner Universitäten) ist der wichtigste Teil des heutigen INTERNET.

Parallel dazu wurden nach 1980 — ebenfalls mit finanzieller Unterstützung des amerikanischen Verteidigungsministeriums — die Internet-Protokolle in das Betriebssystem UNIX integriert und insbesondere mit den Berkeley-Versionen dieses Betriebssystems (BSD 4.x, BSD= *Berkeley System Distribution*) in großem Umfang kostenlos an Universitäten und Forschungseinrichtungen verteilt. Gleichzeitig wurden basierend auf IP und TCP weitere Kommunikationsdienste entwickelt und verbreitet, so daß eine über die eigentlichen Internet-Protokolle hinausgehende Kommunikationskultur entstanden ist. Zu nennen sind hier vor allem die *Berkeley Services*, die in UNIX-typischer Weise von lokalen UNIX-Systemen her bekannte Dienste auf entfernten UNIX-Systemen verfügbar machen, und NFS (*Network File System*), eine inzwischen von sehr vielen Herstellern unterstützte Entwicklung der Fa. SUN Microsystems, die es ermöglicht, einen File auf einem entfernten System wie einen lokalen File zu benutzen, d.h. satzweise darauf zuzugreifen (vgl. Abb. 95).
Etwa seit 1987 hat ein massives Wachstum des DoD-INTERNET eingesetzt, das 1991 über 5000 Teilnetze mit mehr als 300.000 Rechnern umfaßte und über drei Millionen potentielle Nutzer hatte. Dieses außerordentliche, von den Entwicklern der Protokolle nicht vorhergesehene Wachstum (in der von Großrechnern geprägten, LAN-freien Welt der siebziger Jahre waren einige dutzend Netze und einige hundert Hosts eine realistische Vorstellung) hat Probleme bereitet und eine Weiterentwicklung der Konzepte hin zu einer stärkeren (hierarchischen) Strukturierung erzwungen.
Die Internet-Protokollfamilie ist kein Standard einer einschlägigen Institution, sondern ein firmenunabhängiger de-facto-Standard des amerikanischen Verteidigungsministeriums, und es laufen Bemühungen, einen ANSI-Standard daraus zu machen. Abgesehen von diesem formalen Manko, existiert mit diesen Protokollen erstmals ein wirklicher Standard in dem Sinne, daß über diese Protokolle praktisch alle auf dem Markt erhältlichen Computer vom kleinen PC bis zum Supercomputer miteinander kommunizieren können.
Die Steuerung der Aktivitäten und Weiterentwicklung obliegt dem IAB *(Internet Activities Board)*. Die Arbeitsergebnisse, Vorschläge für Protokolle und verabschiedete Protokollstandards werden in sogenannten RFCs *(Request for Comment)* veröffentlicht, von denen es inzwischen über 1200 gibt und die vom *Network Information Center* (NIC), das beim *Stanford Research Institute* (SRI) angesiedelt ist, kostenlos elektronisch verschickt werden.

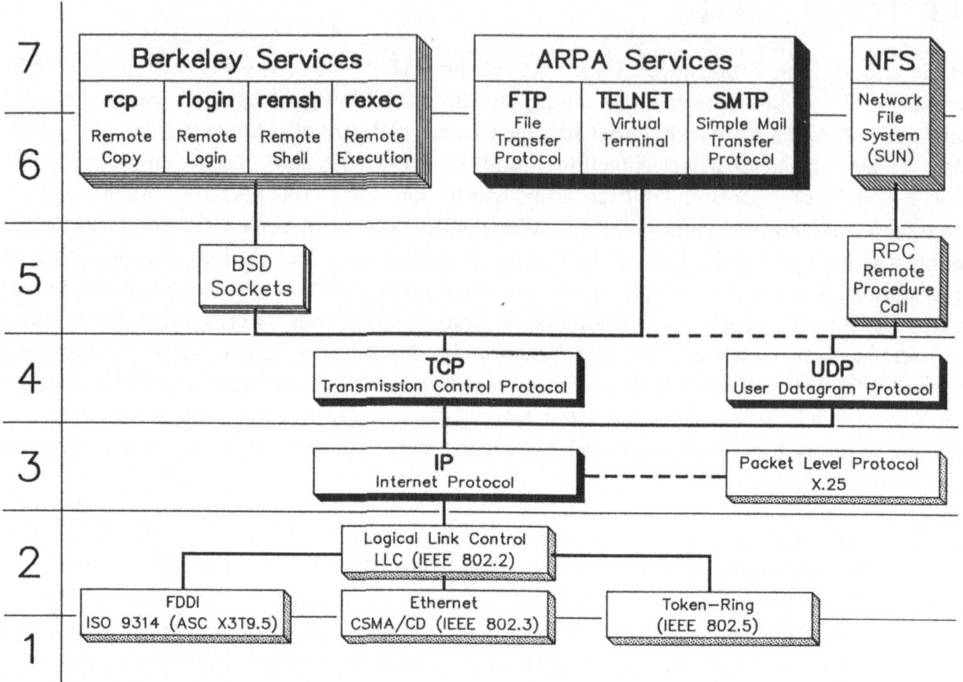

Abb. 95. Kommunikationsprotokolle und -dienste im Internet-Umfeld

4.3.1 Einführung

Die TCP/IP-Protokollfamilie (auch ARPA- oder Internet-Protokolle) umfaßt als Protokoll
für die Schicht 3 das *Internet Protocol* (IP), darauf aufsetzend für die Schicht 4 das *Transport Control Protocol* (TCP) sowie für die Schichten 5–7 die Kommunikationsdienste

- TELNET (interaktiver Terminaldienst),

- FTP *(File Transfer Protocol)* und

- SMTP *(Simple Mail Transfer Protocol)*.

Zusätzlich gibt es mit dem UDP *(User Datagram Protocol)* noch ein sehr einfaches
Ebene-4-Protokoll, das im wesentlichen die Funktionen der IP-Schicht den Anwendungen
zugänglich macht, und die darauf basierenden Dienste *Trivial File Transfer Protocol* (TFTP)
und den *Domain Name Service* (DNS). Ebenfalls auf Anwendungsebene angesiedelt ist
SNMP *(Simple Network Management Protocol)*, das Internet-Management-Protokoll.

Unter einem Internet wird die Realisierung eines Netzverbunds auf der Basis der TCP/IP-
Protokollfamilie verstanden. Wenn vom DoD-INTERNET oder vom internationalen
INTERNET oder auch nur kurz vom INTERNET die Rede ist, so ist damit ein ganz be-
stimmter weltweiter Netzverbund auf der Basis dieser Protokolle angesprochen, der im
Auftrag des amerikanischen Verteidigungsministeriums organisiert worden ist und deshalb
die Bezeichnung *Defense Data Network* (DDN) trägt und der zentral verwaltet wird.

ISO Layer						
5–7	TFTP	(NFS)	DNS	TELNET	SMTP	FTP
4	UDP			TCP		
3	ARP RARP		ICMP	IP		
2	Ethernet	Token–Ring	FDDI	PDN	ARPANET	Andere

Abb. 96. Die Internet-Protokollfamilie

Ein Internet ist ein Netz von miteinander verbundenen Teilnetzen, das den Teilnehmern den Eindruck eines einzigen großen Netzes vermittelt (Abb. 97).

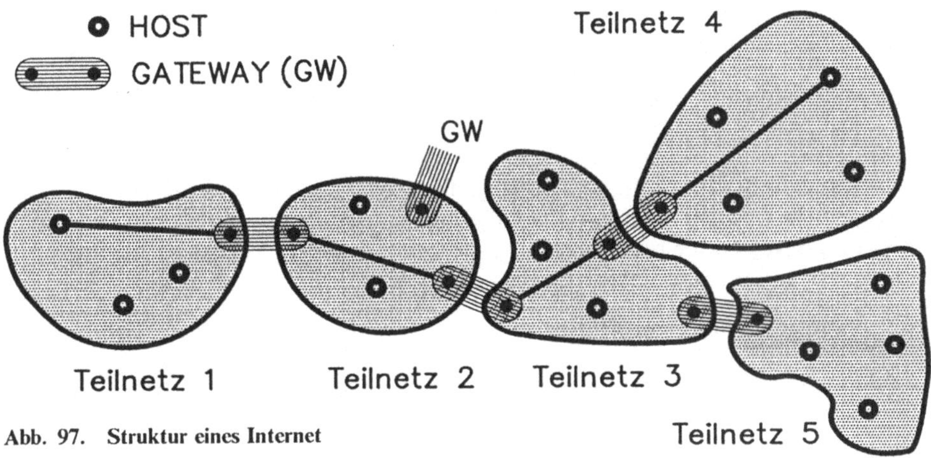

Abb. 97. Struktur eines Internet

Die Teilnetze sind durch Gateways miteinander verbunden. Gateways sind Stationen, die in mindestens zwei Teilnetzen Knoten sind und Verkehr zwischen diesen Teilnetzen vermitteln. Auch Rechner (Hosts) können Teilnehmer in mehreren Teilnetzen sein. Sie sind aber nur über mehrere Netze (und damit Wege) erreichbare Hosts und keine Gateways, solange sie nicht für dritte Verkehr zwischen den Teilnetzen vermitteln. Es ist offensichtlich, daß ein solcher Host — mit entsprechender Software ausgerüstet — die Funktion eines Gateway haben kann. An wichtigen Nahtstellen im INTERNET werden i.a. aber spezielle, auf die Gateway-Funktion hin optimierte Stationen als Gateways eingesetzt.

Gateways, die auf der Ebene 3 des OSI-Schichten-Modells vermitteln, werden Router genannt. Da IP ein Ebene-3-Protokoll ist, werden die Gateways in einem Internet als Internet-Router, IP-Router oder oft auch nur als Router bezeichnet.

Ein Pfad von einem *Source Host* zu einem *Destination Host* enthält im allgemeinen Fall (Quell- und Zielknoten liegen nicht im gleichen Teilnetz) als Zwischenknoten (*intermediate nodes*) nur Gateways. Der Weg eines Datenpakets durch ein Zwischennetz (*intermediate network*) führt direkt von dem Gateway, über den das Paket in das Teilnetz eintritt, zu dem Gateway, über den das Paket das Teilnetz wieder verläßt. Da beide Gateways Teilnehmer-stationen in diesem Teilnetz sind, können sie direkt adressiert werden. Es ist eine Forderung an die Teilnetze, daß alle Stationen innerhalb eines Teilnetzes direkt adressierbar sein müssen; d.h. es darf in einem Teilnetz kein (auf IP-Ebene sichtbares) *Routing* geben.

IP als Ebene-3-Protokoll ist die unterste der im Rahmen der TCP/IP-Protokollfamilie fest-gelegten Schichten; über die darunterliegenden Netzebenen wird keine Aussage getroffen, und sie können sehr unterschiedlich sein.

Teilnetze können sein:

- LANs
  Standard-LANs wie Ethernet, CSMA/CD gemäß IEEE 802.3, Token-Ring, FDDI, aber auch firmenspezifische LANs wie beispielsweise HYPERchannel; das im TCP/IP-Umfeld originäre und mit Abstand am weitesten verbreitete LAN ist Ethernet.

- WANs,
  insbesondere öffentliche X.25-Netze (in Deutschland das Datex-P-Netz oder das WIN, ein X.25-Sondernetz der Deutschen Bundespost Telekom für die deutsche Wissenschaft)

- Einzelne Punkt-zu-Punkt-Verbindungen
  (im Nah- wie im Fernbereich)

Es ist offensichtlich, daß die Gateways neben dem *Routing* weitere nichttriviale Funktionen haben, wenn sie zwischen bezüglich der Übertragungsleistung sowie sonstiger Netzparame-ter (etwa maximale Größe eines Datenpakets) unterschiedlichen Teilnetzen vermitteln.

4.3.2 Namen und Adressen im Internet

In einem Internet hat man drei **unabhängige** Namens-/Adreßebenen (vgl. Abb. 98).

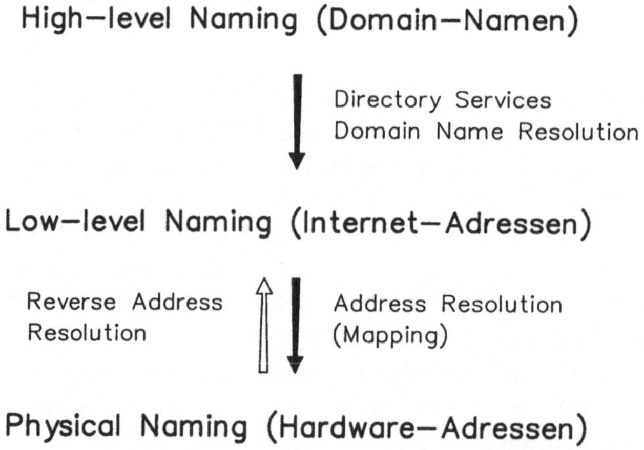

High—level Naming (Domain—Namen)

Low—level Naming (Internet—Adressen)

Physical Naming (Hardware—Adressen)

Abb. 98. Namen und Adressen im Internet

4.3.2.1 Domain-Namen

Bezeichnungen (Adressen), die in technischen Systemen zur eindeutigen Identifikation von adressierbaren Geräten (z.B. Rechnern) dienen, bestehen in der Regel aus strukturierten Zahlenkombinationen von beträchtlicher Länge und sind ungeeignet für die Benutzung durch Menschen.
Adäquat für Menschen ist die Verwendung von Namen, die durch Hinzufügen sinnhafter qualifizierender Merkmale eindeutig gemacht werden.
Ein gutes Beispiel hierfür ist das Fernsprechsystem. Hier werden als primäre Kennung Familiennamen verwendet, die durch Hinzufügen von Vornamen und Adressen (Land, Stadt, Straße, Hausnummer) eindeutig gemacht werden. Die Zuordnung von Namen zu Telefonnummern muß allerdings der Fernsprechkunde selbst mittels des Telefonbuchs oder der Fernsprechauskunft vornehmen. In modernen Datennetzen erfolgt die Umsetzung von Namen auf Adressen automatisch durch einen im Netzwerk verfügbaren Dienst, der die Bezeichnung *Directory Services* trägt.

Die qualifizierenden Elemente eines Internet-Namens bilden einen hierarchischen Namensraum. Der Namensraum einer einzelnen Hierarchiestufe wird als *Domain* oder, wenn auf die hierarchische Relation Bezug genommen wird, auch als *Subdomain* bezeichnet.
Das ***Domain Name System*** des Internet besteht aus zwei wichtigen Komponenten:

*   *Name Syntax*
    Enthält die Regeln, nach denen Namen gebildet werden. Bei einem hierarchischen System kann das Recht zur Namensvergabe stufenweise delegiert werden, da die Namenseindeutigkeit nur innerhalb einer jeden *Subdomain* gewährleistet sein muß.

*   *Directory Server*
    Ein System (Rechner), das in effizienter Weise Namen auf Adressen abbildet.

Ein Name besteht aus einer Folge von Elementen (*labels*), die durch Punkte getrennt sind.

→→ aufsteigende Hierarchie

rst. ... .uvw.xyz

Abb. 99.   Struktur von Internet-Namen

Im internationalen INTERNET wird die oberste Hierarchiestufe vom *Network Information Center* (NIC) vorgegeben, das beim *Stanford Research Institute* (SRI) angesiedelt ist. Inneramerikanisch bezeichnet die oberste Hierarchiestufe den Verwendungszweck des Netzes, z.B.

.**com**   für *commercial organizations*,

.**gov**   für *governement institutions*,

.**edu**   für *educational institutions*,

.**mil**   für *military groups*,

außeramerikanisch besteht sie aus einem zweibuchstabigen Ländercode, z.B. .de für Deutschland. In den einzelnen Ländern muß es nun eine Institution geben (in Deutschland z.B. der DFN-Verein), die für diese *Domain* das Recht der Namensvergabe besitzt, d.h. die Elemente der nachgeordneten *Subdomain* eindeutig benennt. Diese Stufe kennzeichnet Organisationen (Firmen, Universitäten, Forschungseinrichtungen usw.) in dem jeweiligen Land (z.B. **unido** (Universität Dortmund), **kfa-juelich** (Forschungszentrum Jülich)).

In einer solchen Einrichtung existiert dann i.a. wieder eine für die Namensvergabe auf dieser Ebene (typischerweise Kurzbezeichnungen für Abteilungen oder Institute) autorisierte Stelle. Darunter können dann Namen für einzelne Rechner vergeben werden. Dies können Phantasienamen sein (Namen wie asterix o.ä. sind in der Unix-Welt sehr beliebt), sinnvoller sind oftmals aber Namen, die den Rechner in irgendeiner Weise charakterisieren (Rechnertyp, Betriebssystem, eine besondere Funktion, die der Rechner hat).

Ein vollständiger Name eines Rechners könnte z.B. lauten:

vax1.ipp.kfa-juelich.de

und würde die Vax Nr.1 (**vax1**) im Institut für Plasmaphysik (**.ipp**) des Forschungszentrums Jülich (**.kfa-juelich**) in Deutschland (**.de**) benennen.

Die hier beispielhaft angegebene Strukturierung ist sinnvoll, aber nicht zwingend so vorgeschrieben. Zulässig und manchmal sinnvoll ist auch, daß eine Stelle mehrere nachgeordnete *Subdomains* verwaltet.

Durch die hierarchische Struktur wird ein logischer Baum definiert (Abb. 100), der unabhängig von der Topologie des realen Netzes ist.

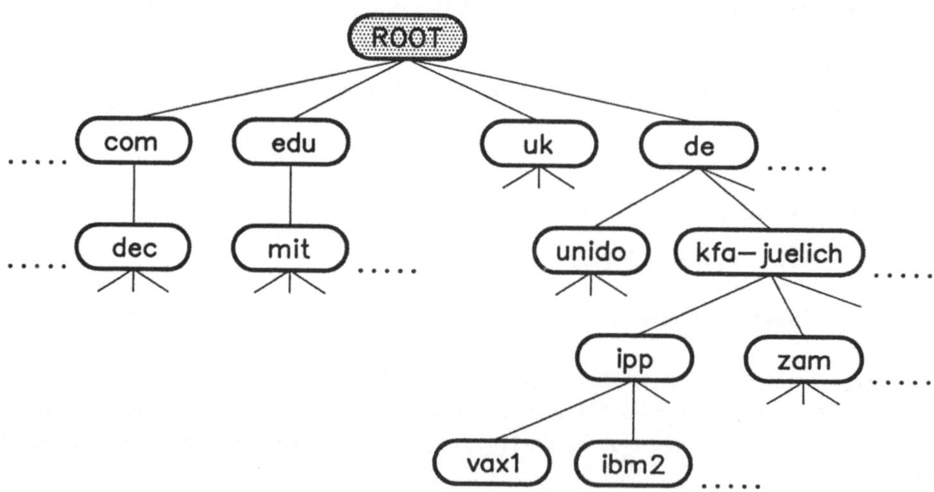

Abb. 100. Baumstruktur der Internet-Namen

Die Namen sind netzweit eindeutig, wenn jede zur Namensgebung autorisierte Stelle (*naming authority*) gewährleistet, daß die Namen innerhalb einer Hierarchiestufe eindeutig sind. Eine *Naming Authority* hat darüberhinaus die Verpflichtung, einen *Name Server* (BIND-*Server*, BIND = *Berkeley Internet Name Daemon*) bereitzustellen, der im Zusammenspiel mit anderen *Name Servern* in der Lage ist, den Namen Internet-Adressen zuzuordnen.

4.3.2.2 Internet-Adressen

Die entscheidenden Größen im Internet sind die Internet-Adressen (auch IP-Adressen). Sie identifizieren Teilnetze und Rechner im Gesamtnetz und müssen deshalb netzweit eindeutig sein. Das *Routing* im Internet basiert auf diesen Adressen.
Für das internationale INTERNET werden die Adressen (wie auch die Namen) ebenfalls vom *Network Information Center* (NIC) des SRI vergeben, wodurch die weltweite Eindeutigkeit gewährleistet werden kann. Um nicht weltweit einzelne Adressen vergeben zu müssen, bekommen nationale Einrichtungen (wie etwa das DFN) Adreßkontingente zur eigenständigen Verteilung zugewiesen.

Die Internet-Adressen haben eine Länge von 32 Bits; die allgemein verbreitete Notation ist:

ddd.ddd.ddd.ddd mit **ddd** ganze dezimale Zahlen $\in$ [0,255].

Die Adressen sind unterteilt in eine ***netid***, die das Teilnetz identifiziert, und eine ***hostid***, die eine Station in einem Teilnetz kennzeichnet.
Um den vorhandenen 32-Bit-Adreßvorrat gut ausnutzen zu können, ist die Aufteilung eines Adreßwortes in ***netid*** und ***hostid*** variabel.

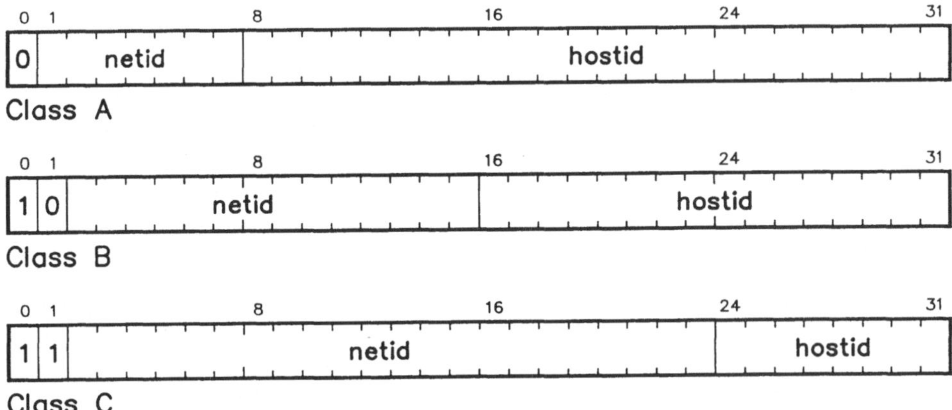

Abb. 101.   **Struktur der Internet-Adressen**

Es entstehen so verschiedene Netzklassen.
Klasse-A-Netze können sehr groß sein, d.h. sehr viele Hosts enthalten. Naturgemäß kann es davon nur wenige geben, und im internationalen INTERNET sind nur wenige der wichtigsten Netze (wie z.B. das ARPANET oder das NSFnet) Klasse-A-Netze.
Klasse-B-Netzadressen werden üblicherweise großen Forschungseinrichtungen und Universitäten oder anderen vergleichbar großen Einrichtungen zugeordnet. Mit 14 Bits Adreßraum für die Netzidentifikation kann es mehr als 16.000 solcher Netze geben, und in jedem dieser Netze stehen 16 Bits für die Host-Adressierung zur Verfügung (> 65.000), was in den meisten Fällen mehr als ausreichend sein dürfte.
Klasse-C-Netzadressen werden an kleine Einrichtungen vergeben. Es kann davon sehr viele geben, doch steht für die Host-Adressierung nur ein Byte zur Verfügung (254 Hosts unter Berücksichtigung der nicht nutzbaren Bitkombinationen).
Klasse-D-Netzadressen sind definiert, werden bisher jedoch nicht verwendet.

Class	Initial Bits	No. of Bits netid	No. of Bits hostid	Value of High Order Byte	32-Bit Net Mask
A	0xx	7	24	0–127	FF 00 00 00
B	10x	14	16	128–191	FF FF 00 00
C	110	21	8	192–223	FF FF FF 00
D	111	21	8	224–255	

Die in der Tabelle angegebene Netzmaske (*net mask*) ist eine 32-Bit-Maske, die B'0'-Werte in allen der Host-Identifikation dienenden Bitpositionen enthält und in den der Netzidentifikation zugeordneten Bitpositionen B'1'-Werte; sie ist bei der nachfolgend beschriebenen Subnetzadressierung von Bedeutung.

Die Aufteilung der Internet-Adresse in eine *netid* und eine *hostid* hat Vorteile und Nachteile. Die Nachteile sind:

- Da eine Station (Host) als Station in einem bestimmten Netz durch *netid* + *hostid* identifiziert wird, bekommt eine Station notwendigerweise eine andere Adresse, wenn sie in ein anderes Teilnetz wandert.

- Wenn die Zahl der Teilnehmerstationen in einer Einrichtung wächst und eine Klasse-C-Adresse durch eine Klasse-B-Adresse ersetzt werden muß, dann müssen alle Stationen des C-Netzes neue Adressen bekommen. Da überdies die Software es nicht generell zuläßt, daß **ein** physikalisches Netz mehrere *netids* im Internet-Sinne haben kann, kann der Übergang auch nicht gleitend erfolgen, sondern muß im gesamten Teilnetz gleichzeitig für alle Hosts vollzogen werden, was große praktische Schwierigkeiten mit sich bringt.

- Wenn ein Host über mehrere Netze erreichbar ist (d.h. Teilnehmerstation in verschiedenen Teilnetzen ist), so hat er verschiedene Adressen (auch Namen) abhängig davon, über welches der Netze er angesprochen wird. Daraus folgt, daß die vorhandene Redundanz in den Pfaden nur genutzt werden kann, wenn bekannt ist, daß dieser Host unter verschiedenen Adressen (Namen) erreichbar ist.

Der Hauptvorteil der Aufteilung der Internet-Adresse in *netid* und *hostid* besteht darin, daß außerhalb eines Teilnetzes nur die *netid* (hinter der sich eine große Zahl von Hosts verbergen kann) für *Routing*-Zwecke herangezogen werden muß, wodurch die *Routing*-Tabellen klein gehalten werden können und der *Routing*-Vorgang effizient wird.

Wie bereits erwähnt, erfolgt die Vergabe der Netzadressen für das gesamte INTERNET zentral; die Vergabe von Host-Adressen ist dagegen eine lokale Aufgabe einer (zentralen) Stelle in einer Organisation, der eine Netzadresse zugewiesen wurde. Bei größeren Netzen (insbesondere Klasse-B-Netzen) ist ein flacher Adreßraum von vielen tausend Hosts nur sehr schwer verwaltbar und entspricht auch nicht den netztechnischen Gegebenheiten, da große Einrichtungen heute i.a. sehr komplexe, strukturierte lokale Netze besitzen. Es ist deshalb wünschenswert, daß sich hinter einer Internet-Netzadresse einer Einrichtung mehrere physikalische Netze verbergen können und daß sich dieses auch in der Namens-struktur widerspiegelt.

Subnetting ist die allgemeinste (und standardisierte) Methode, um hinter einer Internet-Netzadresse mehrere physikalische Netze etablieren zu können. Es ist dies eine Erweiterung des ursprünglichen Adressierungsschemas, die aufgrund des nicht vorhergesehenen außer-ordentlichen Größenwachstums des INTERNET notwendig wurde. Durch *Subnetting* kann das Entstehen einer Vielzahl kleiner Internet-Teilnetze innerhalb einer Institution verhindert werden, wodurch auch die durch die Adreßaufteilung in *netid* und *hostid* angestrebte *Routing*-Effizienz in Frage gestellt würde.

No Subnetting

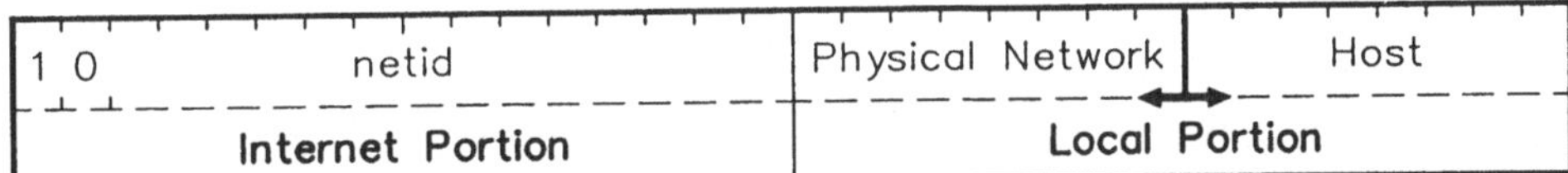

Subnetting

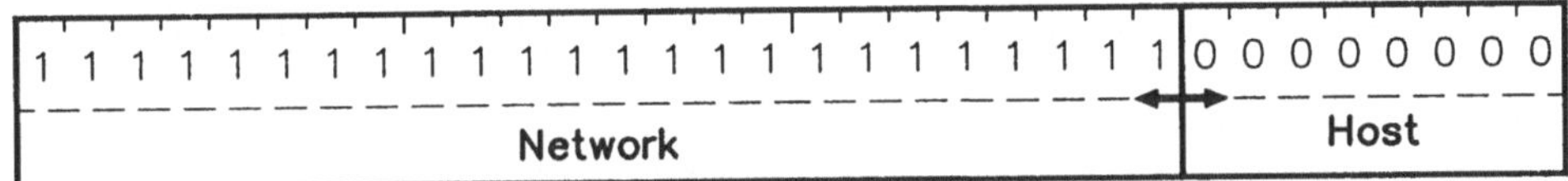

Netmask

Abb. 102.   Internet-Adreßstruktur ohne/mit Subnetting (Klasse-B-Netz)

Beim *Subnetting* (vgl. Abb. 102) wird der lokale Teil der Internet-Adresse (bisher als *hostid* bezeichnet) nochmals unterteilt in Subnetz-Adresse und *hostid* (im Subnetz). Die Aufteilung ist von der lokalen Autorität frei wählbar, sie sollte jedoch für alle Subnetze gleich sein, und alle Stationen müssen daran teilnehmen. Bei Klasse-B-Netzen wird häufig die Byte-Grenze gewählt (ein Byte für die Subnetzadressierung und ein Byte für die Host-Adressierung), weil dies zu leicht lesbaren Adressen führt und effizient implementierbar ist. Bekanntgemacht wird die gewählte Aufteilung durch die Subnetzmaske (*subnet mask*), eine 32-Bit-Maske, bei der alle der Netzidentifikation dienenden Bitpositionen *(netid + subnet-id)* auf B'1' und die der Host-Identifikation dienenden Positionen auf B'0' gesetzt sind.

Subnetting erlaubt die Spezifikation mehrerer physikalischer Netze; da aber nur eine ein-stufige Hierarchie in der Internet-Adresse dafür vorgesehen ist, können lokale Netz-strukturen (etwa eine hierarchische Struktur) nicht auf die Adressen abgebildet werden.

4.3.2.3 Hardware-Adressen

Wenn konkret in einem physikalischen Netz Daten von einer Station zu einer anderen transportiert werden sollen, so kann dies nur auf der Basis der Hardware-Adressen gesche-hen; d.h. eine Station, die die Internet-Adresse des gewünschten Zielrechners kennt, muß — um tatsächlich Daten senden zu können — auch deren Hardware-Adresse in dem physi-kalischen Netz kennen, durch das sie mit dieser Station verbunden ist.

Nur in dem äußerst seltenen Sonderfall, daß Internet-Adressen und Hardware-Adressen frei wählbar sind, kann erreicht werden, daß die Hardware-Adresse aus der Internet-Adresse ableitbar ist.

Im Normalfall werden die 32-Bit-Internet-Adressen vom *Network Information Center* vergeben und haben absolut nichts zu tun mit den Hardware-Adressen in den unterschiedlichen physikalischen Netzen. Im Falle von LANs gemäß IEEE-Standard sind dies 48-Bit-Adressen, mit denen die Hersteller jedes produzierte Interface aufgrund der ihnen von IEEE zugewiesenen Adreßkontingente versehen; im Falle öffentlicher Datennetze werden die — i.a. nach CCITT-Empfehlungen aufgebauten — Adressen von den Postverwaltungen vorgegeben. Eine Zuordnung von physikalischen Adressen zu Internet-Adressen ist dann nur über Tabellen möglich.

Für die Adressen in öffentlichen Netzen müssen diese Tabellen statisch aufgebaut werden, indem der Betreiber einer Station die entsprechenden Eintragungen vornimmt. Bei lokalen Netzen mit Broadcast-Fähigkeit auf Hardware-Ebene (z.B. im Ethernet) gibt es eine standardisierte Vorgehensweise, die *Address Resolution Protocol* (ARP) genannt wird, um eine solche Tabelle dynamisch aufzubauen. Die Vorgehensweise ist in Abb. 103 beschrieben.

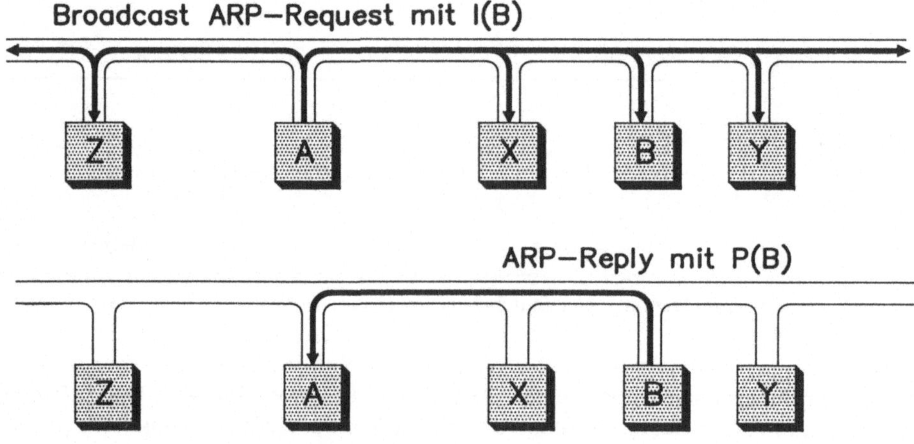

Abb. 103.   Funktion des ARP-Protokolls

Eine Station A will Daten an eine Station B mit der Internet-Adresse I(B) schicken, deren physikalische Adresse P(B) sie noch nicht kennt. Um diese zu erfahren, sendet A per Broadcast einen ARP-*Request* an alle Stationen des physikalischen Netzes, der die eigene physikalische Adresse (die im gesendeten *Frame* als *Source Address* ohnedies enthalten ist) und die Internet-Adresse von B enthält. Alle Stationen erhalten und überprüfen den ARP-*Request*, und diejenige Station, deren Internet-Adresse angegeben ist (B), beantwortet den *Request*, indem sie einen ARP-*Reply* mit der eigenen physikalischen Adresse P(B) an die anfragende Station (A) schickt. Station A trägt diese Adresse in ihre Tabelle (*Address Resolution Cache*) ein und kann nun die Übertragung durchführen und bei nachfolgenden Übertragungen aufgrund dieses Eintrags die Adreßauflösung unmittelbar vornehmen.

Auch für die Umkehrfunktion — nämlich das Herausfinden einer Internet-Adresse zu einer bekannten physikalischen Adresse — gibt es eine standardisierte Vorgehensweise, das *Reverse Address Resolution Protocol* (RARP).

Diese Funktion ist beispielsweise für *Diskless Workstations* von Bedeutung. Solche *Workstations* laden ihre gesamte Software (gegebenenfalls also auch die Internet-Software) von einem *Server*. Ein solcher *Server* versorgt in der Regel eine Reihe solcher *Workstations* und müßte jede mit der ihr individuell zugeordneten Internet-Adresse versehen, was relativ aufwendig wäre. Die Lösung besteht darin, daß die Internet-Adresse als stationsspezifische Information nicht mitgeladen wird, wohl aber eine standardisierte Methode (eine Implementation des RARP-Protokolls), wie eine Station ihre Internet-Adresse erfragen kann.

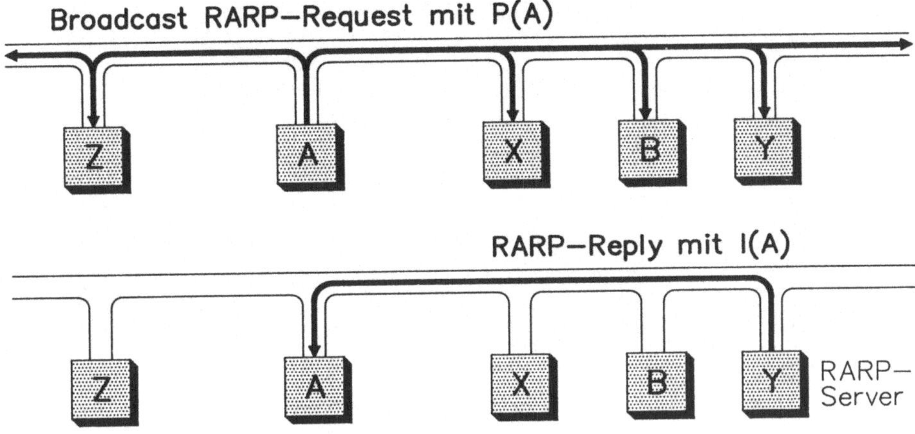

Abb. 104.   Funktion des RARP-Protokolls

Beim RARP-Protokoll sendet eine Station einen RARP-*Request* unter Angabe ihrer eigenen physikalischen Adresse (P(A)), die jede Station aus ihrer Interface-Hardware auslesen kann, per Broadcast an alle Stationen. Wenn im Netz wenigstens ein sogenannter RARP-*Server* (eine Station, die für alle Stationen die Zuordnung physikalische Adresse — Internet-Adresse kennt) etabliert ist, so antwortet dieser mit einem RARP-*Reply* an die anfragende Station, der die gewünschte Internet-Adresse I(A) enthält.

4.3.3   IP (Internet Protocol)

Das Internet-Protokoll ist in der Lage, ein Internet-Datagramm (auch als Internet-Paket bezeichnet) von einem Quellknoten über mehrere Zwischennetze zu einem Zielknoten in einem anderen Teilnetz zu transportieren. Es handelt sich hierbei um einen verbindungslosen Dienst (*connectionless packet service*), einen *Unreliable Datagram Service*, bei dem auf dieser Ebene weder die Richtigkeit der Daten, noch die Einhaltung der Sequenz oder die Vollständigkeit und Eindeutigkeit einer Folge von Datagrammen garantiert wird.
Wenn den Applikationen ein zuverlässiger, verbindungsorientierter Dienst zur Verfügung gestellt werden soll, so muß dieser durch die darüberliegende Transportschicht erbracht werden; TCP leistet das. Dazu wird den Daten einer Applikation ein TCP-*Header* vorangestellt (Abb. 105). Aus dieser Einheit, einem TCP-Segment, wird durch Voranstellen des Datagramm-*Header* (IP-*Header*) ein IP-Datagramm der Internet-Schicht. Zur Übertragung in einem physikalischen Netz wird aus dem IP-Datagramm durch Einschluß zwischen *Frame Header* und *Frame Trailer* ein in seiner Ausprägung vom physikalischen Netz abhängiger *Frame* (Rahmen) erzeugt (z.B. ein Ethernet-*Frame* in einem Ethernet).

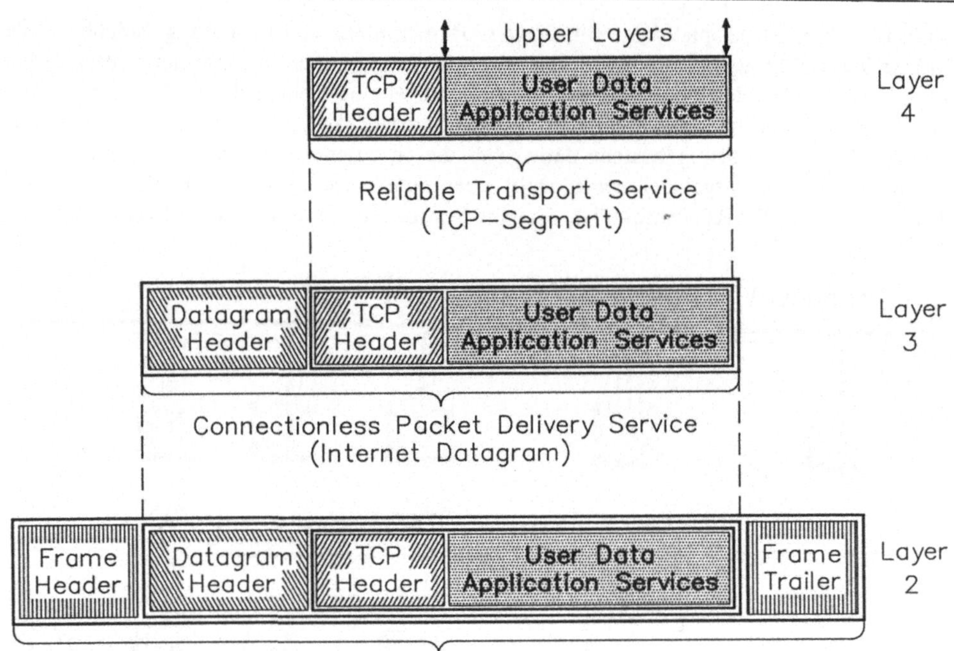

Abb. 105. Transporteinheiten im Internet

4.3.3.1 Fragmentierung

Die maximale Datagrammlänge ist sinnvollerweise auf die maximale Rahmenlänge des für
eine Übertragung benutzten physikalischen Netzes abgestimmt. Es kann aber nicht ausgeschlossen werden, daß ein Datagramm auf seinem Weg zum Zielknoten ein Teilnetz passieren muß, dessen maximale Rahmenlänge kleiner als die gewählte Datagrammlänge ist
(Rahmenlängen gängiger Netze sind: Datex-P: 128 Bytes, Ethernet: 1500 Bytes, FDDI:
4500 Bytes). In einem solchen Fall müssen aus einem Datagramm zum Weitertransport
mehrere Rahmen erzeugt werden, wobei der Datagramm-*Header* im wesentlichen repliziert
wird und die Daten entsprechend der möglichen Länge aufgespalten werden. Diesen Vorgang nennt man Fragmentierung (*fragmentation*).
Die Fragmentierung ist eine netztechnische Maßnahme, von der im allgemeinen Fall weder
der Quell- noch der Zielknoten etwas wissen muß. Es muß deshalb auch die Umkehr-
operation existieren (die als *Reassembly* bezeichnet wird), die spätestens vor der Weitergabe
an die Transportschicht im Zielknoten aus mehreren Fragmenten eines Datagramms wieder
die ursprüngliche Dateneinheit herstellt.
Es gibt zwei Stellen, wo dies sinnvollerweise geschehen könnte:

1. Beim Verlassen des Teilnetzes, das die Fragmentierung erzwungen hat, oder
2. im Zielsystem.

Im Internet ist die zweite Möglichkeit realisiert.
Wenn nicht alle Fragmente eines Datagramms das Zielsystem erreichen, so muß das gesamte Datagramm von der Quellstation wiederholt werden.

Die Wahl der Datagrammlänge im Verhältnis zur maximalen Rahmenlänge des benutzten physikalischen Netzes hat Einfluß auf die Effizienz der Datenübermittlung:

- Datagrammlänge $\ll$ Rahmenlänge $\Rightarrow$ ineffiziente Nutzung des physikalischen Netzes

- Datagrammlänge $>$ Rahmenlänge $\Rightarrow$ Fragmentierung, d.h. erhöhter Bearbeitungsaufwand in den Knoten.

Im Internet gilt die Empfehlung: Datagramme der Länge 576 Bytes sollen ohne Fragmentierung übertragen werden können.

4.3.3.2 Format des Internet-Datagramms

Ein Internet-Datagramm (IP-Datagramm) besteht aus dem Datenteil und dem vorangestellten IP-*Header*.

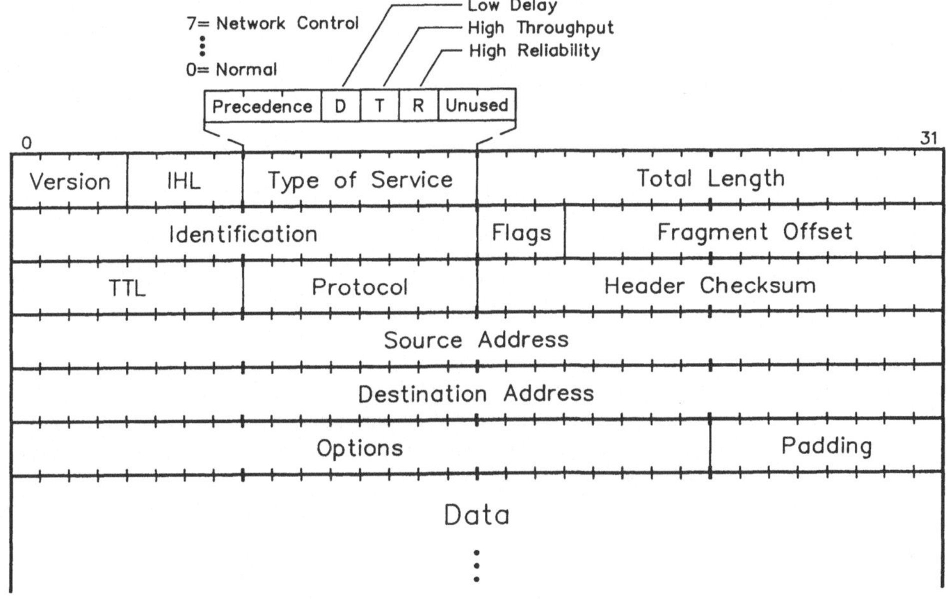

Abb. 106. Format eines Internet-Datagramms

Version   Kennzeichnet die IP-Protokollversion; darüber wird sichergestellt, daß gleiche Protokollversionen zusammenarbeiten.

IHC   Die Angabe der *Internet Header Length* erfolgt in 32-Bit-Worten. Die Normallänge ohne Optionen ist 5. Da Optionen nicht immer Wortlänge besitzen, sind am Ende gegebenenfalls Füllbits (*padding bits*) bis zur nächsten Wortgrenze einzufügen.

Type of Service Alle Bits des TOS-Feldes haben – falls sie überhaupt beachtet werden – nur den Rang eines *Best Effort*.
Precedence (Priorität):
Wird von den meisten Hosts und Gateways ignoriert. Bietet prinzipiell aber die Möglichkeit, z.B. Kontrollinformation vorrangig zu befördern.

Total Length In diesem Feld wird die Gesamtlänge des Datagramms in Bytes angegeben. Die protokollbedingte Maximallänge beträgt aufgrund der Länge dieses Feldes 64 kByte; die tatsächliche Länge sollte von der maximalen Rahmenlänge des benutzten physikalischen Netzes abhängen.

Identification Dieses und die beiden folgenden Felder steuern Fragmentierung und *Reassembly* von Datagrammen.
Jedes Datagramm besitzt eine von der sendenden Station erzeugte eindeutige Identifikation. Bei Fragmentierung wird nahezu der gesamte Datagramm-*Header* in jedes Fragment kopiert, insbesondere auch diese Identifakation, die in Verbindung mit der *Source Address* zusammengehörende Fragmente identifiziert.

Flags Die beiden *Low-order*-Bits haben die Bedeutung:

Don't Fragment: Nicht alle Hosts unterstützen Fragmentierung/*Reassembly*

More Fragments: Mit Hilfe dieses Bits kann eine Zielstation erkennen, wann sie alle Fragmente eines Datagramms empfangen hat.

Fragment Offset Die Datenbytes eines zu fragmentierenden Datagramms werden durchnumeriert und auf die Fragmente verteilt; das erste Fragment hat den *Offset* 0, bei den weiteren erhöht er sich jeweils um die Länge des Datenfelds eines Fragments.
Wenn beim *Destination Host* ein Fragment fehlt, was aufgrund der Information dieses Feldes feststellbar ist, muß vom *Source Host* das gesamte Datagramm erneut übertragen werden.

Time-to-Live (TTL) Jedes Datagramm hat eine vorgegebene maximale Lebensdauer im Internet, die in diesem Feld (1–255 Sek.) angegeben wird; d.h. auch bei *Routing*-Fehlern (etwa *Loops*) verbleibt ein Datagramm nicht permanent im Netz, sondern wird nach Ablauf der Zeitvorgabe eliminiert durch den Gateway, der den Ablauf feststellt. Im Grunde ist die Bezeichnung dieses Feldes und die bisherige Beschreibung irreführend. Da keine Startzeit angebbar ist und Zeitmessungen in einem Netz ohnehin problematisch sind, dekrementiert jeder Gateway bei Ankunft eines Datagramms dieses Feld, das damit de facto ein *Hop Count* ist.

Protocol Da verschiedene *Upper Layer Protocols* (ULPs) die Dienste des IP in Anspruch nehmen können, muß das auftraggebende ULP angegeben werden, damit die Daten im Zielknoten an das gleiche ULP übergeben werden können. Wichtige ULPs in diesem Kontext sind z.B. TCP (Protokoll-Nr. 6) und UDP (Protokoll-Nr. 17).

Header Checksum   Dieses 16-Bit-Feld enthält Längsparitätsbits, die nur über den IP-*Header* gebildet werden; die Daten eines Datagramms sind auf dieser Ebene ungeschützt.

Source Address   Internet-Adresse des Quellknotens

Destination Address   Internet-Adresse des Zielknotens

Options   Ein Datagramm muß keine Optionen spezifiziert haben; die Optionen sind aber obligatorischer Bestandteil von IP und müssen deshalb in jeder Standard-Implementation verfügbar sein.
Viele Codes sind undefiniert *(for future use)*. Die spezifizierten Optionen dienen vor allem

- der Datagramm- oder Netzsteuerung
  (datagram and network control) und

- der Fehlersuche und Messungen
  (debugging and measurement)

Die wichtigsten Optionen sind:

Record Route
Der Weg eines Datagramms durch das Netz wird mitprotokolliert.

Loose Source Routing
Hierbei schreibt die sendende Station Zwischenknoten vor, über die der Weg zum Zielknoten führen soll (nicht notwendig einen vollständigen Pfad!).

Strict Source Routing
Der vollständige Pfad vom sendenden Knoten bis zum Zielknoten wird vorgeschrieben (d.h. alle Zwischen-Gateways müssen in der angegebenen Reihenfolge direkt erreichbar sein).

Timestamp Option
Statt der Internet-Adressen (wie bei *Record Route*) trägt jeder Gateway den Bearbeitungszeitpunkt ein (wahlweise auch Internet-Adresse und Zeitpunkt). Datum- und Zeitangabe (in Millisekunden seit Mitternacht) erfolgt in *Universal Time*. Die Zeiten in den verschiedenen Gateways müssen nicht konsistent sein.

4.3.3.3 Internet Control Message Protocol (ICMP)

ICMP ist ein Vehikel zum Austauschen von Fehler- und Kontrollnachrichten zwischen Gateways und Hosts auf IP-Ebene.
ICMP-Nachrichten benutzen Internet-Datagramme wie ein ULP (*Upper Layer Protocol*, Protokoll-Nr. 1); ICMP ist aber ein integraler Bestandteil jeder IP-Implementation.

Die ICMP-Nachrichten dienen nicht dazu, den *Unreliable Packet Delivery Service* des IP zu einem *Reliable Service* aufzuwerten. Vielmehr sollen Hosts und Gateways, die über das Schicksal eines einmal abgeschickten Datagramms ansonsten keinerlei Information hätten, durch Bereitstellung von Informationen in den Stand gesetzt werden, sachgerechte Entscheidungen zu treffen und insbesondere sinnlosen Netzverkehr zu vermeiden (der z.B. dadurch entstehen könnte, daß Datagramme wiederholt werden, deren Zielknoten nicht erreichbar ist).

Die ICMP-Nachricht ist komplett im Datenteil eines IP-Datagramms untergebracht. Eine ICMP-Nachricht enthält stets den gesamten IP-*Header* sowie die ersten 64 Datenbits des die Nachricht auslösenden Datagramms.

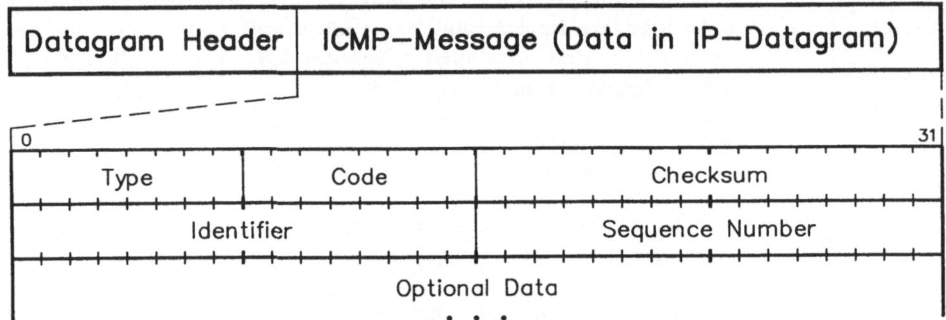

Abb. 107. Format einer ICMP-Nachricht

Type   Identifiziert die ICMP-Nachricht

Typ	Bezeichnung
0	*Echo Reply*
3	*Destination Unreachable*
4	*Source Quench*
5	*Redirect (change a route)*
8	*Echo Request*
11	*Time exceeded for a Datagram*
12	*Parameter Problem on a Datagram*
13	*Timestamp Request*
14	*Timestamp Reply*
15	*Information Request*
16	*Information Reply*
17	*Address Mask Request*
18	*Address Mask Reply*

Code   Dieses Feld liefert Detailinformation zur eher generellen Klassifizierung durch den Nachrichtentyp; die Bedeutung ist vom Typ der Nachricht abhängig.

Checksum Die Prüfsumme eines IP-Datagramms schützt nur den IP-*Header* und läßt den
Datenteil ungeschützt. Um die ICMP-Nachricht zu schützen, die ja im Datenteil eines IP-Datagramms enthalten ist, wird darüber in gleicher Weise eine
eigene Prüfsumme (Längsparität) gebildet.

Bei allen Nachrichten der Art *Request/Reply* werden zwei Felder *Identifier* und *Sequence-No.*
(jeweils 16 Bits) verwendet, um eintreffende Antworten den jeweiligen Anfragen zuordnen
zu können. Hilfsmittel, um zusammengehörende *Requests* und *Replies* identifizieren zu
können, sind notwendig, da eine Station mehrere, auch gleichartige Anfragen ausstehen
haben kann, und auf einen *Request* u.U. auch mehrere Antworten eintreffen können.
Es folgt eine kurze Erläuterung der ICMP-Nachrichten.

Echo Request/Reply

gestattet, die Erreichbarkeit eines Zielknotens zu überprüfen. Es können auch Test-
daten mitgeschickt werden, die unverändert retourniert werden. Auf diesen beiden
Nachrichtentypen basiert das bekannte **Ping**-Kommando.

Destination Unreachable

Diese Nachricht liefert im Code-Feld eine Aufschlüsselung der Ursache:

0:    *Network Unreachable*
1:    *Host Unreachable*
2:    *Protocol Unreachable*
3:    *Port Unreachable*
4:    *Fragmentation Needed and DF-Bit Set*
5:    *Source Route Failed*

Source Quench

Wenn mehr Datagramme ankommen als eine Station (Host oder Gateway) bearbeiten
kann und dies dazu führt, daß Datagramme verloren gehen, dann sendet sie eine
Source Quench Nachricht an die sendende Station (*source*) und fordert sie dadurch auf,
die Sendegeschwindigkeit zu reduzieren.
Weder für das Absenden einer solchen Nachricht noch für die Reaktion darauf gibt
es verbindliche Vorschriften.
Eine häufig implementierte Vorgehensweise bei der Erzeugung von *Source Quench*
Nachrichten ist, daß die überlastete Station für jedes verworfene Datagramm eine
Meldung an dessen Absender schickt. Vorzuziehen — aber schwieriger zu realisieren
— wäre ein Verfahren, daß es erlaubt, den Zufluß von Datagrammen zur überlasteten
Station zu drosseln, bevor es zum Verlust von Datagrammen kommt; es müßten dann
andere Kriterien für das Aussenden dieser Nachrichten herangezogen werden, etwa
wenn relevante Warteschlangen bestimmte vorgegebene Längen überschreiten.
Die Reaktion auf den Empfang einer *Source Quench* Nachricht ist ebenfalls nicht
vorgeschrieben, also abhängig von der individuellen Implementation. Da es auch
keine reziproke Nachricht gibt, durch die das Ende einer Überlastsituation angezeigt
werden könnte, senkt eine Station nach eigenem Gutdünken die Rate, wenn sie eine
oder mehrere *Source Quench* Nachrichten erhält, und steigert sie wieder, wenn sie
keine mehr empfängt.

Redirect (Change Route Request)

Diese Meldungen werden vom ersten Gateway, den ein Datagramm erreicht, an Hosts im gleichen Teilnetz geschickt. Generell kann davon ausgegangen werden, daß Gateways bessere und insbesondere aktuellere *Routing*-Informationen besitzen als Hosts, da sie permanent über dynamische *Routing*-Protokolle *Routing*-Informationen untereinander austauschen und deshalb unmittelbar auf Veränderungen im Netz reagieren können.

Wenn ein Router von einem Host ein Datagramm bekommt und feststellt, daß Datagramme für die angegebene Zieladresse besser über einen anderen Gateway das eigene Teilnetz verlassen würden, dann sendet er einen *Change Route Request*, in dem er dem sendenden Host die Internet-Adresse des besser geeigneten Gateway mitteilt. Das die Meldung auslösende Datagramm wird vom Gateway korrekt weiterbefördert.

Time Exceeded

Für die Generierung dieser Nachricht gibt es zwei mögliche Ursachen, die im Code-Feld angezeigt werden:

Time-to-live exceeded (Code 0)

Ein Gateway, der ein Datagramm eliminiert, weil der TTL-Zähler abgelaufen ist, sendet an die in dem Datagramm angegebene *Source Address* eine *Time-to-live exceeded* Nachricht.

Fragment reassembly time exceeded (Code 1)

Wenn in einem Host das erste Fragment eines Datagramms eintrifft, wird ein Zeitgeber gestartet, der das Eintreffen der weiteren dazugehörenden Fragmente überwacht. Wenn dieser Zeitgeber abläuft, bevor alle Fragmente des Datagramms eingetroffen sind, wird diese Nachricht an den Quellknoten geschickt.

Parameter Problem on a Datagram

Zeigt ein Problem bei der Interpretation des IP-*Header* in einem Datagramm an. Der IP-*Header* wird mit der Nachricht zurückgeschickt und ein Zeiger zeigt auf das Feld, welches das Problem bereitet.

Timestamp Request/Reply

Drei Zeiten (in Millisekunden seit Mitternacht, *Universal Time*) gehen ein:

Originate Timestamp

Sendezeitpunkt des *Requests*; wird von der *Request* sendenden Station eingetragen und später von der antwortenden Station in den *Reply* übernommen.

Receive Timestamp

Ankunftszeitpunkt des *Requests* im Zielknoten.

Transmit Timestamp

Zeitpunkt zu dem der *Reply* an die anfragende Station zurückgeschickt wird.

Diese Nachrichten können Zeitabschätzungen dafür liefern, wie lange ein Datentransport zwischen zwei Stationen im Netz dauert. Man kann darüber auch unterschiedliche Zeitangaben in den beteiligten Knoten aufdecken und die Zeitgeber (mit begrenzter Genauigkeit) synchronisieren.

Information Request/Reply

Über diese Nachrichten kann ein Host die **netid** seines Netzes erfahren. Dazu sendet er einen *Information Request*, in dem die Bits der **netid** der Zieladresse auf B'0...0' gesetzt sind (das bedeutet: im eigenen Netz); dies kann auch per Broadcast geschehen. Gateways antworten darauf mit einem *Information Reply* mit voll spezifizierter *Source Address* und *Destination Address*.

Address Mask Request/Reply

Wenn *Subnetting* verwendet wird, wird die Aufteilung der Internet-Adresse in die das Netz bzw. den Host spezifizierenden Bits durch die *Subnet Mask* angegeben.

Um die *Subnet Mask* zu erfragen, kann ein Host einen *Address Mask Request* aussenden. Wenn der Host die Adresse eines Gateway kennt, kann die Anfrage gezielt erfolgen, andernfalls wird sie per Broadcast abgesetzt.

In der Antwort wird die *Subnet Mask* mitgeteilt.

4.3.3.4 Routing im Internet

Um ein Datagramm zu der im *Destination Address*-Feld des IP-*Header* angegebenen Empfängerstation befördern zu können, ermittelt die Station zunächst die **netid** der betreffenden Adresse. Es können nun mehrere Fälle eintreten:

- *Direct Routing*
  Die **netid** ist die des eigenen Teilnetzes, d.h. die Zielstation liegt im gleichen Teilnetz wie die sendende Station (so daß ein *Routing* im allgemeinen Sinne nicht erforderlich ist) und ist dort durch die **hostid** identifiziert. Die dazu gehörende Hardware-Adresse wird ermittelt (evtl. per ARP) und das Datagramm dorthin gesendet.

- *Source Routing* (auch **host-specific routing**)
  Beim *Source Routing* gibt der Absender den Pfad zur Zielstation explizit vor. Der aktuelle Eintrag für den nächsten Gateway wird ausgewertet, die Hardware-Adresse dieser Station ermittelt und das Datagramm dorthin befördert.

- *Indirect Routing*
  Dieses ist der Normalfall. Jedes System, insbesondere jeder Gateway, unterhält eine auf IP-Adressen basierende *Routing*-Tabelle, deren Einträge für eine gegebene Zieladresse (**netid** der *Destination Address*) den nächsten Knoten (Gateway) angibt, an den das Datagramm zu schicken ist.
  Wenn für eine Zieladresse ein Eintrag vorhanden ist, so wird die Hardware-Adresse des angegebenen Gateway ermittelt und das Datagramm dorthin gesendet.
  Der *Routing*-Vorgang ist um so effizienter, je schneller ein bestimmter Eintrag gefunden werden kann, d.h. je kürzer die *Routing*-Tabelle ist. Um die *Routing*-Tabellen kurz zu halten, findet das *Routing* auf der Basis der **netid** der IP-Adresse statt, d.h. ein Gateway benötigt keine Information über einzelne Hosts in entfernten Teilnetzen. Die Konsequenz ist aber auch, daß im Normalfall (kein *Source Routing* spezifiziert) von einem bestimmten Teilnetz (Gateway) aus die Datagramme für alle Hosts eines Zielnetzes den gleichen Pfad durch das Internet nehmen.
  Die Information für die Routing-Tabellen zu beschaffen, zu aktualisieren und jederzeit konsistent zu halten, ist die Hauptschwierigkeit beim Routing.
  Es sind im Internet verschiedene *Routing*-Protokolle definiert, über die Hosts und vor allem Gateways *Routing*-Information austauschen (z.B. RIP = *Routing Information Protocol*, das ein *broadcast*-fähiges Netz voraussetzt und deshalb im lokalen Bereich

verwendet wird, oder EGP = *Exterior Gateway Protocol)*, auf die hier aber nicht eingegangen werden kann.

- **Default Routing**
  Wenn für ein Zielnetz kein Eintrag in der *Routing*-Tabelle vorhanden ist, aber ein
  Default Gateway spezifiziert ist, dann wird das Datagramm an diesen Gateway ge-
  schickt.
  Default Routes sind ein weiteres Mittel, um die *Routing*-Tabellen kurz zu halten. Sie sind
  insbesondere dann sinnvoll, wenn ein Teilnetz ohnedies nur über einen einzigen
  Gateway an die Außenwelt angebunden ist.

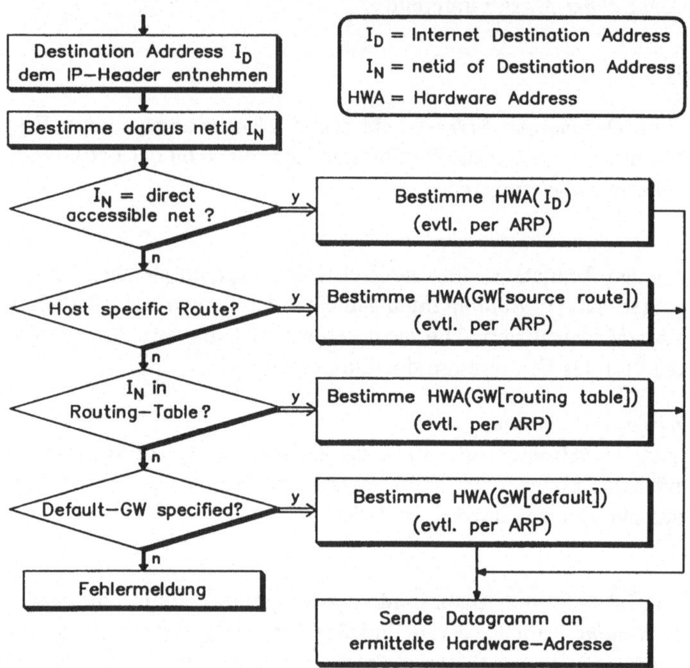

Abb. 108. Der Routing-Algorithmus im Internet

4.3.4 TCP (Transmission Control Protocol)

Aufbauend auf einem verbindungslosen, nicht sicheren Dienst der Schicht 3 (IP) realisiert
TCP als Schicht-4-Protokoll einen verbindungsorientierten, sicheren Transportdienst (entsprechend ISO/TP4). Sicherheit wird durch positive Rückmeldungen (*acknowledgements*)
und Wiederholung fehlerhafter Datenblöcke erreicht. Dazu wird ein Fenstermechanismus
(*sliding window mechanism*) verwendet, der mit variablen Fenstergrößen arbeitet, um eine
Ende-zu-Ende-Flußkontrolle zu ermöglichen.
TCP-Verbindungen sind vollduplex. Wie bei allen verbindungsorientierten Diensten muß
zunächst eine Verbindung (*virtual circuit*) aufgebaut werden, bevor Nutzdaten fließen können, und zur Beendigung des Kommunikationsvorgangs muß diese Verbindung wieder abgebaut werden.

Logisch transportiert TCP einen unstrukturierten Strom von Datenbytes, der zum Zweck der Übertragung in Segmente (das sind die Transporteinheiten im TCP; vgl. Abb. 105 auf Seite 220) unterteilt wird. Die Segmentgröße sollte auf die Größe eines IP-Datagramms abgestimmt sein; i.a. wird ein Segment in einem IP-Datagramm übertragen.

Ausgangspunkt und Endpunkt eines Datenstroms werden durch *Ports* definiert, d.h. Anwendungen nehmen über einen Port die Dienste des Transportnetzes in Anspruch, und umgekehrt sind die Anwendungen gegenüber dem Transportnetz durch *Ports* identifiziert (vergleichbar den LUs bei SNA und den SAPs *(Service Access Points)* bei ISO/OSI). Allgemein verfügbare Dienste sind über sogenannte *well-known Ports*, d.h. fest zugeordnete und allgemein bekannte *Port*-Nummern erreichbar (z.B. TELNET (*Port* 23), FTP (*Port* 21) und viele andere). Ansonsten werden *Port*-Nummern − und dies betrifft den größeren Teil des Nummernvorrats − beim Aufbau einer Verbindung zur Identifikation der Verbindung vergeben. Insgesamt sind die Endpunkte jeder Verbindung durch *Port*-Nummer und IP-Adresse eindeutig bestimmt.

Eine Verbindung *(connection)* kann von einem Teilnehmer (Prozeß) durch ein *Active Open* zu einem Kommunikationspartner aufgebaut werden, der zuvor durch ein *Passive Open* angezeigt hat, daß er bereit ist, eine Verbindung zu akzeptieren. Im Falle allgemein verfügbarer Dienste wird ein den Dienst erbringender *Server* seine Dienste durch ein *Passive Open* auf die dem Dienst zugeordnete *well-known Port*-Nummer anbieten. Danach kann von einem Teilnehmer *(Client)* aus durch ein *Active Open* auf diese *Port*-Nummer eine Verbindung zu dem *Server* hergestellt und damit der Dienst in Anspruch genommen werden.

Um die TCP-Dienste erbringen zu können, ist den Daten eines Segments ein Segment-*Header* vorangestellt.

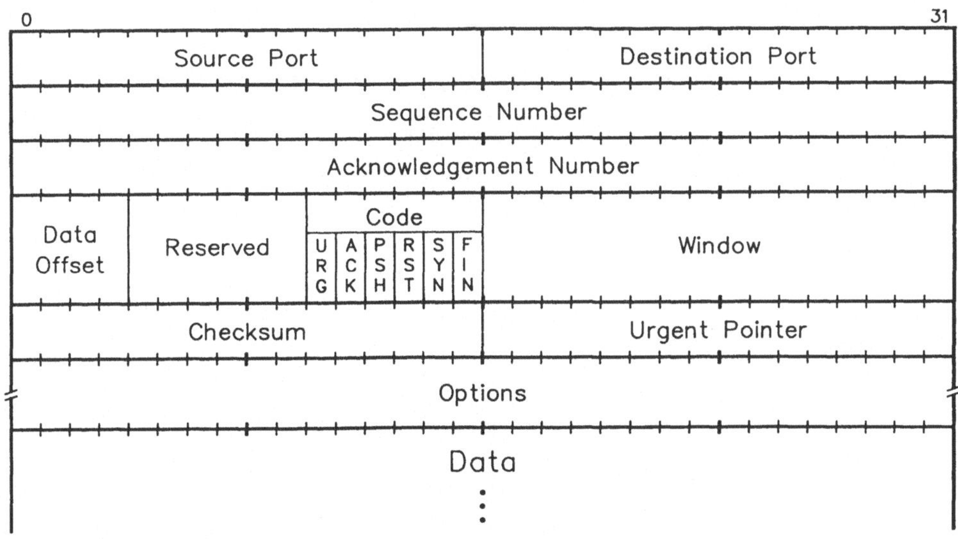

Abb. 109.   Format eines TCP-Segments

Source Port   Identifiziert die Anwendung auf der Senderseite.

Destination Port   Identifiziert die Anwendung auf der Empfängerseite.

Sequence Number TCP betrachtet die zu übertragenden Daten als numerierten Byte-Strom, wobei die Nummer des ersten Bytes nicht automatisch 1 ist, sondern beim Aufbau der Verbindung festgelegt wird. Dieser Byte-Strom wird für die Übertragung in Segmente aufgeteilt, und die *Sequence Number* ist die Nummer des ersten im Segment enthaltenen Datenbytes.

Acknowledgement Number

Dieses Feld bezieht sich auf einen Datenfluß in Gegenrichtung, d.h. hiermit werden Daten bestätigt, die die Station, die das Segment absendet, zuvor von der Zielstation empfangen hat (*Piggybacking*-Funktion). Die *Acknowledgement Number* bezieht sich auf die Byte-Nummern des empfangenen Byte-Stroms. Es wird dadurch der korrekte Empfang aller Bytes bis zu dieser Nummer (ausschließlich) bestätigt; man könnte also auch sagen, daß es die Nummer desjenigen Bytes ist, dessen Empfang die Station als nächstes erwartet.

Die Gültigkeit der Eintragung in diesem Feld wird über das ACK-Bit des Code-Feldes gesteuert. Es kann natürlich nur dann durch ein abgehendes Segment der Empfang von Daten bestätigt werden, wenn ein Datenfluß in Gegenrichtung stattfindet.

Data Offset Da der Segment-*Header* Optionen enthalten kann, ist seine Länge nicht fix. Im *Data Offset*-Feld wird die Länge (und damit der Beginn des Datenteils) in 32-Bit-Einheiten angegeben.

Res. Reserviert für zukünftige Nutzung.

Code Die Bits des Code-Feldes steuern die Funktionen des Segments:

Bit	Bedeutung
URG	*Urgent pointer field is valid*
ACK	*Acknowledgement field is valid*
PSH	*This segment requests a push*
RST	*Reset the connection*
SYN	*Synchronize sequence numbers*
FIN	*Sender has reached end of its byte stream*

URG Vgl. *Urgent Pointer*-Feld.

ACK Wenn das ACK-Bit gesetzt ist, enthält das Feld *Acknowledgement Number* einen gültigen Wert.

PSH Die *Push*-Funktion bewirkt auf der Senderseite, daß die Daten sofort gesendet werden (bevor die Sendepuffer gefüllt sind), und auf der Empfängerseite, daß sie sofort an die Anwendung weitergereicht werden (bevor die Empfangspuffer gefüllt sind). Diese Funktion ist beispielsweise für interaktive Verbindungen wichtig.

RST *Reset:* Aufforderung, die Verbindung zu lösen.

SYN   Wenn das SYN-Bit gesetzt ist, enhält das *Sequence Number*-Feld die *Initial Sequence Number* (ISN), d.h. die Station teilt der Zielstation mit, daß sie die Numerierung ihres Byte-Stroms mit ISN+1 beginnen wird. In der Bestätigung übergibt die angesprochene Zielstation ihre ISN. Auf diese Weise synchronisieren die Stationen ihre *Sequence Numbers* (*Handshake*-Verfahren zum Aufbau einer Verbindung).

FIN   Die Station hat alle Daten ihres Byte-Stroms übertragen und fordert die Gegenstation auf, die bestehende Verbindung abzubauen, sobald sie alle Daten korrekt empfangen und selbst keine Daten mehr zu senden hat.

Window   Spezifiziert die Anzahl der Datenbytes (beginnend mit der im *Acknowledgement*-Feld angegeben Byte-Nummer), die der Sender des Segments als Empfänger eines Datenstromes in Gegenrichtung akzeptieren wird. Erlaubt der Zielstation, den einlaufenden Datenstrom den aktuellen Gegebenheiten (Systemlast, verfügbarer Pufferspeicherplatz) anzupassen. Das Variieren der Fenstergröße ist somit ein Mittel zur Ende-zu-Ende-Flußkontrolle. Es bietet keine Handhabe, Überlastsituationen in Zwischenknoten zu beseitigen bzw. zu vermeiden.

Checksum   16-Bit Längsparität über das gesamte Segment (*Header*+Daten).

Urgent Pointer   Damit können Teile des zu übertragenden Byte-Stroms als dringend markiert werden. Der Wert des *Urgent Pointer* kennzeichnet das letzte vordringlich abzuliefernde Datenbyte. Es hat die Nummer
< Sequence Number > + *< Urgent Pointer >*.
Sobald die als *urgent* gekennzeichneten Datenbytes im Zielsystem angekommen sind, sollen sie schnellstmöglich an den Zielprozeß weitergeleitet werden. Der Inhalt dieses Feldes ist nur gültig, falls URG=1 ist.

Options   Über das *Options*-Feld kann die TCP-Software der beiden Endpunkte einer Verbindung Informationen austauschen. Die wichtigste Option ist das Aushandeln der Segmentgröße. Hierzu wird die maximale Segmentgröße, die bearbeitet werden kann, angegeben. Die Gegenseite kann diesen Wert akzeptieren oder — falls sie selbst stärkeren Beschränkungen unterliegt — ihrerseits einen kleineren Wert vorgeben.
Die Segmentgröße muß im Zusammenhang mit der IP-Datagrammgröße gesehen werden, die ihrerseits wieder der maximalen Rahmengröße des physikalischen Netzes Rechnung tragen soll. Es sollen aber auch die Gegebenheiten im Endsystem wie z.B. verfügbarer Pufferspeicherplatz berücksichtigt werden. Dieser Abstimmprozeß ist vor allem dann wichtig, wenn leistungsmäßig sehr unterschiedliche Systeme miteinander kommunizieren sollen.

4.3.5 UDP (User Datagram Protocol)

UDP ist ein sehr einfaches Schicht-4-Protokoll, das den Benutzern (Anwendungen) im wesentlichen die Funktionalität von IP zur Verfügung stellt, d.h. einen nicht zuverlässigen

verbindungslosen Transportdienst ohne Flußkontrolle. UDP erlaubt aber zwischen zwei
Rechnern (identifiziert durch ihre IP-Adressen) mehrere unabhängige Kommunikationsbe-
ziehungen (Multiplexen/Demultiplexen). Die Identifikation der auftraggebenden bzw.
auftragnehmenden Prozesse geschieht wie bei TCP durch *Port*-Nummern, hier UDP-
Port-Nummern. Wie bei TCP gibt es *well-known Port*-Nummern, die allgemein bekannten
Anwendungen fest zugeordnet sind, und solche, die dynamisch zugeordnet werden.
Die Transporteinheiten bei UDP tragen die Bezeichnung *User Datagram* oder auch
UDP-Datagramm. Sie bestehen aus einem UDP-*Header* und den UDP-Daten.

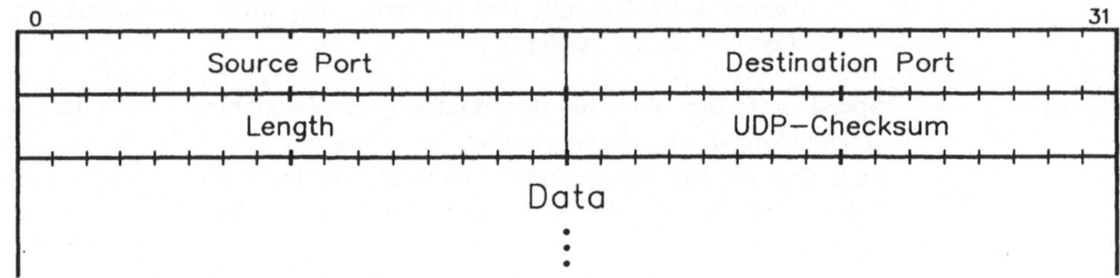

Abb. 110.   Format eines UDP-Datagramms

Source Port   Identifiziert den sendenden Prozeß, also den Prozeß, an den gegebenen-
                     falls Rückmeldungen zu senden sind. Die Angabe ist optional, das Feld
                     sollte den Wert null enthalten, wenn die Option nicht genutzt wird.

Destination Port   Identifiziert den Prozeß im Zielsystem, an den die Daten abzuliefern sind.

Length   Im Längenfeld wird die Gesamtlänge des UDP-Datagramms in Bytes an-
                     gegeben; die Mindestlänge beträgt somit 8 (= *Header*-Länge).

UDP-Checksum   Die Angabe ist optional (0 bedeutet: keine Angabe). Für die Berechnung
                     der Längsparität wird dem UDP-Datagramm ein (nicht mit übertragener)
                     Pseudo-*Header* von 12 Bytes Länge vorangestellt, der im wesentlichen
                     IP-*Source Address*, IP-*Destination Address* und die im IP-Datagramm
                     angegebene Protokoll-Nr. für UDP (17) enthält.
                     Da der Datenteil eines IP-Datagramms nicht durch die IP-*Checksum* ge-
                     schützt ist, bedeutet ein Verzicht auf die UDP-*Checksum*, daß der Inhalt
                     des UDP-Datagramms (*Header* und Daten) nicht durch eine Prüfsumme
                     gesichert ist.

Entsprechend der geringen Funktionalität ist auch der Protokoll-Overhead für UDP niedrig.
Dies ist der Grund, weshalb die meisten NFS-Implementationen auf UDP aufsetzen. Ansonsten wird UDP vor allem bei kurzen Transaktionen wie z.B. Anfragen beim *Name Server*
eingesetzt.

4.3.6   Anwendungsdienste im Internet

Die Inanspruchnahme bzw. Bereitstellung der Internet-Anwendungsdienste (auch
ARPA-*Services*) basiert auf dem *Client-Server*-Prinzip. Auf einer *Server*-Maschine wird ein
Dienst durch einen *Server*-Prozeß erbracht, der seine Bereitschaft durch eine Verbindung
zu dem dem betreffenden Dienst zugeordneten *well-known Port* bekundet.

Soll der Dienst von einem anderen System im Internet aus in Anspruch genommen werden, so muß dort für den Dienst ein *Client*-Prozeß existieren, der eine (TCP-) Verbindung zu dem *well-known Port* auf der *Server*-Maschine herstellt, über die dann Kommandos/Daten des Anwenders (Anwender kann i.a. auch ein Programm sein) zum *Server* geleitet werden und dessen Antworten/Daten zum Anwender zurückfließen.

Beim Aufbau einer Verbindung zwischen *Client* und *Server* wird nur auf der *Server*-Seite die Nummer des dem Dienst zugeordneten *well-known Port* verwendet, auf der *Client*-Seite wird eine beliebige freie *Port*-Nummer zugeordnet. Da eine TCP-Verbindung durch das Paar von *Port*-Nummern an den beiden Enden der Verbindung identifiziert wird, können mehrere unterscheidbare Verbindungen zur gleichen *Port*-Nummer im *Server*-System hergestellt werden. Dies ist die Voraussetzung dafür, daß ein *Server* seine Dienste gleichzeitig für mehrere Benutzer/*Clients* erbringen kann.

Server sind meist deutlich komplexer als *Clients*, da die Dienste i.a. von mehreren Benutzern/*Clients* zeitgleich in Anspruch genommen werden können. Dies kann so realisiert werden, daß ein *Master Server* eine Verbindung annimmt, evtl. auch einige Überprüfungen o.ä. durchführt, für die eigentliche Durchführung des Dienstes (etwa den Transfer eines Files), die längere Zeit in Anspruch nehmen kann, aber einen *Slave Server*-Prozeß erzeugt und dann selbst für die Annahme weiterer Verbindungen wieder frei ist. *Slave Server* werden dynamisch in benötigter Anzahl generiert und nach Abschluß ihrer Arbeit wieder beendet.

Es ist offensichtlich, daß ein solches Konzept ohne unterstützende Fähigkeiten des Betriebssystems (insbesondere *Multitasking*-Fähigkeit, d.h. die Fähigkeit, mehrere Prozesse gleichzeitig in Bearbeitung zu haben) kaum zu realisieren ist. *Multitasking*-Fähigkeit ist auf *Server*-Seite auch dann erforderlich, wenn nur ein *Server*-Prozeß existiert, weil dieser ansonsten — sobald er gestartet ist — den Rechner blockieren würde. Aus diesen Gründen wird auf kleinen Systemen ohne entsprechende Betriebssystem-Fähigkeiten (etwa PCs) oftmals nur der *Client*-Teil eines Dienstes implementiert, d.h. der betreffende Dienst kann von einem solchen System aus in Anspruch genommen werden, wird aber für andere nicht auf diesem System bereitgestellt. Bei fast allen Internet-Diensten (Ausname TFTP) kann bei der Angabe des Zielsystems (auf dem der Dienst in Anspruch genommen werden soll) die IP-Adresse oder der *Domain*-Name verwendet werden, wobei im letzteren Fall der *Client* die Auflösung unter Benutzung des *Name Server* vornimmt.

4.3.6.1 TELNET

Die Funktion *Interactive Terminal Login* wird in der TCP/IP-Protokollfamilie durch das TELNET-Protokoll realisiert.

TELNET erlaubt es einem Benutzer (kann auch ein Anwendungsprogramm sein), eine TCP-Verbindung zu einem *Login-Server* auf einem entfernten System herzustellen, und sendet dann Eingabedaten vom Terminal direkt zur entfernten Maschine und leitet in Gegenrichtung Ausgaben vom entfernten System an das Terminal, so, als sei dieses ein lokales Terminal des entfernten Systems (Abb. 111). Dazu ist es erforderlich, daß das Betriebssystem der *Server*-Maschine eine als Pseudo-Terminal bezeichnete Schnittstelle unterstützt, die es gestattet, von einem Progamm aus Zeichen einzuschleusen als ob sie von einem realen Terminal kämen, und umgekehrt für ein Terminal bestimmte Ausgaben zu übernehmen.

TELNET hat zwei wichtige Komponenten:

1. Um die mögliche Heterogenität in den Terminals und in den beteiligten Systemen zu beherrschen, ist das *Network Virtual Terminal* (NVT) als Standard-Interface zwischen den beteiligten Systemen definiert (betrifft insbesondere die Interpretation von Steuer-

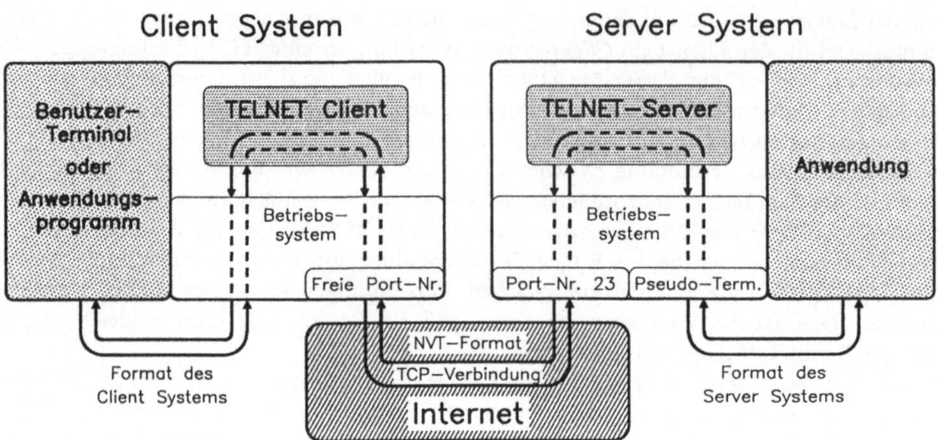

Abb. 111. TELNET Client-Server-Beziehung

zeichen). Das Standard-NVT-Format wird auf der Internet-Verbindung zwischen
Client und *Server* benutzt. Im *Client* werden die vom Terminal kommenden und im lo-
kalen System gültigen Zeichen vor dem Weitertransport zum *Server* auf das NVT-
Format umgesetzt, und umgekehrt werden die vom *Server* im NVT-Format ankom-
menden Sequenzen in das im *Client*-System gültige Format gewandelt.
Der *Server* realisiert die entsprechenden Umwandlungen.

2.   Es ist ein Mechanismus vorhanden, mit dessen Hilfe *Client* und *Server* Optionen für die
TELNET-Verbindung aushandeln können (z.B., ob 7- oder 8-Bit ASCII-Code verwendet werden soll), und ein Satz von Standardwerten. Dieser Mechanismus ist symmetrisch, d.h. *Client* und *Server* sind beim Aushandeln von Optionen gleichberechtigt.

4.3.6.2   FTP (File Transfer Protocol)

FTP ist das Standard File Transfer Protokoll der TCP/IP-Protokollfamilie und setzt auf
TCP als zuverlässiger Transportverbindung auf.
FTP leistet nicht nur den bittransparenten Transfer von Dateien zwischen den beteiligten
Systemen.

- FTP kann von Programmen aus benutzt werden. Die meisten Implementationen haben
  aber zusätzlich eine interaktive Schnittstelle, über die ein Benutzer über den FTP-*Server*
  im entfernten System mit dem File-System dieses Rechners korrespondieren kann. Er
  kann etwa eine Liste aller Files in einem Verzeichnis (*Directory*) anfordern, aber auch
  konkrete Maßnahmen durchführen (z.B. ein neues *Subdirectory* einrichten).

- FTP verlangt zwingend, daß sich ein Benutzer durch eine User-Id eindeutig identifiziert
  und durch ein Paßwort legitimiert. Ohne dieses verweigert der *Server* jeden Zugriff auf
  das dortige File-System.

- FTP erlaubt nicht nur einen bittransparenten Transport ganzer Dateien. Der Benutzer
  kann Datenformate angeben, z.B. ob die Inhalte binäre Zahlenwerte darstellen oder
  alphanumerische Zeichen sind, und, wenn es Zeichen sind, ob sie ASCII- oder

EBCDIC-verschlüsselt sind. Beim Transfer werden die gegebenenfalls erforderlichen Umsetzungen (z.B. ASCII ⇔ EBCDIC) automatisch vorgenommen. Es ist zu beachten, daß bei solchen Umsetzungen Information verloren gehen kann, und die Umsetzungen dann nicht mehr umkehrbar eindeutig sind (wenn etwa zwei Systeme unterschiedliche Gleitkommadarstellungen haben, so daß bei einer Umwandlung Genauigkeit verloren geht, so kann diese bei einer anschließenden Rückkonversion nicht wieder hinzugefügt werden).

Wie bei anderen Internet-Diensten auch, können die Dienste eines FTP-*Servers* gleichzeitig von mehreren *Clients* aus in Anspruch genommen werden. Anders als bei den anderen Diensten werden für eine FTP-Sitzung u.U. aber mehrere Transportverbindungen zwischen einem *Client* und dem *Server* etabliert. Zu Beginn einer FTP-Sitzung wird zunächst eine Kontrollverbindung aufgebaut, über die z.B. die Authentisierungs-Prozedur abgewickelt wird und über die Steuerinformationen (auch Kommandos) laufen. Falls es zum Transfer einer Datei kommt, wird dafür eine separate Verbindung aufgebaut (vgl. Abb. 112). Beide Verbindungen basieren auf TCP als Transportprotokoll; bei der Kontrollverbindung handelt es sich um eine TELNET-Verbindung mit reduzierter Funktionalität (keine aushandelbaren Optionen).

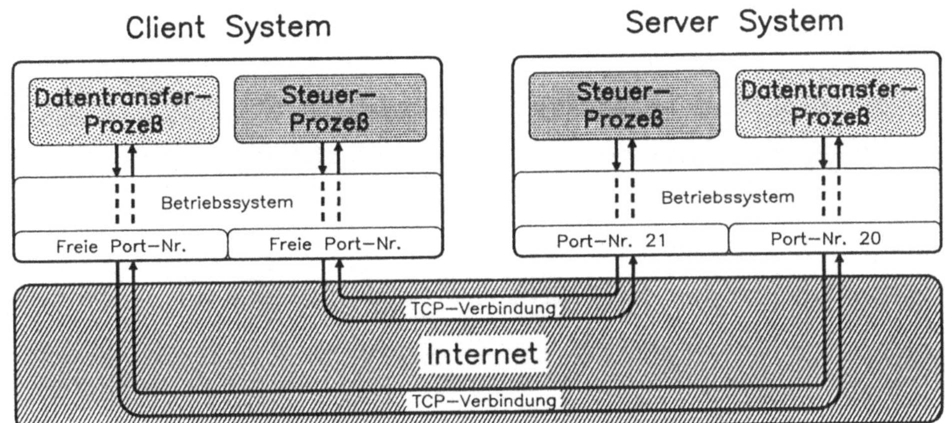

Abb. 112.   FTP Client-Server-Beziehung

Während die Kontrollverbindung für die gesamte Dauer einer FTP-Sitzung bestehen bleibt, werden Datentransfer-Verbindungen dynamisch für die Übertragung von Dateien auf- und anschließend wieder abgebaut.

4.3.6.3   TFTP (Trivial File Transfer Protocol)

Das normale File Transfer Protokoll der TCP/IP-Protokollfamilie, FTP, ist vergleichsweise komplex und verlangt sogar auf der einfacheren *Client*-Seite, daß parallel mehrere TCP-Verbindungen unterhalten werden, was auf kleineren Systemen ohne adäquate Betriebssystemunterstützung nicht leicht zu realisieren ist.

Für solche Anwendungsfälle, wo die volle Funktionalität von FTP nicht erforderlich und die Komplexität nicht erwünscht ist, enthält die TCP/IP-Protokollfamilie ein sehr viel einfacheres und unaufwendigeres File Transfer Protokoll, TFTP.

TFTP sieht keine Authentisierung vor und unterstützt nur einfache File Transfers. Es basiert auch nicht auf TCP als Transportprotokoll, sondern auf dem sehr viel einfacheren UDP. Um die Verbindung gegen Fehlerbedingungen (z.B. Verlust von Datagrammen) robust zu machen, existiert symmetrisch auf Sender- und Empfängerseite ein Timeout- und Wiederholungsmechanismus. Ein File wird in Blöcken fester Länge (512 Bytes) transferiert, die mit 1 beginnend durchnumeriert werden. Nach dem Absenden eines Blocks wartet der Sender die Bestätigung der betreffenden Block-Nummer ab. Trifft diese nicht (rechtzeitig) ein, wird der Timeout also wirksam, so wird der Block wiederholt. Umgekehrt bestätigt der Empfänger einen empfangenen Block sofort mit seiner Block-Nummer. Trifft vor Ablauf des Timers kein weiterer Block ein (obwohl der File noch nicht komplett übertragen ist), so wird die Bestätigung der betreffenden Block-Nummer wiederholt. Das Ende der Übertragung wird durch einen Block mit einer Blocklänge von weniger als 512 Bytes erkannt.
TFTP beschränkt sich auf wenige Kernfunktionen, und die Implementationen nehmen deshalb auch vergleichsweise wenig Speicherplatz ein, so daß das Programm auch leicht in ROMs untergebracht werden kann. TFTP ist deshalb ein geeignetes Protokoll für das initiale Laden der Betriebssoftware von *Diskless Workstations* von einem *Load Server* im Netz aus.

4.3.6.4 SMTP (Simple Mail Transfer Protocol)

Electronic Mail ist (nicht nur im INTERNET) der am weitesten verbreitete Datenkommunikationsdienst.
Der Dienst wird durch zwei Standards beschrieben,

- das *Simple Mail Transfer Protocol* (SMTP), das beschreibt, wie die *Mail*-Systeme (*Client* und *Server*) Mitteilungen austauschen, und

- das in RFC 822 festgelegte Format der Mitteilungen.

Eine Mitteilung besteht immer aus einem *Mail Header* und dem *Mail Body*, dem eigentlichen Inhalt der Mitteilung.
Der *Header* besteht aus 'Schlüsselwort: Wert'-Paaren, von denen einige, wie

To: (Empfänger),
From: (Absender)

obligatorisch sind, weitere wie

Reply-to: (wenn eine Antwort an andere Stelle als den Absender gehen soll)

optional sind.
Eine Adresse hat die Form:

local part @ domain name

Der *Domain*-Name identifiziert einen Rechner (wird in üblicher Weise im *Name Server* zu einer IP-Adresse aufgelöst).
Der *Local Part* ist im einfachsten Fall die User-Id des Benutzers in dem angegebenen Rechner.
Mehr Flexibilität an dieser Stelle erhöht die Funktionalität des *Mail*-Systems beträchtlich.

Es können Alias-Namen angegeben werden. Die Angaben können aber auch eine Position bezeichnen (an den geschäftsführenden Direktor, an den diensthabenden Arzt, ...), die dann auf den jeweiligen Teilnehmer umgesetzt werden. **Ein** Benutzer kann so verschiedene Namen und Bezeichnungen haben und ist unter allen erreichbar (n:1-Zuordnung).
Die Angabe kann aber auch eine Gruppe bezeichnen (an die Arbeitsgruppe XYZ, ...), wodurch alle Mitglieder der Gruppe angesprochen werden (1:n-Zuordnung).
Diese Dienste werden vom *Mail*-System, auch *Mailer* (*Client* und *Server*) im Zusammenspiel mit dem *Name Server* erbracht.

Das hier angegebene Adreßformat (*local part @ domain name*) ist nur für Mitteilungen innerhalb des INTERNET so einfach. Es ist aber wünschenswert, auch Teilnehmern anderer Netze Mitteilungen zukommen lassen zu können bzw. von diesen erreichbar zu sein. Dafür müssen *Mail Gateways* oder *Mail Relays* die Netze verbinden. Über die dann erforderlichen Adreßformate lassen sich keine generellen Aussagen machen; sie sind i.a. aber aufwendiger, da sowohl ein geeigneter Gateway als auch der Adressat im fremden Netz eindeutig daraus hervorgehen müssen.

Beim *Mail*-Dienst gibt es zwei Besonderheiten, die bei den anderen Diensten nicht gängig sind:

- *Mail* wird auch innerhalb eines Systems verschickt.

- *Mail* kann weitergeleitet werden (*mail forwarding*).

Das Weiterleiten von Mitteilungen ist wünschenswert, wenn ein Benutzer (temporär oder permanent) seinen Arbeitsplatz gewechselt hat. Falls dies nicht allgemein bekannt ist und weiterhin Mitteilungen für diesen Benutzer an der Adresse des alten Arbeitsplatzes ankommen, so genügt es, wenn diesem System die neue Adresse bekannt ist, um Mitteilungen automatisch dorthin weiterleiten zu können.
Auch ein explizites Weiterleiten kann sinnvoll sein, wenn ein Benutzer eine Mitteilung erhält, von der er glaubt, daß ein anderer Benutzer sie ebenfalls erhalten sollte. In diesem Falle wird er sie explizit per Kommando weiterleiten, was etwas anderes ist als ein erneutes Verschicken, weil die Historie (d.h. Herkunft) der Nachricht erhalten bleibt (d.h. im wesentlichen wird die gesamte empfangene Nachricht (*Header* + Inhalt) mit einem neuen *Header* versehen und erneut verschickt).

Eine Internet-Nachricht enthält nur druckbare Zeichen.
Dies gilt auch für die Kommunikation zwischen *Client* und *Server* im Rahmen von SMTP.
Eine Aktion zwischen *Client* und *Server* beginnt mit einem 3-ziffrigen Code, dessen Interpretation für bessere menschliche Lesbarkeit angefügt ist. So antwortet beispielsweise der *Server*, nachdem der *Client* eine TCP-Verbindung (*Port*-Nr. 25) zu ihm aufgebaut hat, mit

    220 READY FOR MAIL

Der Dienst *Electronic Mail* unterscheidet sich seiner Natur nach von den anderen Anwendungsdiensten:

- Eine Identifikation ist nicht erforderlich, d.h. ein Teilnehmer soll einem anderen Teilnehmer eine Mitteilung zukommen lassen können, ohne sich ausgewiesen zu haben. Infolgedessen ist eine Authentifizierungsprozedur nicht vorgesehen. Dies hat allerdings zur Konsequenz, daß letztlich auf die Absenderangabe nicht vertraut werden darf.

- Der Austausch von Nachrichten ist seiner Natur nach ein asynchroner Vorgang, d.h. es besteht keine Notwendigkeit, daß Absender und Empfänger eine direkte (zeitgleiche) Verbindung zueinander aufnehmen. Ein Absender kann zu irgendeinem (ihm genehmen) Zeitpunkt eine Mitteilung absenden, und der Empfänger zu irgendeinem späteren Zeitpunkt darauf zugreifen. Der *Client* agiert deshalb — was den Transport der Mitteilung angeht — nicht im unmittelbaren Auftrag des Teilnehmers. Der Teilnehmer übergibt die zu sendende Nachricht dem *Client*, der die Nachricht bearbeitet (z.B. Alias-Namen auflöst u.ä.) und in einem eigenen Speicherbereich (*outgoing mail spool area*) ablegt. Damit ist die Interaktion zwischen dem Benutzer und dem *Client* beendet.
  In einem zweiten unabhängigen Vorgang versucht der *Client* dann, die Nachricht an die angegebene Zieladresse zu transportieren. Wenn das Zielsystem vorübergehend nicht erreichbar ist, so wird dieser Versuch in regelmäßigen Abständen wiederholt. Erst wenn sich die Nachricht nach einer vorgegebenen (langen) Zeit als unzustellbar erweist, wird sie an den Absender zurückgegeben.
  Auf dem Zielsystem übernimmt der *Mail Server* die Nachricht, bearbeitet sie (überprüft beispielsweise, ob sie weitergeleitet werden muß) und speichert sie gegebenenfalls in der dem Adressaten zugeordneten *Mailbox*.

Da SMTP auf TCP basiert, wird zwar nicht zwischen Absender und Empfänger, wohl aber zwischen *Transfer Client* auf der einen Seite und *Mail Server* auf der anderen Seite eine zuverlässige Ende-zu-Ende-Verbindung aufgebaut. Infolgedessen befindet eine Nachricht sich immer in einem wohldefinierten Zustand:
Sie ist entweder noch im lokalen System (dann befindet sie sich in der *Mail Spool Area* und ist noch nicht übertragen worden oder wird gerade übertragen), oder sie ist nicht mehr im lokalen System; dann ist sie vollständig und korrekt zum Zielsystem übertragen worden.
Bei *Store-and Forward*-Netzen mit *Message Switching* oder wenn Gateways zwischengeschaltet sind, können Nachrichen (vorübergehend) im Netz verschwinden, d.h. weder Sender noch Empfänger wissen, wo sich die Nachricht gerade befindet, noch haben sie Einfluß darauf, wann und wie der Weitertransport vor sich gehen wird.

4.3.6.5 SNMP (Simple Network Management Protocol)

Im Internet sind die Management-Funktionen auf der Anwendungsebene angesiedelt. Das hat mehrere Vorteile:

1. Ein Internet besteht i.a. aus einer Reihe unterschiedlicher Teilnetze. Management-Funktionen auf den unteren Ebenen wären deshalb teilnetzspezifisch; positiv ausgedrückt: Die Management-Funktionen können für das gesamte Internet einheitlich dargeboten werden.

2. Die Objekte des Managements können an beliebiger Stelle im Netz liegen; es muß keine direkte physische Verbindung zu einem solchen Objekt vorhanden sein.

Nachteil dieser Konzeption ist, daß das Netz als ganzes funktionsfähig sein muß, um die Management-Funktionen gewährleisten zu können. Das bedeutet, daß für manche Management-Funktionen (insbesondere im Bereich des Fehler-Managements) zusätzliche netzspezifische Management-Werkzeuge vorhanden sein müssen.
Die Objekte des Internet-Managements sind Hosts und vor allem Gateways.
Ähnlich wie bei SMTP wird das Internet-Management durch zwei unabhängige standardisierte Teilbereiche beschrieben:

- Das Protokoll SNMP, das festlegt, wie Management-Information kommuniziert wird (Formate und Bedeutung von SNMP-Nachrichten) und

- die Spezifikation der Daten (MIB = *Management Information Base*).

Wie bei den anderen Anwendungsdiensten, funktioniert auch das Management nach dem *Client-Server*-Prinzip.
In jedem Objekt (vor allem Gateways) muß ein *Server* installiert sein, der die in der MIB spezifizierten Informationen sammelt, diese gegebenenfalls einem *Client* zur Verfügung stellt (per SNMP) und von einem *Client* Kommandos entgegennimmt.
Ein Manager (in einem Internet gibt es i.a. mehrere Manager mit begrenzten Zuständigkeitsbereichen) benutzt einen SNMP-*Client* (i.a. auf einem Host installiert), um von einem *Server* Netzinformation abzurufen oder per Kommando Steuerungsfunktionen wahrzunehmen.
Es ist klar, daß für das Ausführen von Management-Funktionen eine Authentifizierung erforderlich ist. Diese ist in der Regel mehrstufig: Während der für eine Komponente verantwortliche Manager alle Funktionen ausführen darf, kann einer größeren Zahl von Teilnehmern (etwa den Managern anderer Komponenten im Netz) ein eingeschränkter Management-Zugriff gewährt werden (etwa das Auslesen von Konfigurationsparametern oder Statistik-Daten).

Die *Management Information Base* (MIB) spezifiziert die Informationseinheiten (*items*), die vorgehalten werden müssen, und welche Operationen darauf erlaubt sind.
Die MIB-Variablen sind in acht Kategorien eingeteilt:

system	Betreffen das Betriebssystem im SNMP-*Server*
interface	Betreffen die Interfaces zu den einzelnen Netzsegmenten
address translation	Betreffen die Adreß-Umsetzung (z.B. ARP-*Requests*)
ip	
icmp	
tcp	
udp	
egp	Betreffen das *Routing*-Protokoll EGP *(Exterior Gateway Protocol)*

Beispiele für MIB-Variable der Kategorie *ip* sind:

> Zahl der empfangenen Datagramme,
> Zahl der abgesendeten Datagramme,
> Zahl der fragmentierten Datagramme,
> die IP-*Routing*-Tabelle.

Für die Namensvergabe existieren Regeln, und es gibt vorgegebene Typen von Variablen (z.B. Typ *Counter*: 32-Bit Integer-Zahl).
Inzwischen gibt es bereits eine erweiterte MIB, die die Bezeichnung MIB-II trägt. Die Standardisierungen in diesem Bereich sind noch nicht abgeschlossen.

5.0 Netzdienste der Deutschen Bundespost Telekom

Die Deutsche Bundespost Telekom bietet im Bereich der Datenkommunikation Netzdienste
an, bei denen die Netzspezifikation nur bis zur Schicht 3 des OSI-Schichtenmodells (vgl.
Kap. 2.5.4) durch die Telekom vorgegeben ist, über die die Teilnehmer in darüberhinaus
nicht durch Vorschriften der Telekom festgelegter Weise Datenkommunikation betreiben
können; die Telekom bezeichnet diese Netz- bzw. Transportdienste als Datendienste. Daneben bietet die Telekom aber auch Kommunikationsdienste an, die Textdienste (auch
Telematikdienste) genannt werden. Dabei handelt es sich um Dienste, bei denen die Vorgaben der Telekom bis zur Schicht 7 (Anwendungsebene) reichen und bei denen auch die
angeschlossenen Endgeräte den Vorschriften der Telekom entsprechen müssen und einer
Zulassung durch die Telekom bedürfen.
Die wichtigsten Netze und Dienste im öffentlichen Telekommunikationsnetz und ihre Zuordnung sind in Abb. 113 zusammengestellt.

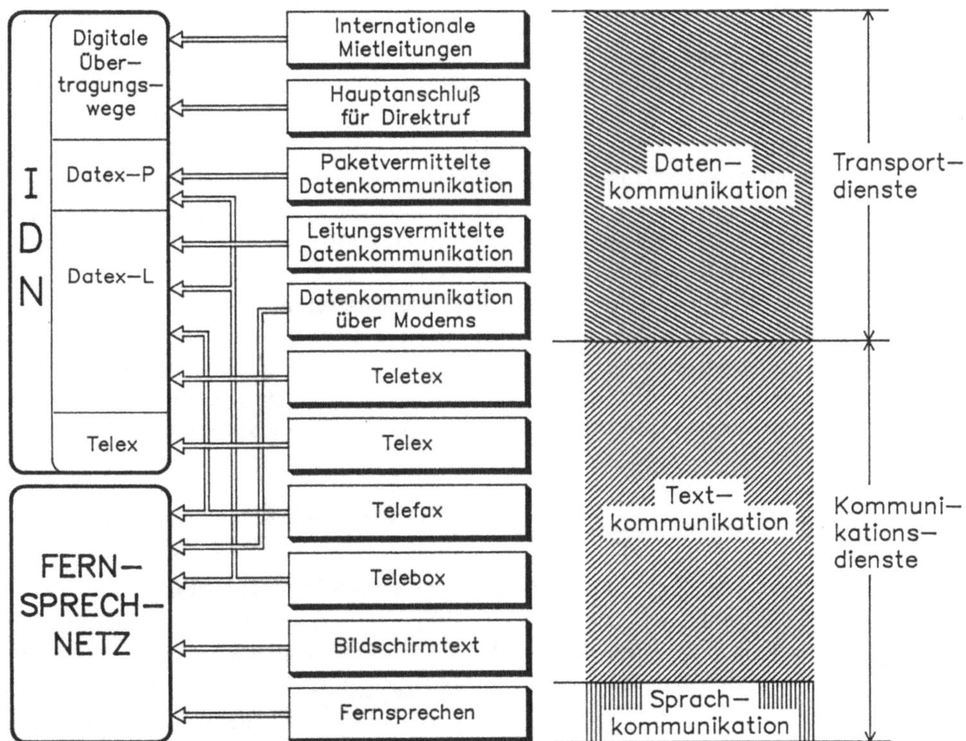

Abb. 113. Die wichtigsten Netze und Dienste der Deutschen Bundespost

Die wichtigsten Netze, die im folgenden angesprochen werden, sind:

- **Fernsprechnetz**

- **ISDN**

- **Integriertes Text- und Datennetz (IDN)**

  – Telex-Netz

  – Datex-L-Netz

  – Datex-P-Netz

  – digitale Übertragungswege (Direktrufnetz)

- **Breitband-Overlaynetz.**

5.1 Fernsprechnetz

Das Fernsprechnetz mit ca. 34 Mio. (31 Mio. in den alten Bundesländern) Hauptanschlüssen (1991) und 12 Mio. Teilnehmersprechstellen an ca. 1,8 Mio. Nebenstellenanlagen (1985) dient überwiegend der Sprachkommunikation, die mit ca. 32 Mrd. DM pro Jahr auch den überwiegenden Teil des Umsatzes erbringt (fast 70%) und – im Gegensatz zu den übrigen Fernmeldediensten – solide Gewinne abwirft.

Das Fernsprechnetz ist aber auch der Träger nichtsprachlicher Kommunikationsdienste wie Temex *(Telemetry exchange)* Telefax, Bildschirmtext (man könnte durchaus bereits von einer Diensteintegration sprechen) und steht auch als Transportnetz für Datenübertragungen über Modems zur Verfügung. Durch die in letzter Zeit beachtlichen Zuwächse beim Telefax- und Bildschirmtextdienst ist es von den Teilnehmerzahlen her sogar das wichtigste Netz für die Datenkommunikation. Außerdem ist das Fernsprechnetz in seiner modernisierten Form – als digitales Fernsprechnetz – die Basis für das ISDN.

Während für die Teilnehmerzahlen bei einem Versorgungsgrad von 47,5% (1989) bezogen auf die Einwohnerzahl große Zuwächse nicht mehr zu erwarten sind, sagen die Prognosen eine Verdopplung der Verkehrslast innerhalb der nächsten zwanzig Jahre voraus; dies unter Extrapolation der heutigen Verhältnisse, d.h. ohne Berücksichtigung neu hinzukommender Dienste (etwa im Rahmen des ISDN) oder einschneidender Veränderungen bei den Gebühren.

5.1.1 Digitalisierung des Fernsprechnetzes

Die Digitalisierung des Fernsprechnetzes ist eine notwendige Voraussetzung für die Einführung des ISDN. Unabhängig von den ISDN-Vorbereitungen stellt die Digitalisierung des Fernsprechnetzes eine Prozeßinnovation dar, die kostenwirksamen technischen Entwicklungen Rechnung trägt und deshalb ökonomisch zwingend ist. Im Gegensatz zu einer Produktinnovation, bei der – wie beim ISDN – neue Leistungsmerkmale im Vordergrund stehen, bleiben bei einer Prozeßinnovation – wie der Digitalisierung des Fernsprechnetzes – die sichtbaren Leistungsmerkmale unverändert, während bei der Qualität der Darbietung (Übertragungsgüte, Zuverlässigkeit, Preiswürdigkeit) durchaus Veränderungen, d.h. Verbesserungen angestrebt werden.

Das Fernsprechnetz ist heute in weiten Teilen noch ein analoges Netz mit analogen Übertragungsstrecken und analoger (elektromechanischer) Vermittlungstechnik. Das Netz besitzt, wie in Abb. 114 gezeigt, eine dekadisch hierarchische Struktur, die sich in den Vorwahlnummern widerspiegelt.

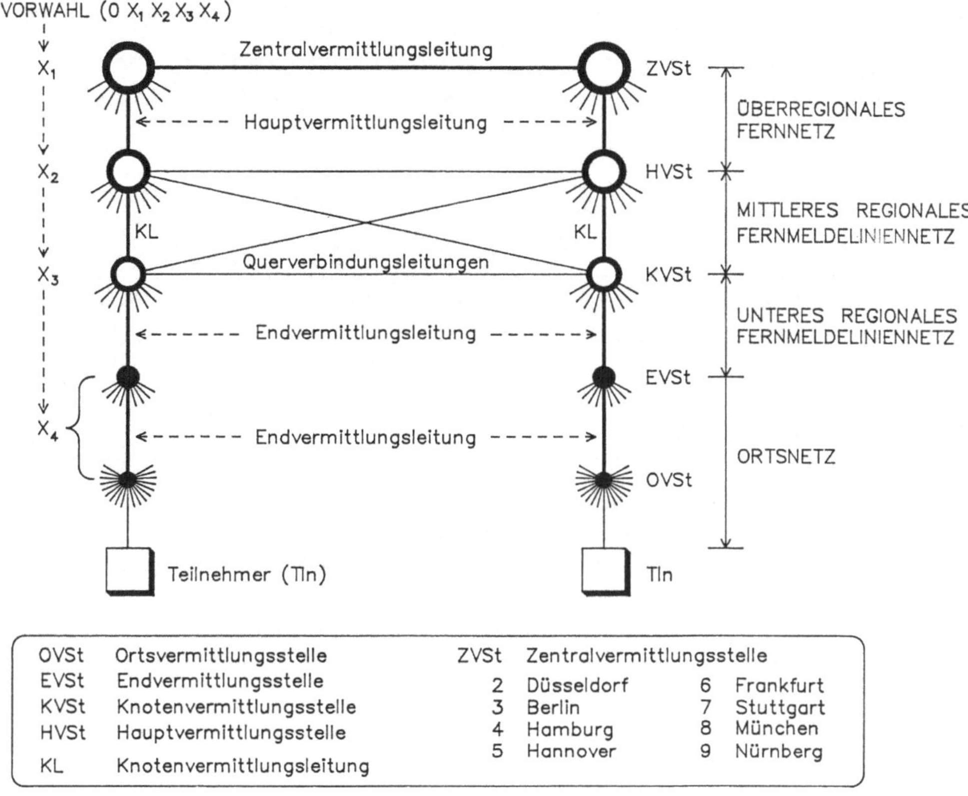

Abb. 114. Struktur des Fernsprechnetzes

Die Elemente des digitalen Fernsprechnetzes sind:

- digitale Übertragungsstrecken,

- digitale Vermittlungseinrichtungen,

- der zentrale Zeichengabekanal.

5.1.1.1 Digitalisierung der Übertragungsstrecken

Ähnlich wie bei der analogen Übertragungstechnik steht auch für die digitale Übertragungstechnik eine Hierarchie von Übertragungssystemen zur Verfügung, bei denen eine Anzahl von 64-kbps-(Sprach)-Kanälen im Zeitmultiplexverfahren übertragen wird. Die unterste Stufe bildet das Primärmultiplexsystem (PCM30) mit 30 Nutz- und zwei Hilfskanälen und einer Gesamtbitrate von 2,048 Mbps. Die höherrangigen Systeme ergeben sich dadurch, daß jeweils vier Systeme der darunterliegenden Stufe durch eine Multiplex-Einrichtung zusammengeschaltet werden; die nachfolgende Tabelle enthält eine Zusammenstellung der wichtigsten Kenndaten.

Ebene	*Bezeichnung*	*Anzahl Nutzkanäle*	*Bitrate (Mbps)*	*Kabel*	*Regeneratorabstand (km)*
Untere Regional-ebene	PCM30	30	2	symmetrisch	ca. 2
Mittlere Regional-ebene	PCM120	120	8	symmetrisch Koax 1,2/4,4	ca. 6,5
	PCM480	480	34	Koax 1,2/4,4 LWL	ca. 4
Überregionale Fernebene	PCM1920	1920	140	Koax 2,6/9,5 LWL	ca. 4,5
	PCM7680	7680	565	Koax 2,6/9,5 LWL	ca.1,5 ca. 35
Digitale Übertragungssysteme					

1973 hat die Deutsche Bundespost damit begonnen, auf der unteren regionalen Fernebene PCM30-Systeme einzusetzen. Seit 1982 stehen PCM480-Systeme (für Koaxialkabel) zur Verfügung, die vorwiegend im mittleren regionalen Fernmeldeliniennetz eingesetzt werden. Seit 1986 sind auch die Übertragungssysteme PCM1920 und PCM7680 für die überregionale Fernebene einsatzbereit, so daß seither im gesamten Netz der Ausbau der Übertragungska-pazitäten nur noch digital erfolgt. Derzeit beträgt der Digitalisierungsgrad bei der Übertra-gungstechnik etwa 50%.

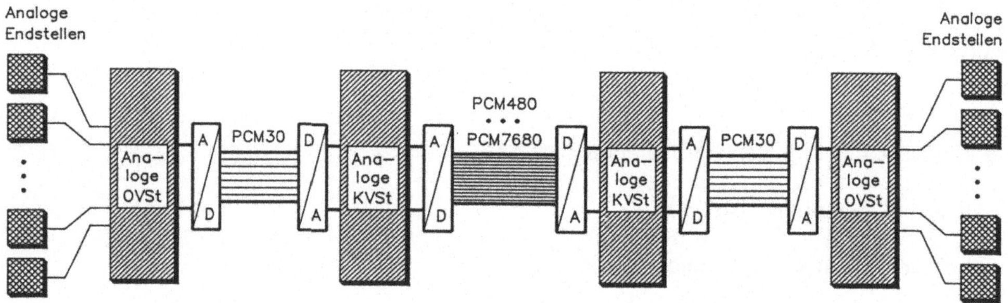

Abb. 115. Prinzipdarstellung des Fernsprechnetzes mit digitaler Übertragungstechnik

Parallel zur Digitalisierung der Übertragungstechnik erfolgt seit dem Beginn der achtziger Jahre auf der Fernebene der Ausbau mit Glasfasern, anfangs mit Gradientenfasern, seit 1988 ausschließlich mit Monomodefasern; bereits seit 1987 werden auf der Fernebene nur noch Glasfasern verlegt. Ebenso wie die Digitaltechnik stellen auch Glasfasern eine tech-nische Innovation dar, deren Nutzung unter dem Aspekt der Wirtschaftlichkeit zwingend ist. Allein schon der Vergleich der Verstärkerabstände bei der Verwendung von Kupferka-beln (vgl. Tabelle) mit den Regeneratorabständen bei Lichtwellenleitern (ca. 20 km bei Gradientenfasern, 30-40 km bei Monomodefasern) unterstreicht die auch kostenmäßig wirksame Überlegenheit der Glasfaser im Fernnetzbereich.

5.1.1.2 Digitalisierung der Vermittlungstechnik

Solange die analogen Vermittlungssysteme in EMD-Technik (EMD = Edelmetall-Motor-Drehwähler) noch im Einsatz sind, muß vor und hinter der Vermittlungseinrichtung eine Analog/Digitalwandlung vorgenommen werden, wenn digitale Übertragungsstrecken eingerichtet werden; Abb. 115 zeigt eine Prinzipdarstellung. 1983 bzw. 1984 hat die Deutsche Bundespost die Systementscheidung für die digitale Fernvermittlungstechnik (DIVF) bzw. die digitale Ortsvermittlungstechnik (DIVO) getroffen; für beide Bereiche fiel die Entscheidung zugunsten des Systems 12 der Fa. SEL und des Systems EWSD der Fa. Siemens. Sowohl im Fern- wie im Ortsbereich wurden 1985 die ersten digitalen Vermittlungssysteme installiert.

Voraussetzung für den Einsatz digitaler Vermittlungseinrichtungen ist das Vorhandensein digitaler Übertragungsstrecken, weshalb für die Digitalisierung der Übertragungsstrecken ein gewisser Vorlauf erforderlich ist und die weitere Digitalisierung von Übertragungstechnik und Vermittlungstechnik nur koordiniert erfolgen kann.

Nach der Installation digitaler Fern- und Ortsvermittlungssysteme können durchgehende digitale Verbindungen von Ortsvermittlungsstelle zu Ortsvermittlungsstelle aufgebaut werden (vgl. Abb. 116).

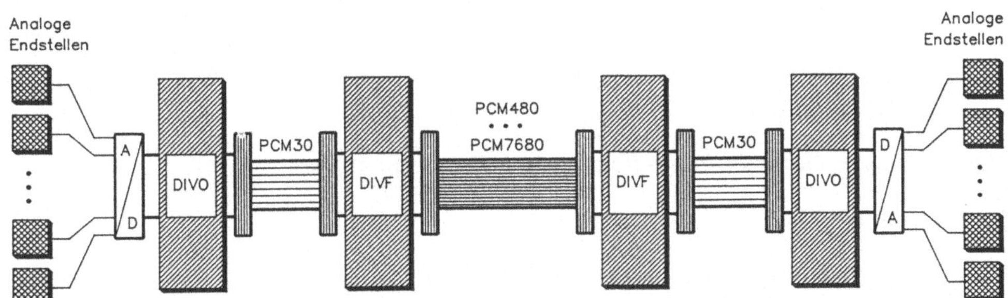

Abb. 116. Prinzipdarstellung des Fernsprechnetzes mit digitaler Vermittlungstechnik

Die Digitalisierung von Kommunikationsvorgängen bewirkt nicht nur technische Verbesserungen, sondern wirkt daneben auch kostensenkend, so daß die Einführung der Digitaltechnik auch eine ökonomische Notwendigkeit darstellt. Einige der Argumente für die Digitalisierung des Fernsprechnetzes sind:

1. Die Kosten für die digitale Fernvermittlungstechnik betragen weniger als 40% der entsprechenden analogen EMD-Technik. Bei der digitalen Ortsvermittlungstechnik sind die direkten Preisvorteile geringer (u.a., weil die Realisierung der BORSCHT-Funktionen auf der Teilnehmerseite einen gegenüber analogen Anlagen erhöhten Aufwand erfordert); die Preistendenz für Digitaltechnik ist jedoch nach wie vor fallend, während sie für die Analogtechnik gleichbleibend ist.

2. Die gleiche Tendenz (gleichbleibende Preise für die Analogtechnik, deutlich fallende Preise für die Digitaltechnik) gilt auch für die Übertragungstechnik; weitere Kosteneinsparungen sind durch den Einsatz von Glasfasern im Fernnetz möglich.

3. Digitale Vermittlungseinrichtungen führen zu Raum-, Gewichts- und Stromeinsparungen von teilweise über 60%. Wenn der für den erwarteten Verkehrszuwachs erfor-

derliche Kapazitätsausbau in herkömmlicher, analoger Technik erfolgen würde, wären für die Bereitstellung der erforderlichen Stellflächen im Hochbau Milliardenbeträge erforderlich (Schätzung für den Fernnetzbereich: 3 Mrd. DM), abgesehen davon, daß in den Zentren der Ballungsgebiete, wo zentrale Einrichtungen eines Sternnetzes sinnvollerweise plaziert sind, das Raumangebot nicht beliebig erweiterbar ist.

4. Im analogen Fernsprechnetz gehen etwa 6% der Netzkapazität durch nicht abrechenbare Leitungsbelegungen beim Verbindungsaufbau und durch abgebrochene Verbindungswünsche verloren. Die deutlich kleineren Verbindungsaufbauzeiten und die Verwendung eines zentralen Signalisierungskanals lassen erwarten, daß der unvermeidliche Overhead auf unter 1% absinken wird, also 5% der Netzkapazität für abrechenbare Netzdienste gewonnen werden. Bezogen auf den Wiederbeschaffungswert der Einrichtungen im Fernnetz (40 Mrd. DM) bedeutet dies Einsparungen in Milliardenhöhe. Einsparungen in gleicher Größenordnung werden bei dem in den kommenden Jahren erforderlichen Ausbau der Kapazitäten wirksam.

5. Weitere Netzgewinne in der Größenordnung von 10% lassen sich durch die Blockierungsfreiheit digitaler Vermittlungseinrichtungen (volle Erreichbarkeit aller Leitungsbündel) und die flexiblere Netzgestaltung (Einsparung einer Fernnetzebene durch Abgehen von den streng dekadischen Hierarchiestufen (vgl. Abb. 114 auf Seite 243)) erzielen.

6. Der geschätzte Personalbedarf für den Betrieb des digitalen Netzes liegt um 50% unter dem für das analoge Netz.

Ausgehend von diesen Fakten verfolgt die Bundespost folgende Strategie:

• **Fernebene**

   Die hohen Zuwachsraten im Fernverkehr und die derzeit dort höheren Kosteneinsparungen durch den Übergang zur Digitaltechnik rechtfertigen die vorrangige Digitalisierung des Fernnetzes; sie soll möglichst zügig und vollständig erfolgen. Der Ausbau der Netzkapazitäten erfolgt ab 1990 ausschließlich durch digitale Systeme; zu diesem Zeitpunkt beginnt auch der Ersatz analoger Systeme durch digitale. Die vollständige Digitalisierung der Fernebene (knapp 500 Fernvermittlungsstellen in der alten BRD) wird dennoch etwa bis zur Jahrtausendwende dauern. Dies liegt daran, daß sich die Investitionsmittel wie auch die Produktion der erforderlichen Einheiten nicht beliebig steigern lassen, aber auch daran, daß digitale Vermittlungseinrichtungen erst dann installiert werden können, wenn bei den angeschlossenen Leitungsbündeln (im Mittel 150 pro Fernvermittlungsstelle) zuvor die Übertragungstechnik digitalisiert worden ist, was in koordinierter Weise erhebliche Parallelinvestitionen erfordert.

• **Ortsebene**

   Da das digitale Fernsprechnetz die Voraussetzung für das ISDN ist, das ab Ende 1988 möglichst zügig zu einem flächendeckend angebotenen Dienst ausgebaut werden soll, muß neben der forcierten Digitalisierung der Fernebene auch bei den digitalen Ortsvermittlungseinrichtungen eine zügige Flächendeckung angestrebt werden. Um teure Zwischenlösungen für die Bereitstellung von ISDN-Anschlüssen möglichst zu vermeiden, werden zunächst in den Ballungszentren mit Zentralvermittlungsstellen digitale Ortsvermittlungssysteme installiert, was nur geschehen kann, wenn auch digitale Fernvermittlungssysteme vorhanden sind; danach wird dann sukzessive die Fläche bedient werden.

Bis 1989 werden digitale Vermittlungseinrichtungen nur für Kapazitätserweiterungen eingesetzt, d.h. evtl. frei werdende analoge Einrichtungen werden an anderer Stelle weiterverwendet. Ab 1990 — wenn nur noch digitale Systeme beschafft werden — wird die Beschaffungsmenge deutlich über dem erforderlichen Kapazitätszuwachs liegen, so daß zunehmend analoge Systeme ausgesondert werden. Wegen der dringend erforderlichen Erneuerung des Telekommunikationsnetzes in den neuen Bundesländern wandert derzeit jedoch ein großer Teil der verfügbaren Produktionskapazitäten dorthin, was deutliche Verzögerungen bei der Ablösung der Analogtechnik in den alten Bundesländern zur Folge hat.

Auch nach der vollständigen Modernisierung der Fernebene (etwa im Jahre 2000) wird der geplante Mitteleinsatz für die Digitalisierung des Netzes unverändert bleiben, was eine Beschleunigung bei der Erneuerung der Ortsvermittlungseinrichtungen zur Folge haben wird. Dennoch wird die vollständige Erneuerung der über 6000 Ortsvermittlungssysteme (alte BRD) bis etwa zum Jahre 2020 dauern.

5.1.1.3 Zentralkanalzeichengabe

In der Anfangsphase der Digitalisierung des Netzes erfolgt die Zeichengabe noch in herkömmlicher Weise innerhalb der vermittelten Kanäle. Bei programmgesteuerten Vermittlungseinrichtungen ist es jedoch sinnvoll, die steuernden Rechner zum Austausch von Steuerinformationen direkt zu verbinden (zentraler Zeichengabekanal). Dies kann weltweit zwischen Produkten unterschiedlicher Hersteller nur dann funktionieren, wenn der Informationsaustausch auf der Basis international standardisierter Protokolle erfolgt. Zum Zweck des standardisierten Austausches von Zeichengabeinformationen zwischen digitalen Vermittlungseinrichtungen über einen separaten Signalisierungskanal hat das CCITT das Zeichengabesystem Nr. 7 spezifiziert (Q.701...). Da die Verwendung dieses Systems eine notwendige Voraussetzung für das ISDN ist, wird in diesem Zusammenhang noch einmal darauf eingegangen.

5.2 ISDN

Das ISDN entwickelt sich aus dem digitalen Fernsprechnetz. Beim digitalen Fernsprechnetz reicht die digitale Verbindung von Ortsvermittlungsstelle zu Ortsvermittlungsstelle; die Teilnehmeranschlußleitung wird unverändert analog betrieben, so daß sich auch bezüglich der angeschlossenen bzw. anschließbaren Endgeräte keine Änderungen ergeben.
Die Weiterführung der Digitaltechnik bis zum Teilnehmer ist die logische Weiterentwicklung des digitalen Fernsprechnetzes. Eine durchgehende digitale Verbindung von Teilnehmer zu Teilnehmer erlaubt die Realisierung einer Reihe neuer Leistungsmerkmale. Der durchgehende 64-kbps-Kanal hat — abgesehen von der Festlegung der für Sprachübertragung geeigneten Bitrate — keine dienstspezifischen Eigenschaften. Er kann deshalb für alle Kommunikationsdienste benutzt werden, für die eine Datenrate von 64 kbps ausreichend ist, d.h. auf dieser Basis kann ein diensteintegrierendes Netz — das ISDN — aufgebaut werden (vgl. Abb. 117).

5.2.1 Beschreibung des ISDN

Das ISDN, wie es die DBP Telekom seit Ende 1988 im Regeldienst einführt, basiert auf CCITT-Empfehlungen, die im Rotbuch (Empfehlungen der 1984 abgeschlossenen Studienperiode) veröffentlicht wurden. Der Bedeutung des ISDN entsprechend, hat das CCITT die ISDN betreffenden Empfehlungen in einer eigenen Serie, der I-Serie, herausgegeben.

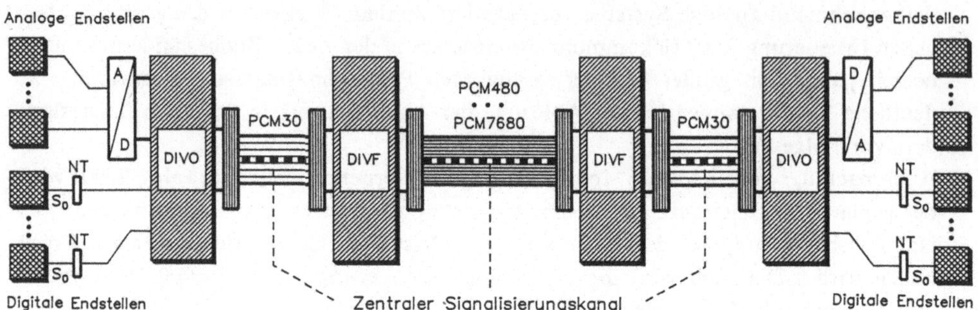

Abb. 117. Prinzipdarstellung des diensteintegrierenden digitalen Fernmeldenetzes

Die Empfehlungen sind inhaltsbezogen zu Gruppen zusammengefaßt:

I.100-Serie   Beschreibt das allgemeine ISDN-Konzept, die Struktur der Empfehlungen und die Terminologie. Die Empfehlung I.120 (Diensteintegrierendes Digitales Netz, ISDN) besagt, daß sich das ISDN aus dem digitalen Fernsprechnetz entwickelt und darauf aufbauend durch Hinzufügen neuer Netzfunktionen weiterentwickelbar ist.

I.200-Serie   Dienstaspekte. Es werden die 'Prinzipien der Dienstedefinitionen' (I.210), die 'Datenübermittlungsdienste im ISDN' (I.211) und 'Standardisierte Dienste im ISDN' (I.212) beschrieben. Dadurch wird festgelegt, daß das ISDN als Transportnetz (Regulierung durch die Fernmeldeverwaltung bis Ebene 3) zur Übermittlung beliebiger Daten benutzt werden kann, ebenso wie für öffentlich angebotene, standardisierte Kommunikationsdienste, die bis zur Anwendungsebene (Ebene 7) durch die Fernmeldeverwaltung spezifiziert sind, wodurch auch die anschließbaren Endgeräte weitgehend bestimmt sind.

I.300-Serie   Beschäftigt sich mit den Netzaspekten; es wird insbesondere festgelegt, daß sich die ISDN-Rufnummer auf den T-Bezugspunkt bezieht (vgl. Abb. 118 auf Seite 250, Bezugskonfiguration für den ISDN-Teilnehmeranschluß), sich also nicht auf einen einzelnen Kanal bezieht und auch unabhängig von der Zahl der angeschlossenen Endgeräte ist.

I.400-Serie   Behandelt die Teilnehmerschnittstellen und stellt den umfangreichsten Teil der ISDN-Empfehlungen dar. Ziel ist es, die Schnittstellen so eindeutig zu beschreiben, daß die Endgeräte von der Art der Implementierung des Netzes unabhängig sind. Es werden definiert:

- die Referenzkonfiguration für den Teilnehmeranschlußbereich, wodurch Funktion und Ausführungsart von Endgeräten festgelegt werden (I.411),

- die Kanalstrukturen an der Teilnehmerschnittstelle (I.412),

- die elektrisch/physikalischen Eigenschaften der Teilnehmerschnittstellen (I.430 und I.431) und

- die Schichten 2 und 3 des D-Kanal-Protokolls (I.440/441 und I.450/451).

I.500-Serie   Netzinterne Schnittstellen.
I.600-Serie   Unterhaltungsprinzipien.

Die für die Teilnehmerschnittstelle festgelegten Kanalstrukturen sind:

B + B + D$_{16}$ **Basisanschluß** *(Basic Access, BA)*

30 × B + D$_{64}$ **Primärmultiplexanschluß** *(Primary Rate Access, PRA)*,

wobei B einen leitungsvermittelten 64-kbps-Basiskanal, D$_{16}$ einen 16-kbps und D$_{64}$ einen
64-kbps paketvermittelten Signalisierungskanal bezeichnet.

Beim Basisanschluß stehen dem Teilnehmer also zwei unabhängig vermittelbare 64-kbps-
Basiskanäle und ein zusätzlicher unabhängiger Signalisierungskanal mit einer Bitrate von
16 kbps zur Verfügung, insgesamt also eine Nettobitrate von 144 kbps.

Beim Primärmultiplexanschluß stehen 30 Basiskanäle und ein 64 kbps-Signalisierungskanal
zur Verfügung, woraus sich eine Nettobitrate von 1,984 Mbps ergibt. Die Basiskanäle sind
unabhängig vermittelbar; es existieren keinerlei Festlegungen, wie sie zu verwenden sind;
insbesondere können auch mehrere Kanäle zwischen den gleichen Endpunkten vermittelt
und zu einem Kanal höherer Bitrate zusammengefaßt werden. Die Deutsche Bundespost
Telekom bietet jedoch Kanäle höherer Bitrate (N × 64 kbps, N > 1) in der ersten Phase der
ISDN-Einführung nicht an.

Die D-Kanäle (D$_{16}$ und D$_{64}$) dienen vorrangig der Signalisierung, sie dürfen gemäß
CCITT-Standard aber auch für paketorientierte Datenübertragungen den Teilnehmern zur
Verfügung gestellt werden bzw. für Kommunikationsdienste benutzt werden, die über einen
paketvermittelten Kanal niedriger Bitrate abgewickelt werden können. Für typische paketorientierte Anwendungen, für die die ISDN-Basiskanäle als leitungsvermittelte Kanäle ungeeignet und aufgrund der Gebührenstruktur auch zu teuer sind, bietet sich die Benutzung
des D-Kanals geradezu an. Die DBP Telekom hat über eine über Signalisierungsaufgaben
hinausgehende Verwendung des D-Kanals noch nicht entschieden, so daß entsprechende
Angebote erst in einer späteren Phase der Realisierung des ISDN möglich sein werden.

Es ist wichtig festzustellen, daß der D-Kanal kein (transparent) durchgehender Kanal von
Teilnehmer zu Teilnehmer ist; er existiert nur zwischen dem Teilnehmerendgerät und der
Ortsvermittlungsstelle (ISDN-fähige DIVO); im Netz selbst werden entsprechende Auf-
gaben über den Zentralzeichengabekanal unter Benutzung des CCITT-Zeichengabesystems
Nr. 7 wahrgenommen. Beim Aufbau privater Netze unter Einbeziehung des ISDN als
Transportnetz wäre es durchaus wünschenswert, den D-Kanal anstelle eines B-Kanals für
die Ende-zu-Ende Signalisierung einsetzen zu können. Dazu wäre es aber erforderlich, D-
Kanal-Protokollelemente zwischen den Teilnehmern transparent durch das Netz transportieren zu können.

Die *Outband*-Signalisierung, d.h. die Benutzung eines permanent verfügbaren unabhängigen
Kanals für Signalisierungszwecke, führt zu einer bei leitungsvermittelten Netzen bisher nicht
vorhandenen Flexibilität und ist die Grundlage für zahlreiche neue und fortschrittliche Leistungsmerkmale. Während bisher Kontrollinformation und Nutzinformation über den
gleichen (logischen) Kanal transportiert werden, was insbesondere eine strenge Aufteilung
eines Kommunikationsvorgangs in Signalisierungsphasen (Auf- und Abbau der Verbindung) und Nutzphase (Datentransferphase bei nichtsprachlicher Kommunikation) zur Folge hat, werden beim ISDN unabhängige Kanäle dafür benutzt. Es können deshalb auch
während der Nutzphase Signalisierungsvorgänge stattfinden, aber auch Kontrollinformationen zwischen Partnern ausgetauscht werden, zwischen denen weder eine Nutzverbindung
besteht noch aufgebaut werden soll.

Eine im ISDN angebotene Funktion, die auf unabhängiger Signalisierung basiert, ist der Dienstwechsel. Darunter versteht man, daß eine einmal (für einen bestimmten Dienst) aufgebaute Verbindung im Wechsel auch für andere Dienste genutzt werden kann. Entscheidend (auch für die Gebührenabrechnung) ist dabei, daß der Dienstwechsel nicht etwa durch einen impliziten (und für den Teilnehmer nicht merkbaren) Abbau der bestehenden und Aufbau einer neuen Verbindung zustandekommt, sondern die bestehende Verbindung durch Signalisierungsvorgänge der Nutzung durch einen anderen Dienst zugeführt wird. Ein oft angeführtes Beispiel für einen sinnvollen Dienstwechsel ist der Wechsel von Fernsprechen zu Fernkopieren, wenn sich während eines Gesprächs die Notwendigkeit der Übermittlung eines Textes oder einer Abbildung ergibt; durch Signalisierungsvorgänge wird der Dienst 'Fernsprechen' deaktiviert, die Fernkopie übertragen und anschließend das Telefongespräch weitergeführt.
Auswirkungen der leistungsfähigen Signalisierung sind beim Fernsprechen die Anzeige der Rufnummer des rufenden Teilnehmers, Anzeige und evtl. Abspeichern der Rufnummer eines Teilnehmers, wenn während eines Gesprächs ein weiterer Ruf ankommt, ein definierter Zustand 'Ruhe vor dem Telefon', Dreierkonferenz und weitere Funktionen, die teilweise auch im privaten Bereich über Nebenstellenanlagen bisher nicht realisierbar waren.

5.2.2 ISDN-Teilnehmeranschluß

Das ISDN ist als universelles digitales Fernmeldenetz konzipiert, an das sowohl multifunktionale wie auch dienstspezifische Teilnehmerendgeräte unabhängig von der Netzkonfiguration in weltweit einheitlicher Weise anschließbar sein sollen. Ein Kernpunkt der ISDN-Standardisierung ist deshalb die Festlegung von Schnittstellen und Bezugspunkten im Teilnehmerbereich. Die Schnittstellen sollen unabhängig von nationalen Varianten im Netzbereich weltweit einheitlich sein. Die CCITT-Bezugskonfiguration für den Teilnehmerbereich ist in Abb. 118 dargestellt.
Die Bezugskonfiguration beschreibt funktionale Einheiten, die nicht in deckungsgleicher Weise auch als Geräteeinheiten vorhanden sein müssen. Der V-Bezugspunkt definiert die

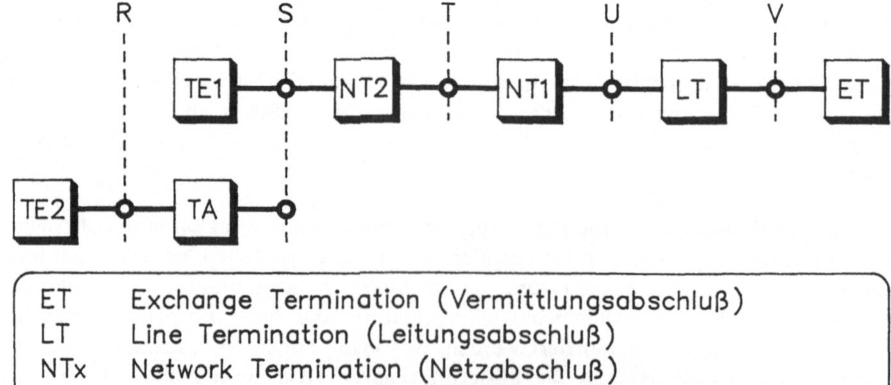

Abb. 118. Bezugskonfiguration des ISDN-Teilnehmeranschlusses

Schnittstelle zwischen der Vermittlungseinrichtung und dem Leitungsabschluß (Leitungsendeinrichtung) der Teilnehmeranschlußleitung an der Ortsvermittlungsstelle. Da bei der Realisierung des ISDN durch die DBP die Leitungsendeinrichtung für die Kupferdoppelader als Teilnehmeranschlußleitung in die ISDN-fähige DIVO integriert ist, tritt diese Schnittstelle als physikalische Schnittstelle nicht auf.

Mit U wird die Leitungsschnittstelle auf der Teilnehmeranschlußleitung bezeichnet. Als Übertragungsverfahren auf der Kupferdoppelader als Anschlußleitung setzt die DBP das Echokompensationsverfahren ein, auf das im folgenden Kapitel noch kurz eingegangen wird. Dieses erlaubt eine Vollduplex-Verbindung mit der ISDN-Kanalstruktur $B+B+D_{16}$ auf der zweidrähtigen Anschlußleitung. Die Leitungsschnittstelle für die Kupferdoppelader unter Verwendung des Echokompensationsverfahrens wird als U_{ko} bezeichnet.

Das Gegenstück zum Leitungsabschluß an der Ortsvermittlungsstelle ist auf der Teilnehmerseite der Netzabschluß (NT). Der auch als transparenter Netzabschluß bezeichnete NT1 schließt das Netz im übertragungstechnischen Sinne ab, d.h. er umfaßt Funktionen der Schicht 1. Der intelligentere Netzabschluß NT2 führt auch vermittlungstechnische Funktionen der Schichten 2 und 3 aus; beide können zu einem als NT12 bezeichneten Netzabschluß zusammengefaßt werden, wobei dann der T-Bezugspunkt nicht als physikalische Schnittstelle vorhanden ist. Die Deutsche Bundespost Telekom hat nur den NT1 spezifiziert, so daß S- und T-Bezugspunkt zu einer einheitlichen Teilnehmerschnittstelle S_0 am T-Bezugspunkt zusammenfallen. Die DBP Telekom faßt den NT als Abschluß des von ihr verwalteten Netzes auf; der NT gehört also dem Netzbetreiber DBP Telekom und stellt dem Teilnehmer die S_0-Schnittstelle zum Anschluß seiner (privaten) Endgeräte zur Verfügung. Der NT hat damit auch eine Schutzfunktion wahrzunehmen, indem er das Netz und damit die Gesamtheit der Teilnehmer vor dem einzelnen Teilnehmer schützt. Außerdem hat der NT, der ein sehr komplexes Teil ist, wichtige Funktionen beim Notbetrieb, wenn bei einem Stromausfall einer der angeschlossenen Fernsprechapparate für die Grundfunktionen des Fernsprechens von der Ortsvermittlungsstelle aus mit Strom versorgt wird.

Die physikalischen Schnittstellen des ISDN-Basisanschlusses bei der ISDN-Realisierung der DBP sind in Abb. 119 dargestellt.

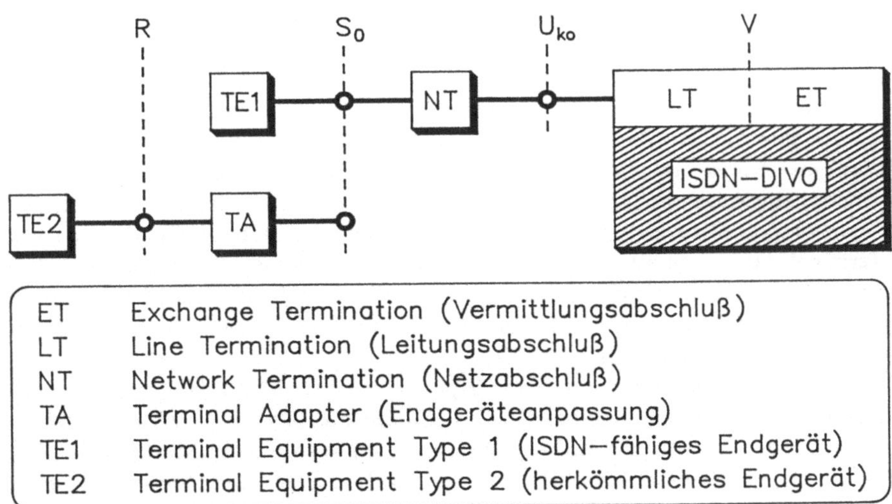

Abb. 119. Physikalische Schnittstellen des ISDN-Basisanschlusses der DBP

Das ISDN-Konzept sieht auf der Teilnehmerseite Mehrgerätekonfigurationen vor, d.h., es können mehrere Endgeräte installiert sein, wovon aber — da beim Basisanschluß zwei B-Kanäle vorhanden sind — nur zwei gleichzeitig aktiv sein können. Für die Realisierung einer derartigen Konfiguration sind verschiedene technische Lösungen denkbar; die DBP Telekom hat sich in Übereinstimmung mit dem CCITT darauf festgelegt, die S_0-Schnittstelle am Netzabschluß als passiven Bus für den Anschluß von maximal acht Endgeräten auszulegen. Der S_0-Bus ist vierdrähtig und hat eine maximale Länge von 150 m; bei einer Punkt-zu-Punkt-Verbindung (Einzelgeräteanschluß) beträgt die maximale Entfernung in Abhängigkeit von der Leitungsqualität 600—1000 m.

Der S_0-Bus ist eine Sammelschiene, die allen angeschlossenen Geräten den Zugang zum öffentlichen Netz verschafft. Er kann in der vorliegenden Form aber nicht als universelles Kommunikationsmedium in einem kleinen Unternehmen oder Büro eingesetzt werden, da die interne Kommunikation zwischen Geräten am Bus (etwa zwischen mehreren Fernsprechapparaten) sinnvollerweise nicht möglich ist. Da der Netzabschluß, wie ihn die Bundespost vorsieht, keine Vermittlungsfunktionen wahrnehmen kann, könnten Verbindungen zwischen Geräten am Bus nur über die Ortsvermittlungsstelle hergestellt werden. Sie wären damit gebührenpflichtig; außerdem wäre nur eine einzige Internverbindung möglich, und diese würde beide B-Kanäle belegen, so daß der Anschluß dadurch für Externverkehr blockiert wäre. Als Problemlösung für solche Zwecke bieten sich LAN-artige Einrichtungen an wie beispielsweise in [37] vorgestellt.

An die S_0-Schnittstelle können nur ISDN-fähige digitale Endgeräte angeschlossen werden. Eine wichtige Randbedingung für die ISDN-Einführung ist, daß auch existierende Endgeräte an bzw. über das ISDN angeschlossen werden können. Konkret handelt es sich dabei um Geräte mit a/b-Schnittstelle (z.B. analoge Fernsprechgeräte, Telefax-Geräte), X.21-Schnittstelle (z.B. Teletex-Geräte), X.25-Schnittstelle (z.B. Kommunikationssteuereinheiten) oder V.24-Schnittstelle (z.B. Datenterminals). Für die erforderlichen Anpassungen werden Terminaladapter (TAs) zur Verfügung stehen, nämlich der TA a/b (über den über Modems auch V.24-Geräte angeschlossen werden können), der TA X.21 (für 2,4 kbps und 64 kbps) und der TA X.25. Der R-Bezugspunkt entspricht dann der a/b-, X.21- oder X.25-Schnittstelle. Aufgabe der Terminaladapter ist die Geschwindigkeitsanpassung (beim TA X.21 z.B. von 2,4 kbps auf 64 kbps) und die recht aufwendige und logisch komplexe Umsetzung der *Inband*-Signalisierung der alten Standards auf die *Outband*-Signalisierung über den D-Kanal.

Solche Adaptionen sind in der Einführungsphase eines neuen Netzes sinnvoll und wichtig, weil sie einen allmählichen Übergang gestatten und dadurch die Einführung neuer Standards erleichtern. Sie können sich aber auch als Investition in die falsche Richtung erweisen, weil sie zu einem späteren Zeitpunkt u.U. ein unnötig langes Überleben der alten Standards bewirken. Überhaupt ist sorgfältig zu prüfen, unter welchen Randbedingungen der Einsatz eines Terminaladapters gerechtfertigt ist; immerhin wird dadurch die sehr leistungsfähige und derzeit noch verhältnismäßig teure S_0-Schnittstelle durch einen erheblichen und auch kostenwirksamen Mehraufwand für den Adapter auf eine der weniger leistungsfähigen und preiswerteren alten Schnittstellen umgesetzt.

Der ISDN-Basisanschluß besitzt am T-Bezugspunkt eine einheitliche Rufnummer, obgleich zwei unabhängige B-Kanäle vorhanden sind und an den S_0-Bus bis zu acht Endgeräte angeschlossen werden können; die ISDN-Nummer bezieht sich also nicht auf einen Kanal, sondern auf den Anschluß. Da das ISDN für verschiedene Kommunikationsdienste genutzt werden kann, gibt es eine Dienstekennung, über die sichergestellt wird, daß nur kompatible Endgeräte angesprochen werden. Wenn mehrere gleiche Geräte angeschlossen sind (z.B.

mehrere Fernsprechapparate), so geht ein ankommender Ruf an alle Geräte mit passender Dienstekennung (*Global Call*), und dasjenige Gerät, welches zuerst antwortet, übernimmt den Ruf (bei mehreren Fernsprechapparaten derjenige, bei dem zuerst der Hörer abgehoben wird). Wenn ein solches Verhalten nicht erwünscht ist, dann kann mit Hilfe der Endgeräteadressierung auch ein bestimmtes Gerät eines Teilnehmers angesprochen werden (entspricht der Durchwahl bei einer Nebenstellenanlage).

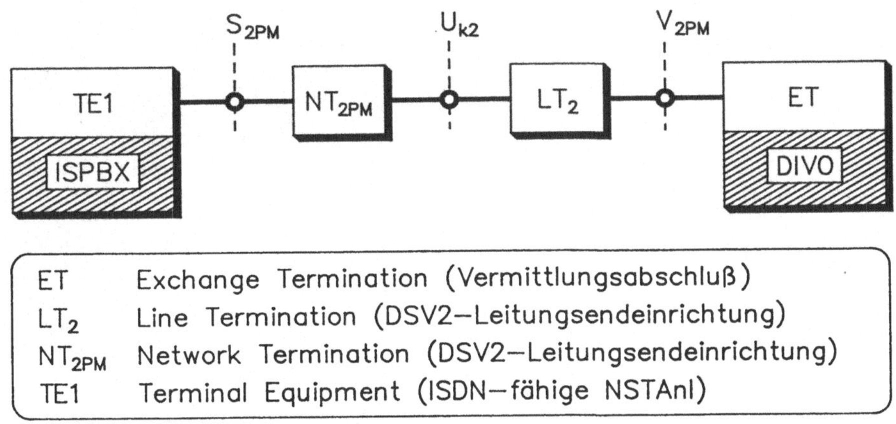

Abb. 120. Physikalische Schnittstellen beim ISDN-Primärmultiplexanschluß

Für den Primärmultiplexanschluß, der vor allem für den Anschluß größerer Nebenstellenanlagen gedacht ist, sind die physikalischen Schnittstellen in Abb. 120 dargestellt.
Beim Primärmultiplexanschluß existiert an der Ortsvermittlungsstelle eine eigenständige Leitungsendeinrichtung, so daß sich am V-Bezugspunkt die physikalische Schnittstelle V_{2PM} (2,048 Mbps, gemäß CCITT G.703) befindet. Der Anschluß besteht aus einer Digitalsignalverbindung (DSV2, 2,048 Mbps) mit der Kanalstruktur $30 \times B + D_{64}$ (vollduplex). Die Leitungsschnittstelle bei Verwendung von zwei Kupferdoppeladern als Medium trägt die Bezeichnung U_{k2}. Die Reichweite beträgt je nach Leitungsqualität 1-2 km, kann durch den Einsatz von Zwischenregeneratoren aber fast beliebig vergrößert werden; zur Überbrückung größerer Entfernungen bietet sich jedoch die Verwendung anderer Medien wie Lichtwellenleiter an. Die Benutzerschnittstelle S_{2PM} (in Deutschland auch als S_{2M} bezeichnet) stellt das Bindeglied zwischen dem Netzabschluß (Posteigentum) und der Teilnehmerendeinrichtung (in diesem Falle eine ISDN-fähige digitale Nebenstellenanlage) dar. Abb. 121 zeigt die Anschlußmöglichkeiten im Teilnehmerbereich sowie die Netzanbindung.

Die bisherigen Ausführungen bezogen sich auf Teilnehmeranschlüsse an das öffentliche ISDN. Etwas anders stellt sich die Situation im Anschlußbereich privater ISDN-fähiger Nebenstellenanlagen (ISPBX = *Integrated Services Private Branch Exchange*) dar. Nebenstellenanlagen werden über einen oder mehrere Basisanschlüsse oder im Falle größerer Anlagen über einen oder mehrere Primärmultiplexanschlüsse an das öffentliche ISDN angeschlossen. Sie können als universelle Kommunikationsanlagen auch mit den anderen öffentlichen Netzen (analoges Fernsprechnetz, IDN) verbunden werden, um den Teilnehmern Zugriff auf diese Netze oder auf über diese Netze angebotene Kommunikationsdienste zu ermöglichen.

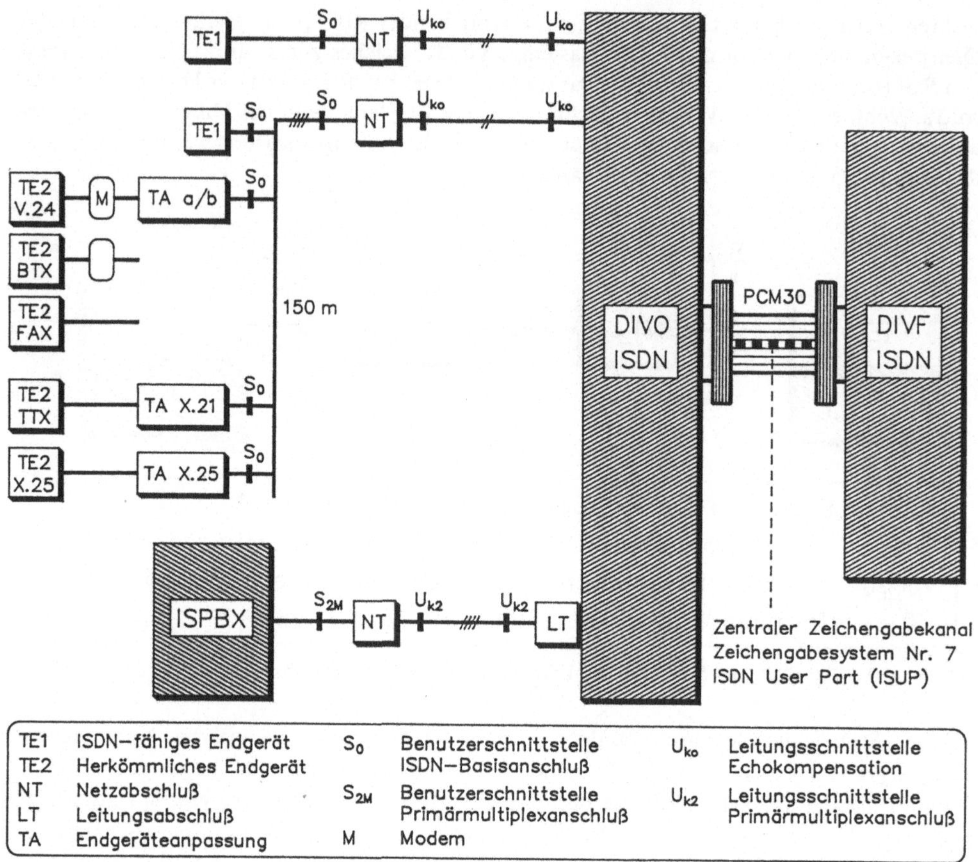

Abb. 121. ISDN-DIVO und Anschlußmöglichkeiten im Teilnehmerbereich

Die private Seite einer NStAnl unterliegt nicht der Regulierung durch die Bundespost. Dies hat dazu geführt, daß die Nebenstellenanlagen dort mit herstellerspezifischen Geräteschnittstellen ausgerüstet wurden (und teilweise heute noch sind), was zur Folge hat, daß die Teilnehmer bezüglich der anzuschließenden Endgeräte auf Produkte des Herstellers der NStAnl angewiesen sind. Dies mag akzeptabel sein für einfache Telefonapparate; bei einem Universalnetz, an das eine Vielfalt unterschiedlichster Endgeräte anschließbar sein muß, ist eine derartige Bindung an einen bestimmten Hersteller untragbar.

Die auf dem deutschen Markt operierenden Hersteller haben sich deshalb — teilweise auf Druck der Kunden — bereits 1985 innerhalb des ZVEI (Zentralverband der Elektrotechnischen Industrie) auf die sogenannte U_{po}-Schnittstelle geeinigt; dies ist die Leitungsschnittstelle für eine Kupferdoppelader, auf der als Übertragungsverfahren das Zeitgetrenntlage-Verfahren (Ping-Pong-Verfahren) benutzt wird; die Kanalstruktur ist die des Basisanschlusses, und es können maximal vier Endgeräte angeschlossen werden.

Diese Absprache auf Herstellerebene (kein Standard!) ist bisher nicht sehr wirksam gewesen. Festzustellen ist, daß für den Anschluß von Endgeräten an eine private Nebenstellenanlage andere Randbedingungen gelten als im öffentlichen Bereich (i.a. kürzere Entfernungen, kein aufwendiger Netzabschluß zur klaren Trennung von Zuständigkeiten notwendig, keine

Fernspeisung durch die Vermittlung für den Notbetrieb erforderlich usw.), die einfachere und kostengünstigere Lösungen ermöglichen.
Bei der Beurteilung der Situation bzgl. Schnittstellen an Nebenstellenanlagen haben sich zwei Lager gebildet:

1. Aus den oben genannten Gründen sollte eine einfache und kostengünstige Benutzerschnittstelle an privaten Nebenstellenanlagen angestrebt werden. Diese Position vertritt ein Teil der Hersteller.

2. Endgeräte sollten ausschließlich über die S_0-Schnittstelle angeschlossen werden, weil diese die einzige international standardisierte Schnittstelle ist, die vollständige Freiheit bei der Endgeräteauswahl verspricht. Sie kann direkt an der NStAnl zur Verfügung gestellt werden (100—150 m bei Busfähigkeit, 600—1000 m bei Einzelgeräteanschluß) oder wie im öffentlichen Bereich hinter einer zweidrähtigen Übertragungsstrecke.
   Der Exponent dieser Haltung ist die Deutsche Bundespost Telekom.

Wahrscheinlich ist die zweite Position die langfristig tragfähigere. Zum einen rechtfertigt eine weltweit einheitliche Geräteschnittstelle, die allein Freiheit bei der Geräteauswahl und

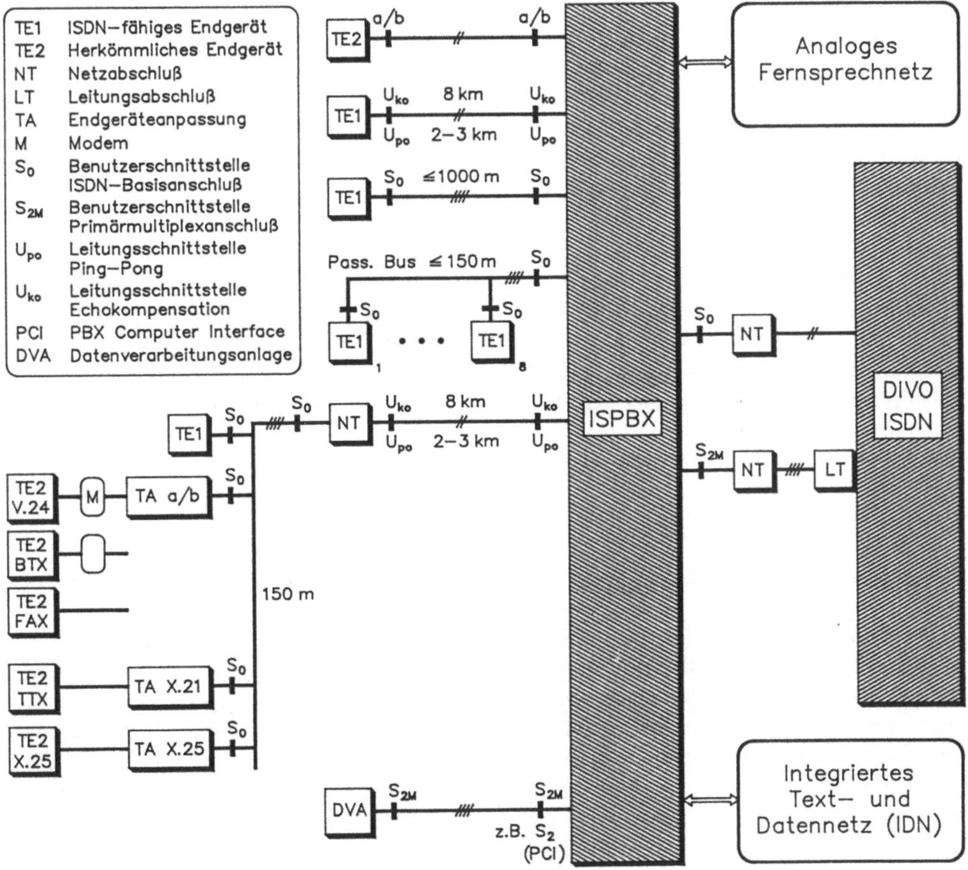

Abb. 122. Schnittstellen an ISDN-Nebenstellenanlagen

Mobilität garantiert, Mehrkosten in begrenztem Umfang. Zum anderen bringt es die technologische Entwicklung (Höchstintegration) mit sich, daß Komplexität u.U. in geringerem Maße kostentreibend wirkt als höhere Stückzahlen kostensenkend wirken; d.h. auch aus Kostengründen kann es sinnvoll sein, auf eine Adaption an bestimmte Randbedingungen zu verzichten — selbst wenn dies zu Vereinfachungen führen würde — um zu einheitlichen und damit in größeren Stückzahlen produzierbaren Lösungen zu kommen.

Grundsätzlich sollten an eine NStAnl teilnehmerseitig alle Anschlußmöglichkeiten wie am öffentlichen Netz bestehen. Darüberhinaus kann der Direktanschluß von Geräten an der U-Schnittstelle (U_{ko} oder U_{po}) vorgesehen werden. Es bestehen auch Möglichkeiten der Kombination von Einheiten. Beliebt ist die Kombination von digitalem Fernsprechapparat (der an fast jeder Endstelle installiert wird) mit Terminaladapter; auch Netz- und Leitungsabschlüsse können physikalisch in Endgeräte integriert sein. Neben den für den öffentlichen Bereich vorgesehenen Adapter-Typen sind weitere — z.B. für IBM 3270 Terminals — denkbar.
Vermißt wird besonders im Bereich privater Nebenstellenanlagen derzeit noch eine angemessene Unterstützung der Datenkommunikation im Umfeld der Datenverarbeitung. Hierzu ist eine standardisierte und leistungsfähige Verbindung zwischen ISPBX und Computer erforderlich, etwa basierend auf dem Primärmultiplexanschluß. An solchen Lösungen wird gearbeitet (ECMA), und es gibt bereits Prototypen; es liegt aber in der Natur der Sache, daß solche Lösungen erst wirksam werden, wenn sie auf breiter Front verfügbar sind.

5.2.3 Technik des ISDN

Die wichtigsten technischen Neuerungen des ISDN liegen im Teilnehmerbereich. Im eigentlichen Netz der DBP ist — ausgehend vom digitalen Fernsprechnetz — der Schritt zum ISDN nicht sehr groß. Hier beziehen sich die Ergänzungen vor allem auf die Zeichengabe. Die Digitalisierung der Übertragungsstrecke zwischen Teilnehmerendgerät und Ortsvermittlungsstelle bildet die notwendige Voraussetzung sowohl für die leistungsfähigen Nutzkanäle wie auch für die umfangreiche Zeichengabe (Signalisierung) in einem unabhängigen Kanal (D-Kanal), die wiederum für die Realisierung fortschrittlicher Leistungsmerkmale im ISDN essentiell ist. Die Zeichengabeverfahren auf der Teilnehmeranschlußleitung werden als D-Kanal-Protokoll bezeichnet. Im folgenden werden deshalb besprochen:

- **Übertragungsverfahren auf der Teilnehmeranschlußleitung**
- **D-Kanal-Protokoll**
- **CCITT-Zeichengabesystem Nr. 7.**

5.2.3.1 Übertragungsverfahren auf der Teilnehmeranschlußleitung

Da die Kanalstruktur für den ISDN-Basisanschluß mit $B + B + D_{16}$ festgelegt ist, müssen auf der Teilnehmeranschlußleitung drei unabhängige Kanäle mit einer Netto-Summenbitrate von 144 kbps vollduplex übertragen werden. Entscheidend für die DBP Telekom wie für alle Fernmeldeverwaltungen ist, daß die existierenden Teilnehmeranschlußleitungen des Fernsprechnetzes dafür verwendet werden können. Das ist die Grundvoraussetzung dafür, daß sich das ISDN durch einen relativ kleinen Zusatzaufwand aus dem digitalen Fernsprechnetz entwickeln und in relativ kurzer Zeit flächendeckend angeboten werden kann. Da eine Anschlußleitung aus einer Kupferdoppelader besteht, scheiden aufgrund dieser Bedingung die einfacheren Vierdrahtverfahren (eine Doppelader pro Übertragungsrichtung) aus. Obwohl rein technisch weitere Varianten denkbar sind (z.B. Übertragung der beiden Richtungen in verschiedenen Frequenzbändern), bleiben unter den gegebenen Randbedingungen zwei sinnvolle Verfahren übrig:

- das Zeitgetrenntlageverfahren (Ping-Pong-Verfahren) und
- das Gleichlageverfahren mit Echokompensation (Echokompensationsverfahren).

Zeitgetrenntlageverfahren

Bei diesem Verfahren wird eine Vollduplex-Verbindung dadurch realisiert, daß mit kurzer Periodendauer abwechselnd in die eine und in die andere Richtung übertragen wird.

Geht man vom 64 kbps-PCM-Kanal aus, bei dem alle 125 μs ein Codewort von 8 Bits anfällt, so ergibt sich eine natürliche Rahmenperiode *(P)* von 125 μs. Aufgrund der Kanalstruktur des ISDN-Basisanschlusses müssen in dieser Zeit pro Richtung ein Informationsblock von zwei Bytes für die beiden B-Kanäle und zwei Bits für den D-Kanal zuzüglich *S* Bits Synchronisierungsinformation übertragen werden (vgl. Abb. 123). Hinzu kommen Signallaufzeiten (τ) und eine Schutzzeit (δ) bei der Richtungsumschaltung.

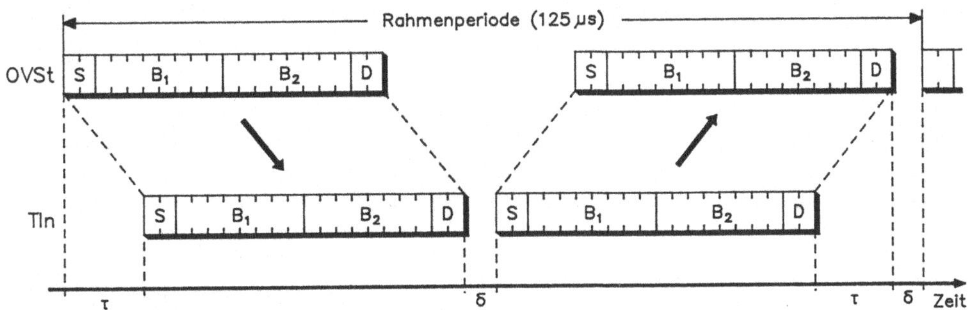

Abb. 123. Rahmenperiode beim Zeitgetrenntlageverfahren

Daraus ergibt sich:

Rahmenperiode $= 2 \times$ Blockzeit $+ 2 \times$ Schutzzeit $+ 2 \times$ Laufzeit

$$\Rightarrow P = 125\,\mu s = 2 \times (S + 8 + 8 + 2) \times T_B + 2\,\delta + 2\,\tau \qquad (T_B = \text{Bitzeit}).$$

Mit den Annahmen: $S = 2$, $\delta = 2\,T_B$, $\tau = 20\,\mu$s (4 km Distanz, Signallaufzeit 5 μs/km) folgt daraus:

$$\Rightarrow T_B = 1{,}93\,\mu s$$

Daraus ergibt sich — wenn ein 8 kHz-Takt ableitbar sein soll — eine Bitrate von 520 kbps. Diese Bitrate ist bereits sehr hoch, so daß sich die im Beispiel zugrundegelegte Entfernung von 4 km in der Praxis nicht realisieren läßt. Noch größere Entfernungen sind undenkbar, weil jede Vergrößerung der Entfernung wegen der längeren Laufzeiten zugleich auch noch eine Erhöhung der Bitrate zur Folge haben würde.

Die Randbedingungen werden günstiger, wenn eine größere Rahmenperiode gewählt wird ($N \times 125\,\mu s$); da Synchronisationszeit, Schutzzeit und Laufzeit unverändert bleiben, nimmt deren Anteil bezogen auf die Nutzinformation ab. Allerdings müssen die im 125 μs-Takt angelieferten Codewörter zwischengespeichert werden. In diesem Fall lautet die Formel:

$$P = N \times 125\,\mu s = 2 \times (N \times (8 + 8 + 2) + S + \delta) \times T_B + 2\,\tau.$$

Noch akzeptabel erscheint eine Rahmenperiode von 1 ms (d.h. $N = 8$), wobei sich allerdings immer noch eine Bitrate von über 300 kbps ergibt. Besonders günstig ist eine Rahmenperiode von 250 μs, woraus eine Bitrate von 384 kbps resultiert.

Unter Berücksichtigung begrenzender Faktoren wie Nebensprechen, Betriebsdämpfung und Störempfindlichkeit liegen die mit dem Ping-Pong-Verfahren überbrückbaren Entfernungen bei maximal 2 bis 3 km. Die Leitungsschnittstelle für das Ping-Pong-Verfahren auf der Kupferdoppelader wird mit U_{po} bezeichnet.

Gleichlageverfahren mit Echokompensation

Bei den Gleichlageverfahren werden die Signale beider Übertragungsrichtungen in der gleichen Frequenz- und Zeitlage übertragen. Die Bitrate ergibt sich aus der Nettobitrate des ISDN-Basisanschlusses (144 kbps) zuzüglich einem Anteil für Synchronisation und Management; insgesamt muß auf der Teilnehmeranschlußleitung in jeder Richtung eine Bruttobitrate von 160 kbps übertragen werden. Das Problem bei den Gleichlageverfahren besteht darin, daß die von einem Sender ausgehende Information über die Stelle, an der die Aufspaltung der Übertragungsrichtungen geschieht (Gabel), auch an den eigenen Empfänger gelangt, und zwar mit einem Pegel, der die von der Gegenstation ankommenden gedämpften Signale stört.

Der Grundgedanke des Verfahrens besteht nun darin, daß eine Station ja die Signale, die sie selbst sendet, kennt und deshalb in der Lage sein sollte, das Echo (Nahecho), das über die Gabel in den eigenen Empfängerkreis gerät, zu kompensieren. Das Funktionsprinzip ist in Abb. 124 dargestellt.

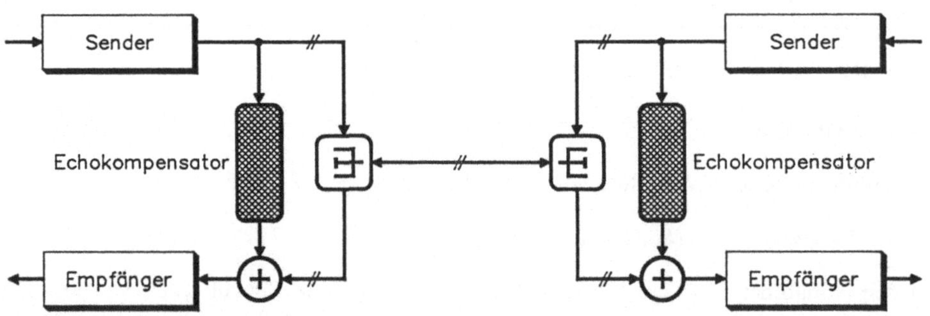

Abb. 124.   Funktionsprinzip des Echokompensationsverfahrens

Im Echokompensator wird versucht, aus dem Sendesignal ein zu dem Echo inverses Signal zu bilden. Der Echokompensator kann nur solche Echosignale kompensieren, die aus der Senderstufe in den Empfängerkreis der eigenen Übertragungseinrichtung eingekoppelt werden. Da die Signale durch die Übertragungseinrichtungen verzerrt werden, ist der Vorgang der Nachbildung im Echokompensator sehr kompliziert und geschieht adaptiv.

Damit es bei zufällig übereinstimmenden Bitfolgen in beiden Übertragungsrichtungen nicht zu ungewollten Auslöschungen ankommender Signale kommt, werden die Informationen (auf beiden Seiten unterschiedlich) vor der Übertragung verwürfelt.

Das Echokompensationsverfahren ist logisch komplex, hat aber einen geringen Bandbreitenbedarf und kann große Entfernungen überbrücken, bei 0,4 mm Leitungsdurchmesser 4,2 km, bei 0,6 mm Durchmesser 8 km. Mit diesen Reichweiten kann die Deutsche Bundespost Telekom 99% aller Anschlußleitungen im Fernsprechnetz ohne Einsatz von Zwischenregeneratoren betreiben. Die Deutsche Bundespost Telekom hat sich deshalb — wie die meisten Fernmeldeverwaltungen — für die Verwendung des Echokompensationsverfahrens auf den Teilnehmeranschlußleitungen entschieden. Die Leitungsschnittstelle für das Echokompensationsverfahren auf der Kupferdoppelader wird mit U_{ko} bezeichnet.

Als Leitungscode kommt beim ISDN-Basisanschluß auf der Teilnehmeranschlußleitung der MMS43-Code (*Modified Monitored Sum*), eine 4B3T-Codierung, zum Einsatz. 4B3T-Code bedeutet, daß vier Bits des binären Informationsstroms geschlossen in einem drei Baud langen Ternärsignal dargestellt werden. Der 4B3T-Code ist ein redundanter Code, da 2^4 Ausgangswerten 3^3 mögliche Codierungen gegenüberstehen. Beim MMS43-Code wird die vorhandene Redundanz in bestimmter Weise genutzt (zur Fehlerüberwachung und zur Steuerung des statistischen Leistungsspektrums).

Ein Vorteil des MMS43-Codes ist die vergleichsweise niedrige Schrittgeschwindigkeit von 120 kBaud auf der Leitung für eine Bitrate von 160 kbps. Die MMS43-Codierung und das Echokompensationsverfahren kommen zwischen der Ortsvermittlungsstelle (DIVO) und dem Netzabschluß (NT) beim Teilnehmer zum Einsatz. An der S_0-Schnittstelle bzw. auf dem S_0-Bus gelten wieder andere Randbedingungen; dort wird mit einer Bruttobitrate von 192 kbps übertragen und es wird ein modifizierter AMI-Code verwendet.

5.2.3.2 D-Kanal-Protokoll

Das Zeichengabeverfahren auf der Teilnehmeranschlußleitung wird als D-Kanal-Protokoll bezeichnet. Diese Bezeichnung erinnert daran, daß im ISDN für die Signalisierung ein unabhängiger Kanal, der D-Kanal, zur Verfügung steht. Gemäß den CCITT-Festlegungen ist der D-Kanal nicht ausschließlich für Signalisierungszwecke reserviert; er kann — mit niedrigerer Priorität — auch für paketorientierte Nutzdatenübertragungen mit geringen Anforderungen an die Datenrate verwendet werden. In der ersten Phase der Realisierung des ISDN durch die Deutsche Bundespost Telekom wird der D-Kanal jedoch ausschließlich für Signalisierungszwecke eingesetzt.

Mit Hilfe des D-Kanalprotokolls werden vor allem teilnehmerindividuelle Steuerinformationen zwischen einer ISDN-Ortsvermittlungsstelle und den Teilnehmerendgeräten ausgetauscht. Neben den Grundfunktionen für Auf- und Abbau von Verbindungen über B-Kanäle sind das Abfragen und Aufrufen von Leistungsmerkmalen sowie die Benutzerführung wichtige Aufgaben; Signalisierungsvorgänge auf dem D-Kanal müssen nicht im Zusammenhang mit der Benutzung von B-Kanälen stehen.

Das D-Kanal-Protokoll soll universell einsetzbar sein, d.h.

- die Zeichengabeprozeduren sollen einheitlich und international standardisiert sein,

- es müssen Punkt-zu-Punkt- und Punkt-zu-Mehrpunkt-Verbindungen (bis zu acht Endgeräte am S_0-Bus) sowie Verbindungen zwischen einer ISDN-Ortsvermittlungsstelle und einer privaten Nebenstellenanlage unterstützt werden;

- die Protokolle müssen zukunftssicher, d.h. für neue Dienste und Dienstmerkmale erweiterbar sein.

Das D-Kanal-Protokoll umfaßt die Schichten 1 bis 3 des ISO-Referenzmodells. Die Schicht 1 ist durch die Schnittstellenfestlegungen (U und S) definiert.
Im Mittelpunkt stehen die Schichten 2 und 3, die im Bereich der Deutschen Bundespost Telekom für den ISDN-Wirkbetrieb ab Ende 1988 durch die FTZ-Richtlinie 1TR6 festgelegt sind. Diese Richtlinie umfaßt im wesentlichen die CCITT-Empfehlungen I.440/441 für die Schicht 2 und I.450/451 für die Schicht 3. Das verwendete Link-Protokoll (Schicht 2) trägt die Bezeichnung LAPD (*Link Access Protocol for D-channels*) und ähnelt sehr stark dem in paketvermittelten Datennetzen benutzten LAPB und ist wie dieses ein HDLC-Abkömmling. Die grundsätzlichen Ergänzungen gegenüber den ISO-Festlegungen resultieren in erster Linie aus der Mehrgerätefähigkeit und der Aufteilung von Steuerinformation und zugehörender Nutzinformation auf separate Kanäle.
In einer Mehrgerätekonfiguration können über eine Link-Verbindung parallel mehrere Endgeräte Steuerinformationen mit der Vermittlungsstelle austauschen. Sie muß in der Lage sein, solche Informationen eindeutig bestimmten Endgeräten zuzuordnen. Zu diesem Zweck werden Gerätekennungen vergeben (*Terminal Endpoint Identifier*, TEI), die in zwei Wertebereichen entweder in Endgeräten fest eingestellt sind oder durch die Vermittlungsstelle vergeben werden können. Die TEI sind in den Rahmen der Ebene 2 anzugeben und für ihre Verwaltung sind entsprechende Prozeduren definiert:

- Zuweisen eines TEI durch die Vermittlungsstelle, wenn ein auf den S_0-Bus aufgestecktes Endgerät erstmals kommunizieren will,

- Zurücknehmen eines TEI, wenn ein Gerät nicht mehr angeschlossen ist,

- Abfragen von TEI-Werten.

Zukünftige Weiterentwicklungen der Schicht 2 des D-Kanal-Protokolls betreffen die Definition neuer Protokollelemente, etwa zur Übertragung paketvermittelter Benutzerdaten im D-Kanal. Ins Auge gefaßt ist auch die Unterstützung von Satellitenverbindungen mit ihren langen Laufzeiten. Dazu müßte der *Extended Mode* von HDLC unterstützt werden, bei dem bis zu 127 unbestätigte Rahmen zulässig sind (derzeit sind die Fenstergrößen 1 beim D_{16}- und 7 beim D_{64}-Kanal).

Während durch die Ebene 2 des D-Kanal-Protokolls festgelegt wird, wie auf dem D-Kanal zwischen Benutzerendgerät und Vermittlungsstelle kommuniziert wird, sind die Nutzinformationen, die im Informationsfeld des Ebene 2-Rahmens übertragen werden, Steuerinformationen der Ebene 3, durch die der Auf- und Abbau von leitungsvermittelten Verbindungen über die B-Kanäle gesteuert wird und weitere Signalisierungsvorgänge realisiert werden.
Die Nachrichten (Pakete) der Schicht 3 haben eine Struktur, die der durch X.25 definierten ähnlich ist (vgl. Abb. 125).

Der Kopf enthält drei Felder:

- Protokollkennung (*protocol discriminator*)

- Referenzverwaltung (*call reference*)

- Nachrichtentyp (*message type*).

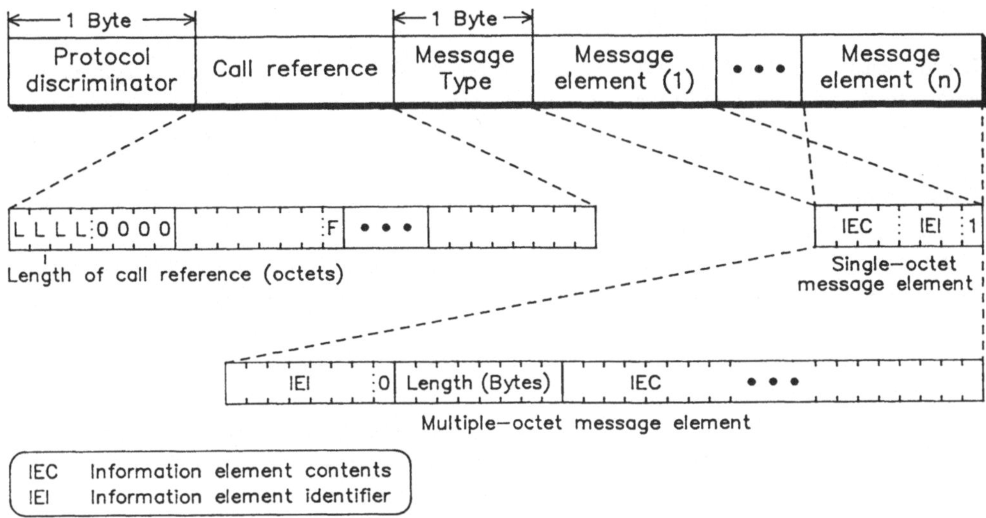

Abb. 125. D-Kanal-Protokoll: Struktur der Schicht 3-Pakete

Durch die Protokollkennung können Nachrichtenklassen (Protokollsätze) ausgewählt werden. Die DBP Telekom sieht zwei Nachrichtenklassen vor:

1. International standardisierte Klasse von Protokollen für leitungsvermittelte Verbindungen.

2. National standardisierte Klasse von Protokollen zur Unterstützung von Dienstmerkmalen, für die ein internationaler Standard noch nicht existiert.

Eine weitere denkbare Klasse könnte z.B. Steuerinformationen für paketvermittelte Verbindungen enthalten.
Die *Call Reference* wird zu Beginn des Nachrichtenaustausches zum Aufbau einer Verbindung vergeben und bleibt für die Dauer einer Verbindung fix; unter dieser Nummer sind Nachrichten eindeutig einer bestimmten Verbindung zugeordnet. Das Feld enthält ein Indikatorbit (F), welches angibt, von welcher Seite der Ruf ausging.
Vom Nachrichtentyp (Befehl) hängt es ab, wieviele Nachrichtenelemente (Parameterwerte) folgen; manche Elemente können auch optional sein. Es gibt Ein- und Mehr-Oktett-Nachrichtenelemente.

Abgesehen von der Festlegung von Strukturen und der Art, wie der D-Kanal zu benutzen ist, dienen die D-Kanal-Protokolle bisher der Steuerung der von der DBP Telekom angebotenen Kommunikationsdienste. Zur Steuerung weiterer Dienste und Dienstmerkmale sind noch sehr viele Reserven vorhanden. Darüberhinaus ist es wichtig, daß für die Steuerung privater Anwendungen (etwa im Bereich von Nebenstellenanlagen) Freiräume ausgewiesen werden, von denen sichergestellt ist, daß auch bei einer Ausweitung der Signalisierung durch die DBP Telekom im Rahmen zukünftiger Dienstangebote keine Kollisionen eintreten.

5.2.3.3 CCITT-Zeichengabesystem Nr. 7

Im Gegensatz zu den D-Kanal-Protokollen, die die Signalisierung zwischen Teilnehmerendgeräten und Ortsvermittlung beschreiben, dient das CCITT-Zeichengabesystem Nr. 7 (ZGS Nr.7) auf dem zentralen Zeichengabekanal (ZZK) der Signalisierung zwischen den Vermittlungeinrichtungen im Fernmeldenetz. Dieses System ist eine Konsequenz aus der Entwicklung der Vermittlungstechnik. Da digitale Vermittlungseinrichtungen nach dem SPC(*Stored Program Control*)-Prinzip arbeiten, d.h. durch Prozeßrechner gesteuert werden, bietet es sich an, Steuerinformationen zwischen Vermittlungseinrichtungen über eine direkte Verbindung dieser Rechner auszutauschen. Um eine solche Verbindung zwischen Vermittlungseinrichtungen unterschiedlicher Hersteller und über Ländergrenzen hinweg nutzen zu können, sind international standardisierte Protokolle notwendig. Diese sind vom CCITT mit dem *Common Channel Signaling System (CCSS) No. 7* entwickelt worden, dem das Zeichengabesystem Nr. 7 entspricht. Dieses Zeichengabesystem ist also eine Konsequenz der Digitalisierung der Vermittlungstechnik und wird bereits im digitalen Fernsprechnetz eingesetzt; es ist eine notwendige Voraussetzung für die Diensteintegration im ISDN.

Das Zeichengabesystem besteht aus einem allen Anwendungen gemeinsamen Nachrichtentransferteil (*Message Transfer Part*, MTP), der die Schichten 1 bis 3 abdeckt, und darauf aufsetzenden Anwenderteilen (*User Parts*, UPs). Solche Anwenderteile sind definiert für das

- Fernsprechen (*Telephone User Part*, TUP) und das

- ISDN (*ISDN User Part*, ISUP).

Eine gewisse Sonderrolle spielt der Transportfunktionsteil (*Signaling Connection Control Part*, SCCP), durch den der ISDN-Anwenderteil bei der Ende-zu-Ende-Signalisierung unterstützt wird.

Der Rahmenaufbau (Schicht 2 des MTP) entspricht dem bei HDLC und die Paketstruktur (Schicht 3 des MTP) im wesentlichen der von Paketnetzen bekannten. Die Informationsinhalte und deren Bedeutung werden durch die Anwenderteile bestimmt.

Der zentrale Zeichengabekanal ist ein 64 kbps-Kanal, der als konzentrierende Kommunikationseinrichtung für bestimmte Verkehrswerte ausgelegt sein muß. Da der Zeichengabeverkehr zeitlich stark schwankt, sollte die mittlere Auslastung des Zeichengabekanals 0,2 *Erl* nicht übersteigen, damit auch in der Hauptverkehrsstunde Signalisierungsvorgänge ohne Verzögerung abgewickelt werden können. Bei einer solchen Auslegung kann ein 64 kbps-Kanal die Signalisierung für 1000 bis 2000 leitungsvermittelte Kanäle übernehmen.

Dadurch, daß die Zeichengabeinformation über separate Kanäle fließt, wird eine Zweiteilung des Fernmeldenetzes bewirkt: in ein Netz, welches Nutzinformationen transportiert, und in ein Netz, welches Steuerinformationen transportiert. Die Struktur dieser beiden Teilnetze muß nicht identisch sein, d.h. der Weg, der für den Transport der Nutzdaten zwischen den beteiligten Ortsvermittlungsstellen geschaltet wird, muß nicht übereinstimmen mit dem Weg, welchen die Steuerinformationen durch das Netz nehmen.

Wegen des hohen Konzentrationsfaktors muß der zentrale Zeichengabekanal redundant ausgelegt sein. Eine unabhängige Wegwahl durch das Netz mit alternativen Pfaden bewirkt eine deutliche Erhöhung der Sicherheit.

5.2.4 Ausbau des ISDN

In einem Feldversuch mit je etwa 400 Teilnehmern in Stuttgart und Mannheim 1987/88 haben die Deutsche Bundespost Telekom und die einschlägige Industrie die wesentlichen ISDN-Komponenten erprobt. Der Regelausbau erfolgte bzw. erfolgt seit Ende 1988 nach folgender Strategie:

- **1988** werden an den Standorten der Zentralvermittlungsstellen ISDN-fähige Orts- und Fernvermittlungseinrichtungen bereitgestellt und miteinander vermascht.
- Ab **1989** sind alle neu beschafften digitalen Vermittlungseinrichtungen ISDN-fähig.
- Bis Ende **1990** wird die Hälfte der vor 1989 installierten digitalen Vermittlungseinrichtungen auf ISDN-Fähigkeit nachgerüstet.
- Bis Ende **1991** werden alle installierten digitalen Vermittlungseinrichtungen ISDN-fähig sein.
- **1993**, fünf Jahre nach Beginn des Regeldienstes soll mit Aufrüstung von 5-10% der Fernsprechanschlüsse auf ISDN-Fähigkeit Flächendeckung erreicht werden, d.h. daß unabhängig vom Wohnort jeder Fernsprechteilnehmer einen ISDN-Anschluß erhalten kann.

Um das Ziel einer Flächendeckung möglichst bald zu erreichen wird die DBP Telekom auch ISDN-Fernanschlüsse realisieren. Dabei werden Teilnehmer in Ortsnetzen ohne ISDN-fähige Ortsvermittlung über besondere technische Einrichtungen mit einer ISDN-fähigen DIVO eines anderen Ortsbereichs verbunden. Die dafür bereitgestellten technischen Einrichtungen sind der ISDN-Basisanschlußmultiplexer (BAMX) und der ISDN-Basisanschlußkonzentrator (BAKT). Beim BAMX handelt es sich um einen statistischen Multiplexer, über den 12 Basisanschlüsse über eine 2 Mbps-Verbindung (DSV2) an eine entfernte DIVO herangeführt werden. Der BAKT ist über bis zu 4 SV2-Verbindungen mit einer ISDN-fähigen DIVO verbunden und kann teilnehmerseitig bis zu 500 Basisanschlüsse bedienen (abhängig von den Verkehrswerten). Beide Einrichtungen haben keine Vermittlungsfunktion; Verbindungen zwischen daran angeschlossenen Teilnehmern können nur über die DIVO hergestellt werden.
Nachdem im obigen Sinne Flächendeckung erreicht ist, kann der weitere Ausbau der ISDN-Anschlußkapazitäten nachfragegesteuert erfolgen.

Wenn auch die Bundespost, sowohl die Beiträge in den Standardisierungsgremien wie die Regeleinführung des Dienstes betreffend, weltweit zu den führenden Fernmeldeverwaltungen zählt, so ist das ISDN doch keineswegs eine wesentlich deutsche Angelegenheit, sondern befindet sich weltweit in einer Reihe von Staaten in bzw. kurz vor der Einführung. Die nachfolgende Tabelle gibt eine kurze Übersicht.

ISDN-Diensteinführung gemäß CCITT-Standards		
1988	**1989**	**1990**
BR Deutschland	Finnland	Belgien
Großbritannien	Frankreich	Dänemark
Japan	USA	Italien
Schweiz		Österreich
		Schweden
		Spanien

Vor allem die EG, die es sich zum Ziel gesetzt hat, in Europa eine einheitliche und leistungsfähige Telekommunkationslandschaft zu schaffen, forciert Einführung und Ausbau des ISDN nach einheitlichen CEPT-Richtlinien (auf der Basis der CCITT-Empfehlungen) mit einem europaweit harmonisierten Diensteangebot. Die Empfehlung an die Fernmeldeverwaltungen der Mitgliedsländer lautet: Bis 1993 Ausbau der ISDN Anschlußkapazität auf 5% der Fernsprechteilnehmer im Jahre 1983; damit soll durch eine geeignete Einführungsstrategie für 80% der Haushalte ein ISDN-Anschluß potentiell möglich sein. Außerdem sollen die ISDN-Netze der EG-Länder miteinander verbunden werden.

Die ISDN-Standards haben im Blaubuch des CCITT (1988) eine Weiterentwicklung erfahren, die nicht immer deckungsgleich mit vorhergehenden nationalen Festlegungen ist. Zur Einführung des ISDN in Europa wurde ein *Memorandum of Understanding* entworfen (und inzwischen von 24 Netzbetreibern einschließlich der Deutschen Bundespost Telekom unterzeichnet), das die Unterzeichner verpflichtet, ab 1992 (von ETSI auf der Basis von CCITT-Empfehlungen zu erarbeitende) einheitliche ISDN-Standards zu verwenden. Ziel ist darüberhinaus ein abgestimmtes ISDN-Dienstangebot sowie die Interkonnektion der nationalen ISDNs. Die Deutsche Bundespost Telekom hat die Arbeiten hierzu in dem als Euro-ISDN bezeichneten Projekt zusammengefaßt.

5.2.5 Weiterentwicklung des ISDN

Das jetzt eingeführte ISDN ist ein Fernmeldenetz, welches offen ist für weitere Entwicklungen. Weiterentwicklungen sind auf zwei — teilweise voneinander abhängigen — Ebenen zu erwarten: bei den Diensten, die über das Netz angeboten werden, und beim Netz selbst. Abb. 126 zeigt die von der Deutschen Bundespost Telekom beabsichtigte Entwicklung des Diensteangebots im ISDN.

Soweit es sich dabei um Kommunikationsdienste handelt, wird im folgenden Kapitel noch darauf eingegangen. Auf einer anderen Ebene stehen die Datenübermittlungsdienste (leitungsvermittelt und paketvermittelt).

Die einfachste Anwendung dieser Art besteht darin, dem Teilnehmer einen nach der Vermittlung transparenten Kanal zur Verfügung zu stellen, über den nach nicht von der DBP Telekom vorgeschriebenen Regeln Datenkommunikation betrieben werden kann.

Unterschätzt hat die DBP Telekom die Bedeutung der Paketvermittlung im ISDN, weshalb diese in den ersten Planungen auch nur eine untergeordnete Rolle spielte. Nicht nur der Druck der Anwender aus dem Bereich der Datenkommunikation, sondern auch die Fernmeldeverwaltungen anderer Länder, in denen paketvermittelte Netze eine wesentlich gößere Rolle als in Deutschland spielen, haben hier eine Änderung bewirkt.

Die Unterstützung paketvermittelter Transportdienste erfolgt in zwei Stufen:

1. Zugang zum Datex-P-Netz über das ISDN.
   Hierbei wird einem X.25-Endgerät, das an einen TA X.25 angeschlossen ist, über das ISDN Zugang zum Datex-P-Netz verschafft. Nach dem Verbindungsaufbau liefert der B-Kanal einen transparenten Zugang zum Knoten des Paketvermittlungsnetzes. Das X.25-Endgerät ist logischer Teilnehmer des Datex-P-Dienstes. Diese Lösung wird als Minimalintegration bezeichnet und wird bereits in der ersten Phase der ISDN-Einführung angeboten.

2. Integration von Paketvermittlungsfunktionen in ISDN-Vermittlungseinrichtungen.
   In diesem Falle können B- oder D-Kanal für den Transport von Anwender-Datenpaketen benutzt werden. Mehrere Varianten für die Realisierung dieses Konzeptes, das

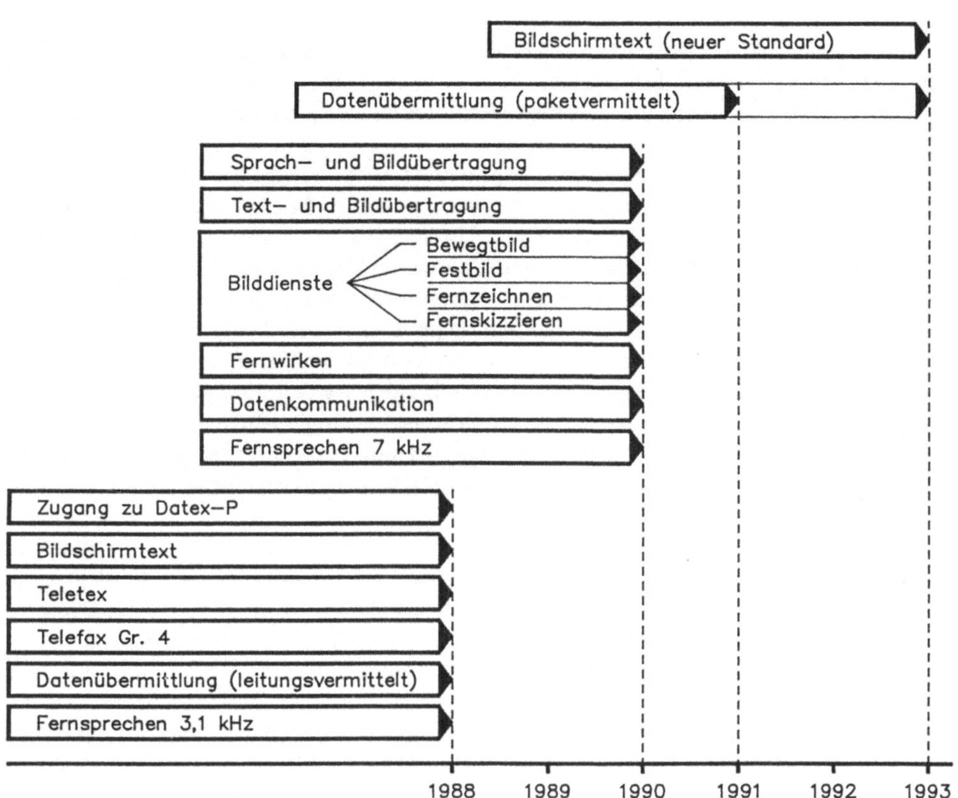

Abb. 126. ISDN-Dienstekonzept der Deutschen Bundespost Telekom

als Maximalintegration bezeichnet wird, werden derzeit diskutiert; bis spätestens 1993 soll eine solche Lösung einsatzbereit sein.

Neben Erweiterungen im Softwarebereich, etwa der D-Kanal-Protokolle, sind für die Integration von Paketvermittlungsfunktionen in das ISDN auch netzseitig Erweiterungen erforderlich; es müssen Moduln für Paketvermittlung bereitgestellt und in die Vermittlungseinrichtungen integriert werden.

5.2.6 Breitband-ISDN

Das heutige ISDN ist insofern noch kein wirklich universelles Netz als es durch die Beschränkung auf 64 kbps bzw. geringe Vielfache davon als Trägersystem für breitbandige Kommunikationsdienste nicht geeignet ist. Beim CCITT wie auch bei der Deutschen Bundespost Telekom ist deshalb die Weiterentwicklung des ISDN zum Breitband-ISDN (B-ISDN) fester Bestandteil der Planung. Das Breitband-ISDN ist eine Weiterentwicklung des heutigen (Schmalband-) ISDN, d.h. grundsätzliche konzeptionelle Unterschiede gibt es nicht, insbesondere nicht, was den Stationsaufbau und die Prinzipien des Teilnehmerzugangs und der Signalisierung angeht. Die DBP Telekom war ursprünglich davon ausgegangen, daß auch die breitbandigen Kanäle leitungsvermittelt betrieben würden. Dies trifft

aber nicht zu, da durch CCITT inzwischen ATM *(Asynchronous Transfer Mode)* als Netz-
technik für das zukünftige Breitband-ISDN festgeschrieben wurde.

Ein ATM-Netz ist universell einsetzbar, da es sowohl isochronen als auch paketorientierten
Verkehr tragen kann und eine dynamische Zuordnung von Bandbreiten gestattet. Insbesondere diese letzte Eigenschaft war für die Entscheidung zugunsten von ATM bedeutsam,
da sich die Mitglieder der Standardisierungsgremien nicht auf die Festlegung einer Kanalstruktur und der Bandbreiten einigen konnten. Dies war nicht die Folge eines mangelnden
Einigungswillens, sondern unterstreicht die Unmöglichkeit, vorherzusehen, welche Bandbreiten für welche Dienste in fünf bis zehn Jahren zu Beginn eines B-ISDN-Angebots erforderlich sein werden, ganz zu schweigen von Anforderungen, die sich während der Jahrzehnte dauernden Einführungsphase ergeben könnten. Selbst für heute bekannte Dienste ist
eine solche Abschätzung kaum möglich, da die Entwicklung im Kommunikationsbereich
durch zwei gegenläufige Trends geprägt ist: Zum einen werden durch die Verbreitung der
LWL-Technik große Bandbreiten zu (vergleichsweise) niedrigen Kosten zur Verfügung stehen, zum anderen wird durch die weitere Entwicklung der Halbleitertechnik der Einsatz
immer aufwendigerer Verfahren der Datenkompression möglich und dadurch der Bandbreitenbedarf verringert.

Eine ähnliche Problematik und auch eine Fehleinschätzung hat es bereits beim
Schmalband-ISDN gegeben: Für die Sprachqualität, die seinerzeit bei der Festlegung des
64 kbps-Basiskanals angestrebt wurde, wird heute allenfalls noch eine Übertragungsrate von
32 kbps benötigt; die DBP Telekom trägt dieser Entwicklung Rechnung, indem sie auf dem
64 kbps-Kanal optional eine deutlich verbesserte Sprachqualität anbietet (7 kHz Fernsprechen).

Da heute noch beträchtliche Unsicherheit bezüglich des Bedarfs und der Akzeptanz
breitbandiger vermittelter Dienste besteht, sollte das hochauflösende Fernsehen (*High Definition Television*, HDTV) als mögliche sinnvolle Anwendung erwähnt werden. Dafür ist —
wenn nicht qualitätsmindernde Verfahren zur Datenkompression verwendet werden — nach
dem heutigen Stand der Technik eine Bitrate von ca. 300 Mbps erforderlich. Dies ist insofern eine interessante Anwendung als in den etablierten Medien (Kabelfernsehen, Satel-
litensysteme) Kanäle mit der erforderlichen Bandbreite kaum mehr verfügbar sind.

5.2.6.1 ATM (Asynchronous Transfer Mode)

Als Prinzipien für das Breitband-ISDN legt CCITT in I.121 unter anderem fest:

- Für das Breitband-ISDN gibt es ein mit dem ISDN vergleichbares Schichtenmodell und
  eine vergleichbare Referenzkonfiguration.

- Das Breitband-ISDN arbeitet verbindungsorientiert.

- Das Breitband-ISDN stützt sich auf den *Asynchronous Transfer Mode* (ATM) und ist
  nicht abhängig von einer bestimmten Übertragungstechnik.

Beim ATM [46, 79, 106] handelt es sich um ein paketorientiertes, nicht quittierendes
Multiplex-Verfahren, das im Prinzip bitratenunabhängig ist und auf jedem digitalen, ausreichend fehlerfreien Übertragungsweg betrieben werden kann.

Das ATM-Verfahren ist genügend einfach, daß die Nutzpakete (die eine feste Länge haben
und als Zellen bezeichnet werden) tabellengesteuert (d.h. hardware-gesteuert) vermittelt
werden können und nicht per Software wie in herkömmlichen X.25-Netzen. Dies ist auf-

grund der hohen Geschwindigkeiten (bei 150 Mbps müssen ca. 350.000, bei 600 Mbps ca. 1,4 Mio. Zellen pro Sekunde bearbeitet werden) auch erforderlich.

Das Referenzmodell des Breitband-ISDN (Abb. 127) zeigt die bei CCITT inzwischen übliche (und vom OSI-Refernzmodell abweichende) Zweiteilung in eine *Control Plane* und eine *User Plane*, wobei die in der *Control Plane* verwendeten Protokolle weitgehend den in Q.921 und Q.931 für ISDN spezifizierten Protokollen entsprechen.

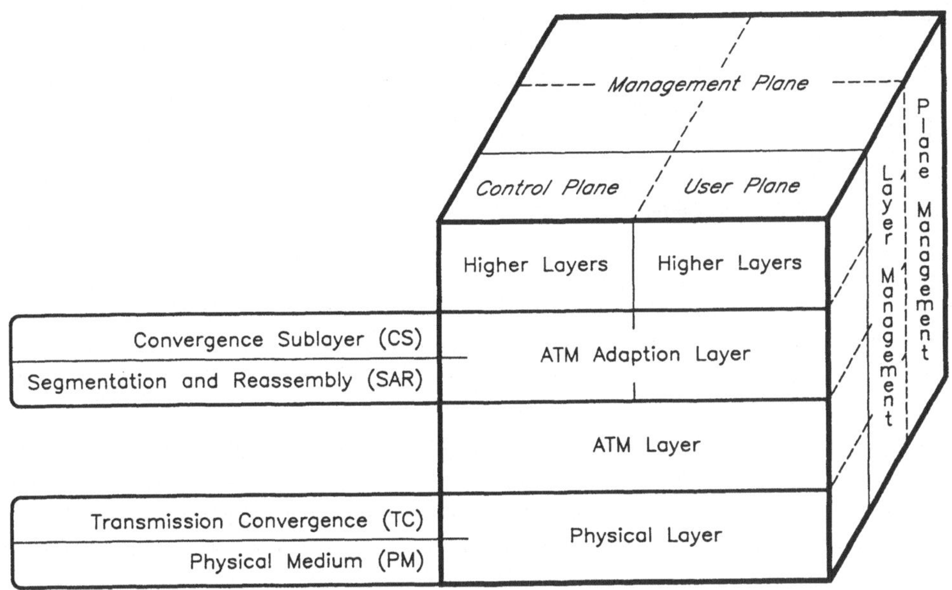

Abb. 127. Protokoll-Referenzmodell des Breitband-ISDN

Physical Layer

Wie bei DQDB wird auch durch die ATM-Standards die eigentliche Übertragungstechnik nicht festgelegt. Die physikalische Schicht ist nochmals unterteilt in ein *Physical Medium Sublayer* (PM-*Sublayer*), der die vom physikalischen Medium abhängigen Teile beschreibt *(physical medium, bit timing)*, und den *Transmission Convergence Sublayer* (TC-*Sublayer*), der die ATM-Zellstruktur auf die Rahmenstruktur des zu benutzenden Übertragungssystems abbildet sowie die HEC-Information (HEC = *Header Error Control)* erzeugt und überprüft (vgl. Abb. 128). Die Sicherung der *Header*-Information ist wichtig, weil durch eine Verfälschung des VCI *(Virtual Channel Identifier)* nicht nur Information verloren gehen kann, sondern auch anderen Verbindungen hinzugefügt werden könnte. Der gewählte Code hat die Eigenschaft, Ein-Bit-Fehler korrigieren oder Mehr-Bit-Fehler erkennen zu können.

ATM Layer

Die wichtigsten Aufgaben dieser Schicht sind das Multiplexen und Demultiplexen von Zellen, das Generieren und Extrahieren der Zell-*Header* sowie VPI/VCI-Umsetzungen.
Auf einer Verbindungsstrecke ist eine virtuelle Verbindung eindeutig durch den *Virtual Channel Identifier* (VCI) identifiziert. Da in einer Vermittlungseinrichtung der Fall eintreten

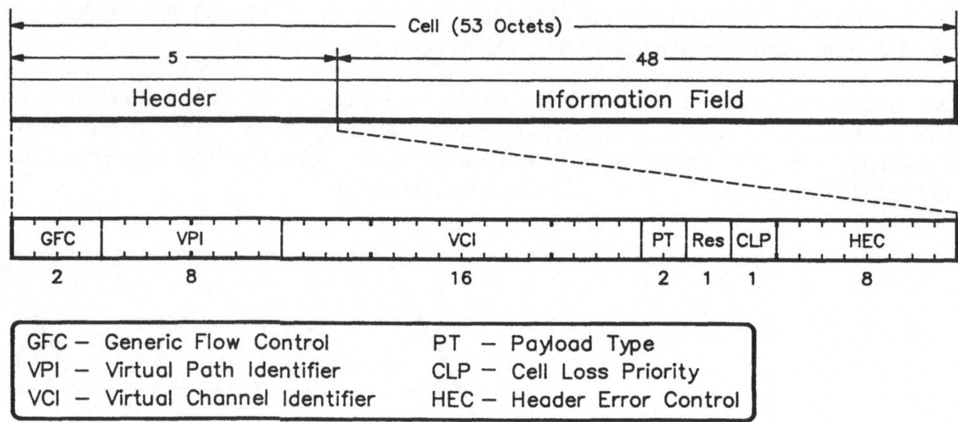

Abb. 128.   ATM-Zellstruktur

kann, daß von mehreren Eingangsleitungen Zellen mit gleichem VCI auf dieselbe Ausgangsleitung vermittelt werden müssen, ist eine Umsetzung der VCIs erforderlich, da die virtuellen Verbindungen sonst auf der Ausgangsleitung nicht mehr unterscheidbar wären. Eine Verbindung über mehrere Vermittlungseinrichtungen hinweg wird somit durch eine Kette von Leitungen und VCIs definiert.

Die gleichen Überlegungen gelten auch für die *Virtual Path Identifier* (VPIs).

Wenn aus mehreren Eingangsleitungen Zellen für die Vermittlung auf die gleiche Ausgangsleitung anstehen, kann dies notwendigerweise nur sequenziell gehen. Daraus folgt für die Vermittlungseinrichtung, daß Pufferspeicher vorhanden sein müssen, um die wartenden Zellen aufzunehmen. Daraus folgt aber auch, daß — obwohl die Sequenz der Zellen wegen der Verbindungsorientierung erhalten bleibt — die zeitlichen Abstände aufeinanderfolgender Zellen übertragungsbedingten Schwankungen unterliegen (*delay jitter*). Für Anwendungen, die einen isochronen Informationstransport benötigen, ergibt sich hieraus die Notwendigkeit, zum Ausgleich dieser Schwankungen auf Empfängerseite Pufferspeicher einzufügen.

Das *Virtual-Path*-Konzept erlaubt es, quasi-statische Verbindungen über mehrere Schalteinrichtungen im Netz *(cross connects)* hinweg zu etablieren. Diese *Cross Connects* interpretieren nur die VPIs der durchlaufenden Zellen (d.h. die Zuordnung zu etablierten virtuellen Pfaden). Auf einem gegebenen Pfad wird eine Zelle durch ihren VPI eindeutig einem bestimmten VPI zugeordnet, durch ihren VCI einer bestimmten virtuellen Verbindung, die in diesem Pfad geführt wird (d.h eine Vielzahl von VCs kann den gleichen VP benutzen). Der Auf- bzw. Abbau virtueller Verbindungen belastet die Schalteinrichtungen eines virtuellen Pfades nicht.

ATM Adaption Layer (AAL)

Der ATM *Adaption Layer* ist unterteilt in den

- *Convergence Sublayer* (CS) und den

- *Segmentation and Reassembly Sublayer* (SAR).

Aufgabe des *Convergence Sublayer* ist die Zuordnung von Rahmen zu den ATM-Dienst-klassen. Die vier im AAL definierten Dienstklassen *(Payload Types)* sind in der nachfolgenden Tabelle zusammengestellt.

Class A	Class B	Class C	Class D
Timing relation between source and destination needed		*Timing relation between source and destination not needed*	
Constant bitrate (CBR)	*Variable bitrate (VBR)*		
Connection-oriented (CO)			*Connectionless (CL)*

Nutzungsbeispiele für die vier Klassen sind:

Class A: Isochroner Verkehr: Audio/Video mit festen Bitraten

Class B: Audio/Video mit variablen Bitraten

Class C: Verbindungsorientierte Datenübertragungen

Class D: Verbindungslose Datenübertragungen

Für diese Dienstklassen sind (in den Informationsteilen der ATM- Zellen) *Protocol Data Units* (SAR-PDUs) definiert.

Mit ATM wurde ein sehr flexibles Verfahren zur Basis des künftigen Breitband-ISDN gemacht. Es ist eine neue Technik, mit der auch neuartige Probleme auftreten, für die teilweise noch keine befriedigenden Lösungen vorliegen.
Ein Kernproblem ist die Zuteilung von Bandbreiten zu den virtuellen Verbindungen beim Verbindungsaufbau. Ein relativ einfaches Verfahren — Reservierung der benötigten Spitzenbitrate — ist unbefriedigend, da ineffizient. Hierfür werden effizientere, statistische Effekte nutzende Verfahren erarbeitet werden müssen.
Eng verknüpft mit der vorgenannten Problematik ist die verbindungsspezifische Überwachung der in Anspruch genommenen Übertragungskapazität; ein solches Verfahren muß auf das Verfahren der Bandbreitenreservierung abgestimmt sein. Es kommt erschwerend hinzu, daß dies eine für jede virtuelle Verbindung permanent durchzuführende Aufgabe ist und der Aufwand, der dafür getrieben werden kann, deshalb begrenzt sein muß.

Die Flexibilität von ATM drückt sich — verglichen mit STM *(Synchronous Transfer Mode)* — auch in einer erheblich höheren Komplexität aus. Ohne die Fortschritte in der Mikroelektronik, durch die — größere Stückzahlen vorausgesetzt — die Kosten nur langsam mit steigender Komplexität wachsen, ist die Realisierung von ATM kaum denkbar.

5.2.6.2 Perspektiven

Die Frage nach der Nutzung eines zukünftigen universellen Breitbandnetzes ist noch schwerer zu beantworten als die Frage nach dessen Technik. Infolgedessen existieren auch durchaus unterschiedliche Auffassungen bezüglich der Einführungsstrategie. Die Frage ist, ob Breitbanddienste zunächst im kommerziellen Bereich eingeführt werden sollen, und erst

in einer späteren zweiten Phase der private Bereich erschlossen werden soll, oder ob von
vornherein auf Massenanwendungen im privaten Bereich abgezielt werden sollte. Eine (an-
fängliche) Beschränkung auf kommerzielle Anwender hat den Nachteil geringer Teilnehmerzahlen, aufgrund derer die teure Infrastruktur nur schwer zu rechtfertigen ist; sie hat
den Vorteil, daß diese Zielgruppe nicht so kostensensitiv reagiert. Bei der Zielgruppe der
privaten Teilnehmer ist die Zahl der potentiellen Teilnehmer ungleich größer. Diese Gruppe
ist aber sehr viel schwerer vom Nutzen breitbandiger Individualkommunikation zu über-
zeugen und außerdem äußerst kostensensibel. Um große Teilnehmerzahlen im Privatbereich
erreichen zu können, ist die Integration der Verteilkommunikation (Hörfunk- und Fernsehprogramme) unerläßlich.
Die geplante Entwicklung der Dienste und Netze im Bereich der Deutschen Bundespost
Telekom ist in Abb. 129 dargestellt.

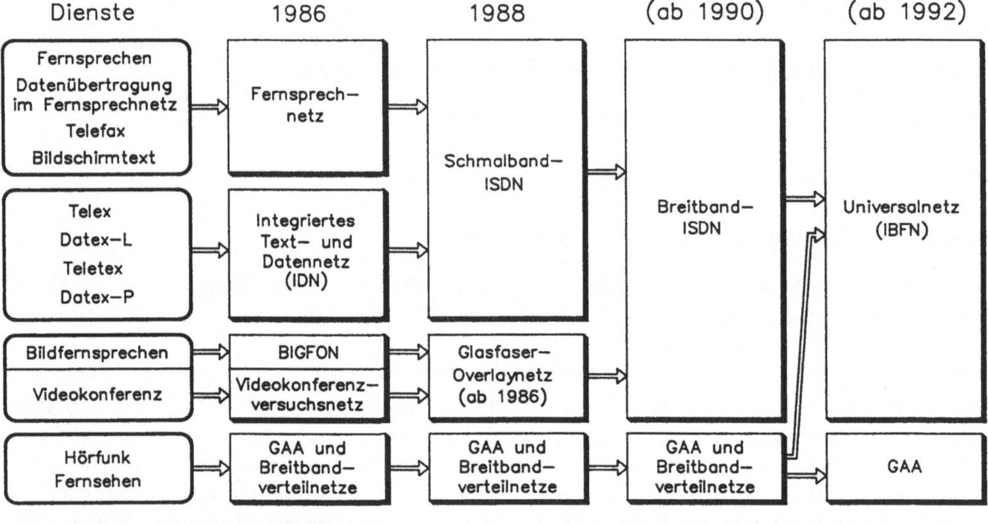

Abb. 129. Dienste- und Netzintegration im Bereich der Deutschen Bundespost Telekom

Die ursprünglich angegebenen Termine für die Einführung des Breitband-ISDN sind nicht
haltbar. Es ist nicht anzunehmen, daß vor 1995 mit der Diensteinführung des Breitband-
ISDN begonnen werden kann, und vermutlich wird auch bis zum Ende des Jahrzehnts ein
breitbandiges Universalnetz keine nennenswerte praktische Bedeutung erlangen.
Ziel der EG ist es, ab 1995 (auch diese Terminvorstellung scheint heute zu optimistisch)
europaweit den Übergang auf integrierte Breitbandkommunikation einzuleiten, dies insbesondere auch für die privaten Haushalte. Das RACE-Programm (RACE = *Research in
Advanced communications in Europe*) ist ins Leben gerufen worden mit dem Ziel, die
systemtechnischen Voraussetzungen dafür zu entwickeln.

Eine andere Voraussetzung dafür, nämlich der Ausbau eines europäischen Glasfaser-
Backbone-Netzes, ist bereits im Gange.

Die Voraussetzung für das Breitband-ISDN im Infrastrukturbereich ist unumstritten ein
Glasfasernetz bis zum Teilnehmer. Dies bedeutet, daß die – eine relativ schnelle und ko-

stengünstige Einführung des Schmalband-ISDN sichernde — Randbedingung der Verwendbarkeit der existierenden Infrastruktur im Teilnehmeranschlußbereich für das B-ISDN nicht mehr gilt. Da die Infrastruktur im Teilnehmerbereich den größten Kostenanteil eines Fernmeldenetzes repräsentiert, sind für die allgemeine Einführung des Breitband-ISDN außerordentlich hohe Investitionen erforderlich (Schätzungen für die BRD liegen zwischen 70 und 300 Mrd. DM) und der Prozeß wird noch länger dauern als die bis zum Jahr 2020 abgeschlossene Digitalisierung des Fernsprechnetzes. Wenn in einem Jahrzehnte dauernden Prozeß im Teilnehmerbereich eine neue Infrastruktur geschaffen wird, dann muß diese — wie in der Vergangenheit die Kupferdoppelader — für mindestens 50 Jahre ausreichend sein. Dies kann nur die Glasfaser sein, und zwar die Monomodefaser, die die prinzipbedingten Vorteile aller Glasfasern hat und darüberhinaus eine nach heutigen Maßstäben fast unbegrenzte Übertragungskapazität.

Das derzeitige Problem liegt darin, daß Glasfasern im Teilnehmerbereich von der Kostenseite her nicht konkurrenzfähig sind. 1985 wurden die Kosten eines Teilnehmeranschlusses in Glasfasertechnik noch mit 50—70 TDM angegeben [2]. Obgleich Lichtwellenleiter teurer sind als Kupferadern (wenn das eklatant höhere Leistungspotential der LWL unberücksichtigt bleibt), entfielen davon doch nur etwa 10% auf die Kabel selbst, der Hauptanteil aber auf die Übertragungstechnik.

Seither hat es sowohl im Kabelbereich wie auch im Bereich der Systemkomponenten erhebliche Fortschritte gegeben; dennoch können die Preise nur dann deutlich fallen (ohne das Niveau der etablierten Technologie erreichen zu können), wenn es zu einer Massenproduktion der benötigten Komponenten kommt. Hier zeichnet sich — wie fast immer bei der Einführung neuer Kommunikationsnetze oder -dienste — ein Teufelskreis ab: Die DBP Telekom zögert mit dem systematischen Einsatz von Glasfasern im Teilnehmerbereich, weil die Kosten insgesamt zu hoch sind. Die Kosten können aber nur dann deutlich sinken, wenn es zu einer Massenproduktion dieser Bausteine kommt, was aber voraussetzt, daß die DBP Telekom in jahrelanger Vorleistung Glasfasern verlegt hat.

5.3 Integriertes Text- und Datennetz (IDN)

Das integrierte Text- und Datennetz ist ein digitales Fernmeldenetz, dessen Teilnetze in Abb. 113 auf Seite 241 aufgeführt sind. Es enthält außerdem noch das nichtöffentliche Gentex-Netz für den Telegrammdienst, auf das hier nicht weiter eingegangen wird. In der Bezeichnung Text- und Datennetz kommt zum Ausdruck, daß die Teilnetze entweder nur für die Bereitstellung öffentlicher (Text-)Kommunikationsdienste (wie das Telex-Netz für den Telex-Dienst) oder sowohl für die Bereitstellung öffentlicher Kommunikationsdienste wie auch als Transportnetz für private Datenkommunikation (wie das Datex-Netz) oder nur für die Übermittlung von Daten (wie das Direktrufnetz-Netz) genutzt werden. Die Netzteile Telex und Datex-L (sowie Gentex) arbeiten leitungsvermittelt, der Netzteil Datex-P paketvermittelt, und im Direktrufnetz findet überhaupt keine Vermittlung statt, da die Kommunikationspartner fest miteinander verbunden sind (daher auch die Bezeichnung Festverbindung oder Standleitung).

Das IDN ist aufgebaut aus Datenvermittlungsstellen (DVSt), Datenumsetzerstellen (DUSt, wie beispielsweise der Telex-Teletex-Umsetzer, TTU) und Datenübertragungseinrichtungen (DÜE), die den Datenendgeräten (DEE) eine definierte Netzschnittstelle zur Verfügung stellen. Die Verbindungsleitung zwischen DÜE und DVSt (oder evtl. auch DUSt) wird als Datenanschlußleitung (DAL), eine Verbindungsleitung zwischen Datenvermittlungsstellen als Datenverbindungsleitung (DVL) bezeichnet.

5.3.1 Telex-Netz

Das Telex-Netz ist das öffentliche Fernschreibwählnetz der Deutschen Bundespost Telekom. Es besteht aus Telex-Vermittlungsstellen, Netzknoten und Telex-Teilnehmereinrichtungen sowie Verbindungsleitungen zwischen diesen Komponenten.
Das Netz arbeitet halbduplex im Start/Stop-Verfahren mit einer Übertragungsgeschwindigkeit von 50 bps. Es wird ein 5 Bit-Code benutzt (das weltweit eingesetzte Internationale Telegraphenalphabet Nr. 2). Im deutschen Telex-Netz werden alle Inlandsverbindungen und 99% der Auslandsverbindungen in Selbstwahl hergestellt.

5.3.2 Datex-Netz

Das Datex-Netz (*Data exchange*) wurde speziell für die Belange der Datenkommunikation konzipiert, da die existierenden Netze (insbesondere das Fernsprechnetz) nur bedingt für Datenkommunikation geeignet sind. Die Komponenten des Netzes sind in Abb. 130 dargestellt.
Das Datex-L-Netz ist seit 1975 mit EDS-Vermittlung (EDS = Elektronisches Datenvermittlungssystem; Lieferanten der Vermittlungstechnik: Siemens und SEL) in Betrieb, das Datex-P-Netz seit 1980 (Vermittlungsrechner: SL-10 von Northern Telecom). Abb. 131 zeigt die Entwicklung der Teilnehmerzahlen.
Für die flächendeckende Versorgung sind bundesweit 18 Datenvermittlungseinrichtungen installiert. Trotz dieser — gemessen an den Teilnehmerzahlen — respektablen Anzahl von Vermittlungseinrichtungen und die strategisch günstige Aufstellung an Nachfrageschwerpunkten beträgt die mittlere Anschlußlänge pro Teilnehmer über 40 km (verglichen mit 2,3 km im Fernsprechnetz). Dies zeigt die Problematik von Sondernetzen. Sie erfordern einen hohen Aufwand pro Teilnehmer, was hohe Kosten für die Benutzer zur Folge hat, wenn der Netzbetreiber kostendeckende Gebühren nimmt. Durch die Einführung des ISDN ist der

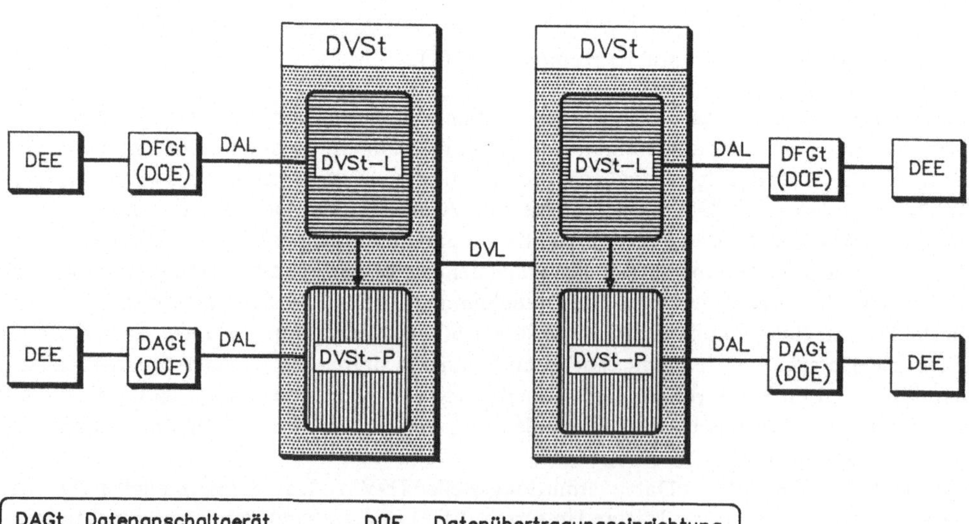

Abb. 130. Schematischer Aufbau des Datex-Netzes

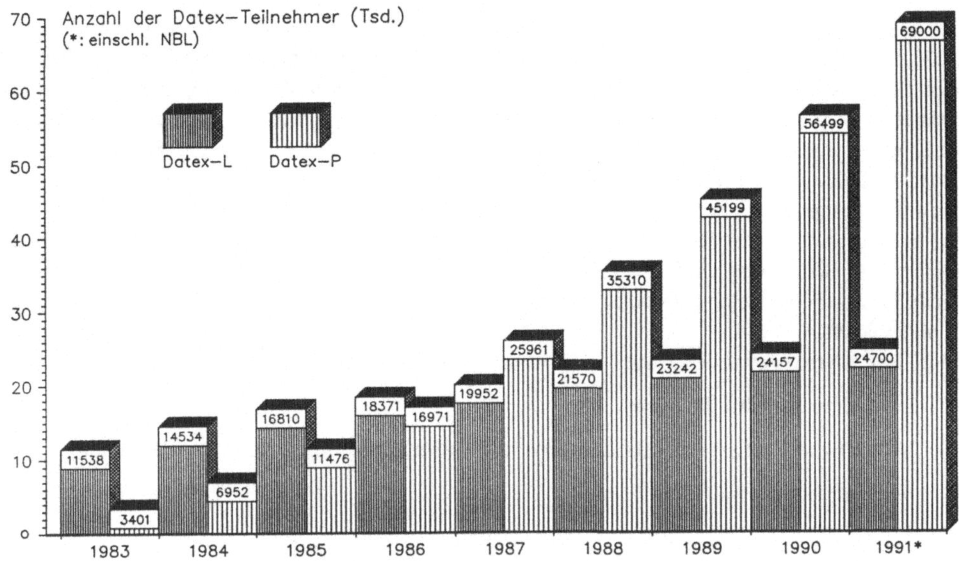

Abb. 131. Anzahl der Datex-Netzteilnehmer (ohne Teletex-Teilnehmer)

Betrieb dieser Netze langfristig nicht mehr sinnvoll. Sie verlieren ihre Existenzberechtigung, sobald die entsprechenden Dienste im ISDN verfügbar sind und das ISDN flächendeckend ausgebaut ist.

5.3.2.1 Datex-L

Die Knoten des Datex-L-Netzes bilden ein vermaschtes Netz, und bei Ausfall von Knoten oder Verbindungsleitungen können vorbereitete alternative Pfade geschaltet werden. Dank der elektronischen Vermittlungssysteme dauert der Verbindungsaufbau nach Eingabe der Nummer nur 0,4−1 Sek.; die Bitfehlerrate ist besser als 10^{-6}. Die leitungsvermittelten Verbindungen (duplex) sind nach dem Aufbau transparent, geben den Benutzern also Protokollfreiheit; es können jedoch nur kompatible Datenendeinrichtungen miteinander kommunizieren, d.h. die Teilnehmer, die miteinander kommunizieren wollen, müssen entsprechende Absprachen treffen. Dies gilt auch bezüglich der Übertragungsgeschwindigkeit, da eine Geschwindigkeitsanpassung nicht stattfinden kann.

Der Datex-L-Dienst wird in fünf Benutzerklassen mit unterschiedlichen Übertragungsgeschwindigkeiten angeboten:

Benutzerklasse	Übertragungs- geschwindigkeit	Übertragungs- verfahren	Klasse gemäß CCITT X.1
Datex L300	300 bps	asynchron	1
Datex L2400	2400 bps	synchron	4
Datex L4800	4800 bps	synchron	5
Datex L9600	9600 bps	synchron	6
Datex L64000 (Probebetrieb)	64 kbps	synchron	30

An Schnittstellen werden X.20, X.20bis für asynchrone Übertragung (also Datex-L300) und X.21 und X.21bis für synchrone Übertragung angeboten, wobei die ...bis-Schnittstellen für den Anschluß von Endgeräten mit V-Schnittstellen (insbesondere V.24) vorgesehen sind. Daneben wird noch eine Multiplexschnittstelle mit 48 kbps gemäß X.22 angeboten, bei der über eine physikalische Anschlußleitung mehrere synchrone Kanäle der Benutzerklassen Datex-L2400...9600 betrieben werden können.

Netzübergänge existieren zum Fernsprechnetz und zum Datex-P-Netz. Es gibt auch eine Reihe von Auslandsverkehrsbeziehungen (z.B. Dänemark, Finnland, Kanada, Norwegen, Österreich, Schweden, USA). Weitere Auslandsverbindungen sind geplant; es ist aber festzustellen, daß in vielen Ländern leitungsvermittelte Datennetze nur eine untergeordnete Rolle spielen.

Die Gebührenstruktur des Datex-L-Dienstes weist folgende Merkmale auf:

- Einmalige Anschlußgebühr.

- Monatliche Festgebühr (abhängig von Benutzerklasse und Leistungsmerkmalen).

- Nutzungsabhängige Gebühren:

  - Verbindungsaufbaugebühr pro geschalteter Verbindung,
  - Zeitabhängige Verbindungsgebühren (Zeitauflösung: 0,1 Sek.),
    - abhängig von der Benutzerklasse (Übertragungsgeschwindigkeit),
    - abhängig von Tageszeit und Wochentag,
    - abhängig von der Entfernung.

5.3.2.2 Datex-P

Die technischen Grundlagen wurden bereits im Zusammenhang mit dem X.25-Standard beschrieben.

Die Datex-P-Knoten sind über 64 kbps-Verbindungsleitungen vermascht, und es können bei Ausfall von Komponenten alternative Pfade geschaltet werden. Als paketvermittelndes Netz bietet Datex-P:

- Automatische Geschwindigkeitsanpassung (d.h. Endgeräte unterschiedlicher Geschwindigkeit können problemlos miteinander kommunizieren).

- Mehrfachnutzung der Anschlußleitung (bis zu 255 virtuelle Verbindungen über eine physikalische Anschlußleitung).

Anschließbar sind außer X.25-fähigen Endgeräten über Anpassungsdienste auch Geräte mit anderen Schnittstellen; die verfügbaren Dienste sind in der folgenden Tabelle zusammengestellt.

	Basisdienst	**Zusätzliche Dienste**		
Bezeichnung	Datex-P10	Datex-P20	Datex-P32	Datex-P42
Anschlußart	Datex-P10H	Datex-P20H Datex-P20L Datex-P20F	Datex-P32H	Datex-P42H Datex-P42F
H: Hauptanschluß, L: Anschluß über das Datex-L-Netz, F: Anschluß über das Fernsprechnetz				

Besonders wichtig ist der Datex-P20-Dienst. Über diesen können asynchrone Endgeräte mit V.24-Schnittstelle mit X.25-fähigen Endgeräten (Hosts) kommunizieren. Die dafür erforderlichen Komponenten und Protokolle sind in den CCITT-Empfehlungen X.3, X.28 und X.29 beschrieben (vgl. Abb. 132).

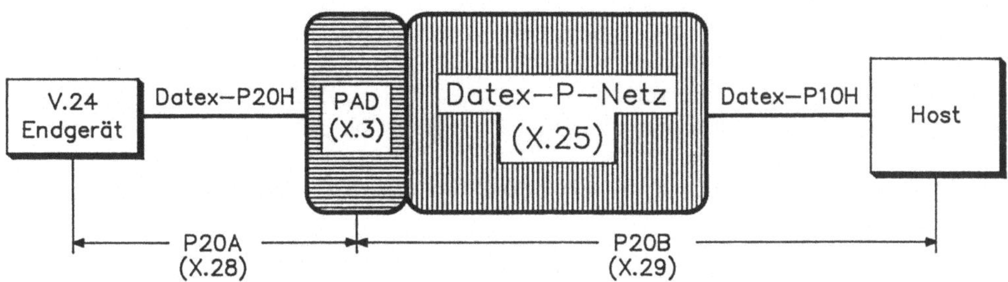

Abb. 132. Anschluß von asynchronen Terminals über Datex-P

Die Anpassungsdienste P32 (für den Anschluß von IBM 3270-Terminals) und P42 (für den Anschluß von IBM 2780- oder 3780-Stapelfernverarbeitungsstationen) über das Datex-P-Netz wurden 1990 eingestellt.

Es werden folgende Geschwindigkeiten angeboten (bps):

P10	P20			P32	P42	
H	*H*	*L*	*F*	*H*	*H*	*F*
2400	110	300	110	2400	1200	1200
4800	200		200	4800	2400	
9600	300		300	9600	4800	
48000	1200/75		1200/75		9600	
	1200		1200			

Über das Datex-P-Netz sind fast alle ausländischen Paketnetze erreichbar.

Die Gebührenstruktur des Datex-P-Dienstes weist folgende Merkmale auf:

- Einmalige Anschlußgebühr.

- Monatliche Festgebühr (abhängig von der Geschwindigkeit und sonstigen Leistungsmerkmalen).

- Nutzungsabhängige Gebühren,

    - **abhängig von:**
        - o Datenvolumen (Abrechnung in Segmenten zu 64 Bytes; Ermäßigung bei großen Datenmengen),
        - o Tageszeit und Wochentag,
    - **unabhängig von:**
        - o Entfernung,
        - o Übertragungsgeschwindigkeit.

5.3.3 Direktrufanschluß (früher Hauptanschluß für Direktruf, HfD)

Das öffentliche Direktrufnetz bietet festgeschaltete Verbindungen (Bezeichnungen: Fest-
verbindungen, Standleitungen, Mietleitungen) zwischen zwei Direktrufanschlüssen. Es handelt sich um duplexfähige, digitale Verbindungen, die für eine Reihe von Übertragungsgeschwindigkeiten angeboten werden:

- 50 bps, 300 bps asynchron;
- 1200 bps asynchron oder synchron;
- 2400 bps, 4800 bps, 9600 bps, 64 kbps, 1,92 Mbps synchron.

Die Verbindungen sind transparent; den kommunizierenden Partnern wird also Protokollfreiheit geboten.
Die Gebühren sind abhängig von der Geschwindigkeit, der Entfernung und der Nutzungszeit (die Post geht bei der Gebührenerhebung von einer Mindestnutzungsdauer von 80 Std.
im Monat aus).
Bei hohem Verkehrsaufkommen sind Standleitungen das geeignete Medium. Sie werden
häufig benutzt, um private Kommunikationsnetze aufzubauen. 1990 betrug die Zahl der
Teilnehmer über 230.000.

5.3.4 Frame Relay

Frame Relay bezeichnet eine Interimstechnologie, die zum Ziel hat, bis zur allgemeinen
Verfügbarkeit eines Breitband-ISDN, schnelle Datenleitungen (derzeit vor allem T1 bzw.
E1, d.h. 1,544 bzw. 2,048 Mbps) effizient für unterschiedliche Anwendungen nutzen zu
können. Eine vordringliche Anwendung dürfte die Verbindung von LANs über Weitver-
kehrsstrecken sein. Derzeit wird *Frame Relay* vor allem in privaten Netzen (d.h. auf Standleitungen höherer Geschwindigkeit) eingesetzt. Mit einem entsprechenden Angebot öffentlicher Diensteanbieter ist aber zu rechnen.
Frame-Relay-Vermittlungseinrichtungen werden bereits von mehreren namhaften Herstellern von Kommunikationseinrichtungen angeboten (z.B. Northern Telecom), und eine steigende Zahl von Firmen (auch große Rechnerhersteller wie IBM und DEC) unterstützt
Frame Relay in ihren Kommunikationsprodukten.

Die wichtigsten Standardisierungen sind durch CCITT und ANSI erfolgt (CCITT I.122
(Framework for Providing Additional Packet Mode Bearer Services), und I.441/Q.921
(ISDN User-Network Interface — Data Link Layer Specification), ANSI T1.602).
Die Technik des *Frame Relay* basiert auf dem LAPD-Protokoll (I.441/Q.921) des ISDN,
einem HDLC-Abkömmling, weshalb *Frame-Relay*-Netze mit relativ geringem Entwick-
lungsaufwand etabliert werden können.
Frame Relay kann als ein sogenanntes *Lightweight*-Protokoll angesehen werden; die Prinzi-
pien sind:

- Geringe Komplexität ⇒ geringer Overhead ⇒ Eignung für hohe Geschwindigkeiten.
- *Routing* auf Schicht 2 (Schicht 3 kann entfallen).
- Nutzung niedriger Fehlerraten (keine Fehlerwiederholung auf Schicht 2),
  Sequenzerhaltung.

Frame Relay leistet (wie ATM) ein asynchrones Multiplexen unterschiedlicher Datenströme, jedoch auf der Basis variabler Rahmenlängen (ATM: Zellen fester Länge). Aus diesem Grunde ist *Frame Relay* zur Übermittlung isochroner Datenströme weniger geeignet.
Während ATM-Zellen nur einen vorangestellten *Header* mit Kontrollinformationen besitzen und die Prüfsequenz sich nur auf die *Header*-Information bezieht, haben *Frame-Relay*-Rahmen neben einem vorangestellten *Header* (3 Bytes) auch noch einen nachgestellten *Trailer*, der die (sich auf Kontroll- und Nutzinformation beziehende) Prüfsequenz (2 Bytes) und eine Rahmenkennung *(Flag, 1 Byte)* enthält.
Im LAPD-Protokoll ist bereits eine Ende-zu-Ende-Kennung der beteiligten Endgeräte etabliert; diese Ebene-2-Adresse wird als DLCI *(Data Link Connection Identifier)* bezeichnet. Beim *Frame Relay* wird der DLCI (10 Bits lang) für die Adressierung und das *Routing* auf der Ebene 2 verwendet. Alle Rahmen, die zu einer Verbindung gehören, tragen den gleichen DLCI in ihrem *Header*.
Abweichend vom LAPD-*Header* enthält ein *Frame Relay Header* drei Bits für eine (rudimentäre) Überlaststeuerung: ein *Forward Explicit Congestion Notification* Bit (FECN), ein *Backward Explicit Congestion Notification* Bit (BECN), sowie ein *Discard Elegibility* Bit (DE). Die beiden erstgenannten Bits sollen die beiden Endstellen einer Verbindung über eine Überlastsituation im Netz informieren (die daraufhin die Last, die sie auf das Netz bringen, reduzieren sollen), während das DE-Bit anzeigt, ob ein Rahmen im Überlastfall verworfen werden kann.

5.4 Breitband-Overlaynetz

Aufgrund einer Reihe positiver Eigenschaften und fast unbeschränkter Übertragungskapazität ist die Glasfaser das terrestrische Kommunikationsmedium der Zukunft. Im Fernbereich ist sie bereits voll konkurrenzfähig, und der Ausbau der Fernebene geht zügig voran. Seit 1987 werden in der Fernebene nur noch Glasfaserkabel verlegt, seit 1988 nur noch Monomodefasern. 1990 war der Grundausbau der Fernebene im wesentlichen abgeschlossen, so daß die Investitionen in diesem Bereich (in den alten Bundesländern) wieder zurückgehen.
In zunehmendem Maße kommen Glasfasern auch im Ortsverbindungsnetz zum Einsatz.
Während der Ausbau der Fern- und auch der Regionalebene − nicht nur in Deutschland, sondern in allen Industrienationen − zügig vorangeht, ist der Durchbruch im Teilnehmeranschlußbereich noch nicht erreicht. Tatsächlich ist im Fernbereich das Ende des massiven Ausbaus bereits absehbar, da dort die Zahl der sinnvoll einsetzbaren Faserkilometer begrenzt ist; es macht wenig Sinn, auf der Fernebene beliebig hohe Übertragungskapazitäten bereitzustellen, solange teilnehmerseitig breitbandige Dienste kaum verfügbar sind. Damit der Ausbau nicht ins Stocken kommt, müssen in Zukunft verstärkt Glasfasern im Ortsbereich verlegt werden.
Im Bereich der Deutschen Bundespost Telekom werden als Glasfasern auch im Ortsbereich seit 1988 nur noch Monomodefasern verlegt.

Das Konzept der DBP Telekom sieht den Aufbau lokaler Glasfaser-Overlaynetze vor; das sind Netze, die unter Benutzung existierender Infrastruktureinrichtungen (Kabelschächte, vorhandene Gebäude der Post) in der Struktur des Fernsprechnetzes errichtet, aber zunächst parallel dazu betrieben werden. Da vorrangig die kommerzielle Nutzung breitbandiger Kommunikationsdienste angestrebt wird, werden solche Overlaynetze zunächst an den erwarteten industriellen Nachfrageschwerpunkten für breitbandige Dienste aufgebaut. Diese Schwerpunkte decken sich weitgehend mit den Vermittlungszentren der Telekom, in denen auch der ISDN-Ausbau begonnen hat und die vorrangig über das Glasfaserfernnetz miteinander verbunden werden. Es sind dies die Städte Berlin, Hamburg, Bremen, Hannover, Dortmund, Essen, Düsseldorf, Köln, Bonn, Frankfurt, Mannheim, Stuttgart, München, Nürnberg (Ausbaubeginn 1986). In den Folgejahren beginnt in weiteren Städten der Ausbau. Es ist wichtig, daß der Aufbau lokaler Glasfaser-Overlaynetze nur in solchen Orten begonnen wird, die über das Glasfaserfernnetz miteinander verbunden sind, damit diese Inseln vollwertig miteinander verbunden werden können.

Wo im Ortsbereich Overlaynetze vorhanden sind, können dann auch ISDN-Primärmulti-plexanschlüsse über LWL realisiert werden, insbesondere dann, wenn die Anschlußleitungen länger sind, was gerade in der Anfangsphase häufiger vorkommen wird.

Die neue Anwendung, die vorrangig über Glasfaserverbindungen abgewickelt wird, ist die Videokonferenz. Dieser Dienst kann zwar auch unter Verwendung sogenannter Eurochips über 2 Mbps-Verbindungen realisiert werden (sogar international), die DBP Telekom will aber volle digitale Fernsehqualität über 140 Mbps-Verbindungen für diesen Dienst bereit-stellen.

Glasfaserverbindungen können grundsätzlich auch immer für Datenübertragungsdienste genutzt werden.

Die bisher noch überwiegende Nutzung von Glasfaserstrecken besteht allerdings in der Substitution herkömmlicher Kupferleitungen (etwa für die gebündelte Übermittlung von Fernsprechkanälen im Fern- und Regionalbereich).

Die DBP Telekom hat aus den vorhandenen bzw. im Aufbau befindlichen Fernverbin-dungen und lokalen Overlaynetzen ein Netz für vermittelte breitbandige Kommunikation aufgebaut. Da die Vermittlungstechnik für breitbandige digitale Systeme noch nicht stan-dardisiert ist, kommt hierbei eine vorläufige Technik zum Einsatz, weshalb dieses Netz als Vorläufer-Breitbandnetz (VBN) bezeichnet wurde. Neuerdings ist die Deutung des Kürzels VBN 'Vermitteltes Breitband-Netz'. Dieses Netz wird später — vermutlich in der zweiten Hälfte der neunziger Jahre — durch das Breitband-ISDN, ein auf standardisierter Vermitt-lungstechnik basierendes breitbandiges Universalnetz, abgelöst werden. Das VBN hat ins-besondere den Zweck, neue Kommunikationsmöglichkeiten und -dienste zu erproben und die Entwicklung der erforderlichen Endgeräte zu stimulieren. Die dabei gewonnenen Erfah-rungen sollen bei der Entwicklung des Breitband-ISDN verwendet werden.

Das VBN stellt dem Benutzer einen transparent durchgeschalteten (i.a. vermittelten) digi-talen 140 Mbps-Kanal gemäß CCITT-Empfehlung G.703 zur Verfügung. Als Netzabschluß der Breitbandanschlußleitung (das ist die Glasfaserverbindung von der Breitbandteilneh-mervermittlung bis zum Teilnehmer) wird beim Teilnehmer eine Teilnehmeranschlußein-richtung installiert. Diese setzt die Signale an der Teilnehmerschnittstelle auf das 140 Mbps-Signal der Leitungsschnittstelle um.

Folgende Anschlüsse sind an der Teilnehmerschnittstelle vorgesehen:

- Videosignal
- Audiosignal
- zwei 64 kbps-Kanäle (X.21)
- zwei TTL-Schnittstellen
- ein 2,048 Mbps-Kanal
- ein 140 Mbps-Kanal mit einer Nutzbitrate von 138,24 Mbps.

Die Teilnehmeranschlußeinrichtung bietet den Benutzern die Möglichkeit, unterschiedliche Dienste breitbandiger Individualkommunikation zu erproben und zu nutzen.

6.0 Kommunikationsdienste der Deutschen Bundespost Telekom

Seit der Einführung netzgebundener öffentlicher Kommunikationsdienste mit der Telegraphie 1847 hat die Leistungsfähigkeit und Vielfalt der Kommunikationsdienste erheblich zugenommen und wird in Zukunft noch weiter zunehmen. Da aufgrund der technischen Gegebenheiten die Netze oftmals dienstspezifische Merkmale aufwiesen, wuchs mit der Dienstevielfalt auch die Zahl der Netze. Erst die Digitalisierung der Kommunikationstechnik hat die Voraussetzung für ein dienstintegrierendes Netz geschaffen, das – beim Breitband-ISDN – potentiell alle existierenden Kommunikationsdienste tragen kann und auch für weitere Dienste offen sein wird.

Es fällt auf, daß die Dienstevielfalt besonders in den letzten 12-15 Jahren zugenommen hat, und zwar vor allem im Bereich der Text- und Datenkommunikation. Ein wichtiger Grund dafür ist, daß in praktisch allen Industrieländern der sowohl bezüglich der Teilnehmerzahlen, wie auch bezüglich der Vollständigkeit des Netzes und der Einnahmen der Fernmeldeverwaltungen absolut dominierende Fernsprechdienst in die Sättigung gerät. Dadurch sind die Fernmeldeverwaltungen genötigt, aber auch in der Lage, neue Dienste im Bereich der nichtsprachlichen Kommunikation bereitzustellen, für die erhebliche Wachstumsraten prognostiziert werden.

Das Fernsprechnetz wächst weltweit um etwa 4% pro Jahr; dabei ist zu berücksichtigen, daß in den Entwicklungsländern noch ein erheblicher Nachholbedarf besteht, während in den Industrieländern die Teilnehmerzahlen nicht mehr signifikant ansteigen werden. Bezüglich der Nutzung dürfte die Annahme eines Wachstums von 4% p.a. ($\simeq$ Verdopplung in 20 Jahren) realistisch und angesichts des hohen Ausgangsniveaus sowie in Teilbereichen möglicher Substitutionseffekte durch andere Dienste (z.B. Nachrichtenvermittlungsdienste) langfristig sogar optimistisch sein. Bei den *Nonvoice*-Diensten liegt das durchschnittliche jährliche Wachstum bei 20%.

Zielgruppe für die Text- und Datendienste sind in erster Linie kommerzielle Anwender. Eine Ausnahme bildet der Bildschirmtext-Dienst, der als Massendienst konzipiert ist (d.h. auch private Teilnehmer ansprechen soll), in Deutschland in der ersten Phase der Diensteinführung aber vorwiegend geschäftlich genutzt wird.

Wenn es ein Angebot funktional reichhaltiger, öffentlicher Kommunikationsdienste auf der Basis internationaler Standards gibt, dann stellt sich für größere Unternehmen die Frage, ob diese Dienste nicht auch für die interne Kommunikation eingesetzt werden bzw. die Basis für gegebenenfalls um zusätzliche Leistungsmerkmale erweiterte, intern angebotene Dienste bilden können. Neben der Offenheit, die die Verwendung von international akzeptierten Standards mit sich bringt, besteht ein wesentlicher Vorteil darin, daß – abgesehen von den Gebühren – kein wesentlicher Unterschied zwischen interner und externer Kommunikation besteht. Ein weiterer Vorteil kann bei dienstspezifischen Endgeräten die Verfügbarkeit einer Vielfalt ausgereifter und preiswerter Geräte sein. Der Nachteil einer solchen Vorgehensweise ist darin zu sehen, daß im geschlossenen Umfeld eines Unternehmens u.U. besser angepaßte, funktional reichhaltigere und auch mit höherem Bedienungskomfort ausgestattete Lösungen möglich wären.

Ein Beispiel für einen öffentlich angebotenen Kommunikationsdienst, der auch intern problemlos eingesetzt werden kann (und wird) ist Telefax. Im Bereich der langfristig außerordentlich wichtigen Nachrichtenvermittlungssysteme ist X.400 ein weltweit akzeptierter Standard, der nicht nur in öffentlich angebotenen Nachrichtenvermittlungsdiensten zum

Einsatz kommt, sondern auch in privaten Kommunikationsnetzen fortwährend an Bedeutung gewinnt.

Neue Dienste und die Weiterentwicklungen bestehender Dienste (und der Standards, auf denen sie beruhen) hängen auch von den technischen Randbedingungen und damit vom technischen Fortschritt ab; dies betrifft die Fähigkeiten und Kosten der Endgeräte und die Leistungsfähigkeit der Kommunikationsnetze. Bisher war die Situation dadurch gekennzeichnet, daß die Kosten für den Transport von Daten durch öffentliche Kommunikationsnetze im Vergleich zur Speicherung oder Verarbeitung hoch waren und zu erschwinglichen Kosten nur mit niedrigen Datenraten über größere Entfernungen kommuniziert werden konnte. Die heute angebotenen Kommunikationsdienste spiegeln diese Gegebenheiten wider. Das ISDN bringt − praktisch ohne Kostenerhöhung − eine Erhöhung der Datenrate um etwa eine Größenordnung, bezogen auf die vorher üblichen Werte. Davon profitieren die über das ISDN verfügbaren Kommunikationsdienste, und es werden neue Dienste und Dienstmerkmale möglich (etwa höhere Auflösung und schnellere Bildübermittlung beim Telefax-Dienst oder verbesserte Graphikmöglichkeiten bei Bildschirmtext).
Einen sprunghaften Anstieg der verfügbaren Übertragungsgeschwindigkeiten von weiteren 3 bis 4 Größenordnungen wird das Breitband-ISDN bringen mit Kosten, die beim Zwei- bis Zehnfachen der heutigen Fernsprechgebühren liegen werden (das untere Ende dieser Preisspanne wird angestrebt werden müssen, wenn in großem Umfang private Kunden gewonnen werden sollen, das obere Ende markiert für kommerzielle Anwender die Grenze, bei deren Überschreiten auch in diesem Umfeld nicht mehr sehr viele Teilnehmer gefunden werden können). Mit den verfügbaren Übertragungsgeschwindigkeiten können dann auch vermittelte Breitbanddienste realisiert werden (etwa Bildfernsprechen oder Abruf von Bewegtbildsequenzen bei Bildschirmtext). Inwieweit für solche Dienste insbesondere aus dem privaten Bereich Teilnahmebereitschaft bestehen wird, ist schwer vorherzusagen, wird aber wesentlich von den Kosten abhängen.

Wie vorher dargestellt, wird die technische Entwicklung auf der Netzseite die Verfügbarkeit hoher Übertragungsgeschwindigkeiten zu vergleichsweise niedrigen Kosten zur Folge haben. Gleichzeitig führt die technologische Entwicklung auf der Endgeräteseite zu reduzierten Anforderungen an die Übertragungsgeschwindigkeiten. Durch hochintegrierte Bausteine können auf der Endgeräteseite − bei großen Stückzahlen auch preiswert − auch aufwendigere Verfahren zur Redundanzminderung (d.h. Datenkompression) zum Einsatz kommen, wodurch ohne Qualitätseinbußen die erforderlichen Datenraten verringert werden. Eine Folge dieser Entwicklung ist beispielsweise, daß der 64 kbps-Kanal für die Sprachübertragung in der ursprünglich ins Auge gefaßten Qualität (3,1 kHz) heute nicht mehr benötigt wird, so daß die DBP Telekom in der zweiten Stufe der ISDN-Einführung den Fernsprechdienst in verbesserter Qualität (7 kHz) anbieten wird.
In großem Umfang werden Verfahren der Datenkompression auch bei der Bewegtbildkommunikation angewendet, wo die heute noch vorhandenen netzseitigen Begrenzungen besonders gravierend sind.

Zusammenfassend kann festgestellt werden, daß in den kommenden Jahren die vorhersehbaren technischen Entwicklungen − wie auch teilnehmerseitige Anforderungen und Erfahrungen im praktischen Umgang damit − die Funktionalität der öffentlich angebotenen Kommunikationsdienste deutlich verbessern und neue Diensteangebote ermöglichen werden.

6.1 Fernsprechen

Der Fernsprechdienst wird hier kurz erwähnt, weil er als derzeit wichtigster Kommunikationsdienst auch im ISDN-Rahmen eine dominierende Rolle spielt. Tatsächlich hat die fast übergroße Bedeutung des Fernsprechdienstes sowie die jahrzehntelange Ausrichtung sowohl der Post wie auch der Hersteller traditioneller Kommunikationsausrüstungen auf das Fernsprechen dazu geführt, daß das ISDN in der ersten Phase in erster Linie ein modernes, digitales Fernsprechnetz ist und ISDN-fähige Nebenstellenanlagen in erster Linie digitale Sprachvermittlungseinrichtungen sind. Man kann hoffen, daß das im ISDN-Konzept vorhandene Potential für eine leistungsfähige Datenkommunikation (Datenübermittlungsdienste, Aufbau privater lokaler und nicht lokaler ISDN-Netze mit ISDN-Nebenstellenanlagen, Verbindungen zu Rechnern) in Zukunft besser genutzt wird, da die **Integration von Sprache und leistungsfähiger Datenkommunikation** — trotz des ISDN-Fernsprechens mit attraktiven Leistungsmerkmalen — das wichtigste Argument für die Teilnahme am ISDN liefert. Die Bedeutung der Sprachkommunikation rechtfertigt die vorrangige Sicherstellung des Fernsprechdienstes im ISDN, aber für die Diensteintegration ist die Datenkommunikation argumentativ gleichrangig.

6.2 Telex (Fernschreiben)

6.2.1 Beschreibung

Telex (Tx) ist ein Dienst zum Austausch von Textdokumenten zwischen Teilnehmerendgeräten. Der Zeichenvorrat ist sehr beschänkt (das Alphabet in Kleinbuchstaben, die Ziffern und einige Sonderzeichen), aber weltweit standardisiert (Internationales Telegraphenalphabet Nr. 2), die Geschwindigkeit mit 50 bps (das sind etwa 400 Zeichen pro Minute, entsprechend 5 Minuten Übertragungszeit für eine DIN A4-Seite) unzeitgemäß niedrig. Da Texteingabe und -ausgabe im allgemeinen unmittelbar erfolgen, kann über Telex ein begrenzter Dialog geführt werden.
Die ehemals mechanischen Fernschreiber sind inzwischen durch elektronische Geräte ersetzt worden, die sicherer und leiser arbeiten.
Da das Telex-Netz, über das der Telex-Dienst abgewickelt wird, ein digitales Netz mit digitalen Vermittlungseinrichtungen ist, können eine Reihe moderner Leistungsmerkmale realisiert werden:

- *Kurzwahleinrichtung*

  Der Teilnehmer hat die Möglichkeit, eine Anzahl vollständiger Langrufnummern in der Vermittlungsstelle zu speichern (bis zu 8 oder bis zu 64), die dann durch ein- bzw. zweistellige Zahlen für den Aufbau einer Verbindung angewählt werden können.

- *Direktruf zu einem Telex-Anschluß*

  Beim Betätigen der Anruftaste (entspricht dem Abnehmen des Hörers beim Fernsprechen) wird sofort die Verbindung zu einer in der Vermittlungsstelle gespeicherten Nummer hergestellt. Während von einem Anschluß mit dem Leistungsmerkmal 'Direktruf' abgehend nur die vorprogrammierte Teilnehmernummer erreichbar ist, kann er ankommend von allen Teilnehmern erreicht werden.

- **Rundschreiben**

  Fernschreiben können (ohne Neueingabe des Textes) an eine oder mehrere Gruppen von Teilnehmern mit insgesamt 3 bis 30 Anschlüssen übermittelt werden.

- **Teilnehmerbetriebsklassen** *(closed user groups)*

  Verbindungen können nur zwischen einer vorprogrammierten Untermenge aller Anschlüsse hergestellt werden; die Zuordnung kann ankommend und abgehend unterschiedlich sein.

- **Gebührenzuschreiben**

  Einem Anschluß wird nach Beendigung einer Selbstwahlverbindung die Gebührenangabe zugeschrieben (nützlich, wenn die Kosten gegenüber Dritten abgerechnet werden müssen).

- **Ankommende Sperre mit Hinweisgabe**

  Ein Telex-Hauptanschluß kann vorübergehend für ankommenden Verkehr gesperrt werden; während dieser Zeit kann rufenden Teilnehmern eine vorbereitete Nachricht übermittelt werden.

- **Zuschreiben von Datum und Uhrzeit**

  Einem Telex-Hauptanschluß werden beim Zustandekommen einer abgehenden bzw. ankommenden Verbindung Datum und Uhrzeit zugeschrieben.

6.2.2 Einsatzbereich

Der Telex-Dienst wird überwiegend im geschäftlichen Bereich benutzt, ist aber international auch im Bereich der Diplomatie und der Presse ein wichtiges Kommunikationsmittel. Ein Vorteil ist der hohe Dokumentationswert eines Fernschreibens (vergleichbar einem rechtsverbindlich unterschriebenen Brief) und die hohe Transportzuverlässigkeit (vergleichbar einer Einschreibsendung mit Rückschein). Vorteilhaft ist auch die weltweite Verbreitung, eingeschlossen die Länder der Dritten Welt mit ansonsten unzulänglicher Kommunikationsinfrastruktur.
Verglichen mit einem Brief ist ein Telex schneller und u.U. auch kostengünstiger. Aufgrund der technischen Randbedingungen (Zeichenvorrat, Formatgestaltung) kann ein Fernschreiben nicht Korrespondenzqualität erreichen.

Da es in einem Unternehmen meist nur eine zentrale Fernschreibstelle gibt, ist der Zugriff zu diesem Dienst für die Mitarbeiter als den eigentlichen Nutzern i.a. schlecht. Wenn die Zuführung abgehender und die Weiterleitung ankommender Fernschreiben durch die Hauspost erfolgt, werden die dienstspezifischen Vorteile weitgehend neutralisiert; eine permanente Besetzung der Fernschreibstelle und die Sicherstellung der sofortigen Weiterleitung von Fernschreiben von und zum Benutzer würden einen erheblichen und kaum zu rechtfertigenden innerbetrieblichen Aufwand bedeuten.

6.2.3 Entwicklung

Der Telex-Dienst ist ein sehr alter Kommunikationsdienst (Diensteinführung in Deutschland 1933). Das Telex-Netz ist in Deutschland flächendeckend ausgebaut und mit knapp

112.000 Teilnehmern (1991) das größte einheitliche Telex-Netz der Welt; die Entwicklung der Teilnehmerzahlen der letzten Jahre ist in Abb. 133 dargestellt.

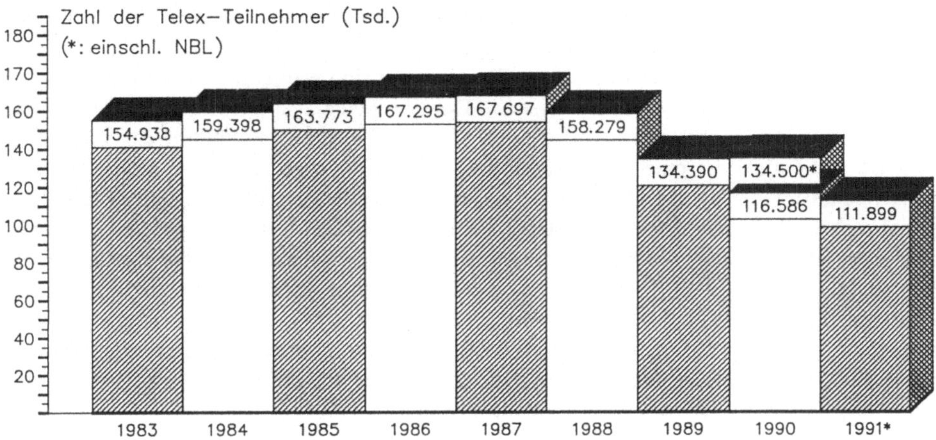

Abb. 133.   Anzahl der Telex-Hauptanschlüsse

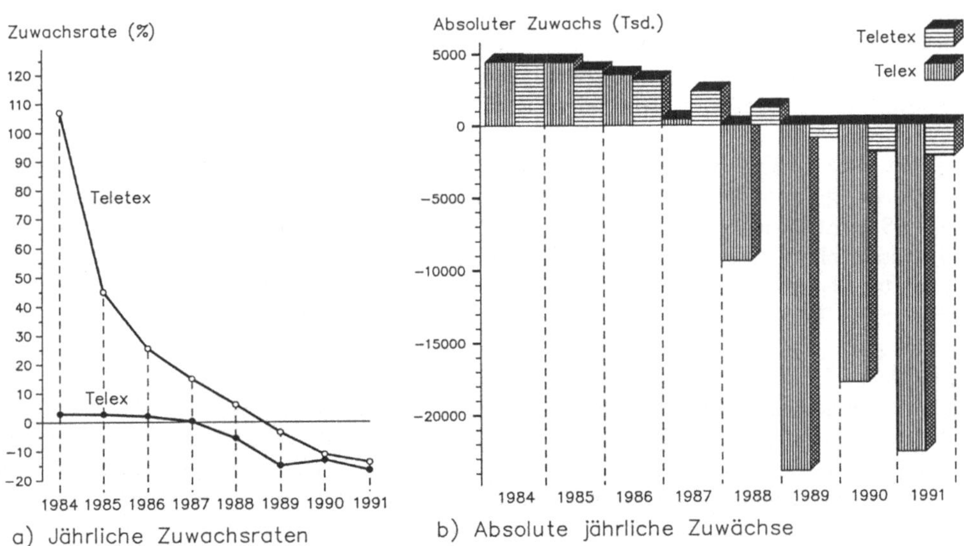

Abb. 134.   Entwicklung der Dienste Telex und Teletex im Vergleich

Weltweit gab es 1987 etwa 1,7 Mio. Teilnehmer. Von den Leistungsdaten her ist der Telex-Dienst trotz der oben angeführten modernen Leistungsmerkmale überholt, und es ist damit zu rechnen, daß dieser Dienst in den kommenden Jahren zumindest in den Industrieländern

zu einem erheblichen Teil durch moderne Textkommunikationsdienste ersetzt werden wird.
In Deutschland hat der Ablöseprozeß bereits 1988 begonnen. Die Kurve der Zuwachsraten
(vgl. Abb. 134a) zeigt für Telex bis 1987 die für einen etablierten Dienst mit hohem Teil-
nehmerniveau normalen geringen Änderungen und für Teletex den typischen Verlauf eines
neu eingeführten Dienstes, der aufgrund einer geringen Teilnehmerbasis zunächst sehr hohe
und dann abnehmende Zuwachsraten hat; diese Kurven sind wenig aussagekräftig bezüglich
der Relation zwischen den beiden Diensten. Der Vergleich der absoluten jährlichen Zuwächse (Abb. 134b) macht aber deutlich, daß 1987 ein Umschwung zugunsten von Teletex
erfolgt ist. Dies markiert eine Trendwende bei den Zuwächsen, sagt aber nichts über die
relative Bedeutung der beiden Dienste aus, die dadurch gekennzeichnet ist, daß es 1987 über
achtmal mehr Telex-Teilnehmer als Teletex-Teilnehmer in Deutschland gab. Seit 1989 sind
die bis dato ohnedies sehr niedrigen Teilnehmerzahlen des Teletex-Dienstes ebenfalls rückläufig, so daß offensichtlich Teletex nicht derjenige der modernen Kommunikationsdienste
ist, durch den der Telex-Dienst ersetzt wird.
Selbst wenn Telex in den Industrieländern weitgehend durch andere Dienste abgelöst wird,
so wird der Telex-Dienst in den Entwicklungsländern und für die Kommunikation mit den
Entwicklungsländern noch sehr lange wichtig bleiben.
Eine Übernahme des Telex-Dienstes in das ISDN ist nicht vorgesehen.

6.3 Teletex (Bürofernschreiben)

6.3.1 Beschreibung

Teletex (Ttx) ist ein moderner Textkommunikationsdienst, mit dem zeichenkodierte Texte
(Dokumente) inhalt- und formatgetreu zwischen den Teilnehmerendgeräten ausgetauscht
werden können. In Deutschland wird dieser auf CCITT-Empfehlungen basierende Dienst
im Datex-L-Netz als geschlossene Benutzergruppe in der Dienstklasse Datex-L2400 abgewickelt. Die CCITT-Empfehlungen spezifizieren eindeutig die Funktionen und Dienstmerkmale (insbesondere auch die Fähigkeiten der Endgeräte) und die Protokolle der höheren Schichten; sie legen nicht eindeutig fest, in welchem Netz der Dienst zu realisieren ist.
Grundsätzlich kann der Dienst über ein leitungsvermittelndes Datennetz (wie in Deutschland), über ein paketvermittelndes Datennetz (wie z.B. in Frankreich), über ein öffentliches,
vermitteltes Fernsprechnetz oder das ISDN angeboten werden. Wie auch die Deutsche
Bundespost Telekom, planen fast alle Fernmeldeverwaltungen, den Teletex-Dienst im ISDN
anzubieten.
Die derzeitige Geschwindigkeit von 2400 bps führt zu Übertragungszeiten von ca. 10 Sek.
für eine DIN A4-Seite, bringt gegenüber Telex also eine Verbesserung um etwa den Faktor
30. Sehr viel umfangreicher als bei Telex ist mit 309 Zeichen der Zeichenvorrat. Um
Korrespondenzqualität erreichen zu können -- was ein erklärtes Ziel des Teletex-Dienstes
ist -- müssen nationale Sonderzeichen unterstützt werden. Diese dürfen aber in anderen
Ländern nicht als Zeichenkombinationen dargestellt werden (also z.B. nicht ö→oe oder
ß→ss), weil dadurch die Zeilenlänge verändert würde, was im Widerspruch zur geforderten
layout- und formatgetreuen Wiedergabe stünde.

Ein wichtiger Bestandteil des Teletex-Dienstes ist das Teletex-Endgerät. Es ist dienstspezi-
fisch und bedarf in Deutschland einer Zulassung durch die Bundespost, genauer durch das
ZZF (Zentralamt für Zulassungen im Fernmeldewesen), das diese auf der Grundlage von
Richtlinien des FTZ (Fernmeldetechnisches Zentralamt) erteilt. Es sollte nochmals darauf

hingewiesen werden, daß eine Zulassung durch die Bundespost keine Maßnahme zur Erhöhung des Gebührenaufkommens ist und auch nicht der Verzögerung der Markteinführung von Geräten dient; der Nachweis der Kompatibilität mit den Richtlinien (Standards) ist bei den funktional reichhaltigen Text- und Datendiensten, zu deren Realisierung komplexe Protokolle erforderlich sind, eine schwierige Aufgabe und die Zertifizierung (durch Vergabe einer FTZ-Nummer) gibt dem Dienstteilnehmer eine wichtige Garantie: Er kann sich darauf verlassen, daß ein zugelassenes Endgerät mit jedem anderen Endgerät — unabhängig davon, von welchem Hersteller es stammt und wo es installiert ist — mit dem vollen Funktionsumfang des Dienstes kommunizieren kann.

Teletex-Endgeräte bestehen aus zwei Teilen: dem Lokalteil, der nicht der Regulierung durch die Bundespost unterliegt, und dem Kommunikationsteil, der den Richtlinien der Post entsprechen muß. Der Kommunikationsteil funktioniert unabhängig vom Lokalteil und muß immer arbeitsbereit sein. Er besteht aus einem Empfangs- und einem Sendespeicher sowie der Kommunikationssteuerung. Der Empfangsteil nimmt die einlaufenden Dokumente ohne Unterbrechung des Lokalbetriebs auf. Der Sendespeicher übernimmt die im lokalen Teil vorbereiteten Dokumente, wenn sie verschickt werden sollen, und überträgt sie seitenweise, nachdem eine Verbindung zur gewünschten Zielstation hergestellt worden ist.

Der Teletex-Dienst ist in der CCITT-Empfehlung F.200 beschrieben, die Grundeigenschaften der Teletex-Endgeräte sind durch die Empfehlung T.60 festgelegt. Einige, den Dienst kennzeichnende Merkmale der Endgeräte werden im folgenden aufgezählt:

- Jedes Endgerät besitzt eine ihm zugeordnete, eindeutige Kennung, die im Gerät gespeichert ist. Der Inhalt des Kennungsgebers muß gegen Verlust und unerlaubte Eingriffe (Veränderung) geschützt sein. Die Länge (24 Zeichen) und die Struktur der Kennung sind durch die Empfehlung F.200 festgelegt. Der Austausch der Gerätekennungen zwischen den Endgeräten einer Verbindung ist Bestandteil der Teletex-Kommunikationsprozedur; erst danach wird ein Dokument gesendet. Da außerdem Datum und Uhrzeit jeder Verbindung festgehalten werden, ist der Dokumentationswert eines Teletex dem eines Telex vergleichbar.

- Das Endgerät muß mit Speicher ausgestattet sein für

  - Empfang,
  - Senden und
  - ungestörten Lokalbetrieb.

Nach Übernahme des ersten Dokumentes in den Empfangsspeicher und bei drohendem Überlauf des Empfangsspeichers muß eine Meldung an den Bediener erfolgen. Die Mindestgröße des Empfangsspeichers beträgt 32 kByte; die Größe ist jedoch so zu wählen, daß im normalen Betrieb eine Dienstunterbrechung wegen Speicherüberlauf nicht auftreten kann. Bei drohendem Überlauf ist vorrangig die Entleerung des Empfangsspeichers zu betreiben.

Eine Seite eines Dokuments darf erst dann positiv quittiert werden, wenn sie in einem nichtflüchtigen Speicher abgelegt worden ist. Nichtflüchtige Speicher sind neben Sekundärspeichermedien wie Magnetplatten, Disketten, Magnetbänder o.ä. auch Halbleiterspeicher, wenn sie mit einer Notstromversorgung ausgestattet sind.

- Jedes Endgerät muß die Möglichkeit zum Ausdrucken empfangener Texte besitzen. Das Ausgabemedium muß den gesamten Teletex-Zeichenvorrat (so leserlich wie möglich) darstellen können. Seitenformate sowie Zeilen- und Zeichenabstände sind festgelegt.

- Ein Endgerät muß als gerufenes (empfangendes) Gerät den gesamten Zeichenvorrat darstellen und die Gesamtmenge der Steuerfunktionen standardgerecht be- und verarbeiten können; in der Rolle des rufenden (sendenden) Gerätes genügen Untermengen, d.h. ein Gerät muß z.B. nicht alle Zeichen des Teletex-Zeichenvorrats selbst erzeugen können.

Die Zusammenarbeit von Teletex-Endgeräten mit Telex-Endgeräten ist ein wichtiger und von vornherein geplanter Bestandteil des Teletex-Dienstes. Die für die Zusammenarbeit erforderlichen Dienste sind in Empfehlung F.201 beschrieben, die Umsetzeinrichtung in T.90. Da Teletex von der Funktionalität, dem Zeichenvorrat und der Übertragungsgeschwindigkeit her der leistungsfähigere Dienst ist, ist das Versenden von Dokumenten von Teletex nach Telex kritisch. Das Problem wird dadurch entschärft, daß als weitere obligatorische Eigenschaft jedes Teletex-Endgerät im Telex-Modus betrieben werden können muß. Dadurch wird, wenn zu einem Telex-Endgerät übetragen werden soll, der Zeichenvorrat auf den des ITA Nr. 2 (ITA = Internationales Telegraphenalphabet) beschränkt, so daß die erforderlichen Umcodierungen in der Umsetzeinrichtung (Telex-Teletex-Umsetzer, TTU) vorgenommen werden können; außerdem wird die Zeilenlänge auf 69 Zeichen (wie bei Telex) beschränkt. Der Umsetzer ist für Codeumsetzung, Coderahmen, Prozeduren, Formatierung, Datenübermittlung und die Behandlung von Dienstmerkmalen zuständig. Er hat speichernde Funktion und übernimmt die Geschwindigkeitsanpassung.
Zum Teletex-Netz hin verhält sich der Umsetzer wie ein Teletex-Endgerät. Nachdem er eine Verbindung zum Telex-Endgerät aufgebaut hat, beginnt er mit der Textübertragung zum Telex-Endgerät, wenn er eine vollständige Textseite vom Teletex-Endgerät empfangen hat. In umgekehrter Richtung, von einem Telex-Endgerät zu einem Teletex-Endgerät, beginnt der Umsetzer die Textübertragung zum Teletex-Endgerät erst dann, wenn er den vollständigen Text vom Telex-Endgerät übernommen hat.
Der von der DBP eingesetzte Umsetzer arbeitet mit einer Speicherkapazität von 13.000 Zeichen pro Verbindung, d.h. die Größe der zwischen Telex und Teletex austauschbaren Dokumente ist auf ca. 8−10 DIN A4-Seiten beschränkt. Dies kann im Grenzfall eine Einschränkung bedeuten; Untersuchungen der Post haben aber ergeben, daß der überwiegende Teil aller Fernschreiben deutlich kürzer ist. Wenn unterschiedlich leistungsfähige Netze und damit Dienste (derzeit etwa ein Faktor 30, beim zukünftigen ISDN-Teletex ein Faktor 1000) miteinander verbunden werden, dann ist eine derartige Beschränkung notwendig, damit eine massive Überlastung des weniger leistungsfähigen Kommunikationspartners von vornherein unterbunden wird. Die Größe von 13.000 Zeichen − das entspricht auf der Telex-Seite einer Übertragungsdauer von über einer halben Stunde − erscheint angemessen.

6.3.2 Einsatzbereich

Teletex ist ein moderner Kommunikationsdienst für den geschäftlichen Bereich. Die Kommunikationsfunktion wird dabei als Zusatzfunktion zu den normalen Texterstellungs- und Textverarbeitungsfunktionen gesehen. Teletex-Endgeräte sind deshalb typischerweise elektronische Schreibmaschinen, Textverarbeitungssysteme oder heute oftmals auch PCs mit Textverarbeitungsfunktion, die um einen Teletex-Kommunikationsbaustein ergänzt wurden. Der Lokalteil, der nicht der Regulierung durch die Post unterliegt und deshalb frei gestaltet werden kann, arbeitet − abgesehen von einigen Nachrichten über den Zustand des Kommunikationsteils, die an den Bediener weitergegeben werden müssen, unabhängig vom Kommunikationsteil. Die Textverarbeitungsfähigkeiten des Lokalteils dienen der allgemeinen Textverarbeitung, insbesondere auch dazu, die für den Versand vorgesehenen Do-

kumente vorzubereiten; die fertigen Dokumente werden dann zum Versenden an den
Kommunikationsteil übergeben. Ankommende Dokumente können in den Lokalteil über-
nommen und dort (elektronisch) abgespeichert oder auch weiter bearbeitet werden.
Diese Beschreibung zeigt, daß Teletex einem Mitarbeiter, der diesen Dienst benötigt, an
seinem Arbeitsplatz zur Verfügung stehen soll und nicht wie Telex als zentral angebotener
Kommunikationsdienst zu sehen ist. Bei einer solchen Nutzungsstrategie müssen eine Reihe
von Büroarbeitsplätzen Zugriff zum Teletex-Dienst erhalten. Diesen in Form einer größeren
Anzahl von Teletex-Hauptanschlüssen bereitzustellen, ist schon aufgrund der daraus resul-
tierenden nutzungsunabhängigen Gebühren nicht sinnvoll; außerdem verhindert eine solche
Lösung den gebührenfreien Internverkehr. Es müssen in einem solchen Fall Teletex-
Nebenstellenanlagen oder Teletex-Server eingesetzt werden. Teletex-Nebenstellenanlagen
sind Vermittlungseinrichtungen, die nicht notwendig Speicherfunktion besitzen; an diese
können nur hauptanschlußfähige Teletex-Geräte angeschlossen werden. Bei Servern, die
Speicherfunktion und die von der Post geforderten Eigenschaften eines Teletex-Endgerätes
besitzen müssen, bestehen bezüglich des Anschlusses von Endgeräten größere Freiheiten,
allerdings entstehen dadurch u.U. Abhängigkeiten von Herstellern.

Teletex hat ein Ersetzungspotential gegenüber Telex und der Briefpost. Verglichen mit Telex
ist Teletex leistungsfähiger und kostengünstiger; wegen des von der Post bereitgestellten
Umsetzers ist der Übergang in den meisten Fällen problemlos möglich.
Im Verhältnis zur Briefpost ist Teletex schneller und in vielen Fällen auch kostengünstiger.
In zwei Bereichen kann Teletex die herkömmliche Briefpost jedoch grundsätzlich nicht er-
setzen:

1. In der offiziellen Geschäftspost mit Firmenkopf und Unterschrift, da der Teletex-Dienst
    graphische Elemente nicht unterstützt.
2. In der Korrespondenz mit Privatpersonen, da der Teletex-Dienst nicht auf den privaten
    Bereich ausgerichtet ist (die Korrespondenz mit Privatpersonen macht immerhin etwa
    60% der geschäftlichen Post aus).

Dennoch bleibt für den Teletex-Dienst ein großer Einsatzbereich in der Kommunikation
zwischen und innerhalb von Unternehmen.

Teletex hat aber nicht nur ein Ersetzungspotential gegenüber den alten Kommunikationsdiensten Briefpost und Telex, sondern es gibt auch funktionale Überschneidungen mit anderen neuen Textkommunikationsdiensten wie Telefax, Telebox und Bildschirmtext.

Der Telefax-Dienst (Fernkopieren) arbeitet mit pixelcodierter Informationsdarstellung und
kann deshalb sowohl Graphik wie auch Text übermitteln.
Der Nachteil von Telefax gegenüber Teletex bei der Übertragung von Text besteht darin,
daß bei Telefax eine direkte Ausgabe auf Papier erfolgt und pixelcodierte Textinformation
ohnedies kaum mit elektronischen Hilfsmitteln weiterverarbeitet werden könnte. Überdies
ist die zu übertragende Datenmenge für einen Text in Pixelcodierung ungleich größer als in
Zeichencodierung, was sich in den Übertragungskosten niederschlägt. Die Übertragung
größerer Texte mit Hilfe von Telefax ist deshalb vergleichsweise teuer.
Der große Vorteil von Telefax gegenüber Teletex ist die leicht verständliche Funktion und
die offensichtliche Nutzanwendung. Kopieren und Versenden von Text- und Graphikvor-
lagen zählt zu den alltäglichen und häufigsten Vorgängen in einem Büro, und genau hier
bietet Telefax die Möglichkeit der Vereinfachung und Beschleunigung. Und dieser Dienst
kann — anders als beispielsweise Teletex — im Rahmen etablierter Organisationsabläufe und
-strukturen vollwertig genutzt werden. Telefax wird deshalb kurzfristig leichter akzeptiert
werden als Teletex, was auch die Teilnehmerzahlen bestätigen.

Bildschirmtext und Teletex überschneiden sich nur geringfügig. Bildschirmtext bietet einen einfachen und funktional beschränkten Mitteilungsdienst. Dieser bietet Bildschirmtext-Teilnehmern, die an eine gezielte Übermittlung von Textinformationen keine hohen Ansprüche stellen, die Möglichkeit, auf einen weiteren, darauf spezialisierten Dienst zu verzichten. Eine Verbindung zwischen dem Bildschirmtext-Mitteilungsdienst und Teletex eröffnet für Teletex aber auch neue Perspektiven, nämlich auf elektronischem Wege auch private Nutzer erreichen zu können. Da Bildschirmtext der einzige der neuen Textkommunikationsdienste ist, der sich auch an private Nutzer wendet (auch wenn derzeit die geschäftliche Nutzung noch im Vordergrund steht), kann nur dieser Dienst die Brücke zu privaten Nutzern schlagen, was für einen damit verbundenen kommerziell ausgerichteten Dienst eine große Chance bedeutet.

Mitteilungsübermittlungsdienste wie Telebox bilden potentiell eine funktionale Übermenge der Dienste Teletex und Telefax. Dies wird klar, wenn der Begriff 'Mitteilung' durch 'Dokument' ersetzt wird, und man sich vorstellt, daß ein Dokument nicht nur Text oder Graphik, sondern auch Sprache, Bewegtbildsequenzen oder auch Musik enthalten könnte. Da Mitteilungsübermittlungssysteme nicht nur das Versenden von Dokumenten unterstützen, sondern auch das Erstellen, Formatieren, Empfangen, Darstellen und Verwalten (Speichern, gezieltes Wiederauffinden), ist es offensichtlich, daß die Verfügbarkeit eines standardisierten, leistungsfähigen Systems dieser Art Rückwirkungen auf die Verbreitung von Diensten wie Teletex oder Telefax haben wird.

Für Mitteilungsübermittlungssysteme gemäß X.400-Standard ist der Zugriff von Teletex aus in der Empfehlung X.430 *(Access protocol for Teletex terminals)* geregelt.

6.3.3 Entwicklung

Die Deutsche Bundespost Telekom hat den Teletex-Dienst Anfang 1981 nach nationaler Vornorm und Mitte 1982 als weltweit erste Fernmeldeverwaltung nach CCITT-Standards eingeführt. Die Entwicklung der Teilnehmerzahlen ist in Abb. 135 dargestellt. Die Teilnehmerzahlen sind selbst in Deutschland, wo der Dienst im internationalen Vergleich stark verbreitet ist, bisher hinter den Prognosen zurückgeblieben und seit 1989 sogar rückläufig.

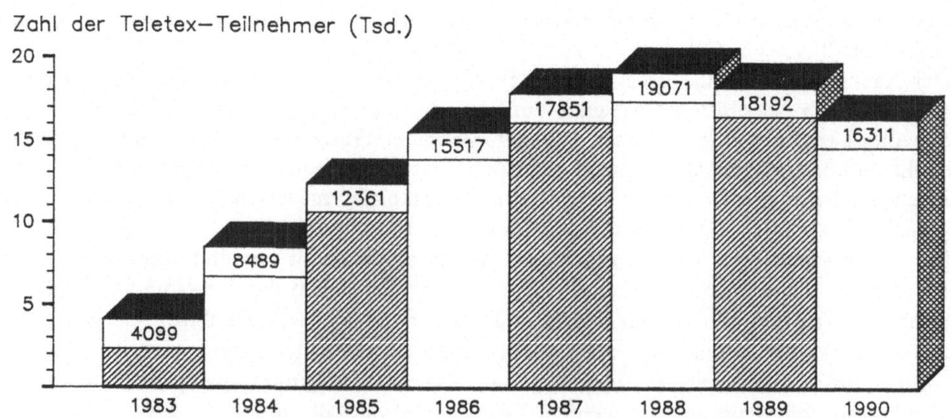

Abb. 135. Entwicklung der Teilnehmerzahlen im Teletex-Dienst

Offensichtlich ist Teletex von den um die Teilnehmer konkurrierenden modernen Kommunikationsdiensten der Verlierer, und die DBP Telekom zieht daraus die Konsequenz, indem sie den Dienst Mitte 1993 einstellen wird. Die Diensteinstellung betrifft nur den ursprünglichen Dienst im IDN, nicht das Teletex-Dienstangebot im ISDN (s. weiter unten).

Die Teletex-Standards (Ebene 4: CCITT S.70, Ebene 5: S.62, Ebene 6: S.61) waren für die weitere Entwicklung im Bereich der Telematik-Dienste von außerordentlicher Bedeutung. Die sowohl netz- wie auch dienstunabhängigen Protokolle der Ebenen 4, 5 und in Teilen 6 sind aus den Teletex-Protokollen zu allgemeinen Telematik-Protokollen weiterentwickelt worden (vgl. Abb. 136). Diese sind:

T.70   *Network-independent basic transport service for Telematic services* für die Ebene 4 (für Teletex, Telefax G4, Textfax (Teletex-Telefax-Mischbetrieb) und Bildschirmtext)

T.62   *Control procedures for Teletex and Group 4 facsimile services* für die Ebene 5 (für Teletex, Telefax G4 und Textfax)

T.73   *Document interchange protocol for the Telematic services* für die Ebene 6 (für Teletex, Telefax G4 und Mischbetrieb)

T.61   *Character repertoire and coded character sets for the international Teletex service* ebenfalls für die Ebene 6 (dienstspezifisch für Teletex und Mischbetrieb). Es wird eine Harmonisierung des Zeichenvorrats zwischen Teletex und Bildschirmtext angestrebt.

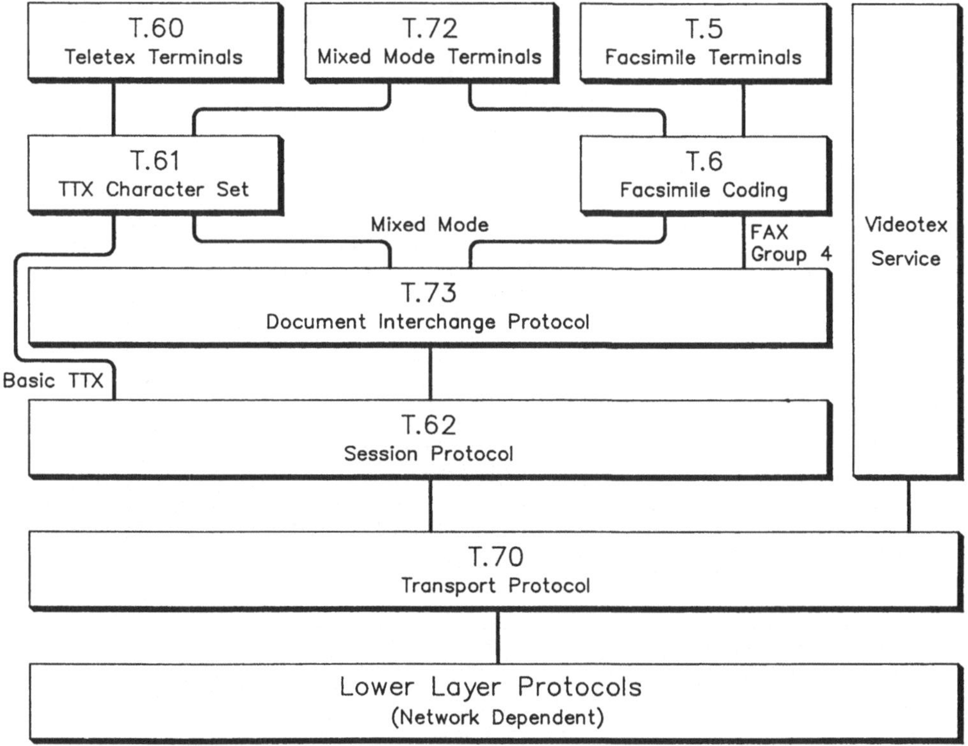

Abb. 136. Telematik-Protokolle

Teletex ist einer der Textdienste, die bereits in der ersten Phase der ISDN-Einführung im ISDN angeboten werden. Dies hat zunächst eine Erhöhung der Übertragungsgeschwindigkeit von 2400 bps auf 64 kbps zur Folge, wodurch die Übertragungszeit für eine DIN A4-Seite auf unter 1 Sek. sinkt. Mit dieser Geschwindigkeit können bedenkenlos auch große Dokumente übertragen werden.

Neben den schon bekannten Dienstmerkmalen wie Rundsenden, Kurzwahl usw., die bereits von Telex bekannt sind, können dann auch ISDN-typische Leistungsmerkmale wie Dienstwechsel, Rufweiterleitung, Rückruf usw. angeboten werden, soweit sie für einen Dienst sinnvoll sind.

Das zusätzliche Angebot des Teletex-Dienstes (und weiterer Dienste) im ISDN erfordert zusätzliche Netz- und Dienstübergänge. Dafür wird ein Verbindungsunterstützungssystem (VU-S) bereitgestellt. Der bereits erwähnte Telex-Teletex-Umsetzer (TTU) ist ein Bestandteil dieses Systems. Darüberhinaus werden weitere Funktionen zur Sendeunterstützung (SU) und Empfangsunterstützung (EU) für die Teilnehmer bereitgestellt. Dazu gehören der Übergang von ISDN-Teletex zum bisherigen Teletex-Dienst im IDN und Verbindungen zu anderen Diensten wie z.B. zum Bildschirmtext-Mitteilungsdienst. Die Zusammenhänge sind in Abb. 137 dargestellt.

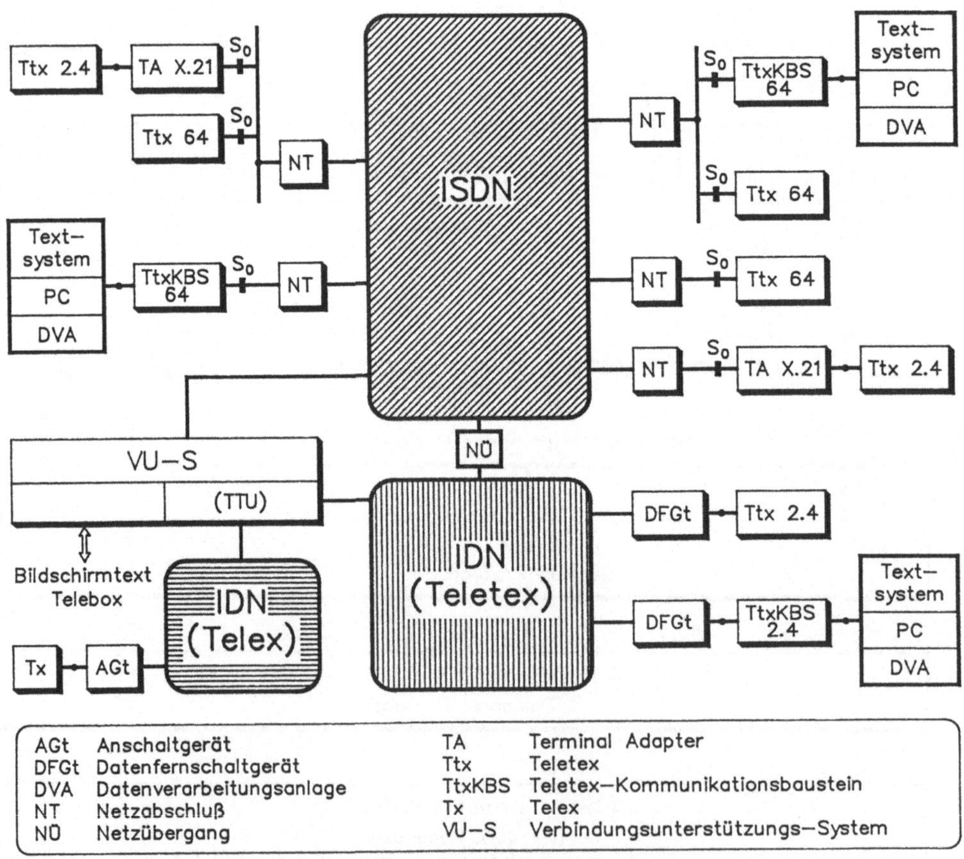

Abb. 137. Teletex-Dienst nach der Einführung von ISDN-Teletex

6.4 Telefax (Fernkopieren)

6.4.1 Beschreibung

Telefax (Tfx) ist ein Dienst, bei dem Schwarzweiß-Vorlagen (Text oder/und Graphik) abgetastet, die Information in pixelcodierter Form übertragen und am entfernten Teilnehmerendgerät wieder ausgegeben wird. Träger des Telefax-Dienstes ist das Fernsprechnetz. Für die Teilnahme am Dienst sind als Endgerät ein zugelassener Fernkopierer, eine Anschlußdose und ein Fernsprechanschluß erforderlich. Die Telefax-Endgeräte besitzen unterschiedliche Leistungsdaten und sind danach in Gruppen unterteilt:

Telefax G1: Diese benötigen für die Übertragung einer DIN A4-Seite 6 Minuten. Sie sind heute bedeutungslos und in Deutschland nie zugelassen gewesen.

Telefax G2: Diese Geräte basieren auf CCITT-Empfehlungen von 1976. Sie arbeiten mit einer Vertikalauflösung von 100 ppi *(pixels per inch)*, das sind 3,85 Linien/mm; die Übertragung einer DIN A4-Seite dauert 3 Minuten, weshalb diese Geräte auch als 3-Minuten-Geräte bezeichnet werden.

Telefax G3: Diese Geräte basieren auf CCITT-Standards von 1980. Die Vertikalauflösung beträgt 100 oder 200 ppi (3,85 oder 7,7 Linien/mm). Es werden Verfahren zur Redundanzminderung verwendet, wodurch die Übertragungsdauer für eine DIN A4-Scite auf etwa 1 Minute (bei 100 ppi Auflösung) absinkt, was auch zu der Bezeichnung 1-Minuten-Gerät führt. Diese Geräte sind abwärtskompatibel, d.h., sie können auch im G2-Modus arbeiten, so daß G2- und G3-Endgeräte miteinander kommunizieren können.
Bei den G3-Geräten kann optional zur Erhöhung der Kommunikationssicherheit ähnlich wie bei Teletex eine Teilnehmerkennung verwendet werden.

6.4.2 Einsatzbereich

Der Telefax-Dienst kann in allen Bereichen eingesetzt werden, wo Schwarzweiß-Vorlagen übermittelt werden müssen, d.h. überall dort, wo Kopien erstellt und verschickt werden. Der Nutzeffekt ist einsichtig und unmittelbar wirksam, weshalb die Akzeptanz dieses Dienstes gut ist und die Teilnehmerzahlen — eine Ausnahme bei den neu eingeführten Kommunikationsdiensten der Bundespost Telekom — größer sind als prognostiziert.

6.4.3 Entwicklung

Der Telefax-Dienst wurde 1979 mit Gruppe 2-Geräten eröffnet und 1982 umgestellt auf die CCITT-Standards von 1980 für Gruppe 3-Geräte. Die Teilnehmerzahlen sind in Abb. 138 dargestellt; sie untermauern die große Akzeptanz dieses Dienstes.
Der Telefax-Dienst wird von Beginn an in das ISDN übernommen und unmittelbar von der höheren Übertragungsgeschwindigkeit profitieren, da die zeitabhängigen Gebühren im Fernsprechnetz (wo der Dienst derzeit angeboten wird) und im ISDN identisch sind, im letzteren die Übertragungsgeschwindigkeit aber um ein Vielfaches höher ist.
Mit der Übernahme des Telefax-Dienstes in das ISDN werden auch neue Endgeräte, die Gruppe 4-Geräte, eingeführt. Innerhalb der Gruppe 4 werden abhängig von den Leistungsmerkmalen drei Klassen unterschieden:

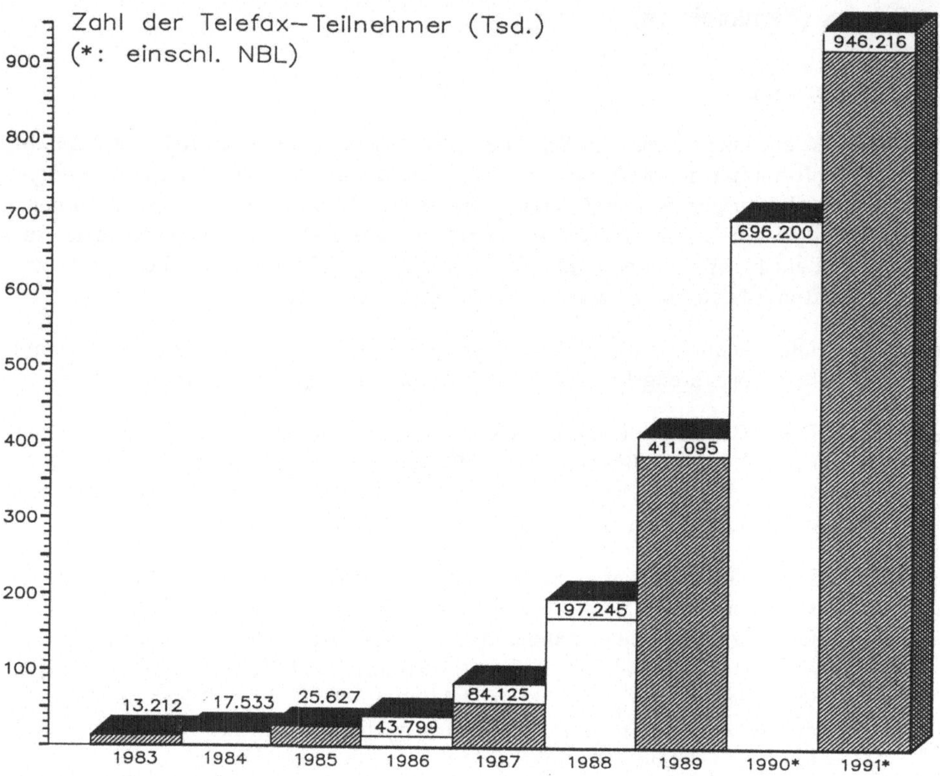

Abb. 138. Entwicklung der Teilnehmerzahlen im Telefax-Dienst

G4 - Klasse 1:   Diese Fernkopierer senden und empfangen pixelcodierte Bildinformation.

G4 - Klasse 2:   Wie Klasse 1, jedoch können zusätzlich zeichencodierte oder gemischt zei-
chen- und pixelcodierte Informationen **empfangen** werden.

G4 - Klasse 3:   Geräte, die pixelcodierte, zeichencodierte und gemischt pixel- und zeichencodierte Informationen **senden** und **empfangen** können.

In der ersten Stufe der ISDN-Einführung werden nur G4-Geräte der Klasse 1 unterstützt,
und umgekehrt diese Geräte nur im ISDN angeboten (gemäß CCITT können diese Geräte
auch in anderen Netzen betrieben werden).

Die Gruppe 4-Geräte haben folgende Merkmale:

- Durch redundanzmindernde Verfahren und die Übertragungsgeschwindigkeit von 64
  kbps liegen die Übertragungszeiten für ein Bild im Sekundenbereich.

- Neben der bereits höheren Auflösung der Gruppe 3-Geräte von 200 ppi wird zusätzlich
  eine nochmals erhöhte Auflösung von 300 ppi geboten.

- Durch Verwendung von Telematik-Protokollen wird die Übertragungssicherheit erheblich verbessert.

- Es wird Speicher-zu-Speicher-Übertragung möglich werden.

- Es wird ein Kennungsaustausch durchgeführt und ein Kommunikationsjournal ausgegeben wie bei Teletex, so daß der Dokumentationswert vergleichbar ist.

- Für die Anwahl des Zielgerätes ist kein Fernsprechapparat mehr erforderlich.

Die Geräte der Gruppe 4 sind nicht notwendig abwärtskompatibel zu den Geräten der Gruppe 3 oder 2. Universelle Erreichbarkeit kann jedoch durch Mehrgruppengeräte (G4 + G3 oder G4 + G3/2) sichergestellt werden.

Fernkopierer der Gruppe 4 bilden im ISDN eine eigene Dienstklasse, so daß automatisch nur kompatible Geräte angesprochen werden. Im Gegensatz dazu gehören G3-Geräte, die am ISDN über den TA a/b angeschlossen werden, in die allgemeine Dienstklasse (in der sich die im ISDN über Terminaladapter in bisheriger Form abgewickelten Kommunikationsdienste befinden).

Für ISDN-Telefax gelten wie für ISDN-Teletex und ISDN-Fernsprechen die ISDN-typischen Leitstungsmerkmale. Die Weiterentwicklung von Telefax und Teletex geht zum Mischbetrieb *(mixed mode*, Textfax), bei dem die Bildinformation eines Dokumentes pixelcodiert und die Textinformation zeichencodiert dargestellt wird.

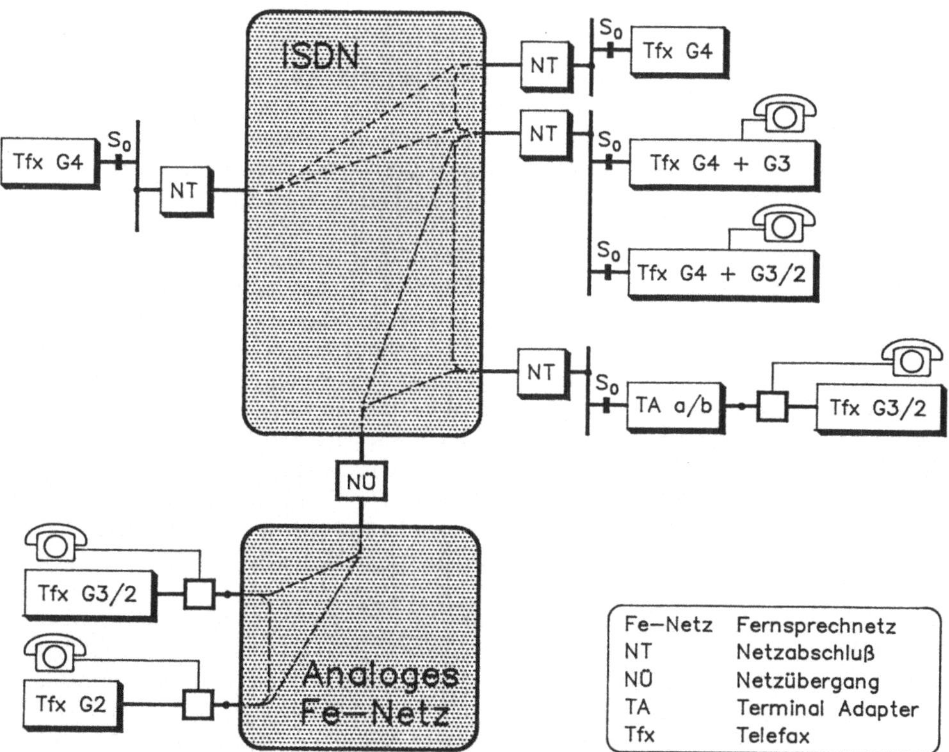

Abb. 139. Telefax-Dienst nach der Einführung von ISDN-Telefax

6.5 Bildschirmtext (Videotex)

6.5.1 Beschreibung

Bildschirmtext (Btx; internationale Bezeichnung: Videotex, Vtx) ist ein Informations- und Kommunikationsdienst der Deutschen Bundespost Telekom, der Komponenten der Fernsprech-, Fernseh- und Datenverarbeitungstechnik nutzt.

Teilnehmerendgerät ist im einfachsten Fall ein Fernsehgerät, ergänzt durch einen Btx-Decoder und eine numerische (besser α-numerische) Tastatur, das über einen Modem (1200/75 bps) mit einem Fernsprechhauptanschluß verbunden ist; im geschäftlichen Bereich, wo Fernsehgeräte ungeeignet sind, können auch höherwertige Bildschirmtext-Endgeräte eingesetzt werden und auch PCs, die über entsprechende Zusatzkarten bildschirmtextfähig gemacht werden. Die nächstliegende Bildschirmtext-Zentrale (Bildschirmtext-Vermittlungsstelle, BtxVSt) ist über Nahbereichsgebühren erreichbar.

Es werden folgende Funktionen angeboten:

- Abruf von Informationsseiten, die ein Informationsanbieter zuvor eingespeichert hat,

- Übermittlung von Mitteilungen an andere Btx-Teilnehmer mit Zwischenspeicherung in der Bildschirmtext-Zentrale des empfangenden Teilnehmers,

- Herstellen einer Verbindung zu angeschlossenen Datenverarbeitungsanlagen (sogenannten externen Rechnern), für beliebige, i.a. interaktive Dienste (z.B. Warenbestellungen, *Home Banking*).

Das Bildschirmtext-System ist hierarchisch aufgebaut (vgl. Abb. 140). Die Bildschirmtext-Leitzentrale enthält alle Informationsseiten in der gültigen Version; der Datenbankrechner einer Btx-Zentrale und die Teilnehmerrechner dienen als Zwischenspeicher, und den Teilnehmerrechnern obliegt außerdem die Betreuung der Teilnehmer (Bereitstellen der Informationsseiten, Benutzerführung, Aufbau von Verbindungen zu externen Rechnern, Abrechnung usw.).

Das Verfahren zur Organisation des Informationsflusses ist das folgende: Wenn ein Teilnehmer eine Informationsseite abruft, so wird sie ihm aus dem ca. 50.000 Seiten fassenden Speicher des Teilnehmerrechners zur Verfügung gestellt, falls sie dort enthalten ist. Ist die betreffende Seite nicht vorhanden, fordert der Teilnehmerrechner sie vom Datenbankrechner (Speicherkapazität ca. 90.000 Informationsseiten) an. Wenn die Seite auch dort nicht vorhanden ist, wird sie von der Leitzentrale angefordert und von dort zum Datenbank- und Teilnehmerrechner übertragen. Wird bei gefülltem Speicher des Teilnehmerrechners (entsprechendes gilt für den Datenbankrechner) eine weitere Seite von dem übergeordneten Speichermedium angefordert, so überschreibt diese Seite die am längsten nicht mehr abgerufene Seite des Speichers. Auf diese Weise enthält der Speicher immer die aktuellsten, d.h. zuletzt abgerufenen Informationsseiten. Diese Strategie ist aus der Datenverarbeitung für die Verwaltung von Speicherhierarchien wohlbekannt; sie ist dort unter der Bezeichnung *Demand Paging* (Laden auf Anforderung) mit LRU-Ersetzungsstrategie *(Least Recently Used)* bekannt.

Aufgrund der hierarchischen Struktur und der in der Btx-Zentrale vorhandenen Speicherkapazitäten sind in eingeschwungenem Zustand (wenn die lokalen Speicher der Btx-Zentrale gefüllt sind) etwa 98% der von den Teilnehmern abgerufenen Seiten in der Btx-Zentrale vorhanden und können ohne Rückgriff auf die Leitzentrale bereitgestellt werden.

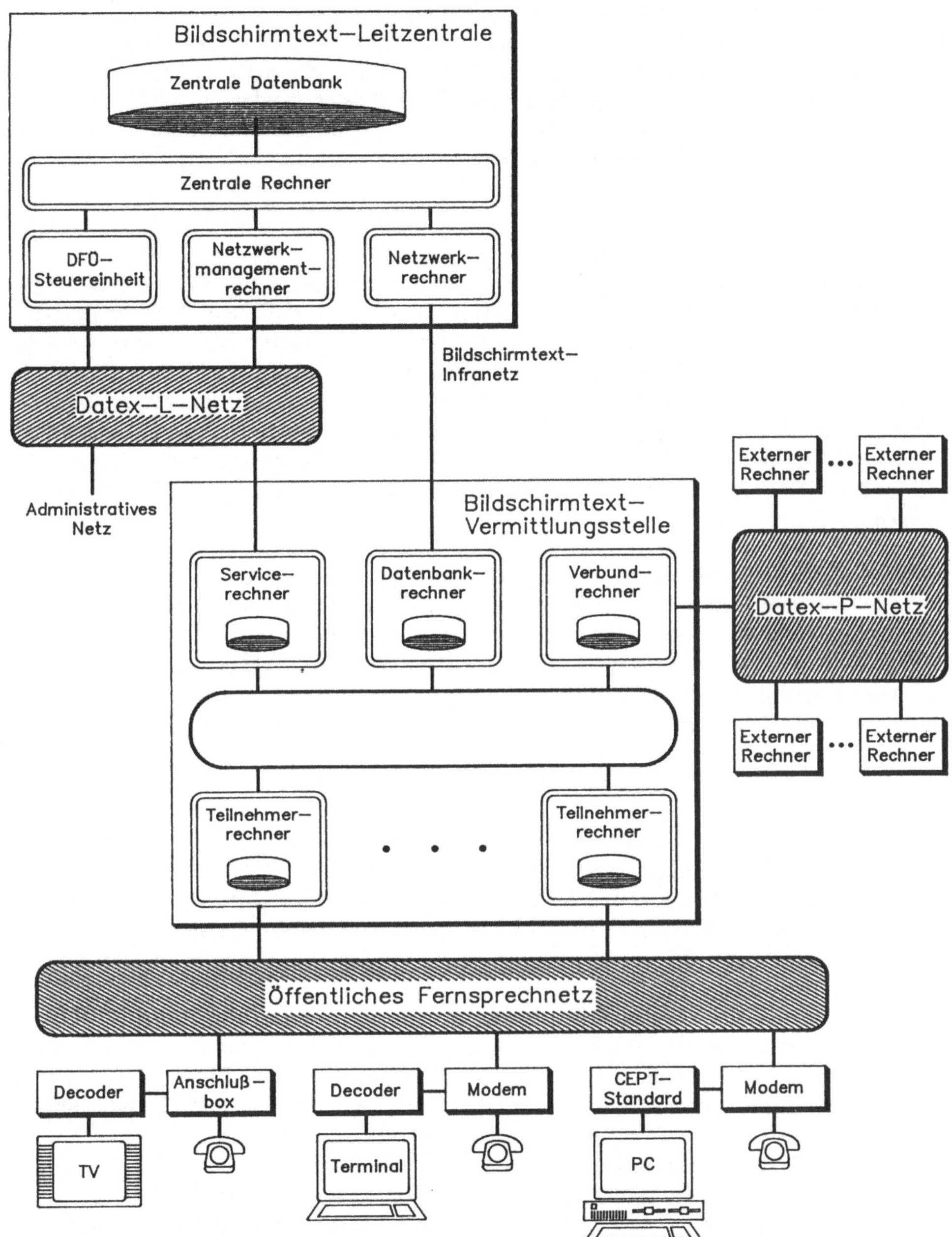

Abb. 140.   Struktur des Bildschirmtext-Systems

Die Informationsseiten werden von Informationsanbietern (Firmen, Verbänden, Verwaltungen) vorbereitet und in das System eingespeichert, wo sie dann zum Abruf bereitstehen; für das Einspeichern und Verfügbarhalten der Information müssen die Anbieter Gebühren an die Post entrichten. Das Abrufen von Informationsseiten durch Btx-Teilnehmer kann (abgesehen von den Postgebühren für die Teilnahme am Btx-Dienst und die Nutzung des Fernsprechnetzes) kostenlos oder kostenpflichtig sein. Die Kosten werden pro abgerufener kostenpflichtiger Seite berechnet; in Zukunft kann die Abrechnung auch nutzungszeitabhängig erfolgen (wie in Frankreich). Die aufgelaufenen Kosten werden dem Btx-Teilnehmer von der Post zusammen mit den Postgebühren in Rechnung gestellt und anschließend zwischen Post und Informationsanbieter abgerechnet.

6.5.2 Einsatzbereich

Der Bildschirmtext-Dienst ist gedacht als Masseninformations- und -kommunikationsmedium (was einen nutzbringenden gewerblichen Einsatz nicht ausschließt). Diese Zielrichtung läßt sich auch aus dem Abstützen auf in normalen Haushalten vorhandenen Geräten (Fernsehapparat und Telefon) für die Dienstteilnahme ablesen. Mit dem Home Computer gibt es inzwischen in vielen Haushalten ein Gerät, das nach entsprechender Aufrüstung noch besser als Btx-Endgerät geeignet ist. Als Dienst, der auch im privaten Bereich weit verbreitet ist (in Deutschland noch Zukunftsperspektive) kann Bildschirmtext für die übrigen modernen Text- und Datenkommunikationsdienste eine Brücke zum privaten Bereich schlagen.

Der Bildschirmtext-Dienst bietet den Teilnehmern die Möglichkeit, von Informationsanbietern vorbereitete Informationsseiten abzurufen. Die Informationsseiten können beliebige Informationen enthalten, von denen die Anbieter annehmen, daß dafür Interesse bei den Teilnehmern bestehen könnte; typisch sind Auskunftsdienste (Fahrpläne, Fernsprechbücher, Theaterspielpläne, Veranstaltungskalender usw.), aktuelle Warenangebote (Sonderangebote aller Art, Gebrauchtwagen usw.), aber auch Selbstdarstellungen von Institutionen aller Art (Parteien, Regierungen, Wohlfahrtsverbänden usw.).
Eine neue Dimension von Anwendungen wird durch die externen Rechner erschlossen; das sind Rechner von Unternehmen oder Organisationen, die über das Datex-P-Netz mit den Btx-Zentralen verbunden sind und zu denen Btx-Teilnehmer über die Btx-Vermittlungsstellen Zugriff erhalten können (vgl. Abb. 140); 1991 waren ca. 450 externe Rechner mit dem Bildschirmtext-System verbunden. Über die externen Rechner können die Teilnehmer nicht nur detaillierte Informationen abrufen, sondern auch agieren, also etwa bei einem Warenhaus Bestellungen tätigen, Reservierungen vornehmen oder sogar ihre Bankgeschäfte regeln *(Home Banking)*.
Bei sensiblen Vorgängen — dazu zählt insbesondere die Abwicklung von Bankgeschäften — reichen die normalen Sicherheitsvorkehrungen des Bildschirmtext-Dienstes (Gerätekennung und persönliches Paßwort) allerdings nicht aus. Hier kommt ein als PIN/TAN-Verfahren bezeichneter Sicherheitsmechanismus zum Einsatz: Bevor ein Benutzer Zugriff zum externen Rechner der Bank erhält, muß er sich mit seiner PIN (Persönliche Identifikationsnummer) ausweisen, und bevor er Transaktionen durchführen kann, muß er die von der Bank zugeschickten und nur einmal verwendbaren Transaktionsnummern (TANs) eingeben. Über die Sicherheit dieses Verfahrens kann hier nicht diskutiert werden; es ist aber umständlich, da die Nummern aus Sicherheitsgründen nicht sehr kurz sein dürfen. Vergleichbare Sicherheit und einfachere Handhabung verspricht der Einsatz von Chipkarten, der in verschiedenen Anwendungsbereichen erprobt wird.
Mit der Möglichkeit transparenter Datenübertragungen entsteht ein neues Dienstleistungsangebot für als Btx-Endgeräte angeschlossene Rechner (Home Computer, PCs). Es können nun zentral bereitgestellte Programme (Lernprogramme, Spielprogramme usw., allg.: Telesoftware) aus der Btx-Zentrale in einen angeschlossenen Rechner geladen werden.

Die Einführungsmodalitäten des Bildschirmtext-Dienstes in der Bundesrepublik Deutschland haben dazu geführt, daß dieser Dienst derzeit überwiegend geschäftlich genutzt wird. Dies führt zu erhöhten Anforderungen an die Endgeräte, reduziert angesichts eines definierten, konkreten Nutzeffektes aber die Preissensibilität. Bildschirmtext kann im geschäftlichen Bereich mit Vorteil für die interne Kommunikation bei Firmen mit mehreren Standorten eingesetzt werden; besonders sinnvoll ist die Nutzung des Btx-Dienstes für Firmen oder Branchen, die mit Außenstellen oder Agenturen arbeiten (Banken, Versicherungen, Reiseunternehmen, Handelsketten usw.). Alle drei grundsätzlichen Btx-Dienstangebote (Informationsabruf, Mitteilungsdienst und Zugriff auf als externe Rechner mit dem Bildschirmtext-System verbundene private Rechner) können gewerblich genutzt werden. In diesem Fall ist der Zugriff auf Informationen oder Rechner jedoch nicht frei für jedermann, sondern beschränkt auf bestimmte Benutzergruppen (Mitarbeiter oder Vertragspartner usw.). Bildschirmtext bietet das Leistungsmerkmal 'geschlossene Benutzergruppe' an und der hohe Anteil geschlossener Benutzergruppen im deutschen Bildschirmtext-Dienst ist ein Indikator für die starke geschäftliche Nutzung dieses Dienstes.

6.5.3 Entwicklung

Der Bildschirmtext-Dienst wurde von 1980 bis 1983 in Feldversuchen in Berlin und Düsseldorf getestet (noch auf der Basis des englischen PRESTEL-Systems) und Mitte 1984 mit knapp einjähriger Verspätung als Regeldienst auf der Basis des CEPT 1-Standards eingeführt. Zur flächendeckenden Versorgung waren bis Ende 1986 bundesweit 50 BtxVStn an 41 Standorten installiert. Die Entwicklung der Teilnehmerzahlen ist in Abb. 141 dargestellt. Die Teilnehmerzahlen (Ende 1991 über 300.000) haben sich befriedigend entwickelt; diese Beurteilung trifft jedoch nur dann zu, wenn man die zum Zeitpunkt der Diensteinführung

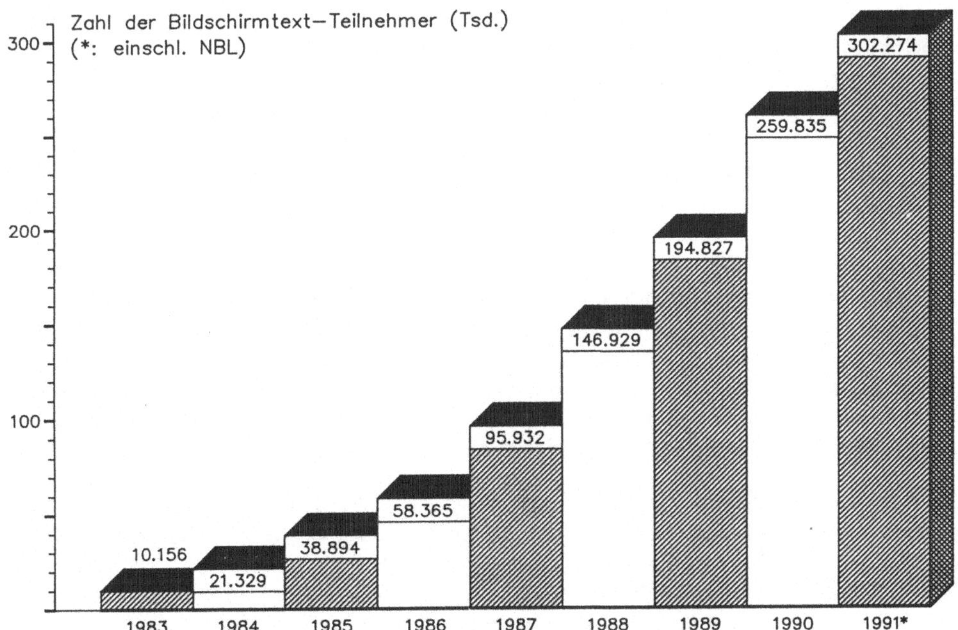

Abb. 141. Entwicklung der Teilnehmerzahlen im Bildschirmtext-Dienst

sehr optimistischen Prognosen für die Entwicklung der Teilnehmerzahlen nicht kennt; damals wurden 1 Mio. Teilnehmer für Ende 1986 und 3,5 Mio. Teilnehmer für 1990 vorhergesagt. Daß eine diesen Erwartungen entsprechende rasante Entwicklung grundsätzlich möglich ist, zeigt das Beispiel Frankreich. Dort gab es 1988, etwa 6 Jahre nach der Diensteinführung, bereits ca. 3 Mio. Teilnehmer am französischen Videotex-Dienst. Dieser Erfolg beruht auf einer völlig anderen Einführungsstrategie: Die französische Post hat ihren Telefonkunden ein Billiggerät (das Minitel) kostenlos zur Verfügung gestellt mit dem erklärten Zweck, das Telefonbuch und die Fernsprechauskunft zu ersetzen. Mit dieser einfachen und einsichtigen Funktion und ohne die Hemmschwelle hoher Einstiegskosten kam es zu dem bereits erwähnten rapiden Anstieg der Teilnehmerzahlen, der wiederum das Medium höchst interessant für weitere Dienstangebote privater Anbieter machte; und die (zu 80% privaten) Benutzer haben, da sie ohnedies Dienstteilnehmer waren, auch weitere Dienstangebote angenommen.

Nach einem Höhepunkt 1985 (Ende der gebührenfreien Einführungsphase) ist die Zahl der Informationsanbieter immer noch leicht rückläufig, während die Zahl der angebotenen Informationsseiten nach einem Tiefstand 1987 nun wieder ansteigt (1991: 3000 Informationsanbieter, ca. 742.000 eingespeicherte Informationsseiten).

Die schleppende Verbreitung des Bildschirmtext-Dienstes in Deutschland war nicht zuletzt auf das Fehlen eines geeigneten Endgerätes zurückzuführen. Die Verfügbarkeit des Multitel (multifunktionales Terminal, bestehend aus Fernsprechapparat und Bildschirmtext-Endgerät) seit 1987 hat sich deshalb positiv ausgewirkt: in einer halbjährigen Untersuchung entfielen 1987 bei den Neuzugängen 54% der Endgeräte auf Multitels, 26% auf Mikrocomputer mit Btx-Zusatzkarte und nur 11% auf mit Btx-Decoder ausgestattete Fernsehgeräte [29]. Inzwischen ist die rasante Verbreitung und universelle Nutzbarkeit von PCs aber auch hier wirksam geworden: bei einer ähnlichen Untersuchung 1991 entfielen fast 85% der Neuzugänge auf PCs (und Home Computer) und nur noch gut 10% auf Multitels.

Das deutsche Bildschirmtext-System basiert auf dem CEPT 1-Standard, der für ein europäisches Bildschirmtext-System gedacht ist und sich europa- und weltweit durchzusetzen beginnt. Diese Aussage bezieht sich auf die Zahl der Fernmeldeverwaltungen, die diesen Standard einsetzen; von den Teilnehmerzahlen her dominiert eindeutig das französische ANTIOPE/TELETEL-System (CEPT 2).

Der CEPT 1-Standard zeichnet sich aus durch einen umfassenden Zeichensatz (335 α-numerische Zeichen und Sonderzeichen + 151 graphische Zeichen + mindestens einen weiteren fernladbaren Zeichensatz (DRCS: *Dynamically Redefinable Character Set)* von 94 Zeichen), größere Vielfalt der Farben und Attribute, Formatwechsel (24 Zeilen zu 40 Zeichen oder das im Computerbereich übliche 24 × 80 Format) und neben dem Alphamosaik-Verfahren (bei dem Graphiken durch eine mosaikartige Aufteilung der Zeichenpositionen realisiert werden) als optionale Darstellungsmodi das Geometrie-Verfahren (bei dem weitgehend das GKS (Graphisches Kernsystem: ISO-Standard für zweidimensionale Graphik) übernommen wurde, so daß auf rechnererzeugte Graphiken zurückgegriffen werden kann) und das Photographik-Verfahren (für pixelcodierte Darstellungen).

Der Bildschirmtext-Dienst wird aufgewertet durch Verbindungen zu anderen Diensten: Eine Verbindung zwischen dem Btx-Mitteilungsdienst und Telex existiert bereits; Verbindungen zum Teletex-, Telefax- und Telebox-Dienst sind in Vorbereitung.

Seit Ende 1987 existiert eine Verbindung zum französischen Videotex-System (TELETEL) über Gatewayrechner. Ein allgemeiner grenzüberschreitender Videotex-Dienst wird sich aber wegen der unterschiedlichen Systeme nur längerfristig realisieren lassen. Zu den technischen Schwierigkeiten kommt beim Videotex-Dienst eine weitere hinzu: Da über Videotex kostenpflichtige Dienste abrufbar sind, für die in Deutschland die Deutsche Bundespost Telekom das Inkasso für die Anbieter übernimmt, wofür in anderen Ländern aber andere Regelungen bestehen können, ergibt sich das (schwer lösbare) Problem einer internationalen Abrechnung. Bei dem oben erwähnten Verbund zwischen dem deutschen und dem französischen Videotex-System wurde das Problem dadurch umgangen, daß grenzüberschreitend nur kostenfreie Dienstangebote in Anspruch genommen werden können.

Bereits in der ersten Ausbaustufe des ISDN wird der Bildschirmtext-Dienst auch über das ISDN zugänglich sein. Dabei bleibt das Bildschirmtext-System im Prinzip unverändert; die Leitzentrale und die BtxVStn werden lediglich um die ISDN-Anschlußtechnik erweitert; bei den Internverbindungen werden Primärmultiplexanschlüsse verwendet. Der Anschluß der externen Rechner erfolgt nach wie vor über das Datex-P-Netz mit 9,6 kbps, weil für diese Verbindungen die Eigenschaften der Paketvermittlung essentiell sind.
Durch einen ISDN-Anschluß können die Seitenaufbauzeiten erheblich verkürzt werden.

6.6 Telebox (Mitteilungsübermittlungsdienst)

Der Telebox-Dienst der Deutschen Bundespost Telekom basiert seit 1988 auf den CCITT-Empfehlungen X.400 ff. (MHS = *Message Handling Systems*; bei ISO lautet die Bezeichnung MOTIS = *Message Oriented Text Interchange System*).
Im folgenden werden die Funktionen und Wirkungsweisen von Mitteilungsübermittlungsdiensten unter besonderer Berücksichtigung der in diesem Bereich bedeutsamen CCITT-Empfehlungen X.400 ff. beschrieben.

6.6.1 Beschreibung

Für elektronische Mitteilungsübermittlungssysteme existiert eine Reihe von Bezeichnungen: Nachrichtenvermittlung, Nachrichtenübermittlung, Elektronische Post, *Electronic Mail* (EM), *Electronic Message System* (EMS), *Computer Based Message Systems* (CBMS), *Message Handling Systems* (MHS).
Mitteilungsübermittlungssysteme dienen dem Austausch von Dokumenten (heute meist Text, in Zukunft aber auch Graphik und Sprache und in ferner Zukunft auch Bewegtbildsequenzen), wobei neben dem eigentlichen Nachrichtentransport Unterstützung beim Erstellen, Formatieren, Senden (senderseitig), beim Empfangen, Darstellen, Auswerten (empfängerseitig) und beim Archivieren und gezielten Wiederauffinden (empfänger- und senderseitig) geboten wird. Im allgemeinen wird ein Benutzer beim Herstellen einer Verbindung zum System über die Ankunft von Nachrichten informiert; er kann sich eine Liste aller Eingänge seit dem letzten Zugriff auf den Nachrichtenspeicher *(Mailbox)* präsentieren lassen. Der Absender kann sich über den Zustand der von ihm abgeschickten Nachrichten informieren, wobei manche Systeme nicht nur zurückmelden, ob und wann eine Nachricht beim Empfänger eingegangen ist, sondern auch, wann der Empfänger darauf zugegriffen hat.

Mitteilungsübermittlungsdienste sind — anders als die bisher besprochenen Dienste — ein Mittel für die persönliche Kommunikation. Der Nachrichtenspeicher ist einem einzelnen Benutzer zugeordnet und durch ein persönliches Paßwort geschützt.
Ein Nachrichtenaustausch verläuft wie folgt:

- Ein Benutzer (in seiner Eigenschaft als Sender) erzeugt eine Nachricht, d.h. den eigentlichen Nachrichteninhalt, evtl. zusätzliche Kontextinformation (Betreff, Bezug zu anderen Nachrichten wie 'Antwort auf' usw.) und Adreßinformation.

- Der Benutzer übergibt die Nachricht zum Transport an die Versandfunktion des Mitteilungsübermittlungssystems.

- Die Nachricht wird zum Empfänger transportiert; dabei kann es sich um einen Transport über geographische Entfernungen handeln, es kann sich aber auch um einen 'logischen' Transport zu einem anderen Benutzer im gleichen System (Rechner) handeln.

- Die Nachricht wird empfängerbezogen gespeichert.

- Der Empfänger ruft die Nachricht zu einem beliebigen späteren Zeitpunkt ab.

Diese Beschreibung macht deutlich, daß ein Mitteilungsübermittlungsdienst keine direkte Kommunikation, d.h. keinen Dialog zwischen den kommunizierenden Teilnehmern realisiert, sondern eine zeitlich entkoppelte Kommunikation. Dieser Dienst hat den Vorteil, eine persönliche Mitteilung an einen nicht unmittelbar erreichbaren Partner absetzen zu können.

Nachrichtenvermittlungssysteme unterstützen unterschiedlich komplexe Formen der Kommunikation. Basis eines jeden Dienstes ist der 1:1 Versand, d.h. eine Mitteilung wird von einem Teilnehmer zu einem bestimmten anderen Teilnehmer geschickt *(personal mail)*. Daneben gibt es den 1:n Versand, der über Namenslisten oder/und Verteilerlisten (privat oder öffentlich) realisiert sein kann.
Eine weit verbreitete Funktion ist das 'Schwarze Brett'. Dabei können alle oder auch nur bestimmte Teilnehmer Nachrichten für das 'Schwarze Brett', d.h. für den öffentlichen Aushang bereitstellen. Diese Nachrichten haben als Empfänger eine öffentliche *Mailbox*, auf die alle Teilnehmer zugreifen können.
Über diese Kommunikationsformen hinaus besteht ein Bedarf an Kommunikationsunterstützung innerhalb bestimmter, zeitlich fixierter oder auch variabler Gruppen von Benutzern *(conferencing)*. Dazu müssen nach verschiedenen Gesichtspunkten Gruppen definiert werden können (z.B. nach Themen), und es muß möglich sein, Gruppenmitglieder mit Sonder- oder Minderrechten auszustatten. Bei geschlossenen Gruppen muß beispielweise ein Organisator existieren, der über die Zusammensetzung der Gruppe entscheidet und berechtigt ist, Mitglieder aufzunehmen oder auszuschließen.

Für die praktische Nutzung eines Mitteilungsdienstes müssen Informationen über die möglichen Kommunikationspartner vorhanden sein. Unerläßlich ist ein Verzeichnis, das zumindest die Namen und Systemadressen aller Teilnehmer in eindeutiger Weise enthält; dazu gehören Informationsdienste, die den Benutzern gezielt die benötigten Informationen daraus zur Verfügung stellen.

Bei einem verbreiteten Einsatz von Mitteilungsübermittlungssystemen erfordert die Flexibilität und Wirksamkeit dieser Systeme einen besonderen Schutz der Teilnehmer.
Dies betrifft einmal den Schutz der Teilnehmer vor Überflutung mit unerwünschten Informationen. Dieser von der Briefpost bereits bekannte Effekt könnte bei der Leistungsfähigkeit und Effizienz eines elektronischen Systems eine neue Dimension bekommen. Die Einrichtung geschlossener Benutzergruppen bewirkt eine solche Schutzfunktion, verhindert andererseits aber auch die allgemeine Erreichbarkeit über das Medium.

Der zweite Punkt betrifft den Persönlichkeitsschutz. Kritisch sind in dieser Beziehung in einigen Systemen angebotene Funktionen wie: Mitteilung an den Absender, wann der Empfänger auf eine Nachricht zugegriffen hat; Auflisten der derzeit aktiven Systemteilnehmer; Auskunft, wann ein bestimmter Teilnehmer zuletzt aktiv war u.ä.

Der Persönlichkeitsschutz wird auch durch Teilnehmerverzeichnisse berührt. Hier gibt es einen Zielkonflikt: Auf der einen Seite ist es unter dem Aspekt einer gezielten Auswahl von Kommunikationspartnern wünschenswert, daß die Teilnehmerverzeichnisse möglichst viel Information über die Teilnehmer enthalten, und dies auch für die Teilnehmer in ihrer Rolle als Empfänger, weil dadurch unerwünschte Mitteilungen verhindert werden können; auf der anderen Seite sind solche Verzeichnisse umso kritischer, je mehr Informationen sie enthalten. In jedem Fall dürfen weitergehende Informationen über Teilnehmer nur mit Zustimmung der Teilnehmer in Verzeichnisse aufgenommen werden.

Ein weiterer kritischer Punkt sind die Logbücher und Statistiken, die jedes System führen muß, um Abrechnungen erstellen und im Falle von Unregelmäßigkeiten oder Verlust von Mitteilungen recherchieren zu können, die aber — entsprechend ausgewertet — auch eine weitgehende Kontrolle des Benutzerverhaltens gestatten.

Grundsätzlich tendieren alle Kommunikationsdienste dazu, den aktiven (sendenden) Teilnehmer zu begünstigen, was im Grunde auch nicht verwunderlich ist, weil der initiierende Teilnehmer den Kommunikationsvorgang bezahlt und deshalb attraktive Leistungsmerkmale und eine bestimmte Dienstgüte verlangt. Man wird in Zukunft aber verstärkt beachten müssen, daß ein Teilnehmer auch in der Rolle des Empfängers Rechte hat und im Grunde genommen ein gleichberechtigter Partner ist.

6.6.2 Einsatzbereich

Mitteilungsübermittlungsdienste ermöglichen eine universelle Textkommunikation; sie stellen funktional eine Übermenge des Teletex-Dienstes (und in Zukunft auch der Dienste Telefax und Textfax) dar. Im Forschungsbereich werden Mitteilungsübermittlungssysteme (i.a. private Systeme, auf die über öffentliche Netze zugegriffen wird) sehr häufig benutzt, und auch in den meisten privaten Netzen (auf der Basis der bekannten Netzarchitekturen wie TCP/IP, SNA, DECnet usw.) gibt es eine *Mail Facility*, d.h., die Möglichkeit, Nachrichten auszutauschen, wobei allerdings die Unterstützung der Benutzer durch Datenbankdienste für die Archivierung und durch Textsysteme für die Erstellung unterschiedlich gut ausgeprägt ist.

Systeme mit umfassender Teilnehmerunterstützung sind im Grunde genommen Büroautomatisierungssysteme, bei denen die Kommunikation nur einen Teil der Gesamtfunktion ausmacht. Tatsächlich bringt das Erstellen, Versenden, Empfangen, Weiterverarbeiten und Verwalten von Dokumenten mit elektronischen Hilfsmitteln nur dann vollen Nutzen, wenn dies für möglichst alle Dokumente in gleicher Weise geschieht und nicht nur für solche, die verschickt oder empfangen werden. Dies setzt in der Büroorganisation und in den Abläufen im Büro Anpassungsvorgänge voraus, die langwierig und schwierig sind und die Akzeptanz von Mitteilungsübermittlungssytemen in diesem Bereich verzögern. Umgekehrt können solche Anpassungen nur in Angriff genommen werden, wenn die wichtigsten Abläufe mit elektronischen Hilfsmitteln nachbildbar sind. Auf lange Zeit werden Medienbrüche (z.B. Papier ⇔ elektronische Darstellung) aber noch unvermeidlich sein und den Nutzen elektronischer Mitteilungsübermittlungssysteme mindern.

6.6.3 Entwicklung

Bei zentralen Systemen (viele der frühen Realisierungen und auch heute noch viele zentrale Dienstangebote) wird der Dienst von einem irgendwo installierten zentralen Rechner erbracht (der Telebox-Rechner ist in Mannheim installiert), zu dem die Teilnehmerendgeräte über die öffentlichen Netze (Fernsprech-, Datex-L- und Datex-P-Netz) Zugriff haben. Bei solchen Systemen ist der Transport einer Nachricht vom Sender zum Empfänger eine rein lokale Operation, bei der die Nachricht vom Speicherbereich des Senders in den des Empfängers übergeht. Die Überwindung der Entfernung geschieht zwischen dem Endgerät des Senders und dem zentralen System beim Erstellen oder Bereitstellen der Nachricht und zwischen dem zentralen System und dem Endgerät des Empfängers beim Abrufen der Nachricht. Zentrale Systeme haben den Vorteil, daß sie logisch einfacher und deshalb leichter beherrschbar sind als verteilte Systeme; sie haben u.a. den Nachteil, daß eine Nachricht zweimal kostenpflichtig über öffentliche Netze transportiert werden muß und daß es aus Sicht der Teilnehmer keine lokalen Operationen gibt. Wünschenswert sind verteilte Systeme, deren lokale Komponenten in einem einheitlichen Gesamtrahmen Nachrichten austauschen können. Dieses Konzept liegt auch den X.400 ff. Empfehlungen zugrunde.

Die Empfehlungen X.400 ff. *(Message Handling Systems*, MHS) wurden 1984 vom CCITT verabschiedet und 1988 fortgeschrieben. Sie sind weltweit akzeptiert und werden zunehmend wirksam, nachdem auf breiter Front Produkte verfügbar sind, die diesen Standards entsprechen. Abb. 142 zeigt die Struktur des MHS-Modells.

Ein MHS-System besteht aus MTAs *(Message Transfer Agents)* und UAs *(User Agents)*. Die Gesamtheit der über (öffentliche Netze) verbundenen *Message Transfer Agents* bildet das *Message Transfer System* (MTS). Die Benutzer nehmen die Dienste des MHS über die

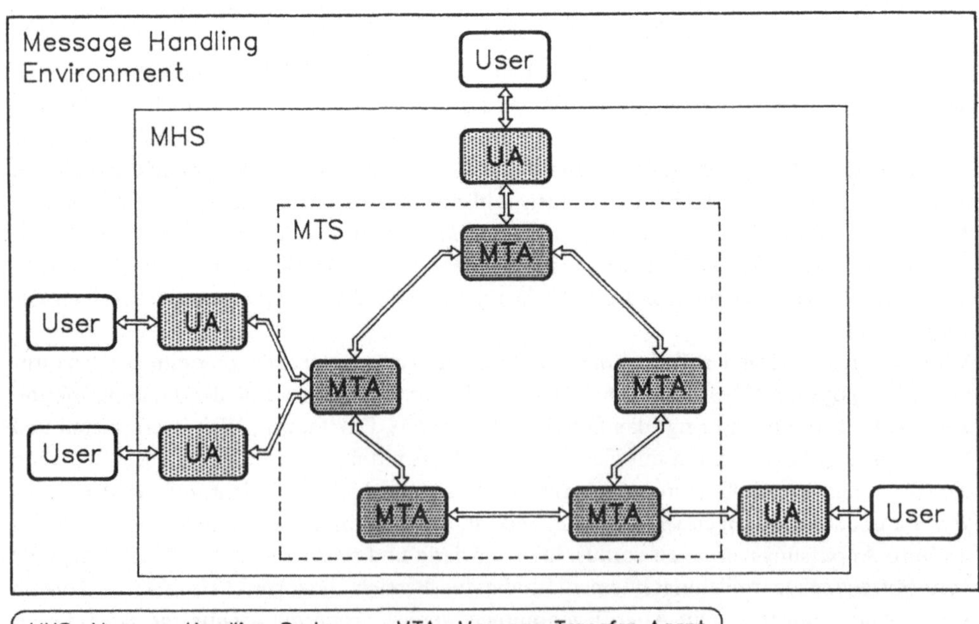

Abb. 142. Funktionale Sicht des MHS-Modells

User Agents in Anspruch; diese repräsentieren die Benutzer gegenüber dem System. Eine Nachricht wird vom MTA des sendenden UA evtl. über mehrere Zwischenstationen *(Store-and-forward*-Prinzip) zum MTA des empfangenden UA geleitet.
Ein MHS-System ist strukturiert in 'Verwaltungseinheiten' *(Management Domains*, MDs), die aus mindestens einem MTA und einer beliebigen Anzahl (0...N) UAs bestehen. Eine *Management Domain* ist entweder eine

- **ADMD** *(Administration Management Domain)*, die von einer öffentlichen Fernmeldeverwaltung (Post) verwaltet wird, oder eine

- **PRMD** *(Private Management Domain)*, die von einer beliebigen privaten Organisation (Unternehmen) verwaltet wird.

Eine *Management Domain* besitzt *Naming Authority*, d.h. das Recht, X.400-Namen zu vergeben; da der Name einer *Management Domain* selbst Bestandteil eines vollständigen Teilnehmernamens ist, sind die innerhalb einer *Domain* vergebenen Namen unabhängig von Namen außerhalb der *Domain*.

Es wurde bereits darauf hingewiesen, daß jeder Teilnehmer eines Mitteilungsübermittlungsdienstes durch seinen Namen *(Originator/Recipient Name*, O/R-Name) identifiziert sein muß und daß für die Nutzbarkeit solcher Systeme Namensverzeichnisse *(directory services)* vorhanden sein müssen. *Directory Services* sind nicht Bestandteil der 1984 verabschiedeten X.400-Empfehlungen; inzwischen ist aber ein Konzept dafür erarbeitet worden, das 1988 verabschiedet worden ist (X.500-Empfehlungen, ISO 9594). Die funktionale Struktur entspricht der des MHS-Modells. Kern ist eine verteilte Namensdatenbank *(information base)*. Verwaltet werden die Datenbankteile von *Directory System Agents* (DSAs), die den MTAs entsprechen. Die Gesamtheit der DSAs und die von ihnen verwaltete Datenbank bilden das *Directory System*. Die Dienste des *Directory System* werden ebenfalls durch *User Agents* in Anspruch genommen, die in diesem Falle die Bezeichnung *Directory User Agent* (DUA) tragen und die Benutzer gegenüber dem *Directory System* repräsentieren.
Die X.500 *Dirctory Services* sind nicht nur für die X.400-Nachrichtenvermittlung, sondern auch für andere OSI-Dienste (z.B. FTAM) von Bedeutung.

Nachrichtenvermittlungssysteme erbringen einen funktional sehr reichhaltigen und unter Einbeziehung der *Directory Services* auch komfortabel nutzbaren Kommunikationsdienst. Die Weiterentwicklung geht in Richtung weiterer Perfektionierung der Unterstützungsfunktionen für die Benutzer und den Einschluß weiterer Informationsarten (Graphik, Tondokumente, Bewegtbildsequenzen). Die *Mail*-Funktion ist auch heute schon eine der wichtigsten und meistgenutzten im Bereich der Text- und Datenkommunikation. Dies gilt allerdings nicht für den öffentlich angebotenen Telebox-Dienst. Da die *Mail*-Funktion Bestandteil jeder Kommunikationsarchitektur (auch Internet, SNA, DNA, OSI), ja teilweise schon von Betriebssystemen ist, die bei Einbindung eines Rechners (auch PC oder Workstation) in ein Netz auch netzweit genutzt werden kann, besteht kaum ein Bedarf für ein zentrales (öffentliches) Dienstangebot. Die Teilnehmerzahlen des Telebox-Dienstes belegen dies nachdrücklich: Diensteinführung 1984, Zahl der Teilnehmer (obwohl im Steigen) 1991: 5600. So sind auch die mittelfristigen Zukunftsperspektiven für den öffentlichen Telebox-Dienst bescheiden, ganz im Gegensatz zu denen der außerordentlich wichtigen und vielgenutzten Funktion der Nachrichtenvermittlung.

Literatur

[1] Albensöder, A. (Hrsg.): Telekommunikation - Netze und Dienste der Deutschen Bundespost. R. v. Decker's Verlag, Heidelberg, 1987.

[2] Arnold, F.: Grundsätze und Probleme des Aufbaus neuer Fernmeldenetze. ONLINE '86, Kongreßband I 'Ausbaustrategien von Netzinfrastrukturen in Europa und ihre möglichen Auswirkungen auf die Volkswirtschaft', Hamburg, 5.–8.2.1986, Beitrag 4A.

[3] van As, H.R.: Performance Evaluation of Bandwidth Balancing in the DQDB MAC Protocol. EFOC/LAN'90, Proc. LAN, IGI Europe 1990, S.231–239.

[4] van As, H.R., Wong, J.W., Zafiropulo, P.: Fairness, Priority and Predictability of the DQDB MAC Protocol under Heavy Load. Proc. 'International Zürich Seminar on Digital Communications', März 1990, Beitrag E8, S. 410–417.

[5] Bament, S., Binder, U.: Frame Relay: Der nächste Standard in der Datenkommunikation. DATACOM 9/90, S. 78–80.

[6] Bedermann, S.: Source Routing. Data Communications, Februar 1986, S. 127–128.

[7] Benjamin, J.H., Hess, M.L., Weingarten, R.A., Wheeler, W.R.: Interconnecting SNA networks. IBM Systems Journal, Vol. 22, 4 (1983), S. 344–366.

[8] Bergmann, K.: Lehrbuch der Fernmeldetechnik. Verlag Schiele & Schön, Berlin, 4. Aufl., 1978. (Neuauflage Bd. I u. II, 1986).

[9] Berndt, W.: Die Bedeutung der Standardisierung im Telekommunikationsbereich für Innovation, Wettbewerb und Welthandel. Jahrbuch der Deutschen Bundespost 1986, Verlag für Wissenschaft und Leben, Bad Windsheim.

[10] Berthelsen, G.: Design and application of composite power and fibreoptic cables. Information Gatekeepers Inc., Proc. EFOC/LAN 87, S. 140–144.

[11] Blomeyer-Bartenstein, H.P., Both, R.: Datenkommunikation und Lokale Computer-Netzwerke: Grundlagen und Einsatz der Telematik. Verlag Markt & Technik, 1983.

[12] Boal, J.H.: Status and Future for Integrated Services Access LANs. EFOC/LAN'90, Proc. LAN, IGI Europe 1990, S.145–150.

[13] Bocker, P.: Datenübertragung, Bd. 1: Grundlagen. Springer-Verlag Berlin Heidelberg New York, 1976.

[14] Bocker, P.: Datenübertragung, Bd. 2: Einrichtungen und Systeme. Springer-Verlag Berlin Heidelberg New York, 1977.

[15] Bocker, P.: ISDN, das diensteintegrierende digitale Nachrichtennetz: Konzept, Verfahren, Systeme. Springer-Verlag Berlin Heidelberg New York, 2. Aufl., 1987.

[16] Budrikis, Z.L., Hullett, J.L., Newman, R.M., Economou, D., Fozdar, F.M., Jeffery, R.D.: QPSX: A Queue Packet und Synchronous Circuit Exchange. Proc. ICCC'86, P. Kühn (Ed.), North Holland 1986, S. 288—293.

[17] Burkhardt, H.J.: Von 'Open Systems Interconnection' zu 'Open Systems'. ONLINE '86, Kongreßband VI, 'Fortschritt der Telematiksysteme und Kommunikationsnetze', Hamburg, 5.—8.2.1986, Beitrag 2Y.

[18] Bux, W.: Performance issues in local-area networks. IBM Systems Journal, Vol. 23, 4, 1984, S. 351—374.

[19] Calvo, R., Teener, M.: FDDI-II Architectural and Implementation Examples. EFOC/LAN'90, Proc. LAN, IGI Europe 1990, S.76—86.

[20] Carlson, D.E.: Bit-Oriented Data Link Control Procedures. IEEE Transactions on Communications, Vol. COM-28, 4 (April 1980), S. 455—467.

[21] CCITT Red Book, Vol. III - Fascicle III.5, 'Integrated Services Digital Network (ISDN)', Recommendations of the series 1, Genf 1985.

[22] Chylla, P., Hegering, H.-G.: Ethernet-LANs: Planung, Realisierung und Netz-Management. DATACOM Buchverlag, Pulheim, 1987.

[23] Clos, C.: A study of non-blocking switching networks. Bell Syst. Techn. J. 32 (1953), S. 406—424.

[24] Comer, D.E.: Internetworking with TCP/IP. Vol. 1: Principles, Protocols, and Architecture. Second Edition, Prentice-Hall, Englewood Cliffs, 1991.

[25] Conard, J.W.: Character-Oriented Data Link Control Protocols. IEEE Transactions on Communications, Vol. COM-28, 4 (April 1980), S. 445—454.

[26] Conrads, D.: Elektronische Kommunikation 1984: Eine Übersicht. Spezielle Berichte der Kernforschungsanlage Jülich - Nr. 295, 1985.

[27] Conrads, D.: Der Token-Ring. LAN — Lokale PC-Netzwerke, Hrsg.: H. Schumny, Vieweg-Verlag, Braunschweig, 1987, S. 61—81.

[28] Conti, M., Gregori, E., Lenzini, L.: An Extensive Analysis of DQDB Performance and Fairness in Asymptotic Conditions. EFOC/LAN'90, Proc. LAN, IGI Europe 1990, S.259—265.

[29] Danke, E.: Bildschirmtext: Stand und weitere Entwicklung aus der Sicht der Deutschen Bundespost. ONLINE '88, Konreßband IV, 'Bildschirmtext und Electronic Mail. Neue Formen der Bürokommunikation und der Informationsvermittlung', Hamburg, 2.—5.2.1988, Beitrag 16.2.

[30] Datapro: Frame Relay and Fast Packet Switching. Datapro Report on International Communictions Equipment, McGraw-Hill, 1990, S. 301—307.

[31] Deutsche Bundespost: Datel-Handbuch 3 (Datex-P). Fernmeldetechnisches Zentralamt, 1983.

[32] Deutsche Bundespost: Mittelfristiges Programm für den Ausbau der technischen Kommuniktionssysteme. Heft 3 der Schriftenreihe über Konzepte und neue Dienste der Telekommunikation des Bundesministers für das Post- und Fernmeldewesen, Bonn 1986.

[33] Deutsche Bundespost Telekom: Die wichtigsten statistischen Daten zum Geschäftsjahr 1990. Herausgeber: Deutsche Bundespost Telekom, Generaldirektion, Geschäftsbereich Öffentlichkeitsarbeit.

[34] Digital Equipment Corp.: DECnet - Digital Network Architecture (Phase V). Order No. EK-DNAPV-GD, September 1987.

[35] Dixon, R.C., Strole, N.C., Markov, J.D.: A token-ring network for local data communications. IBM Systems Journal, Vol. 22, No. 1/2, 1983, S. 47−62.

[36] Dixon, R.C.: Synchronous Data. Data Communications, Februar 1986, S. 131−135.

[37] Drude, St.: Integrated Services Terminal Bus: Ein lokales Netzwerk mit ISDN-Fähigkeiten. ONLINE '88, Kongreßband II 'ISDN: Stand '88 und Perspektiven der 90ger Jahre' Hamburg, 2.−5.2.1988, Beitrag 10.6.

[38] Effelsberg, W., Fleischmann, A.: Das ISO-Referenzmodell für offene Systeme und seine sieben Schichten: Eine Einführung. Informatik-Spektrum 9, 5 (Oktober 1986), S. 280−299.

[39] Evitts, S.: Fibre Optic Standards − Current Status. EFOC/LAN'90, Proc. LAN, IGI Europe 1990, S.167−171.

[40] Faßhauer, P.: Optische Nachrichtensysteme: Eigenschaften und Projektierung. Dr. Alfred Hüthig Verlag Heidelberg, 1984.

[41] Fernmeldetechnisches Zentralamt: Technische Forderungen an digitale Endgeräte mit S_0-Schnittstelle. FTZ-Richtliniensammlung Band III, Teil 5: ISDN-D-Kanal-Protokoll (Schicht 2 und 3), 1987.

[42] Folts, H.C.: X.25 Tansaction-Oriented Features - Datagram and Fast Select. IEEE Transactions on Communications, Vol. COM-28, 4 (April 1980), S. 496−500.

[43] Forster, J.: X.500-Directory auf dem Weg zum elektronischen Auskunftsdienst: Bedeutung für EM, MAP, TOP und andere OSI-Protokolle. ONLINE '88, Kongreßband IV, 'Bildschirmtext und Electronic Mail. Neue Formen der Bürokommunikation und der Informationsvermittlung', Hamburg, 2.−5.2.1988, Beitrag 18.3.

[44] Franck, R.: Rechnernetze und Datenkommunikation. Springer-Verlag Berlin Heidelberg New York Tokyo, 1986.

[45] Fromm, I.: Local Area Networks (LANs). Vieweg-Verlag, Braunschweig, 1987, S. 19−45.

[46] Fundneider, O.: Breitband-ISDN auf Basis ATM: Das zukünftige Netz für jede Bitrate. Proc. der GI/NTG-Fachtagung 'Kommunikation in verteilten Systemen', Informatik-Fachbericht 267, Springer Verlag, 1991, S.1−15.

[47] Garnham, R.A., Walker, S.D.: Future ultra long span optical transmission systems using nonsilica fibre. Information Gatekeepers Inc., Proc. EFOC/LAN 87, S.79—81.

[48] Geckeler, S.: Physikalische Grundlagen von Lichtwellenleitern. telcom report 6 (1983), Beiheft 'Nachrichtenübertragung mit Licht', S. 9—14.

[49] Gerke, P.: Neue Kommunikationsnetze: Prinzipien, Einrichtungen, Systeme. Springer-Verlag Berlin Heidelberg New York, 1982.

[50] Gerner, N.: Btx - Eine Einführung. Tutoriumsband 'Offene Multifunktionale Büro-arbeitsplätze und Bildschirmtext', TU-Berlin, 25.—29.6.1984.

[51] Gibson, R.: IEEE 802 Standards Efforts. Computer Networks and ISDN-Systems 19 (1990), S.95—104.

[52] Glaser, G.M., Hein, M., Vogl, J.: TCP/IP: Protokolle, Projektplanung, Realisierung. DATACOM-Fachbuchreihe, DATACOM-Buchverlag, Pulheim, 1990.

[53] Gloge, D., Mercantili, G.A.: Multimode theory of graded core fibers. Bell Syst. Techn. J. 52 (1973), S. 1563—1578.

[54] Göhring, H.-G., Kauffels, F.-J.: Token-Ring: Grundlagen, Strategien, Perspektiven. DATACOM-Fachbuchreihe, DATACOM-Verlag Lipinski, Bergheim 1990.

[55] Gray, J.P., Hansen, P.J., Homan, P., Lerner, M.A., Pozefski, M.: Advanced pro-gram-to-program communication in SNA. IBM Systems Journal, Vol. 22, 4 (1983), S. 298—318.

[56] Hafner, E.R., Nenadal, Z., Tschanz, M.: A digital loop communications system. IEEE Transactions on Communications, Vol. COM-22, 6 (Juni 1974), S. 877—881.

[57] Hammond, J.L., O'Reilly, P.J.P.: Performance Analysis of Local Computer Net-works. Addison-Wesley Publishing Comp., 1986.

[58] Haugdahl, J.S.: Inside the Token Ring. North-Holland, 1987.

[59] Henken, G.: Betrieb und Nutzung von X.400-Message Handling Systems im DFN: Strukturen, Nutzungsüberblick, nationale und internationale Kommunikation. ONLINE '88, Konreßband IV, 'Bildschirmtext und Electronic Mail. Neue Formen der Bürokommunikation und der Informationsvermittlung', Hamburg, 2.—5.2.1988, Beitrag 18.5.

[60] Hess, M.L., Brethes, M., Saito, A.: A Comparison of four X.25 Public Network Interfaces. IEEE 1979.

[61] Hewlett-Packard: Digitale Datenübertragung mit einem Lichtwellenleitersystem. Design und Elektronik 13 (Juni 1986), S. 142—154.

[62] Höring, K., Bahr, K., Struif, B., Tiedemann, C.: Interne Netzwerke für die Büro-kommunikation. R. v. Decker's Verlag, Heidelberg, 1983.

[63] Hopper, A., Temple, S., Williamson, R.: Local area network design. Addison-Wesley Publishing Comp., 1986.

[64] Housel, B.C., Scopinich, C.J.: SNA Distribution Services. IBM Systems Journal, Vol. 22, 4 (1983), S. 319–343.

[65] IBM: Systems Network Architecture: Concepts and Products. Publication No. GC30-3072-0, 1981.

[66] IBM: Token-Ring Network: Introduction and Planning Guide. Publication No. GA27-3677-0, 1985.

[67] IBM: Token-Ring Network: Optical Fiber Options. Publ. No. GA27-3747.

[68] IBM: Token-Ring Network: Architecture Reference. Publ. No. SC30-3374-0, 1986.

[69] IBM: Network Program Products: General Information. Publ. No. GC30-3350-1, 1988.

[70] Jaffe, J.M., Moss, F.H., Weingarten, R.A.: SNA routing: Past, present, and possible future. IBM Systems Journal, Vol. 22, 4 (1983), S. 417–434.

[71] Jeromin, G.: Betriebserfahrungen mit der Btx-Systemtechnik der Deutschen Bundespost. Überblick über die Systementwicklung und -einführung. ONLINE '87, Kongreßband IV, 'Bildschirmtext: ein neues Medium vor dem Durchbruch', Hamburg, 4.–7.2.1987, Beitrag 20.2.

[72] Joshi, S.: FDDI: Übergreifendes Datennetzkonzept. Elektronik 25 (Dez. 1985), S. 67–72.

[73] Kahl, P. (Hrsg.): ISDN - Das künftige Fernmeldenetz der Deutschen Bundespost. R. v. Decker's Verlag, Heidelberg, 2. durchgesehene Auflage, 1986.

[74] Kalt, H.: Das deutsche Bildschirmtextsystem im internationalen Vergleich. ONLINE '88, Kongreßband IV, 'Bildschirmtext und Electronic Mail. Neue Formen der Bürokommunikation und der Informationsvermittlung', Hamburg, 2.–5.2.1988, Beitrag 16.1.

[75] Kao, K.C., Hockham, G.A.: Dielectric-fiber surface waveguides for optical frequencies. Proc. IEE 113 (7), 1966, S. 1151–1158.

[76] Kauffels, F.-J.: Lokale Netze. Verlagsgesellschaft Rudolf Müller, Köln-Braunsfeld, 1984.

[77] Kauffels, F.-J.: Einführung in die Datenkommunikation. DATACOM Buchverlag, Pulheim, 1986.

[78] Kauffels, F.-J.: Rechnernetzwerksystemarchitekturen und Datenkommunikation. Bibliographisches Institut Mannheim/Wien/Zürich, Reihe Informatik Bd. 54, 1987.

[79] Killat, U.: B-ISDN und MAN: Konkurrierende Netztechnologien? Tutorium der GI/NTG-Fachtagung 'Kommunikation in verteilten Systemen', Hrsg.: W. Effenberg, Mannheim 1991, S. 1–34.

[80] Kleinrock, L., Gerla, M.: Flow control: A comparative survey. IEEE Transactions on Communications, Vol. COM-28, 4 (April 1984) S. 553–574.

[81] Knudsen, G.: Status and trends for silica based optical fibres. Information Gate-
      keeper Inc., Proc. EFOC/LAN 87, S. 131−134.

[82] Merz, H.: Leistungsmerkmale und Technik des Btx-Netzes. Tutoriumsband 'Offene
      Multifunktionale Büroarbeitsplätze und Bildschirmtext', TU-Berlin, 25.−29.6.1984.

[83] Metcalfe, R.M., Boggs, D.R.: Ethernet: Distributed Packet for Local Computer
      Networks. CACM 19, 7 (1976), S. 395−404.

[84] Németh, K.: Dokumentenaustausch in Telematik-Diensten. Informatik-Fachberichte
      Bd. 92, 'Offene Multifunktionale Büroarbeitsplätze und Bildschirmtext', TU-Berlin,
      25.−29.6.1984, S. 203−210.

[85] Network Systems Corporation: HYPERchannel: System Description Manual. Publ.
      No. NS 306, Revised 9/83.

[86] Neumann, K.H., Schnöring, Th.: Das ISDN - Ein Problemfeld aus volkswirtschaft-
      licher und gesellschaftspolitischer Sicht. Jahrbuch der Deutschen Bundespost 1986,
      Verlag für Wissenschaft und Technik, Bad Windsheim.

[87] Newman, R.M., Hullet, J.L.: Distributed Queueing: A Fast and Efficient Packet
      Access Protocol for QPSX. Proc. ICCC'86, P. Kühn (Ed.), North Holland 1986, S.
      294−299.

[88] Ochel, G., Klein-Hennig, A., Gläser, M.: Die Arbeit der Projekt-Teams im ETSI.
      DATACOM 12/90, S.119−125.

[89] Opderbeck, H.: Frame Relay Networks: Not as Simple They Seem. Data Communi-
      cations International, Dec. 1990, S. 89−91.

[90] Pierce, J.R.: How far can loops go? IEEE Transactions on Communications, Vol.
      COM-20, 3 (Juni 1972), S. 527−530.

[91] Pierce, J.R.: Network for block switching of data. Bell Syst. Techn. J., Vol. 51, 6
      (Juli/August 1982), S. 1133−1143.

[92] Ries, W.: Serielle Busse - Neue Technologien, Standards, Einsatzgebiete: Übertra-
      gungssysteme für serielle Bussysteme. VDE-Verlag, Berlin Offenbach, 1987, S.
      45−60.

[93] Rosenbrock, K.H.: ISDN - eine folgerichtige Weiterentwicklung des digitalen Fern-
      sprechnetzes. Jahrbuch der Deutschen Bundespost 1984, Verlag Wissenschaft und
      Leben, Bad Windsheim.

[94] Ross, F.E.: FDDI - a Tutorial. IEEE Communications Magazine, Vol. 24, 5 (Mai
      1986), S. 10−17.

[95] Rybczynski, A.: X.25 Interface and End-to-End Virtual Circuit Service Character-
      istics. IEEE Transactions on Communications, Vol. COM-28, 4 (April 1980), S.
      500−510.

[96] Salter, J., Evans, P.: The IEEE 802.6 Standard for MANs, its Scope and Purpose. EFOC/LAN'90, Proc. LAN, IGI Europe 1990, S.151–163.

[97] Saltzer, J.H., Progran, K.I., Clark, D.D: Why a Ring? Computer Networks 7 (1983), S. 223–231.

[98] Santoso, H., Fdida, S.: Protocol Evaluation and Performance Analysis of The IEEE 802.6 DQDB MAN. EFOC/LAN'90, Proc. LAN, IGI Europe 1990, S.226–230.

[99] Schill, A., Zieher, M.: Performance Analysis of the FDDI 100 Mbit/s Optical Token Ring. Proc. IFIP WG 6.4 Workshop 'High Speed Local Area Networks, Aachen, 16.–17. Feb. 1987, S. 57–78.

[100] Schön, H.: ISDN und Ökonomie. Jahrbuch der Deutschen Bundespost 1986, Verlag Wissenschaft und Leben, Bad Windsheim.

[101] Schuberth, W.: Verkehrstheorie elektronischer Kommunikationssysteme. Dr. Alfred Hüthig-Verlag Heidelberg, 1986.

[102] Senior, J.M.: Optical Fiber Communications: Principle and Practice. Prentice-Hall International, London 1985.

[103] Spaniol, O.: Satellitenkommunikation. Informatik-Spektrum 6, 3 (August 1983), S. 124–141.

[104] Speth, R.: Message Handling Systems. Tutoriumsband 'Kommunikation in verteilten Systemen: Anwendungen, Betrieb und Grundlagen' Karlsruhe, 11.–15.3.1985, S. 242–297.

[105] Stallings, W.: Local Networks. Computing Surveys, Vol. 16, 1 (März 1984), S. 3–41.

[106] Träxler, P.: Mit Fast Packet Switching im Trend. DATACOM 8/90, S.50–52.

[107] Uptadel, H.: Bildschirmtext - ein Fernmeldedienst der Deutschen Bundespost. Informatik-Fachberichte Bd. 92, 'Offene Multifunktionale Bürarbeitsplätze und Bildschirmtext', TU-Berlin, 25.–29.6.1984, S. 9–19.

[108] Wecker, S.: DNA: The Digital Network Architecture. IEEE Transactions on Communications, Vol. COM-28, 4 (April 1980), S. 510–526.

[109] Welzel, P.: Grundlagen der Datenkommunikation. Vieweg-Verlag, Braunschweig, 1987, S. 3–18.

[110] Wichertsheim, P.: Realisierung von Btx für die Deutsche Bundespost. Informatik-Fachberichte Bd. 92, 'Offene Multifunktionale Büroarbeitsplätze und Bildschirmtext', TU-Berlin, 25.–29.6.1984, S. 20–35.

Sachwortverzeichnis

Mobilfunknetze

von Reinhold Eberhardt und Walter Franz

*1993. VI, 130 Seiten mit 44 Abbildungen. Gebunden.
ISBN 3-528-06526-5*

Aus dem Inhalt: Allgemeine technische Einführung in die Funktechniken und den Aufbau von Funknetzen – Systematischer Überblick über bestehende Mobilfunksysteme – Detaillierte Beschreibung neuer, in der Einführung befindlicher paneuropäischer Systeme (D-Netze, Funkrufsysteme, Telepoint), sowie der wichtigsten bestehenden Mobilfunknetze (u.a. C-Netz, Bündelfunksysteme).

Das Buch beschreibt bestehende bzw. sich in der Einführungs- oder Normungsphase befindliche Funkkommunikationsdienste bzw. -systeme. Dabei wird insbesondere auf die in Deutschland eingesetzten und auf die zukünftigen europäischen Mobilfunktechnologien eingegangen. Es werden technische Grundlagen der Übertragungs- bzw. Kommunikationstechnik behandelt, um die Parameter und Verfahren der vorgestellten Funksysteme verstehen zu können.

Über die Autoren: Reinhold Eberhardt und Walter Franz sind wissenschaftliche Mitarbeiter am Institut für Informationstechnik der Daimler Benz AG in Ulm.

Verlag Vieweg · Postfach 58 29 · 65048 Wiesbaden

Datenfernübertragung

von Peter Welzel

Herausgegeben von Harald Schumny.

*3., überarbeitete und erweiterte Auflage 1993. X, 408 Seiten
mit 257 Abbildungen und zahlreichen Beispielen
(Viewegs Fachbücher der Technik) Kartoniert.
ISBN 3-528-24369-4*

Aus dem Inhalt: Das Buch beschreibt die einzelnen Bereiche der Datenübertragung und -verarbeitung anhand des international gültigen ISO-Schichtmodells. Aufbauend auf physikalische und technische Grundlagen werden behandelt: Physikalische Ebene, Verbindungsebene, Paketebene, Transportebene, Anwenderebene, Aufbau und Betrieb von Netzen, Netzwerkelemente, ISDN, Meß- und Prüftechnik, Simulationsgeräte, Testprogramme. Die Darstellung ermöglicht dem Praktiker wie dem Studierenden einen verständlichen Zugang.

Über den Autor: Dipl.-Ing. Peter Welzel ist Studiendirektor am Bildungszentrum für informationsverarbeitende Berufe in Paderborn.

Verlag Vieweg · Postfach 58 29 · 65048 Wiesbaden